Bildbände zur Mannheimer Stadtgeschichte

Herausgegeben
vom
Stadtarchiv Mannheim

Ein Bildband

Jörg Schadt
und
Michael Caroli

Mannheim unter der Diktatur

Mit Textbeiträgen
von
Birgit Arnold
Thomas Fiedler
Hartmut Lissinna
Ursula May
Ulrich Nieß
Sabine Pich
Christoph Popp
Hanspeter Rings
Monika Ryll
Thomas C. Stoll
Udo Wennemuth
Christoph Zuschlag

EDITION QUADRAT MANNHEIM

Vorsatz:
Aufmarsch zum *Tag der nationalen Arbeit*
im Schloßhof. 1.5.1938.
Aufn. Artur Pfau.

Nachsatz:
Straßensammlung der Deutschen Arbeitsfront (DAF)
am Paradeplatz vor P 1. 15.10.1938.
Aufn. Artur Pfau.

Die Deutsche Bibliothek – CIP-Einheitsaufnahme

Mannheim unter der Diktatur 1933 - 1939 :
ein Bildband / Jörg Schadt und Michael Caroli.
Mit Textbeitr. von Birgit Arnold ... - Mannheim : Ed. Quadrat, 1997
    (Bildbände zur Mannheimer Stadtgeschichte)
    ISBN 3-923003-54-4

© Edition Quadrat, Mannheim
1. Auflage 1997

Titelgestaltung:
Designgruppe Fanz & Neumayer, Schifferstadt
Typografische Gestaltung und Satz:
Uwe Heuing, Designgruppe Fanz & Neumayer, Schifferstadt
Reproduktion und Filmbelichtung:
Buchta-Litho, Rheingönheim
Druck:
Brausdruck, Heidelberg
Buchbinderische Verarbeitung:
Industrie- und Verlagsbuchbinderei Heppenheim GmbH
Alle Rechte vorbehalten. Printed in Germany

Geleitwort

Mit den beiden Bildbänden *Mannheim unter der Diktatur 1933–1939* sowie *Mannheim im Zweiten Weltkrieg 1939–1945* (bereits 1993 erschienen) legt das Stadtarchiv Rechenschaft ab über einen Abschnitt der Stadtgeschichte, der durch ein nicht gekanntes Maß an Gewalt und Unmenschlichkeit geprägt ist: die zwölf Jahre der nationalsozialistischen Herrschaft.

Obwohl Mannheim eine stolze demokratische Tradition aufzuweisen und seine Bevölkerung in ihrer Mehrheit Hitler und seine Bewegung selbst bei den Wahlen im März 1933 noch abgelehnt hatte, wurde auch unsere Stadt Opfer des NS-Regimes. Die Parteien des bürgerlichen Liberalismus waren schon vor der *Machtergreifung* zur Bedeutungslosigkeit herabgesunken.

Die Wucht und Aggressivität der NS-Machthaber richtete sich vor allem gegen die Arbeiterbewegung, die – was die Sozialdemokratie angeht – das stärkste Bollwerk der Weimarer Republik gewesen war. In kürzester Zeit gelang den Nationalsozialisten die Zerschlagung von Organisationen, die im 19. Jahrhundert entstanden waren und Generationen von Arbeitern Heimat geboten hatten. Bereits nach wenigen Wochen hatte sich das NS-Regime so weit etabliert, daß Widerstandsaktionen zwar deutlich machen konnten, daß keineswegs eine geschlossene *Volksgemeinschaft* hinter ihrem *Führer* stand – zum Sturz der Hitler-Regierung reichte die Kraft gleichwohl bei weitem nicht aus.

Die Nationalsozialisten zerstörten mit zielgerichteter Energie das demokratisch-parlamentarische Regierungssystem und den Rechtsstaat, beides Errungenschaften der Emanzipationsbewegungen des Bürgertums und der Arbeiterschaft seit dem letzten Jahrhundert. Eine ähnlich unheimliche Dynamik entwickelte das NS-Regime bei der Verfolgung der Juden, denen zunächst die Arbeits- und Lebensmöglichkeiten eingeengt wurden, bevor sie in einem unvorstellbaren, technisch perfektionierten Genozid ermordet wurden.

Die nationalsozialistische Diktatur stellte damit wichtige, unverzichtbare Grundlagen der modernen Entwicklung, zu der gerade in Mannheim bedeutende Beiträge geleistet worden waren, in Frage. Dieser inneren, politisch-moralischen Zerstörung folgte die äußere in dem von Hitler entfesselten Weltkrieg, in dessen Verlauf Mannheim wie keine andere Stadt des deutschen Südwestens von alliierten Luftangriffen betroffen wurde. Viele Menschen in unserer Stadt erlitten einen gewaltsamen Tod. Als am 16. November 1952 der Friedensengel von Gerhard Marcks als Mahnmal für die Schrecken der Diktatur enthüllt wurde, führte der damalige Oberbürgermeister Hermann Heimerich in seiner Ansprache aus: *Wenn wir die Zahl der Mannheimer überblicken, die den Ereignissen der Jahre 1933 bis 1945 zum Opfer gefallen sind, dann sind es mindestens 16 000, wahrscheinlich aber 17 000 Menschen.*

Der kritische Rückblick auf die zwölf Jahre der NS-Herrschaft zwingt uns einzugestehen, daß sich auch in unserer Stadt schließlich die meisten von Hitler und seiner Bewegung einnehmen und blenden ließen. Zuschauer, Mitläufer und Täter waren auch hier eine überwältigende Mehrheit. Mannheim bot sogar den Nährboden für einige Männer, die in höchsten Positionen zur Perfektionierung des Regimes beitrugen und an seinen Massenmorden in verantwortlicher Stellung führend beteiligt waren.

Gerade deshalb muß aber auch unvergessen bleiben, daß neben standhaften Katholiken und bürgerlichen Demokraten vor allem viele Männer und Frauen aus den Reihen der sozialdemokratischen und kommunistischen Arbeiterbewegung, weitgehend auf sich allein gestellt, Hitler und seiner Partei getrotzt haben. Wir stehen in ihrer Schuld, denn sie haben – durch ihr mutiges Handeln unter der Diktatur, durch ihr Vorbild, aber auch ihre Tätigkeit nach 1945 – einen wichtigen Anteil am Neuaufbau unserer Demokratie.

Das Stadtarchiv erfüllt mit der Darstellung gerade dieses Zeitabschnitts unserer Geschichte einen unverzichtbaren historisch-politischen Bildungsauftrag. Es präsentiert in dem vorliegenden Bildband einen bedeutenden Teil des seit Jahren aus eigenen und fremden Beständen zusammengetragenen Materials und führt die von ihm wie von der Universität bereits unternommenen Forschungen weiter fort. Der Band erweitert und vertieft unser Wissen und liefert damit auch einen weiteren Beitrag zur Aufarbeitung der Stadtgeschichte, mit der das Stadtarchiv zum 400. Stadtjubiläum in zehn Jahren beauftragt ist.

Mein Dank gilt dem Leiter des Stadtarchivs Dr. Jörg Schadt sowie seinen Mitarbeiterinnen und Mitarbeitern und den übrigen Autoren. Zu danken ist aber auch all denen, die privates Material zur Verfügung gestellt oder Erinnerungen beigesteuert haben, und nicht zuletzt dem Verleger Bernhard Wipfler und seinen Mitarbeitern.

Ich hoffe, daß uns in der Begegnung mit diesem schrecklichen Teil unserer Geschichte der Wille und die Kraft zuwächst, unsere Stadt in demokratischem Sinne als nach außen und innen freundliches Gemeinwesen zu erhalten und weiterzuentwickeln, damit sich das nicht wiederholt, an was es hier zu erinnern gilt.

Mannheim, im Oktober 1997

Gerhard Widder
Oberbürgermeister

7
Bahnhofsvorplatz, 22.6.1937. Aufn. Josef Hofmann.

EINFÜHRUNG

Das obige Bild zeigt den Anblick, der sich vielen tausenden Reisenden vom Sommer 1937 an beim Verlassen des Mannheimer Hauptbahnhofs auf dem Weg in die Stadt darbot: eine Bombenattrappe als „Willkommensgruß" – trotz der Ruhe und vordergründigen Idylle eines Sonntagmorgens im Juni 1937 ein wenig einladender erster Eindruck für die Ankommenden. Die in der Aufnahme festgehaltene Situation hat – jedenfalls für unsere Augen – geradezu symbolische Bedeutung, scheint doch mitten im Frieden der Schrecken des drohenden Kriegs wie ein Menetekel auf, damals, wie einst in Babylon, freilich nur von den wenigsten wahr- bzw. ernstgenommen.

Nimmt man eine Lupe zur Hand, so kann man auf den Werbetafeln gegenüber dem Bahnhofsgebäude zwischen den Fahrspuren des Kaiserrings das kulturelle Angebot der Stadt in jener Zeit studieren. Es beginnt links oben mit der von Mai bis Oktober laufenden Sonderausstellung des Schloßmuseums *Mannheim als Festung und Garnisonstadt. Vom Federhut zum Stahlhelm,* reicht über die von 27. Juni bis 22. August gezeigte Sonderausstellung der städtischen Kunsthalle *Junge deutsche Bildhauerkunst* und die *Kolonial-Ausstellung* in den Rhein-Neckar-Hallen vom 3. Juli bis 4. August und endet mit der Sonderausstellung des Völkerkundemuseums *Die Welt als Maske,* bis Ende August ebenfalls in den Rhein-Neckar-Hallen. Das Bild wurde von Josef Hofmann aufgenommen, der sich als Fotograf beim städtischen Hochbauamt um die bildliche Überlieferung zur Geschichte unserer Stadt von den letzten Jahren der Weimarer Republik bis in den Zweiten Weltkrieg beispielhaft verdient gemacht hat.

Seine für amtliche Zwecke entstandenen Aufnahmen konnte das Stadtarchiv bereits vor längerer Zeit vom Stadtplanungsamt übernehmen; sein im Besitz seiner Nachkommen befindlicher fotografischer Nachlaß befindet sich dank deren Entgegenkommen jetzt ebenfalls vollständig im Stadtarchiv.

Aber es gab noch viele andere Quellen. Besonders hervorzuheben ist der Nachlaß des Mannheimer Pressefotografen und Journalisten Hans Jütte, der dem Stadtarchiv vor einigen Jahren überlassen wurde. Einen kaum zu überschätzenden Fundus bildet auch der Nachlaß des Pressefotografen Artur Pfau, aus dem uns eine Vielzahl einmaliger Bilddokumente zur Verfügung gestellt wurde. Darüber hinaus erhielten wir von zahlreichen Privatleuten selbstgeschossene Amateuraufnahmen bzw. Bilder aus den Fotoalben ihrer Eltern oder Großeltern. Schließlich ist die Unterstützung durch kommunale, staatliche und kirchliche Archive und Museen zu erwähnen, aus deren Beständen einige wichtige Entdeckungen für diesen Band stammen. Für all diese Unterstützung sei bereits an dieser Stelle herzlicher Dank ausgesprochen.

Was die bildliche Überlieferung angeht, gehört die Zeit des NS-Regimes zu den am besten belegten Abschnitten der Mannheimer Stadtgeschichte. Dennoch ist in der bisherigen lokalen Literatur eher Zurückhaltung zu verspüren, was die Verwendung und Erschließung von bildlichen Quellen dieser Zeit betrifft. Dies ist überraschend, denn Mannheim hat wohl als eine der ersten deutschen Städte nach dem Ende des Zweiten Weltkriegs gewagt, seine jüngste Geschichte darstellen zu lassen. Der Oberbürgermeister beauftragte damit Professor Dr. Friedrich Walter, der 1907 die erste große, auf wissenschaftlicher Forschung beruhende Stadtgeschichte vorgelegt hatte und daraufhin zum Stadtarchivar berufen worden, 1935 aber – er war ein bürgerlicher Demokrat – vorzeitig in den Ruhestand gedrängt worden war. Walters zweibändiges Werk *Schicksal einer deutschen Stadt,* das die Geschichte Mannheims 1907–1945 behandelt, erschien bereits 1949/50. Wenn Walter in diesem Werk sparsam mit Bildern umging, so erklärt sich dies – was die Zeit zwischen 1933 und 1945 betrifft – möglicherweise aus einer Scheu, nationalsozialistische Embleme auf Fotos zu zeigen oder vielleicht auch Zeitgenossen bloßzustellen.

Ein zweiter Anstoß der Stadt zur Erforschung der NS-Zeit erfolgte in den sechziger Jahren. Treibende Kraft war dabei der Stadtsyndikus und spätere Bürgermeister Dr. Karl Otto Watzinger, der sich besonders nachdrücklich um die Geschichte der Mannheimer Juden, die Dokumentation ihrer Schicksale unter dem Terrorregime des Nationalsozialismus und die Versöhnung mit den aus ihrer Heimatstadt Vertriebenen bemühte. Das ihm unterstellte Stadtarchiv begann daher 1964, Quellen zur Geschichte der Judenverfolgung, wenig später auch zur Geschichte des Widerstands 1933–1945 in großen Dokumentationsbeständen zusammenzutragen, die zur Grundlage für eingehende wissenschaftliche Forschungen dienten und weiterhin zur Verfügung stehen. Wohl kein Aspekt der Mannheimer Stadtgeschichte ist inzwischen so intensiv studiert und dargestellt worden wie die Geschichte der Verfolgung und des Widerstands. Dennoch gibt es selbst auf diesem Feld noch „blinde Flecken" wie z.B. die nationalsozialistische Erbgesundheitspolitik, die Euthanasie oder die Verfolgung und Ermordung der Sinti. Viele andere Bereiche des Lebens während der NS-Zeit in Mannheim sind immer noch weitgehend unerforscht: die Stadtverwaltung, die Wirtschaft, die Kultur, das Vereinswesen, überhaupt die Geschichte der Bevölkerung im Spannungsfeld zwischen Akklamation, Anpassung, innerer Emigration und Resistenz. Zu einigen dieser Themen bietet der vorliegende Band erste neue Ergebnisse; es ist zu hoffen, daß er zu weiteren Forschungen anregt, aber auch, daß das hier dargebotene Quellenmaterial dazu motiviert, bisher unbekannte, stadtgeschichtlich wertvolle Unterlagen in Privatbesitz dem Stadtarchiv anzubieten, wie wir das erfreulicherweise bei den anderen Bildbänden erlebt haben.

Der Bildband *Mannheim unter der Diktatur* setzt thematische Schwerpunkte und beansprucht daher nicht – ebensowenig wie die bereits erschienenen Bände dieser Reihe für ihren jeweiligen Abschnitt – , eine umfassende Darstellung der Geschichte des Nationalsozialismus in Mannheim zu geben. Dennoch bietet er in der gedrängten Auswahl eine Fülle aufschlußreichen Materials, das sicherlich über Mannheim hinaus Interesse finden wird, dies um so mehr, als hier nicht nur ältere Ergebnisse resümiert werden, sondern auch neue Forschungen angestellt worden sind. Unser Wissen wird auch und gerade durch die Textbeiträge in erheblichem Maße erweitert, wie dies übrigens auch in dem bereits 1993 erschienenen Ergänzungsband *Mannheim im Zweiten Weltkrieg* geschehen ist, was aber manche Rezensenten leider kaum wahrgenommen haben.

Ein solches Werk kann nur in Zusammenarbeit einer Vielzahl von Menschen zustande kommen. Mein Dank gilt daher in erster Linie den Autorinnen und Autoren der Kapitel und Abschnitte. Zu danken ist auch den Helferinnen und Helfern im Hintergrund, die die oft mühsamen Recherchen zur Identifizierung und Erschließung der Bildquellen übernommen haben: Barbara Becker, Elke Benz, Petra Bergmann, Sebastian Burghof, Marion Hillmann, Hildegard Kneis, Marianne Pöltl, Susanne Saetzler-Peters und Dieter Wolf. Reproduktionen und Neuaufnahmen fertigte in gewohnter Qualität Marlies Emig, notwendige Schreibarbeiten übernahmen Margot Altmayer und Christa Quentin – auch hierfür sei gedankt. Die Hauptlast der Redaktion lag freilich bei Michael Caroli, der selbst einige Kapitel verfaßte und die Feinabstimmung vornahm. Sein Rat und behutsamer Umgang mit den Quellen waren mir auch hier eine große Hilfe. Danken möchte ich auch den Gestaltern Uwe Heuing und Norbert Fanz für die kompetente Umsetzung unserer Ideen. Erfreulich wie immer war schließlich die Zusammenarbeit mit dem Verlag – mein Dank hierfür gilt dem Verleger Bernhard Wipfler.

Die Bildbände zur Stadtgeschichte haben als Editionen insbesondere von Bildquellen ihr eigenes Recht. Sie stellen andererseits aber auch Zwischenstationen auf dem Weg zu der umfassenden stadthistorischen Darstellung dar, die das Stadtarchiv zum Stadtjubiläum nach der Jahrhundertwende vorlegen will. Sie soll die Vielfalt und den Facettenreichtum der gesellschaftlichen Wirklichkeit in Mannheim in Vergangenheit und Gegenwart aus der Perspektive und mit den Fragestellungen unserer Zeit darbieten. Hierzu benötigen wir auch die Mithilfe der einzelnen und der gesellschaftlichen Gruppen in dieser Stadt. Wenn Sie also, liebe Leserin oder lieber Leser, glauben, etwas zu den in vorliegendem Bildband behandelten Themen beitragen zu können – sei es korrigierend, ergänzend oder einschränkend, sei es an Bildern, schriftlichen Unterlagen oder Erinnerungen –, so lassen Sie uns das am besten schriftlich wissen oder suchen Sie das Gespräch mit uns bei einer unserer Veranstaltungen. Das Mannheimer Stadtarchiv lebt bei der Erfüllung seines Überlieferungs- und Auswertungsauftrags vom Dialog mit den Bürgern und Freunden der Stadt und ist für jeden Hinweis oder Einwand dankbar. Die Fortschritte, die das Stadtarchiv in den letzten Jahrzehnten erzielt hat, wären ohne die Mithilfe des Gemeinderats, der Verwaltung und der vielen einzelnen nicht möglich gewesen.

Jörg Schadt

INHALT

Geleitwort	5	Gerhard Widder
Einführung	7	Jörg Schadt
Die NSDAP in Mannheim vor 1933	11	Michael Caroli
„Machtergreifung"	13	Michael Caroli und Sabine Pich
Kommunale Selbstverwaltung	31	Birgit Arnold
NS-Größen	41	Birgit Arnold, Michael Caroli, Ulrich Nieß, Jörg Schadt und Udo Wennemuth
NS-Quartiere	53	Thomas Fiedler
„… sie werden nicht mehr frei für ihr ganzes Leben." Die Hitler-Jugend (HJ)	57	Hanspeter Rings
Wandmalerei im Nationalsozialismus	67	Monika Ryll
„Volksgemeinschaft"	71	Udo Wennemuth
Nationalsozialistische Feiertage	79	Thomas Fiedler und Sabine Pich
Wahlen und Volksabstimmungen	89	Sabine Pich
Frauen und Bevölkerungspolitik	103	Christoph Popp und Monika Ryll
Mannheims Schulen unterm Hakenkreuz	109	Ulrich Nieß
Verfolgung und Widerstand der Arbeiterbewegung	115	Jörg Schadt
Die Katholiken im Zwiespalt	123	Thomas Fiedler
Die evangelische Kirche im „Dritten Reich"	131	Udo Wennemuth
Liberales Bürgertum	139	Christoph Popp
Ausgrenzung und Verfolgung der Juden	141	Friedrich Teutsch und Udo Wennemuth
Aufmarsch der Narren	153	Sabine Pich
Das Nationaltheater	163	Ursula May
Das Schicksal von Chagalls „Rabbiner" Zur Geschichte der Kunsthalle Mannheim im Nationalsozialismus	179	Christoph Zuschlag
Geschichtspflege	191	Christoph Popp
Vom individuellen Freizeitvergnügen zur organisierten Volksertüchtigung	199	Hartmut Lissinna
Die Wehrmacht in Mannheim	217	Thomas C. Stoll
Anmerkungen	227	
Personenindex	247	
Bildquellennachweis	250	
Danksagung	251	

11
Mannheimer Schlageterbund. 1924.
Parteiverbote aufgrund des Republikschutzgesetzes nach der Ermordung des Reichsaußenministers Walter Rathenau zwangen die NSDAP seit 1922 in allen Ländern außer Bayern in die Illegalität. In verschiedenen Tarnorganisationen suchten die Mitglieder den Zusammenhalt zu wahren. Der von Robert Wagner, dem späteren NSDAP-Gauleiter 1924 gegründete Schlageterbund hatte ausweislich des Fotos auch in Mannheim eine Ortsgruppe, die jedoch ansonsten nicht weiter hervorgetreten ist.

Michael Caroli

Die NSDAP in Mannheim vor 1933

Als sich im Februar 1921 in Mannheim eine Ortsgruppe der NSDAP gründete, gehörte sie zu den ersten ihrer Art in Baden.[1] Offenbar konnte sie auf ein auch hier nach der Niederlage im Ersten Weltkrieg entstandenes antisemitisch-völkisches Reservoir zurückgreifen. Allerdings bedurfte die Parteigründung anscheinend eines Anstoßes von außen: Ende Januar hatte Ernst Ulshöfer aus Stuttgart in einer Versammlung des Schutz- und Trutzbunds das Programm der NSDAP vorgestellt. Ulshöfer war wohl auch der erste *Führer* der Ortsgruppe,[2] die zunächst jedoch nur bescheidene Aktivitäten zu entfalten vermochte. Größere Veranstaltungen wurden regelmäßig von der Linken gestört oder sogar gesprengt. Immerhin gewann die Ortsgruppe bis zum Verbot durch die badische Regierung im Sommer 1922 laut einer Mitgliederliste desselben Jahrs 178 *Kämpfer*, unter denen die im Parteinamen beschworenen Arbeiter freilich nur eine Minderheit bildeten.[3]

Die Wiedergründung einer NSDAP-Ortsgruppe nach der Verbotszeit erfolgte am 15. Mai 1925 in Anwesenheit des neuen badischen Gauleiters Robert Wagner, der anscheinend auch die örtliche Führung bestimmte.[4] Die Zahl der Anhänger blieb jedoch zunächst bescheiden, obwohl die Mannheimer Nationalsozialisten bereits im Sommer 1925 durch einen Anschlag auf das Ludwig-Frank-Denkmal im Luisenpark auf sich aufmerksam machten.[5] Seit 1926 im Mannheimer Adreßbuch, zählte die NSDAP zu dieser Zeit wohl kaum 100 Mitglieder; bei öffentlichen Versammlungen kamen allenfalls 300 Teilnehmer zusammen, darunter häufig Anhänger auch aus dem Umland sowie stets eine nennenswerte Anzahl politischer Gegner.[6] Bei ihrem ersten Propagandamarsch durch die Stadt am 29. Mai 1927 brachte die SA gerade mal 79 Braunhemden auf die Beine.[7] Immer häufiger kam es jedoch bei öffentlichen Auftritten der Nationalsozialisten, insbesondere in den Arbeiterquartieren, zu gewaltsamen Auseinandersetzungen mit den politischen Gegnern. Im Dezember 1927 war in der Neckarstadt sogar ein Todesopfer zu beklagen: Ein kommunistischer Arbeiter wurde von einem rabiaten Nazi niedergestochen.[8]

Nachdem es Anfang 1928 zu parteiinternen Streitigkeiten gekommen war,[9] wurde Friedhelm Kemper mit der Führung der NSDAP-Ortsgruppe betraut. Angeblich konnte er bei seiner Amtsübernahme auf nur 87 Mitglieder zurückgreifen.[10]

12
Parteibüro der NSDAP in R 3, 6. Sommer 1929. Ganz rechts Karl Pflaumer, der spätere
badische Innenminister. Die beiden Spruchbänder *Die Juden sind unser Unglück* und
Tod dem Marxismus mußten später auf Anweisung des Polizeipräsidiums entfernt werden.
Das Foto ist möglicherweise bei der Observation durch die Polizei entstanden.

Um so bemerkenswerter ist, daß die NSDAP bei der Reichstagswahl am 20. Mai 1928 in Mannheim über 2000 Stimmen erringen konnte.[11] Zum Ausgangspunkt verstärkter Aktivitäten wurde dann die erste Kundgebung mit dem Parteiführer Adolf Hitler am 23. November 1928 im Mannheimer Rosengarten, zu der 7000-8000 Menschen zusammenströmten. Gewiß – auch bei dieser Gelegenheit kamen die Anhänger der Nationalsozialisten aus der gesamten Region. Aber allein das Heer der Uniformierten und die organisatorische Disziplin hinterließen Eindruck.[12] Im Jahr 1929 kam mit Feder, Göring und Goebbels weitere NS-Prominenz in die Quadratestadt. Von den letzten Wochen vor der badischen Landtagswahl am 27. Oktober verging keine ohne eine Massenveranstaltung der NSDAP.[13] Der Lohn dieser Anstrengungen blieb nicht aus: 6783 Stimmen oder 6,1% der Wähler bedeuteten eine Verdreifachung des Ergebnisses der Reichsstagswahl 1928. Mit Herbert Kraft, Professor am Gymnasium, zog überdies ein Mannheimer NSDAP-Vertreter in den Landtag ein.[14]

Inzwischen hatte die Partei nach Jahren der Notbehelfe auch ein Büro in zentraler Lage bezogen. Die NSDAP-Geschäftsstelle in R 3, 6 mußte von SPD und KPD, deren Zentralen in R 3, 14 bzw. S 3, 10 in unmittelbarer Nachbarschaft lagen, geradezu als Provokation empfunden werden.

Gleichwohl erlebte die NSDAP in Mannheim auch jetzt keinen unaufhaltsamen Aufstieg: Anfang 1930 kam es zu schweren innerparteilichen Auseinandersetzungen, die das ganze Jahr andauerten. Möglicherweise im Zusammenhang damit entsandte Gauleiter Wagner Mitte März 1930 seinen Gaupropagandaleiter Carlo Lenz als Ortsgruppenleiter nach Mannheim.[15] Das Anwachsen der nationalsozialistischen Wählerschaft hielt ungeachtet dessen auch bei der Reichstagswahl im September 1930 an. Mit über 18000 Stimmen konnte die NSDAP ihr Ergebnis von der Landtagswahl im Vorjahr beinahe noch einmal verdreifachen. Zwei Monate später bei der Kommunalwahl zählte man zwar rund 1000 Wähler weniger; wegen der geringeren Wahlbeteiligung stieg der prozentuale Anteil aber sogar auf 16,9%.[16]

Eine zweite Hitler-Versammlung am 5. November 1930 mit 5000 Teilnehmern brachte aus Eintrittsgeldern einen Erlös von 800 RM, die den Grundstock bildeten zur Finanzierung des schon lange geplanten örtlichen Parteiorgans, des Hakenkreuzbanners,[17] das im Januar 1931 gestartet wurde und bis März 1931 einmal, ab April zweimal wöchentlich, seit 1932 täglich erschien. Ihre verbesserten Propagandamöglichkeiten nutzte die Mannheimer NSDAP zu hemmungslosen Angriffen auf die Stadtverwaltung und besonders auf den sozialdemokratischen Oberbürgermeister Heimerich.[18]

Die Gründung nationalsozialistischer Betriebszellenorganisationen (NSBO) seit Frühjahr 1931 verlief wenig erfolgreich.[19] Dafür konnte sich Ende September die Mannheimer SS erstmals der Öffentlichkeit vorstellen.[20] Schließlich gelang der NSDAP in der Nacht vom 16. auf 17. November 1931 ein öffentlichkeitswirksamer Coup: Für einige Stunden wehte auf dem Wasserturm die Hakenkreuzfahne.[21] Im November 1931 hatte Otto Wetzel aus Heidelberg die Führung der Ortsgruppe Mannheim übernommen.[22] Unter seiner Führung erzielte die NSDAP bis Sommer 1932 eindrucksvolle Wahlerfolge; zu den Großkundgebungen im März mit Frick und im Juli mit Feder und Strasser kamen jeweils 6000 Teilnehmer in den Rosengarten. Die Reichspräsidentenwahl brachte der Partei im zweiten Wahlgang am 10. April 42000 Stimmen. Das war zwar weniger als die Hälfte der auf Hindenburg entfallenen (91646), ließ aber doch ein in Mannheim unerwartet großes nationalsozialistisches Potential erkennen. Mit 45352 Stimmen (29,3%) erreichte die NSDAP schließlich im Juli ihr bestes Ergebnis bei einer Reichstagswahl unter demokratischen Bedingungen und wurde damit erstmals stärkste Partei.[23] Von einer Mehrheit war sie gleichwohl weit entfernt.

13
Vereidigung der Mannheimer Polizei durch Reichskommissar und NSDAP-Gauleiter Robert Wagner im Ehrenhof des Mannheimer Schlosses. 13.3.1933. Aufn. Heinrich Bechtel. Der einzige Mann in Zivil, hinter Reichskommissar Wagner, könnte der kommissarische Polizeipräsident Müller sein.

Michael Caroli und Sabine Pich

„Machtergreifung"

Der Gau Baden greift an! – unter dieser Parole eröffnete die NSDAP das Jahr 1933.[1] Kreisleiter Otto Wetzel machte seinen Mitkämpfern Mut: *Wir haben noch Kampfkraft und Reserven, wir sind jung, und die anderen sind alt.*[2] Großspurig kündigte er an: *Wir werden die roten Herren in Mannheim im Jahre 1933 aus ihren Sesseln werfen.* Vermutlich hielt selbst Wetzel diese Prognose für nicht ganz realistisch. Der stellvertretende NSDAP-Gauleiter Walter Köhler äußerte sich jedenfalls am 11. Januar im Rosengarten zurückhaltender. *Es gibt keine Armee, die dauernd vor dem Feind liegen und dauernd siegen kann. ... Aber ein Rückschlag ist für eine politische Bewegung dann segensreich, wenn er dazu bestimmt, Selbstkritik zu üben.*[3]

Zu solch selbstkritischer Lagebeurteilung bestand zweifellos Anlaß. In Mannheim hatte die NSDAP, entsprechend dem reichsweiten Trend, bei der Reichstagswahl am 6. November 1932 einen deutlichen Rückschlag verzeichnen müssen. Sie war zwar stärkste Partei geblieben, repräsentierte aber nur noch ein Viertel der Wählerschaft. Zugleich war die KPD zur zweitstärksten Kraft noch vor der SPD aufgestiegen mit nur rund 2 500 Stimmen Rückstand auf die NSDAP.

Übertriebenen Optimismus konnte auch der Aufmarsch der SA am 8. Januar nicht auslösen. Immerhin wurde er nicht zur von der Linken erhofften Pleite; aber gemessen an Demonstrationen der Eisernen Front mit regelmäßig über 10 000 Teilnehmern blieb der *Angriff* der SA-Standarte 171 doch eher kraftlos. Trotz einer *Abordnung der Standarte Ludwigshafen* konnte der Mannheimer SA-Führer Hans Feit beim Antreten im Schloßhof nur *nahezu 1 500 Mann* zählen. Über die Teilnehmerzahl bei der *kurzen, dafür aber um so imposanteren Kundgebung* mit Kreisleiter Wetzel auf dem Marktplatz schwieg sich das Hakenkreuzbanner, sonst nicht zurückhaltend mit Erfolgsmeldungen, aus.[4]

Dennoch versuchten die Mannheimer Nationalsozialisten nicht ohne Erfolg, den ersten Wochen des neuen Jahres ihren Stempel aufzudrücken. Einen Höhepunkt bildete die *Reichsgründungsfeier* am 18. Januar. Wie bei allen NSDAP-Versammlungen dieser Wochen warb ein Propagandamarsch, in diesem Fall 400 SA-Männer des Sturmbanns II/171, in der ganzen Stadt für die Veranstaltung. Bei einer *kleinen und schlichten Feier* im Schloßhof hatte Kreisleiter Wetzel vor der angetretenen Mannheimer SA Hitlers *gigantische Aufgabe* mit Bismarcks Reichsgründung verglichen: Es gehe um die *Aufrichtung des Dritten Reiches.* Anschließend zog man zum Friedrichsplatz, wo Standartenführer Feit den Vorbeimarsch abnahm. Bei der folgenden Kundgebung im vollbesetzten Nibelungensaal übernahm der neugegründete SA-Musikzug eine tragende Rolle.

Das Hakenkreuz-Banner

Die nationalsozialistische Zeitung für der Bezirke Mannheim-Weinheim

Offizielles Partei-Organ
Das Hakenkreuz-Banner erscheint wöchentlich und kostet ohne Zustellung 90 Pfg. — Bestellungen bei den Postämtern und bei den Briefträgern, sowie beim Verlag, Mannheim, P 5, 13 a. — Zahlungs- und Erfüllungsort, sowie Gerichtsstand ist Mannheim. — Postscheckkonto: 31715 Karlsruhe.

Einzelpreis 20 Pfg.

Anzeigen: Die achtgespaltene Millimeter-Anzeigenzeile 10 Pfg. Wiederholungsrabatte nach bes. Tarif. Redaktionsschluß für Inserate: Donnerstag 12 Uhr. Bei Ausfall der Lieferung infolge höherer Gewalt, polizeilichem Verbot, Betriebsstörung, Streik usw. besteht kein Anspruch auf Rückzahlung oder Nachlieferung.

Jahrgang 1 — Nummer 1 — Herausgeber: Karl Lenz, M. d. R. für den Gau Baden — Mannheim, 3. Jan. 1931

Herr Oberbürgermeister Dr. Heimerich
wie ist Ihnen?

Mannheim ist eine Großstadt — comme il faut — auf allen Gebieten, besonders beim Geldausgeben. Die Werktätigen bezahlen es ja. So war es bisher. Wir Nationalsozialisten erlauben uns auch hier die Freiheitslämpchen anzuzünden und hineinzuleuchten, wo es bisher finster war — auf daß es helle werde. Unsere Stadtratsfraktion hat folgende Belichtungs=Anträge gestellt:

Der Stadtrat wolle beschließen:

a) Den Herrn Oberbürgermeister, die Herren Bürgermeister und die Herren Direktoren der städt. Betriebe zu ersuchen, ihr gesetzlich festgelegtes Einkommen freiwillig so zu kürzen, daß es den herausfordernden Charakter gegenüber der wirtschaftlichen Notlage der breiten Masse verliert und in keinem Falle den Betrag von 12 000 RM (Zwölftausend Mark) im Jahre überschreitet (Gehalt des Innenministers Dr. Franzen in Braunschweig).

b) Sofort feststellen zu lassen, welche Summen hierbei gespart werden.

c) Diese eingesparten Summen im ersten Monat als einmalige Beihilfe den Erwerbslosen zukommen zu lassen und in den folgenden Monaten zur Erstellung von Wohnungen, bei denen Erwerbslose Beschäftigung finden, bereitzustellen.

Die Entschädigungen der Stadträte und Stadtverordneten auf das gesetzl. höchstzulässige Mindestmaß herabzusetzen.

Die Stellen des dritten und vierten Bürgermeisters werden gestrichen. An ihre Stelle treten nötigenfalls ehrenamtliche Beauftragte der Stadt.

Sämtliche gemeindlichen Arbeiten und Lieferungen sind den ortsansässigen (Groß Mannheim) Gewerbetreibenden zu übertragen und können nur dann auswärts vergeben werden, wenn sie am hiesigen Platze nicht ausgeführt werden können.

Die Kleingewerbetreibenden sind in sozialgerechter Weise weitgehendst zu berücksichtigen.

Wir erwarten von der Stadtverwaltung die Entlassung aller Parteibuchbeamten. Zur praktischen Durchführung ersuchen wir Vervollständigung unseres Antrages Nr. 7 um Vorlage eines Verzeichnisses, welches die Namen aller Beamten enthält mit folgenden Angaben:

1. Vor- und Zuname.
2. Jetzige Beschäftigung.
3. Seit wann in städtischen Diensten.
4. Welche berufliche Vorbereitung?
5. Schulbildung und Schulzeugnisse.
6. Abgelegte Examina.
7. Gehaltsgruppe, monatliches Einkommen (detailliert).
8. Vorstrafen.

Die Beamten, welche in diesem Sinne keine Berufsbeamten sind, müssen ohne Entschädigung aus städtischen Diensten entlassen werden.

Mannheim, den 29.12.30.
Die Rathausfraktion der NSDAP.
Runkel, Feit, Dr. Orth, Störz.

Achtung Bezieher!

Wir haben die Feststellung gemacht, daß eine Reihe von Pg. die Bestellscheine für unsere Zeitung ausgefüllt und in den Briefkasten eingeworfen hat, aber bis zur Stunde noch keinen Bezugspreis entrichtet mußte. Die Gründe hierfür sind uns noch nicht bekannt. Auf jeden Fall wollen sich alle oben genannten Pg. auf dem Verlag melden, wenn sie trotz getätigter Bestellung nicht beliefert werden. Im übrigen werden wir die Angelegenheit untersuchen.

Verlag „Das Hakenkreuz-Banner".

Am Donnerstag

den 15. Januar 1931, findet im Mannheimer Nibelungensaal eine

Großdeutsche Kundgebung

statt. Die Veranstaltung wird gemeinsam von der S.A. Standarte und der Bezirksleitung Mannheim durchgeführt.

Es sprechen:
Abg. Knirsch vom Prager Parlament,
Gauleiter Frauenfeld=Wien,
M. d. R. Lenz=Mannheim.

Teilnahme für alle Parteigenossen des Bezirks Mannheim ist Pflicht.

Bez. Mhm. der NSDAP.   Sta. 4 der S. A.

Parteigenossen, Kameraden!

Das Gesetz, nach welchem wir angetreten, gilt heute, wie es vor zehn Jahren galt.

Damals haben wir mit dem Kampf unseren Bund geschlossen und seither ist er uns zur Seite geschritten. Manchmal war es hart und schwer, Nationalsozialist zu sein, dann aber wieder war der Stolz über gewonnene Schlachten so begeisternd, daß wir alles Schwere vergaßen.

Aber je mehr Jahre in das Land gegangen sind, umso gemeiner wurden die Waffen des Gegners. Und wer war nicht alles Gegner von uns? Die Parteien, die Klassen, der Staat, die Banken, der Jude! Wenn es an uns ging, dann waren sie in einer Front und ihre Kampfmittel waren der Haß und der Schmutz. Wir aber trugen in uns das Leben und die Leidenschaft, den eisernen Willen und männlichen Trotz. Rechtwinklig standen wir an Leib und Seele und wehrten uns, so gut wir konnten. Wo uns aufgehetztes Unternehmentum die Schädel einschlug, da brachten wir den Beweis, daß der Deutsche in Deutschland doch noch etwas mitzureden hat.

Kameraden von Mannheim und Weinheim!

Wir sind in eine neue Kampfphase eingetreten. Wir haben uns nie Illusionen gemacht, sondern können mit Stolz von uns sagen, daß wir — je mehr die Feinde dagegen schrien — kalt und nüchtern blieben. Wir wollen es auch hier sein!

In dieser Zeit wirtschaftlicher Depression, parteipolitischer Niedertracht und behördlicher Verfemung muß es für uns heißen:

„Die Herzen zusammengerissen,
die Zähne zusammengebissen, arbeiten, kämpfen."

Nichts, garnichts haben wir uns vorzumachen, als das Eine, daß unsere Gegner nunmehr ihre Front verbreitern werden, um mit gemeineren Mitteln als bisher den Kampf gegen uns zu führen.

Wir aber werden die Ruhe bewahren, wie wir sie einst hatten, als wir in den M.G.Nestern der Front lagen, den Finger am Abzugsbügel der Gewehre, und unser bißchen Leben kämpften.

Der Kampf heute ist der gleiche!

Wenn wir ihn bestehen, weil wir die Revolution des Rechtes sind, weil uns zur Seite die Wille, der Trotz und die Liebe zum deutschen Vaterland und zum deutschen Arbeitsbruder stehen.

Drum Kameraden — — — — — — sein muß — über Gräber — — — — hepo.

107 Nazi stürzen das Kapital, brechen die Judentyrannei, machen uns frei!

Mit Riesenplakaten rührten die Roten die Werbetrommel in ganz Deutschland: „107 Nazi schützen das Kapital." Die Taktik ist zu einfältig: Wir Nationalsozialisten sollen in die Verteidigung gedrängt werden. Das Grauen vor der eigenen Katastrophe sitzt den Roten und Schwarzen würgend im Nacken. Jetzt erfüllt sich, was sie vor Monaten und Jahren in wahnsinnigem Taumel [...]

Damals am 18. Juli 1929 anläßlich der Debatten [...] Annahme des Young=Planes schrieb das führende [...] keine Versklavung bedeutet, sei ein Übereinkommen. Ganz einfach schrieb der Badische Beobachter: „Was wir früher für Heer und Flotte gaben, bekommen nun Frankreich und die andern zur Bezahlung ihrer Schulden an Amerika. Deutschland bezahlt damit den Frieden der Welt. Die Polnischen Westgrenzen müssen garantiert werden. Die Hegemonie Frankreichs muß für Deutschland eine gegebene Größe sein!"

Dann schwätzten sie in das Mikrophon des Rundfunks hinein und faselten von Milliarden, die gespart würden... — und jetzt — Juli 1930 Verordnung zur Behebung finanzieller, wirtschaftlicher und sozialer Notstände — Dezember 1930 — Verordnung zur Sicherung der Finanzen. Herr Brüning muß trotz seines sanften Augenaufschlages Diktatur machen, um die Sklaventribute herauszupressen und die jüdischen Finanzhyänen zu befriedigen. Die SPD. steht daneben und hält die Chloroformflasche in der Hand. Tropfen um Tropfen fällt. Unten liegt der geschundene „Patient" und atmet den betäubenden Duft — „107 Nazi schützen das Kapital" — und ein diabolisches Grinsen verzerrt diese „Sozialisten."

Aber, gemach, wir lassen uns von euch nicht mehr metzgern. Wie war das doch, als der Young=Plan angenommen wurde, erklärten unsere Parteigenossen im Reichstag: „Die vereinigten Parteien des November=Verbrechens zusammen mit ihren bürgerlichen Helfershelfern haben die Younggesetze angenommen, ohne zu wissen, wo das Geld für diese Tribute hernehmen sollen; ohne die Bürgschaften für die Erfüllbarkeit für übernommene Verpflichtungen geben zu können. Es ist eine Lüge, wenn von finanziellen Erleichterungen von Seiten der Regierung gesprochen wird.

Wir klagen die Regierung und die sie stützende Reichstagsmehrheit des vollendeten Volksverrates an!"

Hättet ihr den Young=Plan nicht unterschrieben, dann bräuchtet ihr heute keine neuen Steuern, hättet ihr deutsche Außenpolitik getrieben, dann würden euch die Polaken nicht in das Gesicht treten.

Alles ist zwangsläufig und ihr habt euch euer Gesetz selber gegeben. Nach diesem Gesetz sterbt ihr, weil ihr es nicht mehr ändern könnt. Euer Blut ist vergiftet. Mit euch geht es zu Ende und nun schreit ihr sterbenden Parteibonzen nach einem bischen Leben — genau wie der Schwindsüchtige.

Gesetzt den Fall, wir hätten dem Pensionskürzungsgesetz und dem kommunistischen Antrag auf Sonderbesteuerung vom Besitz über 500 000 RM zugestimmt? Dann wären wir mitverantwortlich!

Das Geld dieser neuen Steuern gebt ihr als Gratisspende an die amerikanischen

14
Linke Seite: Titelseite der ersten Ausgabe des Mannheimer NSDAP-Organs Hakenkreuzbanner. 3.1.1931.

15
Seite aus dem Fotoalbum von Felix Salomon. 1933. Die Familie Salomon lebte seit 1919 in dem Haus F 2, 4 a, wo die Mutter von Felix eine Pension betrieb. Die Beschriftung lautet: *Der letzte Reichsbannerumzug (Eiserne Front) Januar 1933 und der Nationale Feiertag (1. Mai 1933) vom Pensionsfenster aus gesehen.*

Oben links ist die Untere Pfarrkirche in F 1 am Marktplatz auszumachen; die beiden anderen Fotos zeigen die Straße zwischen F 1 und F 2 in der entgegengesetzten Blickrichtung. 1937 mußten die Salomons nach Argentinien auswandern.

Dennoch schienen die Nationalsozialisten in Mannheim Ende Januar 1933 weit entfernt von einer *Machtergreifung*. So löste die Nachricht von der Ernennung Hitlers zum Reichskanzler am 30. Januar 1933 nicht nur Begeisterung aus unter den NSDAP-Anhängern, die sich spontan vor der seit 1932 in P 5, 13 a befindlichen Parteizentrale zusammenfanden. Auch am Verlagshaus der sozialdemokratischen Volksstimme in R 3, 14 und bei der KPD in S 3, 10 sammelten sich erregte Mitglieder, die von der Polizei nur mit Mühe in Zaum zu halten waren. Während die Kommunisten noch am Nachmittag des 30. Januar Flugblätter mit der Aufforderung zum Generalstreik verteilten, riefen die Nationalsozialisten mit Handzetteln zu einem Fackelzug am Abend auf.

Knapp 700 NSDAP-Anhänger zogen daraufhin durch die Stadt, immer wieder aufgehalten von Gegnern. Die Abschlußkundgebung auf dem Marktplatz endete in einem Handgemenge, das durch massiven Polizeieinsatz beendet werden mußte. Zu Zusammenstößen kam es auch später an der Friedrichsbrücke, wo heimkehrende SA-Gruppen von Gegendemonstranten empfangen wurden. Wieder mußte die Polizei eingreifen.⁵ Ihre auf Trennung der politischen Gegner zielende Taktik empfanden die nach Hitlers Ernennung zum Reichskanzler euphorischen Nationalsozialisten als Provokation. *Der rote Mob wütet in Mannheim. Wir warnen den Polizeipräsidenten! Wir verlangen Sicherheit und Schutz!*⁶

So wenig es die Nationalsozialisten jedoch schafften, die politische Initiative in Mannheim an sich zu reißen, so wenig gelang es den Gegnern der NSDAP, sie durch entschlossenes Zusammenwirken in die Schranken zu weisen. Die Generalstreik-Parole der Kommunisten verhallte auch in Mannheim fast ungehört, zumal ein Großteil der KPD-Anhänger bereits arbeitslos war. Die Sozialdemokraten wie die freien Gewerkschaften mahnten zu Besonnenheit. In den wenigen Betrieben, wo der Streikaufruf Anklang fand, traten zunächst unerkannt bleibende SA-Leute erfolgreich als Abwiegler auf.⁷

Nachdem der 30. Januar den Nationalsozialisten noch nicht den erhofften Durchbruch gebracht hatte, sollte die rote Bastion Mannheim anläßlich der Kreistagung der NSDAP am 5. Februar im Sturm erobert werden. Nach Kirchgang und Kongreßprogramm sammelte sich die SA der Region am Nachmittag auf dem Meßplatz. Dort betonte Kreisleiter Wetzel, *der Kampf um Baden* müsse *in erster Linie ein Kampf um Mannheim, die Fabrik, sein*.⁸ Anschließend bewegte sich ein Zug von rund 8 000 SA-Männern in die westliche Neckarstadt. Während in der Innenstadt nach Feststellung der Neuen Mannheimer Zeitung anläßlich der NSDAP-Tagung *eine stärkere Beflaggung mit schwarz-weiß-roten und nationalsozialistischen Fahnen bemerkbar* war, dominierten in der Neckarstadt Schwarz-rot-gold und Rot. An der Kreuzung Riedfeldstraße/Bürgermeister-Fuchs-Straße kam es dann zum Zusammenstoß zwischen SA und antifaschistischen Demonstranten. Durch Pfiffe, Sprechchöre und Singen der Internationale herausgefordert, schlugen SA-Männer mit abgeschnallten Schulterriemen auf die

Einzelpreis 10 Pf.

Neue Mannheimer Zeitung

Erscheinungsweise: Täglich 2mal außer Sonntag. Bezugspreise: Frei Haus monatl. RM. 2.08 und 62 Pfg. Trägerlohn, in unseren Geschäftsstellen abgeholt RM. 2.25, durch die Post RM. 2.70 einschl. 60 Pfg. Postbef.-Geb. Hierzu 72 Pfg. Bestellgeld. Abholstellen: Waldhofstr. 12, Kronprinzenstr. 42, Schwetzinger Str. 48, Meerfeldstr. 13, Ne Fischerstr. 1, Fe Hauptstr. 63, W Oppauer Str. 8, Se Luisenstr. 1.

Mannheimer General-Anzeiger

Verlag, Redaktion und Hauptgeschäftsstelle: R 1, 4—6. — Fernsprecher: Sammel-Nummer 249 51
Postscheck-Konto: Karlsruhe Nummer 175 90. — Telegramm-Adresse: Nemazeit Mannheim

Anzeigenpreise: 32 mm breite Colonelzeile RM. -.40, 79 mm breite Reklamezeile RM. 2.50. Für im Voraus zu bezahlende Familien- und Gelegenheits-Anzeigen besondere Preise. Bei Konkursen, Vergleichen oder Zahlungsverzug keinerlei Rabattgewährung. Keine Gewähr für Anzeigen in bestimmten Ausgaben, an besonderen Plätzen und für telefonische Aufträge. Gerichtsstand Mannheim.

Abend-Ausgabe | Montag, 30. Januar 1933 | 144. Jahrgang — Nr. 50

Adolf Hitler Reichskanzler

Ein Kabinett Hitler-Papen-Hugenberg — Verhandlungen mit Zentrum und Bayerischer Volkspartei über eine Mehrheitsbildung

Verbot der KPD?

Drahtbericht unseres Berliner Büros

⊡ **Berlin**, 30. Januar

Hitler ist Reichskanzler. Die Dinge haben nun einen sehr schnellen Verlauf genommen. Gleichzeitig mit Herrn von Papen war heute vormittag Adolf Hitler beim Reichspräsidenten erschienen, und im Vorzimmer warteten Hugenberg, Göring, Frick und Seldte. Die Verhandlungen innerhalb der Harzburger Front, für die man im Laufe des heutigen Vormittags wegen der Eingliederung der SA selbst von gut unterrichteter deutschnationaler Seite keine allzu günstige Prognose gestellt bekam, waren inzwischen doch zu einem positiven Abschluß gelangt. Daran dürfte nicht zuletzt der einmütige Protest der politischen Parteien, der Gewerkschaften aller Richtungen und der öffentlichen Meinung gegen ein Kabinett Papen—Hugenberg beigetragen haben. Man mag in den Kreisen, die die jetzige Regierungskrise durchaus planmäßig zur Herbeiführung ganz anderer Lösungen ausnutzen wollten, doch wohl eingesehen haben, wie gefährlich die Verwirklichung einer einseitigen Parteidiktaturregierung hätte werden können.

Der Reichspräsident hat nach einer Aussprache mit Herrn von Papen und Adolf Hitler die ihm vorgelegte Ministerliste eines Kabinetts Adolf Hitler genehmigt.

Von welchen Bedingungen Hindenburg die Auslieferung der Kanzlerschaft und verschiedener wichtiger Ressorts an die Nationalsozialisten abhängig gemacht hat, war im Augenblick nicht festzustellen. In der Wiederbetrauung des Reichsfinanzministers Schwerin-Krosigk sieht man in politischen Kreisen zum mindesten eine gewisse Gewähr für die Fortführung der heutigen Finanzpolitik und die Sicherung der Währung. Graf Schwerin hat die Stetigkeit der Finanz- und Währungspolitik ausdrücklich zur Vorbedingung seiner Mitarbeit gemacht.

Hitler wird heute nachmittag Verhandlungen mit Zentrum und Bayerischer Volkspartei aufnehmen.

Das Zentrum dürfte sich zunächst abwartend verhalten und unter Umständen dem neuen Kabinett eine gewisse Bewährungsfrist einräumen. In einer Erklärung wird die Fraktion vielleicht hervorheben, daß das augenblickliche Minderheitskabinett noch nicht die vom Zentrum gewünschte Lösung sei, daß vor allem die Ernennung Papens und Hugenbergs nur mit den allergrößten Bedenken hingenommen werden könne. Das Zentrum befindet sich insofern in einer Zwangslage, als die Nationalsozialisten entschlossen scheinen, wenn nicht anders möglich, die Frage der Mehrheitsbildung im Reichstag mit Gewalt zu lösen, d. h.

ein Verbot der Kommunistischen Partei und die Ausweisung ihrer Abgeordneten

herbeizuführen. In dieser Richtung kommen Hitler und die Seinen bereits mit recht bestimmten Plänen in ihr Amt. Auch in den Verhandlungen innerhalb der Harzburger Front soll man sich mit dieser Möglichkeit bereits sehr eingehend beschäftigt haben.

Der Reichspräsident will jedenfalls, so wird uns versichert, dem neuen Kabinett auf keinen Fall irgendwelche Vollmachten erteilen, auch nicht die zur Reichstagsauflösung.

Der bisherige Widerstand Hindenburgs gegen alle Verfassungsexperimente scheint im übrigen dazu beigetragen zu haben, daß die Kreise um Hugenberg auf die Weiterverfolgung ihrer autoritären Pläne verzichtet haben.

Das alte Reichskabinett hielt seine Schlußsitzung heute mittag um 13,30 Uhr ab.

Wie wir erfahren, wird der Ministerialrat im Reichsministerium des Innern, Dr. Lammers, zum Staatssekretär der Reichskanzlei und der nationalsozialistische Reichstagsabgeordnete Funk zum Leiter der Presseabteilung der Reichsregierung ernannt werden. Die Ernennungen sind aus rein formalen Gründen noch nicht in Zusammenhang mit der Kabinettsbildung erfolgt, stehen aber bevor. Lammers wurde schon seit einiger Zeit den Nationalsozialisten zugezählt.

Die Bayerische Volkspartei-Correspondenz beschäftigt sich in längeren Ausführungen mit der innerpolitischen Lage und umreißt nochmals die Grundeinstellung der BVP, die jeden Kanzler unterstützen werde, dem eine wirkliche Konzentration aller nationalen Kräfte gelänge. Kampfkabinetten mit Klassenkampfcharakter, wenn auch mit umgekehrten Vorzeichen, und Reichsregierungen, die sich um Recht und Verfassung nicht kümmerten, und die so zum Schrittmacher der Revolution werden müßten, werde die Bayerische Volkspartei nach wie

Die amtliche Mitteilung

Hitler und sein Kabinett wurden bereits von Hindenburg vereidigt

— Berlin, 30. Januar.

Der Reichspräsident empfing heute vormittag Adolf Hitler sowie den Reichskanzler a. D. v. Papen zu einer längeren Besprechung.

Der Reichspräsident hat Hitler zum Reichskanzler ernannt und auf dessen Vorschlag die Reichsregierung wie folgt neugebildet:

Reichskanzler a. D. v. Papen wurde zum Stellvertreter des Reichskanzlers und zum Reichskommissar für das Land Preußen berufen,

Freiherr von Neurath wurde Reichsaußenminister,
Staatsminister a. D. M. d. R. Dr. Frick Reichsinnenminister,

Generalleutnant v. Blomberg Reichswehrminister,

Graf Schwerin von Krosigk Reichsfinanzminister,

Geheimrat M. d. R. Dr. Hugenberg Reichswirtschaftsminister und Reichsminister für Ernährung und Landwirtschaft,

Franz Seldte Reichsarbeitsminister,

Freiherr von Eltz-Rübenach Reichspostminister und Reichsverkehrsminister,

Reichstagspräsident Göring Reichsminister ohne Geschäftsbereich und Reichskommissar für den Luftverkehr. Göring wurde gleichzeitig mit der Wahrnehmung der Geschäfte des preußischen Innenministers betraut.

Reichskommissar für die Arbeitsbeschaffung Dr. Gereke wurde in seinem Amte bestätigt.

Das Reichsjustizministerium bleibt vorläufig noch offen.

Der Herr Reichspräsident hat heute nachmittag die durch das Reichsministergesetz vorgeschriebene Vereidigung des Reichskanzlers Adolf Hitler und der Mitglieder der neugebildeten Regierung vorgenommen.

Das neue Kabinett tritt zu seiner ersten Sitzung heute nachmittag um 5 Uhr zusammen.

Reichstag spätestens am 7. Februar

Drahtbericht unseres Berliner Büros

⊡ **Berlin**, 30. Januar.

Der Aeltestenrat des Reichstags hat beschlossen, daß der Reichstag spätestens morgen in acht Tagen zusammentreten soll mit der an sich schon für morgen aufgestellten Tagesordnung: Entgegennahme einer Regierungserklärung.

Sollte das neue Kabinett schon früher vor den Reichstag treten wollen, könne — so wurde uns versichert — die Einberufung auch zu einem früheren Termin erfolgen. Dieser Beschluß kam auf den Antrag Frick mit Unterstützung des Zentrums zustande, das offenbar eine kleine Pause für die Beratungen einerseits innerhalb der Fraktion, zum andern mit den Nationalsozialisten erhalten möchte. Von nationalsozialistischer Seite wird erklärt, daß Hitler die Absicht habe, sobald wie nur möglich vor den Reichstag zu treten.

Die ersten Maßnahmen Hitlers

Meldung des Wolffbüros

— **Berlin**, 30. Januar.

Die Neubildung des Reichskabinetts hat sich in der Wilhelmstraße rein äußerlich ohne den großen Aufwand vollzogen, den man bei Hitlers letzten Verhandlungen mit Hindenburg beobachten konnte. Die Ernennung des Kabinetts kam aber auch den politischen Kreisen verhältnismäßig überraschend.

In maßgebenden Kreisen wird unterstrichen, daß das neue Kabinett sich eine parlamentarische Mehrheit suchen werde.

Deshalb sollen so schnell wie möglich die Verhandlungen mit dem Zentrum und der Bayerischen Volkspartei aufgenommen werden. Hier liegt auch die Bedeutung der Tatsache, daß das Amt des Reichsjustizministers und die Aemter der stellvertretenden preußischen Staatskommissare mit Ausnahme dessen für das Innenministerium noch offengehalten sind. Damit werden auch dem Zentrum und der BVP Möglichkeiten einer aktiven Beteiligung gegeben.

Was die sachliche Seite des neuen Kabinetts im übrigen anlangt, so darf man schon jetzt annehmen, daß

an der Spitze seiner programmatischen Arbeiten soziale Maßnahmen

stehen. Ueber das Programm ist zwischen den Beteiligten in den Besprechungen weitgehende Einigung erzielt worden.

In politischen Kreisen konzentriert sich das Hauptinteresse jetzt auf die Frage, ob das Zentrum sich zu einer Tolerierung oder sonstwie gearteten Unterstützung des Kabinetts Hitler bereit findet. Sollte die Mehrheitsbildung nicht zustandekommen, so ist nach Auffassung unterrichteter Kreise kein Zweifel, daß der Reichstag aufgelöst und neu gewählt wird.

Die Krise in Frankreich

Meldung des Wolff-Büros

— **Paris**, 30. Januar.

Nach einer Auslassung der Agence Havas über die Regierungskrise wird Daladier aller Wahrscheinlichkeit nach ein fast ausschließlich radikales Ministerium bilden. Wesentlich sei, daß Daladier die Unterstützung Herriots erhalten habe, der vielleicht das Luftfahrtministerium übernehmen werde, da er den Wunsch geäußert habe, in diesem Augenblick noch nicht als Außenminister in den Quai d'Orsay zurückzukehren. Außenminister würde unter diesen Umständen Paul-Boncour bleiben, während Daladier selbst auch als Ministerpräsident das Kriegsministerium beibehalten würde. Wahrscheinlich würde Daladier das Finanzministerium lieber in ein Finanz- und ein Budget-Ministerium teilen.

Wenn die Voraussagen von Havas zusagen sollten, würde das neue Kabinett ein Ministerium Paul-Boncour mit Daladier an der Spitze sein. Die Finanzsanierungsfragen würden also an dem gleichen Punkte stehen, an dem Paul-Boncour und Chéron sie haben fallen lassen müssen.

Stillhalte-Konferenz in Berlin

Meldung des Wolff-Büros

— **Berlin**, 30. Januar.

Heute beginnen in Berlin in den Räumen der Reichsbank die Verhandlungen über ein neues Stillhalteabkommen. Das alte Stillhalteabkommen läuft bekanntlich am 28. Februar ab. Den Verhandlungen in Berlin sind in London zahlreiche Besprechungen des Studienausschusses vorangegangen.

Ziel der Berliner Konferenz ist die Aufstellung eines mindestens einjährigen neuen Stillhalteabkommens.

Der erste Eindruck

* **Mannheim**, 30. Januar.

Eine Entscheidung von unabsehbarer Tragweite ist gefallen: Hitler ist von Hindenburg zum Reichskanzler ernannt worden. Der erste Widerhall, den diese Nachricht in der Seele aller Deutschen finden muß, die ihr Vaterland höher stellen als irgend welche parteipolitischen oder persönlichen Interessen, kann nur der Wunsch sein: möge Gott dem neuen Kanzler Hitler die Kraft und die Fähigkeit geben, um die großen Hoffnungen, die von dem Millionenheer seiner Anhänger auf ihn gesetzt werden, und denen wir uns als stets überparteiliche Beurteiler der politischen Ereignisse in diesem geschichtlichen Augenblicke gerne anschließen, in glückliche Erfüllung gehen zu lassen.

Tausende von Fragen drängen sich jedem nachdenklichen Deutschen in diesem geschichtlichen Augenblicke auf. In den nächsten Tagen wird sich noch Gelegenheit genug ergeben, um wenigstens auf die hauptsächlichsten davon zurückzukommen. Für den Augenblick kann es sich für uns, schon im Hinblick auf die kurze uns bis zum Redaktionsschluß zur Verfügung stehende Zeitspanne, nur darum handeln, ohne Zögern mit unserer ersten Meinung auch in diesem Falle nicht lange hinterm Berg zu halten. Unser Standpunkt gegenüber dem neuen Kabinett Hitler können wir am klarsten zum Ausdruck bringen durch die Wiederholung der Worte, die wir vorgestern an dieser Stelle im Rahmen unseres Leitartikels ausgesprochen haben: „Wir werden jeder vom Reichspräsidenten ernannten Regierung die Chance geben, zu zeigen was sie kann und sie dann nach ihren Taten sachlich beurteilen."

Das ist der einzige Standpunkt, den die hoffentlich recht große Millionenzahl jener Deutscher stets nur einnehmen kann, die sich gleich uns immer bemühen, alle Ereignisse des Lebens, also auch in der Politik, unter dem Gesichtspunkte des gesunden Menschenverstandes zu beurteilen. So gesehen, stellen wir uns zu dem neuen Kabinett Hitler-Papen-Hugenberg mit allem Ernst, den unsere nach wie vor äußerst kritische Lage erfordert, aber ohne jedes Vorurteil. Selbstverständlich auch ohne jeden Ueberschwang, den wir nach wie vor den Nationalsozialisten selbst überlassen müssen. Unsere Begeisterungsfähigkeit ist trotzdem nicht gestorben. Im Gegenteil, der heiße Wunsch, sich begeistern zu können, brennt zeitlebens im Herzen aller guten Deutschen, und nichts sollte uns ehrlicher freuen, als wenn wir über kurz oder lang erleben sollten, daß es mit unserem so schwer leidenden Volke wieder so bergauf geht, daß man freier atmen kann als jetzt und wieder hoffnungsvoll in die Zukunft zu sehen vermag.

Die 12 Millionen Anhänger Hitlers glauben an diese Wendung zum Besseren. Diese „Politik aus dem Glauben heraus", die bekanntlich ja auch Herr v. Papen vertreten hat, hat viel für sich. Sie ist jedenfalls in unserer kritischen Lage viel angebrachter als die so höchst seltsame Zauderpolitik, die wir in den letzten beiden Monaten ausgerechnet bei einem Regierungschef feststellen mußten, der, wie Schleicher, nicht nur Kanzler, sondern auch General und Reichswehrminister war. Das merkwürdige Kapitel dieser Kanzlerschaft von 57 Tagen Dauer bedarf noch dringend der Aufklärung.

Im Augenblick kann es sich jedoch nicht darum handeln, lange rückwärts zu schauen, sondern man muß den Blick fest und klar nach vorwärts richten. Denn darüber kann kein Zweifel bestehen, daß mit der Kanzlerschaft Hitlers eine neue Zeitepoche der deutschen Politik und vielleicht auch Deutschlands ihren Anfang genommen hat. Laut Verfassung bestimmt der Reichskanzler die Richtlinien der gesamten Politik. Hitler wußte deshalb genau, weshalb er sich mit keinem anderen Posten begnügen wollte. Nun hat er erreicht was er wollte, und mit der größten Spannung blickt nicht nur ganz Deutschland, sondern die ganze Welt auf die ersten Regierungshandlungen des neuen Kanzlers und auf die Weiterentwicklung unserer innerpolitischen Lage.

So wie bisher konnte es ja auch nicht mehr weitergehen. Darüber waren sich alle Einsichtigen nach dem ebenso überraschenden wie restlosen Versagen des Kanzlergenerals Schleicher völlig klar. Nun ist dieser Mann, der noch vor zwei Tagen die größte Machtfülle der deutschen Reichsregierung in seiner Person vereinigte, wie mit einem Schlag völlig in der Versenkung verschwunden. Nicht nur seinen Kanzlerposten hat er verloren, sondern auch sein Amt als Reichswehrminister. Nach der sehr scharfen Kritik, die das peinlich überraschende Versagen dieses seit Jahren so geheimnisvoll umwobenen Mannes gefunden hat, kann man dieses Verschwinden nur gutheißen. Gut ist es auch, daß man nicht noch weitere kostbare Zeit mit Halbheiten

16
Linke Seite: Titelseite der Neuen Mannheimer Zeitung. 30.1.1933.

17
Titelseite des Mannheimer SPD-Organs Volksstimme. 3.3.1933. Die Wahlwerbung zwei Tage vor der Abstimmung am 5. März zeigt oben rechts die drei Pfeile der Eisernen Front, des 1931 gebildeten Zusammenschlusses von SPD, freien Gewerkschaften, Reichsbanner und Arbeitersportverbänden, der sich als Antwort auf die *Harzburger Front* von Deutschnationalen, Stahlhelm und Nationalsozialisten verstand.

Menge ein, die sich ihnen entgegengestellt hatte. Die sich wehrenden Demonstranten wurden durch Blumentopfwürfe aus den Fenstern der Häuser unterstützt. Nur die dazwischentretende Polizei konnte Schlimmeres verhindern. Erneut waren die Nationalsozialisten damit bei dem Versuch gescheitert, ihre Dominanz auf der Straße unter Beweis zu stellen.[9]

Im übrigen konzentrierte sich das Kräftemessen auf den Wahlkampf, der unmittelbar nach Auflösung des Reichstags am 1. Februar eröffnet wurde. Allerdings herrschte bei der Konkurrenz um Wählerstimmen von Anfang an keine Chancengleichheit. Führende örtliche Funktionäre der KPD konnten sich nach dem Aufruf zum Generalstreik vom 30. Januar ihrer Festnahme nur durch Untertauchen entziehen.[10] In der Partei wurde nun gefordert, sich auf die Illegalität umzustellen.[11] Bevor dies jedoch gelingen konnte, wurden die Kommunisten von den Ereignissen infolge des Reichtagsbrands am 27. Februar überrollt. In Mannheim wurde die Arbeiterzeitung verboten, allein in der Neckarstadt fanden bis zur Wahl am 5. März wenigstens 60 Haussuchungen statt, das Untersuchungsgefängnis im Schloß und das Landesgefängnis im Herzogenried waren am Abend des 4. März überfüllt.[12]

Aber auch die Sozialdemokraten konnten keinen unbehelligten Wahlkampf führen. Am 23. Februar wurde die Volksstimme für fünf Tage wegen *der Beschimpfung und böswilligen Verächtlichmachung von leitenden Beamten des Staates* verboten.[13] Bereits am 22. Februar war eine Wahlkundgebung auf dem Pfingstberg mit Stadtrat Georg Gräber aufgelöst worden. Am selben Tag hatte der Polizeipräsident *eine Verfügung erlassen, wonach bei allen Kundgebungen der SPD, die unter freiem Himmel gehalten werden, die Reden 24 Stunden vorher im Manuskript vorgelegt werden müssen.*[14] Diese Zensurmaßnahme mußte zwar zwei Tage später wieder aufgehoben werden. Gleichwohl wurde noch am 24. Februar abends die Ansprache nach einem Umzug der Eisernen Front in Käfertal polizeilich unterbunden.[15] Schließlich wurde die den Wahlkampf abschließende Demonstration der Eisernen Front am 3. März auf 1 200 Teilnehmer begrenzt. Demgegenüber blieb der Fackelzug von Nationalsozialisten und Stahlhelm am Vorabend der Wahl von solchen Beschränkungen ausdrücklich ausgenommen.[16]

Angesichts dieser Bedingungen war das Ergebnis der Wahl in Mannheim überraschend und keineswegs geeignet, einen Machtanspruch der NSDAP zu begründen. Zwar gewann die Partei Hitlers gegenüber November 1932 fast 20 000 Stimmen hinzu, kam aber selbst mit ihrem Koalitionspartner, der Kampffront Schwarz-Weiß-Rot, nicht über 38,6 % der gültigen Stimmen hinaus. Die faktisch illegale KPD verlor nur rund 4 500 Wähler, über 30 000 Mannheimer unterstützten trotz des Terrors die Kommunisten! Die SPD konnte sogar, ebenso wie das katholische Zentrum, leicht zulegen und landete als wieder zweitstärkste Partei bei 22,1 %.[17]

18 a
Werbeplakat der NSDAP zur Reichstagswahl
am 5. März 1933 mit den Porträts von
Hitler und Reichspräsident Paul v. Hindenburg.

18 b
Wahlkampf an der Litfaßsäule. 1933.
Fotos aus Neue Mannheimer Zeitung 5.3.1933.
Links vermutlich auf den Planken vor E 2
mit Blick nach Westen;
rechts auf dem Marktplatz G 1 mit Blick auf das
ehemalige Hillesheimsche Palais in R 1,
dahinter der Turm der Konkordienkirche.

Die NSDAP ließ sich nun jedoch nicht mehr durch fehlende Legitimation bei Wahlen beeindrucken. Noch in der Nacht zum 6. März teilte SA-Standartenführer Hans Feit Oberbürgermeister Heimerich mit, am Morgen werde auf dem Rathaus in N 1 die Hakenkreuzfahne gehißt.[18] Heimerichs Protest prallte am selbstsicheren Machtbewußtsein der Nationalsozialisten ab – gegen 7 Uhr marschierten 400 Angehörige von SA, SS und Stahlhelm mit Kapelle vor das Rathaus, zogen ein Hakenkreuzbanner sowie eine schwarz-weiß-rote Fahne am Rathausturm auf und ließen nach Ansprachen von Feit sowie Kreisleiter Wetzel und Singen des Deutschland- und des Horst-Wessel-Lieds eine Ehrenwache zurück. Die von Wetzel wie schon früher auch bei dieser Gelegenheit benutzte Formel, das *rote Mannheim* habe damit zu existieren aufgehört – nun hatte sie Berechtigung.[19]

Mit der Berufung des NSDAP-Gauleiters Robert Wagner zum Reichskommissar für Baden am 8. März war das Ende der noch im Amt befindlichen demokratischen Regierung in Karlsruhe und in der Folge der kommunalen Selbstverwaltung besiegelt. Am frühen Nachmittag des 9. März versammelten sich SA, SS sowie Stahlhelm-Mitglieder im Schneckenhof des Schlosses, wohin die Ansprache Wagners aus Anlaß seines Amtsantritts in Karlsruhe über Lautsprecher übertragen wurde. Im Anschluß führte ein Marsch vom Schloß zum Bezirksamt in L 6, weiter zum Rathaus in N 1, sodann durch die Neckarstadt zur Polizeiunterkunft in der ehemaligen Kaiser-Wilhelm-Kaserne und schließlich zum Polizeiquartier in Q 6, wo sich der Zug um 21 Uhr auflöste. An allen Stationen wurden nach festgelegtem Ritual die Hakenkreuz- sowie die schwarz-weiß-rote Fahne gehißt.

Eine Besonderheit blieb der Aktion am Rathaus vorbehalten. Oberbürgermeister Heimerich, der erneut seine Zustimmung zum Aufziehen des NSDAP-Banners verweigert hatte, wurde auf Anweisung von SA-Standartenführer Feit von SS-Leuten auf den Rathausbalkon geschleppt und gezwungen, die Verbrennung von schwarz-rot-goldenen Fahnen der Republik auf dem Paradeplatz mit anzusehen. Heimerich war von diesem Gewaltakt nervlich so mitgenommen, daß er sich zu ärztlicher Behandlung ins Krankenhaus begeben mußte.[20]

Den Flaggenparaden folgte in der Nacht noch ein Nachspiel. Angeblich wurden nach Hause ziehende SA-Männer in der Nähe des Verlagshauses der Volksstimme in R 3, 14 mit Schüssen angegriffen. Die Durchsuchung des Gebäudes durch SA, SS und Polizei blieb jedoch ergebnislos. An der SPD-Zentrale wurde noch in der Nacht ebenso wie an dem gleichfalls besetzten Volkshaus der Gewerkschaften in P 4, 4–5 eine Hakenkreuzfahne gehißt.[21]

Hatte die Polizei das Aufziehen der Hakenkreuzfahne am 9. März an den öffentlichen Gebäuden hingenommen und mit SA und SS bei der Besetzung der SPD- und ADGB-Zentrale eng zusammengearbeitet, so bedeutete die Verpflichtung der SA als Hilfspolizei durch Robert Wagner am 13. März die offizielle Durchdringung der Ordnungsmacht durch die Nationalsozialisten. Damit einher ging die Beurlaubung von unliebsamen Polizeioffizieren, darunter Polizeihauptmann Retzer, der am 5. Februar bei der fehlgeschlagenen „Eroberung" der Neckarstadt durch die Nationalsozialisten die Polizei befehligt hatte.[22]

Der Besuch des Reichskommissars wurde nicht nur zu einer großen Masseninszenierung genutzt, sondern war auch Ausgangspunkt der ersten antijüdischen Aktion in Mannheim, obwohl Reichsinnenminister Frick kurz zuvor zu Disziplin gemahnt und die Anweisung gegeben hatte, eigenmächtige Übergriffe zu unterbinden.[23] SA-Trupps zwangen jüdische Geschäftsinhaber und Warenhäuser – angeblich zu deren eigenem Schutz und zur Wiederherstellung der Ordnung – zum Schließen.[24] Erst zwei Tage später, am 15. März, normalisierte sich das Geschäftsleben wieder.

Ein weiteres Ereignis des 13. März macht deutlich, wie die Nationalsozialisten den Druck der Straße für ihre Zwecke

19
Werbeplakat der NSDAP zur Reichstagswahl am 5. März 1933.

zu instrumentalisieren suchten. Nach dem antijüdischen Pogrom versammelten sich SA, SS, Stahlhelm und weitere Anhänger der neuen Herren auf dem Paradeplatz. Vom Balkon des Rathauses forderte SA-Standartenführer Feit den gewählten Oberbürgermeister Heimerich zum Rücktritt auf. Ansonsten sei zu *befürchten, ja sogar bestimmt zu erwarten, daß die erregte Bevölkerung Wege beschreitet, die mit Ruhe und Ordnung nicht mehr vereinbar sind.*[25] Heimerich, der sich nach der Demütigung vom 9. März noch im Krankenhaus befand und über den am Vortag *Schutzhaft* verhängt worden war,[26] bat daraufhin den Mannheimer Landeskommissär Dr. Scheffelmeier *mit Rücksicht auf die derzeitige Lage und seine Krankheit um Beurlaubung von seinen Amtsgeschäften.*[27]

Eine neue Qualität erhielt das Vorgehen zur Sicherung der nationalsozialistischen *Machtergreifung* vor Ort durch die Einsetzung von zwei Kommissaren für die Stadtverwaltung am 15. März, des NSDAP-Kreisleiters und Reichstagsabgeordneten Otto Wetzel und des Leiters der Abteilung Wirtschaft bei der Kreisleitung, des Fabrikanten Carl Renninger, durch den kommissarischen Polizeipräsidenten Karl Müller.[28] Angeblich diente diese Maßnahme der *Wiederherstellung und Aufrechterhaltung der Ordnung und Sicherheit.*[29] Welche Aufgabe sich die Kommissare wirklich vorgenommen hatten, machte Wetzel bei seiner ersten Ansprache vor den Abteilungsleitern der Stadtverwaltung deutlich: *Zuerst gilt es, den marxistischen Geist auszutreiben und durch den neuen Geist der Volksgemeinschaft, Disziplin und Sparsamkeit zu ersetzen.*[30] Der Wille zu Sparsamkeit wurde demonstrativ unter Beweis gestellt: Nicht nur verzichteten Wetzel und Renninger auf *jede Vergütung* mit der Begründung, *daß die Stadtverwaltung Mannheim genug bezahlte Kräfte habe*; überdies ließen sie im Amtszimmer des Oberbürgermeisters, das sie als Kommissare bezogen, die *gesamte Plüschmöbelausstattung* entfernen und umgaben sich mit einer *die Arbeit fördernden Nüchternheit*. Statt *verschiedener Gemälde moderner Prägung* zierte fortan ein Bild des *Führers* die Wände.[31]

Parallel zu dem *Großreinemachen,* dem Terror gegen politische Gegner und den antijüdischen Maßnahmen versuchten die NS-Machthaber seit Mitte März verstärkt, die Bevölkerung für sich zu gewinnen. So wurde die Eröffnung des Reichstags in der Potsdamer Garnisonskirche am 21. März als *Nationalfeiertag* inszeniert.[32] Er sollte einerseits die Geschlossenheit von politischer Spitze, Militär und Polizei, andererseits in dem Händedruck *des greisen*

20
Aufmarsch in der Bismarckstraße, vermutlich anläßlich der Vereidigung der Mannheimer Polizei durch Reichskommissar Wagner. 13.3.1933. Die schwarz-weiß-rote Fahne und das Hakenkreuzbanner sind wohl am Mittelbalkon des Bezirksamts in L 6 aufgezogen.

Feldmarschalls von Hindenburg und des jugendlichen Volkskanzlers Hitler[33] die Einbeziehung aller Generationen *in die braune Front* demonstrieren. In Mannheim, wo die städtischen Ämter auf Anweisung der Kommissare geschlossen blieben und auch für die Staatsbehörden *Sonntagsdienst* angeordnet war, begann das Festprogramm mit einem Feldgottesdienst der Wehrverbände am Rhein. Einem Appell der Ordnungskräfte in der Polizeikaserne zur Mittagszeit folgte nachmittags ein Umzug der Jugend durch die fahnengeschmückte Stadt.[34] Den Abend eröffnete ein Standkonzert des Reichsbunds ehemaliger Militärmusiker auf dem Paradeplatz. An dem Fackelzug vom Schloß durch die Stadt zum Wasserturm beteiligten sich nach Polizeiangaben 8 000 Menschen – die Presse schätzte die doppelte Zahl.[35] Bei der Abschlußkundgebung auf dem Friedrichsplatz verwies der stellvertretende Kreisleiter Studienrat Erwin Schmidt einerseits auf die *Millionen deutscher Volksgenossen,* die *in breiter nationaler Front* hinter dem Regime stünden. Zugleich betonte er allerdings auch, daß ein *großer Teil* der Arbeiterschaft *noch abseits* stehe; sie gelte es zu gewinnen, *nicht mit Terror und Gewalt,* sondern im Kampf *um ihre verirrten Seelen.* Zuvor müsse allerdings mit den *Verderbern und Hetzern ... Schluß gemacht* werden. Schmidt erwähnte in diesem Zusammenhang nicht nur die *roten Marxisten. Viel schlimmer sind die verkappten schwarzen Marxisten.* Beim anschließenden *Kameradschaftstreffen* im Nibelungensaal ließ Professor Herbert Kraft, NSDAP-Landtagsabgeordneter und seit 13. März als Kommissar *zur besonderen Verwendung des Ministers* ins badische Kultusministerium berufen,[36] keinen Zweifel daran, daß *Mitleid für den Gegner ... nicht angebracht sei. Wir müssen härter werden, viel härter, als wir es in den letzten Tagen waren.*[37]

Trotz solch martialischer Töne – bereits seit Mitte März mehrten sich die Stimmen, die, jedenfalls in öffentlichen Äußerungen, vor ungezügeltem Terror warnten. Selbst die örtliche SA-Führung mit Standartenführer Feit an der Spitze – nicht gerade für Zimperlichkeit bekannt – schien „Einsicht" zu zeigen: Die *Repräsentanten des Neuen Deutschland, auf die jetzt eine ganze Welt sieht,* dürften *nicht durch einzelne Aktionen und übereilte Eingriffe in die Rechtspflege und Kommunalverwaltungen das notwendige Vertrauen der Bevölkerung* erschüttern.[38] Drei Wochen später sah Kreisleiter und Stadtkommissar Wetzel *Zeichen dafür, daß die nationale Revolution auf legalem Wege durchgeführt werde. Wer das Tempo der Revolution beschleunige, schädige die Revolution.*[39] Schließlich ermahnte Gauleiter Wagner seine „Parteigenossen", *künftig ... Ausschreitungen zu verhindern.*[40]

In dieser Situation kam den NS-Machthabern eine Gelegenheit, sich in Mannheim vor den Augen der Welt positiv in Szene zu setzen, gerade recht: Das sehr viel früher vom Reichsverband der Deutschen Automobilindustrie, dem Allgemeinen Deutschen Automobil-Club, dem Automobil-Club von Deutschland und dem Allgemeinen Schnauferl-Club initiierte Denkmal für den Erfinder des Automobils Carl Benz, der die entscheidenden Jahre

21 a
Vereidigung der Mannheimer Polizei durch Reichskommissar Wagner im Ehrenhof des Schlosses. 13.3.1933.

21 b
Aufmarsch in der Bismarckstraße anläßlich der Vereidigung der Mannheimer Polizei durch Reichskommissar Wagner. 13.3.1933.
Aufn. Badisch-Pfälzische Lufthansa.

seines Lebens in Mannheim verbracht hatte, sollte im Rahmen einer *Welt-Benz-Feier*[41] am 16. April, dem Ostersonntag, enthüllt werden. Den Auftrag für Entwurf und Ausführung des Denkmals hatte der Keramiker und Bildhauer Max Laeuger, Professor an der Technischen Hochschule Karlsruhe und in Mannheim als künstlerischer Leiter der Jubiläums-Gartenbauausstellung von 1907 bekannt, erhalten.[42]

Zu den mehrtägigen festlichen Veranstaltungen erschien alles, *was in der Autowelt Klang und Namen hat, Industrielle, Konstrukteure, Rennfahrer*.[43] Hauptredner der feierlichen Denkmalsenthüllung war Reichsverkehrsminister Paul Freiherr Eltz von Rübenach. In seinen Willkommensgruß schloß er neben der dem Festakt beiwohnenden Witwe und den Söhnen des Erfinders auch die *Träger der Denkmalsidee* sowie den *Schöpfer des Denkmals* ein, die ihm aus seiner Zeit als Präsident der Reichsbahndirektion Karlsruhe noch bekannt gewesen sein dürften. Der Präsident des Reichsverbands der Automobilindustrie, Geheimrat Dr. Allmers, zitierte

22 a
Werbeplakat zu den Veranstaltungen anläßlich der Enthüllung des Benz-Denkmals am 16. April 1933.

23
Rechte Seite: Menschenmassen in der Augustaanlage anläßlich der Enthüllung des Benz-Denkmals. 16.4.1933.
Reichsverkehrsminister Eltz v. Rübenach hatte beim Fallen der Hülle ein *Hurra* ausgebracht, das von der Versammlung aufgenommen, aber – laut dem Bericht des Hakenkreuzbanners – *von lauten Heilrufen übertönt* wurde.
Die *Chinesische Mauer* sollte später zum beliebten Treffpunkt der illegalen SAP werden.

22 b
Bürgermeister Dr. Otto Walli am Rednerpult bei der Feier zur Enthüllung des Benz-Denkmals. 16.4.1933.

aus der ersten wirtschaftspolitischen Rede Adolf Hitlers, die dieser anläßlich der Eröffnung der Internationalen Automobilausstellung in Berlin im Februar 1933 gehalten hatte: *Das Kraftfahrzeug ist neben dem Flugzeug zum genialsten Verkehrsmittel der Menschheit geworden. Es kann der Stolz des deutschen Volkes sein, daß es an der Entwicklung und dem Ausbau dieses großartigen Instruments den größten Anteil genommen hat.*[44] Allmers bezeichnete die Förderung des Automobils durch das NS-Regime als *Schicksalswende des Kraftverkehrs*. Nach einem Grußwort von Bürgermeister Walli, der *namens der Stadt Mannheim ... das Denkmal in Obhut und Pflege*[45] übernahm, schloß die Feier mit dem Deutschlandlied und dem Horst-Wessel-Lied.

Anschließend fand für die 250 Ehrengäste ein Empfang im Schloß mit Festbankett statt. *Im Ablauf des Festes und bei den Empfängen stehen deutlich zwei Welten nebeneinander: die alte, die sich noch zur Geltung zu bringen sucht, und die neue, die noch nicht die volle Sicherheit des Auftretens erlangt hat und sich ostentativ von jeder Art festlicher Bewirtung zurückzieht.*[46] Jedenfalls konnte dem aufmerksamen Beobachter nicht verborgen bleiben, daß sich die NS-Prominenz auffallend zurückhielt. Nicht nur hatte sich Hitler, der auf ausdrückliche Einladung der Mannheimer Kommissare zunächst seine Teilnahme in Aussicht gestellt hatte,[47] im letzten Moment durch den Reichsverkehrsminister vertreten lassen. Auch Gauleiter und Reichsstatthalter Wagner blieb dem Festakt fern, und die Kommissare Renninger und Wetzel, sonst jede Gelegenheit zu öffentlichem Auftritt nutzend, überließen, obwohl anwesend, die Vertretung der Stadt Bürgermeister Walli. Konnten sich die neuen Machthaber nicht mit dem aus der Zeit der ungeliebten Weimarer Republik stammenden Denkmal identifizieren?

Hauptsächlich dürfte wohl die Denkmalgestaltung wenig Gegenliebe bei den Nationalsozialisten gefunden haben. Auch bei der örtlichen Presse und der Bevölkerung war das Großrelief Max Laeugers nicht nur auf Zustimmung gestoßen. Schon der Standort am Eingang der Augustaanlage war den Kritikern ein Dorn im Auge. Dort, wo der Blick durch die doppelläufige Straße eigentlich in die Tiefe schweifen sollte, sei der *ungefüge Stein ... eine ästhetische Sperre, ein optisches Verkehrshindernis*. Auch die Reliefdarstellung des Erfinders erregte Mißfallen, insbesondere sein *hemdartiger Arbeitsmantel*. Schließlich erschien der Benz-Patentwagen im Vergleich zur Größe der Figur als *Miniaturwägelchen, mit dem der Betrachter schwerlich etwas anders anzufangen weiß, ... als es gründlich zu verkennen.*[48]

Gegenüber der zwiespältigen Denkmalsenthüllung bot Hitlers Geburtstag am 20. April Anlaß, die breite Sympathie für den *Volkskanzler* zur Schau zu stellen. Auf Umzüge war zwar auf Hitlers ausdrücklichen Wunsch verzichtet worden. Gleichwohl hatte es sich die Partei nicht nehmen lassen, *ihren Führer* im größten Saal der Stadt, dem Nibelungensaal, *einfach und schlicht* zu feiern. Der spätere Kreisleiter Dr. Reinhold Roth dankte bei seiner Begrüßung ausdrücklich *den Vertretern der Behörden, die zum erstenmale an dem Geburtstag Adolf Hitlers offiziell teilnehmen könnten, für ihr Erscheinen*. Mit besonderem Beifall waren der katholische Stadtdekan Prälat Joseph Bauer und Landeskommissär Dr. Scheffelmeier begrüßt worden, die musikalische Umrahmung hatten Kirchenmusikdirektor Arno Landmann von der Christuskirche, Kammersänger Fenten vom Nationaltheater sowie das Kergl-Quartett übernommen.[49]

24 a
Blick in die Straße zwischen F 1 und F 2. 1.5.1933.

24 b
Öffentliche Anprangerung eines in Schutzhaft genommenen Sozialdemokraten in Bruchsal. Frühjahr 1933. Bei dem Abgeführten dürfte es sich um den kriegsbeschädigten Stadtrat Wilhelm Staiber handeln.
In Mannheim wurde Oberbürgermeister Heimerich am 9. März 1933 von Angehörigen der SS auf den Rathausbalkon geschleppt und gezwungen, die Verbrennung von schwarz-rot-goldenen Fahnen der Republik mitanzusehen; fünf Tage später führte die zur Hilfspolizei erklärte SA Bürgermeister Böttger angesichts eines inszenierten Ausbruchs von *Volkszorn* vom Rathaus durch die Stadt zur Kreisleitung der NSDAP, von wo er zur *Schutzhaftnahme* ins Polizeipräsidium überstellt wurde.
Von beiden Ereignissen sind aber keine Fotos bekannt geworden.

Die Berichterstattung über den 20. April war gerade verklungen, da begann die Einstimmung auf den zum nationalen Feiertag erklärten 1. Mai. Bei einer Vorbesprechung im Rathaus am 28. April mit den Spitzen der Verwaltung sowie der Führung der Polizei erklärte Kreispropagandaleiter Dr. Alfred Reuther, man müsse von 80 000 bis 100 000 Teilnehmern an der abendlichen Schlußkundgebung im Schloßhof ausgehen. Deshalb solle die Straße vor dem Schloß vom Friedrichspark bis zum Polizeipräsidium in L 6 sowie die Breite Straße bis zum Paradeplatz für den Verkehr gesperrt werden.[50]

Der 1. Mai begann dann mit *starkbesuchten* Gottesdiensten,[51] Appellen in den Schulen und Flaggenhissungen in den Betrieben. Die Belegschaften marschierten anschließend zum Aufstellungsplatz in der Augustaanlage, an der Spitze die Unternehmensleitungen. Von dort bewegte sich ein nicht abreißender Zug zum Stadion, wo um die Mittagszeit, eineinhalb Stunden später als geplant, die Kundgebung vor rund 100 000 Männern begann; Frauen war die Teilnahme an dem Aufmarsch ausdrücklich untersagt worden.[52] Der stellvertretende Gaubetriebszellenleiter Roth erklärte den 1. Mai zum *Tag der Versöhnung. Alle Klassengegensätze* seien *hinweggewischt*. Der 1. Mai habe sich damit zu einer *ergreifenden Demonstration der Volksgemeinschaft* gestaltet, resümierte die Neue Mannheimer Zeitung. Die Teilnehmerzahl am Abend im Schloßhof blieb hinter dieser Massenveranstaltung wohl zurück: Als Höhepunkt bezeichnete der Pressebericht die durch Lautsprecher übertragenen Ansprachen von Goebbels und Hitler vom Tempelhofer Feld in Berlin. Eine bengalische Schloßillumination mit Feuerwerk bildete den Beschluß des Tages.

Wer den Reden des 1. Mai allerdings aufmerksam lauschte, hätte auch Zwischentöne wahrnehmen können. So hatte Kreisleiter Wetzel zwar das *einig Volk von Brüdern* beschworen. Zuvor hatte er sich aber nicht einen Seitenhieb auf die *marxistischen Bonzen* verkniffen und die *international geführten Gewerkschaften* den zu schaffenden *deutschen Arbeiterkammern* entgegengestellt. Wie das gemeint war, konnte der Abendausgabe derselben Zeitung entnommen werden, die am Mittag des 2. Mai ihre Seiten mit Jubelberichten über den Vortag gefüllt hatte: *Heute morgen … übernahm die Kreisleitung der Nationalsozialistischen Betriebszellenorganisation in Mannheim die Beaufsichtigung der Arbeiten der freien Gewerkschaften.*[53] Die *Aktion in Mannheim*, Teil der reichsweiten *Gleichschaltung*, bedeutete nur einen Tag nach der Demonstration der *gewaltigen Einheit der Arbeiter der Stirn und der Faust* die Zerschlagung der größten und traditionsreichsten Organisation der Arbeiterbewegung.

25 a
Von den Nationalsozialisten veranstaltete Schaufahrt von sieben verhafteten Sozialdemokraten durch Karlsruhe. 16.5.1933.
Unter den *Schutzhäftlingen* befand sich auch Adam Remmele, gelernter Müller und vor 1919 Stadtrat in Mannheim und Redakteur der Volksstimme, später badischer Minister und Staatspräsident. Um ihn zu verspotten, wurde das Lied *Das Wandern ist des Müllers Lust* gesungen. Anschließend wurden die Inhaftierten in das KZ Kislau verbracht.

25 b
Sieben Sozialdemokraten nach ihrer Ankunft im KZ Kislau. 16.5.1933. Bei den Inhaftierten handelte es sich (v.l.n.r. in Zivilkleidung) um Hermann Stenz, Adam Remmele, Erwin Sammet, Ludwig Marum, Gustav Heller, Sally Grünebaum und August Furrer.

Konzentrationslager Kislau

Ein Besuch bei den badischen Novemberprominenten — „Die Hölle von Kislau" — Wie sie leben und wie sie „leiden"

Unmittelbar vor der Station Mingolsheim-Kronau liegt an der Straße Karlsruhe—Heidelberg zu linker Hand das ehemals gräfliche und fürstbischöfliche Lustschloß Kislau. Achtlos fuhr man viele Jahre lang dort vorüber. Die meisten, die durch das badische Land fuhren,

Der Brunnen im Hofe der Anstalt

kannten wohl nicht einmal den Namen des Ortes, bevor die große deutsche Erhebung ihn für jeden Badener geläufig machte und mit ganz bestimmten Vorstellungen verband. Daß ein

Adam Remmele einmal in der Kislauer Mühle die ersten Säcke getragen hatte

— wer wußte es? Seine intimsten Freunde waren davon überrascht, als sie es im März oder April 1933 erfuhren. Er scheint als Innenminister und Staatspräsident auch nichts getan zu haben, um diese historische und keineswegs schon an und für sich beschämende Tatsache unter die Leute zu bringen. Daß er als Müllerbursche dort anfing, hat Kislau nicht populär gemacht. Aber als er nach einem weiten Kreislauf, der zum Unglück des badischen Volkes leider durch die Politik ging, als Schutzhäftling dorthin zurückkehrte,

da war Kislau in aller Munde.

In diesen beiden Tatsachen liegt ein Urteil über den

Politiker Remmele,

das um so schwerer wiegt, als es ausgesprochen wurde von demselben Volk, das Adam Remmele, der Landsturmmann, im November 1918 zu freier politischer Urteilsbildung aufgefordert hat. Gegen dieses Urteil gibt es keine Berufung...

Heute also wollen wir diesem so rasch berühmt gewordenen Kislau einen Besuch abstatten. Ein herrlicher Sommertag wölbte sein strahlendes Blau über reife Aehrenfelder und weite Wiesenflächen. „Photolicht!" konstatiere ich vielleicht etwas nüchtern in der schönen Landschaft; aber auch darüber darf man sich freuen, gilt es doch, den Lesern der badischen NS-Zeitungen nicht nur einen Bericht, sondern auch eine Reihe von guten Aufnahmen mitzubringen. Im IV B 19816 sausen wir durch den Sommermorgen. Dieser Wagen hat nämlich eine Geschichte, die sozusagen von selbst nach Kislau führt.

Sally Grünebaum

fuhr ihn einst, ohne nach Erlaubnis des „werktätigen Volkes Mittelbadens" zu fragen, für das er angeblich den „Volksfreund" herausgab. Wer dieses Gefährt seinerzeit eigentlich bezahlt hat, läßt sich nicht mit wenigen Worten sagen. Soviel steht fest: Sally Grünebaum, jetzt in Kislau, nicht! Auch nicht die „blonde Inge", die zum Wochenende mehrfach mitfahren durfte. Genau genommen haben die deutschen Steuerzahler ohne Unterschied der Partei alle mitgeholfen an der Anschaffung auch dieses Sally-Mercedes, denn wenn dem „Volksfreund" das Geld ausging, dann schenkte ihm die „Konzentration A.-G." Berlin wieder etliche Tausende; und dieser Dachgesellschaft aller marxistischen Zeitungsverlage flossen wiederum des öfteren „milde Gaben" aus Reichsmitteln zu. Man arbeitete eben Hand in Hand mit den „Genossen". Mit doppeltem Recht nahm deshalb der neue Staat Besitz von diesem entwendeten Volksgut.

Wir sind am Ziel. Der Wagen hält in einem weiten Hof im Schatten hoher Ulmen neben einem prächtigen alten Brunnen. Beim Aussteigen stellen wir lachend fest, daß man aus dem „Volksfreund"-Mercedes nur nach links herauskommt. Rechts weicht und wankt die Tür nicht. Wir melden uns bei Polizeihauptmann Mohr, der das Schutzhaftlager unter sich hat. Nach Prüfung unserer vom Innenministerium ausgestellten Papiere beginnt er sofort mit einem Rundgang.

69 Häftlinge sind zurzeit noch in Kislau.

Völlig getrennt von ihnen ist die Abteilung Arbeitshaus, die seit 1882 hier untergebracht ist. Selbst in der Kleidung kann keine Verwechslung entstehen. Im Arbeitshaus wird helle Anstaltskleidung, bei den politischen Schutzhäftlingen der „blaue Anton" getragen, der samt Schuhen und Unterwäsche jedem zur Verfügung gestellt wird, damit er bei der Arbeit seine Zivilkleidung schont. Alle müssen hier arbeiten; je nach dem Alter und der körperlichen Konstitution schwerer oder leichter. Soweit sie arischer Abstammung sind, begrüßen sie das und greifen fest an. Aber die Juden fallen mit zwei Ausnahmen auch hier auf durch ihre Scheu vor der Handarbeit.

Marum

z. B. machte gleich auf die Strafprozeßordnung aufmerksam, die keine Arbeitspflicht vorsehe. Höflich aber bestimmt wurde ihm darauf bedeutet, daß jeder hier zu arbeiten hat, je nach seiner körperlichen Konstitution. Die Folge war, daß fast alle Juden körperliche Gebrechen geltend machten. Herr Marum bat gleich um Zuziehung mehrerer Aerzte, was ihm auch ohne weiteres gewährt wurde, trotzdem alle Schutzhäftlinge laut Lagerordnung regelmäßig ärztlich überwacht sind. So kommt es, daß in der Abteilung für leichte Arbeit — leichte Gartenarbeit, Korbmacherei und Küchenhilfe — auch hier der Prozentsatz der Juden außerordentlich hoch ist.

Zu etwas anderem wären sie meist auch gar nicht zu gebrauchen.

Soweit sie nach ärztlichem Befund wirklich irgendwelche Gebrechen haben, werden sie selbst von der leichten Arbeit noch teilweise befreit. Es starb zwar sicher noch keiner, wenn er 5 bis 6 Stunden Kartoffeln schälte oder Erbsen ausbrockelte. Aber es soll sich auch keiner schikaniert vorkommen.

„Die Hölle von Kislau" konnte man dieser Tage in einem marxistischen Blättchen lesen, das einige jüdische Lumpen in Basel (Schweiz) mit dem Titel „Oberrheinische Volkswacht" und dem Untertitel „einzige Zeitung Oberbadens ohne Hitlerzensur" herausbrachten. Darin stand unter anderen jüdischen Gemeinheiten auch ein frech erfundener Brief aus Kislau, mit dem angeblich ein Schutzhäftling Klage führte über schlechte Behandlung. Das also war nun Kislau, „die Hölle" mit freier Arztwahl!

Eben schloß Hauptmann Mohr das eiserne „Höllentor" auf. Man ist überrascht vom Anblick der ehedem fürstbischöflichen Residenz. Ein prächtiges Bild, der Eingang mit dem Wappen des Kardinals Damian Hugo v. Schönborn. Blumenbeete auf dem weiten Vorplatz. Eine zehnspännige Karosse hier vor diesem Eingang haltend, Damian Hugo v. Schönborn in karminrotem Ornat im Portal erscheinend, was müßte das ein Malerauge beglücken! Die Tür geht auf. Nicht die zehnspännige Karosse, nicht der fürstbischöfliche Damian erscheint, sondern — Frau Stenz, hochblond mit Lackledekoffer, um ihrem Gemahl Stukkateur-Werkzeug zu bringen. Das war nämlich sein Beruf, bevor er Regierungsrat wurde. Zu ihm zieht es ihn heute wieder zurück. Er machte eine Eingabe an die badische Regierung, man möge ihm erlauben, die Stukkatur im ehemals kardinalfürstbischöflichen Lustschloß, wo in einem großen hellen Schlafsaal heute nun auch Stenz' und Furrers Betten stehen, in Ordnung zu bringen. Man erlaubte ihm das gerne und wird ihm, wenn er Rat braucht, auch einen Stilkenner schicken, damit ganze Arbeit gemacht werden kann.

Ein Schlafsaal

Furrer rührt ihm übrigens dabei den Gips an;

er bewährt sich hierbei wesentlich besser als bei der politischen Polizei. Kein Feind erwächst ihm bei dieser friedvollen Tätigkeit. Herr Stenz ist auch heute mit Furrers „Rührigkeit" sehr zufrieden. Wir auch — im Gegensatz zu früher, wo wir hier anderer Meinung waren, wie Herr Stenz.

Wir machen einen Rundgang durch die Schlafsäle. Freundlich hell wirken die Betten. Die besetzten sind alle peinlichst glatt gestrichen. Hier herrscht Ordnung. Ein Stubenältester sorgt dafür. Morgens um 6 Uhr wird geweckt. Dann werden die Betten gemacht; darauf allgemeines Waschen. ½7 Uhr wird gefrühstückt in einem Gemeinschaftsraum: Kaffee mit Milch, Zucker und Brot. Um 7 Uhr wird angetreten im Hof. 7.15 Uhr wird abmarschiert zur Arbeit. Um 9 Uhr ist schon wieder eine Vesperpause. Dort gibt es Wurst, Sülze oder Käse. Dann wird wieder gearbeitet bis 12 Uhr. Nach dem Mittagessen, das nach allgemeinem Urteil gut und reichlich ist, ist Pause bis 1 Uhr. Hier darf sogar geraucht werden. Desgleichen auch nach dem Abendessen. Auch in der Nachmittagsarbeitszeit wird eine Vesperpause eingelegt, so daß insgesamt fünf Mahlzeiten verabfolgt werden. Ab 8 Uhr abends muß Ruhe in den Schlafsälen herrschen, so daß jedem Schutzhäftling 10 Stunden Schlaf garantiert sind. Nach dem Abendessen ist übrigens eine Freizeit von 1½ Stunden eingelegt, in der sogar Schach, Skat usw. gespielt werden kann. „Die Hölle"?

Wir haben inzwischen das große Hauptgebäude wieder verlassen, um die Küchenanlage im Nebengebäude zu besichtigen. Peinlichste Sauberkeit überall. Große, weiß emaillierte Dampfkocher stehen hier. Ein verlockender Linsenduft entströmt den großen Geschirren. Wir versuchen alle das Essen und können nun begreifen, daß eine ganze Reihe von Häftlingen heimschrieb: „Hättet Ihr nur das Essen wie ich hier!" Dreimal in der Woche gibt es Fleisch am Mittag. An den übrigen Tagen entweder zum Vesper oder abends Wurst. Hier hungert keiner. Und wenn Landesverräter in Basel sich das Gegenteil aus ihren schmutzigen Fingern saugen, dann kann das für die, die hier sind, nur sehr instruktiv sein. Wenigstens für die Verführten unter ihnen. Die Anführer und die Juden wissen ja aus ihrer Praxis, wie sehr schon immer gelogen wurde, wenn es galt, den Nationalsozialismus zu treffen. Hier in der Küche wirkt nun auch Marum mit einigen Rassegenossen. Sie brockeln Erbsen aus für's Abendbrot...

Wir gehen weiter und kommen zu den Bädern. Saubere Wannenbäder mit Emaillewannen, Brausebäder mit kaltem und warmem Wasser sind eingerichtet und werden der Lagerordnung gemäß regelmäßig auch von Juden benützt. Außerdem wurde für die heißen Sommertage der Mühlbach gestaut, so daß auch ein ansehnliches Becken für Freibäder zur Verfügung steht. Also „Hölle" mit allem Komfort. Ueber den Bädern liegen ein Anzahl von Einzelzellen mit 26 bis 31 Kubikmeter Rauminhalt. Dort wurde auf eigenen Wunsch auch Herrn Remmele neuerdings ein Wohnsitz eingerichtet, nachdem er zuvor einige Wochen im gemeinsamen Schlafsaal untergebracht war. Wir besichtigen die Zelle und finden als tägliche Lektüre den — — „Badischen Beobachter", das neuerdings „katholische" Blatt. Alte Liebe rostet nicht. Adam Remmele ist Dissident. Das „Katholische" stört ihn nicht. Er liest das, was der Herr Geistliche Rat Meyer für den, der ihn kennt, zwischen den Zeilen stehen hat. Und Adam Remmele kennt ihn! Hier hausen auch Marum, David und andere Hebräer. Marum ist auf die „Frankfurter Zeitung" abonniert und versucht auch zu ergründen, was der leitartikelnde Schmonzes dort noch dachte außer dem, was er schrieb.

Dann besichtigen wir die Arbeitskolonne für mittelschwere Arbeit. Aus einem langen Burggraben wird ein Schießstand erstellt für den Kleinkalibersport.

Hier ist Adam Remmele am Werk.

Stämmig wie er von Berufs wegen immer war, schiebt er einen Schubkarren voll nassem Kies als ob er leer wäre. Die Anzeigerdeckung wird betoniert, und man hat den Eindruck, daß die Leute allesamt sehr willig arbeiten und froh sind, in freier Luft Beschäftigung und Ablenkung zu finden.

Nur ein Mannheimer Jude, der hier Kies mischt, läßt sich sehr viel Zeit.

Er hat den einen Karren voll Kies noch nicht weggeschaufelt, wenn Remmele den nächsten schon beibringt...

Schwer ist die Arbeit draußen im Bruch bei der Melioration sumpfigen Schilfgeländes. Es werden deshalb auch nur körperlich ganz kräftige Häftlinge dort verwandt. Einige Ar gutes

Schiebungen einst und jetzt
Remmele wendet beim Knipsen verschämt den Kopf, selbstverändlich nach links.

Ackerland sind dort schon entstanden. Eine Unterkunftshütte wurde erstellt, damit die Kolonne auch draußen verpflegt werden kann. Bei etwa 35 Mann stehen nur vier Mann Hilfspolizei als Wache. Mit nacktem Oberkörper arbeiten die Häftlinge. Alle sehen gesund und gut genährt aus. Unter ihnen sieht man auch den Mörder Billets, den Kommunisten Haas, ferner Leiberich-Philippsburg und Beiler-Heidelberg. Haas, das typische Untermenschengesicht; Beiler dagegen könnte seiner äußeren Erscheinung nach einer der Strammsten in der SA. sein. Schade um ihn. Wir sprechen ihn an; er erzählt von seiner Familie und seinem Heidelberger Wirken. Klagen hat er keine. Im Gegenteil: er findet Worte höchsten Lobes für Hauptmann Mohr, der uns einen Augenblick verlassen hat, um mit der Wache zu sprechen. Scholle um Scholle wird aufgeworfen. Dachartig werden die Felder angelegt, damit das Wasser sich in den Gräben sammeln kann.

Hier werden die Generationen nach uns nun säen und ernten.

Hier wird Brot wachsen aus der Arbeit der Menschen, die aus politischen Notwendigkeiten heraus als Wortführer marxistischen Wahnsinns für eine Weile isoliert werden mußten von den Verführten.

Wir kehren zurück vom „Bruch", der etwa eine halbe Wegstunde von Kislau entfernt ist. Von den vier Hilfspolizisten abgesehen, ist das äußere Bild dieses Kolonnen-Arbeitsplatzes nicht zu unterscheiden von einer Arbeitsdienstkolonie. Freiwillig leisten Zehntausende junger Deutscher heute dieselbe Arbeit, wie die draußen im Bruch. Ist das nun „die Hölle von Kislau"?

Rasch besichtigen wir noch die Mühle, in der einst Remmele als Müllerknecht gearbeitet hat.

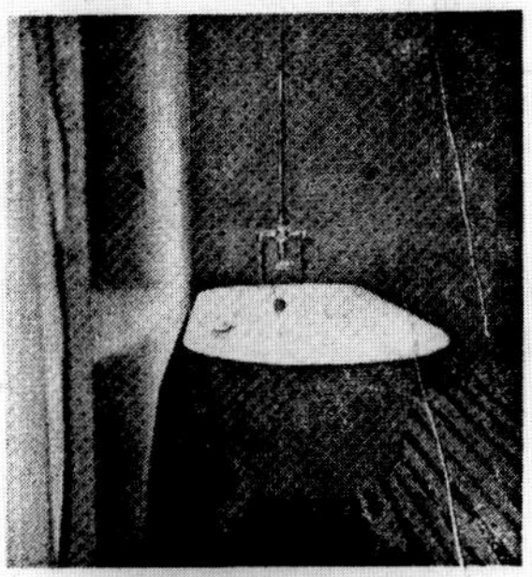

Ein Wannenbad in Kislau

Unterdes erfahren wir noch weitere Einzelheiten über das Lagerleben. Auch für die Seelsorge ist gesorgt. Katholische und protestantische Geistliche kommen ohnehin regelmäßig in die Abteilung „Arbeitshaus". Aber nur ein Häftling nimmt jeweils an den Gottesdiensten teil. Man befiehlt sie nicht dorthin. Man empfiehlt ihnen die Teilnahme und wacht darüber, daß der eine, der an dem Gottesdienst teilnimmt, von den Andersdenkenden nicht darob verspottet wird. Auch der Rabbiner von Bruchsal war schon einige Male da. Vor einiger Zeit hatte einer der Häftlinge eine schwierige vermögensrechtliche Auseinandersetzung. Er bat um drei Tage Urlaub und erhielt sie. Pünktlich nach Ablauf der Frist meldete er sich wieder zur Stelle. In der Lagerordnung, die jedem Häftling zugänglich ist, steht ausdrücklich, daß die Hilfspolizei angewiesen ist, jeden Häftling „ernst, gerecht und menschlich" zu behandeln. Frägt man den Einzelnen, so sagt er: „Wir werden streng, aber gerecht behandelt".

Interessant sind die

Briefe,

die die Inhaftierten heimschreiben:

3. 7. 33.

Gustav Laue!

... „daß wir ein Essen bekommen, welches wir uns zu Hause nicht leisten konnten."

2. 7. 33.

Karl Fehle, Eberbach
jetzt beurlaubt bis 1. Oktober.

... „Ich möchte nun nicht versäumen, Ihnen als leitendem Führer ein Bild über unser Lager zu geben, um alles bisher Erdichtete zu widerlegen.

Die Behandlung ist gut und mit einem Wort gesagt in Anbetracht des Zweckes unseres Hierseins streng, aber gerecht. Der Leiter des Lagers ist Hauptmann Mohr, der es in jeder Weise versteht, individuell zu urteilen und manchen von unheilbarem Parteiwahnsinn heilen wird. Wir haben Zeitungen aller Städte und sind orientiert über alles Wesentliche in der Heimat."

Der Sonderkommissar für das Gesundheitswesen hat über seine Eindrücke anläßlich des Besuches in Kislau folgenden Bericht im Ministerium des Innern erstattet:

„Die Nachprüfung der hygienischen Einrichtungen und des Krankendienstes in der Anstalt Kislau (Abteilung für Schutzhäftlinge) ergab folgende Feststellung:

Die hygienische Einrichtung der Küche ist mustergültig, ein moderner Großküchenbetrieb. Das Essen nahrhaft, schmackhaft und abwechslungsreich unter Verwendung frischer Gemüse und kann in jeder Hinsicht als einwandfrei bezeichnet werden.

Den Schutzhäftlingen, insbesondere denen auf Außenstellen mit etwas schwererer körperlicher Arbeit, stehen nach der Arbeit 6 Duscheinrichtungen zur Verfügung (Warm- und Kaltwasser), außerdem eine Badeeinrichtung mit 2 Wannen, alles im besten Zustand.

[illegible]ch. Rechts: Haas, der Mörder des SA-Mannes Billet

Die hellen und luftigen Schlafsäle sind mit fließendem Wasser ausgerüstet und hygienisch

26
Linke Seite: Bericht über das KZ Kislau in Hakenkreuzbanner. 23.7.1933.
Abgesehen von antisemitischen Spitzen zeichnet der Artikel ein geradezu idyllisches Bild von den Verhältnissen im KZ Kislau.

27
Rechts: Krankenabteilung des KZ Kislau. Um 1937. Farbstiftzeichnung von Stefan Heymann.
Heymann stammte aus einer jüdischen Mannheimer Familie und schloß sich bereits 1919 der KPD an, für die er 1928/29 im badischen Landtag saß. Zwischen 1926 und 1933 Redakteur verschiedener kommunistischer Zeitungen, war Stefan Heymann im Mai 1933 verhaftet und zu zweieinhalb Jahren Zuchthaus verurteilt worden. Nach Verbüßung der Strafe nahmen ihn die Nationalsozialisten in *Schutzhaft* und überführten ihn 1936 ins badische KZ Kislau. 1938 wurde er von dort über Dachau nach Buchenwald, 1942 nach Auschwitz verschleppt, wo er als Lagerschreiber überlebte. Nach dem Zweiten Weltkrieg lebte Stefan Heymann in der DDR.

Ohnedies hatten die Nationalsozialisten zu keinem Zeitpunkt seit ihrer Machtübernahme auf die rücksichtslose Verfolgung ihrer politischen Gegner verzichtet. Allenfalls hatte sich das örtliche NS-Organ Hakenkreuzbanner um die Termine der Inszenierungen der angeblichen *Volksgemeinschaft* in seiner Berichterstattung über politisch motivierte Haussuchungen und Verhaftungen etwas zurückgehalten.

Am 11. März wurden seine Leser und die der Neuen Mannheimer Zeitung erstmals mit dem Begriff *Schutzhaft* konfrontiert. Aus der Formulierung der Anordnung des Reichskommissars für die Polizei in Baden Robert Wagner vom 10. März war freilich zu ersehen, daß sich zahlreiche Kommunisten bereits in den Gefängnissen befanden: Sie seien *bis auf weiteres in Schutzhaft zu belassen*.[54] Tatsächlich verging während der nächsten Monate wohl kaum ein Tag ohne *Schutzhaftnahmen*.[55] Während die örtliche Presse darüber regelmäßig, sicher auch zur Abschreckung, berichtete, beschränkte sich öffentliches An-den-Pranger-Stellen prominenter Vertreter des Weimarer „Systems" in Mannheim auf die ersten Tage nach dem 9. März. Neben dem SPD-Oberbürgermeister Heimerich war hiervon der ebenfalls sozialdemokratische Bürgermeister Richard Böttger betroffen.[56]

Nach der Verhaftungswelle gegen die Führung der KPD Anfang März gerieten zunehmend auch Sozialdemokraten in die Schußlinie des NS-Regimes. Gab die Anordnung Robert Wagners vom 10. März unter Berufung auf die Reichstagsbrandverordnung noch vor, die *Schutzhaft* für *Führer der SPD* werde wegen deren *persönlicher Gefährdung* verfügt,[57] so verschärfte sich Tonlage und Praxis des Terrors gegen *die Marxisten* (so die Bezeichnung für Sozialdemokraten im NS-Sprachgebrauch) nach dem 17. März entschieden.[58] Hauptbetroffene blieben gleichwohl die Kommunisten, in Mannheim rund zwei Drittel der in den ersten Monaten des NS-Regimes Inhaftierten.[59]

Während das Hakenkreuzbanner am 22. März von der Einrichtung des KZ Dachau berichtete, scheint Robert Wagner an Konzentrationslager für Baden zunächst nicht gedacht zu haben. Da jedoch die Gefängnisse überfüllt waren und Justizminister Rupp eine Vermischung gewöhnlicher Krimineller mit Politischen nicht für tunlich hielt, bestimmte Innenminister Pflaumer im April das Schloß Kislau bei Mingolsheim zur Aufnahme politischer *Schutzhäftlinge*.[60] Der genaue Zeitpunkt dieser Entscheidung ist nicht bekannt; während die Karlsruher Zeitung eine entsprechende Meldung bereits am 22. April brachte, erfuhren die Mannheimer erst zwei Tage später von dem ersten badischen KZ.[61] Ende April wurden wahrscheinlich rund 30 Mannheimer *Schutzhäftlinge* nach Kislau verlegt; seit Mai kamen weitere auch in das zweite badische KZ Ankenbuk bei Villingen sowie das gefürchtete württembergische KZ auf dem Heuberg. Insbesondere gegenüber letzterem, aber auch im Vergleich mit Dachau scheint in Kislau ein weniger rabiates Haftregime geherrscht zu haben. Dies war wohl dem Lagerleiter Franz Mohr, einem badischen Polizeioffizier, zuzurechnen, der auch nach Aussagen von Häftlingen ein strenges, aber faires Regiment führte.[62] Kislau avancierte dadurch zum „Vorzeigelager", nicht zuletzt gegenüber ausländischen Besuchern.

Außer durch die regelmäßigen Meldungen über Verhaftungen und Haussuchungen sowie die knappen Berichte über Konzentrationslager war den Mannheimern mit einer weiteren Pressenotiz die unnachsichtige Verfolgung von Gegnern durch das NS-Regime vor Augen geführt worden: *Zusammensetzung des Sondergerichts in Mannheim* lautete die Überschrift eines kurzen Artikels in der Neuen Mannheimer Zeitung vom 10. April. Vor der ersten Sitzung dieses neuen, einschüchternden Organs der nationalsozialistischen Justiz erläuterte dessen Vorsitzender, der seit März 1933 amtierende Landgerichtspräsident Dr. Alfred Hanemann, *den Zweck, die Bedeutung und die Ziele der Sondergerichte*. Nach Hanemanns Ausführungen sollten diese *energisch eingreifen gegen Handlungen, welche die neue Rechtsordnung zu untergraben suchen*.[63] Was darunter zu verstehen war, machte bereits der weitere Verlauf der ersten Sitzung deutlich. Es ging dabei um zwei Männer, denen die Herstellung eines kommunistischen Flugblatts zur Last gelegt wurde. Bedrohte die Reichstagsbrandverordnung vom 28. Februar 1933 in Verbindung mit den Ausführungsbestimmungen der badischen Regierung vom 10. März 1933 dieses Delikt laut dem Pressebericht mit nur einem Monat Gefängnis oder Geldstrafe, so beantragte der Staatsanwalt zwei Jahre bzw.

28
Aufschichten des Scheiterhaufens für die Bücherverbrennung auf dem Heidelberger Universitätsplatz. 17.5.1933. Kohlezeichnung aus Heidelberger Neueste Nachrichten 18.5.1933. Die Hauptrede in Heidelberg hielt der aus Mannheim stammende NS-Studentenführer Gustav Adolf Scheel (siehe den Abschnitt über Scheel S. 42 ff. in diesem Band). Von der Mannheimer Bücherverbrennung auf dem Platz hinter der Hauptfeuerwache am Neckar sind keine Fotos überliefert.

fünf Monate Gefängnis für die beiden Angeklagten; das Urteil lautete dann auf 15 bzw. vier Monate Gefängnis. Die seit April von führenden Vertretern des Regimes propagierte Einstellung von „wilden Aktionen" und die Orientierung auf einen „legalen Weg" bedeutete also keinesfalls ein Ende des Terrors oder auch nur eine Abmilderung der Verfolgung.

Im übrigen verzichteten die Nationalsozialisten auch keineswegs völlig auf spektakulären Aktionismus. Bekanntestes Beispiel dafür sind die Bücherverbrennungen im Mai 1933. Wie in anderen Hochschulstädten ging auch in Mannheim die Initiative hierzu von der Studentenschaft, hier der Handelshochschule, aus, die – bereits vom Nationalsozialistischen Deutschen Studenten-Bund (NSDStB) dominiert[64] – im Kampf gegen den *undeutschen Geist* eine eigenständige, aktivistische Rolle zu übernehmen suchte.

Den „Übereifer" der Mannheimer Studentenführung, die in Reaktion auf den zentralen Aufruf zur Erfassung und Vernichtung *undeutscher* Schriften eine Verbrennung bereits in der zweiten Aprilhälfte plante, bremste jedoch die Deutsche Studentenschaft, die auf eine einheitliche, reichsweite Aktion am 10. Mai orientierte.[65] Daß die Mannheimer Bücherverbrennung dann tatsächlich erst am 19. Mai stattfand, dürfte jedenfalls nicht an Schwierigkeiten bei der Vorbereitung gelegen haben.[66] Während ein Ausschuß der Studenten die *Säuberung* öffentlicher Bibliotheken veranlaßte, wurde der Deutschnationale Handlungsgehilfen-Verband (DHV) in entsprechendem Sinne bei Buchhändlern und Privatleuten vorstellig. Die meisten Bücher, die schließlich auf dem Scheiterhaufen landeten, stammten allerdings aus der Bernhard-Kahn-Lesehalle in der Neckarstadt, aus der sie *durch Vermittlung der Stadt ... entnommen* worden waren.[67]

Zu dem Fackelzug durch die Stadt und der anschließenden Kundgebung auf dem Platz am seit April so benannten Adolf-Hitler-Ufer hinter der Feuerwache hatte neben Studentenschaft und DHV auch die örtliche SA-Führung aufgerufen. Außer diesen marschierten die Professoren von Handelshochschule und Ingenieurschule, aber auch SS, HJ, Jungdeutscher Orden, Stahlhelm, Luftschutz sowie Arbeitsdienst in eigenen Blöcken mit. „Hauptattraktion" des Zugs bildete ein Schinderkarren mit 2 500 Büchern, der mit schwarz-rot-goldenen Fahnen der Republik sowie Drei-Pfeile-Bannern der sozialdemokratischen Eisernen Front drapiert und an den Seiten mit Grafiken des Karlsruher Künstlers Karl Hubbuch behängt war. An dem abschließenden Verbrennungsritual nahmen laut Presseberichten mehrere Tausend Menschen teil.[68] Wieweit dies als Identifikation mit den Zielen der *Aktion wider den undeutschen Geist* gedeutet werden muß, läßt sich heute kaum mehr klären.

Auffällig ist jedoch die Zurückhaltung hochrangiger Vertreter der Partei. Stadtkommissar Wetzel, der sich als einziger zu einer kurzen, unangekündigten Ansprache bereitfand, hielt diesen Beitrag offenbar nicht in seiner Funktion als Kreisleiter oder Reichstagsabgeordneter. Noch bemerkenswerter ist allerdings die Abstinenz des örtlichen NS-Organs Hakenkreuzbanner: Keiner Zeile wurde die Mannheimer Massenveranstaltung vom 19. Mai für würdig befunden, und die Berichterstattung über die zentrale Bücherverbrennung in Berlin mit Reichspropagandaminister Goebbels am 10. Mai beschränkte sich auf den Nachdruck einer Agenturmeldung über eine Woche später, am 18. Mai – freilich ohne Hinweis auf die bevorstehende Mannheimer Aktion.

Scheint dieses Schweigen des örtlichen NS-Organs auf Machtkonkurrenz innerhalb der Nationalsozialisten hinzudeuten,[69] so gab es auch kritische Berichterstattung in der noch nicht gänzlich gleichgeschalteten Presse. Gegen einen Artikel des katholischen Mannheimer Volksblatts meinte der AStA der Handelshochschule sogar Protest einlegen zu müssen.[70]

Einige Monate später ergab sich noch einmal eine Gelegenheit, die Zustimmung einer breiten Bevölkerungsmehrheit zu dem inzwischen fest etablierten NS-Regime öffentlich zu demonstrieren. Im Rahmen einer nationalen *Handwerkerwoche,* die vom 15.–23. Oktober 1933 stattfand und auf die *Bedeutung des Handwerks und seine wichtige Aufgabe beim Wiederaufbau des Vaterlandes aufmerksam machen sollte,*[71] veranstaltete Mannheim am 15.Oktober einen *Handwerkertag.* In dessen Mittelpunkt sollte ein aufwendig gestalteter historischer Festzug stehen. Die Organisation übernahm die Handwerkskammer.

Der Vormittag begann mit Böllerschüssen, Chorälen des Posaunenchors der Konkordienkirche und *nach alter Sitte* feierlichen Gottesdienstbesuchen in der Jesuitenkirche und der Christuskirche. Nachmittags bildete der historische Festzug zum Thema *Das deutsche Handwerk*, bei dem sich *etwa 5 000 Meister, Gesellen und Lehrlinge im historischen Zunftkostüm oder schlichten Ehrenkleid der Arbeit* beteiligten, den Höhepunkt. 30 Festwagen der Innungen zeigten die historische Entwicklung des Handwerks. Die Abschlußkundgebung fand am Wasserturm statt.[72]

Wenige Tage vor dem Ereignis wurde die Bevölkerung aufgefordert, ihre Häuser zu beflaggen, besonders entlang der Strecke, die der Festzug nehmen sollte. *Am morgigen Sonntag muß ein Fahnenmeer durch Mannheims Straßen wogen. Es gilt, die Mannheimer Handwerksmeister zu ehren, die morgen nachmittag mit ihren Gesellen und Lehrlingen durch einen großartigen Festzug zeigen, daß auch in Mannheim das Handwerk gewillt ist, sich mit starkem Vertrauen am Wiederaufbau des Vaterlandes zu beteiligen.*[73]

Daß die Handwerkerwoche nicht aus Geschäfts- und Werbegründen veranstaltet würde, sondern aufgrund der *Initiative der nationalsozialistischen Regierung*, hatte das Hakenkreuzbanner wenige Tage vor dem großen Spektakel erklärt. *Wir Nationalsozialisten traten stets für den Handwerker ein und bekämpften immer den kulturlosen Warenhaus-Schund, der dem deutschen Handwerker so ungemein schadet.* Der Artikel wandte sich gegen *bürgerliche Geschäftemacher*, die versuchten, den Handwerkertag und den Festzug *für ihre Geschäfte auszunützen.* Zugleich nutzte das NSDAP-Lokalblatt die Gelegenheit einmal mehr zu antisemitischer Hetze und wies seine Leserschaft darauf hin, daß die Firma Deutsche Tuche, Inhaber H. Manes, in Q 1, 12 ein jüdisches Unternehmen sei.[74] Neben dem Arbeiter und dem Bauer sollte nun auch der Handwerker mit seiner jahrhundertealten Tradition als Träger der NS-Ideologie vereinnahmt werden.

Die Neue Mannheimer Zeitung widmete der Handwerkerwoche eine ganze Sonntagsbeilage. Schwarzarbeit, Fließbandproduktion, Konfektionsware, Fabrikprodukten und Warenhäusern wurden hier die Erzeugnisse des Handwerks als *Wertarbeit* gegenübergestellt.[75]

Bei der Gestaltung des Festzugs waren nicht nur die Mitglieder der einzelnen Zwangsinnungen mobilisiert worden, sondern auch der Gewerbeverein, Angehörige des Nationaltheaters und der Fastnachtsverein Fröhlich Pfalz, der seine Ranzengarde aufmarschieren ließ. Eine überdimensionierte SA-Mütze als *Zeichen der Kürschner- und Mützenzwangsinnung*

29 a
Werbeplakat für den Festzug anläßlich des *Handwerkertags* in Mannheim am 15. Oktober 1933.

29 b
Marschblock der Glaserinnung beim Festzug *Das deutsche Handwerk* auf den Planken am Strohmarkt vor P 3/4. 15.10.1933. Aufn. Heinrich Bechtel.

30 a
Festzug *Das deutsche Handwerk* vor dem Rathaus N 1.
15.10.1933. Aufn. Heinrich Bechtel.

30 b
Prunkwagen der Mannheimer Bildhauer mit einer Büste Adolf Hitlers beim Festzug *Das deutsche Handwerk* auf den Planken am Strohmarkt vor P 3/4.
15.10.1933.
Foto aus Neue Mannheimer Zeitung 16.10.1933.

wurde dem Zug der Gewerbetreibenden vorausgeführt. Den Abschluß bildete eine überlebensgroße Hitler-Büste, die von der Vereinigung der Mannheimer Bildhauer gefertigt worden war.[76] Die Neue Mannheimer Zeitung formulierte treffend, worauf es bei den großen Festzügen vor allem ankam: *Nicht Schaulust allein ist es, was heute ganz Mannheim auf den Straßen sein läßt: Es ist das gleiche Bewußtsein der Zugehörigkeit, des Aufeinanderangewiesenseins, das schon am Tag der Arbeit und seither bei jedem großen festlichen Anlaß volkshaften Besinnens ... als große Einheit von Volksgenossen zusammenführte.*[77]

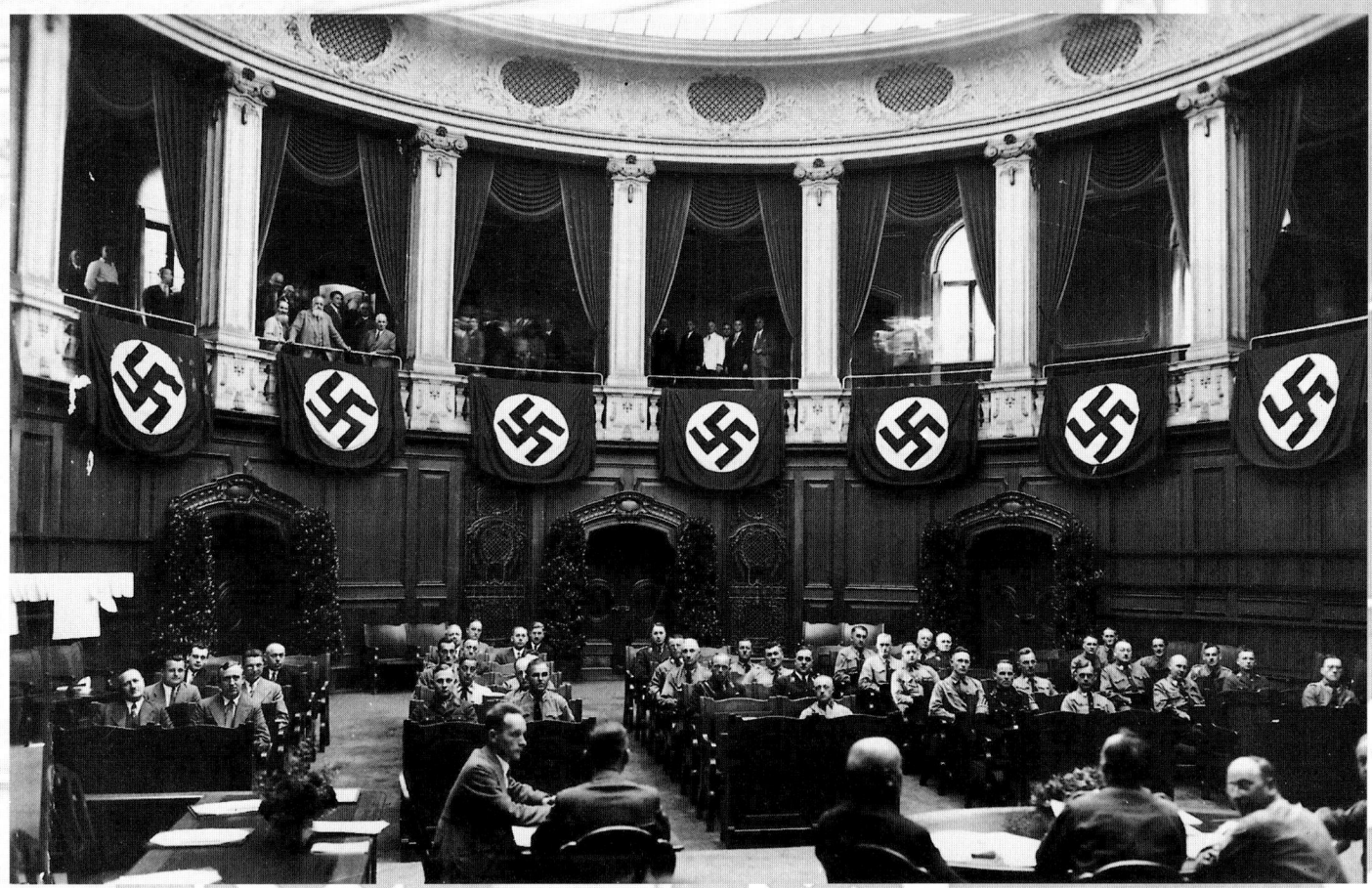

31
Sitzung des Bürgerausschusses im Rathaus N 1. Frühjahr 1933. Da die Stadtverordneten des Zentrums noch anwesend sind, muß es sich um eine Sitzung vor dem 14. Dezember 1933 handeln, möglicherweise um die am 18. Juli, bei der der Haushaltsplan verabschiedet wurde.

Birgit Arnold

Kommunale Selbstverwaltung

Der in den Augen der NSDAP mäßige Erfolg der Partei bei den Reichstagswahlen am 5. März 1933 veranlaßte die Parteileitung, die noch intakten demokratischen Machtpositionen staatsstreichartig an sich zu reißen. Dazu gehörten die Regierungen der süddeutschen Länder und die Kommunalverwaltungen der meisten deutschen Städte und Gemeinden.[1] Doch weder die neue Reichsregierung noch die NSDAP besaßen eine klare Vorstellung und konkrete Pläne für die künftige Rolle der Gemeinden im Staat und für die Gestaltung der Gemeindeverwaltung. Das Ziel war deshalb neben der Beseitigung der politischen Repräsentanten der *Systemzeit* zunächst einmal vor allem die Eroberung der Verwaltungsmacht in den großen Städten. In Mannheim wurde Oberbürgermeister Dr. Hermann Heimerich am 12. März im Krankenhaus in *Schutzhaft* genommen.[2] Am darauffolgenden Tag forderten die Nationalsozialisten auf einer Kundgebung den Rücktritt Heimerichs, und am 15. März setzte der kommissarische Polizeipräsident Dr. Müller auf Anweisung der badischen NS-Regierung zwei mit besonderen Vollmachten ausgestattete Kommissare zur Kontrolle der Stadtverwaltung ein: den Kreisleiter der NSDAP Otto Wetzel und den Fabrikanten Carl Renninger.[3]

Die Stadtkommissare in Mannheim installierten sich im Amtszimmer des Oberbürgermeisters und bestellten weitere Nationalsozialisten als Hilfsreferenten, die den einzelnen Verwaltungszweigen *zur Sachbearbeitung* zugeteilt wurden.[4] Bei der am 15. März abgehaltenen ersten Besprechung mit den Amtsvorständen und leitenden Beamten der Stadtverwaltung gaben die Kommissare eine Erklärung ab, in der sie ihre Einsetzung begründeten: *Durch den Gesinnungsumschwung in der Mannheimer Bevölkerung war die Gefahr entstanden, daß ein ernster Konflikt zwischen der marxistisch geleiteten Stadtverwaltung und der Öffentlichkeit ausbrach. Aus diesem Grunde hat sich die Polizeidirektion Mannheim gezwungen gesehen, in die Stadtverwaltung zur Aufrechterhaltung der Ordnung und Sicherheit Kommissare einzusetzen.* Diese Einsetzung, so wurde weiter betont, bedeute keine Ausschaltung der Selbstverwaltung. Die Ressortarbeiten des Oberbürgermeisters sollten vom Ersten Bürgermeister Dr. Walli wahrgenommen werden. Der Stadtrat könne seine Beratungen ungehindert fort-

32
Turm des Rathauses in N 1 mit Hakenkreuzfahnen.
9.4.1938. Von der erzwungenen Flaggenhissung
im März 1933 konnten bislang keine Aufnahmen
ermittelt werden.

setzen. Mit unmißverständlicher Deutlichkeit betonten Wetzel und Renninger: *Wir Kommissare sind befugt, mit starker Hand durchzugreifen, und sind fest entschlossen, den neuerwachten Geist des Deutschen Volkes auch in der Stadtverwaltung Mannheim durchzusetzen. Wir ... erwarten zur Durchführung unserer Aufgaben die freudige Mitarbeit aller Stellen ... . Wer glaubt, die Aufgaben der Kommissare nicht mitdurchführen zu können, dem steht es frei, selbst die Konsequenzen zu ziehen. Wer sich Anweisungen widersetzt, wird von uns gezwungen werden, außerhalb der Stadtverwaltung seine Kräfte zu verwerten.*[5]

Zunächst widmeten sich die Kommissare der Aufgabe, *alle Nichtarier, Parteibuchbeamten und politisch Unzuverlässigen restlos aus ihren Dienststellen zu entfernen.* Erste prominente Opfer dieses *großen Aufräumens*[6] waren der sozialdemokratische Bürgermeister Richard Böttger und die Beigeordneten Dr. Fritz Cahn-Garnier und Jonas Loeb. Sie wurden vorläufig beurlaubt ebenso wie Oberbürgermeister Dr. Heimerich, der *mit Rücksicht auf die derzeitige Lage und seinen Gesundheitszustand* am 15. März um seine Beurlaubung gebeten hatte. Die frei gewordenen Positionen wurden zunächst kommissarisch besetzt.[7] Die nachfolgende Beurlaubungs- und Entlassungswelle betraf alle Zweige der Stadtverwaltung und alle Dienstgrade, den Hausmeister ebenso wie den Direktor, die Hilfsschwester wie die Ärztin, den Angestellten wie den Oberverwaltungsinspektor.[8] Dabei war das Ausmaß der Säuberungen zunächst nur von der Willkür der Kommissare abhängig, die sich bestenfalls auf Reichskommissar Robert Wagner berufen konnten. Wagner hatte in den ersten Kabinettssitzungen seiner kommissarischen Regierung *die Vernichtung des Marxismus* als Ziel herausgestellt und seinen Ministern befohlen, die in der staatlichen und kommunalen Verwaltung befindlichen Juden systematisch zu entfernen und jüdischen Nachwuchs nicht mehr einzustellen.[9]

Erst am 7. April 1933 wurden diese Vorgänge durch das Gesetz zur Wiederherstellung des Berufsbeamtentums nachträglich legalisiert.[10] Aufgrund dieses Gesetzes wurden bis zum 1. Januar 1938 nach Angaben des badischen Innenministeriums 74 Beamte, 47 Angestellte und 123 Arbeiter aus der Stadtverwaltung Mannheim entfernt. Insgesamt verloren also 244 Personen aus politischen oder rassischen Gründen ihre Stellung; das entsprach etwa 5% der städtischen Bediensteten des Jahres 1933.[11] Soweit die Betroffenen die nötigen Dienstjahre abgeleistet hatten, konnten sie ein Ruhegeld beanspruchen, das die Stadt im Jahre 1937 noch mit rund 200 000 RM belastete.[12]

Die entstandenen Lücken wurden gemäß dem Verwaltungsbericht durch die Einstellung *bewährter Nationalsozialisten* wieder gefüllt. Hier wird ein weiterer Grund für die personellen Veränderungen erkennbar: die Versorgung *alter Kämpfer* mit staatlichen und kommunalen Stellen.[13] Darüber hinaus versetzte die Stadt ältere Beamte und Angestellte vor Erreichung der gesetzlichen Altersgrenze vorzeitig in den einstweiligen Ruhestand, um *alte verdiente Parteigenossen in vermehrtem Umfang in Arbeit und Brot zu bringen.*[14] Die von den Nationalsozialisten vor 1933 angeprangerte *Futterkrippenwirtschaft* der *Systemzeit* erreichte damit ein bis dahin unbekanntes Ausmaß. So wurden bis 1937 in Mannheim 263 *bewährte Kämpfer* im Angestellten- und 350 im Arbeiterverhältnis eingestellt. Doch nur 52 von ihnen konnten bis 1937 in das Beamtenverhältnis überführt werden[15] – ein deutliches Indiz für die Schwierigkeiten der nationalsozialistischen Stadtverwaltung, ausreichend qualifizierte *alte Kämpfer* für die vakanten Posten zu finden. Oft mußte auch eine Zurruhesetzung auf einen späteren Zeitpunkt verschoben werden, weil das Personal, das die jeweiligen Dienstgeschäfte übernehmen sollte, noch nicht hinreichend eingearbeitet war.[16] Insgesamt stieg die Zahl der Versorgungsempfänger der Stadt Mannheim von 894 im Jahr 1933 auf 1 366 im Jahr 1937; dementsprechend erhöhte sich der diesbezügliche Finanzbedarf von 2,5 Mio. RM auf 3,5 Mio. RM.[17]

Ziel nationalsozialistischer Kommunalpolitik war vor 1933 zunächst nur die Eroberung der politischen Macht. Sachbezogene Kooperation oder die Übernahme von Verantwortung wurden strikt abgelehnt. Zwar lernten die Nationalsozialisten schnell, sich in den gemeindlichen Gremien sämtlicher parlamentarischer Kunstgriffe zu bedienen, doch nur des Eklats und der Propaganda wegen. Auch in Mannheim machten die Nationalsozialisten in Stadtrat und Bürgerausschuß *mehr Lärm als alle anderen übrigen Mitglieder der städtischen Kollegien zusammen. Sie trieben eine ausgesprochene Radaupolitik,*[18] was zu schweren Zusammenstößen mit den anderen Parteien führte. Das hatte zur Folge, daß auch kommunalpolitisch tätigen Nationalsozialisten oft jede Fähigkeit zu konstruktiver, sachorientierter Verwaltungsarbeit abging. Diesem Umstand verdankte wohl auch der 1933 noch parteilose Bürgermeister Dr. Otto Walli, daß er im Amt bleiben konnte, da man auf seine Sachkompetenz für die Fortführung einer geregelten Verwaltungstätigkeit in Mannheim offensichtlich nicht verzichten konnte.[19]

Um *die Gleichmäßigkeit der politischen Intentionen im Reich und in den Ländern zu gewährleisten,* wurden durch das Vorläufige Gesetz zur Gleichschaltung der Länder mit dem Reich vom 31. März 1933 die Landtage und kommunalen Vertretungskörperschaften aufgelöst und neu gebildet. Zur Durchführung dieses Verfahrens in Mannheim bildete der amtierende Stadtrat einen Wahlausschuß. Die örtlichen Parteien, mit Ausnahme der KPD, wurden aufgefordert, bis zum 25. April Wahlvorschlagslisten getrennt für Stadtrat und Bürgerausschuß einzureichen, die mindestens ebensoviel und höchstens doppelt soviel Namen wie die zu vergebenden Sitze enthalten durften.[20] Der neue Stadtrat sollte 14 und der neue Bürgerausschuß 53 Sitze umfassen. Entsprechend dem Ergebnis der Reichstagswahl vom 5. März in Mannheim bestimmte der Wahlausschuß am 29. April auf der Grundlage der Listen die Stadträte und Stadtverordneten, die auf diese Weise für vier Jahre als gewählt galten. Danach erhielten im Stadtrat die Gemeinschaftsliste von NSDAP, Kampffront Schwarz-Weiß-Rot, DVP und Evangelischem Volksdienst 8, die SPD 4 und das Zentrum 2 Sitze. In der konstituierenden Sitzung des Gremiums am 11. Mai wurden die neuen Stadträte von Stadtkommissar Wetzel in ihr Amt eingeführt, wobei laut Pressenotiz die sozialdemokratischen Mitglieder *am Erscheinen verhindert* waren.[21]

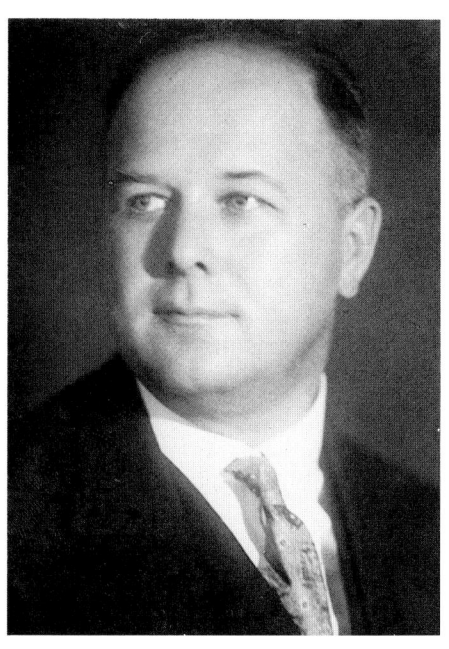

33 a
Oberbürgermeister Dr. Hermann Heimerich (1885–1963). Um 1932.
Heimerich war 1928 als erster sozialdemokratischer Oberbürgermeister Mannheims gewählt worden. Während der Zeit des NS-Regimes lebte er als Wirtschaftsberater in Berlin.
1945 kurzzeitig an der Spitze der ersten deutschen Regionalverwaltung nach dem Zweiten Weltkrieg, dem Oberregierungspräsidium Mittelrhein-Saar, wurde er 1949 erneut zum Mannheimer Oberbürgermeister gewählt. Beim Ausscheiden aus dem Amt 1955 wurde ihm die Ehrenbürgerwürde verliehen.

33 b
Verfügung des Polizeipräsidiums Mannheim über die Schutzhaft für Oberbürgermeister Heimerich. 12.3.1933.

Dr. Heimerich

POLIZEIPRÄSIDIUM
- Abtl. A-.

Mannheim, den 12. März 1933.

Schutzhaft.

1.) Oberbürgermeister Dr. Heimerich, z. Zt. im Theresienkrankenhaus, ist zu eröffnen, dass er sich als in Schutzhaft befindlich zu betrachten habe.

Er hat ehrenwörtlich zu versichern, dass er ohne Erlaubnis des Polizeipräsidiums das Krankenhaus nicht verlässt.

2.) An ~~den Leiter der Aussenstelle~~ Leiber zur Eröffnung gegen Nachweis.

3.) W. V. 13. 3. 33.

Polizeipräsidium- Abtl. A-
I. A.

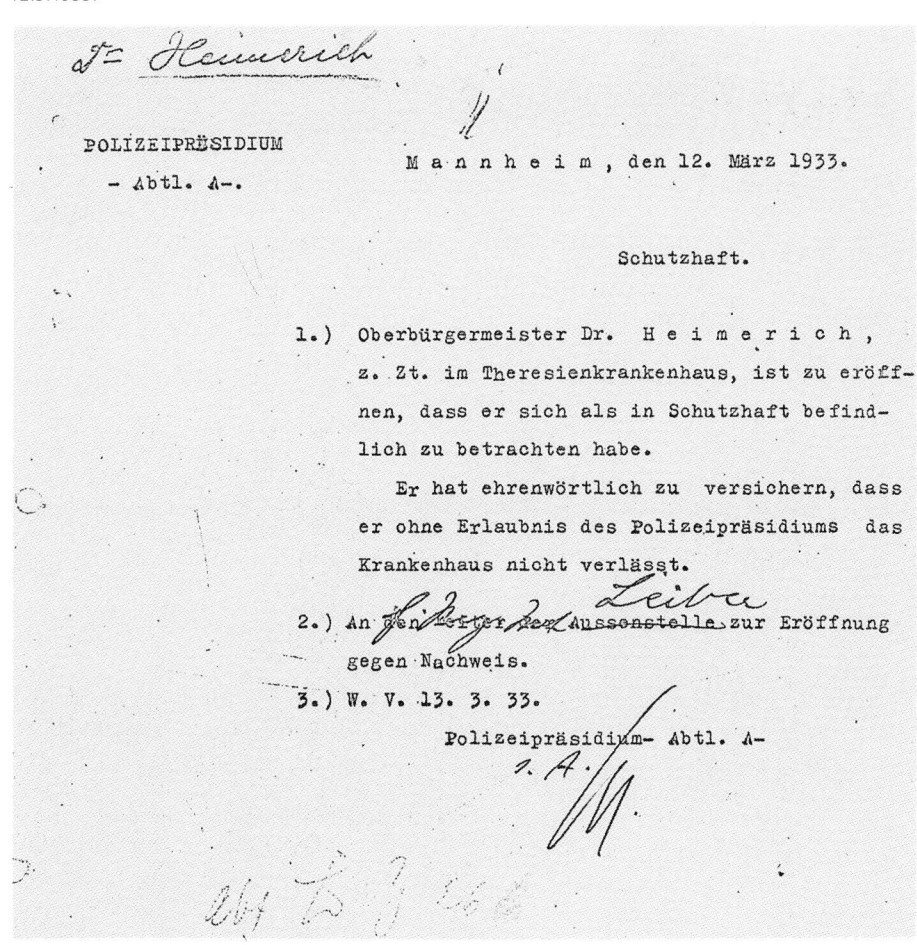

34 a
Bürgermeister Dr. Otto Walli (1878–1945).
Um 1943.
Walli wurde im März 1933 als einziger Mannheimer Bürgermeister nicht entlassen: Offenbar konnten die Nationalsozialisten auf den erfahrenen Verwaltungsspezialisten nicht verzichten. Walli seinerseits machte sein Verbleiben im Amt, das ihm – nach eigener Aussage – sein Pflichtgefühl als Beamter gebot, allerdings von zwei Bedingungen abhängig: nicht der NSDAP beitreten und keine Gesetze verletzen zu müssen.[57] In beiderlei Hinsicht geriet er jedoch schon bald unter Druck.

Seit 1919 Bürgermeister, war Walli aufgrund seiner Verdienste im Frühjahr 1928 in die Funktion des Ersten Bürgermeisters und Stadtkämmerers aufgerückt und wurde im Oktober 1928 von einer breiten Mehrheit wiedergewählt. Walli *verkörperte den Typus des unpolitischen, pflichttreuen Beamten.*[58] Das schützte ihn jedoch nicht vor polemischen Angriffen des NS-Organs Hakenkreuzbanner.[59] So ist durchaus glaubhaft, wenn der NSDAP-Stadtrat Ludwig Hofmann mit den Worten zitiert wird: *Der Walli? Der kann froh sein, daß er selber nicht entlassen wurde.*[60]
Um sich aus der Schußlinie der NSDAP zu bringen, schloß sich Walli im Juli 1933 der Reiter-SS an, deren Mitglieder wie die Angehörigen anderer NS-Nebenorganisationen 1937 in die NSDAP übernommen wurden. Die Aufnahme Wallis stieß jedoch auf Schwierigkeiten: Selbst die Beschwerde des zuständigen SS-Führers konnte den ablehnenden Beschluß von Kreisleitung und Kreisgericht der NSDAP nicht aufheben; erst nach erneuten *Vorstellungen* Wallis und einer *persönlichen Einvernahme*, bei der er *einen ordentlichen und glaubwürdigen Eindruck machte*, befürworteten das NSDAP-Gaugericht und der Gauleiter das Aufnahmegesuch, dem schließlich am 26. Mai 1939 mit Wirkung vom 1. Mai 1937 stattgegeben wurde.[61]
Daß Walli in lokalen NSDAP-Kreisen nicht wohlgelitten war, zeigt ein weiterer Vorgang. Nachdem seine Amtszeit im November 1937 abgelaufen war, stand seine Wiederberufung durch das badische Innenministerium an. In der Sitzung der Ratsherren am 12. November 1937 führte der kurz zuvor nach Mannheim gekommene Kreisleiter Hermann Schneider aus: *Die Partei hatte zunächst sehr starke Bedenken hinsichtlich seiner früheren Einstellung.* Erkundigungen bei den Ratsherren ergaben zwar, daß Walli *sich bemüht hat, sich in die Gedankengänge des Nationalsozialismus einzufühlen.* Dennoch überließ Schneider, der sich in der kurzen Zeit kein eigenes Urteil bilden konnte, die Entscheidung dem Gauleiter, der schließlich keine Einwände geltend machte.[62]

Gegenüber den Forderungen nach Säuberung der Stadtverwaltung verwies Walli auf den rechtlich einwandfreien Weg des Disziplinarverfahrens;[63] auf die Entlassungen der ersten Wochen nach der *Machtergreifung* hatte er ohnedies keinen Einfluß – diese Aufgabe fiel in die Kompetenz der Kommissare.[64] Allerdings sei das *Verhalten des Dr. Walli im Jahr 1933 gegenüber verschiedenen von den Nazis entlassenen Beamten ... recht bedenklich*[65] gewesen.
Im übrigen scheint Walli seine Fachaufgaben wie bisher mit hoher Kompetenz und Engagement wahrgenommen zu haben. *Die Verdienste, die sich Bürgermeister Dr. Walli um die Stadt und insbesondere um ihre Vermögensverhältnisse erworben hat, werden auch von der heutigen Stadtverwaltung anerkannt,*[66] stellte denn auch Bürgermeister Trumpfheller gegenüber der Spruchkammer Mannheim klar. Trumpfheller, selbst ein Opfer der NS-Verfolgung, hatte jedoch in einem Schreiben an die Tochter Wallis auch zu bedenken gegeben: *Aus Gründen der Verantwortungsabgrenzung ... können Sie uns nicht zumuten, daß wir das spätere Verhalten Ihres Herrn Vaters entschuldigen oder bagatellisieren sollen.*[67]
Am 25. April 1945 wurde Walli von den Amerikanern inhaftiert. Sein bereits angeschlagener Gesundheitszustand verschlechterte sich insbesondere während der Unterbringung in dem Internierungslager in Mundenheim, wo im Freien übernachtet werden mußte. Anfang Juni wurde er in die Chirurgische Klinik nach Heidelberg verlegt.[68] Seine Widerstandskräfte waren jedoch bereits so geschwächt, daß er die notwendige Operation nicht überstand. Für den schlechten körperlichen Zustand machte der mit der Sektion beauftragte Pathologe *die beruflich überaus starke Belastung ... als Bürgermeister einer durch Kriegsschäden gewaltigst in Mitleidenschaft gezogenen Stadt* mitverantwortlich. Nach seiner Meinung war Walli bereits *nicht haftfähig, und die Tragik des Geschehens liegt darin, daß in jenen stürmischen Zeiten ein ärztlicher Beistand im Sinne einer baldigsten Freilassung aus der Gefangenschaft nicht erfolgen konnte und nicht erfolgt ist.*[69]

34 b
Landgerichtsrat Dr. Otto Müller (1876–1955). 29.4.1940. Aufn. Josef Hofmann.
Müller, seit 1.5.33 NSDAP-Mitglied, hatte sich im März 1933 dem damaligen Stadtkommissar Renninger *zur Bearbeitung von Rechts- und Personalfragen zur Verfügung gestellt* (Oberbürgermeister an Ministerium des Kultus, des Unterrichts und der Justiz, Karlsruhe, vom 4.12.1933, StadtA MA, Personalamt, Zug. 20/1969, Nr. 12 818). Seit 24. Mai nahm er kommissarisch das Amt des Stadtsyndikus wahr (der bisherige Amtsinhaber Dr. Fritz Cahn-Garnier war aus rassischen Gründen aus dem Dienst entfernt worden) und war u.a. mit der Entlassung von städtischen Bediensteten aufgrund des *Gesetzes zur Wiederherstellung des Berufsbeamtentums* befaßt.

Im Bürgerausschuß bekamen die Gemeinschaftsliste 29, die SPD 15 und das Zentrum 9 Sitze.[22] Dieses neu gebildete Gremium wählte am 15. Mai mit den Stimmen der Gemeinschaftsliste und des Zentrums den bisherigen Kommissar Carl Renninger zum neuen Oberbürgermeister, der zuvor von Reichsstatthalter Robert Wagner für dieses Amt bestellt worden war. Die SPD-Fraktion blieb der Abstimmung fern. Am 27. Juni wurde Renninger dann nach Bestätigung durch das Innenministerium von Landeskommissär Dr. Karl Scheffelmaier verpflichtet.[23]

Der neue Stadtrat beschloß schon in seiner ersten Sitzung auf Antrag der NSDAP-Fraktion, bei der Besetzung der zu bildenden Ausschüsse die SPD-Mitglieder nicht zu berücksichtigen.[24] Auf Ersuchen des Reichsinnenministers, in jeder Hinsicht gegen die SPD als eine *hoch- und landesverräterische* Partei vorzugehen, wurde die SPD schließlich am 23. Juni für den Bereich des Landes Baden von Innenminister Pflaumer mit allen Hilfs- und Nebenorganisationen verboten und sämtliche Mitglieder der Partei von der weiteren Ausübung ihrer Mandate in Volks- und Gemeindevertretungen ausgeschlossen.[25] Der letztgenannte Schritt wurde erst am 7. Juli durch die Verordnung zur Sicherung der Staatsführung legalisiert, welche die Zuteilung von Sitzen auf Wahlvorschläge der SPD nach dem Vorläufigen Gleichschaltungsgesetz für unwirksam erklärte. Am 13. Juli berief der Landeskommissär mit Ermächtigung des Innenministers die Mitglieder der NSDAP, die die Mandate der aus den städtischen Kollegien ausgeschiedenen Fraktionsmitglieder der SPD mit Amtsdauer bis zum 4. März 1937 übernahmen.[26] Damit kam auch in Mannheim der monatelange Kampf der neuen Machthaber gegen den *Marxismus* zu einem vorläufigen Abschluß.

Auch die anderen Parteien verschwanden nach und nach von der Bildfläche: Die vormals Deutsche Demokratische Partei, seit 1930 Deutsche Staatspartei, hatte für die Reichstagswahl vom 5. März 1933 ihre Liste mit der der SPD vereinigt.[27] Mitte Juni 1933 wurden in Baden die deutschnationalen Kampf- und Jugendverbände aufgelöst und verboten. Veranlassung dazu *gab die ernste Bedrohung der öffentlichen Sicherheit und Ordnung*[28] durch die

35
Oberbürgermeister Carl Renninger an seinem
60. Geburtstag mit Ratsherren im Bürgerausschußsaal
des Rathauses N 1. 18.4.1941.

In der ersten Reihe links neben Renninger Bürgermeister
Dr. Otto Walli, rechts neben dem Oberbürgermeister
Kreisleiter Hermann Schneider (in Uniform).

angebliche Aufnahme der Mitglieder aufgelöster *marxistischer Organisationen* in die deutsch-nationalen Verbände. Die DNVP selbst, seit Mai 1933 Deutsch-Nationale Front, löste sich entsprechend den Vorgängen auf Reichsebene auch in Baden im Juli freiwillig auf. Ihre Mitglieder wurden, sofern sie dies wünschten, unter bestimmten Bedingungen in die NSDAP aufgenommen.[29] Der einzige nach dem Gleichschaltungsgesetz ernannte deutschnationale Stadtrat Karl Schoerlin, Landgerichtsrat und seit Juni 1933 Landgerichtsdirektor, gehörte dem Stadtrat bis 1935 an.[30]

Der badische Landesverband der Deutschen Volkspartei hatte schon am 30. April den Beschluß gefaßt, sich mit Wirkung vom 1. Juni 1933 aufzulösen. Dem folgte Anfang Mai auch der Ortsverein Mannheim der DVP.[31] In der NS-Presse mokierte man sich allerdings, *warum die DVP Mannheim nicht sterben kann* und fand *des Rätsels Lösung* in einem vertraulichen Rundschreiben der Partei an Mannheimer Firmen, in dem diese um Geldspenden zur Begleichung der Verbindlichkeiten der DVP gebeten wurden. Originalton Hakenkreuzbanner: *Wenn wir daran denken, wie lange das Siechtum dieses politischen Krüppels noch andauert, bis ihn der Teufel holt, überkommt uns schmerzlichstes Bedauern.*[32] Schließlich folgte im Juli die Auflösung des badischen Zentrums, dessen Landtagsabgeordnete bis zum 1. September die Wahl hatten, als Hospitanten in die NSDAP-Fraktion überzutreten oder ihr Mandat niederzulegen. In Mannheim wurde in der letzten Versammlung des Zentrums ein Arbeitsausschuß gebildet, der die Auflösung des Ortsverbands der Partei und aller Unterorganisationen beschloß. Das Parteisekretariat wurde am 8. Juli geschlossen.[33] Mit dem Ausscheiden der beiden Mitglieder der Zentrumsfraktion August Kuhn und Alois Noll und der Übernahme ihrer Sitze durch Nationalsozialisten am 14. Dezember war schließlich auch im Mannheimer Stadtrat die NSDAP unter sich.[34]

Den Schlußstrich unter diese Entwicklung zog das am 14. Juli erlassene Gesetz gegen die Neubildung von Parteien, das jede Parteineugründung verbot und die NSDAP zur einzigen politischen Partei erklärte. Damit war das *parlamentarische Parteiengeschmeiß von der politischen Bühne ruhmlos verschwunden.*[35] *Im nationalsozialistischen Staat gibt es kein Abstimmen, gibt es den Begriff der Mehrheit nicht mehr. Der nationalsozialistische Staat kennt nur eine Autorität, und diese geht von oben nach unten, und er kennt nur eine Verantwortung, und diese geht von unten nach oben,*[36] so brachte der preußische Ministerpräsident Hermann Göring die neuen Verhältnisse auf den Punkt.

Angesichts der absehbaren Umbildung der städtischen Kollegien hatte Reichskommissar Robert Wagner die Gemeindeverwaltungen angewiesen, in der Beschlußfassung möglichste Zurückhaltung zu üben. In Mannheim beschränkte sich deshalb die Kommunalpolitik nach den Märzwahlen, abgesehen vom *großen Aufräumen*, auf eine Reihe von mehr oder weniger populistischen Maßnahmen, die auf Anordnung der Kommissare durchgeführt wurden. Sie richteten sich vor allem gegen den politischen Gegner oder sollten den unbedingten Sparwillen der Kommissare dokumentieren. So wurden z.B. die Zuwendungen an *rote und schwarze* Sportverbände gestrichen und die

36 a
Kanzlei des Hochbauamts im Rathaus N 1. 30.1.1936.
Aufn. Josef Hofmann. An der Wand die Parole:
Des Deutschen Gruß: „Heil Hitler!"

36 b
Schreiben eines städtischen Bediensteten mit der Bitte um Aufnahme in die NSDAP. 20.9.1933. Obwohl vom September datiert, handelt es sich um das Zeugnis eines sogenannten Märzgefallenen, wie der Schlußsatz zeigt. Diese Bezeichnung wurde für diejenigen verwendet, die bald nach dem politischen Umbruch vom März 1933 den Anschluß an die Partei der neuen Machthaber suchten.

> Sehr verehrter Herr Doktor!
>
> Der Unterzeichnete ist seit April dieses Jahres Mitglied des Kampfbunds für deutsche Kultur, Mitglied des Opferrings der NSDAP, außerdem Mitglied der NSDAP-Beamtenabteilung und wurde in der Fachschaft Kommunalverwaltung am 21. April 1933 zum Vertrauensmann (Amtswalter) für ▆▆▆▆▆ berufen. Die diesbezüglichen Ausweise können jederzeit vorgelegt werden.
>
> Ich möchte mir hiermit die höfliche Anfrage gestatten, ob es aufgrund dieses Tatbestands nicht möglich ist mich jetzt nach halbjähriger Frist in die Partei aufzunehmen, um damit meinen Pflichten als Amtswalter in noch stärkerem Maße entsprechen zu können.
>
> Vor einigen Monaten hatte Herr ▆▆▆▆▆ die Freundlichkeit sich in dieser meiner Angelegenheit bei Ihnen zu verwenden.
>
> Mit deutschem Gruß!
> Heil Hitler!

städtischen Amtsstellen angewiesen, *in Warenhäusern, Einheitspreisgeschäften und bei sonstigen jüdischen Firmen keine Waren irgend welcher Art*[37] zu kaufen. Man sperrte die Aufwandsentschädigungen der kommunistischen Stadträte und entfernte 54 Telefon-Wohnungsanschlüsse, die höheren städtischen Beamten auf Kosten der Stadt zur Verfügung gestellt worden waren.[38] Die Arzneigebühr für Arztscheine des Fürsorgeamts wurde nicht mehr erhoben und die Beamten dieses Amts angewiesen, sich gegenüber *den deutschen Volksgenossen, welche die Not der Zeit zwingt, das Fürsorgeamt in Anspruch zu nehmen, ... äußerster Höflichkeit, Ruhe und Taktes zu befleißigen*.[39]

Das Problem der Kontinuität der kommunalen Selbstverwaltung im „Dritten Reich" kann in seiner ganzen Komplexität hier nur angedeutet werden. Ein wesentlicher Bestandteil der kommunalen Selbstverwaltung ist das Prinzip der Repräsentation, das in der Wahl der Gemeindevertretungen wie der leitenden Gemeindebeamten wirksam wird. Doch die Frage, woher diese Repräsentanten des örtlichen Gemeinwesens ihre Legitimation beziehen, ob aus dem Votum der Bürgerschaft oder aus staatlicher Anerkennung und Duldung, wird seit jeher kontrovers diskutiert. So waren auch in der Weimarer Republik die Rolle der politischen Parteien in den gemeindlichen Vertretungskörpern sowie die Einführung des allgemeinen, gleichen Wahlrechts bei den Kommunalwahlen heftig umstritten. Die politische Radikalisierung in den letzten Jahren der Republik und die oft destruktive Haltung der extremen Rechten und Linken verstärkten die Tendenzen zur Ausschaltung der Parteien und der gemeindlichen Wahlgremien zugunsten einer stärkeren Stellung des Bürgermeisters. Darüber hinaus bewirkte die Ausdehnung staatlicher Tätigkeit in vormals der Gemeinde vorbehaltene Bereiche sowie eine intensive Gesetzes- und Verordnungstätigkeit des Reichs und der Länder bereits in dieser Zeit, daß die Gemeinden *auch im Rahmen ihrer Selbstverwaltungsangelegenheiten vielfach zu bloßen Vollzugsorganen des Reiches oder der Länder herabgedrückt*[40] wurden.

Die kommunale Selbstverwaltung unterlag also schon in der Weimarer Republik wesentlichen Einschränkungen. In dieser Zeit sind die Anknüpfungspunkte für die Entwicklung nach 1933 und die Umgestaltung des Kommunalverfassungsrechts in der Deutschen Gemeindeordnung (DGO) zu suchen, die am 30. Januar 1935 erlassen wurde und im April 1935 in Kraft trat. Mit ihr wurde erstmals einheitliches und reichsrechtliches Kommunalverfassungsrecht für ganz Deutschland geschaffen.[41]

Die Gemeindeordnung hielt zwar am Begriff *der Bürgerschaft* fest, doch hatte er jede Funktion verloren, da die Gesamtheit der Bürger einen politischen Willen nicht mehr artikulieren konnte. Die Repräsentanz der Bürgerschaft, in Mannheim der Bürgerausschuß, wurde als Teil des *liberalistischen Systems* abgeschafft.[42] Die DGO kannte nur Gemeinderäte bzw. für die Städte Ratsherren als Einzelpersönlichkeiten mit der Aufgabe, *die dauernde Fühlung der Verwaltung der Gemeinde mit allen Schichten der Bevölkerung zu sichern, ... den Bürgermeister eigenverantwortlich zu beraten und seinen Maßnahmen in der Bevölkerung Verständnis zu verschaffen*. Die Gemeinderäte wurden durch den Parteibeauftragten nach Fühlungnahme mit dem Bürgermeister nach den Auswahlkriterien *nationale Zuverlässigkeit, Eignung und Leumund* für sechs Jahre berufen.

In Mannheim erfolgte die Amtseinführung der 24 neuen Ratsherren am 30. September 1935. Von seiten der NSDAP wurden sie als Vertrauensleute der Partei angesehen und sollten in erster Linie ihr zur Loyalität verpflichtet sein. So gehörten in Mannheim die neuen Ratsherren ausnahmslos zu den *alten Kämpfern* der NSDAP, denn, so betonte der Parteibeauftragte für den Kreis Mannheim, Kreisleiter Dr. Reinhold Roth, bei ihrer Einführung, *der Einsatz vor der Machtergreifung ist auch heute noch der beste Prüfstein für die zuverlässige nationalsozialistische Gesinnung*. Und so bat er die neuen Ratsherren, *wenn Sie in Zukunft auch eigenverantwortlich tätig sein und lediglich Ihrem Wissen und Gewissen Folge leisten müssen, doch in erster Linie dem ungeschriebenen Gesetz des Nationalsozialismus zu folgen, weil Sie dann immer die richtigen Ratschläge bringen werden*.[43]

Oberbürgermeister Renninger hingegen nahm in seiner langen Einführungsrede das Wort *Nationalsozialisten* nur einmal in den Mund. Er betonte vor allem, daß der Gesetzgeber den *Führergedanken* in der Deutschen Gemeindeordnung verankert habe, denn an die Stelle der Willensbildung durch Mehrheitsentscheidungen trete die alleinige Verantwortung des Oberbürgermeisters. So mußte sich der Oberbürgermeister nur in bestimmten Fällen von den Ratsherren beraten lassen; er war in seinen Entscheidungen jedoch völlig unabhängig von ihrem Votum. Ein Beschluß-, Kontroll- oder Initiativrecht stand den Ratsherren nicht zu. Diese, wie es zunächst schien, Stärkung des Amts wurde von konservativen und nationalsozialistischen Gemeindeleitern begrüßt, eröffnete sie doch auf kommunaler Ebene durchaus Handlungsspielräume. So gelang es Oberbürgermeister Renninger, mit dem *Plankendurchbruch* eine Sanierungsmaß-

37 a
Rathaus N 1, Saal 131 Vermessung. 30.1.1936.
Aufn. Josef Hofmann.
Einer der Beamten trägt eine Parteiuniform. An der Wand neben der Tür ein Plakat der NSV.

37 b
Rathaus N 1, Stadthauptkasse. 4.2.1936.
Aufn. Josef Hofmann.

38
Nähstube des städtischen Fürsorgeamts in der Hildaschule. 11.3.1938. Aufn. Josef Hofmann.

nahme zu realisieren, die die Mannheimer Stadtverwaltung schon lange beschäftigt hatte, aber bisher an dem Widerstand der Hauseigentümer gescheitert war. In wenigen Jahren wurde der historisch gewachsene Straßenzug bei den Quadraten P 5 und 6 und E 5 und 6 erweitert und den modernen Verkehrsbedürfnissen angepaßt.[44] Mit seiner ganzen Kraft sei Oberbürgermeister Renninger dafür eingetreten, daß dieses Projekt rasch verwirklicht wurde, wobei er allerdings auf die Rückendeckung der Partei zählen konnte. Sie habe dafür gesorgt, daß die Hauseigentümer nicht länger ihre persönlichen Interessen in den Vordergrund gestellt hätten.[45]

Von den Oberbürgermeistern wurde den Ratsherren nur Bedeutung beigemessen, wenn sie vermöge ihres Parteiamts politische Potenz besaßen. Da von dieser Seite jedoch meist Unannehmlichkeiten zu erwarten waren, besaßen die meisten Oberbürgermeister nur geringe Neigung, die Ratsherren mehr als unbedingt erforderlich einzuschalten. Oberbürgermeister Renninger hielt sich allerdings in den Vorkriegsjahren im großen und ganzen an sein Vorhaben, die Ratsherren einmal monatlich zu einer nichtöffentlichen Sitzung einzuladen.[46] Öffentliche Beratungen fanden hingegen nur noch einmal jährlich bei der Verabschiedung des Haushalts statt. Da die Entscheidungen in vorangegangenen Absprachen getroffen und die Gegensätze nicht mehr öffentlich ausgetragen wurden, boten die Sitzungen ein Bild harmonischer Übereinstimmung. Die Abschaffung des *Redebolschewismus*[47] wurde begrüßt: *An Stelle der Debatten und langen Schwätzereien, Saalschlachten und Anpöbelungen herrschte eine Atmosphäre, wie man sie sich reiner und vorbildlicher nicht vorstellen kann. Anträge und Vorlagen, um die man sich früher tagelang gebalgt hatte, wurden in der Rekordzeit von knapp einer Stunde erledigt.*[48]

Doch die alleinige Verantwortung des Oberbürgermeisters für die Leitung der Stadt nahm ihm auch die Legitimation durch den örtlichen Entscheidungsprozeß und machte ihn und die Kommunalverwaltung anfällig für Einwirkungen von außen, insbesondere von seiten der NSDAP.[49] Um dieser Gefahr, die im Reichsinnenministerium durchaus gesehen wurde, zu begegnen, wurden durch die Deutsche Gemeindeordnung die staatlichen Aufsichtsrechte über die Gemeinden deutlich erweitert. Sie boten einen gewissen Schutz vor willkürlichen Eingriffen der NSDAP in die laufende Verwaltungsführung. Folgerichtig wurde diese Tendenz zu einer stärkeren Kontrolle und Aufsicht des Staats von der Partei scharf bekämpft.

Die Berücksichtigung der NSDAP in der neuen Kommunalordnung war bis zuletzt umstritten und fand im Gesetz keine alle Seiten voll befriedigende Lösung. Zur *Sicherung des Einklangs der Gemeindeverwaltung mit der Partei* führte die Gemeindeordnung das neue Amt eines Parteibeauftragten ein, der vom Gauleiter ernannt und mit bindenden Anweisungen für seine Tätigkeit versehen werden konnte. Der Parteibeauftragte, in Mannheim Kreisleiter Dr. Reinhold Roth, später dessen Amtsnachfolger Hermann Schneider, war an der Ernennung der Ratsherren und an der Berufung der leitenden hauptamtlichen Gemeindebeamten maßgeblich beteiligt. Viel wichtiger als diese Verfahrens-

39 a
Rechts: Die für das Geläut im Rathausturm N 1 bestimmte dritte Glocke auf dem Weg zum Weiheplatz. 26.4.1938. Der Grupello-Brunnen in der Mitte des Paradeplatzes ist aus Anlaß der Eingliederung von Österreich durch einen provisorischen *Wahltempel* überbaut, der durch die Worte *Ein Volk, ein Reich, ein Führer* gekrönt ist.

39 b
Unten: Die zum zweiten Jahrestag der Rheinlandbesetzung gegossene Glocke für das Geläut im Rathausturm N 1. 26.4.1938. Die Beschriftung lautet: *Am 7. März 1936 zogen die deutschen Truppen in Mannheim ein.* Auf der Umschrift war zu lesen: *Ich künde des Führers große Tat: Wehrfreiheit am Rhein.* Die Glocke wurde am 5. Juni 1942 wieder abgenommen und zum Einschmelzen verbracht.

vorschriften war jedoch der informelle Entscheidungsweg, der über die Gauleiter lief, die vor allem auf die Besetzung der leitenden Positionen in den größeren Städten unmittelbar Einfluß nahmen. Auch bei der Einstellung der übrigen Behördenbediensteten forderte die NSDAP ein Mitspracherecht, wodurch die Gemeinden Gefahr liefen, ihre Personalhoheit gänzlich zu verlieren. Die Praxis entwickelte sich örtlich unterschiedlich; auf jeden Fall hatte der Oberbürgermeister bei der Besetzung von Stellen in erster Linie auf die politische Zuverlässigkeit des Bewerbers zu achten.

Auch Oberbürgermeister Renninger wurde wegen seiner Personalpolitik auf Veranlassung der Kreisleitung von Gauleiter Wagner kritisiert. Renninger war bestrebt, wie er in einem Rückblick auf seine Zeit als Oberbürgermeister betonte, ein gutes Einvernehmen zwischen Partei- und Nicht-Parteigenossen in der Stadtverwaltung herzustellen. Außerdem hielt er an Beamten und Angestellten wie z. B. Oberbaudirektor Josef Zizler fest, deren Entlassung von seiten der Partei immer wieder gefordert wurde. Den dafür nötigen Freiraum verschaffte sich Renninger nach eigenen Angaben dadurch, daß er dem Gauleiter vorschlug, doch an seiner Stelle Kreisleiter Dr. Roth zum Oberbürgermeister zu machen; daraufhin sei seine Personalpolitik nicht mehr kritisiert worden.[50] Renningers Personalpolitik dürfte von den maßgeblichen Mitarbeitern des Personalamts der Stadt Mannheim unterstützt worden sein, die weder Mitglied der NSDAP noch einer ihrer Organisationen waren. Bei einer Überprüfung der kommunalen Personalämter durch die Gauleitung wurden jedoch 1937 zwei von ihnen durch „zuverlässige" Beamte ersetzt.[51]

Die Gemeindeordnung sah keine direkte Einflußnahme von Parteidienststellen auf die Verwaltungsführung der Gemeinden vor, doch gehörten Eingriffe der Partei zum nationalsozialistischen Alltag.

40 a
Werbe-Poststempel für Mannheim. 28.3.1938. Das stolze Attribut *Hauptstadt,* das Mannheim nach dem Verlust der Residenz im 18. Jh. als Kompensation zugestanden worden war, wurde ihm noch im selben Jahr aufgrund ministerieller Verfügung entzogen: In dem im Juni 1938 erschienenen Verwaltungsbericht fehlt es bereits.

40 b
Stadtwerbeplakat für Mannheim. Entwurf von Wiertz. 1936. Die Stadteinfahrt auf der Reichsautobahn – angeblich eine der schönsten des Reichs – mit dem Wasserturm in Zentralperspektive war ein beliebtes Motiv der Stadtwerbung. Sie verband das traditionelle Wahrzeichen Mannheims mit einer von den Nationalsozialisten als ureigene Leistung beanspruchten technischen Großtat.

Auch Oberbürgermeister Renninger mußte sich ständig mit Parteidienststellen auseinandersetzen, die versuchten, auf Veranlassung der Gau- oder Kreisleitung mit Hilfe städtischer Bediensteter Verwaltungsmaßnahmen zu beeinflussen. Um solche Übergriffe abzuwehren, verpflichtete Renninger die städtischen Bediensteten, nur mit seiner Einwilligung den Wünschen der Partei zu entsprechen. Die sich daraus ergebenden Spannungen mit Kreis- und Gauleitung nahmen gelegentlich scharfe Formen an, so jedenfalls die Rückerinnerung von Beteiligten.[52] Als Beispiel erwähnt Renninger die Auseinandersetzungen wegen der Neuerrichtung einer großen Zahl von städtischen Kindergärten, die Ende 1939 in Angriff genommen wurde. Es gelang Renninger, die von der Gauleitung geforderte Übernahme dieser Kindergärten durch die Nationalsozialistische Volkswohlfahrt (NSV) zu verhindern, wobei er sich auf den Reichsminister des Innern berufen konnte. Auch in den Ratsprotokollen fand dieser Streit seinen Niederschlag: Entgegen der sonst üblichen Praxis kam es ausnahmsweise einmal zu Meinungsäußerungen von einigen Ratsherren, die noch dazu von der Haltung des Oberbürgermeisters abwichen, doch setzte sich Renninger am Ende durch.[53] Die Presse feierte *den guten Onkel Oberbürgermeister* bei der Eröffnung des ersten der *neuen Musterkindergärten,*[54] und sogar das Hakenkreuzbanner bescheinigte ihm: *Hier sind die Kinder gut aufgehoben!*[55]

Auch die zunehmende beamtenrechtliche Bindung des Bürgermeisters an den Staat, die Verstärkung der staatlichen Aufsicht über die Kommunalpolitik und die staatliche Finanzpolitik zugunsten der Zielsetzungen von Vierjahresplan und Wiederaufrüstung engten den Handlungsspielraum des Gemeindeleiters erheblich ein. So bedauerte Bürgermeister Walli z. B. lebhaft, daß die Reichs- und Landesgesetze zum Finanz- und Lastenausgleich vom Sommer 1938 der Stadt Mannheim eine Einnahmeneinbuße von über 4 Mio. RM brachten und der Haushalt 1939 nur ausgeglichen werden konnte, indem man eine ganze Reihe von wünschenswerten Maßnahmen zurückstellte. Mit Bedenken schaute er in die Zukunft: *In diesem Zusammenhang muß die große Sorge berührt werden, die die Gemeinden bedrückt, weil wieder von einem bevorstehenden neuen Finanzausgleich gesprochen wird, der durch den erhöhten Bedarf des Reichs für die Ostmark und für die Zwecke der Reichssicherheit begründet ist. Das Wort Finanzausgleich bedeutet ja für viele Gemeinden nach den bisherigen Erfahrungen mehr oder minder empfindliche Verluste an Einnahmen oder Belastungen mit Mehrausgaben.*[56]

41
Ankunft Adolf Hitlers auf dem Neuostheimer Flugplatz am 1.3.1935 9.45 Uhr. Aufn. Heinrich Hoffmann. Hitler, hier in Begleitung des Oberbürgermeisters Renninger und des Ersten Bürgermeisters Otto Walli (zweiter von rechts), führte damals gewissermaßen als „Herrschaftszeichen" – wie es heute noch bei Potentaten gelegentlich üblich ist – eine Hundepeitsche mit sich, auf die er später bei öffentlichen Auftritten – wegen entsprechender Kritik in der ausländischen Presse – verzichtet haben soll. Dieses Bild (aus dem Nachlaß des Bürgermeisters Otto Walli) ist in der lokalen Presse unseres Wissens nicht verwendet worden.

Birgit Arnold
Michael Caroli
Ulrich Nieß
Jörg Schadt
Udo Wennemuth

NS-Grössen

Das „rote" Mannheim war für die Nationalsozialisten vor 1933 immer ein schwieriges Pflaster gewesen, und auch unter der Diktatur wurde die Quadratestadt nie zu einer *Hauptstadt der Bewegung*. Gleichwohl hatte die NSDAP vor der *Machtergreifung* auch hier eine starke Position gewinnen können, und in der Stadt waren einige führende Männer des NS-Regimes herangewachsen – aus bürgerlichen Familien protestantisch-liberaler wie auch katholischer Prägung.[1]

Hitler selbst war wie andere NS-Größen in den Wahlkämpfen seit Ende der zwanziger Jahre auch in Mannheim aufgetreten; nach 1933 waren Besuche der ersten Garde der NSDAP allerdings verhältnismäßig selten. Die örtlichen Repräsentanten des NS-Regimes gehörten nicht zu den Spitzenleuten der Partei; ihr Werdegang, ihre Karriere während der Jahre 1933 bis 1945 und ihr Schicksal nach dem Zweiten Weltkrieg sind vielmehr Durchschnittsbiographien jener Zeit.

42 a
Adolf Hitler, vermutlich auf dem Neuostheimer Flugplatz. Das Bild stammt aus dem Nachlaß von Oskar Riester. Es ist möglicherweise im April 1936 entstanden, als Hitler (in der Mitte im Vordergrund mit Fliegerhaube) auf einer privaten Reise längs des Rheins in Mannheim übernachtete. Wir veröffentlichen dieses Bild, um von Lesern Hinweise über die abgebildeten Personen zu erhalten.

Adolf Hitler und Mannheim

Nach seinen Auftritten 1928 und 1930 würdigte Hitler Mannheim nie wieder eines offiziellen Besuchs, ganz im Gegensatz zu Ludwigshafen und Heidelberg. Er „schnitt" die Stadt ebenso, wie das einst die Hohenzollernkaiser getan hatten. Wohl aber betrat er die Rhein-Neckar-Metropole bei Durchfahrten bzw. bei der Besichtigung der neuen Autobahnstrecke zwischen 1933 und 1936 insgesamt fünf Mal. Zeittypisch verzeichnet der städtische Verwaltungsbericht 1933–37 diese kurzen Visiten oft mit Angabe der Uhrzeit, als ob es sich um göttliche Erscheinungen handelte. Einmal übernachtete Hitler anläßlich einer wohl privaten Rheinfahrt sogar in Mannheim, und zwar in der Nacht vom 10. auf 11. April 1936 im Palasthotel Mannheimer Hof.[2]

In seiner neuen Würde als *Reichskanzler und Führer des Deutschen Volkes* kam Hitler erstmals am 1. März 1935 nach Mannheim, wo er um 9.45 Uhr mit seiner Maschine auf dem Neuostheimer Flugplatz landete, um von hier aus zu den Feierlichkeiten anläßlich der Rückgliederung des Saargebiets in das Reich nach Saarbrücken zu fahren. Die Landung Hitlers war vor der Mannheimer Bevölkerung geheimgehalten worden. Neben einigen Journalisten, die auf hohe Regierungsvertreter warteten, machte Oberbürgermeister Renninger neben dem Polizeipräsidenten Dr. Ramsperger und Stadtrat Hofmann seine Aufwartung und hatte in der Viertelstunde, bevor sich der Autokonvoi in Bewegung setzte, nach dem Bericht der Neuen Mannheimer Zeitung Gelegenheit mit Hitler *über die günstige Linienführung der Reichsautobahn bei Mannheim zu sprechen, was der Führer lebhaft bestätigte. Als der Oberbürgermeister meinte, daß die Reise nach Saarbrücken rascher vonstatten gehen würde, wenn die Reichsautobahn Mannheim-Saarbrücken bereits gebaut wäre, lachte der Führer und nickte zustimmend mit dem Kopf*[3] Wenig später landete auch der Führer-Stellvertreter Rudolf Heß. Nachdem sich das Spektakel in der Stadt herumgesprochen hatte, sei *gar mancher Mannheimer auf den Flugplatz geeilt: Aber außer den Maschinen war nichts zu sehen.*

42 b
Hitler im Gespräch mit seinem Adjutanten SA-Obergruppenführer Brückner nach der Landung auf dem Neuostheimer Flugplatz. 1.3.1935. Aufn. Hans Jütte. Der Junge in der Mitte könnte ein Sohn von Oberbürgermeister Renninger sein.

43 a
Oben: Albert Speer sen. (1863–1947) mit seiner Frau. 1930er Jahre.

43 b
Unten: Das Speersche Haus in der Prinz-Wilhelm-Straße 19 (heute Stresemannstraße). Nach 1900.

Albert Speer – Architekt und Rüstungsminister

Der Architekt und Reichsminister Albert Speer[4] wurde am 19. März 1905 in Mannheim geboren. Sein Vater hatte sich hier 1892 als selbständiger Architekt niedergelassen. Die expandierende Industriestadt hatte ihm zahlreiche gutdotierte Aufträge beschert, so daß die Familie bald zu den wohlhabendsten und gesellschaftlich führenden in Mannheim gehörte. Für sich selbst hatte Speer sen. eine großzügige Vierzehn-Zimmer-Villa in der neu entstehenden Oststadt, Prinz-Wilhelm-Str. 19 (heute Stresemannstraße), errichtet. In diesem großbürgerlichen, jedoch etwas steifen Milieu und einem von liberalem Geist geprägten Haus mit Dienstboten, französischer Erzieherin und erstem Unterricht in einer vornehmen Privatschule wuchs Albert Speer auf.[5] Der Besuch der Oberrealschule in Mannheim bereitete den technikbegeisterten Jungen auf seinen späteren Beruf vor. Im Sommer 1918 zog die Familie aufgrund der Gefährdungen durch Fliegerangriffe in ihr Sommerhaus nach Heidelberg, doch blieben die Kontakte nach Mannheim erhalten.[6]

Nach dem Architekturstudium in Karlsruhe, München und Berlin (1923–1927) und einer Assistententätigkeit bei Professor Heinrich Tessenow kehrte Speer 1932, inzwischen Mitglied der NSDAP und SA, nach Mannheim zurück, um sich hier als freier Architekt niederzulassen. Die schlechte Wirtschaftslage bedingte, daß er hier keinen nennenswerten Auftrag erhielt, so daß er dankbar die ihm seit 1932 kontinuierlich angetragenen Bauprojekte für die Partei entgegennahm. Nach der *Machtergreifung* entwarf er Dekorationen und errichtete Bauten für Großkundgebungen der Nazis, so am 1. Mai auf dem Tempelhofer Feld in Berlin, mit denen er entscheidend zur Inszenierung der Macht sowie (u.a. durch seine berühmten *Lichtdome*) zur *Liturgie des Monumentalen* (J. Fest) und *pseudosakralen Ästhetisierung des Nationalsozialismus* (J. Dülffer) beitrug. So verwundert es nicht, daß er 1934 den Auftrag zum Ausbau des Reichsparteitagsgeländes in Nürnberg erhielt.

Speers Karriere im „Dritten Reich" verlief in zwei Phasen. Bis in den Krieg hinein war er Architekt von Hitlers Gnaden und damit der mächtigste Repräsentant nationalsozialistischer Bautätigkeit. Bereits 1934 wurde er Beauftragter für Städtebau, 1937 schließlich *Generalbauinspektor für die Neugestaltung der Reichshauptstadt*. In dieser Funktion entwarf er gigantomanische Pläne für eine städtebauliche Umgestaltung Berlins als Welthauptstadt *Germania*, von denen jedoch nur die sog. Ost-West-Achse und der Neubau der Reichskanzlei verwirklicht wurden. Auch in der Deutschen Arbeitsfront und im Stab von Rudolf Heß verstand er es, sich als Baubeauftragter zu etablieren. Für seine Projekte baute Speer einen umfassenden Apparat auf, wobei er zur Befriedigung seines ungeheuren Bedarfs auch auf Zwangsarbeit von Häftlingen in Konzentrationslagern zurückgriff.

Auf dem Höhepunkt seiner Macht stand Speer, als er am 15. Februar 1942 Nachfolger des tödlich verunglückten Fritz Todt wurde. Speer war nun nicht nur Reichsminister für Bewaffnung und Munition (ab 2. September 1943 Reichsminister für Rüstung und Kriegsproduktion), sondern auch Generalinspektor für das deutsche Straßenwesen, Generalinspektor für Wasser und Energie, Generalbevollmächtigter für die Regelung der Bauwirtschaft, Leiter der Organisation Todt, der NSKK-Transportgruppe und anderes mehr. Ferner wurde ihm im April 1942 die Kompetenz für die Rohstoffbewirtschaftung sowie sukzessive die Verantwortung für die gesamte Rüstung übertragen.

Speer rückte damit zeitweise zum zweitmächtigsten Mann des Regimes auf. Doch provozierten die Ämterhäufung Neid und Widerstand konkurrierender Organisationen (bis hin zur SS und zur Reichskanzlei); teilweise führte auch mangelnde Fachkompetenz zur Unterhöhlung seiner Autorität. Dennoch war es Speers zweifelhaftes Verdienst, durch perfekte Organisation der Rüstungsindustrie, rücksichtslosen Arbeitseinsatz und Mobilisierung der letzten Reserven die Rüstungsproduktion bis 1944 stetig zu steigern und dadurch den Krieg wahrscheinlich um zwei Jahre zu verlängern. In der Endphase des Kriegs widersetzte er sich jedoch Hitlers Politik der verbrannten Erde.

1946 wurde Speer im Hauptkriegsverbrecherprozeß in Nürnberg, in dem er sich als einzige NS-Größe zu seiner Verantwortung und Schuld bekannte, zu 20 Jahren Haft verurteilt, die er in Spandau absaß. Am 1. September 1981 starb er in London.

44
Albert Speer (rechts) mit Hitler. Undatiert.

45
Ankunft von Joseph Goebbels auf dem Neuostheimer
Flugplatz am 10.5.1937, kurz nach 17.30 Uhr.
Aufn. Josef Hofmann.

Besuch von Joseph Goebbels am 10. Mai 1937

Ein langgehegter Wunsch erfüllte sich für Oberbürgermeister Renninger im Frühjahr 1937: Am 7. Mai konnte er den Ratsherren mitteilen, daß *Herr Reichsminister Dr. Goebbels* am Montag, den 10. Mai Mannheim besuchen werde. Dies solle *zu einem großen Erlebnis für die Bevölkerung gemacht werden, zumal es sich um den ersten offiziellen Ministerbesuch nach der Machtergreifung handle*.[7] Dabei „übersah" Renninger zwar die Teilnahme des Reichsverkehrsministers an der Einweihung des Benzdenkmals am 16. April 1933.[8] Aber mit Goebbels sollte ja auch einer der nationalsozialistischen „Heilsbringer" kommen. Daher scheute die Stadt keinen Einsatz: *Die Kosten, die für Ausschmückung und die am Abend geplante Illumination der Häuser entstehen, seien zwar nicht unerheblich, doch stünde der Aufwand in keinem Verhältnis zu der Bedeutung des Tages.*[9]

Tage vorher wurde die offizielle Fahrstrecke vom Neuostheimer Flugplatz, der seit dem 1. Mai 1935 in einer *Blitzflugstrecke* mit Berlin verbunden war, über die Autobahn, die Augustaanlage, die Planken und die Breite Straße zum Schloß in ein Meer von Flaggen, Blumen, Girlanden und Tannengrün verwandelt. *Selbst die gewiß schon prächtige Schmückung zum Tage der nationalen Arbeit wurde diesmal bei weitem übertroffen. Einer einzigen rauschenden Farbensinfonie glich der Paradeplatz*, schwelgte die Neue Mannheimer Zeitung,[10] die zuvor wie das Hakenkreuzbanner auf das Ereignis einzustimmen versucht hatte. Die Bevölkerung wurde in der Samstagsausgabe aufgefordert, *dem Berliner Besuch bei der Spalierbildung zu zeigen, wie sehr sie darüber erfreut ist, daß Dr. Goebbels Mannheim mit seiner Anwesenheit beehrt. Und zwar sollte sich das Publikum nicht erst in der Augustaanlage, sondern schon links und rechts der Reichsautobahn von der Riedbahnbrücke an aufstellen. Daß die Jugend vollzählig versammelt sein wird, ist selbstverständlich. Man erwartet aber auch, daß sich recht viele Erwachsene an der Spalierbildung beteiligen.*[11]

Die Maschine mit Goebbels landete kurz nach 17.30 Uhr. Nach einer Triumphfahrt durch die Stadt erfolgte der Empfang im Rittersaal, bei dem nach Renninger Kreisleiter Dr. Roth sprach, der mit dem flehentlichen Wunsch endete, Goebbels möge die Überzeugung mit nach Hause nehmen, *daß aus der Stadt, in der schwer gegen Kommunismus und Judentum gerungen werden mußte, eine nationalsozialistische Stadt geworden ist und eine nationalsozialistische Hochburg Adolf Hitlers sein wird.*[12] Er brachte damit die Absicht der gesamten Inszenierung auf den Punkt. In kleinerem Kreis trug sich Goebbels anschließend im Trabantensaal in das Goldene Buch der Stadt ein und erhielt als Geschenk der Stadt aus den Händen des Oberbürgermeisters und dem Besitz der Kunsthalle das Gemälde *Schwarzwaldlandschaft* von Hans Thoma. Anschließend besuchte er, begleitet von Vertretern der badischen Landesregierung, der Partei und der Wehrmacht, das Nationaltheater, das in Abänderung des Programms die Kleist-Stücke *Amphitryon* und *Der zerbrochene Krug* als Aufführung der neu eingerichteten Maifestspiele gab. Noch in der Nacht kehrte Goebbels nach Berlin zurück, nachdem schon vorher nicht klar gewesen war, *ob der Minister hier übernachte.*[13]

Es wird überliefert, daß Renninger später im Familienkreis geäußert habe, er habe beim Besuch Goebbels' den *Eishauch des Teufels* verspürt.[14]

46 a
Oben: Zuschauer in Erwartung von Goebbels. 10.5.1937. Aufn. Josef Hofmann. Blick vom Schloßbalkon über den mit einem Maibaum geschmückten Ehrenhof mit Kaiser-Wilhelm-Denkmal in die Breite Straße.

46 b
Unten: Josef Goebbels im Gespräch mit Oberbürgermeister Carl Renninger (mit Amtskette) im Rittersaal des Schlosses. 10.5.1937.
Aufn. Josef Hofmann.

47 a
Pfarrer Wilhelm Scheel (1876–1949).

47 b
Gustav Adolf Scheel als Schüler. 1920er Jahre.

Gustav Adolf Scheel – der Reichsstudentenführer

Am 22. November 1935 verlieh die Universität Heidelberg Dr. med. Gustav Adolf Scheel die Würde eines Ehrensenators, weil er *als Student den Sieg des Nationalsozialismus an dieser Hochschule vorbereitet und durchgekämpft hat*. Fast genau ein Jahr später, am 5. November 1936, ernannten ihn Reichswissenschaftsminister Bernhard Rust und Rudolf Heß zum Reichsstudentenführer.[15]

Acht Jahre zuvor hatte dieser nun mit Ehrungen und Parteiaufgaben überhäufte Reichsstudentenführer nur mit viel Mühe am Karl-Friedrich-Gymnasium in Mannheim sein Abitur abgelegt.[16] 1907 im badischen Rosenberg geboren, kam Scheel 1922 mit seinen Eltern und den drei jüngeren Schwestern, nach Stationen in Bötzingen und Tauberbischofsheim, in die Quadratestadt. Die Familie wohnte in F 7, 26a.[17] Vater Wilhelm (1876–1949), evangelischer Pfarrer und angesehener Leiter des Diakonissenmutterhauses, blieb zeitlebens moralische Autorität für den Sohn, den ein Weggefährte wenig schmeichelnd, aber wohl treffend, als *eine farblose, im Grunde subalterne Natur*[18] charakterisierte. Stets aber, schon in seinen Mannheimer Schultagen, war Gustav Adolf politisch interessiert, wie viele Jugendliche seiner Zeit mehr vergangenheitsorientiert als gegenwartsbejahend, beseelt von dem Willen, die vermeintlichen Fesseln der Weimarer Republik abzustreifen. Schon als deutschnational eingestellter Schüler war er Mitglied der Deutschen Freischar, dem späteren Großdeutschen Jugendbund geworden;[19] von hier war es kein weiter Weg zum Verein Deutscher Studenten und dem Nationalsozialistischen Deutschen Studentenbund (NSDStB), in dessen Heidelberger Hochschulgruppe Scheel bald eine führende Rolle spielte.[20]

Gegen *Scheel und Genossen* leitete das badische Kultusministerium bereits 1931 ein Disziplinarverfahren ein, als der NSDStB tumultartige Versammlungen veranstaltete, um die Entlassung des wegen seiner pazifistischen Äußerungen verhaßten Statistikers und Dozenten Emil Gumbel zu

47 c
Gustav Adolf Scheel (rechts) als Abiturient. 1928.
Die Mitschüler sind (v.l.n.r.) Gustav Kramer, Gerhard Kauffmann und Werner Reinmuth.

48 a
Urkunde zur Verleihung der Würde eines Ehrensenators der Universität Heidelberg an Gustav Adolf Scheel. 22.11.1935.

48 b
Gustav Adolf Scheel als Reichsstudentenführer. 1936.

erreichen.[21] Mit dem Sieg der Nationalsozialisten schlug für Scheel, der sich, nach einer Phase des Suchens, 1930 endgültig für die Medizin als Studienfach entschieden hatte, die Stunde: Der neue Rektor der Heidelberger Universität, Professor Wilhelm Groh, berief ihn in seinen kleinen *Stab des Führers der Universität*, ein zentrales Gremium für alle grundsätzlichen hochschulpolitischen Fragen. Etwas später wurde Scheel auch Mitglied im Beirat der medizinischen Fakultät.[22] Die Beiräte hatten nach Auffassung des NS-Pädagogen Ernst Krieck *Stoßtrupp ... in dem Kampf um die neue Hochschule zu sein.*[23] Kein Zweifel: Scheel war eine ihrer Speerspitzen, ein Aktivposten bei der Entlassung politisch nicht erwünschter Professoren, *als ein Demagoge und Agitator ersten Ranges, in denkbarster Schärfe und als Vertreter des schroffsten Antisemitismus* auftretend.[24] Der junge Scheel entsprach den Erwartungen, die er seit 1930 geweckt hatte. So nutzte er bei der Relegation *nichtarischer* oder politisch belasteter Studenten seine Einflußmöglichkeiten aus, um noch vorhandene Widerstände zu brechen.[25] Bedingungslos in seiner Unterwerfungsbereitschaft gegenüber der Reichsführung und der Person Hitlers, ist andererseits ein starker Geltungstrieb nicht zu übersehen: Scheel *fühlte sich als der geborene Führer der nationalsozialistischen Studentenschaft, der seine Macht genußvoll auch darin erlebte, daß er Gnade gewährte.*[26] Das konnte in Ausnahmefällen für einzelne Studenten auch ein Bleiben an der Universität bedeuten.[27]

Nicht wenige freilich begrüßten seine Berufung zum Reichsstudentenführer, galt er ihnen doch als Mann, der für die Rechte von Hochschule und Wissenschaft eintrat und nicht die Intelligenzfeindlichkeit hoher Parteifunktionäre teilte. So hat Scheel offenbar auch die Forschungsinstitutionen der SS und des Luftfahrt- und Rüstungsministeriums und den Rosenbergschen Plan der *Hohen Schule* abgelehnt und bekämpft.[28] Spürte und beobachtete er damals, daß auch der Wissenschaftsnachwuchs gewisser geistiger Freiräume bedurfte, oder handelte es sich nicht doch eher um die üblichen Machtkämpfe innerhalb des NS-Systems?[29] Seine Behandlung der studentischen Verbände war jedenfalls nicht Ausdruck einer grundsätzlichen Sympathie für das Korporationswesen und dessen Traditionen, sondern primär von taktischem Kalkül bestimmt.[30] Die Reaktivierung einiger Elemente des alten studentischen Verbandslebens sollte die *Kameradschaften* des NSDStB stärken mit dem erklärten Ziel der *Schaffung einer fachlich hochstehenden und weltanschaulich zuverlässigen zukünftigen geistigen Führerschicht für Volk und Staat*.[31] So hatten z. B. die *Altherrenschaften* diese *Kameradschaften* ideell und vor allem materiell zu unterstützen.[32] Die geforderten Anstrengungen waren jedoch nur dadurch zu erlangen, daß Scheel den *Altherrenschaften*, trotz formalem Zusammenschluß im NS-Altherrenbund, ansonsten weitgehend freie Hand ließ und ihr Eigenleben nicht weiter antastete.[33]

Scheel hatte zwar 1934 sein Staatsexamen abgelegt und wurde 1935 zum Dr. med. promoviert – sein weiterer Berufsweg wurde jedoch nicht von der Medizin bestimmt. Schon seit 1934 war er für den Sicherheitsdienst (SD) in führender Position tätig, u.a. als Leiter der Oberabschnitte Südwest (Herbst 1935 – Juni 1939) und Bayern (1940/41).[34] Nach dem Ausscheiden aus dem SD wurde Scheel am 27. November 1941 zum Gauleiter und Reichsstatthalter in Salzburg bestellt.[35] Persönliche Integrität und sein eher bedächtiges Naturell – *Weichheit*, wie es Heydrich mehrfach abfällig nannte – bewahrten ihn in dieser Position offensichtlich davor, sich persönliche Feinde zu schaffen.[36] Als Gauleiter trug er mit dazu bei, daß die Stadt Salzburg kampflos an die Alliierten fiel.[37] Er selbst stellte sich Mitte Mai 1945 den Amerikanern. Nach dreijähriger Internierungshaft in verschiedenen Lagern und Gefängnissen, u.a. auch im Mannheimer Friedrichsparkbunker, wurde Scheel von der Heidelberger Spruchkammer 1948 als *Hauptschuldiger*, im Berufungsverfahren der Zentralspruchkammer Nordwürttemberg 1952 schließlich als *Belasteter* eingestuft.[38] Mildernd sprach für ihn, daß er in Einzelfällen politisch oder rassisch Verfolgten in seiner Salzburger Zeit half, einige vor der Deportation in den sicheren Tod rettete.[39] Oft liefen die Fäden über die Kirche, nicht selten direkt über seinen Vater. Nach der Entlassung ließ sich Scheel in Hamburg als Arzt nieder und starb dort 1979. Einst schien der Führer die „höchste" Karrierestufe für ihn bereitzuhalten: Nach Hitlers Testament vom 29. April 1945 sollte Scheel neuer Reichskultusminister werden. Allzu viel Bedeutung ist dieser „Ernennung" jedoch nicht beizumessen, bei einem Führer, dem *Gebildetsein und Schwachsein... dasselbe*[40] bedeuteten.

49 a
Gustav Adolf Scheel als Leiter des SS-Oberabschnitts Alpenland. 1941.

49 b
Oben: Gustav Adolf Scheel (Mitte vorn, mit zum Gruß erhobener Hand) in seiner Funktion als Reichsstudentenführer bei einem Besuch in Mailand. 1939.

49 c
Unten: Gustav Adolf Scheel (Mitte) als Salzburger Gauleiter mit Hitler. Um 1942.

Gauleiter Robert Wagner

Robert Wagner stammte aus einfachen Verhältnissen.[41] Am 13. Oktober 1895 als Sohn des Landwirts Peter Backfisch und dessen Ehefrau Katharina, geb. Wagner, in Lindach bei Eberbach geboren, nahm er 1921 den Mädchennamen seiner Mutter an. Das Berufsziel eines Volksschullehrers gab er infolge des Einsatzes im Ersten Weltkrieg auf. Danach entschloß sich Wagner für die Offizierslaufbahn in der Reichswehr. Die Erfahrungen des Weltkriegs und der militärischen Niederlage, die er als *Dolchstoß* empfand, prägten seinen Charakter. Das Soldatische wurde zur prägenden Kraft von Wagners Bewußtsein und Stil: Zeitlebens legte er größten Wert auf militärische Äußerlichkeiten, bei seinen öffentlichen Auftritten ab 1933 trug er meist Uniform. Befehl und Gehorsam sowie ein unbändiger Haß gegen die als *Novemberverbrecher* denunzierten Sozialisten und Juden bestimmten fortan sein Denken und Handeln; völkisch-nationalistische Ideologien fielen bei ihm auf fruchtbaren Boden.

Seine Versetzung als Reichswehrleutnant an die Infanterieschule nach München am 21. September 1921 führte ihn bald in den Kreis um Erich Ludendorff und Adolf Hitler; Wagner wurde zum begeisterten Anhänger Hitlers, mit dem ihn bis zum Ende ein bedingungsloses Treue- und Gefolgschaftsverhältnis verband. Wegen seiner Beteiligung an dem Putschversuch des 8./9. November 1923[42] zu Festungshaft (auf Bewährung) verurteilt und aus der Reichswehr entlassen, kehrte er 1924 als Gescheiterter, jedoch mit dem Nimbus des *Alten Kämpfers* und Vertrauten Hitlers in seine badische Heimat zurück.

Dort machte sich Wagner sogleich an die Sammlung der völkischen Gruppen und die Agitation für Hitlers *nationale Revolution*; er gründete den Schlageterbund als Ersatz für die verbotene SA und begann seit 1925 im Auftrag Hitlers mit dem Aufbau der NSDAP in Baden.[43] Als Gauleiter war Wagner fortan für 20 Jahre der unumstrittene oberste Repräsentant der

50 a
Gauleiter Wagner (links) im Gespräch mit Oberbürgermeister Renninger. Undatiert.

50 b
Gauleiter und Reichsstatthalter Robert Wagner (Bildmitte mit hellem Mantel) beim Besuch der Oberrheinischen Industrieausstellung. 4.9.1937. Aufn. Hans Jütte.

Das Foto zeigt eine der seltenen Gelegenheiten, bei der sich Wagner öffentlich in Zivil zeigte. Rechts neben Wagner Oberbürgermeister Renninger, ebenfalls in Zivil; links neben dem Reichsstatthalter Kreisleiter Roth in Uniform.

Partei in Baden. Seinen Mitarbeiterstab rekrutierte er vor allem aus Anhängern in Nordbaden, darunter der spätere HJ-Führer Friedhelm Kemper aus Mannheim. Durch seine unermüdliche propagandistische Tätigkeit und sein Organisations- und Führungstalent gelang es Wagner, Baden zu einem nationalsozialistischen „Mustergau" zu entwickeln. Als *gläubiger Nationalsozialist* war er entschieden antiklerikal und antichristlich eingestellt.

Mit seiner Berufung in die Reichsleitung der NSDAP im Sommer 1932 schien sich Wagners Karriere in der Parteizentrale fortzusetzen. Doch nach der *Machtergreifung* kehrte er am 9. März 1933, als Reichskommissar mit der Wahrnehmung der Befugnisse der obersten Landesbehörden betraut, nach Karlsruhe zurück.[44] Mit Hilfe von SA und Polizei übernahm er die Macht in Baden und erzwang am 11. März den Rücktritt der rechtmäßigen Regierung. Am 5. Mai 1933 wurde er vom Reichspräsidenten zum Reichsstatthalter von Baden ernannt: Neben der Spitzenposition in der Partei verfügte er damit auch über das mit höchster Macht ausgestattete staatliche Amt in Baden. Am 16. Mai ordnete er persönlich die Überführung prominenter Sozialdemokraten ins KZ Kißlau an; dort ließ er am 29. März 1934 den Reichstagsabgeordneten Ludwig Marum ermorden.

Weitere Machtfülle konnte Wagner auf sich vereinen durch die Ernennung zum Chef der Zivilverwaltung des Elsaß im Sommer 1940 und zum Reichsverteidigungskommissar des Gaus Baden am 16. November 1942. Seine Herrschaft im Elsaß war u.a. bestimmt durch eine gewaltsame Germanisierungspolitik und die völkerrechtswidrige Pressung vieler Elsässer in die Wehrmacht. In einer gemeinsamen Aktion mit dem Nachbargau Westmark wurde am 15. Oktober 1940 die Abschiebung sämtlicher *Volljuden* aus Baden, der Pfalz und dem Saargebiet nach Restfrankreich verfügt und am 22. Oktober trotz des Protests der französischen Vichy-Regierung durchgeführt; in dem hoffnungslos überfüllten Lager Gurs am Fuß der Pyrenäen wurden sie interniert.[45]

Bis zuletzt war Robert Wagner einer der treuesten Paladine Hitlers, der dessen Befehl der „verbrannten Erde" mit letzter Konsequenz auszuführen bestrebt war. Nach Kriegsende wurde er in Straßburg zum Tod verurteilt und am 14. August 1946 hingerichtet. Vor dem französischen Militärgericht hatte er die volle Verantwortung für alle Geschehnisse in seinem Amtsbezirk übernommen, ohne daß dies für ihn mit der Erkenntnis persönlicher Schuld verbunden war.

51
Otto Wetzel als Bürgermeister in Heidelberg bei einer Trauung. 1934.

Die NSDAP-Kreisleiter

Wer den Roten hilft und ein Freund der Juden ist, ist unser Feind. Mit diesen aggressiven Tönen meldete sich Mannheims Kreisleiter Otto Wetzel (1905–1982) am 6. Januar 1933 im Hakenkreuzbanner zu Wort. Wetzel, in Karlsruhe geboren, wuchs in Heidelberg auf, wo er sich bereits als 17jähriger, damals noch Schüler des Gymnasiums, der NSDAP anschloß. Während des Studiums (Maschinenbau und Volkswirtschaft) an den Technischen Hochschulen in Karlsruhe, Stuttgart, Darmstadt und München betätigte er sich als Gauleiter der HJ in Stuttgart (1927/28), NSDAP-Kreisleiter in Darmstadt (1928) sowie Reichsorganisationsleiter des NSDStB in München (1928/29).

Mit dieser politischen Erfahrung übernahm Wetzel 1929 die Führung der NSDAP in Heidelberg. Als dem von Wetzel gegründeten NS-Kampfblatt Heidelberger Beobachter im März 1931 im Stadtrat, dem Wetzel seit November 1930 angehörte,[46] vorgeworfen wurde, *wieder geschwindelt* zu haben, wurde der knapp 26jährige Nationalsozialist handgreiflich.[47] Solch rabiater Einsatz für die Ehre der Partei scheint Wetzels Ansehen bei der Gauleitung eher gehoben zu haben: Noch 1931 wurde er mit der Führung der NSDAP im „roten" Mannheim betraut.

Wetzels systematische Organisationsarbeit zahlte sich bald aus und machte die NSDAP 1932 zur stärksten politischen Kraft in der Quadratestadt.[48] Im selben Jahr übernahm Wetzel zusätzlich zu seinen bisherigen Ämtern die Funktion eines Gauinspektors und rückte in den Reichstag ein. Im März 1933 ernannte Reichskommissar Robert Wagner Wetzel zum Kommissar für Mannheim (gemeinsam mit Carl Renninger) und wenig später außerdem zum Kommissar für kommunalpolitische Angelegenheiten bei der badischen Regierung.[49] In dieser Phase der *Machtergreifung* gehörte Wetzel offenbar zu den Scharfmachern, insbesondere was seine Rolle bei den Säuberungen in der Stadtverwaltung betrifft.[50] Am 6. Juni 1933 setzte Innenminister Pflaumer Wetzel, den er als alten Kampfgefährten in Heidelberg und Mannheim kannte, auf Vorschlag von Reichsstatthalter Wagner als Bürgermeister in Heidelberg ein.[51]

Nach dem Weggang Wetzels nach Heidelberg wurde Dr. Reinhold Roth[52] zum Kreisleiter ernannt. Roth, 1900 in Hannover geboren, war erst 1930 in die NSDAP aufgenommen worden[53] und hatte sich vor allem für den Aufbau der NS-Betriebszellenorganisation eingesetzt; für das

51 b
Reinhold Roth, Kreisleiter 1933–1937. 1937. Aufn. Tillmann-Matter. Aus Hakenkreuzbanner 1.10.1937.

Hakenkreuzbanner galt er daher als *Mannheimer Arbeiterführer.*⁵⁴ Roth, seit 1933 auch Mitglied des Landtags und des Reichstags, gehörte aber auch zu den führenden Mitgliedern des Mannheimer Kampfbunds für Deutsche Kultur und übernahm 1935 kommissarisch die Leitung der Abteilung Kultur bei der Landespropagandastelle in Karlsruhe. An der Staats- und Wirtschaftswissenschaftlichen Fakultät der Universität Heidelberg sowie an der Mannheimer Verwaltungsakademie hielt Roth Vorlesungen über *Nationalsozialistische Weltanschauung.*

Seine Beurteilung durch Gauleiter Wagner am 1. Mai 1936 fiel glänzend aus: *Sehr guter, fleißiger und gewissenhafter Kreisleiter, den man auch in noch höheren Parteistellen verwenden kann.*⁵⁵ Tatsächlich wurde Roth am 1. März 1937 zum Gauobmann der DAF bestellt, ein Amt, das ihn so forderte, daß er zum 30. September desselben Jahres die Mannheimer Kreisleitung niederlegte. Das Hakenkreuzbanner bescheinigte ihm, er habe *der Partei im Kreise Mannheim jene organisatorische Schlagkraft verschafft, die ihren Einfluß auf allen Gebieten für alle Zeiten sichert.*⁵⁶

*Wenn wir ... uns zurückversetzen in die Zeit der Entwicklung der Bewegung in Mannheim, so sehen wir Sie auch in den Reihen derjenigen, die damals in Mannheim schon für die Idee Adolf Hitlers gekämpft haben.*⁵⁷ Mit diesen Worten begrüßte Oberbürgermeister Renninger am 10. November 1937 vor den Ratsherren und leitenden Beamten der Stadtverwaltung den neuen Kreisleiter Hermann Schneider. Schneider, geboren 1906 im elsässischen Schiltigheim bei Straßburg, hatte, nach Ausweisung der Familie aus dem Elsaß infolge des Ersten Weltkriegs, 1919–1929 in Schwetzingen gelebt und sich dort dem Schlageterbund und der SA angeschlossen.⁵⁸ Im Februar 1930 in die NSDAP aufgenommen, wurde Schneider zum 1. Juli 1933 in Villingen zum Bürgermeister ernannnt, wo er zuletzt auch das Amt des NSDAP-Kreisleiters übernahm.

Für seinen neuen Aufgabenbereich wünschte sich Schneider, daß *wir jederzeit dem Führer melden können: Die nationalsozialistische Volksgemeinschaft im Kreise Mannheim steht auf ihrem Posten.*⁵⁹ Trotz der markigen Worte scheint Schneider kein ganz so fanatischer Nationalsozialist gewesen zu sein wie sein Vorgänger. Angeblich soll er sogar die Ausschreitungen während des Novemberpogroms 1938 parteiintern kritisiert haben.⁶⁰ Schneider, von Januar bis September 1940 als Kriegsfreiwilliger beim Panzerjäger-Regiment 48, wurde Anfang Dezember 1944 als Oberbereichsleiter in die Parteikanzlei abkommandiert. Dem Verdacht, er entziehe sich damit der *mit jedem Tage schwerer werdenden Verantwortung,* trat das Hakenkreuzbanner entschieden entgegen: *Aber das wissen die Mannheimer, haben es hundertfach erfahren, mit welcher Hingabe und tiefem Pflichtbewußtsein unser Kreisleiter seine umfassenden Aufgaben erfüllte.*⁶¹ Mitte März 1945 kehrte Schneider auf eigenen Wunsch zurück und übernahm – zusätzlich zu seiner Aufgabe als Obergebietsführer – in den letzten Tagen des NS-Regimes wieder seinen Posten in Mannheim.⁶²

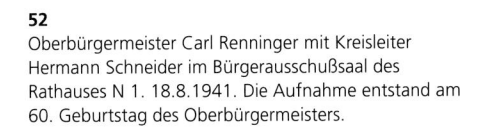

52
Oberbürgermeister Carl Renninger mit Kreisleiter Hermann Schneider im Bürgerausschußsaal des Rathauses N 1. 18.8.1941. Die Aufnahme entstand am 60. Geburtstag des Oberbürgermeisters.

Oberbürgermeister Renninger

*Ich habe mir oft die Frage vorgelegt, was hast du falsch gemacht, was hätte anders sein können? Ich habe aus Liebe zu dieser Stadt meine persönlichen Interessen zurückgestellt. Ich habe getan, was ich glaubte, daß es meine Pflicht war.*⁶³
Der Mann, der nach dem Krieg die Dinge so sah, war von 1933 bis 1945 Mannheimer Oberbürgermeister gewesen. Carl Renninger (1881–1951), gebürtiger Mainzer, war 1905 nach Mannheim gekommen und hatte hier eine Blechwarenfabrik gegründet.⁶⁴ Der Erste Weltkrieg, an dem Renninger als Freiwilliger teilgenommen hatte, bedeutete ihm – wie vielen seiner Generation – einen tiefen Einschnitt.⁶⁵

Politisch betätigte sich Renninger – nach eigener Aussage – in dieser Zeit nicht. Auf die Nationalsozialisten wurde er erst 1928 durch den Auftritt Hitlers in Mannheim aufmerksam. Im August 1930 schloß er sich der NSDAP an.⁶⁶ Daß Renninger in der örtlichen Parteiorganisation nur eine untergeordnete Rolle spielte, ist – obwohl er offiziell keine Ämter innehatte – wenig glaubhaft, da er im März 1933 zusammen mit Kreisleiter Wetzel zum Kommissar für die Stadt eingesetzt wurde und in dieser Funktion in der kritischen Phase der *Machtergreifung* an führender Stelle nationalsozialistische Politik durchsetzen mußte.

Offenbar war Gauleiter und Reichsstatthalter Wagner mit Renningers Leistungen so zufrieden, daß er ihn im Mai 1933 mit dem Amt des Oberbürgermeisters betraute – die anschließende Wahl im Bürgerausschuß war dann nur noch eine Formalie.⁶⁷ Dabei konnte Renninger keinerlei Verwaltungserfahrung vorweisen und anfangs kaum eine Bilanz von der städtischen Rechnungslegung unterscheiden.⁶⁸ Als ausgeprägte Führerpersönlichkeit drückte er der Stadtverwaltung gleichwohl seinen Stempel auf, *wie alles, was er anpackte, aufs äußerste vorantrieb, wenn er es durchführen wollte.*⁶⁹ So trat er vor allem als glühender Antisemit in Erscheinung.

Um seine Distanz zur NSDAP unter Beweis zu stellen, verwies Renninger nach dem Zweiten Weltkrieg auf den Dauerkonflikt mit Kreis- und Gauleitung; aber ein solcher *Gegensatz zwischen Oberbürgermeister und Kreisleiter war ... fast überall zu spüren.*⁷⁰ Zwar waren Renninger keine persönlichen Verfehlungen anzulasten; aber er mußte sich vorhalten lassen, daß er die nationalsozialistische Politik einschließlich der Judenvernichtung bis in die Katastrophe verantwortlich mitgetragen hatte. *Wenn ... nicht gerade diejenigen Kreise, zu denen Renninger gehörte, erst im Hintergrunde und dann offen den Nationalsozialismus gefördert, geschützt und getragen hätten, dann wäre Mannheim heute kein Trümmerfeld ... .*⁷¹

Wenn aber überhaupt jemand, so war der Betroffene ein nationalsozialistischer Oberbürgermeister – so faßte die Karlsruher Berufungskammer im Spruchkammerverfahren gegen Renninger ihr Urteil zusammen.⁷² Überdies verwies sie darauf, daß sie aus anderen Verhandlungen beurteilen könne, *welch ein nationalsozialistischer Wind in der Stadtverwaltung Mannheim wehte, ganz anders als z.B. in Heidelberg, dessen Oberbürgermeister, Dr. Neinhaus, eine Mitläufernatur gewesen ist.* Dennoch kam sie zu dem Schluß, *daß er nicht das war; was man einen bösartigen Nazi nennt, sondern eben ein fanatischer Nationalsozialist, der mit geradezu naiver, aber für die Allgemeinheit gefährlicher Sinnesart an den Nationalsozialismus geglaubt hat.*⁷³

53
Übergabe des Schlageterhauses M 4 a. 29.1.1935.

Thomas Fiedler

NS-Quartiere

Das Schlageterhaus

Das Schlageterhaus in M 4 a diente verschiedenen NS-Organisationen in Mannheim als Zentrum. Namensgeber des Gebäudes war Leo Albert Schlageter, ein von den Nationalsozialisten zum *Helden der Bewegung* hochstilisierter Kriegsteilnehmer und Freikorpskämpfer, der wegen seines Kampfs gegen die Ruhrbesetzung 1923 von den Franzosen vor ein Kriegsgericht gestellt, zum Tod verurteilt und hingerichtet worden war. Besondere Verehrung erfuhr der aus dem Südschwarzwald stammende Rechtsradikale in seiner badischen Heimat, wo jeweils am 26. Mai, seinem Todestag, Feiern veranstaltet wurden. In Mannheim war Schlageter 1937 ein Denkmal gesetzt worden,[1] außerdem wurden die Rheinbrücke nach Ludwigshafen sowie eine Straße im Stadtteil Almenhof nach ihm benannt.

Die beiden Gebäude in M 4 a bzw. M 3 a waren 1722/23 unter Kurfürst Carl Philipp erbaut worden und hatten ab 1815 als Kaserne des 2. Badischen Dragonerregiments gedient. 1901 ging die Dragonerkaserne in den Besitz der Stadt über; da sich der Stadtrat allerdings nicht zu einer Entscheidung über eine längerfristige Nutzung durchringen konnte, verkam das Gebäude zusehends. Zwischendurch mit Notwohnungen belegt, waren zeitweise auch das Arbeitsamt und die Jugendherberge hier untergebracht. Auf dem zum Kasernengelände gehörenden, westlichen Grundstück in M 3 a entstand schließlich seit 1930 ein Neubau für das heute noch dort befindliche Arbeitsamt.[2]

Der östliche Teil der Dragonerkaserne wurde Ende 1934 in einer großen Sanierungsaktion auf Kosten der Stadt für die verschiedenen Formationen von SS, SA, HJ und Jungvolk umgebaut. Dabei entstanden bis zur feierlichen Einweihung durch Oberbürgermeister Renninger am 29. Januar 1935 77 Zimmer und drei Vortragssäle. Seit 1943 erlitt das Haus wie die meisten anderen Gebäude in der Mannheimer Innenstadt mehrfach Fliegerschäden.[3] Nach dem Ende des „Dritten Reichs" fehlte ein potenter Nutzer, der am Wiederaufbau des Gebäudes Interesse gehabt hätte; so wurde die Ruine 1950/51 abgerissen. Heute befindet sich an dieser Stelle nur noch ein Parkplatz.

54
Schlageterhaus M 4 a, Fahnenhalle im 1. Obergeschoß.
1.2.1935.
Aufn. Josef Hofmann.

Die Kreisleitung

Obwohl das Schlageterhaus als Mannheimer NS-Zentrum gelten kann, befand sich dort niemals, wie man vielleicht hätte annehmen können, die örtliche Parteileitung der NSDAP. Diese hatte in den ersten Jahren des „Dritten Reichs" zunächst wechselnde Quartiere bezogen, bevor sie 1937 endlich eine feste Unterkunft fand.[4]

Zur Zeit der *Machtergreifung* und noch bis zum 15. Juni 1933 war die Kreisleitung der Partei in M 1, 2 a untergebracht. Eigentümerin des Gebäudes war zunächst die Witwe von Nikolaus Rosenkränzer, Inhaber eines Gartenbaugeschäfts, bevor dann die IG Farben Pensionskasse das Haus übernahm.[5] Seit 16. Juni 1933 residierte die örtliche NSDAP in L 12, 2,[6] am 7. April 1934 zog sie nach L 4, 15 um. Eigentümer dieses Anwesens, das nun nach dem 1930 bei Straßenkämpfen in Berlin umgekommenen nationalsozialistischen „Märtyrer" Horst-Wessel-Haus benannt wurde, waren Dr. Josef und Dr. Wilhelm Vögele.[7] 1937 fand die NSDAP-Kreisleitung schließlich ein endgültiges Domizil in der Rheinstraße 1. Dieses Gebäude hatte ursprünglich dem jüdischen Professor am Gymnasium Dr. Felix Wassermann gehört. Dieser hatte am 1. Dezember 1935 den Schuldienst verlassen und bald darauf sein Haus an die Stadt „verkaufen" müssen; zunächst konnte er immerhin noch dort wohnen bleiben wie auch noch zwei weitere jüdische Mitbewohner.[8] Die benachbarten Häuser Rheinstraße 3 und 5 gingen etwas später von Firmen ins Eigentum der Stadt über. 1939 sind dann in allen drei Gebäuden als Nutzer nur noch die NSDAP, die DAF und ihre verschiedenen Unterorganisationen und Ämter bezeugt.

Die vielen Umzüge der Partei hängen mit Sicherheit damit zusammen, daß im Lauf der Zeit Zahl und Personalbestand der verschiedenen NSDAP-Ämter und -Gliederungen immer mehr zunahmen und angestrebt wurde, alle unter einem Dach zusammenzufassen. Die wachsende Zahl der Dienststellen von NSDAP bzw. mit der Partei verbundenen Organisationen bei der Kreisleitung sei hier nur für die Zeit ab 1934 verdeutlicht. In L 4, 15 waren während der Jahre 1934–1937 etwa zehn Parteiamtsstellen untergebracht. Das waren neben der Kreisleitung u.a. die Kreisgeschäftsführung, das Amt für Kommunalpolitik, die Kreisverwaltung der Deutschen Arbeitsfront und die Dienststelle von *Kraft durch Freude*. In Rheinstraße 1, 3 und 5 waren seit 1937 teilweise bis zu 20 Ämter vereinigt, neben den bereits genannten u.a. das Kreisschulungsamt, die Kreiswirtschaftsberatung, das Amt für Volksgesundheit, das Kreisrechnungsamt, das Rassenpolitische Amt und der Reichsbund der Kinderreichen.

Neben rein praktischen Gesichtspunkten dürften mit Sicherheit auch Repräsentationsbedürfnisse bei der Suche nach der Bedeutung der Partei angemessenen Quartieren eine Rolle gespielt haben. Auffällig ist bei den von der NSDAP belegten Gebäuden allerdings, daß sie nie direktes Eigentum der Partei waren. Die NSDAP war immer nur Mieter oder bekam die Häuser vielleicht kostengünstig zur Nutzung überlassen, wie man dies für die ihr ab 1937 von der Stadt zur Verfügung gestellten Gebäude in der Rheinstraße vermuten kann.

Das Hakenkreuzbanner und die Völkische Buchhandlung

Das örtliche NSDAP-Organ Hakenkreuzbanner war 1931 gegründet worden und erschien zunächst wöchentlich, später zweimal pro Woche und ab 1932 täglich.[9] Nach der *Machtergreifung* gewann die Zeitung weiter an Bedeutung: Sie war nun nicht mehr nur internes Mitteilungsblatt für Mitglieder und Propagandainstrument im Kampf mit politischen Konkurrenten, sondern offiziöses Sprachrohr für die aktuelle Regierungspolitik. Außerdem wurde es für Unternehmen, die von den nationalsozialistisch beherrschten staatlichen und kommunalen Stellen öffentliche Aufträge erhalten wollten, quasi eine Pflicht, im Hakenkreuzbanner zu inserieren. Bereits im August 1933 hatte das Hakenkreuzbanner die Mehrzahl der Mannheimer Anzeigen an sich gezogen; dies ging selbstverständlich zu Lasten der anderen Zeitungen.[10] Dabei hatte das Hakenkreuzbanner vor der *Machtergreifung*, gemessen an der Auflagenzahl, nur eine völlig untergeordnete Rolle beanspruchen können: Hatte man 1931 mit gerade 560 Zeitungen angefangen, so war bis März 1933 lediglich eine Steigerung auf 3 300 erreicht worden; im April 1933 stieg die Zahl dann sprunghaft auf 10 900, und ab Januar 1934 wurden täglich 40 000 gedruckt.[11]

Das Hakenkreuzbanner war zunächst gemeinsam mit der Völkischen Buchhandlung in P 5, 13 a untergebracht.[12] Hier befand sich somit die eigentliche Propagandazentrale der Mannheimer NSDAP. In der Druckerei des Hakenkreuzbanners wurden neben der Zeitung für die Partei Plakate und Handzettel für Versammlungen und Aufmärsche hergestellt. In der Völkischen Buchhandlung gab es Bücher zur nationalsozialistischen Ideologie, besonders zur Rassenlehre und zur nationalistisch-völkisch gedeuteten deutschen Geschichte, aber auch sonstige Druckwerke der breiten militaristischen und rechtsradikalen Szene in der Weimarer Republik zu kaufen. In der Völkischen Buchhandlung konnte überdies auf Veranstaltungen der NSDAP und ihrer Unterorganisationen hingewiesen werden, und sie diente sicherlich auch als Treffpunkt für Mitglieder und Anhänger der Partei sowie der zahlreichen gleichgesinnten Organisationen.

55
Völkische Buchhandlung P 4, 12 an den Planken.
9.4.1938. Aufn. Josef Hofmann.
Die Völkische Buchhandlung war im September 1933 an die Planken umgezogen.
Der Fahnenschmuck, die Dekorationen sowie die sogenannten Wimpel mit der Aufschrift *Ich flog nach Wien* an den leeren Fahnenmasten (Mannheim hatte auf Bitte des pfälzischen Gauleiters Bürckel, der als Reichskommissar in Österreich fungierte, Hakenkreuzfahnen für Wien zur Verfügung gestellt) galten dem Großdeutschen Tag (8. April) sowie der folgenden Volksabstimmung über den Anschluß Österreichs an das Deutsche Reich (10. April).
Über dem Eingang der Völkischen Buchhandlung prangt ein Hitler-Zitat vom 28. März 1938:
Am 13. März ist Großdeutschland geschaffen worden. Am 10. April wird es bestätigt!

56 a
Blick auf das Verlagsgebäude des Hakenkreuzbanners
in R 3, 14–15. 1930er Jahre.
Hier war bis März 1933 die sozialdemokratische
Volksstimme hergestellt worden.

Das Hakenkreuzbanner zog allerdings im „Dritten Reich" bald in andere Räumlichkeiten. Gewiß war es angesichts der neuen Propagandaaufgaben für das NS-Organ in P 4, 13 a zusammen mit der Völkischen Buchhandlung wohl doch sehr eng geworden. Vor allem aber stellte der Bezug des neuen Domizils einen außerordentlich symbolträchtigen Akt der *Machtergreifung* durch die Nationalsozialisten dar. Am 9. März 1933 war nämlich nach einem kurzen Feuergefecht das traditionsreiche Gebäude der sozialdemokratischen Zeitung Volksstimme in R 3, 14–15 durch einen Trupp der SA und Polizei besetzt worden.[13] Die Nationalsozialisten, die bereits zuvor das Erscheinen der Mannheimer SPD-Zeitung sehr erschwert hatten, nahmen nun das Verlagshaus samt den ganzen Druckanlagen in ihren Besitz, um den publizistischen Widerstand gegen ihr Regime unmöglich zu machen.[14] War schon die Besetzung des Volksstimme-Gebäudes ein schwerer Schlag für die Sozialdemokraten in Mannheim, so bedeutete es eine zusätzliche Demütigung, daß ab 27. Mai 1933 ausgerechnet hier das lokale Presseorgan der NSDAP, ihres politischen Todfeinds und Zerstörers, hergestellt wurde.

56 b
Verlagsgebäude des Hakenkreuzbanners in R 3, 14–15
mit SA-Wachtposten. 1930er Jahre.
Welchem Anlaß die Dekoration galt, konnte nicht
festgestellt werden.

57
Jungvolk der HJ, angetreten in Marschausrüstung vor dem Schlageter-Haus M 4 a. 1939. Aufn. Artur Pfau.

Hanspeter Rings

„… SIE WERDEN NICHT MEHR FREI FÜR IHR GANZES LEBEN."

Die Hitler-Jugend (HJ)

58 a
Reichsjugendführer Baldur von Schirach vor
angetretener Hitler-Jugend am Flugplatz Mannheim-
Neuostheim. Vermutlich 30.9.1935.
Die Aufnahme entstand wohl anläßlich einer Visitation
der Mannheimer Hitler-Jugend.

58 b
Heimabend beim Jungvolk der HJ.
Hakenkreuzbanner 18.10.1935.
Aufn. Frank.
An der Wand des Schulungsraums prangt die Parole:
Der Jude ist unser Unglück.

Für diejenigen, die dabei waren, reicht die HJ-Zugehörigkeit oft gleich einem unsichtbaren Band von der Vergangenheit bis in die Gegenwart. Selbst einander Wildfremde, haben sie sich erst als ehemalige HJler erkannt, rücken mitunter schnell näher und tauschen ihre Erinnerungen aus. Diese reichen von schierer Freizeitgestaltung oder politischem Idealismus bis hin zu Indoktrination und stupidem Drill.[1]

Im Jahr 1926 erhielt die NSDAP-Jugendorganisation den offiziellen Namen *Hitler-Jugend*.[2] Bereits vor 1933 suchte die Jugendabteilung der Partei das Rampenlicht, agierten ihre Mitglieder beispielsweise als Saalordner bei Parteikundgebungen. 1932 wurde die HJ organisatorisch von der SA abgetrennt.[3]

Nach der „Machtergreifung" löste das NS-Regime Zug um Zug die mit der HJ konkurrierenden Jugendorganisationen auf. Vor allem politisch linksstehende und jüdische Jugendgruppen gerieten den neuen Machthabern ins Visier. Nationalistische und konservative Verbände traten größtenteils geschlossen in die HJ ein, ebenso die Mannheimer Sportjugend.[4] Andererseits schlossen sich Teile der freien Jugendbewegung, u.a. der Deutsche Pfadfinderbund oder die Deutsche Freischar, 1933 im erzkonservativen Großdeutschen Bund unter Admiral von Trotha zusammen. Konnte sich die HJ einen solchen Affront, gewissermaßen von der eigenen politischen Richtung, bieten lassen? Sie setzte auf eine Mischung aus Gewalt und Zermürbung. Unberechenbare Überfälle häuften sich.[5] Und die erste Verfügung des am 17. Juni 1933 zum *Jugendführer des Deutschen Reichs* berufenen Baldur von Schirach war denn auch die Auflösung des Großdeutschen Bunds.[6]

Ebenso geriet die konfessionelle Jugend immer stärker unter Druck. Eine Doppelmitgliedschaft in evangelischer Jugend und HJ war unerwünscht. Zum 19. Dezember 1933 gingen die Organisationen der evangelischen Jugend dann mit rund 800 000 Mitgliedern reichsweit in der HJ auf.[7] Feierlich zelebrierten Geistliche am 4. März 1934 im Beisein hoher Parteifunktionäre den Eingliederungsgottesdienst in Berlin. Per Radio wurde das Geschehen ins gesamte Reich übertragen; so beschallten Lautsprecher ab 9 Uhr den Ehrenhof des Mannheimer Schlosses, wo zeitgleich das örtliche Übernahmezeremoniell stattfand.[8] Doch gestaltete sich die kirchliche Jugendarbeit unter dem Dach der HJ kaum leichter:[9] *Der Straßenterror der HJ im Januar und Februar 1934 bewies, was die HJ unter der „Eingliederung" der evangelischen Jugend verstand.*[10]

59
HJ-Pimpf bei einer Sammelaktion.
Um 1936. Aufn. Hans Jütte.
Das am Ärmel der Sommeruniform über der
Siegrune angebrachte Dreieck mit der Aufschrift
West-Saarpfalz könnte darauf verweisen,
daß das Foto nicht in Mannheim entstanden ist.

Die organisierte Jugend der Katholiken überlebte dagegen vorübergehend dank des Reichskonkordats zwischen Hitler und dem Vatikan.[11] Jedoch schon im Februar 1934 argwöhnte die Gestapo: *Da ... der klerikale Einfluß der katholischen Priester mit ihren mächtigsten Verbündeten, Beichtstuhl und Angst vor dem Jenseits, den Förderern und Drahtziehern dieser katholischen Organisationen zur Verfügung steht, ist es in überwiegend katholischen Orten nur eine Frage der Zeit, bis sie die Hitlerjugend weit überflügelt haben.*[12] Von dieser Befürchtung bis zu mehr oder minder massiven Behinderungen der katholischen Jugendarbeit war es nur ein kleiner Schritt.[13] Das Repertoire der Störaktionen reichte vom provozierenden Sprechchor bis zu rücksichtslosen Handgreiflichkeiten. Ein Dorn im Auge der Partei waren vor allem die Selbstbewußtsein und Eigenständigkeit demonstrierenden Fahrten der katholischen Jugend – etwa eine Romfahrt der Mannheimer im Jahr 1935.[14]

Bereits 1934 zuvor hatte der Reichsführer der Deutschen Jugendkraft (DJK) Adalbert Probst seine Zivilcourage mit dem Leben bezahlt, hingerichtet von den Nazis. Am 19. Juni 1935 verbot das badische Innenministerium die Betätigung der noch bestehenden, im besonderen der katholischen Jugendverbände.[15] Als Begründung brachten offizielle Stellen die gewiß tendenziöse Behauptung vor, *in den letzten Wochen* hätten sich *die Überfälle auf Angehörige der Staatsjugend* verstärkt. *Dabei wurden dieselben, selbst beim Kirchenbesuch, mißhandelt, oft in brutalster Weise blutig ... geschlagen. Da die Schuldigen stets der Deutschen Jugendkraft angehörten, wurde die DJK ... für Baden aufgelöst und verboten und ihr Vermögen beschlagnahmt.*[16] Nach Einschätzung der Machthaber bewirkten diese Schikanen die Eingliederung eines beträchtlichen Teils der katholischen Jugend in die Hitler-Jugend.[17] Dementsprechend berichtet die Neue Mannheimer Zeitung am 28. Januar 1936 von einer Zunahme der HJ-Formationen um 8 233 Mitglieder und von einer Abnahme der konfessionellen, sprich katholischen Jugendorganisationen um 1 231. Aber erst als am 18. Juni 1937 durch eine reichseinheitliche Regelung die Doppelmitgliedschaft in katholischen Jugendverbänden und in der HJ verboten wurde, war der Weg frei zur rigorosen Vereinnahmung der katholischen Jugend.

Das Stadtschulamt Mannheim hatte bereits zum 31. Oktober 1935 angegeben, daß rund 92 % der Schüler in der HJ organisiert seien. Reichsweit stieg die Mitgliederzahl der HJ an von 108 000 Jungen und Mädchen Ende 1932 auf 3,6 Mio. im Jahr 1934 und 8,7 Mio. im Jahr 1938.[18] Am 1. Juli 1933 hatte die Partei die HJ gegliedert in die Hitler-Jugend (14–18jährige Jungen), das Deutsche Jungvolk (DJ) in der HJ (10–14jährige Jungen), den Bund Deutscher Mädel (BDM) in der HJ (14–18jährige Mädchen)[19] und den Jungmädelbund (JM) in der HJ (10–14jährige Mädchen).[20] Neben dem Mannheim umfassenden HJ-Bann 171 bestanden die Jungbanne 1/171 und 2/171, ferner ein BDM- und ein Jungmädel-Untergau 171. Verwaltungsstellen von Bann und Unterbann befanden sich im Schlageterhaus M 4a sowie in der Hildastraße 15 (heute Kolpingstraße). BDM- und JM-Untergau hatten ihr Domizil in N 2, 4.[21] Die Jungbanne wurden 1935 zusammengelegt, marschierten fortan gemeinsam mit 8 000 Pimpfen.[22]

Da die NS-Jugendorganisation in kurzer Zeit zahlreiche Jugendführer rekrutieren mußte, griff sie auch auf Leiter der aufgelösten Jugendorganisationen zurück. Es nimmt daher kaum wunder, daß ein beachtlicher Teil des Liedguts der HJ und des Jungvolks aus der zerschlagenen bündischen Jugend stammte.[23] Jedoch soll das Summen bündischer Lieder bisweilen auch zur konspirativen Verständigung gedient haben.

Deutlicher äußerte sich Distanz zum NS-System in der sogenannten Swing-Jugend. Auch für Mannheim sind solche Fälle kultureller Dissidenz belegt: Abspielen amerikanischer, *undeutscher* Musik im Gebäude der Ortsgruppe Strohmarkt in M 6, 12 führte zur Beschlagnahmung der Platten; eine Bestrafung der Beteiligten konnte jedoch vermieden werden.[24] Zwar suchte die Hitler-Jugend oppositionelle Regungen im Keim zu ersticken; musikalischen Hörgewohnheiten sowie einem besonderen jugendlichen Lebensgefühl war indes mit Zwang und Gewalt nur schwer beizukommen.[25]

60 a
Pimpf mit Modellflieger beim Großflugtag auf dem Flugplatz Mannheim-Neuostheim. Juni 1938.
Rund 150 000 Zuschauer verfolgten die Kunstflüge der Piloten.

60 b
Musikzug der HJ mit Marschtrommeln und Querpfeifen.
Um 1938.
Aufn. Hans Jütte.

Ins Zeichen der Schulung stellte Reichsjugendführer von Schirach das Jahr 1934: *Der beste Hitlerjunge ist ... derjenige, der ganz in der nationalsozialistischen Weltanschauung aufgeht.*[26] Der 1934 eingeführte schulfreie Samstag für die Hitler-Jugend, der *Staatsjugendtag,* sollte ganz dem HJ-Dienst dienen. Mittwochs war außerdem HJ-Schulungsabend für Politik, wehrpolitische Ertüchtigung u.ä.[27] Schon 1936 schaffte das Reich jedoch den *Staatsjugendtag* wieder ab – nicht zuletzt aus Mangel an HJ-Führern – und ersetzte ihn durch zwei hausaufgabenfreie Nachmittage für HJ-Mitglieder.[28] Die Lehrherren berufstätiger Jugendlicher waren angehalten, bei HJ-Treffen an Wochentagen ohne Verdienstausfall freizugeben.[29]

Durch ihre soldatische Disziplin und straffe Führungshierarchie erwies sich die HJ zunehmend als Übungsfeld zur Militarisierung der Jugend. Geländespiele, Orientierungsmärsche u.ä. waren die Parole. In der Praxis hieß dies nicht zuletzt ausgiebiges Exerzieren: *Hacken zusammen, Fußspitzen bilden nicht ganz einen rechten Winkel ... Bauch rein, Brust raus, Kopf hoch ....*[30] Fips Rohr – später Lehrer am Lessing-Gymnasium, Fußballtrainer beim VfR Mannheim und Träger des Bloomaul-Ordens – erinnert sich: *Exerzieren war für mich grausam.*[31]

Die politische Schulung behandelte einschlägige Themen, u.a. *die Entstehung des deutsch-germanischen Reichs,* die *Rassenfrage* und die *Helden der Bewegung.*[32] Jugendlichen, die der HJ oder dem BDM nicht angehörten, verordnete das Regime ersatzweise *nationalpolitischen Unterricht* mit teilweise ähnlichem Lehrstoff. In der Praxis zeigten sich allerdings erhebliche Unterschiede: Während im Karl-Friedrich-Gymnasium die Teilnahme an diesen Lehrstunden als deklassierend empfunden wurde, bildeten sie für einige Schülerinnen der Liselotteschule geradezu einen Anreiz, dem BDM auch weiter fernzubleiben; in diesem Fall wurde der *nationalpolitische Unterricht* allerdings auch für Musik und Schach genutzt.[33]

Ohne Zweifel suchte die HJ Elternhaus und Schule als Erziehungsinstanzen in den Hintergrund zu drängen.[34] *Allgemein hat man gerade im Bürgertum schwerste Befürchtungen über die Früchte der Erziehung der HJ.*[35] Immerhin forderten im traditionell konservativ-bürgerlichen Karl-Friedrich-Gymnasium Parteiführer die Pennäler auf, *ihren Lehrern, wenn nötig, aufs Maul zu hauen, denn jeder Hitlerjunge habe mehr politisches Gefühl im kleinen Finger als diese rieselnden Kalkbergwerke im Kopf.*[36] In der Neuen Mannheimer Zeitung heißt es am 25. März 1935: *Bei der Auslese an den hohen Schulen hat die liberalistische*

Grundhaltung ... zu einer ... Bevorzugung der rein verstandesmäßigen Anlagen geführt ... , während rassenbiologisch wertvolle ... Teile der deutschen Jugend oft zurückblieben. Fraglos trugen solche Standpunkte kaum zu einem harmonischen Miteinander von Schule, Elternhaus und HJ bei.[37]

Einerseits vermittelte die HJ ein apolitisches Gemeinschaftserlebnis, so auf Wanderungen oder bei Sammlungen für das Winterhilfswerk.[38] Andererseits richtete sie Geländeübungen aus, deren militärischer Charakter kaum zu übersehen war. Die Jungen banden sich bei solchen Großspielen einen sogenannten Lebensfaden aus Strickwolle ums Handgelenk. Entwand der *Feind* diesen während der *Schlacht* – die Jungen warfen mit Dreck, spritzten Schlamm aus umfunktionierten Luftschutzspritzen usf. –, galt der Betroffene als *gefallen* und durfte ins Geschehen nicht mehr eingreifen.[39]

Sah das „Dritte Reich" in seinen Jungen die zukünftigen Helden, so in seinen *Mädels* die Heldenmütter von morgen. Folglich war die *Mädelarbeit,* außer durch politischen Unterricht, insbesondere auch durch s*portliche Kräftigung, hauswirtschaftliche Ertüchtigung, Landdienst* u.ä. bestimmt. Theodor Kutzer, Mannheimer Oberbürgermeister von 1914 bis 1928, pointiert in seiner Rückerinnerung: *Die Mädchen sollten Gebärmaschinen werden, ob mit, ob ohne Ehe.*[40] Allerdings wurde die weibliche Jugend auch für den Einsatz im Krieg eingeübt.[41]

Die Jugend soll kämpferisch erzogen werden, aber die Kampfziele dürfen immer nur von den Machthabern der Diktatur, nie von der Jugend selbst bestimmt werden, will nicht die Diktatur Gefahr laufen, sich in der Jugend den eigenen Feind heranzuziehen.[42] Es ließe sich fragen, ob der in dieser Analyse angesprochene Konflikt mit ein Grund war, daß sich der badische HJ-Gebietsführer Friedhelm Kemper 1934 beim Mannheimer NSDAP-Kreisleiter beklagte, *daß gerade in Mannheim zwischen Partei und HJ immer ein schlechtes Verhältnis ist.*[43] Außerdem war die Hitler-Jugend zunächst ja auch mehr ein zusammengewürfelter Haufen unterschiedlichster politischer Couleur, denn eine straff durchorganisierte, ideologisch einheitlich ausgerichtete Organisation.

Ein wichtiges Betätigungsfeld erkannte die HJ nicht nur im Schulbereich, sondern ebenso in der Arbeitswelt. Schon ab dem Jahr 1933 gliederte sie Angehörige der NS-Jugendbetriebszellen ein.[44] Firmen wie Daimler-Benz in Mannheim hielten Betriebsappelle ab unter dem Motto: *Jungarbeiterschaft geschlossen in die HJ!* Nicht zuletzt erwies sich manches Mal die Lehrstelle als von einer HJ-Mitgliedschaft abhängig. Gleicherweise hatten Bewerber um staatliche Beamtenstellen eine erfolgreiche Tätigkeit in der HJ nachzuweisen.[45] Nach Baldur von Schirachs „Philosophie" war Symbol der früheren Jugendbünde die Fahrt, Symbol der HJ der *Wettkampf.* In *Reichsberufswettkämpfen* maßen sich die *Jungs* und *Mädels* miteinander, 1934 allein in Mannheim 4000.[46] Leistungsschauen, wie in den Rhein-Neckar-Hallen Ende Oktober 1935, präsentierten öffentlichkeitswirksam die Werkstücke der Jugendlichen.[47]

61
Jungvolk vor dem Hauptbahnhof.
Um 1938. Aufn. Hans Jütte.
Ein älterer Junge trägt – als Jungvolkführer – die Fähnleinsfahne mit Siegrune.

62
Ausflug nach Neckargerach. 1938.
Rechts vorn im Bild der spätere SPD-Stadtrat und Vorsitzende der SPD-Gemeinderatsfraktion Walter Pahl als Scharführer der HJ.

Öffentlichkeitswirksam waren auch die pompösen Neuaufnahmen ins Jungvolk, die im Schloßhof stattfanden.[48] Zudem prägten Propagandamärsche der Jugend das Stadtbild. Über das Gautreffen des BDM im Oktober 1934 war etwa in der Neuen Mannheimer Zeitung zu lesen: *Mit frohem Gesang marschierten auch die Mannheimer Mädels zur Planetariumswiese, um mit einer Morgenfeier in würdiger Weise den Tag einzuleiten. ... Dumpfer Trommelwirbel des HJ-Spielmannszuges begleitete die Weiheworte, die zum Gedenken der Toten gesprochen wurden, während sich die Wimpel senkten.*[49] Obendrein suchte die HJ sich in eigenen Rundfunksendungen zu präsentieren; auch das Schlageterhaus in M 4a war mit einer Rundfunkstelle ausgerüstet. Über die Zeitung fahndete die HJ nach *sprechgewandten* und *gesangskundigen* Kameraden.[50]

Geistreiche Schwächlinge waren Adolf Hitlers Sache nicht.[51] Daher stellte bereits 1935 die Programmatik der HJ die *Ertüchtigung* in den Vordergrund: Turnen, Schwimmen, Schießen, Morsen, Tarnen, Geländebeurteilung u.a.m. Auch in den Dienstplänen von HJ und DJ spielte vormilitärische Ausbildung eine herausragende Rolle.[52] Verschiedene HJ-Abteilungen, vor allem die Motor-, Marine-, Flieger-, aber auch die Nachrichten- und Reiter-HJ leisteten hierzu ihren speziellen Beitrag.[53]

Zucht und Ordnung waren die Parole. So kann es nicht verwundern, daß in der HJ Koedukation und Freikörperkultur, der Teile der Weimarer Jugend anhingen, ganz besonders verpönt waren. Dennoch stellten die Deutschlandberichte der exilierten SPD 1938 fest: *Die Arbeiterjugend denkt noch oft an das gemeinsame Leben und Treiben von Jungen und Mädchen in der früheren Organisation.*[54] Um solche unangepaßten Jugendlichen auszuschalten, schoben NS-Stellen zu gern sogar den § 175 des Strafgesetzbuchs (Homosexualität) vor. Doch den Homosexualitäts-Vorwurf mußte sich auch die HJ selbst gefallen lassen: *Die sozialistische Arbeiterjugend und die kommunistische Jugend waren noch Jugendbewegungen. Die HJ ist eine Zwangsorganisation, die ... für die Schweinereien ... der homosexuellen Führer gebraucht wird.*[55] Daß es bei der HJ in dieser Hinsicht Probleme gab, konnte selbst der Lagebericht des Karlsruher Generalstaatsanwalts nicht ganz verschweigen: Demnach waren von Juni bis November 1935 *sittliche Verfehlungen in der Hitlerjugend mit einer einzigen Ausnahme nicht mehr bekannt geworden.*[56]

Im Jahr 1936 ließ Reichsjugendführer von Schirach erstmals Kinder jahrgangsweise (Jahrgang 1926) erfassen und forderte deren Eltern zur Anmeldung im Jungvolk bzw. bei den Jungmädel auf. Am 20. April, dem Geburtstag des *Führers*, erfolgte die feierliche Verpflichtung. Die Stimmen der Kinder in Uniform gellten im Chor: *Ich verspreche, in der HJ allezeit meine Pflicht zu tun in Liebe und Treue zum Führer und zu unserer Fahne. So wahr mir Gott helfe.*[57] Das Hakenkreuzbanner vom 23. April 1936 tönte, diese Verpflichtung habe der Hitler-Jugend in Mannheim 4 000 Pimpfe (DJ) und Jungmädel (JM) zugeführt.

Die gesamte deutsche Jugend innerhalb des Reichsgebiets ist in der Hitler-Jugend zusammengefaßt, so § 1 des Gesetzes über die Hitler-Jugend vom 1. Dezember 1936. Zwar bestand bis zur Einführung der Jugenddienstpflicht im Jahr 1939 kein wirksames Instrument zur Durchsetzung der Zwangsmitgliedschaft;[58] öffentliche Kritik an der HJ wurde jedoch oft unerbittlich verfolgt. Hierzu zwei örtliche Beispiele: Über Nacht prangte am Briefkasten der Zellerstraße 49 in der Neckarstadt die Aufschrift *Hitler-Jugend. Pfui.* Daraufhin kam die Verfolgungsmaschinerie in Gang: Abpausen der Schrift, den Täter feststellen anhand Schriftvergleich mit den Mietverträgen u.ä.[59] Für die Aussage *So, gehst Du auch in das Idiotenlager nach Offenburg?* – gemeint war ein HJ-Lager –, soll es sieben Monate Gefängnis gegeben haben.[60] Nicht zuletzt waren es Jugendliche, die der Machtstaat bei solchen Gelegenheiten zu Spitzeltätigkeiten verführte und ausnutzte.[61] Übrigens, der von den Nazis so unglücklich vereinnahmte Friedrich Nietzsche war es, der einmal formulierte: *Man verdirbt einen Jüngling am sichersten, wenn man ihn anleitet, den Gleichdenkenden höher zu achten als den Andersdenkenden.*[62]

Gleichwohl, es gab Jugendliche, die der HJ nicht angehörten, auch wenn dies Unannehmlichkeiten zur Folge haben konnte. *Wenn Eltern ihr Kind aus der HJ abmelden wollen, erscheint irgendein Unterführer*

63 a
Rechts: Modell des Hermann-Göring-HJ-Heims am Erlenhof. 22.6.1937.

63 b
Unten: Lageplan des Hermann-Göring-HJ-Heims am Erlenhof. Mai 1937.
Es handelt sich um eine so nicht realisierte Planung; bei dem ausgeführten Bau waren wie auch bei obigem Modell die Seitenflügel zur Erlenstraße gerichtet.

und macht sie darauf aufmerksam, daß sich aus dem Ausscheiden aus der HJ nicht unbedeutende Schädigungen für das Fortkommen des Jungen ergeben können.[63] Die spätere Mannheimer CDU-Stadträtin Emilie Hucht, die eine Mitgliedschaft beim BDM ablehnte, erinnert sich: *Ich wurde zwar immer wieder gefragt, ich wurde bedrängt, und das hab' ich mit Hilfe meines Elternhauses durchgestanden, aber es ist mir nichts passiert.*[64] Fritz Karg – vor 1933 Mitglied der sozialdemokratischen Jugendorganisation *Die Falken* und von 1973 bis 1981 DGB-Kreisvorsitzender – berichtet, außer ihm hätten weitere Schüler der Waldhofschule der HJ nicht angehört, u.a. Karl Schreck, Sohn des kommunistischen Reichstagsabgeordneten und Mannheimer Stadtverordneten Paul Schreck, den die Nazis ins KZ verschleppten.[65] Die Mehrzahl auch der Arbeiterkinder des Waldhofs dürfte sich allerdings der HJ angeschlossen haben.[66] Im Falle einer Ablehnung der HJ-Mitgliedschaft lagen jedoch nicht zwingend politische Motive zugrunde: *Wir sind doch nicht bewußt nicht in die Hitler-Jugend, sondern es hat uns einfach keinen Spaß gemacht, es hat uns nicht interessiert, wir haben gerne unsere eigenen Radtouren gemacht.*[67] Umgekehrt erzählt Fips Rohr vom völlig unpolitischen Motiv seiner Mitgliedschaft in der HJ: *Ich war ..., nachdem der BK (Bund deutscher Bibelkreise), dieser evangelische Wanderverein, aufgelöst wurde, Mitglied der HJ ..., um Fußball zu spielen. ... Um Fußball zu spielen, brauchte man die HJ-Mitgliedschaft, d.h. man brauchte einen „Startschein".*[68]

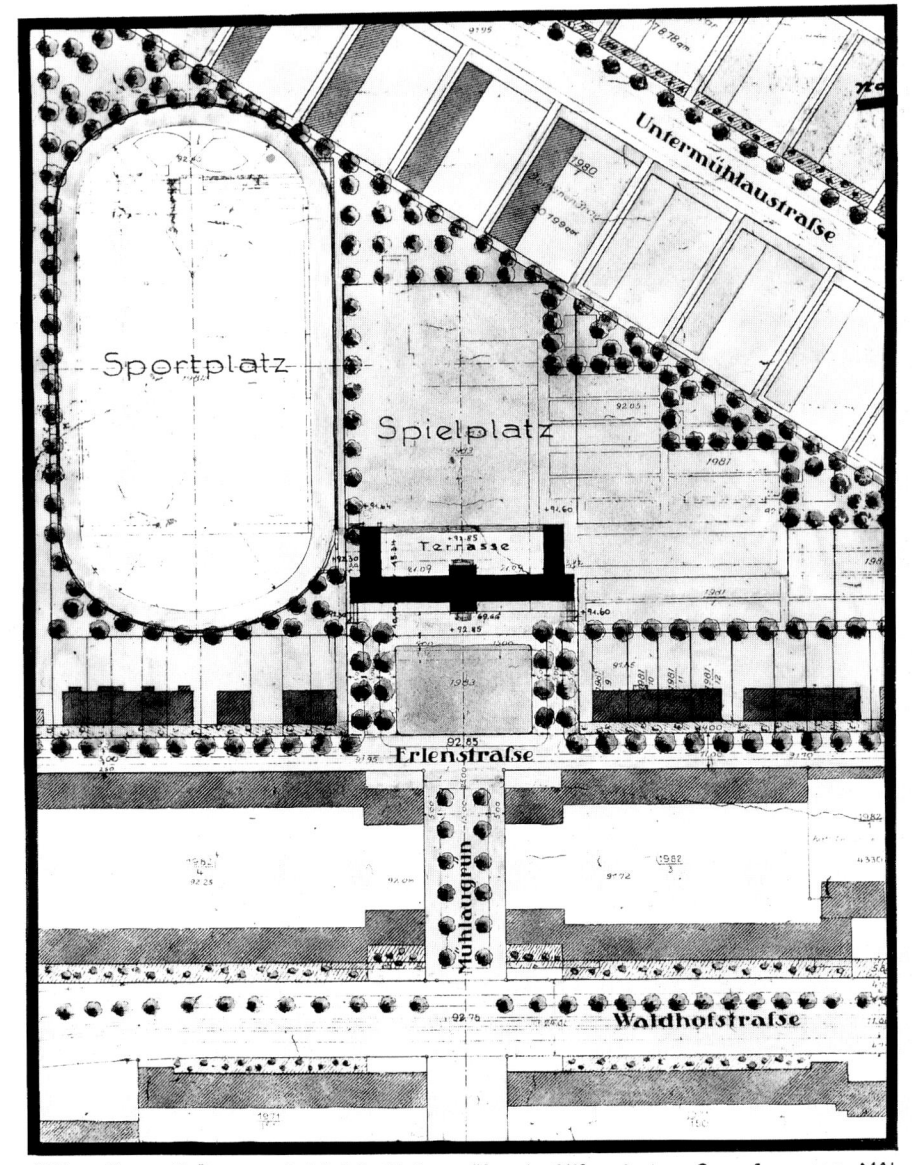

64 a
Links: Festliche Grundsteinlegung zum Hermann-Göring-HJ-Heim am Erlenhof. 3.5.1937. Aufn. Hans Jütte.

64 b
Unten: Urkunde, die am 3.5.1937 zusammen mit Bauplänen in den Grundstein des Hermann-Göring-HJ-Heims am Erlenhof eingelegt wurde.

Während die dominierende Stellung der HJ bald gesichert war, machte die Bereitstellung geeigneter Unterkünfte lange Zeit Schwierigkeiten. 1934/35 warb die HJ in der Presse und auf öffentlichen Schar-Abenden für die Überlassung leerstehender Räume zur Einrichtung von HJ-Heimen.[69] Die öffentlich angeprangerte Raumnot der HJ verschärfte sich nicht zuletzt durch sogenannte Stadtsanierungsmaßnahmen wie den Abbruch und die Neubebauung des Quadrats E 5.[70] Zur Abhilfe plante man in Mannheim, über die Stadtteile verteilt, einheitliche drei- bis vierstöckige Heimgebäude für die HJ, in denen ggf. auch Geschäftsstellen der NSDAP-Ortsgruppen eingerichtet werden könnten.[71] Reichsweit wurde das Jahr 1937 zum *Jahr der Heimbeschaffung* ausgerufen, per Gesetz den Kommunen die Pflicht zur Einrichtung von HJ-Heimen auferlegt.[72] Oberbaudirektor Zizler und Baurat Beck vom Mannheimer Hochbauamt unterbreiteten in Berlin daraufhin Pläne für den Bau von fünf Heimen.[73] Am 3. Mai 1937, 19 Uhr, legte Reichsjugendführer Baldur von Schirach in Leipzig den Grundstein zu einem HJ-Heim; zeitgleich erfolgten im ganzen Reich ähnliche Festakte für 549 HJ-Heime, in Mannheim in der Unteren Mühlau beim Wohngebiet Erlenhof. Lautsprecher übertrugen die Leipziger Feierlichkeit auf den festlich hergerichteten Bauplatz in Mannheim. HJ-Obergebietsführer Friedhelm Kemper legte hier den Grundstein, Oberbürgermeister Renninger hielt die Ansprache, herausgeputzte HJ umrahmte das Geschehen. Das neue eingeschossige Heimgebäude war vorgesehen für 30 bis 50 Jugendliche, es gab eine Halle für Gemeinschaftsfeiern, aber auch Umkleidekabinen, Duschgelegenheit, Bastelräume und Abstellkammern für die Fahrräder.[74] Oberbürgermeister Renninger mußte jedoch noch 1939 einräumen, *der Bau des Hitler-Jugend-Heimes in der Unteren Mühlau, welches jetzt „Hermann-Göring-Heim" heiße, ziehe sich sehr in die Länge, weil kein Material vorhanden sei*.[75] Im August 1939 genehmigt die Stadtverwaltung weitere 38 000 RM und 1941 noch einmal 10 400 RM für die Fertigstellung dieses HJ-Heims.[76] 1943 wurde das Gebäude durch Luftangriffe der Alliierten zerstört.[77]

65 a
Grundsteinlegung des Hermann-Göring-HJ-Heims am
Erlenhof. 3.5.1937. In der Bildmitte mit Redemanuskript
HJ-Obergebietsführer Friedhelm Kemper, links von
ihm Oberbürgermeister Carl Renninger. Rechts vorn im
Bild – in Zivil – Bürgermeister Dr. Otto Walli.

65 b
HJ-Obergebietsführer Friedhelm Kemper beim feierlichen ersten Hammerschlag zur Grundsteinlegung des
Hermann-Göring-HJ-Heims am Erlenhof.
Hakenkreuzbanner 4.5.1937. Aufn. Hans Jütte.

66 a
Jungvolk-Lager in Leimen. 22.6.1939.
Aufn. Artur Pfau.

66 b
Werbeplakat für das Lager des Jungbanns 171.
1939. Entwurf Weinholdt.
Das Plakatmotiv wurde auch kleinformatig als
Ansichtskarte verwendet.

Entgegen der noch 1929 von Hitler geprägten Formel *Jugend muß durch Jugend geführt werden!* entwickelte die HJ-Organisation den parteiabhängigen Jugendfunktionär;[78] 1938 erhob man das Berufsbild des HJ-Führers gar zum Ausbildungsberuf. Dieser Professionalisierung parallel verlief von 1933 bis zum Kriegsausbruch die Entwicklung der HJ zur Staatsjugend. Den letzten Schritt zur dienstverpflichteten staatlichen Zwangsjugend tat das Reich dann 1939. Hitlers Vision war die lückenlose NS-Karriere in HJ, Arbeitsfront, Partei, NS-Frauenschaft, SA oder SS und Wehrmacht: *... und sie werden nicht mehr frei für ihr ganzes Leben,* so Hitler in einer Rede am 4. Dezember 1938.[79]

Gewiß, die große Mehrheit der Jugend war in der HJ organisiert, doch wird ebenso von Verweigerung der Mitgliedschaft und von Formen oppositionellen Verhaltens berichtet. Manche haßten die HJ, andere schwärmen noch heute von ihr. *Also heute zu sagen, das war schwarz, und ich war weiß ..., das kann man nicht sagen. Es hat so viele Schattierungen und so viele Für und Wider gegeben.*[80]

In den ersten Jahren nach der Machtübernahme der Nationalsozialisten gab es erstaunlicherweise noch keine homogene Kulturkonzeption. Vielmehr stand dem völkischen Flügel, vertreten durch Alfred Rosenberg, eine innerparteiliche Gruppierung konkurrierend gegenüber, die sich aus Mitgliedern sogenannter nationalsozialistischer Intelligenz rekrutierte. Dieser Richtung hing zunächst auch Joseph Goebbels an. Sie trat zunächst noch für die Freiheit der Künste ein, unterlag aber ab 1936 mehr und mehr dem Kunstdiktat der *Gleichschaltung:* Die einfache Wiedererkennbarkeit und Problemferne wurden zur Norm erhoben. Im Juli 1937 kulminierte diese Kunstauffassung in der ersten Jahresausstellung im *Haus der deutschen Kunst* sowie in der einen Tag später im Hofgartengebäude gezeigten Ausstellung *Entartete Kunst*, beide in München.[1]

67
Fresko von Otto Hodapp am Erweiterungsbau der Wallstadtschule. 6.9.1935. Aufn. Josef Hofmann.

Monika Ryll

Wandmalerei im Nationalsozialismus

Gegenüber dem eher privaten, intimen Charakter des Tafelbilds boten öffentliche Wandgemälde die Möglichkeit, unmittelbar im Sinne einer erzieherischen Absicht auf das Volk zu einzuwirken, und ließen sich damit vorzüglich für propagandistische Zwecke einsetzen. Folgerichtig erfuhr die traditionelle Technik der Freskomalerei, bei der die Farben auf den noch feuchten Putz aufgebracht werden, nach 1933 eine Neubelebung.[2] Dazu trugen im südwestdeutschen Raum auch zwei größere Ausstellungen bei: *Schweizer Wandmalerei der Gegenwart* 1935 in Baden-Baden sowie *Deutsche Wandmalerei der Gegenwart* 1936 in Karlsruhe.[3] Durch die Freskomalerei ließ sich offensichtlich ein Grad an Monumentalität erzielen, der der nationalsozialistischen Ideologie sehr entgegenkam. So wurden auch vorwiegend Staats-, Partei- oder andere öffentliche Gebäude in Freskotechnik ausgemalt (z.B. Franz Eichhorsts Wandbilder für das Schöneberger Rathaus in Berlin[4]).

Ein erstes Beispiel für die bildnerische Gestaltung der Außenfassade eines öffentlichen Gebäudes in Mannheim während der Zeit des Nationalsozialismus bietet der Erweiterungsbau der 1930 errichteten Freilichtschule in der Gartenstadt auf dem Waldhof.[5] Dieses Bauvorhaben wurde unter Leitung des städtischen Hochbauamts konzipiert. Mit der Schaffung eines Wandbilds an der dortigen Gymnastikhalle betraute man Otto Scheffels.

Scheffels, am 2. März 1897 in Venlo (Holland) geboren, studierte nach freiwilliger Kriegsteilnahme im Ersten Weltkrieg an den Kölner Werkschulen. Nach Beendigung der Ausbildung arbeitete er zunächst in Saarbrücken und kam 1925 nach Mannheim, wo er an zahlreichen Architekturwettbewerben teilnahm. Im Zweiten Weltkrieg wurde er wieder zur Luftwaffe einberufen. Scheffels nutzte seinen Einsatz in Frankreich 1942, Bilder vom Kriegsgeschehen zu malen. Nach 1945 nahmen seine Werke einen verträumt-naiven Zug an. Seit 1950 widmete sich Scheffels einer für ihn neuen Richtung der Bildenden Kunst, nämlich den Mosaikbildern, die ihm mehrere Aufträge zur Ausgestaltung von Mannheimer und Ludwigshafener Hauswänden einbrachte. Er starb in Mannheim am 4. November 1955.[6] Im Jahr 1956 wurde er mit einer Gedächtnisausstellung im Mannheimer Kunstverein gewürdigt.[7]

Scheffels' 1935 geschaffene Komposition in detailrealistischer Ausführung zeigt eine Jungvolkgruppe am Lagerfeuer vor einem Zelt, an dessen Spitze eine Hakenkreuzfahne weht. Anläßlich der Einweihung des Neubau-Trakts am 18. Juni 1935 wurde die Schule nach Herbert Norkus benannt, einem – möglicherweise legendären – Hitlerjungen, der als „Märtyrer" für die nationalsozialistische Idee starb und in einem Gedicht des HJ-Reichsführers Baldur von Schirach verewigt wurde.

Im selben Jahr schrieb die Stadt einen Wettbewerb *Wandbild für die Schule in Wallstadt* aus.[8] Die Aufgabenstellung lautete wie folgt.

1. *Zugelassen sind alle Mannheimer Künstler, soweit sie Mitglieder des Bundes deutscher Maler und Graphiker e.V., Fachverband in der Reichskammer der bildenden Künste, und nicht beamtet sind. Beamtete Künstler können sich unter Verzicht auf einen Geldpreis am Wettbewerb beteiligen.*

2. *Gefordert wird der Entwurf für ein Wandbild an der Außenwand des Neubaues der Schule in Wallstadt. Die Stelle, an der das Wandbild angebracht werden soll, und die genauen Maße sind im Hochbauamt, Rathaus, Zimmer 36, zu erfragen, wo auch eine Lichtpause des zu bemalenden Hausteiles zu haben ist. Der Entwurf ist auf Papier ungerahmt und unaufgezogen in einem Viertel der natürlichen Größe einzuliefern. Ein besonders wichtiges Teilstück aus dem Entwurf ist in Größe 1:1 etwa 1 qm groß ebenfalls auf Papier auszuführen. Weiterhin ist eine kleine Gesamtskizze der zu bemalenden Wand mit dem Entwurf zu zeichnen.*

68
Erweiterungsbau der Wallstadtschule mit dem Fresko von Otto Hodapp. 1935.
Aufn. Josef Hofmann.

69
Rechts: Fresko von Otto Scheffels an der Gymnastikhalle der Herbert-Norkus-Schule (heute Waldschule). 5.9.1935. Aufn. Josef Hofmann.

3. Das Thema der Darstellung ist aus dem Bereich der nationalsozialistischen Jugend zu wählen.

4. Ausführungstechnik: Fresko oder Keimsche Mineralfarben.

5. Die Arbeiten dürfen weder den Namen noch ein Kennzeichen des Künstlers tragen. Sie sind mit einer sechsstelligen Kennzahl zu bezeichnen, die auch auf einem verschlossenen Briefumschlag anzugeben ist, in dem sich nur die Nennung des Namens und der Adresse des Künstlers befindet.

6. Einlieferungstermin: 18. März 1935. Einlieferungsort: Büro der Kunsthalle.

7. Namen der Preisrichter:
 · Oberbürgermeister Renninger
 · Dr. Strübing, stellv. Direktor der Kunsthalle
 · Oberbaudirektor Zizler
 · Maler Prof. Kupferschmid, Karlsruhe
 · Maler Prof. R. Lisker, Frankfurt a.M.
 Ersatzpreisrichter:
 · Beigeordneter Zoepffel
 · Baurat Müller
 · Maler Fay, Neustadt a.d.H.
 · Maler A. Grimm, Mudau i. O.
 Vorprüfer: O. Scheiffele.

8. Preise: 1. Preis 200,– RM, 2. Preis 150,– RM, 3. Preis 100,– RM. Eine andere Verteilung der ausgesetzten Summe behält sich das Preisgericht vor. Es ist beabsichtigt, einen der Preisträger mit der Ausführung des Wandbildes zu beauftragen, wofür eine besondere Summe bereitgestellt wird.

9. Die mit Geldpreisen ausgezeichneten Arbeiten gehen in das Eigentum der Stadt über. Das Urheberrecht einschließlich des Rechts zur Veröffentlichung der Arbeiten bleibt jedoch dem Künstler erhalten.

10. Die Entscheidung des Preisgerichts wird sofort nach der Sitzung den Preisträgern bekanntgegeben.

11. Die Ausstellung aller eingereichten Arbeiten mit Nennung der Namen erfolgt gemäß den Bestimmungen der Wettbewerbsordnung der Reichskammer der bildenden Künste. Ort und Zeit wird bekanntgegeben.

12. Der Wettbewerb entspricht den Anordnungen des Präsidenten der Reichskammer der bildenden Künste über Wettbewerbe.

Für die Wettbewerbsverfahren finden die Anordnungen des Präsidenten der Reichskammer der bildenden Künste vom 23. März und 16. Mai 1934 betr. Wettbewerbe Anwendung.

Den 1. Preis und den Auftrag zur Ausführung erhielt der am 11. März 1894 in Heidelberg geborene Maler Otto Hodapp.[9] Ein Mannheimer Maler, der später seines Amts enthobene Leiter der Freien Akademie, Albert Henselmann, erhielt den 2. und 3. Preis. Auf dem ca. 50 m² großen Wandbild ist wiederum eine Anzahl von Hitlerjungen, einer mit Landsknechtstrommel, ein anderer die Hakenkreuzfahne hissend, dargestellt. Sowohl Scheffels' als auch Hodapps Gemälde lassen keinen eigenen Malstil erkennen, beide beugen sich der faschistischen Kunstauffassung und somit einer übergreifenden Ideologie.

An dem Wettbewerb für das Wandbild an der Wallstadt-Schule beteiligten sich u.a. auch Roderich Jerusalem von Safft, Otto Scheffels und Rudi Baerwind.[10] Der am 11. Februar 1910 in Mannheim geborene Baerwind hatte einen Entwurf eingereicht, der nach Aussage der Preisrichter aus künstlerischer Sicht zwar zu den besten zählte. *Der Gesamteindruck der Uniformierung* entspreche aber *nicht dem Eindruck ..., den marschierendes Jungvolk macht. Man fühlte sich eher an die Uniform der katholischen Jugendorganisation oder gar der kommunistischen „roten Falken" erinnert. Daher wurde der Entwurf nicht in die engere Wahl genommen.*[11] Gegen diese Entscheidung verwahrte sich

Baerwind unter Hinweis auf seine künstlerische Freiheit, freilich ohne Erfolg.

Im Jahre 1936 bekam Rudi Baerwind immerhin eine andere Wand der Waldschule zugeteilt. Er hatte schon im Jahre 1930 am Haupttrakt der Freiluftschule in der gedeckten Wandelhalle zwei Bilder auf frischen Putz gemalt: laufende Knaben auf der einen, tanzende Mädchen auf der anderen Seite. Die eigentümliche Körperhaltung der Dargestellten mit den angewinkelten Armen und Beinen deutet auf antike Vorbilder, z. B. auf griechische Vasenmalereien des 5. vorchristlichen Jahrhunderts, hin. Dem Scheffelsschen Flügel gegenüber sollte Baerwind nun Herbert Norkus als Namenspatron der Schule in einem Fresko festhalten.

Offenbar war die moderne Malweise des Künstlers zu jener Zeit noch kein Diffamierungsgrund, denn 1934 hatte Baerwind im Mannheimer Kunstverein eine Ausstellung[12] und im Auftrage der NS-Kulturgemeinde in der städtischen Kunsthalle die Ausstellung *Deutsche Meister der Malerei aus einem Jahrhundert von Caspar David Friedrich bis Lovis Corinth* organisiert. 1935 hatte Baerwind in der städtischen Kunsthalle sogar eine Einzelausstellung. Zudem galt er als einer der wenigen Mannheimer Künstler, der die Technik, auf frischem Putz zu malen, beherrschte. Die Fertigstellung des von der Stadtverwaltung in Auftrag gegebenen Wandbilds feierte selbst das NS-Organ Hakenkreuzbanner in einer Besprechung vom 15. August 1936 als *schöne Bereicherung* der Schule: *Das Werk zeigt den Helden als leidenschaftlichen Führer, der mit ausgebreiteten Armen einer Kolonne marschierender Jungen voranschreitet und ihr den Weg in die Zukunft weist. Man fühlt aus der Art der Darstellung, wie sich seine Begeisterung auf die Jungen überträgt, wie er sie anfeuert und in seinen Rhythmus zwingt. Die Gestalten sind mit Temperament entworfen, sind ganz Bewegung, der zuliebe auch auf genaue Durchbildung der Einzelheiten und naturalistische Farbgebung verzichtet wurde.*

Aber nur zwei Monate später hatte sich der Kunstgeschmack der örtlichen Machthaber offenbar grundlegend gewandelt. Nun waren Detailfreudigkeit, realistische Farben und wirklichkeitsgetreue Formen zwingend gefordert. Im Hakenkreuzbanner vom 2. November 1936 erschien unter der Überschrift *Ein übles Machwerk verschwindet. Baerwinds Wandbild wird abgekratzt* ein vernichtendes Urteil über das Herbert-Norkus-Bild mit Hinweis auf den sakralen Charakter des gewünschten Gemäldes: *Aus der Anlage des Bildes war damals zu schließen, daß Baerwind sich ernsthaft mit der großen und heiligen Aufgabe, die die Gestaltung eines so erhabenen Vorwurfs für einen wirklichen Künstler darstellt, auseinandersetzen würde. Leider mußte man nach Vollendung des sogenannten Wandbildes feststellen, daß Baerwind in keiner Weise dem Thema gerecht geworden ist. Im Gegenteil, aus dem geplanten Kunstwerk wurde ein Machwerk, das eher einer Verhöhnung denn einer Verherrlichung des jugendlichen Helden und seiner Mitstreiter gleichkam.* Die völkische Richtung innerhalb der Reichskulturkammer hatte sich offenbar gefestigt, was letztlich zum Niedergang moderner Malerei und Plastik führte.

Nachdem seine Fresken der Vernichtung anheimgefallen waren, emigrierte Baerwind nach Paris und wurde ein wichtiger Vertreter der neueren Kunst.[13] Nach dem Zweiten Weltkrieg lebte er wieder in Mannheim, wo er am 12. November 1982 starb.

Otto Hodapp, der 1936 für die Stadtschänke in P 5 zwei Ölgemälde mit Motiven aus dem Jahre 1810 geliefert hatte und damit *jenes geistige Band zur Mannheimer guten alten Zeit zurückschlingt, als noch die Postkutsche an den Ketteneinfassungen der Planken entlangrumpelte*,[14] konnte sich im übrigen noch nach dem Kriege als Landschafts- und Stillebenmaler einiger Berühmtheit erfreuen.

70
Fresko von Rudi Baerwind an der Herbert-Norkus-Schule (heute Waldschule).
Hakenkreuzbanner 2.11.1936.

Die erwähnten Mannheimer Wandgemälde aus der Zeit des Nationalsozialismus sind allesamt der Nachkriegszeit zum Opfer gefallen, vermutlich gerade deshalb, weil sie sich an gut einsehbaren, bildungspolitisch sehr sensiblen Stellen innerhalb des Stadtbilds befanden. Ihre Erhaltung, der im übrigen eindeutige Weisungen der amerikanischen Militärregierung entgegenstanden, hätte das Ziel der Umerziehung zur Demokratie geradezu konterkariert. Über den Denkmalwert dieser unbequemen Kunst als nicht wegzuleugnendes Geschichtsdokument einer Zeit, die man nicht einfach auslöschen kann, würde man heute aus wissenschaftlicher Distanz möglicherweise anders befinden.[15]

71
Betriebsversammlungsraum. Nach 1933. Das Wandgemälde unter dem Motto *Hilf auch Du den Arbeitsfrieden wahren!* nimmt zahlreiche Motive der nationalsozialistischen Gemeinschaftsideologie auf: Unternehmer und Arbeiter reichen sich vor versammelter Belegschaft die Hand, Gemeinschaftserlebnis bei Wehrmacht, HJ oder SA, die Familie *auf eigener Scholle* mit Siedlungshaus als gesunde Zelle der *Volksgemeinschaft*.

Udo Wennemuth

„VOLKSGEMEINSCHAFT"

Dem Begriff *Volk* wuchs im politischen Sprachhaushalt aller Parteien und Gruppierungen seit dem Ersten Weltkrieg gewissermaßen eine nicht mehr überbietbare *sittlich-religiöse, politisch-soziale und geschichtliche Letztinstanz* zu.[1] Die Berufung auf das *Volk* bildete eine nicht mehr hinterfragbare Rechtfertigung politischer Ziele und politischen Handelns. Dabei wurde der *Volks*-Begriff inhaltlich allerdings höchst unterschiedlich gefüllt. Den Nationalsozialisten gelang es, ihr Verständnis von *Volk* in beispielloser Weise für ihr ideologisches Gebäude zu instrumentalisieren. Diente bereits der emphatisch verwendete *Volks*-Begriff der *Wir-Bestimmung*,[2] so galt dies noch mehr für die mit Gefühlen aufgeladene Wortzusammensetzung *Volksgemeinschaft*.

Der Gedanke der *Volksgemeinschaft* befriedigte die Sehnsucht nach Einheit und harmonischer Gemeinschaft einer *national* bestimmten Gesellschaft, im Gegensatz zu der als chaotisch und zerstörerisch empfundenen und zutiefst abgelehnten sowie als *internationalistisch* verunglimpften sozialen, politischen und kulturellen Entwicklung in der Weimarer Republik. Zugleich suggerierte *Volksgemeinschaft* eine Fortsetzung des idealisierten Gemeinschaftserlebens aus dem Weltkrieg (Frontkämpfersolidarität und Schützengrabengemeinschaft) jenseits allen zänkischen Parteienstreits und aller Klassengegensätze. Unausgesprochen beinhaltete *Volksgemeinschaft* auch eine Revision bzw. Tilgung der verhaßten Folgen des Versailler Vertrags. Gegen die angeblich ausschweifenden

Zügellosigkeiten, den *Libertinismus*, und gegen den *Individualismus* der demokratischen Republik stellte erfuhr das Gemeinschaftsideal seine Überhöhung. Das Motto *Der Einzelne ist nichts, das Volk ist alles* fand seinen Nährboden in den alten *preußischen* Werten *Treue, Disziplin, selbstlose Entsagung, Selbstzucht*.[3] Von hier war es nur ein kleiner Schritt zur Parole *Ein Volk, ein Reich, ein Führer*, die keine Abweichung von der Einheitslinie zuließ. Im Führerkult wurde die *Volksgemeinschaft* über ein Treueversprechen zur *Gefolgschaft* und *Glaubensgemeinschaft*, zur *überzeugungsstiftenden Beschwörungsformel*[4] mit heilsgeschichtlicher Perspektive umstilisiert. Erklärtes Ziel Hitlers war es, *die geistige und willensmäßige Einheit unseres Volkes wieder-*

72 a–c
Straßensammlungen in Mannheim. 1930er Jahre.
Auf. Hans Jütte.

Bei den häufigen Sammlungen für verschiedene
Zwecke konnte sich die *nationale Solidarität*
(so die Aufschrift der Sammelbüchse in Abb. 72 a)
der *Volksgemeinschaft* unter Beweis stellen.
Die Erziehung zur Opferbereitschaft bezog sich auf
die Spender, aber auch auf den freiwilligen
Einsatz bei der Hilfsarbeit und den Sammelaktionen.
Um möglichst viele *Gemeinschaftsglieder*
einzubeziehen, wurden die NSDAP-Gliederungen
ebenso beteiligt wie Sport-, Kultur- oder
Betriebsorganisationen.

herzustellen.[5] Soziale Gegensätze wurden per Dekret als nicht mehr existent erklärt. Auch in die Arbeitswelt wurde das Gemeinschaftsideal hineingetragen: Die Deutsche Arbeitsfront wurde als *wirkliche Volks- und Leistungsgemeinschaft aller Deutschen*[6] propagiert, Fabriken sollten in der Form sozialpartnerschaftlicher *Betriebsgemeinschaften* geführt werden. *Die Einbettung und Auflösung des Individuums in die Volksgemeinschaft war kalkuliert;*[7] diesem Zweck diente die Inszenierung des öffentlichen Lebens. Feste und (pseudoreligiöse) Rituale, vom Muttertag, Sängerfest und Eintopfsonntag bis hin zum Reichsparteitag, gliederten den nationalsozialistischen Jahresablauf und wirkten gemeinschaftsbildend und gemeinschaftserhaltend. Das Volk wurde so zur *Kultgemeinschaft*. Die *Volksgemeinschaft* wurde mythisch überhöht als vorstaatlicher Organismus, durchströmt von einem *Volksgeist*, ein einzigartiges *Wesen*, das sich, *von einer einheitlich gerichteten „Seele" durchströmt, ... gegen andere Volkskörper* abgrenzt.[8]

73 a
Oben: Sammlung für das Winterhilfswerk durch Mitglieder der Deutschen Arbeitsfront (DAF). 15.10.1938. Aufn. Artur Pfau.

73 b
Unten: Nibelungensaal des Rosengartens, dekoriert für die Tombola des Winterhilfswerks. 11.12.1934. Aufn. Josef Hofmann.

74 a
Links: Parkschild in einer Mannheimer Grünanlage. 1930er Jahre.
Aufn. Hans Jütte.
Die Ansprache der städtischen Bürger ist durch den Appell an die *Volksgenossen* ersetzt.

74 b
Unten: LKW der Nationalsozialistischen Volkswohlfahrt (NSV) beim Ausfahren der Behälter für das Ernährungshilfswerk. Juli 1938.

Das im Rahmen des Vierjahresplans geschaffene Ernährungshilfswerk sollte die Küchenabfälle aus Haushalten und Betrieben zur Verwendung in der Schweinemast sammeln. In Mannheim kamen *die praktischen Eimer des Ernährungshilfswerks für die Hausbewohner* (Hakenkreuzbanner 16.7.1938) *endlich* Mitte Juli 1938 zur Verteilung.

Die Durchführung des Ernährungshilfswerks oblag der NSV, die als rechtlich eigenständiger Verband der NSDAP angeschlossen war. Die NSV war für den gesamten Sozialbereich zuständig und fungierte zugleich als Spitzenverband der freien Wohlfahrtspflege. Nach ihrem Selbstverständnis faßte sie die *gesamte Hilfs- und Opferkraft der Nation* zusammen. Ihre Leistungen, die als *Hilfe der Volksgemeinschaft* verstanden wurden, erbrachte sie zusätzlich zu denen des Staats und der Fürsorgeverbände. *Maßgebend für die Leistung der NSV ist die Verantwortung gegenüber der Gemeinschaft. Darum werden nur rassisch wertvolle, erbgesunde Familien von der NSV unterstützt* (so Meyers Lexikon. 8. Aufl. Bd. 8. Leipzig 1940, S. 155).
Ende 1938 verfügte die NSV über rund eine Million ehrenamtlicher Mitarbeiterinnen und Mitarbeiter.

75
Gemeinschaftliches Rundfunkhören. 10.9.1938.
Aufn. Josef Hofmann.

Mutmaßlich handelt es sich um eine Übertragung der Göring-Rede *über die deutsche Wehrkraft auf allen Gebieten* vor der Reichstagung der Deutschen Arbeitsfront (DAF), die parallel zum Reichsparteitag der NSDAP in Nürnberg abgehalten wurde. Die Neue Mannheimer Zeitung druckte die Rede unter der Überschrift *Deutschland ist gesichert!* am 12.9.1938 in voller Länge ab. Hintergrund war die *Sudetenkrise*, die wenige Tage später mit dem *Münchener Abkommen* eine scheinbare Lösung fand.

In der Propaganda der Nationalsozialisten spielte der Rundfunk eine kaum zu überschätzende Rolle. Wichtige Reden der NS-Spitzenpolitiker, nicht zuletzt des *Führers*, wurden regelmäßig übertragen und kollektiv angehört. Besitzer von *Volksempfängern* wurden bei solchen Gelegenheiten aufgefordert, ihre Geräte ins Fenster zu stellen, um anderen *Volksgenossen* das Mithören zu ermöglichen.
Bei besonderen Anlässen versammelte man sich auf Anordnung der Partei in größeren Räumen oder sogar auf öffentlichen Plätzen, um den Worten des *Führers* oder anderer NSDAP-Größen zu lauschen.

Neben der integrierenden Funktion als Solidargemeinschaft nach innen und außen besaß die Propagierung der *Volksgemeinschaft* also auch ausgrenzenden Charakter. Werte wie Gerechtigkeit, Wahrheit, Vernunft und Freiheit wurden zugunsten der Einheits- und Gemeinschaftsideologie aufgegeben oder entindividualisiert.[9] Alle diejenigen, die den politisch und rassisch (*Volk* definierte sich für Hitler von der *Rasse* her[10]) verstandenen Kriterien der *Gesinnungsgemeinschaft* oder der *Blutsgemeinschaft*[11] nicht entsprachen, fielen aus der *Volksgemeinschaft* heraus. Die *geschlossene Volksgemeinschaft*[12] Hitlers war unchristlich, vorstaatlich, germanisch-*arisch* und imperial-hegemonial gedacht. Für diesen Zweck mußten alle Widersacher *ausgemerzt* werden. Unter politischen Aspekten waren dies *Internationalisten* (Intellektuelle, Kommunisten, Marxisten etc.) und Pazifisten, unter rassischen Vorzeichen alle *Nichtarier*, also vor allem Juden und Zigeuner (als *Asoziale* stigmatisiert), sowie Erb- und Geisteskranke.[13]
In einer Rundfunkansprache am 15. Januar 1943 charakterisierte Thomas Mann diese *Volksgemeinschaft* als *die Diktatur des Gesindels, ein scheußlicher Parteiterror, der eine moralische Verwüstung, einen Menschenverderb, eine Gewissensschändung, eine Zerstörung der natürlichen, ehrwürdigsten Bande mit sich brachte, wie nie ein Volk sie erlebt hat.*[14]

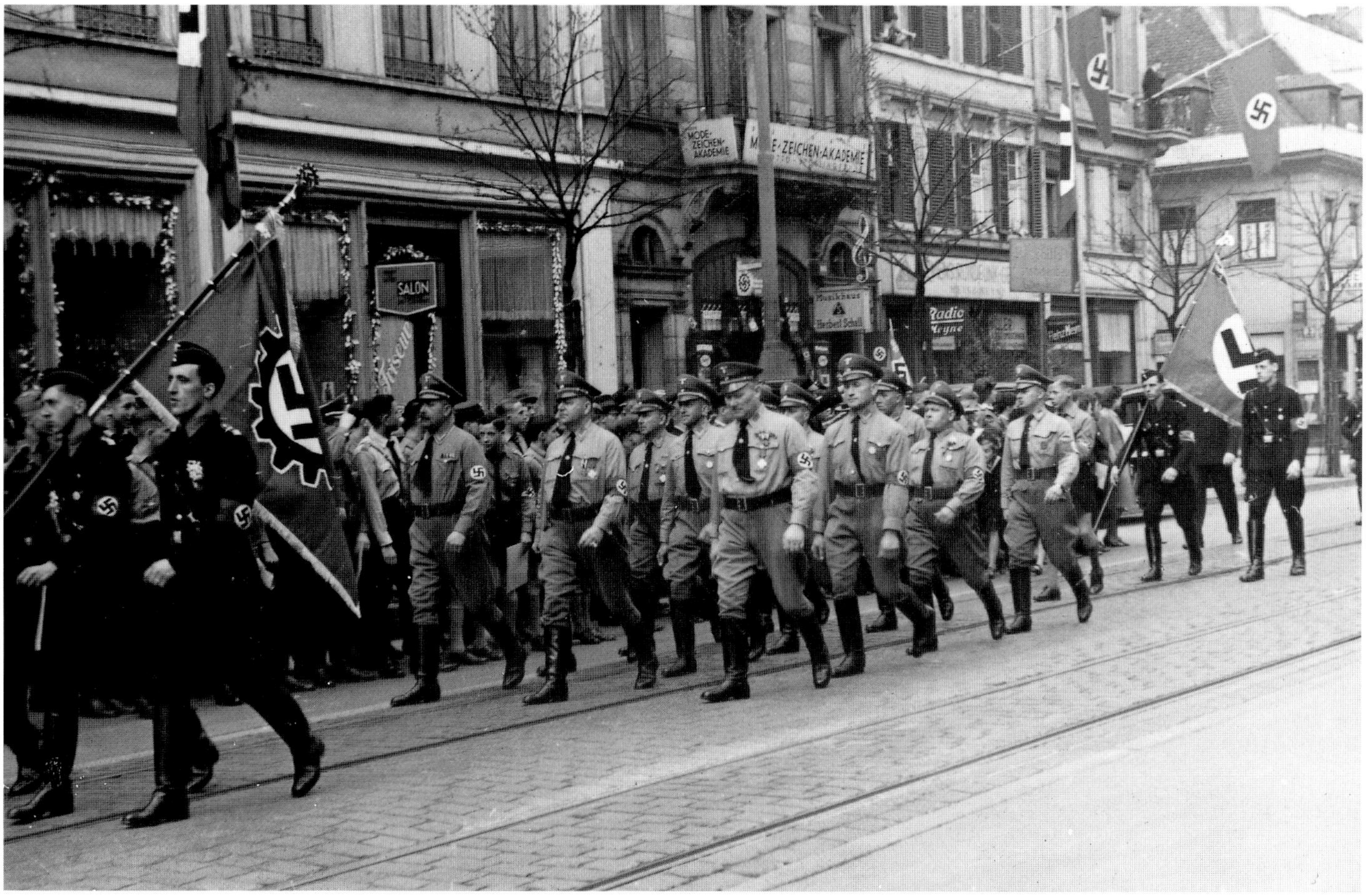
MODE-
ZEICHEN-
AKADEMIE
SALON
Radio

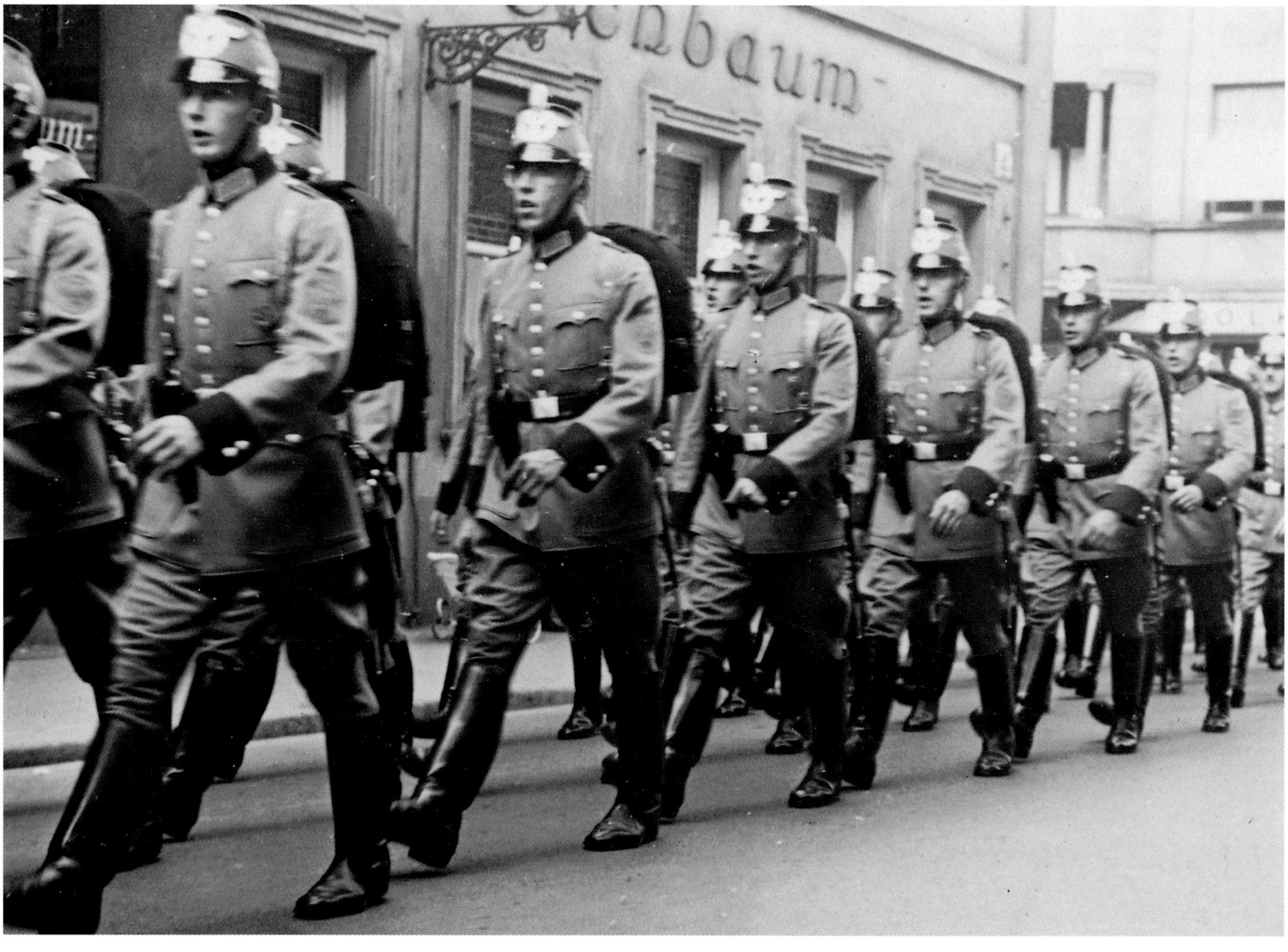

76 a–b (linke Seite) und 77 a–b

Wir werden weiter marschieren, wenn alles in Scherben fällt ... .
Marschkolonnen prägten in der Zeit des „Dritten Reichs" immer wieder das Mannheimer Straßenbild. Der Gleichschritt band die uniformierten Marschierenden in die Gemeinschaft ein und übte auf die Zuschauer am Rand magische Anziehungskraft aus. Gemeinsames Marschieren gehörte zu den beliebtesten Mitteln zur Inszenierung der *Volksgemeinschaft*. Ob es die NSDAP und ihre Unterorganisationen mit ihren Fahnen waren (wie auf dem Foto oben links in den verlängerten Planken vor D 2, Aufn. Hans Jütte) oder die Polizei (wie auf dem Foto links unten am Eichbaum-Stammhaus in P 5, Aufn. Hans Jütte) – immer wieder hallte der Marschtritt durch die Straßen. Selbst in Kinderzeichnungen wurde die uniformierte Marschkolonne mit Fahne, Trommel und Trompete zum Motiv (oben). Marschiert wurde auch noch in Trümmern (unten): Spielmannszug der HJ am Paradeplatz auf dem Weg zur Durchhaltekundgebung mit Robert Ley im Schloßhof am 14.11.1943.

78 a–b
Dekoration am Paradeplatz zum Kreistag der NSDAP.
2.4.1939. Aufn. Josef Hofmann.

Entsprechend der den *Volksgenossen* abgeforderten Opferbereitschaft, äußerstenfalls bis zum Tod, sahen die Nationalsozialisten die *Volksgemeinschaft* verpflichtet zum rituellen Totengedenken. Neben dem *Heldengedenktag* im März wurden insbesondere NSDAP-Großveranstaltungen zu eindrucksvollen Inszenierungen des Totenkults genutzt, so auch der Kreistag der NSDAP 1939 in Mannheim. Das Hakenkreuzbanner berichtete am 2.4.1939:
In den Straßen O/P 1 und D/E 1 hatte die Stadt hohe Masten aufstellen lassen, 16 an der Zahl, deren jeder ein grünbekränztes Hakenkreuz trug als Sinnbild der 16 Toten an der Feldherrnhalle. Auf zwei Pylonen, den Gefallenen des Weltkrieges und der Bewegung gewidmet, loderten Opferflammen. Unter feierlicher Stille gab Kreisleiter Schneider das Kommando „Senkt die Fahnen!" Dann wurden, während der Musikzug der Politischen Leiter das Lied vom guten Kameraden spielte, die Namen der 16 Blutopfer des 9. November 1923 und die der gefallenen Kämpfer der Bewegung des Gaues Baden verlesen. Nach jedem Namen dröhnte ein Böllerschuß über den Platz.

79
Feuerwerk über dem Mannheimer Schloßhof.
1930er Jahre.

Thomas Fiedler und Sabine Pich

Nationalsozialistische Feiertage

Feiertagen maß das „Dritte Reich" besondere Bedeutung zu. Wie in anderen Bereichen griffen die Nationalsozialisten auf bereits Vorhandenes zurück und gestalteten es in ihrem Sinne um. Dabei schufen die Nationalsozialisten einen eigenen Festkalender, der die heidnisch-germanischen Ursprünge einzelner Feiertage hervorhob und den kirchlichen Einfluß verdrängen sollte. Mit einem aufwendig gestalteten Festprogramm, das die Bevölkerung mit einbezog, entfalteten die Nationalsozialisten einen politischen Kult, der vor allem auf *unerfüllte Sehnsüchte nach nationaler Gemeinschaft und elementare Bedürfnisse nach Identifikation und Überhöhung*[1] abzielte. Die Feiertage bildeten Erlebnisräume, mit deren Hilfe sich die Nationalsozialisten die Begeisterung und Zustimmung auch jener Bevölkerungsgruppen zu sichern suchten, die ursprünglich dem NS-Regime ablehnend gegenüberstanden.

80 b
Unten: Generalmajor Ritter von Speck, Kommandeur der 33. Division, bei der Ansprache anläßlich der Heldengedenkfeier im Ehrenhof des Schlosses. 12.3. 1939. Aufn. Artur Pfau.

Zweiter von links stellvertretender NSDAP-Kreisleiter Schnerr, rechts neben ihm Oberbürgermeister Renninger, daneben Major Hans Speidel, damals Offizier im Generalstab der 33. Division, später General der Bundeswehr. Am Mittelbau des Schlosses hinten die schwarz-weiß-rote Fahne mit dem Eisernen Kreuz, dem Ehrenzeichen der Weltkriegssoldaten. Ganz rechts im Bild mit den Mützen Angehörige des Kyffhäuser Bunds, einer Vereinigung ehemaliger Frontsoldaten.

80 a
Links: Vorbeimarsch am Wasserturm an Hitlers Geburtstag. 20.4.1936. Aufn. Artur Pfau.

81
Rechts: Aufmarsch der Ehrenkompanien der Mannheimer Garnison im Ehrenhof des Schlosses zur Heldengedenkfeier. 12.3.1939. Aufn. Artur Pfau.

Heldengedenktag

Bereits in der Weimarer Republik wurde der 5. Sonntag vor Ostern (Reminiscere) als Volkstrauertag im Gedenken an die Opfer des Ersten Weltkriegs begangen, seit 1923 als gesetzlicher Feiertag.[2] 1933 unterschied sich der kirchlich geprägte Volkstrauertag am 12. März noch kaum von seinen Vorgängern. Das Glockenläuten der Christuskirche, ein Posaunenchor und ein Orgelkonzert von Kirchenmusikdirektor Arno Landmann wurden vom Rundfunk übertragen. Auf den öffentlichen Gebäuden wurden die Hakenkreuzfahnen eingeholt und schwarz-weiß-rote Reichsfahnen auf Halbmast gesetzt. Auf dem Ehrenfriedhof hielt der Vorsitzende des Volksbunds Deutsche Kriegsgräberfürsorge Heinrich Schneider eine Gedenkrede; anschließend wurde ein vom Verband Deutscher Blumengeschäftsinhaber gestifteter Lorbeerkranz auf der Freitreppe des Ehrenmals niedergelegt. Nachmittags veranstaltete der Volksbund eine Weihestunde mit mehreren tausend Menschen im Nibelungensaal des Rosengartens.[3]

1934 wurde der Volkstrauertag in *Heldengedenktag* umbenannt und in nationalsozialistischem Sinne umgestaltet. Unter *dumpfem Trommelwirbel* marschierten SA, SS und Arbeitsdienst zum Ehrenfriedhof, wo Pfarrer Friedrich Kiefer die Gedenkrede hielt. Die Ansprache des Mitbegründers der Deutschen Christen in Mannheim offenbart eine fatale Verknüpfung von christlicher und nationalsozialistischer Heilslehre: *Im Christuskreuz und im Hakenkreuz ist der Spruch wahr geworden „Und ihr habt doch gesiegt". Heute am Schwurtag wollen auch wir die Hand heben und dem Manne, der alles für Deutschland getan hat, Treue bis in den Tod schwören*.[4] Der Kranzniederlegung folgte ein dreifaches *Sieg Heil!* auf den „Führer", *ehe die angetretenen Mannschaften das Horst-Wessel-Lied anstimmten.* Die Kranzniederlegung des Volksbunds erfolgte *dagegen in ganz stiller Weise*. Auch bei der Totengedenkfeier im Musensaal des Rosengarten hielt Pfarrer Kiefer die Weiherede. Der Reinerlös der musikalisch und durch einen Vortrag eines Schauspielers vom Nationaltheater umrahmten Veranstaltung ging an den Volksbund Deutsche Kriegsgräberfürsorge.[5]

In den folgenden Jahren kam der militaristische Charakter des *Heldengedenktags* immer deutlicher zum Ausdruck. Statt der Trauer um die Toten des Weltkriegs rückte die Verehrung der Kriegshelden, die vor allem der Jugend als Vorbild dienen sollten, in den Mittelpunkt. Der *Heldengedenktag* 1936 stand ganz im Zeichen der wiedererstandenen Wehrmacht.[6] Die NSDAP hatte zu einer Gedenkfeier im Ehrenhof des Schlosses eingeladen. Dort waren die NS-Formationen angetreten. Am Mittelbau leuchtete das soldatische Ehrenzeichen, das Eiserne Kreuz, und das Abzeichen der NS-Kriegsopfervereinigung. Oberführer Fritsche von der SA-Gruppe „Kurpfalz" hielt eine *knappe und soldatische Gedächtnisrede*, wobei er auch die Bedeutung der Rheinlandbesetzung zwei Tage zuvor hervorhob.[7]

Ein Jahr später nahm erstmals die Wehrmacht an der Feier im Schloßhof teil. Der schwarzumflorte Mittelbalkon des Schlosses trug in der Mitte das Eiserne Kreuz, flankiert von je drei Hakenkreuzfahnen auf Halbmast, auf den Seitentürmen wehten Reichskriegsflaggen. Um 12 Uhr wurde die Gedenkfeier in der Berliner Staatsoper vom Rundfunk übertragen. Der Standortälteste der Garnison Mannheim-Ludwigshafen hielt eine kurze Gedenkrede, dann rückten die Truppen *Gewehr über* ab. Der *Vorbeimarsch der jungen Wehrmacht* am Wasserturm geriet zur Militärparade. Gegenüber dem militärischen Spektakel nahmen sich die Kranzniederlegungen auf dem Hauptfriedhof und am 110er-Denkmal an der Collinistraße eher bescheiden aus.[8]

Das Blutopfer der Gefallenen war nicht umsonst lautete 1938 das Motto der Mannheimer *Heldengedenkfeier*. Nach der schon obligatorischen Militärparade erinnerte Generalmajor Ritter von Speck daran, daß die Wehrmacht *die verantwortliche Hüterin des Erbes unserer glorreichen Armee* sei. Erstmals sollte auch der Opfer gedacht werden, *die nach dem Kriege in Deutschland und Österreich als Kämpfer für Deutschlands Freiheit und Ehre gefallen sind*. Jeder sei zur *Selbstprüfung* aufgefordert, *ob er gleich selbstlos wie die Gefallenen dem Volke zu dienen bereit ist*.[9] Damit war der *Heldengedenktag* endgültig umfunktioniert worden: Die Bevölkerung sollte auf einen neuen Krieg eingestimmt werden.[10]

82 a
Marsch der Belegschaft des Vereins Deutscher Ölfabriken zur Maikundgebung. 1.5.1934.

82 b
Aufrichten des Maibaums im Ehrenhof des Schlosses. Vermutlich 30.4.1938. Aufn. Hans Jütte.
Im Ehrenhof fand 1938 die offizielle Kundgebung der NSDAP-Kreisleitung zum 1. Mai statt.

Der Maifeiertag

Seit 1919 war der 1. Mai, der Tag der internationalen Arbeiterbewegung, in Baden ein gesetzlicher Feiertag.[11] Nach der nationalsozialistischen Machtübernahme rief Reichspropagandaminister Joseph Goebbels den 1. Mai zum *Tag der nationalen Arbeit* aus, an dem die *Arbeiter der Stirn und der Faust* gemeinsam marschieren sollten. Zugleich wurde der 1. Mai zum nationalen Staatsfeiertag erklärt.[12] Entsprechend der neuen Bedeutung dieses Tags bemühten sich die Nationalsozialisten mit großem Aufwand, die Bevölkerung zur Teilnahme an den Feierlichkeiten, den Aufmärschen und Kundgebungen zu bewegen, sie einzubinden in das Festprogramm.[13]

1933 inszenierten sie den *Tag der nationalen Arbeit* zu einer *wirklich ergreifenden Demonstration der Volksgemeinschaft* und erklärten ihn zu einem *Triumph der nationalen Revolution*, aber auch zum *Tag der Versöhnung* der früheren Gegner.[14] Sollte der nationalsozialistische *Ehrentag des deutschen Arbeiters* der Arbeiterschaft schmeicheln und sie einbinden ins neue System – die Erklärung des 1. Mai zum nationalen Feiertag war von den freien Gewerkschaften begrüßt worden – so enthüllten die neuen Machthaber am darauf folgenden Tag ihre wahren Absichten. Noch in ihrer Abendausgabe vom 2. Mai veröffentlichte die Neue Mannheimer Zeitung eine Erklärung der Kreisbetriebszellenorganisation der NSDAP, in der die Besetzung des Volkshauses der Gewerkschaften in P 4 bekanntgegeben wurde, *um jede Betätigung der Gewerkschaften im sozialdemokratischen Sinne zu verhindern* und die Gewerkschaftsgelder unter ihre Kontrolle zu bringen.[15]

Die folgenden Maifeiertage entfernten sich mehr und mehr von dem ursprünglichen Kampftag der Arbeiterbewegung. Das Festprogramm wurde volkstümlich ausgeweitet. Im Hakenkreuzbanner erschien 1935 ein Aufruf des Landesbauernführer Engler-Füßlein an die Bauern, sich mit *altem Brauchtum* am Maifeiertag zu beteiligen.[16] Zu solchem ländlichen *Brauchtum* gehörte bereits seit 1934 die Aufstellung von Maibäumen, so auf dem Exerzierplatz, dem zentralen Kundgebungsort. Ein großes *Höhen- und Schlachtenfeuerwerk* am Vorabend des 1. Mai auf dem Friedrichsplatz sollte auf die Bedeutung des kommenden Tags hinweisen.

83 a
Oben: Aufmarsch des Personals des Nationaltheaters vor L 13. 1.5.1934. Vorn mit Hut und Mantel Intendant Friedrich Brandenburg.

83 b
Unten: Betriebsappell bei den Germania Mühlenwerken Werner und Nikola anläßlich der Verpflichtung der Vertrauensräte. 1.5.1935.

83

84 a
Zug der NS-Betriebszelle des Warenhauses Kander durch die Breite Straße vor D 1. 1.5.1935.

84 b
Gespann des Fuhrunternehmers Heinrich Helfert auf der Breiten Straße am Marktplatz vor R 1. 1.5.1935.

Auch die Kirche wurde in die Feierlichkeiten mit eingebunden. Am 30. April 1935 hielt der bereits erwähnte Pfarrer Friedrich Kiefer, Vorsitzender des Evangelischen Kirchengemeinderats Mannheim, einen Festgottesdienst in der Christuskirche, zu dem ausdrücklich auch die *Vertreter der Behörden und der parteiamtlichen Stellen* geladen waren.[17] Erstmals gab es in diesem Jahr keine zentrale Massenveranstaltung mehr, sondern Einzelkundgebungen an zehn verschiedenen Orten, meist Sportplätzen oder Schulhöfen. Bei der Abschlußveranstaltung vor dem Schloß trugen 2000 Sängerinnen und Sänger die *Deutsche Volkshymne zum Lob der Arbeit* vor. Bei den Kundgebungsreden wurde immer wieder auf die Maifeiertage der Weimarer Republik Bezug genommen, die *Zerrissenheit des Volkes* und der *Bruderzwist* beschworen.[18] Der 1. Mai galt als der *Tag, an dem vor anderen die Überwindung des internationalen Marxismus durch den nationalen und sozialistischen Geist des Dritten Reiches offenbar wird.*[19]

Seit 1935 verliefen die Maifeiern stets nach dem gleichen Muster. Am Vortag erfolgte die Einholung der Maibäume aus Schriesheim, die von *der Jugend* in Feudenheim in Empfang genommen wurde und zu den *Maifeldern* der einzelnen Ortsgruppen gebracht wurden. Am 1. Mai vormittags erfolgten die Aufmärsche zu den Kundgebungsorten, nachmittags dominierten die Volksfeste auf den *Maifeldern*, die von einem Umzug mit Festwagen der Industrie, des Handels, des Handwerks, der *Nationalsozialistischen Gemeinschaft „Kraft durch Freude"* (KdF) und der Bauern sowie des festlich geschmückten Wagens der Maikönigin eingeleitet wurden. Abends trafen sich die Betriebsangehörigen zu *Kameradschaftsabenden.*[20]

Der 1. Mai 1936 stand ganz im Zeichen der Rheinlandbesetzung durch die Wehrmacht kurz zuvor. An diesem *Tag der nationalen Arbeit* sah die Mannheimer Bevölkerung wie überall in Deutschland neben den Arbeitern und Bauern auch Soldaten auf den Straßen. An der Spitze der *Kolonnen marschierten mit der Regimentskapelle der 110er die Ehrenkompagnien der Wehrmacht.* Auch eine Abordnung der *Ortsbauernschaft Plankstadt* beteiligte sich am Zug, *die mit ihrer eigenständischen Tracht überall Aufsehen erregte.*[21]

Einen Höhepunkt der nationalsozialistischen Maifeiern bildete *Großdeutschlands erster Mai – Der Nationale Feiertag einer geeinten Nation*[22] 1938, nachdem im April Österreich in das Deutsche Reich eingegliedert worden war. *Wehrmacht und Polizei marschieren Schulter an Schulter mit den schaffenden Volksgenossen aller Stände und Berufe,* triumphierte das Hakenkreuzbanner.[23] Der vormalige Kampftag der Arbeiterbewegung war zu einem grotesken Schauspiel der Einigkeit und *Wehrfähigkeit* des *Großdeutschen Reichs* verkommen.

85 a
Maiumzug in Seckenheim. 1.5.1938.

85 b
Aufstellung von Wehrmacht, Polizei und Betriebsgruppen im Ehrenhof des Schlosses zur Maikundgebung der NSDAP-Kreisleitung. 1.5.1938.
Aufn. Artur Pfau.
Am rechten Flügelbau ist die Parole *Arbeit sei dein höchster Adel* gerade noch auszumachen.
Am linken Bildrand der 19 m hohe Maibaum.

86 a
Kundgebung zum Erntedanktag auf dem
Friedrichsplatz. 1.10.1934. Aufn. Hans Jütte.

86 b
Zentrale Kundgebung zum Erntedanktag im Ehrenhof
des Schlosses. Um 1938. Aufn. Hans Jütte.
Im Vordergrund der Spielkreis der NS Frauenschaft
Humboldt.

Erntedanktag

Parallel zum 1. Mai wurde auch der Erntedanktag zum nationalen Feiertag erklärt, um die Bauern ideologisch und politisch an das NS-System zu binden. Bei der Festtagsgestaltung bemühten sich die Nationalsozialisten, alte Ernte-Bräuche wiederzubeleben, um die *ungebrochene Kontinuität der nordisch-bäuerlichen Rasse und ihrer germanischen Weltschau zu beweisen*.[24]

In Mannheim begann der Erntedanktag 1933 mit Böllerschüssen und dem obligatorischen Kirchgang. Demonstrativ nahmen 1400 SA-Männer an den Gottesdiensten in der Trinitatiskirche und der Jesuitenkirche teil.[25] An dem Erntedank-Festzug beteiligten sich die verschiedenen Gruppen der NS-Bauernschaft des Mannheimer Landkreises mit geschmückten Erntewagen. Am ersten Wagen prangte ein Schild der NS-Bauernschaft Gartenbau Mannheim mit der Aufforderung: *Schützt den deutschen Gartenbau – Kauft deutsche Waren.*[26] Diese Parole war Ausdruck der Bestrebungen nach Stärkung der deutschen Landwirtschaft und nach allgemeiner Selbstversorgung. An das schaulustige Publikum wurden Abzeichen mit dem Symbol *Kornblume und Ähre* verkauft.

Die Weiherede am ersten nationalsozialistischen Erntedanktag hielt Pfarrer Kiefer, der *Führer* der Mannheimer

87
Nächtliche Totenfeier im Ehrenhof des Schlosses am 9. November. Um 1938. Aufn. Hans Jütte.
Der Gedenktag für die 16 *Blutzeugen der Bewegung* erinnerte an den Hitler-Putsch am 9.11.1923 in München, wo die Polizei dem Marsch der NSDAP auf die Feldherrnhalle entgegengetreten war. Dabei kamen mehrere Polizisten und 16 NS-Putschisten ums Leben. Der Gedenktag 9. November war der höchste Feiertag im nationalsozialistischen Festjahr.

Deutschen Christen, der auch bei anderen NS-Festtagen als Redner hervortrat. *Was wir jetzt erleben, ist das, was der Führer seinem Volk immer wieder gesagt hat: Stadt und Land reichen sich die Hand.* Für das bisherige tiefe Unverständnis der ländlichen und städtischen Bevölkerungsgruppen füreinander machte Kiefer *gewissenlose Hetzer des Marxismus* verantwortlich.[27] Im Anschluß an seine Ansprache wurde der bekannte Choral *Nun danket alle Gott* angestimmt.

Bei den Feiern des Erntedanktags ging es den Nationalsozialisten vor allem darum, die sozialen Gegensätze zwischen Stadt- und Landbevölkerung, die sich durch die Industrialisierung im 19. Jahrhundert verschärft hatten,[28] ideologisch zuzudecken. *Erst seit dem nationalsozialistischen Sieg feiern wir ein Erntefest als Nationalfeiertag des ganzen Volkes, das unter dem Zeichen der Schicksalsverbundenheit von Stadt und Land und unter der völkischen Sendung des Bauerntums steht,*[29] so eine zeitgenössische Publikation. Bei der zentralen Kundgebung am Friedrichsplatz hob Kreisbauernschaftsführer Treiber 1933 die Bedeutung des Bauern *als Grundmauer des Staates* hervor. *Das Bauerntum ist der Lebensquell des Volkes, und wenn wir Deutschland retten wollen, dann müssen wir Deutschland zu einem Bauernvolk machen.*[30] In diesem Zitat Hitlers offenbarte sich eine rückwärtsgewandte Blut- und-Boden-Ideologie, die die Tatsache der industriellen Revolution zu ignorieren suchte.[31] Im übrigen wurde bei den Kundgebungen für die Agrarpolitik des NS-Regimes geworben. So versprach Kreisbauernschaftsführer Treiber 1934: *In Zukunft wird der deutsche Boden nicht Gegenstand von Spekulationen sein, sondern er wird sich in fester Hand deutscher erbgesunder Bauernsgeschlechter befinden.*[32]

Im Oktober 1935 feierte man am Erntedanktag nicht nur die *Ernährungsfreiheit,* sondern auch die *Wehrfreiheit,* nachdem im März die allgemeine Wehrpflicht wieder eingeführt worden war. NSDAP-Kreisleiter Dr. Roth erklärte auf der Hauptkundgebung im Schloßhof, es nütze nichts, *politische Freiheit zu erringen,* wenn man *in der Ernährung vom Ausland abhängig sei. Ohne Freiheit des Bauern auf seiner Scholle sei es nicht möglich, dem deutschen Volk Brot und seine Nahrung zu erkämpfen.*[33] Unterschwellig wurde hier schon um Zustimmung geworben für eine künftige Eroberungspolitik, die dem *Volk ohne Raum* die *Ernährungsfreiheit* sichern sollte. In der nationalsozialistischen Wortschöpfung *Erzeugungsschlacht* steckte gleichfalls ein aggressiver Unterton, der künftige militärische Aktionen erahnen ließ.

Seit 1935 trat der kirchliche Charakter des Erntedanktags im nationalsozialistischen Festprogramm gänzlich in den Hintergrund zugunsten eines neuen Bedeutungsinhalts. Der Erntefestzug wurde durch berittene Fanfarenbläser der SS, einen Spielmannszug, den SA-Sturm und die Fahne der Kreisleitung eröffnet. *Mit ihren Fahnen folgen je ein Sturm SS, Motor-SA, HJ, Flieger, Luftschutz und Technische Hilfe. Dem Erntekranz folgten Bauernmädchen, Jungbäuerinnen und Bauersfrauen in der neuen bodenständigen Tracht.*[34] Mit der (Wieder-)Einführung des Trachttragens sollte die Identifikation der ländlichen Bevölkerung mit dem NS-Regime durch Pflege von Brauchtum und Tradition gefördert und zugleich ihre Sonderstellung innerhalb der *Volksgemeinschaft* betont werden. Die Neue Mannheimer Zeitung erwähnte weder die Anwesenheit von Kirchenvertretern, noch wurden geistliche Weihereden gehalten, und statt eines Kirchenchorals klangen die Ansprachen mit dem Deutschland- und dem Horst-Wessel-Lied aus. Der einst kirchliche Erntedanktag war umgestaltet zu einem politisch-nationalen Festtag und unterschied sich äußerlich kaum noch von den übrigen nationalsozialistischen Feiertagen.

88 a
Werkstor der Firma Bopp & Reuther mit Weihnachtsschmuck. Dezember 1936.

88 b
Seite aus einem Schulheft mit einem Text über das Julfest, das germanische Sonnenwendfest. 19.12.1934. Die Abkürzung *Jul.* in der Datierung bedeutet Julmond, die von den Nationalsozialisten eingeführte Monatsbezeichnung für Dezember. Die germanisierende Deutung des Weihnachsfests konnten die Nationalsozialisten allerdings ebensowenig durchsetzen wie die altgermanischen Monatsnamen.

Volksweihnachten

Wie die anderen Feiertage, so suchten die Nationalsozialisten auch Weihnachten für ihre Zwecke propagandistisch auszunutzen. Dazu wurden im Reichsgesetz vom 27. Februar 1934 der 1. und der 2. Weihnachtsfeiertag als Feiertage festgeschrieben. Das schien den bisherigen Traditionen vollkommen zu entsprechen. Die nationalsozialistische Ausgestaltung des Fests war allerdings neu. Erstmals tauchte 1934 in Mannheim der Begriff *Volksweihnacht* auf.[35] In einer Vorankündigung wurde darauf hingewiesen, daß die Partei am 23. Dezember, einem Sonntag, eine große öffentliche *Volksweihnacht* auf freien Plätzen veranstalten werde. Zu einer dabei geplanten Bescherung für Kinder von Bedürftigen wurden noch Spenden erbeten. Wie man sich diese *Volksweihnacht* vorzustellen hatte, zeigte das an über zehn Plätzen in Mannheim geplante Programm öffentlicher Veranstaltungen, bei dem Elemente der nationalsozialistischen Festkultur mit Rückgriffen auf germanische Bräuche und Formen des traditionellen christlichen Weihnachtsfests vermischt wurden: Flaggenhissung mit Präsentiermarsch, verschiedene Weihnachtslieder, Entzündung von Wintersonnenwendefeuern, Vortrag und Sprechchor am Feuer, Kampflieder der Jugend, Ansprachen der Ortsgruppenleiter, Singen des Deutschland- und des Horst-Wessel-Lieds und anschließend das Einholen der Fahne, wiederum zum Präsentiermarsch.[36] Beim Besuch einer Weihnachtsfeier der Firma Lanz durch den badischen Ministerpräsidenten Köhler am 20. Dezember 1934 wurde das Wort *Volksweihnacht* dagegen noch nicht einmal erwähnt.[37] Das geschah erst wieder einen Tag später in einem Aufruf des badischen Gauleiters Wagner.[38] Er ordnete an, daß in der Zeit der Volksweihnachtsfeiern am 23. Dezember zwischen 19 und 20 Uhr keine anderen Veranstaltungen stattfinden dürften.

Vieles deutet darauf hin, daß die NSDAP Mühe hatte, ihre Vorstellungen von *Volksweihnacht* allgemein durchzusetzen. So versuchte die Partei zwar, neben dem Gabentisch auch eine Germanisierung des Fests zu propagieren, aber mit letzterem scheiterte sie weitgehend. Ab Kriegsbeginn feierte man Weihnachten wieder ohne germanisierendes Beiwerk, so beispielsweise bei der Übertragung der Heiligen Nacht aus Stalingrad.[39]

Die Feier der Wintersonnenwende an Weihnachten war das germanische Element der Naziweihnachten. In einem Artikel des örtlichen NSDAP-Organs Hakenkreuzbanner an Weihnachten 1936 wird betont: *Weihnachten ist das Fest des Lichtes mit dem Erlebnis der Gemeinschaft und die immergrüne Tanne der Lebensbaum unserer Altvorderen. Die Kirche hat uns das Fest geschenkt, aber auf Brauchtum vorchristlicher Zeit zurückgegriffen. Die Verlegung von Christi Geburt auf die Wintersonnenwende beweist die Kraft des vorchristlichen Glaubens.*[40] In einem anderen Zeitungsartikel ist, ebenfalls 1936, die Rede davon, daß Weihnachten das Fest sei, an dem sich der deutsche und der christliche Geist miteinander *vermählt* hätten.[41] Diese Abgrenzung von der christlich-kirchlichen Tradition findet nicht zufällig 1936 statt. In diesem Jahr verschärfte das NS-Regime nämlich auch ansonsten seinen Kurs gegen die Kirchen und versuchte, sie auf rein sakrale Aufgaben zurückzudrängen. Die Angriffe gegen das christliche Weihnachtsfest wurden von der Kirche zwar registriert, aber nicht als sehr gravierend angesehen. So ist aus dem Jahr 1941 von dem Freiburger Erzbischof Groeber folgende Äußerung überliefert: *Niemand konnte zuvor Weihnachten verhindern, jetzt auch niemand. Nazis können es nur etwas stören.*[42]

89
Spruchband am Eingang des Hauptbahnhofs zum *Tag des Großdeutschen Reiches*. 9.4.1938.
Aufn. Josef Hofmann.
Nach dem *Anschluß* Österreichs ließ sich Hitler seine Außenpolitik in einer Volksabstimmung am 10. April 1938 bestätigen. *Der Tag des Großdeutschen Reiches* war die zentrale Propagandaveranstaltung im Vorfeld dieser Abstimmung.

Sabine Pich

Wahlen und Volksabstimmungen

In der Weimarer Republik galt Baden als eines der demokratisch-stabilsten Länder im Deutschen Reich.[1] Bis zur Reichstagswahl 1932 hatten SPD, Zentrum und die Deutsche Demokratische Partei (DDP; seit 1930: Deutsche Staatspartei, DStP), die staatstragenden Parteien der Weimarer Koalition, zusammen stets mehr als 50% der Stimmen. Die mit dem New Yorker Börsenkrach am *schwarzen Freitag* im Oktober 1929 einsetzende Weltwirtschaftskrise führte auch in Baden zu einer Radikalisierung der Bevölkerung, allerdings nicht überall in gleicher Weise. In ländlichen Regionen, wo die Fabrikarbeiter noch mit der kleinbäuerlichen Landwirtschaft verwurzelt waren, war die wirtschaftliche Not leichter zu ertragen als in industriellen Ballungszentren wie Mannheim-Ludwigshafen, wo die kommunistischen Wähler stark zunahmen. Die eigentlichen Gewinner der Krise aber waren die Nationalsozialisten, die bei der Reichstagswahl am 5. März 1933 in Baden einen Stimmenanteil von 45,4% erzielten (im Reich 43,9%).[2]

In Mannheim, der *Stadt der Juden und Marxisten*[3] brachte es die NSDAP allerdings nur auf 35,5%. SPD und KPD erzielten hier bessere Ergebnisse als im Reichsdurchschnitt, zusammen 41,1%.[4] Die Wahlbeteiligung lag mit 81,5% unter dem Landesdurchschnitt von 85,3% (im Reich 88,7%). Obwohl die NSDAP demnach auch in Mannheim über einen Massenanhang verfügte, macht das Wahlergebnis doch deutlich, daß eine deutliche Mehrheit der Bevölkerung die nationalsozialistische *Revolution* ablehnte. So mußten die Nationalsozialisten stets mit einem *nennenswerten Anteil zwar nicht zu aktiven politischen Widerstand bereiter oppositioneller Einstellungen, politischen Unmuts und gesellschaftlicher Nonkonformität*[5] rechnen. Selbst bloße *Indifferenz gegenüber dem NS-System* war jedoch in der Sicht der Machthaber geeignet, die *Volksgemeinschaft* zu schwächen und gefährden.

Volksabstimmung

Die Verordnung des Reichsministers des Innern zur Durchführung der Volksabstimmung über den Aufruf der Reichsregierung wird nachstehend bekannt gemacht.

Mannheim, 23. Oktober 1933.

Der Oberbürgermeister

Verordnung zur Durchführung der Volksabstimmung über den Aufruf der Reichsregierung an das deutsche Volk vom 14. Oktober 1933.

Aufgrund des § 4 des Gesetzes über Volksabstimmung vom 14. Juli 1933 (Reichsgesetzblatt I S. 479) wird zur Durchführung der Volksabstimmung über den Aufruf der Reichsregierung an das deutsche Volk vom 14. Oktober 1933 folgendes verordnet:

§ 1.

Zur Durchführung der Abstimmung finden, soweit im folgenden nichts anderes bestimmt ist, sinngemäß Anwendung die §§ 4 bis 16, 18 bis 20, 21 Satz 1, 22 bis 25 des Gesetzes über den Volksentscheid vom 27. Juni 1921 (Reichsgesetzblatt Seite 790) in der Fassung des Artikels III des zweiten Gesetzes zur Aenderung des Reichswahlgesetzes vom 31. Dezember 1923 (Reichsgesetzbl. 1924 I S. 1) und die den Volksentscheid betreffenden Bestimmungen der Reichsstimmordnung, die für die Durchführung der Volksabstimmung in Betracht kommen.

§ 2.

Die Abstimmung findet gleichzeitig mit der Reichstagswahl am 12. November 1933 statt.

§ 3.

Der Stimmzettel, der aus grünem Papier besteht, erhält nachstehenden Aufdruck:

Aufruf der Reichsregierung an das deutsche Volk!

Die deutsche Reichsregierung und das deutsche Volk sind sich einig in dem Willen, eine Politik des Friedens, der Versöhnung und der Verständigung zu betreiben, als Grundlage aller Entschlüsse und jeden Handelns.

Die deutsche Reichsregierung und das deutsche Volk lehnen daher die Gewalt als ein untaugliches Mittel zur Behebung bestehender Differenzen innerhalb der europäischen Staatengemeinschaft ab.

Die deutsche Reichsregierung und das deutsche Volk erneuern das Bekenntnis, jeder tatsächlichen Abrüstung der Welt freudig zuzustimmen, mit der Versicherung der Bereitwilligkeit, auch das letzte deutsche Maschinengewehr zu zerstören und den letzten Mann aus dem Heere zu entlassen, insofern sich die anderen Völker zu Gleichem entschließen.

Die deutsche Reichsregierung und das deutsche Volk verbinden sich in dem aufrichtigen Wunsche, mit den anderen Nationen einschließlich aller unserer früheren Gegner im Sinne der Ueberwindung der Kriegspsychose und zur endlichen Wiederherstellung eines aufrichtigen Verhältnisses untereinander alle vorliegenden Fragen leidenschaftslos auf dem Wege der Verhandlungen prüfen und lösen zu wollen.

Die deutsche Reichsregierung und das deutsche Volk erklären sich daher auch jederzeit bereit, durch den Abschluß kontinentaler Nichtangriffspakte auf längste Sicht den Frieden Europas sicherzustellen, seiner wirtschaftlichen Wohlfahrt zu dienen und am allgemeinen kulturellen Neuaufbau teilzunehmen.

Die deutsche Reichsregierung und das deutsche Volk sind erfüllt von der gleichen Ehrauffassung, daß die Zubilligung der Gleichberechtigung Deutschlands die unumgängliche moralische und sachliche Voraussetzung für jede Teilnahme unseres Volkes und seiner Regierung an internationalen Einrichtungen und Verträgen ist.

Die deutsche Reichsregierung und das deutsche Volk sind daher eins in dem Beschlusse, die Abrüstungskonferenz zu verlassen und aus dem Völkerbund auszuscheiden, bis diese wirkliche Gleichberechtigung unserem Volke nicht mehr vorenthalten wird.

Die deutsche Regierung und das deutsche Volk sind entschlossen, lieber jede Not, jede Verfolgung und jegliche Drangsal auf sich zu nehmen, als künftighin Verträge zu unterzeichnen, die für jeden Ehrenmann und für jedes ehrliebende Volk unannehmbar sein müssen, in ihren Folgen aber nur zu einer Verewigung der Not und des Elends des Versailler Vertragszustandes und damit zum Zusammenbruch der zivilisierten Staatengemeinschaft führen würden.

Die Reichsregierung und das deutsche Volk haben nicht den Willen, an irgendeinem Rüstungswettlauf anderer Nationen teilzunehmen, sie fordern nur jenes Maß an Sicherheit, das der Nation die Ruhe und Freiheit der friedlichen Arbeit garantiert. Die deutsche Reichsregierung und das deutsche Volk sind gewillt, diese berechtigten Forderungen der deutschen Nation auf dem Wege von Verhandlungen und durch Verträge sicherzustellen.

Die Reichsregierung richtet an das deutsche Volk die Frage:

Billigst das deutsche Volk die ihm hier vorgelegte Politik seiner Reichsregierung und ist es bereit, diese als den Ausdruck seiner eigenen Auffassung und seines eigenen Willens zu erklären und sich feierlich zu ihr zu bekennen?

Berlin, den 14. Oktober 1933.

Die Reichsregierung

Ja!   Nein!

Billigst Du, deutscher Mann, und Du, deutsche Frau, diese Politik Deiner Reichsregierung, und bist Du bereit, sie als den Ausdruck Deiner eigenen Auffassung und Deines eigenen Willens zu erklären und Dich feierlich zu ihr zu bekennen?

○   ○

---

§ 4.

Die Stimmabgabe erfolgt in der Weise, daß der Stimmberechtigte, der die zur Abstimmung gestellte Frage bejahen will, unter dem vorgedruckten Worte „Ja", der Stimmberechtigte, der sie verneinen will, unter dem vorgedruckten Worte „Nein" in den dafür vorgesehenen Kreis ein Kreuz setzt.

§ 5.

Der Stimmzettel wird in demselben Umschlag abgegeben, in dem auch der Stimmzettel zur Reichstagswahl abgegeben wird.

§ 6.

Für die Verpflichtung zur Uebernahme ehrenamtlicher Tätigkeit gelten die Vorschriften des Reichswahlgesetzes entsprechend.

Berlin, den 14. Oktober 1933.

Der Reichsminister des Innern:

90
Linke Seite: Plakat mit dem Aufruf der Reichsregierung zur Volksabstimmung am 12. November 1933 über ihre Außenpolitik. Oktober 1933.
Mit der Volksabstimmung suchte Hitler den Austritt aus dem Völkerbund und das Verlassen der Abrüstungskonferenz als demokratisch legitimiert erscheinen zu lassen; gleichzeitig betonte er den vorgeblich friedliebenden Charakter seiner Politik.

Hatten die Nationalsozialisten nach dem 5. März 1933 deutlich gemacht, daß sie ihren Machtanspruch nicht durch fehlende Wählerzustimmung bremsen ließen, so versuchten sie in der Folgezeit doch immer wieder, in Wahlen und Abstimmungen ihre breite Verankerung in der Bevölkerung unter Beweis zu stellen. Das mußte naturgemäß schwerfallen in einer Stadt, in der die NSDAP unter demokratischen Bedingungen bestenfalls ein knappes Viertel der Wahlberechtigten hatte für sich gewinnen können.[6]

Bei der Reichstagswahl am 12. November 1933 verweigerten in Mannheim fast 8 % der Wahlberechtigten die Stimmabgabe und 10,5 % entschieden sich gegen die NSDAP-Einheitsliste.[7] Für diese Reichstagswahl, die keine Wahlmöglichkeit zwischen verschiedenen Parteien mehr bot, betrieben die Nationalsozialisten einen bemerkenswerten Propaganda-Aufwand. Zehn Tage vor dem Wahlsonntag wurde auf dem Gelände des SV Waldhof, in dem Stadtteil mit dem bis dahin niedrigsten Stimmenanteil der NSDAP, eine Wahlkundgebung veranstaltet, auf der Kreisleiter Dr. Roth zum Thema *Kein Klassenkampf, sondern Volksversöhnung* sprach und zugleich die vorgeblich friedlichen Absichten der NS-Außenpolitik betonte. Rhetorisch geschickt griff Roth die Sorgen und Nöte der Bevölkerung auf. Seine Rede reichte von Versprechungen wie *Jeder Mensch hat ein Recht auf Arbeit* und *Wir Deutsche wollen kein Volk unterjochen* bis zu Schlagworten von der *restlosen Ausrottung des Klassengeistes* und Kastendünkels und gipfelte in der Behauptung: *Wir wollen keinen Weltkrieg, sondern Weltfrieden*. Daß der Marsch zur und von der Kundgebung in *geordneten Kolonnen* erfolgte, legt die Vermutung nahe, daß es sich bei der Mehrheit der Teilnehmer um Angehörige nationalsozialistischer Organisationen gehandelt haben dürfte.[8] Eine ähnliche Veranstaltung fand eine Woche später in Neckarau statt, allerdings mit Betonung der gleichzeitig mit der Wahl durchgeführten Volksabstimmung. Der Austritt Deutschlands aus dem Völkerbund und der internationalen Abrüstungskonferenz brachte die NS-Regierung innen- wie außenpolitisch unter Rechtfertigungsdruck. Mit der Volksabstimmung wollte Hitler der Weltöffentlichkeit zeigen, daß die Bevölkerung Deutschland geschlossen hinter seinen Entscheidungen stand. Zugleich war das gewählte Mittel, das eher einem radikalen Demokratieverständnis entsprechende Plebiszit, dazu geeignet, die Diktatur als demokratisch und vom Volk legitimiert erscheinen zu lassen. *Gleichberechtigung, Ehre und Frieden* waren die Schlagworte, die auf den Spruchbändern in der Innenstadt prangten.

91
Spruchband über der Kunststraße zwischen O2 und N2 zur Volksabstimmung am 12. November 1933.
Mit dem *Pakt, der unsere Ehre schändet*, ist mutmaßlich der Völkerbund gemeint, aus dem Hitler austrat, da dieser *wirkliche Gleichberechtigung unserem Volke vorenthält*, wie es im Aufruf der Reichsregierung vom 14. Oktober 1933 zur Volksabstimmung hieß.
In der Verlängerung der Straße sind weitere Transparente auszumachen. Beim Fahnenschmuck ist neben dem Hakenkreuzbanner die schwarz-weiß-rote Reichsfahne noch stark vertreten.

Am 19. August wird dem deutschen Volk folgende Frage vorgelegt:

I

Erlaß des Reichskanzlers zum Vollzug des Gesetzes über das Staatsoberhaupt des Deutschen Reichs vom 1. August 1934 (Reichsgesetzbl. I S. 747).

Vom 2. August 1934

Herr Reichsinnenminister!

Die infolge des nationalen Unglücks, das unser Volk getroffen hat, notwendig gewordene gesetzliche Regelung der Frage des Staatsoberhauptes veranlaßt mich zu folgender Anordnung:

1. Die Größe des Dahingeschiedenen hat dem Titel Reichspräsident eine einmalige Bedeutung gegeben. Er ist nach unser Aller Empfinden in dem, was er uns sagte, unzertrennlich verbunden mit dem Namen des großen Toten. Ich bitte daher, Vorsorge treffen zu wollen, daß ich im amtlichen und außeramtlichen Verkehr wie bisher nur als Führer und Reichskanzler angesprochen werde. Diese Regelung soll für alle Zukunft gelten.

2. Ich will, daß die vom Kabinett beschlossene und verfassungsrechtlich gültige Betrauung meiner Person und damit des Reichskanzleramtes an sich mit den Funktionen des früheren Reichspräsidenten die ausdrückliche Sanktion des deutschen Volkes erhält. Fest durchdrungen von der Überzeugung, daß jede Staatsgewalt vom Volke ausgehen und von ihm in freier und geheimer Wahl bestätigt sein muß, bitte ich Sie, den Beschluß des Kabinetts mit den etwa noch notwendigen Ergänzungen unverzüglich dem deutschen Volke zur freien Volksabstimmung vorlegen zu lassen.

Berlin, den 2. August 1934.

Der Reichskanzler
Adolf Hitler

II.

Beschluß der Reichsregierung zur Herbeiführung einer Volksabstimmung.

Vom 2. August 1934

Entsprechend dem Wunsche des Führers und Reichskanzlers beschließt die Reichsregierung, am Sonntag, dem 19. August 1934, eine Volksabstimmung über das Reichsgesetz vom 1. August 1934 (Reichsgesetzbl. I S. 747) herbeizuführen

„Das Amt des Reichspräsidenten wird mit dem des Reichskanzlers vereinigt. Infolgedessen gehen die bisherigen Befugnisse des Reichspräsidenten auf den Führer und Reichskanzler Adolf Hitler über. Er bestimmt seinen Stellvertreter"

und beauftragt den Reichsminister des Innern mit der Durchführung dieses Beschlusses.

Berlin, den 2. August 1934.

Die Reichsregierung

Stimmst Du, deutscher Mann, und Du, deutsche Frau, der in diesem Gesetz getroffenen Regelung zu?

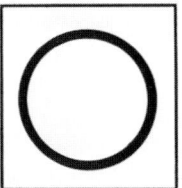

Ja	Nein
⊗	○

Das ganze Volk beantwortet diese Frage mit einem einstimmigen

JA

Südwestdeutsche Druck- und Verlagsgesellschaft m. b. H., Karlsruhe a. Rh.

92
Linke Seite: Plakat zur Volksabstimmung am 19. August 1934 über die Vereinigung der Ämter des Reichspräsidenten und des Reichskanzlers in der Person des *Führers* Adolf Hitler. August 1934.

93
Oben: Musensaal des Rosengartens im Trauerschmuck für die Gedenkfeier anläßlich des Tods von Reichspräsident Paul v. Hindenburg. 7.8.1934.

Doch offenbar konnten die Nationalsozialisten auch jetzt die Mannheimerinnen und Mannheimer nicht restlos überzeugen. Bei der Reichstagswahl lag die Zustimmung zur NSDAP mit 89,5 % erheblich unter dem badischen Durchschnitt von 92,5 %; es war das schlechteste Einzelergebnis im ganzen Land.[9] In einzelnen Mannheimer Stimmbezirken ergab sich ein für die Nationalsozialisten noch ungünstigeres Resultat. In dem Käfertaler Wahlbezirk 106 (Albrecht-Dürer-Schule) waren von 1 580 abgegebenen Stimmen 308 ungültig, von den 1 823 Wahlberechtigten machten 243 von ihrem Wahlrecht keinen Gebrauch, d.h. mehr als 30 % verweigerten der NSDAP ihre Zustimmung. Ähnlich sah es im Stimmbezirk 33 in der Oststadt (Luisenschule) aus, wo gerade mal 70 % der Wahlberechtigten für die NSDAP votierten.[10] Insgesamt waren von 204 837 Mannheimer Wahlberechtigten über 35 000 (17,5 %) nicht bereit, der NSDAP ihre Stimme zu geben.[11]

Nach dem Tod des Reichspräsidenten Paul von Hindenburg am 2. August 1934 übernahm Hitler dessen Nachfolge und erhielt damit eine unumschränkte Machtposition. Diesen innenpolitisch klugen Schachzug ließ sich Hitler nachträglich von einer pseudo-demokratischen Volksabstimmung bestätigen. Er hatte eine Rückendeckung um so nötiger, als der blutig niedergeschlagene Röhm-Putsch die Konflikte in den eigenen Reihen hatte offenbar werden lassen. Mit dem Erlaß des Reichskanzlers vom 2. August 1934 und dem nachfolgenden *Beschluß der Reichsregierung zur Herbeiführung einer Volksabstimmung* sollte innen- wie außenpolitisch die Loyalität der Bevölkerung gegenüber Hitler zur Schau gestellt werden. Entsprechend aufwendig wurde die Propaganda für die Volksabstimmung betrieben. In Mannheim waren der Thüringer Staatsrat Papenbroock und der badische Reichsstatthalter und Gauleiter Robert Wagner als Hauptredner einer Großkundgebung am 13. August auf dem Meßplatz geladen. Auf drei thematische Schwerpunkte konzentrierten sich die Ansprachen: Zum einen sei der *Volksstaat Deutschland* mit seinen Volksabstimmungen demokratischer als andere sogenannte Demokratien. Zum anderen wurde der Person des Reichskanzlers Hitler das geradezu religiöse Charisma eines *Führers und Gesandten* zugesprochen. Gauleiter Robert Wagner erklärte vor der Versammlung im Stil eines Glaubensbekenntnisses: *Ich glaube daran, daß uns Adolf Hitler von einem Höheren gegeben wurde, damit er unser Volk, das fleißigste und intelligenteste der Welt, nach einer jahrhundertelangen, schweren und leidvollen Geschichte zu einer glücklicheren Zukunft emporführt.*[12] Der dritte und wichtigste Punkt war der Appell an Geschlossenheit und Einigkeit quer durch alle wirtschaftlichen und gesellschaftlichen Interessengruppen sowie politischen oder religiösen Einstellungen. Nach Wagner handelte es sich bei der *Volksabstimmung um die Schicksalsfrage überhaupt.*[13]

94 a
Menschenauflauf am Vormittag auf dem Bahnhofsplatz vor L 15.
Vermutlich Frühjahr 1935.
Das Transparent an dem Gebäude L 15, 18 neben dem Hotel National läßt einen Zusammenhang mit dem Anschluß des Saargebiets an das Deutsche Reich vermuten. Möglicherweise handelt es sich um Zuhörer der Übertragung von den Feierlichkeiten bei der Übergabe des Saargebiets am 1. März 1935, die laut Hakenkreuzbanner vom 2.3.1935 *an allen Plätzen und in allen Straßen durch Lautsprecher übertragen wurden.*
In Saarbrücken wurden um 10.15 Uhr die Fahnen des Reichs gehißt, ein *erschütterndes Erlebnis*, wie die Neue Mannheimer Zeitung vom 2.3.1935 zu berichten wußte; zum gleichen Zeitpunkt wurden nach diesem Artikel in ganz Deutschland Fahnen gehißt und eine *Verkehrsstille von 1 Minute* gehalten.
Es könnte sich aber auch um einen der Menschenaufläufe am 2. März handeln, als sich das (unzutreffende) Gerücht verbreitete, der *Führer* werde auf der Rückfahrt vom Saargebiet Mannheim passieren; am Tag zuvor war Hitler tatsächlich mit dem Flugzeug in Mannheim gelandet, war aber ins Saargebiet weitergefahren, ohne daß die Mannheimer Bevölkerung Zeit gehabt hätte, sich zu Jubelspalieren an den Straßen zu formieren.

94 b
Beflaggung des Firmensitzes der Montangesellschaft Saar in der Bachstraße 5–7 zur Saarabstimmung. Januar 1935. Postkarte.
Nach dem Ersten Weltkrieg war das Saargebiet 1920 für 15 Jahre der treuhänderischen Verwaltung des Völkerbunds unterstellt worden. Bei der danach vorgesehenen Volksabstimmung 1935 sprach sich eine überwältigende Mehrheit für den Anschluß an das Deutsche Reich aus.

Um die Wahlbeteiligung besser kontrollieren zu können und damit auch die Nichtwähler zu erfassen, wurden die *Volksgenossen und Volksgenossinnen* drei Tage vor der Wahl aufgefordert, am Wahlsonntag bis 12 Uhr mittags ihr Stimmrecht auszuüben; denn nur *frühzeitiges Erfüllen der Wahlpflicht sichert und verbürgt den Wahlerfolg.*[14] Der Wahlsonntag war dann von militärischer Marschmusik und dem Aufgebot zahlreicher NS-Organisationen geprägt. Eine Fliegerstaffel flog im Dienst der Volksabstimmung mit einem großaufgemalten *Ja* auf den Tragflächen.[15] Daß die Beteiligung an der Volksabstimmung alles andere als freiwillig war, geht aus einem Bericht der Neuen Mannheimer Zeitung hervor, demzufolge die *Besitzer von Kraftwagen* dem Aufruf der NSDAP-Kreisleitung gefolgt waren, ihr Auto nicht nur für *Schlepperdienste* zur Verfügung zu stellen, sondern auch *die Säumigen, die nach 12 Uhr noch nicht daran gedacht hatten, im Wahllokal zu erscheinen, dorthin zu befördern.*[16]

Unter diesen Umständen fiel das Abstimmungsergebnis in Mannheim für die Nationalsozialisten jedoch geradezu vernichtend aus. Mit 88,0 % lag die Wahlbeteiligung deutlich unter dem Reichsdurchschnitt von 95,7 %, jedoch nahe am badischen Wert von 88,3 %. Die Zahl der Abstimmenden war damit in Mannheim, allen Anstrengungen zum Trotz, gegenüber der Reichstagswahl von 1933 um fast 9 000, gegenüber der Volksabstimmung 1933 sogar um fast 11 000 gesunken. Hinzu kamen 3 461 ungültige und 22 857 Nein-Stimmen, so daß Hitler in Mannheim lediglich 153 589 Stimmen (75,1 % der Wahlberechtigten gegenüber 82,5 % bzw. 86,3 % bei der Wahl bzw. Abstimmung im November 1933) für seine zusätzliche Machtusurpation[17] sammeln konnte. Die Nichtwähler waren für das Mannheimer Tageblatt sowohl *fahrlässig Unangemeldete als auch kriminell belastete Elemente, die mit Konsequenzen zu rechnen hätten. Eine umfassende Nachforschungsaktion wird inzwischen eingesetzt haben.*[18]

Daß der Widerstand gegen das NS-Regime in Mannheim noch nicht ganz gebrochen war, belegen einige Aktionen im Vorfeld der Volksabstimmung. Gehäuft tauchten Flugschriften und Handzettel auf mit Texten wie *Hitler mordet Dollfuß – ein 2. Sarajevo, Hitler – öffentlicher Feind Europas Nr. 1* sowie *Millionenfaches Nein dem Volksverderber Hitler.* An verschiedenen Arbeitsstellen des Volksdiensts wurden Exemplare der kommunistischen Roten Fahne ausgelegt. In diesem Zusammenhang kam es zu Verhaftungen, neun Arbeiter wurden ins Bezirksgefängnis eingeliefert.[19]

Die Reichstagswahlen am 29. März 1936 hatten die Funktion, Hitlers risikoreicher Außenpolitik eine Scheinlegitimation zu verschaffen. Der Einmarsch deutscher Truppen in die seit 1919 entmilitarisierte Rheinlandzone am 7. März 1936 bedeutete nicht nur eine Verletzung des Vertrags von Versailles, mit dem die Niederlage Deutschlands im Ersten Weltkrieg besiegelt worden war und den die Nationalsozia-

95 a
Plakat zur Reichstagswahl am 29. März 1936.

95 b
Bekanntmachung über die Wahlberechtigung zur Reichstagswahl am 29. März 1936. Nach den Nürnberger Gesetzen von 1935 wurden *sämtliche Juden* von der Abstimmung ausgeschlossen.

96
Propagandadekoration am Quadrat E 1 am
Paradeplatz zur Volksabstimmung über den *Anschluß*
Österreichs am 10. April. 8.4.1938.
Aufn. vermutl. Josef Hofmann.

listen gemeinsam mit anderen Kräften der nationalistischen Rechten seit langem bekämpft hatten, sondern auch einen Bruch des Locarnopakts von 1925, den Hitler noch kurz zuvor anerkannt hatte. Auch Mannheim war von der Rheinlandbesetzung betroffen. Während am 7. März die ersten Truppen in Mannheim Quartier bezogen, ertönte Hitlers Rede aus allen Lautsprechern, in der er die überraschende Aktion der Wehrmacht mit der Wiederherstellung der *deutschen Waffenehre* rechtfertigte.[20] Die Besetzung des Rheinlands hätte als „Angriffshandlung" militärische Reaktionen der verbündeten Mächte nach sich ziehen können. Allerdings hatte Hitler seinen militärischen Coup taktisch geschickt mit Ankündigungen über den Abschluß von Nichtangriffspakten mit den Nachbarstaaten verbunden. Die Tatenlosigkeit der Westmächte, die auf einer Konferenz in London lediglich verbal gegen die Rheinlandbesetzung protestierten, bestärkte Hitler bei seinen Kriegsvorbereitungen.[21]

Gegenüber den bisherigen Abstimmungen fanden die Reichstagswahlen 1936 erstmals im Schatten der Nürnberger Gesetze vom 15. September 1935 statt. Diese beließen den Juden zwar die deutsche Staatsbürgerschaft, schlossen sie aber von allen politischen Rechten aus, die die übrigen Deutschen aufgrund der neugeschaffenen *Reichsbürgerschaft* erhielten.[22] Ein Artikel der Neuen Mannheimer Zeitung unter der Überschrift *Wer wählt zum Reichstag* stellte klar, daß demnach alle diejenigen nicht wahlberechtigt waren, die drei jüdische Großeltern hatten, sowie die *jüdischen Mischlinge* (d.h. Personen mit zwei jüdischen Großeltern), die der jüdischen Religionsgemeinschaft angehörten oder mit Juden verheiratet waren.[23]

Zwei Tage vor der Wahl sprach Oberbürgermeister Renninger den Mannheimerinnen und Mannheimern, die bei der letzten Volksabstimmung 1934 mit 12% Stimmenthaltung und 14,6% Nein-Stimmen ihre Distanz zum NS-Regime zum Ausdruck gebracht hatten, ins Gewissen. Auf einer Veranstaltung im festlich geschmückten Rosengarten betonte Renninger vor städtischen Arbeitern, Angestellten und Beamten, daß am bevorstehenden Sonntag keine ordinäre Wahl stattfinde, sondern *ein Bekenntnis des ganzen Volkes zu seinem Führer vor der ganzen Welt gefordert sei.*[24] Damit war deutlich ausgedrückt, worum es eigentlich ging: um eine Demonstration der Einigkeit und um Zustimmung zur Außenpolitik Hitlers. Andersdenkende wurden eindeutig ausgegrenzt: *Ein Verräter, der in dieser Stunde nicht hinter dem Führer steht!* Als Oberbürgermeister des ehemals *roten Mannheim* war Renninger besonders daran gelegen, *daß die Stadt heraussticht aus den Wahlergebnissen als eine Hochburg des Nationalsozialismus.*[25]

97
Dekoration am Mittelbau des Schlosses zum Tag des Großdeutschen Reiches am 9. April 1938. 16.4.1938. Aufn. Josef Hofmann.
Das Transparent mit der Parole *Das ganze Deutschland soll es sein* blieb offenbar nach der Volksabstimmung über den *Anschluß* Österreichs am 10. April noch wenigstens eine Woche hängen.

Das Ergebnis von 97,7 % Ja-Stimmen gab den Erwartungen des Oberbürgermeisters nur scheinbar recht, denn immer noch lag Mannheim unter dem Reichsdurchschnitt von 98,7 % und dem badischen Ergebnis von 98,4 %.[26] Immer noch 4 463 Männer und Frauen hatten sich nicht gescheut, der NSDAP ihre Stimme zu verweigern; in zwölf der 154 Stimmbezirke lag der Anteil der *ungültigen* Stimmen um 5 %.[27] Der höchste prozentuale Anteil an *Abweichlern* wurde in der Neckarstadt-West registriert: Im Wahlbezirk 77 a (Humboldtschule) gab es bei 1 035 Ja-Stimmen 69 *ungültige* (6,3 %), im Wahlbezirk 86 (Hildaschule) sogar 76 *ungültige* gegenüber 1 035 Ja-Stimmen (6,8 %). Unter Berücksichtigung der Anweisung der Wahlvorstände, alle Stimmzettel, die nicht ausdrücklich mit *Nein* versehen waren, als Ja-Stimmen zu zählen,[28] und angesichts einer Dunkelziffer von Wahlabstinenz ist die Distanz einer beträchtlichen Minderheit gegenüber dem NS-Regime auch drei Jahre nach der *Machtergreifung* unübersehbar. Das Ziel der Nationalsozialisten, die ungeteilte Zustimmung auch der Mannheimer Bevölkerung zu gewinnen, wurde somit nicht erreicht. Im Vergleich mit den Nachbarstädten nahm Mannheim auch dieses Mal mit seinen 2,3 % Gegenstimmen eine Sonderstellung ein. In der Schwesterstadt Ludwigshafen erzielten die Nationalsozialisten mit 99,4 % Ja-Stimmen ein Spitzenergebnis, in Heidelberg lag der Anteil bei 99,0 %, in Karlsruhe bei 98,6 %.[29]

Zum letzten Mal wurde die Bevölkerung im „Dritten Reich" am 10. April 1938 zu den Urnen befohlen, um in einer Volksabstimmung Hitlers „Anschlußpolitik" zu bestätigen. Die Eingliederung Österreichs als *Ostmark* ins Deutsche Reich war am 13. März 1938 mit dem *Gesetz über die Wiedervereinigung* vollzogen worden. Die Volksabstimmung, die in Deutschland und Österreich am 10. April erfolgte, vermittelte mit ihrem 99 %-Ausgang den fatalen Eindruck, die Nationalsozialisten hätten mit Terror, falschen Versprechungen und eindrucksvollen politischen Inszenierungen die totale Zustimmung der Bevölkerung für sich gewinnen können. Jedoch: *Wahlziffern haben jegliche Bedeutung verloren; sie entstehen unter Druck und Angst. Sie sollen unbedingte Bestätigung aussprechen und der Welt die bis auf unbedeutende Widerstandsgruppen nahezu vollständige Einigkeit des Volkes vortäuschen. Dem Abstimmungszwang kann sich kaum einer entziehen und den Mut zu einem Nein bringen nur wenige auf. Zu den überzeugten Anhängern gesellen sich Millionen, die weder die Möglichkeit noch die Zweckhaftigkeit einer abweichenden Meinung erkennen, oder die zu gleichgültig sind, um über politische Ziele ins Klare zu kommen.*[30] Trotzdem kam es auch diesmal in Mannheim zu kleineren Widerstandsaktionen. In der Nacht zum Wahlsonntag

98 a
Fahnenmast am Paradeplatz. April 1938.
Aufn. Hans Jütte.
Mannheim hatte für die Feierlichkeiten anläßlich des Anschlusses Österreichs Hakenkreuzfahnen nach Wien geschickt, die nun für die eigene Beflaggung fehlten und durch *Ersatzwimpel* mit der Aufschrift *Ich flog nach Wien* ersetzt wurden.

98 b
Kaiserring gegenüber dem Hauptbahnhof mit der Dekoration zur Volksabstimmung über den Anschluß Österreichs am 10. April. 9.4.1938.
Aufn. vermutl. Josef Hofmann.
An den Fahnenmasten an der Straße rechts sind die *Ersatzwimpel* mit der Aufschrift *Ich flog nach Wien* auszumachen; das Spruchband über dem Hauseingang ganz rechts trägt die zentrale Parole der Volksabstimmung *Ein Volk – Ein Reich – Ein Führer*.

wurden im Hafengebiet von Unbekannten Handzettel an die Fernlastzüge geklebt mit der Aufschrift *Hitler ist Krieg – darum, Arbeiter, gebt ihm und seinen Trabanten keine Stimme.* Die Gestapo vermutete als Urheber Kommunisten. Am selben Abend wurde der kommunistische Arbeiter Friedrich Reichwein aus Neckarau aufgrund einer Denunziation verhaftet. Er hatte in einer Wirtschaft geäußert, *die morgige Abstimmung bedeute Krieg, Hitler solle doch das Maul halten, er ist doch ein Österreicher.* Reichwein erhielt eine Anzeige wegen Hochverrats.[31] Dieser Vorgang ist symptomatisch für die scharfe Reaktion der Machthaber auf abweichende Meinungen, die es in der Öffentlichkeit einfach nicht geben durfte.

Die Vorbereitungen zu der für Hitler wichtigsten Volksabstimmung liefen in der Woche vor dem Wahlsonntag auf Hochtouren; es gab spektakuläre Werbeaktionen und Kundgebungen. Am 8. April starteten auf dem Sandhofener Flugplatz zwei Maschinen der Reichswehr mit 1 100 Mannheimer Hakenkreuzfahnen an Bord in Richtung Wien. Der Reichskommissar für Österreich, der pfälzische Gauleiter Bürckel, hatte die Mannheimer telegraphisch gebeten, *angesichts des in Wien herrschenden großen Mangels an Fahnen eine entsprechende Zahl Fahnen zu senden.*[32] Oberbürgermeister Renninger telegraphierte daraufhin seinem Wiener Amtskollegen: *Wir sind auch stolz darauf, daß von Hunderten von Fahnenmasten und Häuserfronten der Stadt Mannheim leuchtend und hell die Fahnenwimpel flattern, auf denen uns die Worte „ich flog nach Wien" daran erinnern, daß Mannheims Fahnen heute an einem der größten Tage der deutschen Geschichte über Wien wehen.*[33] Am gleichen Tag besuchte der österreichische Justizminister Dr. Hueber Mannheim, ein Schwager Hermann Görings, wie die Neue Mannheimer Zeitung vermerkte, und sprach unter dem Titel *Von Kaiser Franz Joseph zum Führer Adolf Hitler* auf einer Massenkundgebung im Rosengarten über *das Schicksal der Ostmarkdeutschen*. Im Mittelpunkt seiner Ansprache stand die Rechtfertigung des militärischen Einmarschs in Österreich. Die Volksabstimmung begründete Hueber mit der Notwendigkeit, das Ausland darüber aufzuklären, *daß es wohl eine deutsche Bevölkerung gibt, aber niemals ein österreichisches Volk gegeben hat.*[34] Höhepunkt der Propaganda für den größtenteils bejubelten *Anschluß* Österreichs war der *Tag des Großdeutschen Reiches*, dessen minutiös ausgearbeitetes Programm die gesamte Bevölkerung zur Teilnahme verpflichtete. Mit den zahlreichen Aufmärschen, Gedenkreden und Schweigeminuten sollte das neue *Großdeutsche Reich* sich in einer eindrucksvollen Verbundenheit und Einigkeit der Weltöffentlichkeit präsentieren.

99 a
Massenkundgebung am Wasserturm anläßlich
des Besuchs des österreichischen Justizministers
Dr. Hueber. 8.4.1938.

99 b
Propagandadekoration am Wasserturm zur Volksabstimmung über den *Anschluß* Österreichs am
10. April. 8.4.1938.
Aufn. Josef Hofmann.

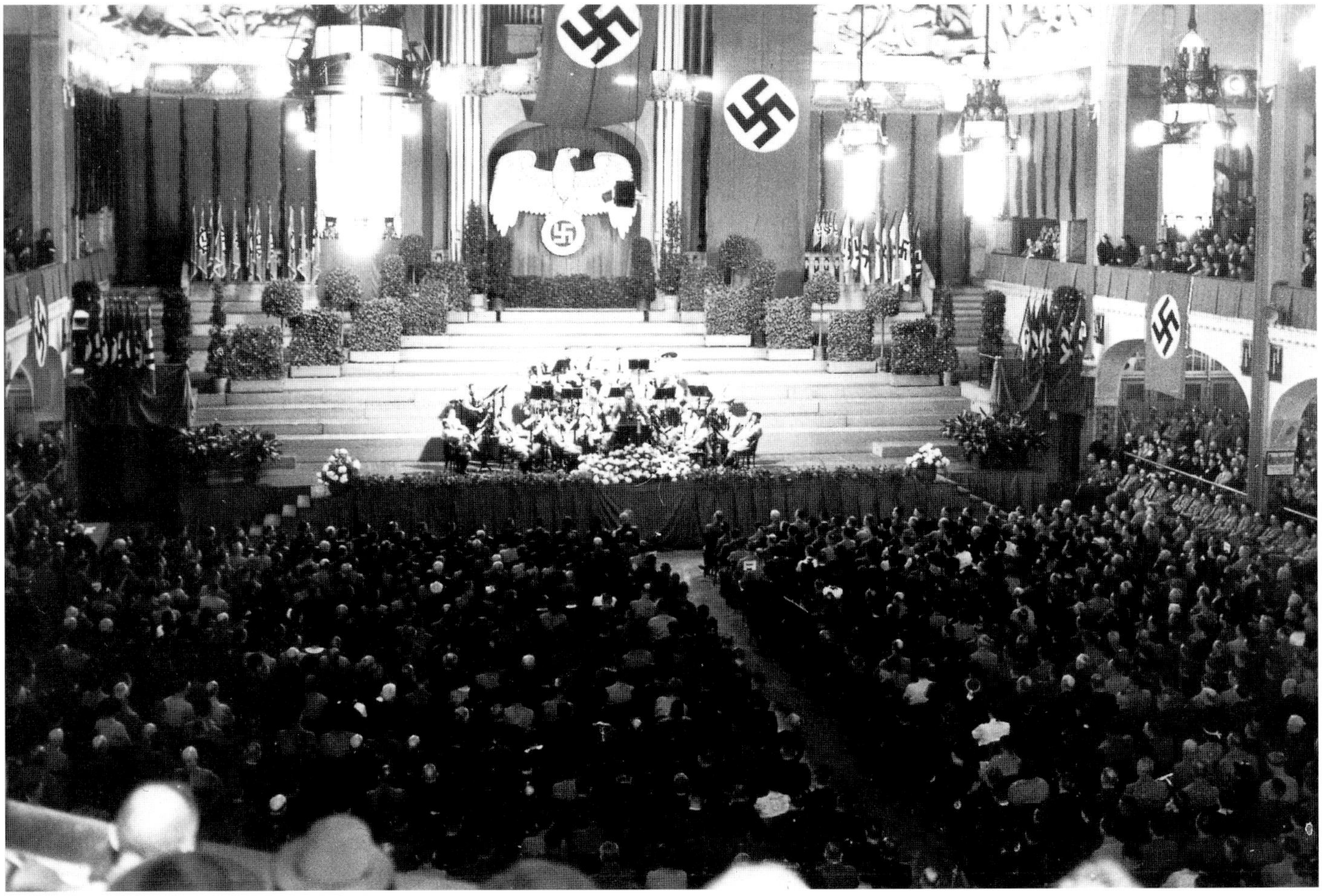

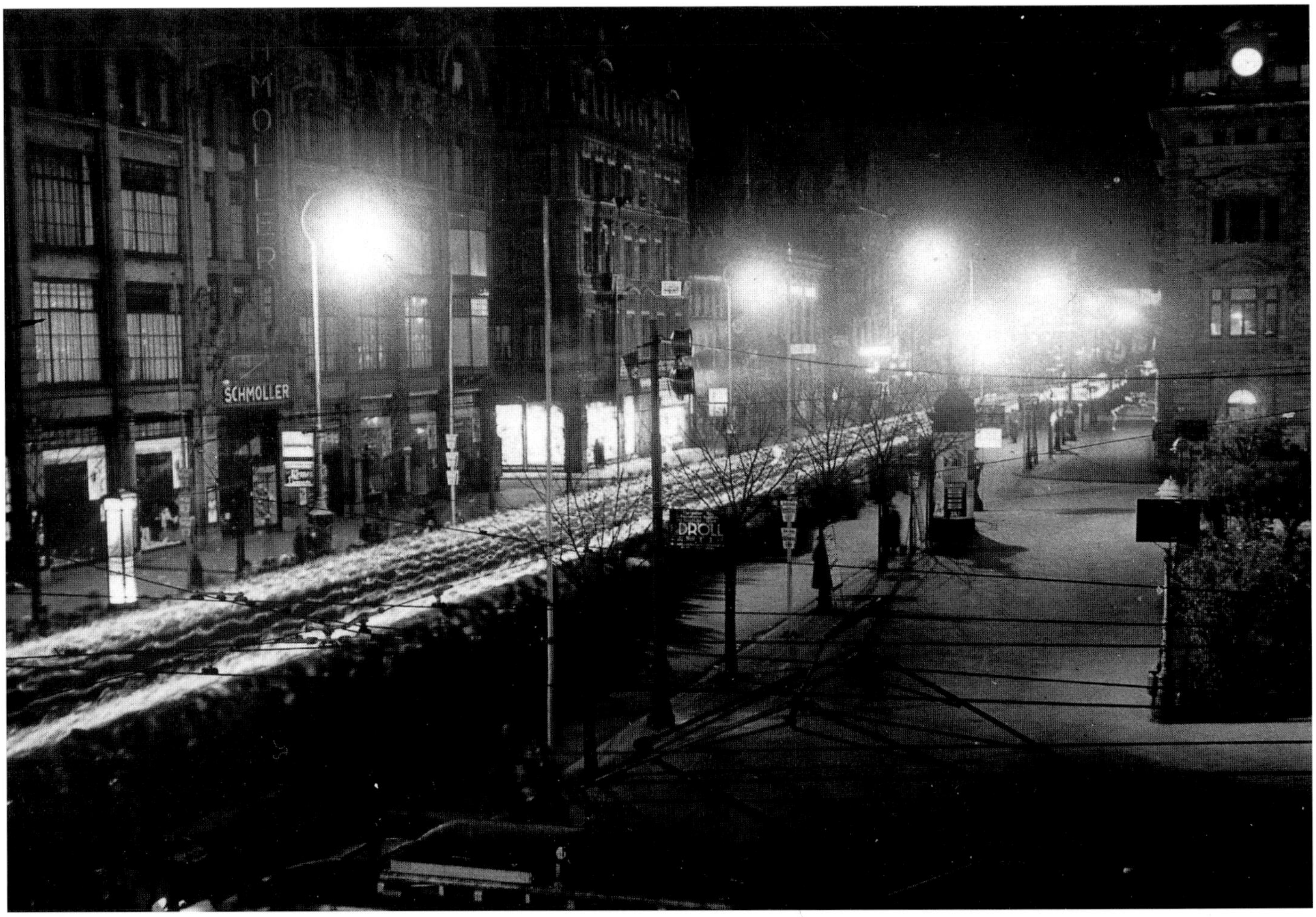
SCHMOLLER
DROLL

101 a
Menschenauflauf am Paradeplatz anläßlich der Übertragung von Hitlers Rede am Abend des *Tags des Großbeutschen Reiches*. 9.4.1938.
Aufn. Josef Hofmann.

101 b
Aufmarschierte Polizei in Paradeuniform am Wasserturm. 1938.
Aufn. Hans Jütte.
Vermutlich handelt es sich um eine der Kundgebungen zum *Tag des Großdeutschen Reiches*.

Linke Seite:

100 a
Oben: Rede des österreichischen Justizministers Dr. Hueber im Nibelungensaal bei seinem Besuch anläßlich des Anschlusses von Österreich. 8.4.1938.

100 b
Unten: Fackelzug am Paradeplatz Richtung Wasserturm zur Kundgebung mit Dr. Hueber. 8.4.1938.
Links das Kaufhaus Schmoller vor der *Arisierung*.

102
Weihe der Freiheitsglocke auf dem Paradeplatz.
26.4.1938.
Aufn. Josef Hofmann.
Zwei Jahre nach dem Einmarsch der Wehrmacht in das seit dem Ende des Ersten Weltkriegs entmilitarisierte Rheinland wurde eine dritte Glocke für den Rathausturm in N 1 gegossen und nach feierlicher Weihe auf dem Paradeplatz im Glockenstuhl aufgehängt.

Die Brunnenanlage war zwei Monate mit einem *Wahltempel* im antikisierenden Monumentalstil überdeckt, auf dem Kranz die Parole *Ein Volk – ein Reich – ein Führer*, auf der Nordseite die gestickte Applikation *Wir wollen sein ein einig Volk von Brüdern*.

Die Volksabstimmung vom 10. April brachte in Mannheim dennoch nicht das erhoffte 99-Prozent-Ergebnis. Von den 190 641 Stimmberechtigten waren angesichts des verstärkten sozialen Drucks zwar nur 664 Personen den Abstimmungslokalen ferngeblieben, so daß man stolz auf eine Wahlbeteiligung von 99,6 % verweisen konnte. Doch immer noch lauteten in Mannheim 3 182 Stimmen *Nein* oder waren ungültig. Mit 98,3 % Ja-Stimmen entsprach Mannheim zwar exakt dem Landesdurchschnitt. Baden lag damit allerdings unter dem Gesamtergebnis im Reich von 99,0 %.[35] Als Ursachen für das relativ schwache Wahlergebnis sah die Gestapo laut ihren Lageberichten nicht allein *marxistischen Einfluß* an, *sondern mindestens ebensosehr ... den Umstand, daß die Bevölkerung Badens stark katholisch gebunden ist. Außerdem haben rein örtliche Verhältnisse und die schlechte soziale Lage in verschiedenen Orten dazu geführt, daß Personen, die politisch aktiv bisher nicht in Erscheinung getreten sind, mit nein gestimmt haben.*[36] In einzelnen Wahlbezirken Mannheims lagen die Nein-Stimmen sogar erheblich über dem Durchschnitt. Die höchste Ablehnung war wiederum in der Neckarstadt-West zu verzeichnen. In den Stimmbezirken 78 und 80 (beide Humboldtschule) erreichte der Anteil der Nein-Stimmen 4,7 % bzw. 5,0 %. Ebenfalls herausragend mit 4,6 % war der Stimmbezirk 43 (Pestalozzischule) in der Schwetzingerstadt.[37] Blieb Mannheim somit hinter dem Reichsdurchschnitt von 99,0 % zurück, so übertraf das Ludwigshafener Ergebnis diesen Wert sogar noch mit 99,8 %; Karlsruhe lag mit 99,5 % nur leicht darunter. In Heidelberg gab es diesmal allerdings die wenigsten Ja-Stimmen in Baden, nämlich nur 98,1 %.[38]

Diese letzte Volksabstimmung zeigte, daß die *umfassende Mobilisierung der Bevölkerung durch Massenaufmärsche, Versammlungen, gemeinschaftliches Anhören von Rundfunkübertragungen der Führerreden und Veranstaltungen der jeweiligen „Betriebsgemeinschaft" ... ihre deutlich erkennbaren Grenzen*[39] hatte. In Mannheim wie auch anderswo gab es immer noch Menschen, die den Mut hatten, trotz Propaganda und zunehmenden Repressalien sich durch ihr nichtkonformes Verhalten öffentlich oder im Verborgenen dem NS-Regime zu widersetzen.

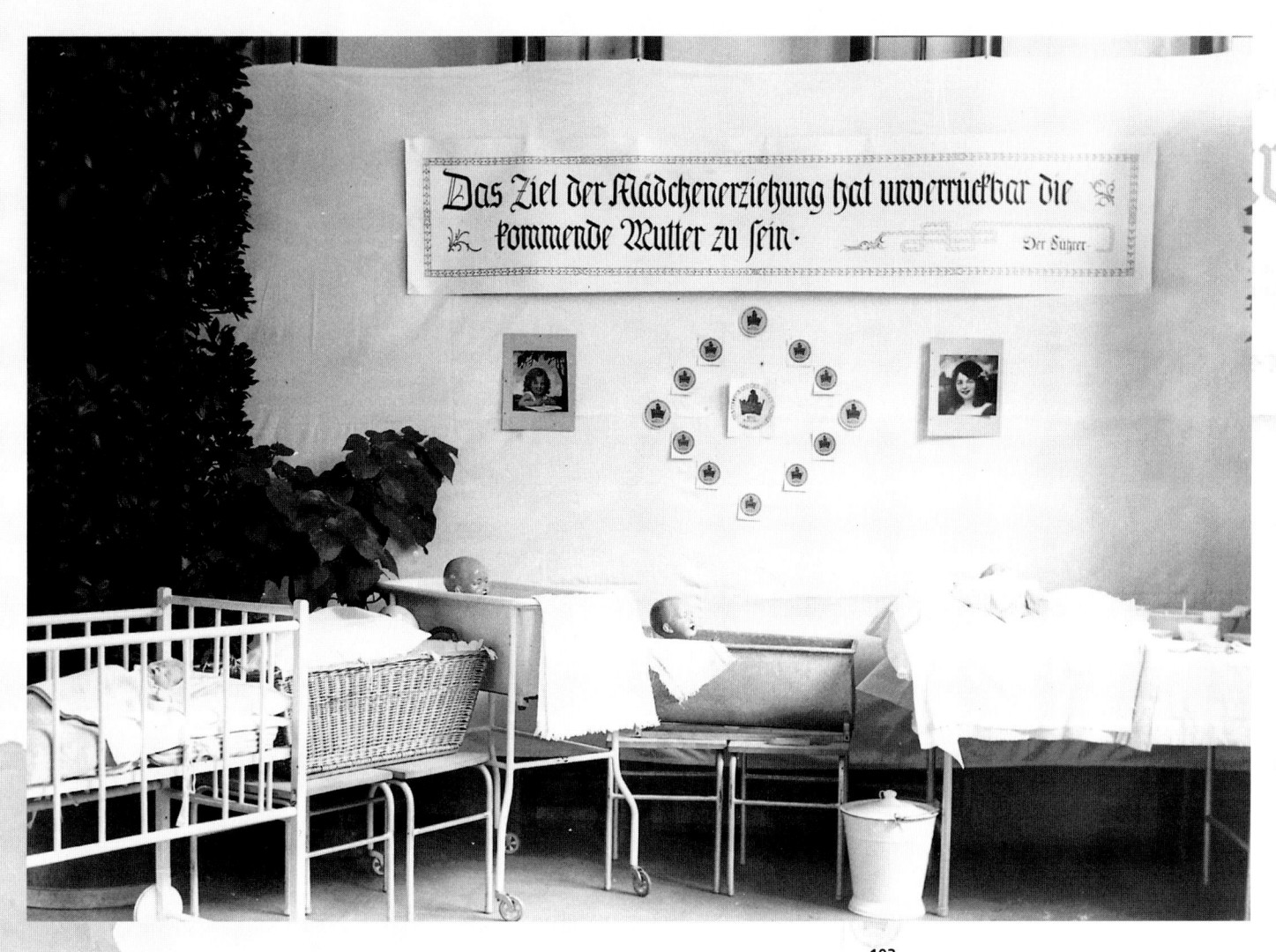

103
Städtische Hausfrauenschule Mannheim, Weberstraße.
31.3.1935. Aufn. Josef Hofmann.
Das Ziel der Mädchenerziehung hat unverrückbar die kommende Mutter zu sein – Der Führer, so lautet der alles dominierende Leitspruch nationalsozialistischer Pädagogik. Kleinkinderbetten, Badewannen und Wickeltische kamen bei Ehevorbereitungskursen zum Einsatz. Das dutzendfach angebrachte Signet im Hintergrund zeigt eine Mutterfigur an einer Wiege mit der Umschrift *Des Führers und des Volkes Sorge*.

Christoph Popp und Monika Ryll

Frauen und Bevölkerungspolitik

Es gibt keinen größeren Adel für die Frau, als Mutter der Söhne und Töchter eines Volkes zu sein.[1] Dieses und dutzende ähnlicher Zitate Hitlers begleiteten Frauen nach der Machtübernahme durch die Nationalsozialisten tagtäglich. Realität wurde auch für Mannheimer Frauen eine schleichende Verdrängung aus Politik, Beruf und Gesellschaft. Vorreiter dieser bereits seit der Weltwirtschaftskrise zu beobachtenden Renaissance eines alten Rollenmusters war die öffentliche Verwaltung, die Frauen nur noch in den „angestammten Bereichen" der Erziehung und Pflege in ihren Ämtern beließ. Der Ideologie zum Trotz blieben allerdings in Mannheim zahlreiche Frauen in Handel und Industrie beschäftigt, auch wenn ihre Aufstiegsmöglichkeiten noch geringer wurden.[2]

104
Kundgebung der Deutschen Arbeitsfront und der
NS-Frauenschaft *Die Aufgaben der Frau im neuen Staat*
im Nibelungensaal. 15.2.1935. Aufn. Foto-Reimann.
Abbildung aus Hakenkreuzbanner 16.2.1935.
In der ersten Reihe Reichsfrauenführerin Gertrud
Scholtz-Klink (zweite von rechts); neben ihr Kreisleiter
Dr. Reinhold Roth (links) und DAF-Bezirkswalter Fritz
Plattner: *Dem Manne das Schwert und den Hammer –
der Frau – als treuer Kameradin – den Kochtopf,*
so die Botschaft der Veranstaltung.

Presse und Progaganda zeigten Frauen in erster Linie als Hausfrau und Mutter. So rühmte die Reichsfrauenführerin Gertrud Scholtz-Klink bei einer Kundgebung im Rosengarten im Februar 1935, der Nationalsozialismus habe die Frau wieder *ihrer ursprünglichen Bestimmung,* der Mutterschaft, zugeführt und denunzierte berufstätige oder gar akademisch gebildete Frauen als *verblendet oder verbittert und vergrämt.* Noch plakativer sprach der Bezirkswalter der Deutschen Arbeitsfront Fritz Plattner bei dieser Kundgebung von der *Notwendigkeit der Herausführung der berufstätigen Frau aus den Betrieben, damit den Männern nicht nur der Weg zur Arbeit, sondern auch zur Gründung der Familie freigemacht werde* – von der *Kameradin im echt germanischen Sinn.*[3]

Die in Mannheim bestehenden überregional anerkannten Bildungsmöglichkeiten für Frauen fielen unmittelbar der *Gleichschaltung* und Umwandlung zum Opfer. Nicht mehr die Qualifikation von Frauen war gefragt, sondern die Zurichtung zur geschickten, sparsamen und opferwilligen Hausfrau und Mutter. Berühmtestes Opfer war die im Ersten Weltkrieg gegründete Soziale Frauenschule in N 7, 18, die in einem vierjährigen Ausbildungsgang Frauen zur staatlich anerkannten Wohlfahrtspflegerin ausbildete.[4] Diese Ausbildung verschränkte die praktischen Erfahrungen in Wohlfahrtseinrichtungen und Behörden mit theoretischem Unterricht in Volkswirtschaftslehre, Bankwesen, Verwaltungslehre, Recht, Psychologie, Pädagogik, Sozialethik und Geschichte. Bereits Ostern 1933 wurde die Soziale Frauenschule *gleichgeschaltet,* ihre Leiterin Dr. Marie Bernays entlassen, die Schule mit dem Fröbelseminar vereinigt und unter nationalsozialistische Leitung gestellt.[5] Die Ausbildung wurde verkürzt und auf die Bereiche Säuglingspflege und Kindergarten reduziert, die theoretische Ausbildung beschränkte sich auf „frauenspezifische Fächer" der Hauswirtschaft und Pflege, abgerundet durch Rassenkunde, Rassengeschichte und Sozialhygiene.

Auch das Fröbelseminar, die seit 1927 in einem Neubau im Schloßpark untergebrachte Ausbildungsstätte für Kindergärtnerinnen, berühmt für ihren reformpädagogischen Ansatz, wurde *gleichgeschaltet* und um eine *Mütterschule* ergänzt. Die Gründerinnen Victoria und Rosa Grünbaum wurden als Jüdinnen entlassen: Victoria Grünbaum starb nach der Deportation in Gurs, Rosa Grünbaum wurde in Auschwitz ermordet.[6] 1938 wurde die Schule von der Nationalsozialistischen Volkswohlfahrt (NSV) übernommen, um das Monopol der kirchlichen Ausbildungsstätten für Kindergärtnerinnen zu brechen. Die *Frauenschule für soziale Berufe* sollte *geschulte und in weltanschaulicher Hinsicht klar fundierte Mädel* erziehen, damit die planmäßige *Volkspflege* nicht *erst* im Jungvolk der HJ einsetze.[7]

Daneben baute die NSV in den Räumen des gleichgeschalteten Hausfrauenbunds und in der Villa der jüdischen Familie Bumiller an der Bismarckstraße eine *Frauenarbeitsschule* auf, deren Koch- und Nähkurse Voraussetzung für die Gewährung des Ehestandsdarlehens waren.

Die Bevölkerungs- und Rassenpolitik der NSDAP hatte von Anfang an ein doppeltes Gesicht: Die Propaganda für zahlreiche Kinder stand immer unter dem Vorbehalt, daß nur *arische*, gesunde, national verläßliche und *erbgesunde* Familien sich der Unterstützung von Partei und Staat erfreuen durften. Im übrigen stand hinter der Mutter-und-Kind-Propaganda keine entsprechende Sozialpolitik. Im Gegenteil: Noch im Jahr der Machtübernahme schloß die Mannheimer NSDAP das 1931 an der Kronprinzenstraße (heute Friedrich-Ebert-Straße) eingerichtete, moderne und großzügige Mütter- und Säuglingsheim. *Es kann nicht Aufgabe des Staates oder der Gemeinde sein, ... durch eine solche entbehrliche Anstalt ... eine Bequemlichkeit vorzutäuschen, die der Mutter im harten Lebenskampf allgemein nicht erfüllt werden kann.*[8] Die immer wieder herausgestellten Vergünstigungen wie Ehestandsdarlehen oder die Förderung von Kinderreichen-Siedlungen waren an Bedingungen geknüpft, die nur von einem kleinen Teil der Familien erfüllt werden konnten. So wählte das Gauheimstättenamt der NSDAP die Bewerber für eine der Kleinsiedlungen im Norden Mannheims nach ihrer *Eignung* aus: In Frage kamen *alle ehrbaren minderbemittelten deutschen Volksgenossen, vornehmlich gewerbliche Arbeiter und Angestellte, die, ebenso wie ihre Ehefrauen, arischer Abstammung, national und politisch zuverlässig, rassisch wertvoll, gesund und erbgesund sind.* Arbeitslose, Invalide und verarmte Familien hatten dabei keine Chance.

Allerdings nahmen auch ohne materielle Vergünstigungen in Mannheim die Eheschließungen nach 1933 stark zu: von 2 900 (1933) auf 3 500 (1934) und 3 950 (1939). Wegen der Wirtschaftskrise zurückgestellte Heiraten schlugen dabei nur am Anfang zu Buche. Deutlicher noch war die Aufwärtsbewegung bei der Zahl der Geburten: Sie stiegen von 3 300 (1933) auf 4 500 (1935) und 5 200 (1940). Im gesamten Prozeß des säkularen Rückgangs der Geburtenrate seit der Industrialisierung waren die Jahre 1935–1939 die einzige Periode, in der die Zahl der Geburten pro Eheschließung wieder anstieg: ein offensichtliches Zeichen für den Erfolg der nationalsozialistischen Familienpropaganda auch in Mannheim.

Die Kehrseite: Zur erbbiologischen und rassenpflegerischen Überwachung wurde die Bevölkerung vom Gesundheitsamt (im Gebäude der Allgemeinen Ortskrankenkasse) in Sippentafeln und erbbiologischen Karteien erfaßt. Mit einem demonstrativen Besuch untermauerte Reichsstatthalter und Gauleiter Robert Wagner am 18. Januar 1938 die Bedeutung der *Rassenpflege* und der *bewußten Aufartung* des Volks.[9] Von dort aus ging der Weg für die Mannheimer, die als *asozial, erbkrank* oder *entartet* eingestuft worden waren, über das Erbgesundheitsgericht zur zwangsweisen Unfruchtbarmachung, die nicht selten mit dem Tod endete.[10]

105
Bügelzimmer der Mädchen-Berufsschule, Hugo-Wolf-Straße. 11.1.1936. Aufn. Josef Hofmann. Die 1928 gegründete Schule wurde 1933 auf die Hauswirtschaft reduziert. Sie schloß an die Volksschule an und war für alle jungen Frauen verpflichtend, die keine weitere Ausbildung vorweisen konnten.

106
Triptychon *Blut und Boden. Der Erhalter des Volkes* (1933) von Roderich Jerusalem von Safft im Trausaal des Standesamts im Alten Rathaus F 1. 25.4.1938. Aufn. Josef Hofmann.

Tafelmalerei im Nationalsozialismus

Der früheste Kontakt des Kunstmalers und Bildhauers Roderich Jerusalem von Safft (geb. 1886 in Groß-Lichterfelde bei Berlin) zu Mannheim ist durch einen Schriftwechsel aus dem Jahr 1916 belegt: Über den Kunstverein war es zum Verkauf mehrerer kleinformatiger Bilder an hiesige Kunstsammler gekommen.[11] Jerusalem, Soldat im Ersten Weltkrieg, hatte seit 1930 die Funktion des Ortsgruppenführers der NSDAP in seinem damaligen Wohnort Staufen im Breisgau inne und ließ sich im Mai 1934 in Mannheim nieder.[12] Ein Gemälde, das sehr früh die Kunstpolitik im „Dritten Reich" veranschaulicht, ist Jerusalem von Saffts *Blut und Boden. Der Erhalter des Volkes* von 1933.[13] Es wurde 1934 von der Stadt Mannheim angekauft und war für die Aula der Friedrichschule in U 2 oder für die Aula des Realgymnasiums bestimmt.[14] Später hing es im Palasthotel Mannheimer Hof, um dann 1938 im Trausaal des Standesamts in F 1 seinen Platz zu finden. Journalistische Recherchen ergaben, daß das Bildwerk 1949 noch immer im Standesamt, damals in der Mädchenberufsschule in der Hugo-Wolf-Straße untergebracht, hing.[15] Heftige Kritik in der Presse sowie ein Antrag der kommunistischen Stadtratsfraktion, die Nazi-Kunst zu entfernen, blieben jedoch zunächst ohne Ergebnis.[16] In die neugestalteten Räume des Standesamts in F 1 wurde Jerusalem von Saffts Werk allerdings 1955 nicht mitgenommen; es befindet sich heute im Magazin der Kunsthalle.

Das Bildformat – ein größeres Mittelteil und zwei schmalere Seitenteile – ist aus der christlichen Kunst entlehnt, wo es als Altaraufsatz besonders in der Gotik einen festen Platz einnahm. Nach der Säkularisierung Anfang des 19. Jahrhunderts verlor das Triptychon als Altarretabel an Bedeutung. Mit neuen, weltlichen Inhalten überlebte es aber z.T. in seiner alten Gestalt bis heute.[17] Nach 1933 entstanden eine Reihe damals sehr bekannter „Flügelaltäre", geschaffen jedoch nicht für den christlichen Sakralraum, sondern als „Deutscher Altar" mit ideologischem Sendungsbewußtsein.

Der konzeptionelle und thematische Schwerpunkt von Jerusalem von Saffts *Blut und Boden* liegt eindeutig in dem breiten, mit einem Rundbogen überhöhten Mittelteil (254 x 137 cm), auf dem aus einem indifferenten, hellen Hintergrund ein Sämann, das Wickeltuch um die linke Schulter gebunden und mit seiner rechten

107
Trausaal des Standesamts im Alten Rathaus F 1.
25.4.1938. Aufn. Josef Hofmann.

Hand den Samen auswerfend, auf den Betrachter zuschreitet. Der pflügende oder säende Bauer wird in den Bildthemen des „Dritten Reichs" bevorzugt aufgegriffen,[18] ganz im Gegensatz zum Industriearbeiter und obwohl die Schwerindustrie für die Rüstungsproduktion von weitaus größerem Interesse für die politischen Machthaber war.[19] Das Genre hat seine Vorläufer in der Malerei des 19. Jahrhunderts, wo es als zeitgenössische Darstellung auch seine Berechtigung findet; die Bauernbilder der offiziellen Kunst nach 1933 zeigen jedoch den Landwirt so, als habe der Fortschritt des 20. Jahrhunderts bei der Landbevölkerung haltgemacht, als gäbe es nicht schon längst Betriebe mit Maschinen für die Aussaat, mit Traktoren und hochentwickelten Pflügen. Der Sämann auf dem Mittelteil des Triptychons arbeitet in einer unwirklichen Umgebung: Nebelschwaden umhüllen ihn, er schwebt auf einem amorphen Untergrund, der eher an Meereswellen, als an fruchtbaren Boden erinnert. Die Haltung des Mannes ist starr, angespannt, monumentalisiert. Die Tätigkeit erscheint gewissermaßen als Kulthandlung. Nicht die Darstellung der bäuerlichen Arbeit zum Erwerb des Lebensunterhalts ist Gegenstand des Bilds; vielmehr ist der Sämann, der – dem Irdischen entrückt – in einer symbolträchtigen Handlung für Aussaat und Ernte sorgt, als Erhalter des Volks versinnbildlicht.

Auf den beiden niedrigeren Seitenflügeln (190,5 x 73 cm) sind Vorstufe und Folge der „Aussaat" neuen Lebens thematisiert: links ein Liebespaar in Umarmung, rechts ein verheiratetes Paar, symbolisch im Brot den Ertrag der Aussaat, der den Fortbestand allen Lebens sichert, in den Händen bergend. Die Frau ist formal und ikonographisch zur Randfigur degradiert, sie spielt bei der Erhaltung des Volkes nur eine untergeordnete, helfende Rolle: Links stützt sie sich mit ihrem Fuß auf den liebenden Partner, rechts wird ihr als Ehefrau (und Mutter) lediglich die Aufgabe zugedacht, den Laib Brot zu (er)halten.

Die aus der christlichen Kunst hervorgegangene, geweihte Form des Triptychons strahlt auch auf den Bildinhalt aus: Die Ideologie des Nationalsozialismus, hier die zentrale Pflicht zur Erhaltung und Vermehrung der Rasse, wird durch die Darstellungsform sakralisiert.

108 a
Oben: Erste Mutterkreuzverleihung am Muttertag. 21.5.1939. Aufn. Artur Pfau. Hier wahrscheinlich die Feier der Ortsgruppe Plankenhof im Saal des Casinos mit der Verleihung von über 40 Mutterkreuzen, erkennbar Bildmitte unten. Chorgesänge, Grußworte und die Festansprache waren für jede der zahlreichen Parallelfeiern verbindlich vorgegeben, ebenso die Berichterstattung.

108 b
Unten: Kundgebung einer nicht zur Partei gehörenden nationalsozialistischen Vorfeldorganisation. Undatiert. Aufn. Hans Jütte. Möglicherweise handelt es sich um die Kundgebung des Reichsbunds der Kinderreichen beim Bezug der Kinderreichensiedlung Neu-Eichwald, Ende 1934. Der Reichsbund, vormals sozialpolitische Interessenvertretung, wurde zur *Auslesevereinigung der arischen, erbgesunden und geordneten Familie*.

109
Lehrerkollegium des Karl-Friedrich-Gymnasiums. 9.5.1938.
In der ersten Reihe, fünfter von rechts Direktor Dr. Hermann Krakert, der die Schule von 1932 bis 1943 leitete. Die wenigsten Lehrer tragen Uniform, sondern präsentieren teilweise mit sichtbarem Stolz ihre Tapferkeitsauszeichnungen aus dem Ersten Weltkrieg. Auffällig ist jedoch der Träger der schwarzen SS-Uniform, der junge Hugo Strauß (erste Reihe, dritter von links). Strauß hatte bei der Olympiade 1936 eine Goldmedaille im Rudern, zusammen mit Willi Eichhorn im Zweier, errungen. Bei der Heimkehr aus Berlin hatte die Stadt den Mannheimer Teilnehmern an der Olympiade einen triumphalen Empfang bereitet (siehe auch das Kapitel *Vom individuellen Freizeitvergnügen zur organisierten Volksertüchtigung*, S. 199–216 in diesem Band, bes. S. 212 ff.).
Dem jungen Lehramtsreferendar trug der Sieg sehr bald die Beförderung zum außerplanmäßigen Assessor und ein paar Monate später zum außerplanmäßigen Schulprofessor ein. Strauß war der Schwarm vieler Schülerinnen an der Liselotte-Schule, seiner ersten Lehrerstation, später das große Sportlervorbild am Karl-Friedrich-Gymnasium.
Er liebte es, in Uniform aufzutreten. Im November 1941 wird Strauß, nur 34 Jahre alt, an der Ostfront in Rußland fallen.

Ulrich Nieß

Mannheims Schulen unterm Hakenkreuz

Äußerlichkeiten stehen am Anfang. Bereits am 17. August 1933 erhielt das Badische Realgymnasium I die Genehmigung, sich nach Adolf Hitler zu benennen.[1] Verwechslungen mit dem zweiten Realgymnasium, der Lessing-Schule, sollten fortan vermieden werden.[2] Den Vorschlag hatte der neue Mannheimer Oberbürgermeister Renninger unterbreitet. Der Name blieb, auch dann noch, als die gleichnamigen NS-Eliteschulen – mit denen das Realgymnasium am Ring nicht verwechselt werden darf – eingerichtet wurden. Als Renninger später versuchte, den Namen in *Dalberg-Schule* zu ändern, vor allem, um den starken Zulauf dieser Oberschule gegenüber den anderen Höheren Schulen zu bremsen, fand dies beim badischen Ministerium keine Genehmigung: Eine nach dem *Führer* benannte Schule konnte schlechterdings nicht umbenannt werden.

Längst waren den eher oberflächlichen Änderungen wie Namensgebungen tiefgreifende organisatorische Neuerungen gefolgt: Das vielgliedrige Höhere Schulsystem war reichseinheitlich 1937 auf wenige Grundtypen – Oberschule für Jungen bzw. Mädchen und das Gymnasium – reduziert, die Schulzeit der Jungen um ein Jahr verkürzt worden: Hitler rief alsbald die Jugend von den Schulbänken direkt zum Militär, zum Krieg.

110
Klassenfoto des Karl-Friedrich-Gymnasiums. Um 1935. Bereits zu Beginn des Jahrhunderts hatte das KFG, als erstes Gymnasium in Baden, Mädchen den Schulbesuch der Anstalt gestattet und damit erste Schritte zur Koedukation eingeleitet. Zwar blieb der Anteil der Mädchen recht gering, hingegen war die Quote jüdischer Kinder im Vergleich zum Mannheimer Bevölkerungsanteil überdurchschnittlich hoch. Auch diese Klasse gehörten damals drei jüdische Jungen an. Am 9. November 1938, am Morgen nach dem Reichspogrom, zu Beginn der ersten Stunde, eröffnete Direktor Krakert den jüdischen Schülern, unter ihnen Fritz Hirschhorn (oberste Reihe, erster von links) und Rudy Appel (erste Reihe, zweiter von links): *Jetzt müßt Ihr gehen*. Beide Schüler haben daraufhin die Schule nicht mehr betreten. Der dreizehnjährige Rudy Appel wanderte nur einen Tag später nach Holland aus, nachdem sein Vater, Justizrat Dr. Julius Appel, verhaftet worden war. Fritz Hirschhorn wurde, zusammen mit seinen Eltern, am 22. Oktober 1940 nach Gurs transportiert, entkam aber, anders als jene, dem Holocaust und lebt heute in Israel. Als zweiter von rechts, in der oberen Reihe, ist Erich Gropengießer zu erkennen, der spätere Direktor des Reiß-Museums; sein Vater Hermann leitete das KFG von 1943 bis 1946.

111
Rechte Seite: Werbeblatt für eine aufwendig geplante 100-Jahr-Feier des vormaligen Badischen Realgymnasiums am Ring, August 1938. Das Realgymnasium war hervorgegangen aus der 1840 vom liberalen Bürgertum Mannheims erkämpften Bürgerschule. Im Juni 1940 ließ der Krieg jedoch nur eine schlichte Gedenkfeier zu.

Aus Mannheimer Sicht machen drei wichtige Ereignisse den Bruch mit der Weimarer Republik augenfällig: die Schließung der Handelshochschule im Oktober 1933, das Ende des Sickingerschen Volksschulsystems und die Verdrängung bis hin zur *Ausmerzung* der jüdischen Kinder und Lehrer aus den Schulen.

Auf den ersten Blick entsprach die Schließung der Handelshochschule mit Wirkung zum 15. Oktober 1933 scheinbar einer Denkschrift des Reichssparkommissars vom September 1932, die als Reaktion auf die städtische Finanzkrise eine Angliederung der Handelshochschule an die Universität Heidelberg empfohlen hatte.[3] Die neuen Machthaber vollzogen diesen Schritt geradezu überstürzt; ein deutliches Zeichen für die Verständnislosigkeit gegenüber einem akademisch geschulten Führungsnachwuchs für die Wirtschaft, eine Haltung, die vor allem Oberbürgermeister Renninger verkörperte. Mannheim verlor damit seine erst zu Beginn des Jahrhunderts hart errungene Hochschule, versank wieder in akademische Provinzialität.[4]

Ein ähnlich schnelles Ende ereilte auch das weit über die Region hinaus bekannte Sickingersche Volksschulsystem. Es wurde schon mit Wirkung zum neuen Schuljahr 1934 *als dem nationalsozialistischen Gemeinschaftsgedanken widersprechend aufgegeben*.[5] Damit verlor die Stadt eine ureigene Besonderheit, die von Stadtschulrat Anton Sickinger ab 1901 entwickelt worden war und Mannheims Ruf als Schulstadt mitbegründet hatte.[6] Der Kerngedanke der Sickingerschen Volksschule bestand darin, für schwächer wie besser begabte Schulkinder ein entsprechend differenziertes Unterrichtsangebot anzubieten. Nachweislich hatte dieses System große Erfolge erzielt; weit mehr Schüler als noch vor der Jahrhundertwende hatten mit einem qualifizierten Schulabschluß die Volksschule verlassen können. Die Beseitigung dieses Mannheimer Systems, ideologisch motiviert, konnte für schwächer begabte Kinder schlimmstenfalls zur Folge haben, daß sie pauschal als *schwer erziehbar* bzw. *asozial* eingestuft wurden, *für die eine normale Beschulung nicht möglich ist* und deren *restlose Überweisung in die Hilfsklassen aus rassischen Gründen angeordnet* wurde.[7] Die ideologische Verdammung ging so weit, daß auch eine nach Sickinger benannte Schule den neuen Namen *Carin-Göring-Schule* erhielt. Nimmt es da noch wunder, daß selbst der schulpsychologische Dienst, den Mannheim als erste Stadt in Deutschland 1922 eingeführt hatte, wieder beseitigt wurde?[8]

1840 Bürgerschule
1868 Bad. Realgymnasium
1933 Adolf-Hitler-Realgymnasium
1937 Adolf-Hitler-Oberschule für Jungen

Adolf-Hitler-Schule Mannheim

Oberschule für Jungen - Friedrichsring 6

Mannheim, im August 1938

An die Eltern unserer Schüler!
An unsere ehemaligen Lehrer!
An unsere ehemaligen Schüler!

Im Juni 1940 feiert unsere Schule

das Fest ihres 100jährigen Bestehens

Einhundert Jahre einer wechselvollen Zeit völkischen Geschehens und einer unendlichen Mannigfaltigkeit von Einzelschicksalen — das ist im Leben einer Schule und im Leben der Stadt Mannheim ein Ereignis, das wert ist, festlich begangen zu werden.

Geplant ist eine Gedenkfeier für die gefallenen Lehrer und Schüler, ein feierlicher Festakt im Rosengarten, eine interne Schulfeier mit Aufführungen und verschiedenen Ausstellungen, und die Herausgabe einer Festschrift.

An alle, die sich mit dem Leben unserer Schule noch verbunden fühlen, ergeht unser Ruf; an die Eltern, die uns heute oder in früheren Jahren ihre Kinder zur Erziehung anvertraut haben, an die ehemaligen Lehrer und Schüler, die gerne wieder einmal im Kreise alter Kameraden weilen werden, und an alle sonstigen Freunde und Gönner der Schule: Schließen Sie sich zusammen zu einer Kameradschaft, die gewillt ist, durch ihre Teilnahme an der Jahrhundertfeier das Band mit „ihrer" Schule erneut zu knüpfen.

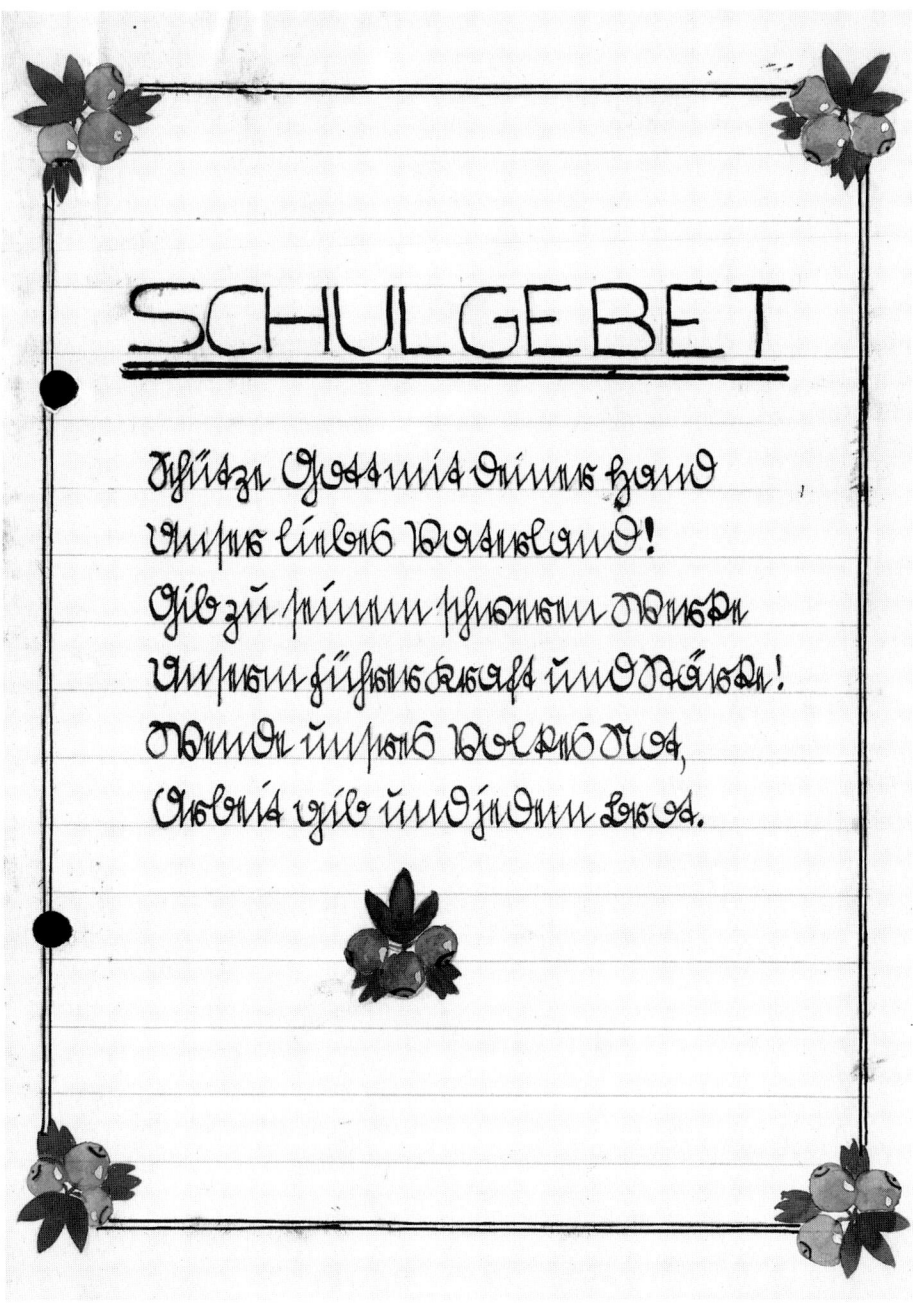

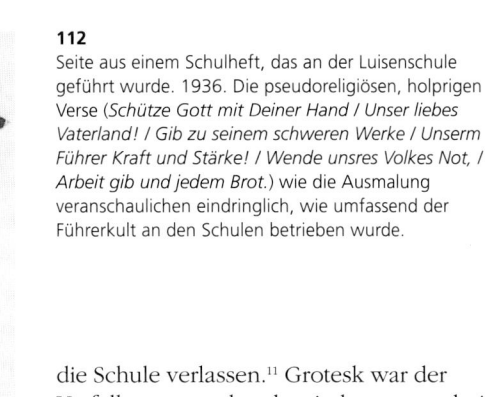

112
Seite aus einem Schulheft, das an der Luisenschule geführt wurde. 1936. Die pseudoreligiösen, holprigen Verse (*Schütze Gott mit Deiner Hand / Unser liebes Vaterland! / Gib zu seinem schweren Werke / Unserm Führer Kraft und Stärke! / Wende unsres Volkes Not, / Arbeit gib und jedem Brot.*) wie die Ausmalung veranschaulichen eindringlich, wie umfassend der Führerkult an den Schulen betrieben wurde.

Begabteren Jugendlichen, die zuvor, schon aufgrund des hohen Schulgelds, nicht das Abitur anstrebten, hatte das Sickingersche System die Sprachklassen geboten, die bis hin zur „Mittleren Reife" führten. Auch sie verschwanden. Erst mit Gründung einer Mittelschule 1939 bestand in Mannheim für begabtere, berufsorientierte Schülerinnen und Schüler wieder die Chance, einen mittleren Abschluß abzulegen.[9] Indes, nicht einmal zwei Jahre nach Einführung der Mittelschule in Baden wurde sie wieder verworfen und statt dessen das an österreichischem Vorbild orientierte vierstufige Hauptschulsystem eingeführt.

Am härtesten jedoch traf das Schicksal die *nichtarischen*, zumeist jüdischen Schulkinder Mannheims. Die Reichspogromnacht vom 9./10. November 1938 gab dem Reichserziehungsministerium willkommenen Vorwand, den Ausschluß aller jüdischen Schülerinnen und Schüler von deutschen Anstalten mit sofortiger Wirkung zu verfügen. Damit wurde eine Entwicklung entschieden beschleunigt, die im *Gesetz gegen die Überfüllung der deutschen Schulen und Hochschulen*, kurz nach den Märzwahlen 1933, ihren Anfang genommen hatte. Wenn es zunächst auch ohne große tatsächliche Auswirkungen blieb, sah dieses Gesetz vor, daß der Anteil *nichtarischer* Kinder bei höchstens 5 % an jeder einzelnen Schule liegen durfte: Die erste Stufe der Diskriminierung junger Juden war vollzogen.[10]

Im August 1933 wurde der *deutsche Gruß* an allen Schulen verbindlich eingeführt. Einen Monat später mußten am Lessing-Realgymnasium zwei jüdische Schüler, Eugen Eppstein und Kurt Fischel, wegen Verweigerung des Hitler-Grußes die Schule verlassen.[11] Grotesk war der Vorfall um so mehr, als wiederum nur drei Monate später, nach einem neuen Erlaß des Kultusministeriums, es den *nichtarischen* Schülern freigestellt wurde, *ob sie den deutschen Gruß erweisen oder nicht*.

Im Schulalltag wurden jüdische Kinder von ihren Mitschülern offenbar selten mit rassistischen Parolen gehänselt, manche haben ihrer Schule später ein ausgesprochen positives Zeugnis ausgestellt.[12] Die Kinder spürten jedoch ihre schleichende Ausgrenzung, ihre zunehmende Isolation. Eine Zeitzeugin, eine überlebende Jüdin, meinte über ihre Schulzeit: *Je mehr der Nationalsozialismus sich festigte, desto mehr mieden die „arischen" Kinder die jüdischen. Es war eine klar zu erkennende Entwicklung. Um 1934 und später war ich kaum mehr mit christlichen Kindern außerhalb der Schule zusammen; sicher hatten die meisten Angst, Juden zu grüßen. Man war ziemlich isoliert. Ich könnte von keinem meiner Lehrer behaupten, daß sie sich nicht korrekt mir gegenüber benommen hätten. Doch wurde man als jüdische Schülerin, besonders ab 1934–35, eben nur „korrekt" behandelt, als ob man aussätzig wäre.*[13] Vorzeitig verließen viele jüdische Kinder die Schule, 76 allein am Karl-Friedrich-Gymnasium zwischen 1933 und 1938, elf davon unfreiwillig infolge des erwähnten Erlasses nach dem Novemberpogrom.[14]

Jüdische Lehrkräfte hatte es zu diesem Zeitpunkt schon nicht mehr an staatlichen Schulen gegeben. Infolge des *Gesetzes zur Wiederherstellung des Berufsbeamtentums* vom 7. April 1933 und dessen Durchführungsverordnungen waren alle Lehrer und Lehrerinnen jüdischer Abstammung entlassen worden, ausgenommen Frontkämpfer des Ersten Weltkriegs oder schon vor dem 1. August 1914 beamtete Lehrer. Blieben dadurch nur noch wenige jüdische Lehrkräfte übrig, so mußten diese gemäß *Reichsbürgergesetz* vom 15. September 1935 dann endgültig den Dienst quittieren. Bereits zuvor, zwischen 1933 und 1935, sahen sie sich oft tiefsten Demütigungen durch persönliche Kampagnen ausgesetzt. Zwar sind Fälle von Schülerhetze gegen einen jüdischen Lehrer in Mannheim nicht bekannt – aber ebensowenig ein aktives, öffentlich-wirksames Eintreten von Berufskollegen oder einer Schulleitung für einen

113
Staatsminister Paul Schmitthenner bei seiner Ansprache zur Einweihung der Schönauschule. 19.5.1941. Laut dem Bericht der Neuen Mannheimer Zeitung vom folgenden Tag schloß er seine Rede – mitten im Krieg und wenige Tage vor dem deutschen Überfall auf die Sowjetunion – mit dem Wunsch, die neue Schule möge *im Frieden blühen und die neue deutsche Generation heranbilden.*

jüdischen Kollegen, auch nicht in der Anfangszeit des Regimes.[15] Singulär scheint der Fall, als Schülerinnen der Liselotte-Schule im April 1933 erfolgreich gegen die Entfernung ihres beliebten jüdischen Lehrers Dr. Julius Sichel geschlossen opponierten.[16]

Ein Teil der zwangsweise ausgeschiedenen Lehrer tat Dienst an der neugegründeten jüdischen Schule in Mannheim.[17] Die israelitische Gemeinde hatte schon 1933 nach Wegen gesucht, die neuaufzunehmenden jüdischen Volksschulkinder Mannheims in eigenen Klassen zusammenzufassen.[18] Das Kultusministerium gab dem Ansuchen des Oberrats der Israeliten Badens grünes Licht: die erste Schulklasse mit jüdischen Kindern wurde Ostern 1934 in der Luisenschule (heute Max-Hachenburg-Schule) eingerichtet. Im Schuljahr 1935 konnten dann die ersten vier Jahrgänge in eigenen Klassen unterrichtet werden: Von 584 jüdischen Volksschülerinnen und -schülern waren damit schon 174 unter sich.[19] Ab Ostern 1936, zu Beginn des neuen Schuljahrs, erfolgte der weitere Ausbau zum vollen achtjährigen Zug, später kam noch eine neunte freiwillige Klassenstufe hinzu. Als Hauptunterrichtsgebäude diente – neben der Luisenschule und der Klaus F 1, 11 – vorzugsweise das alte städtische Schulhaus in K 2, 6.[20] Die K 2-Schule hat bis zum Novemberpogrom, trotz wachsenden Drucks, ihre Arbeit fortsetzen können und zeitweise über 450 Schulpflichtige betreut. Den Pogrom vor 59 Jahren überstand das Schulhaus wohl nur deshalb unbeschadet, weil es sich bei dem Gebäude um städtisches Eigentum handelte. Allerdings entzog dann die Stadt im Mai 1939 der israelitischen Gemeinde das Gebäude – ungeachtet der Tatsache, daß im neuen Schuljahr 1939/40 immer noch 180 Schüler in sieben Klassen zu unterrichten waren.[21] Nach der Deportation der Mannheimer Juden im Oktober 1940 verblieben noch ca. 30 *nichtarische* schulpflichtige Kinder, aus sogenannten Mischehen stammend, die bis zum 30. Juni 1942 in den Lehrsälen der Klaus-Stiftung bzw. in B 7, 2 unterrichtet wurden. Zuletzt taten noch zwei Lehrkräfte ihren Dienst, auch sie wurden später Opfer des Holocaust[22] – ein Schicksal, das auch Baruch Stahl, den Leiter der K 2-Schule, zusammen mit seiner Frau 1942 in Auschwitz ereilte.[23]

Welchen Typ *deutscher Volksschule* in lokaler nationalsozialistischer Prägung erwünscht war, zeigt die Schönauschule. Sie war der einzige Schulneubau in Mannheim während der NS-Zeit, mitten im Krieg feierlich eingeweiht. Oberbürgermeister Renninger hatte sich für sie stark gemacht und erhebliche finanzielle Mittel zugesagt, sogar persönlich interveniert, als Schwierigkeiten bei der Bauholz- und Materialbeschaffung auftraten.[24] Für ihn stellte das Gebäude *die schönste in jenen Jahren in Baden erbaute achtklassige Volksschule* dar.[25] Neben einer Turnhalle und Handarbeitssälen verfügte die Schule über eine ganze Reihe von Räumen, die etwa für die NSV „Mutter und Kind", für die Hausfrauen-, Kinder-, aber auch für die Siedlerbetreuung reserviert wurden. Noch nicht schulpflichtige Kleinkinder sollten hier im Kinderhort ganztägig auf Kosten der Stadt betreut werden. Renninger referierte darüber im Juli 1939: *Der Gedanke ist der, die Kinder morgens aus den Familien herauszunehmen und sie den ganzen Tag in den Kindergarten zu lassen. ... Die Kinder ... kommen erst abends wieder in ihre Familie zurück.*[26] Die Neue Mannheimer Zeitung prognostizierte, mit einem gehörigen Schuß Lokaloptimismus, daß *diese ideale Verbindung, wie sie hier zum erstenmal in ganz Deutschland durchgeführt wurde, bald „Schule" machen* dürfte.[27] Die Schönauschule sollte nicht allein in räumlicher Hinsicht der Kristallisationskern einer neuen Siedlergemeinschaft werden – die völlige Vereinnahmung der Kinder war festes Ziel. An die Stelle des Elternhauses als primärer Erziehungsstätte wollte der Staat bzw. die Partei treten, assistiert von den Jugendorganisationen HJ und BDM.[28]

Konsequenterweise hatte der Oberbürgermeister im Dezember 1937 vor dem Stadtrat gefordert: *Ein Teil des Schulhauses sei so auszubilden, daß mit einem besonderen Zugang Räume zu schaffen sind für diese besonderen Aufgaben der Partei.*[29] Am Tag der Einweihung, am 19. Mai 1941, stellten sich die Schüler und Schülerinnen artig in Reih und Glied auf, zur Belohnung gab es eine Brezel – *in der Kriegszeit ein Hochgenuß*,[30] wie eine ehemalige Teilnehmerin vermerkt. Den Lehrbetrieb hatte die Schönauschule bereits im Januar 1940 aufgenommen und noch im selben Jahr, in der Nacht vom 22. zum 23. Oktober, neben anderen Schulen, als Sammelplatz für die Judendeportation nach Gurs gedient.

Die Schulen waren aber auch willkommenes Experimentierfeld, um neue Propagandamedien einzusetzen. Ab 1933 wurden die Lehranstalten einer Inflation von Feierveranstaltungen ausgesetzt, was neben einer Unzahl von Radioübertragungen auch das Anschauen vieler Filme durch Schulklassen nach sich zog: Trommelfeuer auf Ohren und Augen![31] *Erst der neue Staat*, verkündete ein Erlaß des Reichserziehungsministeriums, *ist gewillt auch den Film in den Dienst der neuen Weltanschauung zu stellen. Er sollte demzufolge gerade bei den neuen Unterrichtsgegenständen der Rassen- und Volkskunde zum Einsatz kommen.*[32] Aber nicht nur dort: Als im September 1938 an die Schulen die Aufforderung erging, anzugeben, welche Filminhalte sich die Fachlehrer für ihren Bereich wünschten, findet sich in den Unterlagen der Lessingschule folgende Liste:[33]

- *Veranschaulichung historischer Vorgänge (wie z.B. „Deutsche Westgrenze")*
- *Darstellung der operativen Maßnahmen von Feldzügen in Verbindung mit ihren politischen Folgeerscheinungen*
- *Entwicklung der Waffengattungen*
- *Die Waffen und ihr taktischer Einsatz im Wandel des Jahrhunderts*
- *Die Stellung des Soldaten im kulturellen Leben der Nation.*

Es waren die Geschichtslehrer, die diese Wunschliste erstellt hatten, obwohl der Krieg noch nicht begonnen hatte.

Wie ist der Lehrer zu bedauern, der hier in diesen stumpfen Mauern, zu Euch hier seine Schritte lenkt. So reimten, frei nach Wilhelm Busch, die Pennäler der Adolf-Hitler-Schule Ostern 1939 in ihrer Bierzeitung.[34] Dieser Reim, könnte er ein Leitmotiv jener Jahre ab 1933 abgeben? Blieben auch pathetisch-nationale Töne meist nur den offiziellen Feiern vorbehalten und erschien die Schule gelegentlich eher als ein Rückzugsort oder Freiraum in einer sich binnen weniger Jahre rapide wandelnden Umwelt – die Veränderungen ab 1933 waren unübersehbar und gravierend. Den nur äußerlichen Umbenennungen folgten – wie erwähnt – tiefe schulorganisatorische Eingriffe und alsbald auch Änderungen der Unterrichtsinhalte, z.B. das Fach Rassenkunde ab Dezember 1933, und nicht zuletzt die jüdische Tragödie auch in den Klassenzimmern: Das totalitäre System machte vor der Institution Schule nicht halt. Die neuen Rituale wurden schnell akzeptiert: Das Horst-Wessel-Lied vernahm man am Karl-Friedrich-Gymnasium erstmals bei der Schulfeier am 14. März 1933 aus der hinteren Ecke der Turnhalle noch mit deutlichem Befremden.[35] Ein Jahr später war es bei der Abschlußfeier schon selbstverständlich. Das Lied wurde gemeinsam im Deutschunterricht gelernt und geübt, auch die Lehrer selbst lernten den grammatisch so schiefen Text. Stille Anstifter des Zweifels zu sein, zum Nachdenken zu animieren, bemüht, auf eine mehr unmerkliche Art und Weise die offizielle Lehrdoktrin, die ideologische Vereinnahmung zu hinterfragen – das schafften, auch in Mannheim, wohl nur die wenigsten Pädagogen.[36]

114
Die Schönauschule am Tag ihrer Einweihung. 19.5.1941. Das Gebäude, eine im zeittypischen Heimatschutzstil erbaute, dreigeschossige Winkelanlage, wurde mit einer roten Sandsteinverkleidung versehen und war mit ihren 16 Klassenzimmern für etwa 800 Schüler ausgelegt. Überdies waren mehrere Räume für gemeinschaftliche Zwecke der Siedlungsbevölkerung vorgesehen.

115
Kommunistische Parole an einem Bretterzaun. Vermutlich 1933. Die Arbeiterzeitung war das Organ der Mannheimer Kommunisten und ist nach dem Reichstagsbrand endgültig verboten worden.

Jörg Schadt

Verfolgung und Widerstand der Arbeiterbewegung

Als Golo Mann, der Sohn des berühmten Schriftstellers, an der Universität Heidelberg studierte, traf er bei einer Bahnfahrt von Mannheim nach Heidelberg am 8. Dezember 1931 den etwa gleichaltrigen *Genossen* Max Diamant. Der junge Mannheimer Sozialist beeindruckte den späteren Historiker durch seine Prognose. Golo Mann notierte sich von den Aussagen Diamants in sein Tagebuch: *Er glaubt nicht, daß die Herrlichkeit des Faschismus so kurz sein werde, man werde organisieren, wie der Deutsche das kann, und sich wie in Rußland und Italien der kleinen Kinder bemächtigen; auf lange Sicht arbeiten. Deutschland werde ein großes Zuchthaus sein, hunderttausend Intellektuelle nach Paris eilen, die Mehrzahl freilich sich unterwerfen, die Professoren mit fliegenden Fahnen voran.*[1]

Diese *düstere Prophezeiung* Diamants wurde vielleicht nicht allüberall im Lager der Sozialdemokratie geteilt. Auch Mann nahm sie nicht ernst. Aber die Partei warnte schon frühzeitig vor Hitler, der für sie den Krieg bedeutete. Die Sozialdemokratie war der quantitativ stärkste Exponent der Arbeiterbewegung und das eigentlich politische Bollwerk gegen die NSDAP, als diese bei der Landtagswahl 1929 zum *Kampf um Mannheim* ansetzte. In einem Agitationsartikel, den er wohl im Oktober jenes Jahres in R 3, 6 verfaßte, schrieb der NSDAP-Kreisleiter Friedhelm Kemper: *Seit Wochen halten wir nun in den größten Sälen Mannheims eine überfüllte Versammlung nach der anderen ab. Mannheim ist die Metropole der SPD, aber die SPD ist nicht erbaut von dem Kampf, den wir führen. Alle Mittel werden gegen uns in Bewegung gesetzt.*[2]

Mannheim, den 8. November 1933.

Aberkennung der deutschen Staats=
angehörigkeit, hier
Johann Georg Reinbold.

N= 2551

Beschluss.

I. An den Herrn Minister des Innern
  in **Karlsruhe**

Beifolgend lege ich die hier entstandenen Akten
obigen Betreffs ergebenst vor.

Johann Georg Reinbold, geb. am 22.10.1885 in Tri-
berg, ist im Jahre 1923 in Mannheim zugezogen. Er wohnte
vorher in Singen a/H. und war dort stellvertretender Bürgermeister. Der Genannte ist mit der am 27.1.1885 in Berlin geborenen Elise Schröder verheiratet. Kinder sind aus
der Ehe nicht hervorgegangen.

Die Eheleute Reinbold sind nach den Strafregister-
auszügen A.S. 1/3 gerichtlich nicht vorbestraft. Georg
Reinbold war in Mannheim zunächst als Parteisekretär der
S.P.D. tätig und später Landesvorsitzender der sozialdemokratischen Partei in Baden. Ausserdem war er sozialdemokratischer Landtagsabgeordneter und eine Zeitlang 1.
Vizepräsident des bad. Landtages. Er hat in seiner Eigen-

b.w.

hafen beschlagnahmt.

Reinbold ist nach Mitteilung des Finanzamts Mannheim (A.S. 2) zur Vermögenssteuer nicht veranlagt
gewesen. Zur Einkommensteuer war er für 1932 aus 499.--
RM Kapitalzinsen und 403.-- RM Ueberschuss aus Vermie-
tung veranlagt. Das Einkommen als Parteisekretär war
mit 6990.-- RM angegeben und unterlag dem Steuerabzug
vom Arbeitslohn. In der früheren Jahren bewegte sich
sein Angestellteneinkommen um 9000.-- RM. Für das Jahr
1932 besteht noch eine Restschuld von 72.-- RM.

Als Vermögen ist aus der Steuererklärung bekannt:
1. Mietwohngrundstück Oberdorfstr. 1a in Singen a/H
mit einem bad. Steuerwert von 8000.-- RM und einem
Einheitswert per 1.1.1931 von 5900.-- RM und
2. Wertpapiere im Nennwert von 6000.-- RM und einem Kurswert von 5953.-- RM.

Der Verbleib der Wertpapiere ist nicht bekannt.
Wegen des Grundstücks in Singen a.H. darf ich auf
meinen Bericht vom 25. September 1933 Nr 22425 und den
Erlass vom 29.9.1933 Nr 10460I ergebenst Bezug nehmen.

Reinbold gehört zweifellos zum Kreis derjenigen
Marxisten, die sich der Verantwortung für ihre Tätigkeit
im Inlande durch die Flucht entzogen haben und nunmehr

schaft als hoher Parteifunktionär in Versammlungen
und Kundgebungen der sozialdemokratischen Partei und
der ihr nahestehenden Organisationen die nationale
Erhebung unseres Volkes aufs heftigste bekämpft und
sich hierbei in Wort und Schrift besonders hervorge-
tan.

Alsbald nach der Uebernahme der Macht durch die
nationale Regierung ist Reinbold mit seiner Ehefrau
unter Zurücklassung seiner Wohnungs-Einrichtung ins Ausland geflohen. Abgemeldet wurde er am 21.4.1933.

Seine Wohnungs-Einrichtung war nach seiner Flucht
bei einem Spediteur in Mannheim eingelagert worden.
Dem Spediteur wurde damals - mangels genauen Vorschriften -
eröffnet, dass die in Verwahrung gegebenen Möbel polizeilich sichergestellt seien und dass ohne Zustimmung des
Polizeipräsidenten nichts davon entnommen werden dürfte.
Gleichzeitig wurde ihm zur Auflage gemacht, den Aufenthalt
der Eheleute bei Bekanntwerden sofort hierher mitzutei-
len.

Der Spediteur hat beide Auflagen nicht erfüllt, und
es ermöglicht, dass die Wohnungs-Einrichtung von Frau Reinbold veräussert werden konnte. Im Gewahrsam der Geheimen
Staatspolizei Mannheim befindet sich ausserdem - als Eigentum der Eheleute Reinbold - ein Koffer mit Wäschestücken und
60.-- RM Bargeld. Der Koffer wurde s.Zt. im Bahnhof Ludwigs-

im Auslande gegen die Regierung der nationalen Erhebung
arbeiten.

Im Einvernehmen mit der örtlichen Kreisleitung
der N.S.D.A.P. stelle ich daher Antrag auf Aberkennung
der Deutschen Staatsangehörigkeit des Georg Reinbold und
seiner Ehefrau.

II. Dies als Beleg.

Der Polizeipräsident.
- Abt. / 19

In Mannheim war die Sozialdemokratie am Ende des 19. Jahrhunderts die beherrschende politische Kraft geworden.[3] Sie hatte die Forderungen der liberalen und demokratischen Bewegung des Vormärz und der Revolution von 1848/49 übernommen. Ihr Aufstieg machte die wachsende Politisierung der Mannheimer Bevölkerung mit dem Ziel sozialer und politischer Veränderungen deutlich. Im Wachstum der Sozialdemokratie kommt auch zum Ausdruck, daß sich der Gesellschaft ein politischer Humanismus bemächtigte, was aber auch seit dem späten 19. Jahrhundert sozialdarwinistische Gegenströmungen im Bürgertum auslöste.

Trotz gelegentlichen radikalen Stimmungen vor allem während der Verfolgung durch das Sozialistengesetz (1878–1890) galt die Sozialdemokratie unter der Führung von August Dreesbach als maßvoll. Unter seinem Nachfolger Ludwig Frank kam sogar eine parlamentarische Zusammenarbeit mit den Nationalliberalen zustande. Die SPD besaß bei der badischen Landesregierung und der Mannheimer Stadtverwaltung großes Ansehen und war auch für bürgerliche Schichten durchaus wählbar. Sie gewann mit ihren Untergliederungen und Umfeldorganisationen breite Schichten der Arbeiterschaft von Jugend an.

Die Verteidigungsbereitschaft der Sozialdemokratie manifestierte sich während der Weimarer Republik vor allem in der Wehrorganisation des Reichsbanners Schwarz-Rot-Gold, das 1924 entstanden war, und später in der Eisernen Front. Aber die SPD hatte das Monopol über die Arbeiterschaft verloren, nachdem radikalisierte Arbeitergruppen vor allem der Metallindustrie von ihr weggebrochen und in das Lager der Kommunisten übergelaufen waren.

In den Kommunisten trat den Sozialdemokraten nicht nur ein weiterer Konkurrent entgegen, sondern zugleich ein Todfeind der Republik, der mit der Weltwirtschaftskrise und der damit einhergehenden Arbeitslosigkeit auch bei den Wahlen zunahm und sogar einmal, im November 1932, die SPD überflügeln konnte. Dem Beispiel der SPD folgend, bildete die KPD ebenfalls Umfeldorganisationen aus, so daß sie trotz Fluktuation ihrer Mitglieder eine beachtliche Position in der Mannheimer Arbeiterschaft einnahm.

Sowohl für die SPD wie die KPD hatte sich in Mannheim eine Massierung ihrer Mitgliederschaft auf Landesebene ergeben, was dazu führte, daß die badische SPD seit 1908 Mannheim als Sitz des Landesvorstands auserkoren hatte. Auch die Bezirksleitung der KPD für Baden, später auch für die Pfalz, hatte ihren Sitz in Mannheim. Das „rote" Mannheim, in dem die beiden Arbeiterparteien lange die Mehrheit der Wähler hinter sich hatten, war also gewissermaßen die Hauptstadt der sozialistischen Bewegung in Baden, als die Nationalsozialisten die Macht übernahmen.

Ohne Zweifel standen ihnen hier in beiden Arbeiterparteien die politischen Hauptgegner gegenüber. Wiederholt kündigte das Hakenkreuzbanner, das örtliche NSDAP-Organ, den *Marxisten* den Kampf an. Aber SPD wie KPD schätzten die Gefahr der NSDAP jeweils falsch ein und gelangten aus verschiedenerlei Gründen zu keiner gemeinsamen Abwehr, was viele ihrer Mitglieder, und nicht nur diese, als Tragödie empfanden. Die SPD und die ihr nahestehenden Gewerkschaften brachten 1932/33 nicht mehr die Verteidigungsbereitschaft auf, die sie beim Generalstreik gegen den Kapp-Putsch 1920, zu Beginn der Republik, gezeigt hatten.

117 a
Georg Reinbold (1885–1946). Vor 1933.
Reinbold, Landesvorsitzender der SPD und Vizepräsident des badischen Landtags, tauchte im März 1933 unter und unterstützte während der NS-Herrschaft als Grenzsekretär vom westlichen Ausland aus die lokalen Widerstandsgruppen der SPD in Südwestdeutschland.

117 b
Jakob Baumann (1893–1951). Nach dem Zweiten Weltkrieg. Baumann, in der Weimarer Republik gewerkschaftlich engagiert, war führend im sozialdemokratischen Widerstand tätig und wurde deshalb 1937 zu zehn Jahren Zuchthaus verurteilt. Er war Mitglied des Mannheimer Gemeinderats von 1946 bis zu seinem Tod.

116
Linke Seite: Antrag des Polizeipräsidiums Mannheim auf Ausbürgerung des Sozialdemokraten Georg Reinbold. 8.11.1933.

117 c
Rechts: Jakob Trumpfheller (1887–1975) mit seiner Ehefrau an einer Wäschemangel. 1937. Foto aus: Jakob Trumpfheller 75 Jahre. Vom Schlosserlehrling zum Ersten Bürgermeister der Stadt Mannheim. Mannheim (1962). Das Ehepaar betrieb während der NS-Herrschaft eine Wäscherei. Trumpfheller, führender Repräsentant der Mannheimer Arbeiterbewegung, wurde während der Diktatur neun Mal verhaftet.

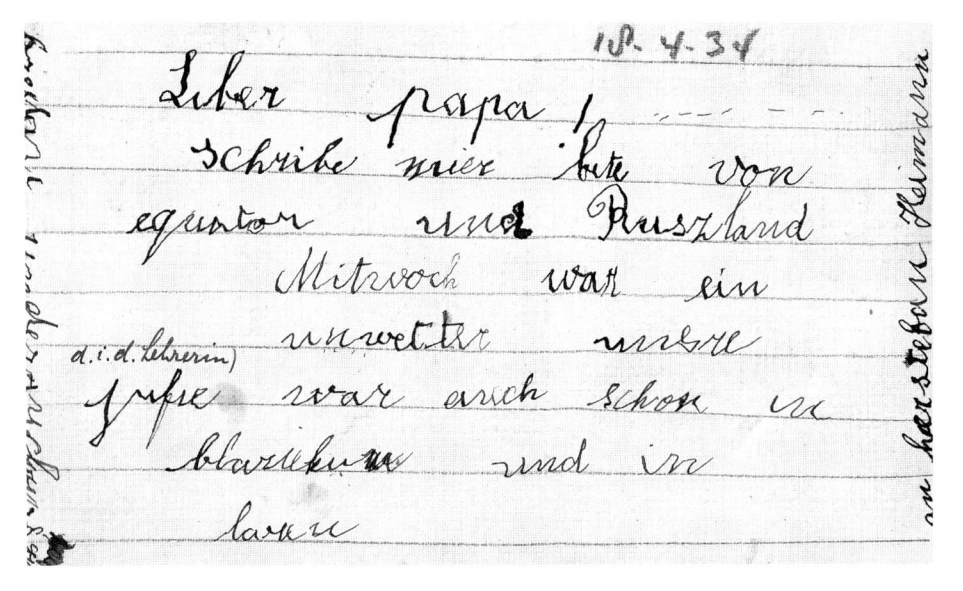

Der Brand des Reichstags in der Nacht vom 27. Februar bot der nationalsozialistischen Reichsregierung den Vorwand, zunächst die KPD zu unterdrücken. Tausende von kommunistischen Funktionären wurden in der Nacht in ganz Deutschland in *Schutzhaft* genommen. Nach der Wahl vom 5. März häuften sich auch in Mannheim die Verhaftungen, wie die Zahlen des Polizeigefängnisses und des Landesgefängnisses zeigen.

Wurden die Sozialdemokraten schon während des Wahlkampfs behindert, so nutzte der nationalsozialistische Reichskommissar Robert Wagner die Verzweiflungstat des Freiburger SPD-Landtagsabgeordneten Daniel Nußbaum zu einem Verbot der sozialdemokratischen Presse und aller sozialdemokratischen Wehr- und Jugendverbände. Der Terror weitete sich nun aus, wobei vor allem die Kommunisten massenhaft zu leiden hatten. Die Organisationen der beiden Parteien waren zwar – wie es in einer weiteren Verfügung des Reichskommissars vom 30. März heißt – vom Verbot ausgenommen; gleichwohl waren sie in die Halblegalität gedrängt. Beide waren kaum auf die Diktatur vorbereitet, sieht man von der Vernichtung von schriftlichen Unterlagen durch den SPD-Landesvorstand ab. Alle wurden vom Terror mehr oder minder überrascht. Einige prominente Führer wie der SPD-Landesvorsitzende Georg Reinbold, der Volksstimme-Redakteur Heinrich Harpuder oder der Vorsitzende der SPD-Bürgerausschußfraktion Franz Hirschler konnten untertauchen oder ins Ausland gehen. Tatsächlich überließ die SPD die Republik kampflos den Nationalsozialisten. Die Enttäuschung vor allem junger Mitglieder über das Verhalten ihrer Führer war allenthalben groß, und Resignation breitete sich aus.

Den nationalsozialistischen Machthabern gelang es, rasch ein Klima der Verunsicherung zu schaffen. Die Verfolgten waren alleingelassen, auch die beiden Kirchen fanden weder ein Wort der Entrüstung oder Mahnung an die Verfolger, noch eine Geste des Mitgefühls gegenüber den Unterdrückten. Sie wurden ihrer Freiheit und der Arbeit beraubt, gesellschaftlich geächtet und öffentlich diffamiert (wie etwa bei einem Fastnachtszug) und – soweit sie geflohen waren – ausgebürgert und damit gewissermaßen vogelfrei gemacht, wie z. B. Georg Reinbold und Heinrich Harpuder. Soweit sie sich dem Regime und seinen Normen widersetzten, hatten sie verschärfte Verfolgung durch Gestapo und Justiz zu erwarten. Manche Kommunisten wie Stefan Heymann verbrachten die ganze Zeit der Diktatur, manche Sozialdemokraten wie Jakob Baumann viele Jahre in Zuchthäusern oder Konzentrationslagern.

118 a
Brief des in Amsterdam mit seiner Mutter lebenden Schülers Dieter Heymann an seinen in Breslau inhaftierten Vater, den kommunistischen Redakteur Stefan Heymann. 18.4.1934.

118 b
Aufruf der von Georg Reinbold in New York geleiteten Hilfsorganisation an südwestdeutsche Sozialdemokraten. Um 1945.

119 a
Paul Erfurth (geb. 1892), Sozialdemokrat.
1920er Jahre.

119 b
Illegale sozialdemokratische, auf Seidenpapier gedruckte Zeitung. 1934. Das Blatt in der Größe von 14 x 22 cm, das nach Angabe auf der Rückseite am 20. August 1934 abgeschlossen wurde, ist erst im Jahre 1987 entdeckt worden. Es war im Brotfach des Küchenschranks der Witwe des Sozialdemokraten Paul Erfurth (s. Abb. 119 a) versteckt. Die illegale Widerstandspresse versuchte, wie das abgebildete Beispiel zeigt, den Charakter des nationalsozialistischen Regimes zu entlarven. Die Besitzer derartigen Materials mußten – der Verhaftung stets gewärtig – beim Verstecken findig sein.

Aus den Reihen der Arbeiterbewegung aber erwuchs dennoch dem Regime, gewissermaßen von der ersten Stunde an, ein grundsätzlicher Widerstand, der massenhafte Züge annahm, als die Mitglieder versuchten, ihren Zusammenhalt und ihre Gesinnung zu wahren sowie den in Not befindlichen Genossen Hilfe zu gewähren. Bei den Sozialdemokraten geschah dies eher widerwillig. Obwohl die SPD einst unter der Verfolgung durch Bismarck groß geworden war, blieb ihre Mitgliedschaft rechtsstaatlichem Denken verbunden: Ihnen widerstrebte die Illegalität. Aber wollten sie sich als politische Wesen nicht aufgeben, blieb ihnen nun keine andere Wahl. Anfang April kam der badische SPD-Landesvorstand nochmals in einem katholischen Vereinshaus in Ludwigshafen zusammen und beschloß, einen Kurierdienst zwischen Mannheim und dem Saargebiet einzurichten, womit Georg Reinbold beauftragt wurde.

Dies begünstigte den raschen Aufbau einer sozialdemokratischen Widerstandsorganisation in Mannheim, der dann auch eine zentrale Funktion in Südwestdeutschland zukam; jedenfalls befand sich hier nach den Erkenntnissen der Verfolger die Zentralablegestelle der aus dem Ausland eingeführten Druckschriften, von der aus die SPD-Gruppen in Nordbaden, Württemberg und Hessen beliefert wurden. Wir können davon ausgehen, daß der sozialdemokratische Widerstand in Mannheim und Umgebung, der sich in der zweiten Jahreshälfte 1933 entfaltete, etwa 1 500 Mitglieder umfaßte; seine größte Dichte gewann er in den Arbeiterbezirken Mannheims. Führend waren hier Jakob Ott, Karl Mayer und Jakob Baumann tätig. Aber er war von keiner zentralistischen Struktur geprägt und kannte durchaus Differenzen taktischer und strategischer Natur, wie dies die sog. Rechberg-Gruppe unter Führung von Emil Henk in Heidelberg zeigt.

120
Treffen von Mitgliedern der illegalen Sozialistischen Arbeiterpartei in der Gartenlaube von Paul Locherer in Seckenheim. Sommer 1936.
Von links nach rechts Adolf Schröder, Friedrich Adler und Paul Locherer.

Diese Massenillegalität wurde von dem in Prag, dann in Paris tätigen Vorstand unterstützt. Er unterhielt dazu rings um das Reich eine Reihe von Grenzsekretären. Für den Westen war Georg Reinbold bestimmt worden, der zunächst in Straßburg, dann in Saarbrücken und zuletzt in Luxemburg tätig war, indem er die Zeitungen verteilte und Nachrichten aus dem Reich entgegennahm. Er organisierte vom Ausland aus auch das große Treffen von sozialdemokratischen Spitzenleuten, das am 23. März 1935 – von der Gestapo nicht entdeckt – in Mannheim stattfand.[4]

Freilich gelang der Gestapo bereits im Oktober 1934 eher durch Zufall ein erster größerer Schlag, als nämlich ein Kurier auf dem Weg nach Ludwigshafen mit seinem Motorrad verunglückte und dabei eingeschmuggelte Schriften verlor. Sie erzielte dann durch systematische Überwachung weitere Erfolge, die im Dezember 1935 und im Frühjahr 1936 in umfangreichen Verhaftungen gipfelten. Am 30. Mai 1936 glaubte sich die Gestapo in der Lage, in einem Schlußbericht das Ende des organisierten Widerstands der SPD, aber auch der KPD zu konstatieren.[5]

Wie keine andere politische Gruppierung hatten die Kommunisten unter der Verfolgung durch die Nationalsozialisten zu leiden. Der Zugriff war hier für die Verfolger leichter, denn die KPD war schon in der Republik Gegenstand polizeilicher Überwachung gewesen. Wie bei den Sozialdemokraten formte sich der Widerstand der Kommunisten aus dem Willen, den Zusammenhalt zu wahren. Die Kassierung von Mitgliedsbeiträgen und die Verbreitung von Druckschriften waren auch bei ihnen wichtige Elemente. Aber die Risikobereitschaft und der Aktionismus, in dem sie den Nationalsozialisten ähnelten, waren weit stärker ausgeprägt. Durch öffentliche Betätigung etwa durch Verbreitung von Flugblättern oder das Anbringen von Losungen an Wänden wollten sie beweisen, daß die KPD trotz Verfolgung noch da war. Die Gestapo stellte beispielsweise in ihrem Zweigstellenbezirk Mannheim anläßlich der Volksabstimmung im August 1934 eine *sehr starke* kommunistische Propagandatätigkeit fest.[6]

Die Verfolgung führte – jedenfalls anfangs – bei den Kommunisten zu Unbeugsamkeit und Trotz, so daß die Gestapo bei ihnen einen Fanatismus beobachtete, den die Nazis gern für sich als Tugend beanspruchten. Der zentralistischen Mentalität entsprechend hing hier viel von der Bezirksleitung ab, die für Baden, seit 1931 auch für die Pfalz, zuständig war und zugleich Mannheim als Unterbezirk versorgte. Der so organisierte kommunistische Widerstand umfaßte nach eigenen Angaben 1933/34 im Bezirksbereich, also über Mannheim hinaus, etwa 800 Mitglieder.

Wie bei der SPD gelang der Gestapo bis 1936 die Zerschlagung. Tatsächlich hatte die Mannheimer Bezirksleitung vor allen anderen im Reich die meisten Ausfälle durch Verhaftungen und bereits im Winter 1934/35 solche Aderlässe, daß sie kaum noch funktionsfähig schien.

121 a
Paul Schreck (1892–1948). Um 1948.
Schreck, in der Weimarer Republik kommunistischer Landtags- und Reichstagsabgeordneter, war während der Diktatur viele Jahre in Haft, zuletzt im Konzentrationslager Buchenwald. Seit 1945 war er wieder führend in der Mannheimer KPD und der IG-Metall tätig und bis zu seinem Tod Mitglied des Gemeinderats.

121 b
Antonie Langendorf (1894–1969). Um 1954.
Die Tochter eines sächsischen Textilarbeiters und Gewerkschaftssekretärs war in den zwanziger Jahren bei der KPD angestellt und wurde 1929 in den badischen Landtag gewählt. Nachdem ihr Ehemann, mit dem sie 1921 nach Friedrichsfeld zog, als Mitglied der Widerstandsgruppe um Georg Lechleiter 1942 hingerichtet worden war, kam sie 1944 in das Konzentrationslager Ravensbrück, wo sie am 1. Mai 1945 befreit wurde. Sie war von 1946 bis 1959 Mitglied des Mannheimer Gemeinderats.

Als im Juli 1936 mit dem Putsch Francos der Spanische Bürgerkrieg ausbrach, setzten dort deutsche Kommunisten ihren Kampf gegen den Faschismus fort, indem sie in den Internationalen Brigaden die Republik verteidigten. Der Generalstaatsanwalt vermutete im Dezember 1936, daß *nahezu alle ins Ausland geflohenen Kommunisten in die rote Armee Spaniens eingereiht wurden*.[7] Nach den Angaben von Fritz Salm waren es allein aus Mannheim 26 Kommunisten.[8] Vereinzelt kämpften im Zweiten Weltkrieg Kommunisten auch auf der Seite der Résistance gegen die deutschen Besetzer in Frankreich.[9]

Vielfach blieben auch hier persönliche Beziehungsnetze bestehen, auch wenn Gestapo und Justiz seit April 1936 jede Äußerung, bei der der Täter mit dem Vorsatz gehandelt hatte, einen anderen zu einer hochverräterischen Einstellung zu veranlassen, als *Mundpropaganda* unnachsichtig verfolgten,[10] wobei wieder die Kommunisten die Hauptleidtragenden waren. Der Generalstaatsanwalt in Karlsruhe berichtete jedenfalls für die Monate Dezember 1936 und Januar 1937, daß die *kommunistische Mundpropaganda munter* weitergehe.[11]

Erst nach dem deutschen Überfall auf die Sowjetunion im Juni 1941 bildete sich um den kommunistischen Landtagsabgeordneten Georg Lechleiter erneut eine Widerstandsorganisation, die, auf sich allein gestellt, ein Organ, den Vorboten, herausgab und die seither als Synonym des Mannheimer Widerstands gilt.

Gegenüber den beiden großen Parteien hat sich die Sozialistische Arbeiterpartei am längsten in der Illegalität halten können. Es war eine kleine, durchaus elitäre Gruppierung, die sich am Ende der Weimarer Republik mit der Absicht gebildet hatte, die Spaltung der Arbeiterbewegung zu überwinden. Der bereits genannte Max Diamant gehörte zu ihr und im Norden Deutschlands Willy Brandt. Ihr kam der Umstand zustatten, daß sie kaum bekannt war und sich offiziell im März 1933 selbst aufgelöst hatte. Hauptsächlich auf jüngere Kräfte gestützt, die sich bereits vor der Machtergreifung systematisch in konspirativen Techniken eingeübt hatten, verstand sie es, eine sehr effektive Untergrundarbeit zu betreiben, die von dem Braunschweiger Lehrer Max Steinmüller unter dem Decknamen Franz Spanner in Basel unterstützt wurde. Das Netz dieser Organisation spannte sich von Kaiserslautern bis Nürnberg und von Frankfurt bis Südbaden, wobei Mannheim eine zentrale Bedeutung zukam.

Vermutlich durch den Verrat eines Freiburger Sozialdemokraten erhielt die Gestapo den entscheidenden Hinweis auf den Pforzheimer Volksschullehrer Karl Otto Bührer, was dann im Frühjahr 1938 eine Verhaftungsaktion auslöste, die zur Aburteilung der meisten Mitglieder bis zum Jahr 1940 führte. In Mannheim waren nach Einschätzung von Mitgliedern etwa 80 bis 100 Männer für die Sozialistische Arbeiterpartei im Untergrund tätig.

Neben diesen drei größeren Gruppierungen gab es in Mannheim noch kleinere aus der Arbeiterbewegung erwachsene Widerstandszirkel wie z.B. die *Gruppe Neu Beginnen* oder die *Anarchosyndikalisten*. Zur Arbeiterbewegung sind ferner u.a. die katholischen Gewerkschaften zu zählen, deren Mitglieder wie z.B. Heinrich Wittkamp durch die Gebundenheit an das Zentrum zum Teil in schwere Gewissensnöte gerieten und ebenso wie die Sozialisten verfolgt wurden und sogar wie August Kuhn zum aktiven Widerstand bereit waren.

Auch nachdem der organisierte Widerstand der Arbeiterparteien gebrochen war, mußte die Gestapo bei den aus der Straf- bzw. *Schutzhaft* Entlassenen generell feststellen, daß sie sich öffentlich zwar außerordentlich zurückhielten, *ohne daß andererseits allgemein von einer inneren Umstellung gesprochen werden kann*.[12]

Ihr Widerstand hatte nichts am Bestand des NS-Regimes ändern, bestenfalls hemmend wirken können. An gewaltsame Aktionen oder Sabotageakte mögen einige ihrer Mitglieder durchaus gedacht haben, wie etwa Emil Henk, der Carlo Mierendorf aus dem Konzentrationslager Osthofen befreien wollte, aber bestenfalls gelang einmal die Störung einer Radioübertragung, wie dies in Stuttgart oder Karlsruhe geschah.

Beim Neuaufbau einer Demokratie, den die Niederwerfung des nationalsozialistischen Regimes durch die Alliierten im Zweiten Weltkrieg ermöglichte, spielten die Verfolgten und die Widerstandskämpfer aus den Reihen der Arbeiterbewegung eine wichtige Rolle. Dies wird besonders deutlich im Blick auf die kommunale Selbstverwaltung, wo die Sozialdemokraten Jakob Trumpfheller, Gustav Zimmermann, Walter Krause und Dr. Karl Otto Watzinger als Beigeordnete wichtige Positionen einnahmen.

Nach 1945 sind Widerstandskämpfer in den Fraktionen der SPD (Otto Bauder, Jakob Baumann, Adolf Brüstle, Georg Gräber, Karl Mayer, Jakob Ott, Paul Schmutz, Karl Schweizer, Jakob Sommer), der KPD bzw. DKP (Peter Eimuth, Antonie Langendorf, August Locherer, Paul Schreck), der FDP (Karl Helffenstein) sowie der CDU (August Kuhn, Heinrich Wittkamp) nachweisbar. Die gemeinsame Erfahrung in Verfolgung und Widerstand prägten Freundschaften wie etwa zwischen August Kuhn und Jakob Trumpfheller und bedingten sicherlich auch einen politischen Grundkonsens im Neubeginn von 1945. Aber auch in einer von der Geschichte der Arbeiterbewegung geprägten Stadt wie Mannheim dauerte es bis in die sechziger Jahre, bis dieser Teil ihrer Geschichte aufgearbeitet wurde.

122
Mannheimer Häftlinge vor dem befreiten Konzentrationslager Buchenwald. 1.5.1945.

123
Fronleichnamsprozession. 1934. Unter dem *Himmel* Prälat Joseph Bauer mit Monstranz. Links ein Polizist mit zum *deutschen Gruß* erhobenen Arm. Der Zug befindet sich auf dem Weg von der Jesuitenkirche zur Breiten Straße vor A 2.

Thomas Fiedler

Die Katholiken im Zwiespalt

Für die Stellung der katholischen Kirche zur NSDAP in der Endphase der Weimarer Republik sind zwei Erklärungen von großer Bedeutung. Im September 1930 gab das bischöfliche Ordinariat Mainz nach der Reichstagswahl, bei der die Nationalsozialisten einen großen Erfolg verbuchen konnten, bekannt: *Jedem Katholiken ist es verboten, eingeschriebenes Mitglied der Hitlerpartei zu sein ... . Solange ein Katholik eingeschriebenes Mitglied der Hitlerpartei ist, kann er nicht zu den Sakramenten zugelassen werden.*[1] Im August 1932, die NSDAP hatte bei den Juliwahlen ihr bestes Ergebnis unter demokratischen Bedingungen erzielt, bekräftigte die Fuldaer Bischofskonferenz: *Sämtliche Ordinariate haben die Zugehörigkeit zur NSDAP für unerlaubt erklärt.*[2]

Mit der Zentrumspartei verfügte der Katholizismus im Gegensatz zum Protestantismus über eine politische Vertretung, deren Wählerstamm sich bis zum März 1933 als überaus stabil erwies. Zwar war das Zentrum als eine der Parteien der sogenannten Weimarer Koalition neben SPD und DDP lange Zeit eine Stütze der Republik; dennoch existierte auch bei den Katholiken keine so große Akzeptanz der ersten deutschen Demokratie, wie die häufige Beteiligung des Zentrums an Regierungen zwischen 1919 und 1933[3] vermuten lassen könnte.

Überdies lassen sich gemeinsame Strukturelemente zwischen Nationalsozialisten und Katholiken nicht leugnen: hierarchische Gliederung, starke Betonung der Autorität und strikte Ablehnung liberaler Vorstellungen.[4] Trotz solcher Gemeinsamkeiten bestand eine grundlegende weltanschauliche Differenz, solange die NSDAP das Christentum ideologisch in Frage stellte und bekämpfte. Diese Gegnerschaft war aber auflösbar, wenn die Nazis doch christlich sein konnten.[5]

124

125
Oben: Romfahrt der katholischen Jugend. April 1935.
In der Mitte Professor Max Schwall, Religionslehrer und Bezirkspräses der katholischen Jugend, links neben ihm Generalpräses Wolker von der katholischen Jugend Deutschland.

Linke Seite:

124 a
Oben: Katholische Jugend in *Kluft* mit Halstuch und Koppel sowie mit Wimpeln. Um 1934. Die aus der bündischen Jugend übernommenen Identifikationsstücke wie Uniform oder Fahnen wurden den konkurrierenden Jugendverbänden seitens der HJ von Anfang an streitig gemacht und später gänzlich untersagt, bevor sich die Verbände selbst auflösen mußten bzw. verboten wurden.

124 b
Unten: Veranstaltung in der überfüllten Jesuitenkirche. Um 1934.
Die einheitlich gekleideten Jugendlichen im Mittelgang dürften Angehörige der katholischen Jugend sein.

Immerhin gab es schon im Sommer 1932 Koalitionsgespräche zwischen NSDAP und Zentrum auf Reichsebene.[6] Damit verstieß man zwar gegen das von den eigenen Bischöfen noch im selben Monat bestätigte Kontaktverbot, erhoffte sich jedoch Vorteile für die Katholiken. Deren rechtliche Stellung sollte über Konkordate abgesichert werden, und dazu brauchte man auf Reichsebene die nun stärkste Partei, eben die NSDAP. In Baden konnte im Oktober 1932 ein Konkordat abgeschlossen werden, aber daran war die Koalition mit der SPD zerbrochen.

Nach der *Machtergreifung* glaubten führende Katholiken die strikte Gegnerschaft zur NSDAP nicht länger aufrecht erhalten zu können. So sah der Freiburger Erzbischof Conrad Gröber bereits Mitte März 1933 die Notwendigkeit, *mit einer gewissen Elastizität sich den neuen Verhältnissen anzupassen ohne irgendwelche katholische Anschauungen und politische Beziehungen damit preiszugeben.*[7] Ende April wurde Gröber noch deutlicher: *Wir müssen den neuen Staat bejahen. Wir müssen uns einschalten, um Einfluß zu gewinnen.*[8] Diese Einflußmöglichkeit meinten die Katholiken durch den Abschluß eines Reichskonkordats absichern zu können. In diese Richtung wies auch eine Regierungserklärung Hitlers vom 23. März 1933, allerdings unter der Bedingung, daß das Zentrum dem *Ermächtigungsgesetz* zustimme. Daraufhin widerriefen die deutschen Bischöfe Ende März 1933 ihre grundsätzlich ablehnende Haltung gegenüber dem Nationalsozialismus: *Ohne die in unseren früheren Maßnahmen liegende Verurteilung bestimmter religiös-sittlicher Irrtümer aufzuheben, glaubt daher das Episkopat das Vertrauen hegen zu können, daß die vorbezeichneten allgemeinen Verbote und Warnungen vor der NSDAP nicht mehr als notwendig betrachtet zu werden brauchen.*[9] Die Erklärung zeigt die zwiespältige Haltung der katholischen Kirchenführung: Sie erkannte einerseits die Autorität der amtierenden NSDAP-Regierung an, versuchte jedoch die weltanschaulichen Differenzen aufrechtzuerhalten.

Noch weiter ging der Freiburger Erzbischof Gröber. Wie erwähnt, war er noch vor der Regierungserklärung Hitlers vom 23. März für elastische Anpassung an die neuen Verhältnisse eingetreten. Als erster Bischof ließ er das Kirchenvolk wissen, daß er hinter der neuen Regierung stehe[10] und dem „Dritten Reich" weit entgegenzukommen bereit sei.[11] Dazu kam 1934 noch eine fünfmonatige Fördermitgliedschaft bei der SS. Erst 1935 änderte sich seine Haltung; dabei gestand er auch Fehler ein: *Ich habe mich geirrt, als ich hoffte, mich durch stete Bekundung des Willens zu positiver Mitarbeit mit dem*

126 a
Wandschmierereien am katholischen Gemeindehaus in Neckarau, Friedrichstraße 13, in dem sich auch das Gasthaus Zum Roten Ochsen befand. Um 1934.
Die Parolen greifen in aggressiver Form die *Schwarzen* und besonders die *Pxler* (siehe links neben dem Eingang), wie die HJ die katholische Jugend in Anspielung auf das Christusmonogramm XR nannte, an.

126 b
Willkommensgruß für den katholischen Jugendsportbund Deutsche Jugendkraft (DJK) von der Saar am katholischen Gemeindehaus in Neckarau Friedrichstraße 13. Vermutlich Sommer 1934.
Die Dekoration verstellt den größten Teil der im Bild oben noch prangenden, hier bereits notdürftig entfernten drohenden Wandschmierereien der Nationalsozialisten gegen die Katholiken.

Regime verständigen zu können. Es wird noch schlimmer kommen, das Schlimmste ist zu befürchten.[12] So wurde er in den Augen der Gestapo und von Himmler und Heydrich zu einem der *übelsten Hetzer gegen das Dritte Reich.*[13] Neben dem Münsteraner Bischof Clemens August Graf Galen war Gröber unter den ersten, die die Euthanasie öffentlich anprangerten.[14]

Der Abschluß des Reichskonkordats im Sommer 1933 löste auf katholischer Seite eine *Welle der Hoffnung* aus.[15] Die Katholiken waren nun mehrheitlich dem neuen Staat gegenüber positiv eingestellt. Der Preis für den garantierten Schutz der reinen Seelsorge war die Entpolitisierungsklausel in Artikel 32 des Reichskonkordats. Damit wurde der Anspruch der Katholiken auf eine eigene politische Vertretung aufgegeben. Demzufolge löste sich das Zentrum im Juli 1933 auf. Bereits im Juni, einen Monat nach Zerschlagung des sozialdemokratischen Allgemeinen Deutschen Gewerkschaftsbunds, waren die christlichen Gewerkschaften aufgelöst worden. Von seiten des erzbischöflichen Ordinariats wurde überdies eigens auf die Pflicht zu politischer Enthaltsamkeit von Kirchenmännern hingewiesen.[16] Entscheidend war aber, daß Artikel 32 dem NS-Regime ermöglichte, mißliebigen Priestern Schwierigkeiten zu machen. Es war nämlich stets Auslegungssache, was als politische Äußerung oder Handlung anzusehen war.

Diese Auslegung nahm aber immer die staatliche Seite vor. Es war deshalb vorherzusehen, daß auf diesem Feld Probleme auftauchen würden.

Artikel 31 des Reichskonkordats garantierte zwar den *Schutz der katholischen Vereine*. Nur war den katholischen Verhandlungsführern ein folgenreiches Versäumnis unterlaufen. So sollten zwar die Vereine, die unter Artikel 31 fielen, präzise benannt werden; die detaillierte Liste blieb jedoch einer Vereinbarung nach Abschluß des Konkordats vorbehalten.[17] Damit war der Willkür der Nationalsozialisten Tür und Tor geöffnet. Sie konnten versuchen, bis zum Abschluß der Vereinbarung so viele Vereine wie möglich aufzulösen oder zur Auflösung zu zwingen. Es war im Konkordat nämlich nicht festgelegt, daß alle Vereine zum Zeitpunkt der Paraphierung (20. Juli 1933) gemeint waren. Je länger die Nazis die Vereinbarung über die Liste hinauszögerten, desto weniger Vereine bestanden überhaupt noch. Zu einer genauen Festlegung kam es schließlich gar nicht mehr, sondern die Nazis schufen nach und nach Fakten.

Vereinsverbote für Katholiken gab es ab Frühsommer 1933. So wurde am 16. Juni die Verteidigungsorganisation des Zentrum, die Badenwacht, verboten und am 1.7. die Geschäftsstelle der katholischen Vereine in Baden von der Polizei geschlossen.[18] Im Rahmen der Propagierung einer *Volksgemeinschaft* waren die Nationalsozialisten bestrebt, gemeinsame Symbole und Feierrituale zu schaffen und konkurrierende zu unterdrücken. Deshalb wurde z.B. den katholischen Vereinen an Fronleichnam 1933 das Mitführen eigener Fahnen und Wimpel verboten. Teilweise waren solche Schikanen aber örtliche und regionale Übergriffe, da nicht immer ein offizielles Verbot vorlag.[19] In dieser Hinsicht taten sich der badische Reichsstatthalter Robert Wagner und HJ-Führer Friedhelm Kemper besonders hervor, einmal mit einem eigenmächtigen zweiwöchigen Verbot des

127 a
Straßenschmiererei mit Parolen der Nazis gegen die Juden und den politischen Katholizismus, Mitte der dreißiger Jahre. *Die Juden und das Zentrum sind unse(r Unglück).*
Das in der Mitte angesprochene Zentrum hatte sich als politische Partei bereits im Sommer 1933 aufgelöst.

127 b
Nazi-Parole gegen die Katholiken auf dem Gehweg Ecke Blumen-/Maxstraße in Neckarau. Um 1934.

128
Großkundgebung mit Gauleiter und Reichsstatthalter Robert Wagner gegen die *Staats- und Volksfeinde* auf dem Meßplatz. 29.8.1935. Wagners Angriffe richteten sich neben den Juden in erster Linie gegen den politischen Katholizismus und kritische Priester.

Wer sich gegen den Gedanken der von uns geschaffenen Volksgemeinschaft wendet, löst einen Kampf aus, der zu seiner Vernichtung führen muß, drohte Wagner unmißverständlich.

katholischen Jungmännerverbands im Juli 1933, dann am 4. August mit der Untersagung von Neugründungen nicht nationalsozialistischer Jugendgruppen oder am 14. August mit einem ab 1. September gültigen Verbot von Geländesport für alle Jugendorganisationen außer der HJ.[20] Immerhin konnten sich die katholischen Jugendverbände im Gegensatz zu den evangelischen noch bis 1935 außerhalb der NS-Staatsjugend behaupten.[21] Seit 1935 wurde es auch für die anderen katholischen Vereine immer schwieriger. Nach einem Erlaß Himmlers vom 23. Juli 1935 sollte den *Konfessionellen ... das Auftreten unter freiem Himmel unmöglich gemacht werden.* Hinzu kam unter demselben Datum ein Erlaß der NSDAP-Gauleitung Baden, der die Zugehörigkeit von Beamtenkindern zu konfessionellen Vereinen verbot. Beamte konnten es sich auch ansonsten nicht mehr leisten, als zu kirchentreu aufzufallen und besuchten deshalb oftmals Gottesdienste in anderen Gemeinden, wo man sie nicht kannte.[22] Auch die Teilnahme an Fronleichnamsprozessionen wurde risikoreich, da vielerorts eigens zu dem Zweck fotografiert wurde, die Beteiligten zu identifizieren. Der katholische Sportverband DJK wurde

am 24. Juli 1935 in Baden zwangsweise aufgelöst, hatte aber in Mannheim schon vorher mit großen Schwierigkeiten zu kämpfen. So wurden der DJK bereits die zustehenden Zuschüsse aus dem Vorjahr 1933 nicht mehr ausgezahlt, und 1935 wurde ihr letzter Vorsitzender Präfekt Herbert Kunkel wegen Protests gegen die Verweigerung des Gemeindesportplatzes inhaftiert und schließlich zum Rücktritt gezwungen.[23] Am 17. Mai 1936 wurde endgültig das Verbot einer Doppelmitgliedschaft in der Deutschen Arbeitsfront (DAF) und bei katholischen Arbeitervereinen ausgesprochen; da die Zugehörigkeit zur DAF vielfach Voraussetzung für die Beschäftigung war, drohte Widerspenstigen der Verlust des Arbeitsplatzes.[24]

Eine Abrechnung des Papsts mit der Kirchenfeindlichkeit des NS-Regimes war die Enzyklika *Mit brennender Sorge* (1937). Allerdings hielt das deutsche Episkopat trotz Diskussionen weiter am Verhandlungskurs gegenüber den Nationalsozialisten fest. Die Fronleichnamsprozessionen waren ein deutliches Spiegelbild für das Verhältnis zwischen NS-Staat und katholischer Kirche. 1933 gab es noch kaum Probleme,

sieht man von dem erwähnten Verbot des Mitführens von Fahnen für die Vereine ab. Aber bereits 1934 kam es zu einer erste Schikane. Fronleichnam war nämlich aufgrund einer reichsgesetzlichen Regelung kein einheitlicher Feiertag mehr, nur noch in Gemeinden mit überwiegend katholischer Wohnbevölkerung. Fünf Tage vorher verkündete das Hakenkreuzbanner, daß demnach in Mannheim der Feiertag ausfalle, da hier weniger als 50 % Katholiken lebten. Die zentrale Prozession fand dennoch am Donnerstag statt, viele Betriebe und Geschäfte hatten geschlossen;[25] nur in den Vororten war der Umzug auf den Sonntag verschoben worden. Allerdings gab es Schmierereien entlang der Wegstrecke. Gleichwohl hatte die Prozession starken Zuspruch, wohl mehr als in früheren Jahren.[26] Auch 1935 erhielten katholische Angestellte vielfach noch am normalen Arbeitstag Gelegenheit zur Prozessionsteilnahme.[27] Probleme bereitete ein nur zwei Stunden vor der Prozession ausgesprochenes Uniformverbot für katholische Jugendverbände in Baden; da dies gar nicht rechtzeitig bekannt werden konnte, nahm die Polizei Teilnehmer in Uniform aus dem Zug heraus fest.[28]

129 a
Prälat Joseph Bauer (1864–1951). Um 1930.
Seit 1902 Stadtdekan, war Bauer 1923 zum Prälaten ernannt worden. Zahlreiche Kirchenbauten wurden unter seiner Ägide errichtet; ferner war die Förderung karitativer Einrichtungen ein Schwerpunkt seiner Arbeit. In Mannheim führte er ab 1911 die Fronleichnamsprozession wieder ein. Unter der NS-Diktatur sah er sich heftigen Anfeindungen ausgesetzt, erfuhr aber immer wieder auch Solidarität über die katholischen Kreise hinaus. 1949 wurde er mit der Ehrenbürgerwürde ausgezeichnet.

129 b
Kaplan Heinrich Magnani (links) im Zeltlager Birgsau mit der katholischen Jugend St. Joseph, Lindenhof. Vermutlich Sommer 1934.
Magnani setzte sich nachdrücklich für eine plural organisierte Jugend ein und wandte sich daher nachdrücklich gegen die aggressive HJ-Werbung an den Schulen.

Eindeutig erschwert, wenn nicht sogar unmöglich gemacht, wurden Prozessionen durch eine Verordnung des Reichskirchenministeriums vom 5. November 1936: *Durch Prozessionen gibt es große Verkehrsbehinderungen, deshalb sollen sie, auch wenn Traditionen dagegen sprechen, nur noch durch Nebenstraßen führen.* Die Ausführungsverordnung für Baden vom 6. November legte diese Bestimmung ganz penibel aus. 1937 erfolgten weitere Einschränkungen: So wurde dem Militär, der Feuerwehr und vielfach auch Militärvereinen die offizielle Teilnahme untersagt, genauso wenig durften Musikkapellen mitwirken; Lautsprecherübertragungen von kirchlichen Feiern wurden schließlich untersagt.[29] Da Fronleichnam nun als normaler Arbeitstag galt, mußten die Prozessionen in der Regel am folgenden Sonntag stattfinden. Das war 1937 auch in Mannheim so geplant: dennoch fiel die Prozession aus, da die frühzeitig beantragte polizeiliche Genehmigung nicht erteilt wurde.[30]

Die Verhältnisse in den Vororten gestalteten sich ähnlich,[31] hingen offenbar aber auch davon ab, wie die örtliche NSDAP zu den Katholiken stand. Besonders konfliktreich war die Situation in Neckarau. Hier war wohl der protestantische Lehrer Wilhelm Bichel der Unruhestifter. Bereits im Frühjahr 1933 war der schon über acht Jahre in der Gemeinde tätige Kaplan Hermann Wetzel ins Schußfeld der Nationalsozialisten geraten.[32] Wetzel bestritt zwar alle Vorwürfe, trotzdem drohte die Gefahr einer *Schutzhaft*. Da nahm ihn die Kirche durch eine Versetzung aus der Schußlinie. Allerdings kehrte weiterhin keine Ruhe in Neckarau ein. Der Abend des 16. November wurde zum negativen Höhepunkt dieser Auseinandersetzungen: Hauptlehrer Bichel hatte Schulkinder zu einer Protestversammlung gegen Pfarrer Julius Berberich auf den Marktplatz geführt, wo sie in Sprechchören riefen: *Berberich nach Kislau. Wir wollen ihn nicht mehr in der Schule haben.* Fürsprecher des Pfarrers wurden von der Menge bedrängt.[33] Der Polizei und NSDAP-Kreisleiter Dr. Roth gelang es nur mit Mühe, die aggressive Zusammenrottung zu zerstreuen; immerhin wurden die größten Unruhestifter sogar festgenommen.[34] 1935 kam es wieder zu Problemen, weil zwei Hitlerjungen der Polizei meldeten, durch das einheitliche Tragen von weißen Hemden bei einem Elternabend sei das

129 c
Franziskanerpater Thaddaeus Brunke (1903–1942). 1930er Jahre.
1929 zum Priester geweiht, wirkte Brunke ein Jahrzehnt als Kaplan an St. Bonifatius in Mannheim. 1939 wurde er Guardian am Kloster Frauenberg. 1940 verhaftet, kam er 1942 im KZ Dachau um. In St. Bonifatius erinnert eine Gedenktafel an ihn.

130
Priester mit Ministranten auf dem Weg zur St.-Antonius-Kirche in Rheinau. 3.4.1938.
An diesem Tag hielt Paul Großkinksy die erste Gemeindemesse nach seiner
Priesterweihe (Primiz).

Uniformverbot für katholische Jugendverbände mißachtet worden; bei einem Kontrollbesuch des Elternabends fanden die Beamten jedoch keinen Grund zu Beanstandungen. Die HJ wollte nun eine Untersuchung gegen die Neckarauer Polizei beantragen, weil diese schon häufiger so nachgiebig gewesen sei.[35] Das badische Innenministerium verlangte bald darauf in einem Schreiben an den Erzbischof die Versetzung Berberichs, weil man nicht mehr mit ihm zusammenarbeiten könne; dem entsprach Gröber aber nicht.[36]

Am 20. Januar 1934 schrieben katholische SA-Anwärter und Angehörige des SA-Sturms 1/171 an den katholischen Stadtdekan Prälat Joseph Bauer und baten, er möge sich dafür einsetzen, daß sie regelmäßig den Gottesdienst besuchen könnten; an zwei Sonntagen im Monat sei ihnen dies durch die Festsetzung von Geländedienst oder Märschen nicht möglich.[37] Offenbar war die SA jedoch nicht bereit, auf die kirchlichen Belange Rücksicht zu nehmen; denn später wurde erwogen, Katholiken in Parteiformationen durch das zweimalige Lesen der Messe den Besuch von Sonntagsgottesdiensten zu ermöglichen.[38]

Weitere Streitfälle zwischen NSDAP und katholischer Kirche gab es auf der Rheinau, wo Pfarrer Wilhelm Schrempp 1934 für die Gleichberechtigung der katholischen Jugend eingetreten war, genauso wie Pfarrer Josef Mosmann und Kaplan Heinrich Magnani auf dem Lindenhof. In Seckenheim wurden Pfarrer Christian Spinner und Kaplan August Meier schikaniert. Kaplan Meier erfuhr aber sogar offene Unterstützung im Kollegium der dortigen Volksschule.[39] In anderen Schulen gab es auch Versetzungen bzw. Unterrichtsverbote für Religionslehrer. Zu nennen sind in diesem Zusammenhang insbesondere Professor Max Schwall, der den Nationalsozialisten als Bezirkspräses der Jugendverbände ein besonderer Dorn im Auge war, die Vikare Albert Krautheimer und Hugo Heiler in Käfertal, sowie Pfarrer Hugo Stolz an der Friedrich List-Handelsschule.[40]

Munition für den Kampf gegen die katholische Kirche wurde bei einer von der NSDAP-Gauleitung angesetzten landesweiten *Großaktion gegen die Feinde des nationalsozialistischen Staates* geliefert. Die Hauptkundgebung mit Reichsstatthalter und Gauleiter Robert Wagner fand am 29. August 1935 in Mannheim vor angeblich 100 000 *Volksgenossen* auf dem Meßplatz statt. Wagner wunderte sich über die unbegreifliche Hetze katholischer Kreise gegen den NS-Staat, obwohl dieser doch den Bolschewismus verhindert habe, der mit den Kirchen kurzen Prozeß gemacht hätte. Wagner zeigte sich aber überzeugt, daß der größte Teil der Gläubigen und die Mehrheit der Geistlichen hinter dem *Führer* stünden. Wagners Maxime für die Kirche war: *Unser Volk verlangt von den Kirchen keine Politik, sondern Seelsorge.* Und er warnte: *Es ist aber keine Seelsorge, wenn ich den Menschen in Widerspruch zu seinem Staat bringe oder ihn gar gegen diesen Staat aufhetze.*[41] Solche Worte ermunterten natürlich, gegen dem Regime mißliebige Pfarrer vorzugehen.

Sogar Stadtdekan Prälat Joseph Bauer, ansonsten auch von den Nationalsozialisten respektiert, blieb nicht ungeschoren. Am 19. Juli 1938 feierte er im Alter von 74 Jahren sein 50jähriges Priesterjubiläum mit 950 Angehörigen der katholischen Jugend im Kolpinghaus. Die Veranstaltung begann pünktlich um 20 Uhr, aber schon um 20.30 Uhr rückten SA und HJ vor dem Kolpinghaus an und begannen Lärm zu machen. Als die Störenfriede weiter in die Nähe des Festsaals vorrückten, bat die Versammlungsleitung die Polizei um Schutz. Kurz nach 22 Uhr erschien die Gestapo und erklärte die Veranstaltung für geschlossen. Beim Verlassen des Hauses mußten alle Veranstaltungsteilnehmer ein 50 m langes, schmales Spalier von SA- und HJ-Mitgliedern passieren, wurden beschimpft, angepöbelt und angerempelt und schließlich gezwungen, noch drei Fahnen von SA und HJ grüßen.[42] Angesichts solcher Bedrängungen war es für Prälat Bauer sicherlich ermutigend, daß er schon 1937 im Nationaltheater Zuspruch von allen Seiten bekommen hatte, als er die Oper *Der Evangelimann* besuchte: Die Zuschauer klatschten bei der Stelle mit der Seligsprechung der Verfolgten demonstrativ zu ihm hin.

131
Marschblock der Evangelischen Kirchengemeinde Mannheim in den Planken vor O 6. 1.5.1935. Die anfängliche Begeisterung für den neuen Staat und die Loyalität der evangelischen Kirche zum NS-Regime dokumentierte sich auch in der Teilnahme der Pfarrer an den Maiumzügen der Jahre 1934 und 1935. Ernüchtert durch die Kirchenpolitik von Partei und Staat, hielt man sich in den folgenden Jahren offiziellen politischen Kundgebungen fern.

Udo Wennemuth

Die evangelische Kirche im „Dritten Reich"

Vor der *Machtergreifung* standen die Kirchen den Nationalsozialisten zunächst weitgehend ablehnend gegenüber.[1] Durch eine scheinbar kirchenfreundliche Politik konnte ihr Mißtrauen aber weitgehend gedämpft werden, Kirchen und Kirchenvolk ließen sich von der allgemeinen Begeisterung im Taumel des nationalen Aufbruchs mitreißen: Auch wer nicht Nationalsozialist war, fühlte sich einig mit den neuen Machthabern in der nationalen *Erhebung*, die die *Schmach* des Versailler Vertrags tilgen und neue Lebensperspektiven eröffnen sollte. Die Ideologie der *Volksgemeinschaft*, die sich bei allen evangelischen Kirchenparteien in den Programmen einer *Volkskirche* niederschlug, fesselte weite Kreise der Bevölkerung an den neuen Staat. Die überwiegend von nationalkonservativen Vorstellungen und vom Staatskirchentum geprägte Pfarrerschaft begrüßte so die neuen Entwicklungen, von denen sie auch für die Kirche im sittlich-moralischen wie religiösen Bereich Förderung erwartete.

Die Haltung der evangelischen Kirche im allgemeinen wie der Pfarrer im besonderen war so auch bei ausdrücklicher Gegnerschaft zum Nationalsozialismus doch bis weit in die Kriegszeit hinein von ungebrochener Loyalität zu Staat und *Führer* geprägt: Man fühlte und verhielt sich als Deutscher und Christ, gleichviel welche politischen Optionen damit latent verbunden waren.

Daß diese Haltung bei vielen deutschen Christen in eine unkritische Anerkennung der staatlichen Ordnung bis zur Vergötterung der Repräsentanten von Staat und *Bewegung* umschlug, die in Hitler den neuen Messias begrüßte und durch *Führersprüche* aus der Bibel stützte,[2] war für den Protestantismus eine Katastrophe und löste bei vielen Gläubigen Verwirrung und Verzweiflung aus.

132 a
Reichsbischof Ludwig Müller spricht auf einer Veranstaltung der Deutschen Christen im Nibelungensaal des Rosengartens. 26.4.1935.
Aufn. Julius Schmidt.
Nach dem Scheitern der Reichskirchenpläne im Oktober/November 1934 war der Reichsbischof in Baden kein gerngesehener Gast mehr.
Daß er trotz der Proteste Landesbischof Kühleweins und der Bekennenden Kirche an seinem Auftritt im Rosengarten festhielt, wertete man in Mannheim als bewußte Störung des kirchlichen Friedens durch die Deutschen Christen. Das Gemeindeblatt der Kirchengemeinde verweigerte jede Berichterstattung. Die kirchliche Opposition antwortete auf die Provokation der Deutschen Christen mit Bekenntnisgottesdiensten am 10. Mai in Konkordien- und Christuskirche, die die Haltung der Mehrheit der evangelischen Christen in Mannheim verdeutlichten.

132 b
Dekan Friedrich Joest mit Pfarrer Rudolf Emlein und Vikar Karl-Heinz Schoener beim Gemeindeausflug der Johannisgemeinde, Lindenhof, auf einer Schiffahrt nach Worms. 1936.
Joest (1883–1955), seit 1930 als Nachfolger des an die Christuskirche berufenen Pfarrers Rudolf Mayer in der Nordpfarrei der Johanniskirche, war 1933 für wenige Monate Vorsitzender des Kirchengemeinderats. 1935 wurde er als Nachfolger von Kirchenrat Karl Erich Maler Dekan des Kirchenbezirks Mannheim und übernahm nach dem Rücktritt Friedrich Kiefers 1938 erneut den Vorsitz des Kirchengemeinderats.
Emlein (geb. 1884) war seit 1926 als Nachfolger von Wilhelm Sauerbrunn Pfarrer der Südpfarrei der Johanniskirche. Schoener (geb. 1910), 1934–36 Vikar an der Johanniskirche, war, wie die Mehrzahl der Vikare, Mitglied der Bekennenden Kirche. 1968–1978 war Schoener Dekan in Mannheim.

Die sich nach der *Machtergreifung* abzeichnende politische Wende wurde auch von den Mannheimer Pfarrern einhellig begrüßt. Das nationale Pathos verdeckte zeitweilig auch bei liberal und demokratisch eingestellten Geistlichen den Blick für die Wirklichkeit. Der Pfarrer sollte sich in den Dienst des *großen und erhabenen nationalen Aufbruchs der Nation*[3] stellen. Die neue Zeit schien auch die alten Träume nach einer volkskirchlichen, einheitlichen Kirchenverfassung zu verwirklichen.[4] Ein Großteil der national und deutsch denkenden Pfarrer schloß sich daher 1933 auch der neuen Glaubensbewegung Deutsche Christen[5] an, die in Mannheim ihren Ursprung in Kreisen der Kirchlich-positiven Vereinigung hatte. In der kirchlichen Einheit der Evangelischen über alle Fraktionen hinweg sah sie ein ähnliches Ideal, wie es sich in der neuen politischen Einheit des Volkes ihnen zu offenbaren schien.[6] Idealismus und Glaubensintensität bestimmten die Haltung der meisten dieser Deutschen Christen in der Überzeugung, für ihre Kirche, die sich zu einer neuen geeinten Reichskirche aufzumachen schien, den besten Dienst zu leisten. Die kirchlichen Wahlen vom Juli 1933 mit einer Einheitsliste von Deutschen Christen und Kirchlich-positiver Vereinigung wurden daher von den wenigsten als Bruch der Kirchenverfassung gesehen.[7] Die Erschütterung über die Auseinandersetzungen in der Reichskirchenleitung, das Entsetzen über die heidnischen Positionen der radikalen Deutschen Christen und Deutschkirchler öffneten jedoch bereits seit dem Herbst 1933 vielen Laien und Pfarrern die Augen. Viele wandten sich offen von den Deutschen Christen ab, andere mieden trotz äußerlicher Zugehörigkeit zu den Deutschen Christen doch deren radikale Positionen und beriefen sich weiter auf ihr positives Christentum. Waren in Mannheim 1933 fast die Hälfte der Pfarrer als Deutsche Christen registriert,

133 a
Pfarrer Friedrich Horch mit seiner Frau. 1935.
Horch (geb. 1894) war 1929 als Nachfolger
Adolf v. Schoepffers auf die Untere Pfarrei an der
Konkordienkirche berufen worden.
Durch sein Wirken wurde die Konkordienkirche zum
Zentrum der Bekennenden Kirche in Mannheim.
Horchs Weggang nach Freiburg 1936, wo er neben
H. Weber, O. Hof und K. Dürr zu den Trägern der
Bekenntnisgemeinschaft gehörte, war daher für
Mannheim ein schwerer Verlust.
Spätere Bemühungen (1940), ihn an die Johannis-
kirche zu berufen, scheiterten.

so waren es 1935 nur noch drei,[8] die sich bald im Gegensatz zu den übrigen Pfarrern in Mannheim befanden. Diese Gegnerschaft zwischen deutsch-christlichen und biblisch-bekenntnistreuen Pfarrern führte in Mannheim zwar zu Konflikten, verursachte jedoch keinen Kirchenkampf. Die Zurückhaltung auch der Partei gegenüber der Kirche ließ kein Bedürfnis aufkommen, sich der Bekennenden Kirche oder dem Pfarrernotbund anzuschließen. Die überwiegende Mehrzahl der Pfarrer, auch wenn sie bekenntnistreu orientiert und freundschaftlich mit Bekenntnispfarrern verbunden waren, wie Pfarrer Eugen Speck mit Pfarrer Karl Dürr, dem Vorsitzenden des Bruderrats in Baden, wählte eine neutrale Mittelposition.[9] Erst 1937 erhielt die Bekennende Kirche auch in Mannheim durch das Engagement von Pfarrer Max Bürck[10] und vor allem der Mehrzahl der Vikare eine breitere organisatorische Basis. Mit der Zuwendung zur Bekennenden Kirche war jedoch keine Position des Widerstands gegen den Staat verbunden.[11] Der Kampf richtete sich allein gegen den kirchlichen Gegner in den Reihen der Deutschen Christen. Massenveranstaltungen der bekenntnistreuen und positiven Kirchengemeinde richteten sich etwa gegen den Besuch des Reichsbischofs Ludwig Müller in Mannheim im Jahre 1935. Man setzte der deutsch-christlichen Agitation das Bekenntnis zur Bibel und zu Jesus Christus entgegen. Einen kirchlichen Widerstand gab es auf evangelischer Seite in Mannheim nicht,[12] wenn auch einzelne Pfarrer durch ihre Predigten oder durch ihr Eintreten für die Bekennende Kirche in Konflikt mit dem Staats- oder Parteiapparat gerieten. Seit 1938 und dann besonders nach Ausbruch des Kriegs mehren sich Zeugnisse von Bespitzelung, Denunziation und Verhören durch die Gestapo.[13] Die Drohung der Einweisung in ein KZ schwebte insbesondere jahrelang über Pfarrer Dr. Wilhelm Weber.[14]

133 b
Pfarrer Dr. Friedrich Wilhelm Weber. 1933.
Weber (1898–1958) wurde 1933 gegen den heftigen
Widerstand der Deutschen Christen als Nachfolger
Dr. Hans Hoffs an die Christuskirche (Ostpfarrei) berufen.
Für die Kirchengemeinde war er Repräsentant des
volksmissionarischen Dienstes.
Dr. Weber stand der Bekennenden Kirche nahe.
Wiederholt war er Bespitzelungen und Denunziationen
ausgesetzt, die ihn 1943 beinahe ins KZ Dachau
gebracht hätten.
Im Frühjahr 1944 wurde ihm die Betreuung der aus
Mannheim Evakuierten im Elsaß übertragen.

133 c
Friedrich Kiefer (1893–1955) war seit 1925 Kranken-
hauspfarrer in Mannheim; in dieser Tätigkeit genoß er
allseitige Anerkennung.
Von der Kirchlich-positiven Vereinigung herkommend,
war er 1932 Mitgründer der Kirchlichen Vereinigung
für positives Christentum und deutsches Volkstum
in Mannheim, dem Vorläufer der Glaubensbewegung
Deutsche Christen (DC).
Nachdem seine Bewerbung an die Christuskirche gescheitert war, übernahm er 1933 die Obere Pfarrei
an der Trinitatiskirche. Als *Führer* der Mannheimer DC
wurde Kiefer im Oktober 1933 Vorsitzender des
Kirchengemeinderats und im Mai 1936 Landesleiter
der DC in Baden.
Nach seiner Hinwendung zur radikalen nationalkirchlichen Richtung der DC erzwang der Kirchengemeinderat seinen Rücktritt als Vorsitzender.
Trotz zunehmender Isolierung der Mannheimer DC
gelang es Kiefer mit Hilfe der im Sommer 1938
errichteten *Finanzabteilung* beim badischen Oberkirchenrat, Minderheitengottesdienste für die DC etwa
in Seckenheim durchzusetzen.
1945 wurde Kiefer vom Pfarrdienst der Badischen
Landeskirche suspendiert.

134 a
Auferstehungskirche auf dem Kuhbuckel. Dezember 1936.
Es handelte sich um den ersten Kirchenbau in den neuen Siedlungsgebieten.

134 b
Regierungsbaumeister Christian Schrade übergibt die Schlüssel der nach seinen Plänen errichteten Auferstehungskirche an Oberkirchenrat Karl Bender.
Dezember 1936.
Nach nur halbjähriger Bauzeit konnte der Bau eingeweiht werden.

134 c
Altarraum der Dreifaltigkeitskirche in Sandhofen. 1997.
Aufn. Marlies Emig.
Das Holzrelief an der Chorwand von 1937 ist ein in Planung und Inhalt wohl einzigartiges *Kriegergedächtnismal*. Es geht zurück auf eine Initiative des Sandhofener Frauenvereins von 1935; mit Entwurf und Ausführung wurde der Schwarzwälder Holzschnitzer Josef Fortwängler beauftragt.
Das Relief zeigt rechts einen Soldaten Gewehr bei Fuß; diesem ist auf der linken Seite die Figur Martin Luthers gegenübergestellt.

In den beiden halbhohen Nischen ist links Pfarrer Johannes Klenck (1891–1924 in Sandhofen) dargestellt, der einem Elternpaar die Nachricht vom Tod des Sohns überbringt; rechts sieht man die Trauernden im Gebet, darunter die Ehrentafel der Gefallenen.
Das Ensemble wurde 1938 ergänzt durch einen ebenfalls von Fortwängler geschnitzten Altar, dessen Ähren- und Traubenmotiv auf das Abendmahl verweisen.

Die Bedeutung der Deutschen Christen in Mannheim ging seit 1934 kontinuierlich zurück. Nur an der Trinitatiskirche hatten sie mit den Pfarrern Fritz Kölli[15] und Friedrich Kiefer[16] eine bedeutende Basis. Doch der wortgewandte Kölli ging bereits 1934 nach Freiburg, und alle Versuche der Deutschen Christen, in den folgenden Jahren ihre Position bei Neubesetzungen der Pfarreien zu stärken, scheiterten. Allein in einigen Vororten ergaben sich kirchenkampfähnliche Verhältnisse, so in Feudenheim oder Seckenheim, durch den Gegensatz von deutsch-christlichem Kirchengemeinderat und bekenntnistreuen Pfarrern. In der Innenstadt wurde die Macht der Deutschen Christen, die mit Kiefer bis 1937 den Vorsitzenden des Kirchengemeinderats stellten, durch die Wahl Friedrich Joests zum Dekan und zum neuen Vorsitzenden des Kirchengemeinderats sowie die zielstrebig verfolgte Errichtung eines hauptamtlichen Dekanats weiter eingeschränkt.[17] Auch die innere Entwicklung der Deutschen Christen lief durch deren Spaltung und die Hinwendung der Mannheimer Deutschen Christen unter Führung ihres Landesleiters Kiefer zu der radikalen nationalkirchlichen Richtung auf ihre Isolierung in Mannheim hinaus. Doch die Errichtung der sogenannten Finanzabteilung beim Oberkirchenrat,[18] die durch stramme Nationalsozialisten und Anhänger der Deutschen Christen besetzt wurde, brachte diesen auch in Mannheim noch einmal einen Machtzuwachs, wo sie jetzt die Abhaltung von Minderheitengottesdiensten durch Pfarrer ihrer Richtung in Seckenheim durchsetzen konnten.

Der äußere Ausbau der evangelischen Kirchengemeinde ging auch im „Dritten Reich" weiter. Insbesondere die Frage der kirchlichen Versorgung der evangelischen Bevölkerung in den neuen Siedlungen wurde immer dringlicher. Neue selbständige Pfarreien wurden auf dem Almenhof (Markuskirche) und in der Siedlung um den Kuhbuckel (Auferstehungskirche) errichtet. Die kirchliche Versorgung der Schönau, der Gartenstadt, von Feudenheim-West, Neuostheim und Pfingstberg sollte durch Zuteilung von Vikaren sowie den Bau von Kirchen und Gemeindehäusern vorangetrieben werden; diese Planungen wurden aber durch den Kriegsausbruch nur sehr unvollständig verwirklicht. Die kirchliche Versorgung der in Stadtrandgebieten gelegenen, oft verschiedenen Kirchengemeinden angehörenden Siedlungen, insbesondere die Bereitstellung der finanziellen Mittel, verlangte eine Neuorganisation der Kirchengemeinden in Mannheim. Dies führte zur Bildung der Gesamtkirchengemeinde Mannheim durch Erlaß vom 1. Mai 1938 rückwirkend zum 1. April 1937.[19] Die Zuständigkeit der Gesamtkirchengemeinde wurde ausschließlich im Bereich der Finanzen und der Koordination der Haushalte gesehen. Der Vorwurf, die anstehenden Probleme nicht einvernehmlich und effizient lösen zu können, führte dazu, daß der Gesamtkirchengemeinde am 21. Oktober 1938 eine Finanzabteilung unter Leitung des Landgerichtsdirektors Dr. Karl Gérard[20] aufgenötigt wurde, die die ausschließliche Kompetenz in allen Finanzfragen der Kirchengemeinde besaß bis hin zur Zuteilung von Gesangbüchern oder Abrechnung der Kollekten. Daß dies für Mannheim ohne gravierende Folgen ablief, verdankt sich allein der Fähigkeit und der Bereitschaft zur Kooperation von Kirchengemeinde und dem Bevollmächtigten der Finanzabteilung,[21] was auf Landesebene ja keineswegs der Fall war.

135 a
Pfarrvikar Waldemar Müller bringt die Kassette mit Gründungsdokumenten in den Grundstein zur Markuskirche auf dem Almenhof ein. 28.11.1937 (1. Advent). Hinter Müller von links Dekan Friedrich Joest, Oberkirchenrat Karl Bender und Pfarrer Karl Gänger von der Nordpfarrei der Matthäuskirche sowie Vikar Kirschbaum.
Zuvor war man vom Gemeindesaal an der Speyerer Straße zum Kirchbauplatz gezogen.

135 b
Markuskirche auf dem Almenhof. Vermutlich 1938. Postkarte. Aufn. Heinrich Bechtel.
Der seit 1921 entstehende Almenhof war zunächst von der Nordpfarrei der Matthäuskirche in Neckarau mitbetreut worden.
1930 entstand als Zentrum der geistlichen Versorgung ein Gemeindehaus mit Kindergarten an der Speyerer Straße. Das seit 1935 bestehende selbständige Pfarrvikariat wurde 1938 in eine Pfarrei umgewandelt.
Seit 1937 nach Plänen von Architekt Dr. Max Schmechel erbaut, konnte die Markuskirche am 24. Juli 1938 eingeweiht werden.
Als erster Pfarrer wurde Eugen Speck berufen, der seit 1932 die Jungbuschpfarrei innegehabt hatte.

136 a
Oben: Konfirmanden der Jungbuschpfarrei mit Pfarrer Speck im Konfirmandensaal der Trinitatiskirche in G 4. 31.3.1935. Jahrgänge mit 100 und mehr Konfirmanden waren keine Seltenheit, daran änderte auch die kirchenfeindliche Einstellung der NSDAP nur wenig. Freilich litt der Konfirmandenunterricht zunehmend unter den Verpflichtungen der Jugendlichen bei HJ und BdM. Eugen Speck (1899–1953) war 1932 als Nachfolger für den amtsenthobenen Erwin Eckert an die Jungbuschpfarrei berufen worden. Nach der Wahl von Landeskirchenrat Karl Bender zum Oberkirchenrat 1933 übernahm Speck die Führung der Kirchlich-positiven Vereinigung in Mannheim. 1938 wurde er an die Markuspfarrei auf dem Almenhof versetzt.

136 b
Unten: Einzug in die Christuskirche zum Jugendsonntag. 7.7.1935. In einem Aufruf an die evangelische Jugend hieß es: *Auch dich ruft die Gemeinde, in welcher du einst konfirmiert wurdest, am Gottesdienst des nächsten Sonntags teilzunehmen. Dem Größten und Heiligsten, der die Wahrheit und das Leben ist, hast du einst Treue gelobt. Darum darfst du nicht fehlen an dem Ehrentag, den die Evangelische Gemeinde ihrer Jugend bereitet … . Es ist etwas Großes, sich zu der Jugend zu bekennen, die auf Gottes Wort hört. Gottes Wort macht frei und stark für den Dienst, den unser Volk von uns fordert … . Wenn dein Jahrgang aufgerufen wird, soll dein freudiges „hier bin ich" nicht fehlen.*

Die Hoffnungen auf eine Erneuerung der Kirche im Gefolge des politischen Umbruchs schienen sich zunächst zu erfüllen. Die Kirchenaustrittswelle ebbte ab, der Kirchenbesuch nahm zu.[22] Das große Lutherfest im November 1933 schien eine Entscheidung auch der NSDAP und ihrer Unterorganisationen zugunsten der protestantischen Kirche zu erbringen, *die Durchbruchsschlacht der evangelischen Kirche zum Volk ist geschlagen*, hieß es im Hakenkreuzbanner.[23] Doch spätestens seit 1935 konnte niemand mehr Illusionen über die wahre Kirchenpolitik der Nationalsozialisten hegen. Die Partei zog sich nach dem Scheitern einer deutschchristlichen *Machtergreifung* in den Kirchen im Herbst 1934 allmählich von der evangelischen Kirche zurück und propagierte die Unvereinbarkeit von Partei- und Kirchendienst. Um dem Druck zu entgehen oder die Karriere nicht zu gefährden, gaben viele diesem Drängen nach: Eine neue Austrittswelle aus der Kirche, diesmal unter politisch-ideologischem Vorzeichen, setzte ein. Viele Gemeindevertreter gaben ihre Ämter auf.[24]

Diesen äußeren Beeinträchtigungen steht eine Konsolidierung der Gemeindearbeit gegenüber. Selbstverständlich war das Gemeindeleben im „Dritten Reich" vielen Einschränkungen und Veränderungen unterworfen. Der nationalsozialistische Alleinerziehungsanspruch ergriff auch die evangelische Jugend: Die evangelischen Jugendbünde wurden am 4. März 1934 im

Schloßhof feierlich in die HJ eingegliedert.[25] Dennoch gab es auch in den folgenden Jahren bis zum Kriegsausbruch eine intensive Jugendarbeit, die den engen noch belassenen Freiraum im Stillen zu nutzen und auszufüllen suchte.[26] Im Konfirmandenunterricht setzte sich bis Ende der dreißiger Jahre die bibeltreue Richtung durch. Der Großteil der Gemeinde mied Gottesdienste und Unterricht durch deutschchristliche Pfarrer.[27] Schwieriger war die Situation in den Schulen, wo durch Agitation und Repressalien eine Anzahl von Schülern dem Religionsunterricht fernblieb; Religionslehrer boykottierten den Unterricht im Alten Testament, Religionsstunden wurden gekürzt.[28]

Die Loyalität der Kirche und der Pfarrer zum Staat verhinderte eindeutige Stellungnahmen in humanitären Fragen, wo manch einer ein offenes Wort der Kirche erwartet hätte. Das Unrecht, das etwa den Juden angetan wurde, veranlaßte keine öffentliche Stellungnahme.[29] Wohl traten einzelne Pfarrer für ihre jüdischen Mitbürger ein, so Pfarrer Max Bürck, der ihnen Schutz bot, oder gewährten die Taufe. Der Schritt zu einer öffentlichen Distanzierung von der Diskriminierung politischer Gegner, ethnischer und reilgiöser Minderheiten und der Kranken wurde nicht gewagt. In diesem Versagen, nicht bedingungslos für den Schutz und die Würde aller Menschen als Geschöpfe Gottes eingetreten zu sein, liegt schwere Schuld der Kirchen, die auch durch mutiges Bekennen nicht zu relativieren ist.

137 a
Oben: Gemeindeausflug der Friedenskirche mit Pfarrer Wilhelm Bach nach Bad Münster am Stein. 1936.

137 b
Unten: Zug der Geistlichen beim 50jährigen Kirchenjubiläum der Matthäuskirche in Neckarau. 1.8.1943.
In der ersten Reihe von links Dekan Friedrich Joest, Landesbischof D. Julius Kühlewein und Pfarrer Karl Gänger, ihnen folgen die Vikare Michael Kaufmann und Erhard Bühler, dahinter die ehemaligen Geistlichen an der Matthäuskirche Noll und Maurer.
Am Schluß stehen Kirchenrat Fiedler und Pfarrer Arnold sowie, in Uniform, die Pfarrer Zahn (Friedenskirche) und Schmitt (1935–37 Vikar in Neckarau).
Es fehlt der Pfarrer der Südpfarrei, Erich Kühn, der zum Heeresdienst eingezogen war.
Acht Tage nach dem Jubiläum, in der Nacht vom 9. zum 10. August 1943, brannte die Kirche nach einem Fliegerangriff aus.

138 a
Der *Selbstschutz* der Konkordienkirche.
Sommer 1941.
Dem *Selbstschutz* oblagen Lufschutz- sowie Schutz-
und Sicherungsaufgaben während der Veranstal-
tungen in der Kirche.

138 b
Pfarrer Wilhelm Bach mit seiner Frau. September 1941.
Der 1882 geborene Bach war 1927 Wohlfahrts-
pfarrer in Mannheim geworden und wurde 1932 auf
die Südpfarrei der Friedenskirche berufen.
Als Hauptmann der Reserve nahm er von Anbeginn am
Zweiten Weltkrieg teil. In Nordafrika zum Major befördert und mit dem Ritterkreuz ausgezeichnet, war er
im September 1941 ein letztes Mal auf Heimaturlaub.
Im Januar 1942 geriet er in englische Gefangenschaft;
er verstarb an einem schweren Darmleiden am
22. Dezember 1942 in einem kanadischen Lazarett.

138 c
Ruine der Trinitatiskirche. 10.5.1946.
Die Trinitatiskirche war die am stärksten zerstörte
Kirche Mannheims.
Am 6. September 1943 brannte sie völlig aus,
am 1. März 1945 erhielt sie weitere Treffer durch
Sprengbomben, so daß sie nach dem Krieg
als einzige Mannheimer Kirche vollständig abgetragen
werden mußte.

Der Ausbruch des Zweiten Weltkriegs wirkte sich unmittelbar auch auf die kirchlichen Verhältnisse aus. Mehrere Pfarrer wurden alsbald zum Heeresdienst einberufen und so für die Dauer des Kriegs aus ihren Gemeinden genommen: Max Bürck und Gottlob Hees von der Konkordienkirche, Wilhelm Bach und Valentin Zahn von der Friedenskirche, Erich Kühn von der Matthäuskirche, Willy Bodemer von der Auferstehungskirche und Ludwig Simon von der Lutherkirche sowie der Gefängnispfarrer Fritz Sieber.[30] Vier von ihnen kehrten aus dem Krieg nicht zurück. Die Vertretung der einberufenen Pfarrer übernahmen zunächst die Vikare, bis auch sie größtenteils eingezogen wurden; später mußten die verbliebenen Pfarrer die verwaisten Gemeinden mitversehen. Das behinderte natürlich die Gemeindearbeit ganz erheblich.

Nach den konzentrierten Bombardierungen seit Sommer 1943 und der damit verbundenen Evakuierung eines Teils der Bevölkerung ruhte die Gemeindearbeit mancherorts fast vollständig. Ausgebombte Pfarrer mußten ihre Gemeinden verlassen, wurden abgeordnet zur Betreuung der Evakuierten im Elsaß oder im Bauland oder in andere verwaiste Gemeinden versetzt. Durch die Bombardierungen wurden auch die kirchlichen Einrichtungen stark in Mitleidenschaft gezogen.[31] Allein die Christuskirche überstand im Kern der Stadt den Bombenhagel ohne größere Schäden, alle anderen Kirchen waren vollständig zerstört. In den Vororten wurden die Kirchen auf dem Waldhof, in Käfertal, Neckarau und auf dem Almenhof vernichtet. Hinzu kam der Verlust von Pfarr- und Gemeindehäusern, Kindergärten, Heimen u.a.m. Der Zerstörung der äußeren Gestalt der Kirche am Ende des „Dritten Reichs" entsprach die Zerstreuung und die seelische Verstörung ihrer Gemeindeglieder.

139
Dr. Marie Bernays (1883–1939). 1938. Die Aufnahme entstand in der Benediktiner-Abtei Beuron, in der Marie Bernays nach ihrer Entlassung aus dem städtischen Dienst 1933 Zuflucht gefunden hatte.
1910 in Nationalökomonie promoviert, gründete sie 1916 die Soziale Frauenschule in Mannheim, die Frauen für soziale Berufe ausbildete und überregionales Ansehen genoß. 1921–1925 war sie für die Deutsche Volkspartei Abgeordnete im badischen Landtag.
Die NSDAP verleumdete sie wegen ihres Engagements für Frauenbildung und Frauenrechte und ihrer jüdischen Abstammung.

Christoph Popp

LIBERALES BÜRGERTUM

Für die NSDAP war Mannheim eine Stadt der *Juden und Marxisten*. In der marxistischen Arbeiterbewegung sahen die Nationalsozialisten ihren Hauptfeind; das liberale Bürgertum, als dessen Vorort Mannheim im 19. Jahrhundert bekannt wurde und in dessen Reihen sich zahlreiche jüdische Namen fanden, spielte politisch 1933 nur noch eine Nebenrolle. Die beiden liberalen Parteien, die Deutsche Demokratische Partei, seit 1930 Deutsche Staatspartei (DStP), und die Deutsche Volkspartei, in Mannheim unter dem Namen Deutsch-liberale Volkspartei (DLVP), waren im Gefolge der Weltwirtschaftskrise und des Rechtsrucks weiter Teile des Bürgertums zu Splittergruppen herabgesunken. Die DStP als linksliberale, republiktragende Kraft erreichte im März 1933 trotz Listenverbindung mit der SPD nur noch 2% und verlor damit auch ihren letzten Sitz im Mannheimer Bürgerausschuß, in dem sie 1919 mit 18 Mandaten die zweitstärkste Fraktion gestellt hatte. Die Auflösung der Mannheimer Ortsgruppen der DStP und der DLVP erfolgte im Mai/Juni 1933 stillschweigend.[1]

Flaggschiff und Sprachrohr der Mannheimer Demokraten war die 1856 gegründete Neue Badische Landeszeitung, *ein hochangesehenes, vielgelesenes Landesorgan, wichtig für die geistige Geltung der Stadt, herangewachsen in einer Zeit, da Südwestdeutschland einen Hort freiheitlicher Regsamkeit bildete.*[2] Die überregional bekannte Zeitung mit einer Auflage von über 25 000 Exemplaren wurde von der NSDAP gleich nach der Machtübernahme *aufs schärfste bekämpft*, wobei die jüdische Abstammung des Inhabers Heinrich Gütermann den äußeren Anlaß bot.[3] Gütermann wurde das Betreten seines Betriebs verwehrt; Tumulte, Fehlinformationen und ein rigide durchgesetzter Anzeigenboykott zwangen die Neue Badische Landeszeitung am 28. Februar 1934 zur Aufgabe (s. Abb. 140). *Offenen Blicks durchmaß sie die Welt, sagte auf allen Gebieten die Meinung mit Freiheit und Takt, Umsicht und Mut,*[4] trauerte ein Nachruf.

139

Einzelpreis 15 Pfg.

Neue Badische Landes-Zeitung

Mannheimer Zeitung, Mannheimer Anzeiger und Handelsblatt

Wöchentlich 13 Ausgaben / Bezugspreis: frei Haus monatl. 1.98 Mk. und 72 Pfg. Trägerlohn; bei der Geschäftsstelle abgeholt monatl. 2.10 Mk.; durch die Post 2.70 Mk. einschl. 52 Pfg. Postbeförderungsgeb., hierzu 72 Pfg. Bestellgeld / Anzeigenpreise: Die einspaltige Millimeter-Zeile 8 Pfg., im Textteil 48 Pfg., Familien- und Kleinanzeigen 5 Pfg., Stellengesuche 4 Pfg. Anzeigen-Preisliste auf Verlangen. / Telegramm-Adresse: Landeszeitung Mannheim / Fernsprech-Sammelnummer 45031 / Hauptgeschäftsstelle: Kaiserring 4–6

Nr. 107 Abschieds-Ausgabe | Neunundsiebzigster Jahrgang | Mittwoch, 28. Februar 1934

Abschied von der Neuen Badischen Landes-Zeitung

Zum letzten Male / Von Dr. Heinrich Rumpf

Die Rotationsmaschinen dröhnen nicht mehr. Das Klappern der Setzmaschinen ist verstummt. Vergeblich klopfen die Nachrichten an die Telephonzellen. Die „Neue Badische Landes-Zeitung" hat aufgehört zu sein. Zum letzten Mal grüßen wir unsere Mitarbeiter im Hause und in der Ferne, die mit uns die Zeitung gestaltet haben, zum letzten Mal grüßen wir unsere Leser, die uns trotz aller Anfeindung, trotz aller Schwierigkeiten bis zuletzt die Treue gehalten haben.

Nun löst sich die Gemeinschaft auf, die sich in unserer Zeitung, sie zu gestalten, gebildet hatte. Gemeinsame Arbeit, die allein imstande ist, Gemeinschaften schön und tief zu gestalten, hat sie geformt. Und getragen wurde sie von der Verantwortung aller füreinander. Solche Gemeinschaft kann nur leben, wenn den Unternehmer hohes soziales Empfinden lenkt und wenn im Arbeitnehmer der Geist der Zusammengehörigkeit lebt, der allein Vertrauen schafft. Wer die Liste unserer Mitarbeiter, ob es Redakteure, Angestellte oder Arbeiter sind, ansieht, wird erkennen, wie hier Kameradschaft und Gemeingeist geherrscht haben. Viele, viele Jahre treuer Zusammenarbeit haben die Gemeinschaft geformt. Die meisten unserer Mitarbeiter sind seit Jahrzehnten in diesem Hause tätig gewesen, in Zeiten der Blüte, an der jeder seinen Teil hatte, in Zeiten der Not, die jeden berührte. Aus Treue ist diese Gemeinschaft erwachsen.

Jeder von uns wußte um die Lage der Zeitung. Und niemand verschloß die Augen vor den Wellen, die den Grund, auf dem sie stand, langsam aushöhlten. Mit Zähigkeit haben die beiden letzten Geschäftsführer, Herr Fritz Knapp und Herr Kurt Wolf um den Bestand der Zeitung gekämpft, auch als man in maßgebenden Instanzen davon überzeugt war, daß das Schicksal der Zeitung, Opfer der politischen und wirtschaftlichen Entwicklung zu werden, unabwendbar war.

Nun wird die Gemeinschaft aufgelöst. Hunderte von Menschen, die sich durch die „Neue Badische Landes-Zeitung" zusammengehörig fühlten, werden in alle Winde verstreut. Ungewissen Schicksalen gehen sie entgegen. Wir können ihnen nur wünschen, daß ihre Arbeitskraft nicht nutzlos wird.

Aufgelöst wird auch die Gemeinschaft unserer Leser. Sie war eine Gemeinschaft aus Vertrauen. Und Vertrauen erwirbt man durch Leistung. Zahlreiche Leser haben ihrer Trauer um unsere Zeitung durch Zuschriften, die von tiefer Anhänglichkeit zeugen, Ausdruck gegeben. In vielen anderen Kreisen bedauert man das Schicksal des Blattes, von dem ein führender Mann des deutschen Zeitungswesens schreibt, daß sie durch ihre politische, wirtschaftliche und kulturelle Selbständigkeit eine geachtete Stellung in der deutschen Tagespresse einnahm, daß sie ihrem Lande und der Stadt Mannheim wertvolle Dienste geleistet hat, daß ihre Geschichte reich sei an erfolgreichen Kämpfen für die Freiheit des deutschen Volkes.

Wir waren stolz auf unsere Zeitung und sind stolz auf unsere Zeitung. Wir wußten, daß ihr finanzielles Fundament nicht so sicher war wie das mancher Zeitung mit Massenauflage. Führende Zeitungen, die in Politik und Kultur den Ton angeben, können nicht um die Gunst der Massen kämpfen. Sie sind keine Massenware, wollen es nicht sein; so können sie am ehesten durch politische und wirtschaftliche Wandlungen erschüttert werden. Und sind weithin sichtbare Angriffspunkte für die Gegner. Wir wollen nicht zurückblicken; an anderer Stelle wird die Geschichte der „Neuen Badischen Landes-Zeitung beschrieben. Aber hat es je einen Kampf um ein politisches, wirtschaftliches oder kulturelles Problem gegeben, in dem nicht die „Neue Badische Landes-Zeitung", getragen von tiefer Liebe zu Deutschland und heiligem Vertrauen zu der Aufgabe des deutschen Volkes, eingerissen hätte? So konnte diese Zeitung nie in Opposition stehen gegen den Staat. Opposition hätte es nur geben können gegen Parteien. Das war die Grundlinie des letzten Jahres. Von tiefem Verantwortungsgefühl getragen, haben wir mitgearbeitet am Aufbau des neuen Staates. Zersetzende Kritik hat die „Neue Badische Landes-Zeitung" nie gekannt. Die Grundanschauung, von der sie geleitet war, war zu positiv, als daß sie sich je in Nörgelei hätte verzetteln können. Unser Ziel war Deutschlands Wohl, seine Befreiung von den drückenden Fesseln des Versailler Vertrages, Durchkämpfung der deutschen Gleichberechtigung und Schaffung der **Volksgemeinschaft** im Innern, einer Gemeinschaft, in deren Mittelpunkt der Mensch, nicht aber der Verdienst steht.

Gedanken sind ewig. Erfolge und Taten sind nur vorübergehende Formen, in denen Gedanken sich auswirken. Jedes System hat seine Zeit, jedes System hat seine Aufgabe. Die große Wandlung des letzten Jahres ist nicht vorübergegangen an Sinn und Aufgabe der Presse. Der Nationalsozialismus macht den Anspruch auf Totalität. So wurde der Konkurrenzkampf der Zeitungen auf eine andere Ebene getragen. Neue Zeiten formen neue Werte, aber jedes Zeitalter ist gebunden in seiner Vergangenheit. Eine harte Zeit verlangt harte Menschen. In der Vielgestaltigkeit des deutschen politischen und kulturellen Lebens lag ein großer Reichtum. Die Zusammenraffung des ganzen Volkes unter einen einheitlichen Gedanken kostet Opfer. Und das deutsche Volk soll heute in einheitlicher Richtung geführt werden. „Deutschland muß leben, wenn wir auch sterben müssen."

Das Dröhnen der Maschinen verklingt. Zum letztenmal wird die „Neue Badische Landes-Zeitung" ausgetragen. Noch einmal sehen ihre Leser und Freunde den auch ihnen ans Herz gewachsenen Kopf der Zeitung, der so viele Jahre ihr Vertrauen geschenkt haben. Bittere Gefühle werden auch bei ihnen auftauchen. Manches hatte sich bereits gewandelt im letzten Jahr. Propaganda, Rundfunk, Umzüge hatten die Bedeutung der Zeitungen gemindert. Vor dem Glauben muß die Ueberzeugung verstummen. Der Nationalsozialismus ist die große Schmiede, in der die deutschen Männer neu gehämmert werden. In ihn mündete das deutsche politische Leben. Zahlreiche Ströme haben sich in ihm vereinigt. Das ganze deutsche Leben ist in seinem Bett eingeschlossen. Kein Deutscher kann sich dieser Bewegung entziehen, wenn er nicht außerhalb der Volksgemeinschaft stehen will. Und die Volksgemeinschaft, geworden durch den Nationalsozialismus, wird in Zukunft immer mehr der Mittelpunkt des deutschen Lebens werden. Aus dem Glauben an die Volksgemeinschaft haben wir immer die trennenden Gegensätze im deutschen Volke aus Streit der Klassen, Konfessionen und Stände bekämpft. Interessentenhaufen, von wo sie auch kommen, sind die Feinde der Volksgemeinschaft. Und Volksgemeinschaft bedeutet Gerechtigkeit für jeden Volksgenossen, Gerechtigkeit nicht in der Form eines geschriebenen Gesetzes, sondern aus der Idee des germanischen Volksrechts, das im Genossenschaftsgedanken Freiheit und Gleichheit der arbeitenden Menschen erkannte. Wenn heute die Kirchen erwachen und die Menschen neu zu den Fragen der Religion Stellung nehmen müssen, so ist das ein Zeichen für die Gärung, in der das deutsche Volk noch ist, ein Zeichen für seine Jugendlichkeit, die sich in neuen Aufgaben erfüllen will.

Wir können nun unsere Leser nicht mehr unterrichten, können nicht mehr Stellung nehmen, zu den drängenden Aufgaben des Tages. Die „Neue Badische Landes-Zeitung" erscheint zum letzten Male. Aber wie es Geist ist, in den die Naturwissenschaft alle Materie aufgelöst hat, der immer nach neuen Ausdrucksformen sucht, der sich spaltet und zusammenballt, und der so unsterblich ist, so leben ewig die Gedanken der Menschen, lebt ewig die Idee, für die alles Vergängliche nur ein Gleichnis ist. Das Gedankengut, das die „Neue Badische Landes-Zeitung" in fast achtzig Jahren ihres Bestehens angehäuft hat, ist auch eingeströmt in den Nationalsozialismus. Es wird leben in neuen Formen und wird einmal auch wieder Ausdruck suchen. Dann wird vielleicht der Wunsch Herbert Eulenbergs Erfüllung finden und eine neue „Neue Badische Landes-Zeitung" in neuer Form erstehen.

Abschied und Dank!

So heißt es denn an's Abschiednehmen denken! Die miteinander in Verlag und Schriftleitung, zum Teil Jahrzehnte hindurch der gleichen Aufgabe gedient haben, reichen sich die Hände und sagen sich lebewohl! Man wird es begreifen, daß dieser Augenblick für uns alle, die wir der „Neuen Badischen Landes-Zeitung" uns zuzählten, wie die Angehörigen einer Familie dieser verbündet sind, daß diese Stunde des Auseinandergehens, bitterer, schmerzhafter ist, als Worte es sagen können... Nicht als ob wir glaubten, daß wir unersetzlich wären! Auch traut sich jeder von uns zu, einen neuen Wirkungskreis zu finden! Aber wer verstünde nicht, daß es hart, sehr hart ist, von einer Stätte zu scheiden, die einem mehr war, als nur die Gelegenheit der Schaffung des Existenzunterhaltes, der man geistig und gesinnungserfüllt das Beste zu geben bestrebt gewesen, was zu leisten einem möglich war!

Da wir uns des Sinnes bewußt werden, den der Abschied hat, um den es geht — empfinden wir zutiefst auch die Verpflichtung zum Dank in dieser leidvollen Stunde! Dank sagen möchten wir vor allem den Lesern in der Nähe und Ferne, die der Neuen Badischen Landes-Zeitung bis zu ihrem Ende Zuneigung und Gefolgschaft bewahrten! Dieser unser Dank an die Bezieher unseres Blattes darf sich gewißlich auf die berechtigte Zuversicht stützen, daß man der NBLZ ein ehrenvolles Andenken bewahren wird!

Dank wendet sich sodann, herzlichen Dank an den Mann, der als Verleger, viele, viele Jahre hindurch bemüht war, die Neue Badische Landes-Zeitung auf der hohen Warte zu halten, zu der er sie emporführte und ihre Geltung von innen heraus durch Steigerung der Leistungen in jeglichem Betracht zu mehren: Heinrich Gütermann, selbst im Besitze klarer und schöpferischer, journalistischer Einsichten und Kenntnisse, Fähigkeiten und Erfahrungen, hat unserem Blatte alle seine vielseitigen und reichausgestatteten Begabungen zur Verfügung gestellt. Ihm war die Herausgabe der NBLZ recht zur Lebensaufgabe geworden.

Dank aus vollem Bewußtsein dessen, was alles dieser Dank in sich schließt, sei vor allem aber auch dem Kreis, der bis zum heutigen Tage die oft dornenvollen und schweren Pflichten der Schriftleitung der NBLZ. wahrnahm und vorbildlich erfüllte. Diese Männer haben zäh um den Bestand unseres Blattes gekämpft und sie gaben ihr Bestes an die gemeinschaftliche Aufgabe. Sie haben das Traditionserbe der Neuen Badischen Landes-Zeitung — ein Hort echter, heißer Vaterlandsliebe, deutscher Gesittung und Bildung zu sein —, sorgsam und gewissensbewußt gewahrt und gepflegt. Als der nationale Aufbruch unseres Volkes eine neue Zeit heraufführte, da gab es für die Redaktion unserer Zeitung ebenso bedeutungsvolle wie verantwortungsschwere Entscheidungen zu treffen. Wir dürfen es mit Stolz im Rahmen dieser Abschiedszeilen feststellen, daß die Neue Badische Landes-Zeitung verstanden hat, sich in die Front der Träger des neuen Staatsbewußtseins und Gemeinschaftsempfindens einzugliedern, ohne sich selber untreu zu werden. Denn fürwahr: Immer traf sie die letzten Entschlüsse aus der Erkenntnis und der Verpflichtung heraus, daß über allem anderen Deutschland steht und stehen muß!

Wie viele Namen wären noch zu nennen! Redakteure, Mitarbeiter im In- und Ausland für alle möglichen Einzelfragen, Korrespondenten, vielfach gleichfalls seit Jahrzehnten für unser Blatt tätig, Stenographen, Korrektoren, Faktoren, Metteure, Setzer und Drucker, Kaufleute aller Kategorien, Gehilfen und Gehilfinnen für die verschiedensten Teilarbeiten. Jeder hat seine Pflicht getan! Jedem gebührt der gleiche aufrichtige Dank!

Wir wollen diesen Augenblick eines schmerzlichen Abschiedes nicht im Gedanken des Haders und der Nur-Bitterkeit versinken lassen! Die Neue Badische Landes-Zeitung hört zu bestehen auf, mit dieser Ausgabe. Damit müssen wir uns abfinden: Leserschaft und wir Werkleute. Bewahren wir dem Blatte, das wir liebten, ehrenvolles Gedenken, das es wahrhaftig verdient! — Nun schauen wir vertrauensvoll in die neue Zukunft. Jeder Einzelne von uns, die wir heute von dieser Arbeitsstätte abtreten und nach neuen Ufern Ausschau halten, zu denen ein neuer Tag uns führen soll, ersehnt auch in dieser Stunde das eine über allem anderen, daß das deutsche Volk einer hellen und schönen Zukunft sich erfreuen möge! Und wir wollen sagen, daß wir von unverrückbarer Gläubigkeit — jeder dort, wohin ihn das Schicksal künftig stellen wird — mitarbeiten wollen am überragenden Werk der deutschen Wiedergeburt.

Verlag der Neuen Badischen Landes-Zeitung

F. Knapp *K. Wolf*

Aus dem Inhalt:

Abschied und Dank
Zum letzten Male. Von Heinrich Rampf
Die Geschichte der NBL. Von Alfred Rapp
Vor vierzig Jahren — und am Ende. Von Hermann Wasna
Abschied vom Theater. Von Emil Belzner
Was heißt und zu welchem Ende gibt es Musikkritik. Von Karl Laux.
Im Dienste der Wirtschaftskritik. Von Paul Riedel
Der Sport lebt / Abschied vom NBL.-Sport. Von Heinrich Tillenburg
Reporters Klage. Von Jakob Würth
Abschied der Pseudonyme: Fridolin, dux, Oliver
Eine Zeitung kommt zum letztenmal ins Haus. Von C. B.
Die NBL. und die bildende Kunst. Von Konrad Ott
Fußballhochburg Mannheim-Ludwigshafen. Von Fritz Corterier
Der Neuen Badischen Landes-Zeitung zum Abschied und Willkommen! Von Herbert Eulenberg
Abschiedsgruß aus Berlin. Von Julius Bab.
Das war der Zwerg Perkeo... Von Hermann Schnellbach
Rund um deutsche Hochzeitsbräuche. Eine Bildreportage
Letzter Händedruck der Mitarbeiterin. Von Alma Würth
Sonderbeilage: Alfredo Casellas Oper „Frau Schlange". Zur Uraufführung im Nationaltheater. Mit Beiträgen von Alfredo Casella, H. F. Redlich, Erich Dürr, Eduard Löffler

Eden und Mussolini

Berlin, 28. Februar.

Nachdem die Besprechungen des englischen Sonderbeauftragten Eden in Rom zu Ende geführt worden sind, liegt nun, wie man allgemein feststellt, die Entscheidung in Paris. Eden wird für Donnerstag in der französischen Hauptstadt erwartet. Die Pariser Presse berichtet umfangreich über das Ergebnis der bisherigen Verhandlungen Edens in Rom und Berlin und kommt fast übereinstimmend zu der Ansicht, daß die Grundlage des Optimismus, mit dem sich Eden in Rom der Presse gegenüber verabschiedet hat, vor allem in einer Vereinbarung über vier Punkte bestehe:

1. Erhaltung des Status quo für die nicht abgerüsteten Staaten,
2. Internationaler Verzicht auf den Gaskrieg,
3. Wirksame Kontrolle des deutschen Rüstungsstandes, der teilweise über den Versailler Stand hinaus erhöht werden soll,
4. Sonderabkommen über die sogenannten halbmilitärischen Verbände.

Die Presse bringt ihre Befriedigung darüber zum Ausdruck, daß Mussolini sich gegen eine Verminderung der französischen Rüstungen, die das englische Memorandum gefordert hat, auch jetzt gewendet hat. Eine Ausnahme bildet das „Journal", das in der Beurteilung der Aussichten der entscheidenden Pariser Besprechungen zu dem auffallenden Ergebnis kommt: „In Paris hat die Schnelligkeit, mit der Mussolini und Eden sich verständigt haben, weiter nicht überrascht. Man gelangt jetzt zu dem kritischsten Punkt. An einem solchen Punkt muß man den Mut zum Neinsagen haben, ohne Furcht davor, von den anderen als schuldig am Scheitern der Abrüstung angeklagt zu werden. Frankreich kann es sich nicht gestatten, die Illusionen Englands und Italiens mitzumachen."

Diese Pressestimme ist gewiß keine sehr ermunternde Begrüßung für Eden. Das Bewußtsein der Notwendigkeit, für die in Rom erzielte Einigung erst noch die Zustimmung des wichtigsten Abrüstungspartners, nämlich Frankreichs, zu finden, dämpft denn auch das Gefühl der Genugtuung über die erzielte Uebereinstimmung zwischen Italien und Großbritannien sehr wesentlich.

141

Gemütliches Beisammensein der Ehepaare Grünewald, Levi und Thalheimer in der Wohnung des Zahnarztes Dr. Josef Levi (geb. 1892), Friedrichsring 18. Um 1935. Von links nach rechts: Gustav Thalheimer (geb. 1871), Fabrikant; Hedwig Grünewald geb. Horovitz (geb. 1896), Ärztin; Frieda Levi geb. Jakobsohn (geb. 1898); Thekla Thalheimer geb. Schnurmann (geb. 1878); Dr. Max Grünewald (1899–1992), Stadtrabbiner. Alle konnten zwischen 1936 und 1939 emigrieren und haben überlebt.

Die Beschädigungen und Gebrauchsspuren an diesem alten Abzug verweisen auf das Schicksal des Fotos, aber auch auf dessen Wertschätzung, deuten auf die Risse im Leben dieser Menschen und damit auf den Bruch in der deutsch-jüdischen Geschichte: eine archivalische Reliquie, Bild, Zeugnis und Erinnerungsstück zugleich.

Friedrich Teutsch und Udo Wennemuth

Ausgrenzung und Verfolgung der Juden

143 a
Rechts oben: Studier- und Wohnzimmer der Familie Nathan, Rheinstraße 6. Um 1936. Am einstigen Standort des Gebäudes befindet sich heute die Auffahrt zur Kurt-Schumacher-Brücke. Ernst Nathan (1886–1944), der im Ersten Weltkrieg für Deutschland gekämpft hatte, war Mitinhaber und Geschäftsführer der bedeutenden Getreidegroßhandlung Jakob Hirsch & Söhne GmbH, D 7, 14. Er bekleidete zahlreiche Ehrenämter, die er 1933/34 verlor, und lebte nach der NS-Terminologie in *Mischehe*. Daher wurde er 1940 nicht nach Gurs deportiert. Als Arbeiter bei der Müllsortierung verlor er auf der Friesenheimer Insel 1944 bei einem Luftangriff wegen mangelhafter Schutzmöglichkeiten sein Leben.

142 a
Links oben: Schülerinnen und Schüler der 1934 eröffneten Jüdischen Volksschule in der Luisenschule (Tattersallstr. 28–30). Um 1935. Links Religionslehrerin Hedwig Traub (geb. 1898), dahinter Lehrer Ludwig Marx (geb. 1896). Beide wurden 1940 zunächst nach Gurs und 1942 schließlich nach Auschwitz deportiert, wo sie umkamen. KZ-Kommandant war damals der in Mannheim aufgewachsene Rudolf Höß (1901–1947).

142 b
Links Mitte: Verlobung von Renate Wildberg (geb.1910) in B 6, 1 a, wo im folgenden Jahr auch die Hochzeit stattfand. 1934. Links neben der Verlobten (Dritte von links) ihr Vater Jakob Wildberg (1876–1951), neben dem Verlobten die Mutter Bella Wildberg geb. Salomon (1886–1960), vorn der Bruder Alfred (geb. 1912). Jakob Wildberg war Mitinhaber der Mannheimer Knieblechröhrenfabrik Wildberg & Co., B 5, 6. Nachdem Tochter und Schwiegersohn 1937 dem Bruder in die USA nachfolgten, konnten Anfang März 1940 auch noch die Eltern Wildberg nach New York auswandern, allerdings praktisch unter Verlust von Hab und Gut.

142 c
Links unten: Dekoration zur Eröffnung des *arisierten* Warenhauses Schmoller, nun Kaufhaus Vollmer. Um den 18.8.1938. Aufn. vermutlich Erich Pusch, Chefdekorateur des Hauses. Als letztes der vier großen jüdischen Warenhäuser in Mannheim wurde die 1891 gegründete Niederlassung der Firma Hermann Schmoller & Co. *arisiert*. Auf die Eröffnung unter neuem Namen verweist das große Bild in der Schaufenstermitte. Man erkennt die markante Ecksituation des Gebäudes P 1, 8–12 an den Planken. Mit diesem Bildmotiv warb man auch durch eine halbseitige Anzeige am Wochenende des 13./14. August für die neuen *deutschen* Firmeneigentümer.
Die historisch bedingte außerordentliche Bedeutung der Juden im Wirtschaftsleben ließen es den neuen Machthabern geraten sein, auf diesem Gebiet bis 1935 eine gewisse Zurückhaltung zu üben. Im Gegensatz zum öffentlichen Dienst, der gleich zu Beginn der NS-Herrschaft in einer ersten Welle *gesäubert* wurde, beschränkten sich die antijüdischen Maßnahmen gegen die Wirtschaft auf demonstrative, befristete Aktionen, weil Kapital und Fachkenntnisse dieser Elite kurzfristig gar nicht ersetzbar waren. Weitere Rücksichten staatlicherseits erforderten die wirtschaftliche Verflechtung und die Erhaltung von Arbeitsplätzen. Gerade in der Anfangsphase konnte sich das NS-Regime in der weiterhin schwierigen Wirtschaftslage keine Turbulenzen oder gar Rückschläge erlauben.

143 b
Rechts unten: Schaufenster des A. G., Konditorei und Café, F 2, 3. Sommer 1936. Neben Reklame für drei Sorten Speiseeis und Waldbaur-Schokolade fallen besonders das Schild *Juden sind hier unerwünscht* und der Hinweis auf die Mitgliedschaft in der Deutschen Arbeitsfront ins Auge.
Der Konditormeister Karl Weiß (geb. 1902) in Q 5 wurde dagegen Ende Oktober 1936 wegen *parteischädigenden Verhaltens* aus der NSDAP ausgeschlossen, weil er weiterhin Juden in seinem Café duldete; 1937 mußte er sogar seinen Betrieb auf- bzw. abgeben. Nonkonformität hatte also massive wirtschaftliche Folgen.

Die Verfolgung und Ausrottung der Juden während der NS-Diktatur zählt zu den grauenhaftesten Kapiteln deutscher Geschichte. Ein gewissenloses System löste unsägliches Leid aus und bürdete den nachfolgenden Generationen eine schwere Geschichtslast auf. Es ist daher verständlich, daß diese Geschehnisse seit über fünf Jahrzehnten in einer Fülle von Veröffentlichungen unter den verschiedensten Gesichtspunkten behandelt und dargestellt wurden.[1]

Das Ausmaß der Verfolgung läßt sich am besten an der Zahl der Opfer und der Ausgewanderten bzw. Geflohenen erkennen. Für die Jahre 1933 bis 1945 wurden bisher insgesamt 8 186 Personen jüdischer Herkunft ermittelt, die sich in diesem Zeitraum wenigstens vorübergehend in Mannheim aufhielten.[2] Bezogen auf das Ergebnis der Volkszählung vom 16. Juni 1933 mit 6 402 Glaubensjuden ergibt sich rechnerisch eine Zuwanderung nach Mannheim von 1 784 Personen, pro Jahr rund 250. Namentlich bekannt sind bisher 2 160 Todesopfer;[3] darüber hinaus sind über 1 000 Schicksale bis heute ungeklärt.[4] Am Kriegsende (29. März 1945) lebten in Mannheim noch rund 60 Juden.[5] Damit war die einst blühende Gemeinde Mannheims praktisch aufgerieben.

Neben der starken Fluktuation und der rapiden Abnahme der Zahl der Gemeindeangehörigen ist ihre dramatische Überalterung kennzeichnend: Am 1. Februar 1940 sind 47 % über 60 Jahre alt.[6] Diese Entwicklung ist vor allem eine Folge der Auswanderung bzw. Flucht. Sie gelang 3 927 Personen, allerdings weitgehend nur den jüngeren und rüstigeren Jahrgängen.[7] Daher kommt es, daß etwa die Hälfte der Opfer in den Vernichtungslagern Menschen im Alter von über 60 Jahren waren. Selbst die Würde des Alters galt nichts.

Als Asylland stehen die USA mit Abstand an erster Stelle; daneben spielten Palästina, die westeuropäischen Länder und Südamerika als Flucht- bzw. Emigrationsziel eine bedeutende Rolle.

Die sofort nach der *Machtergreifung* einsetzende Ausgrenzung der Juden bildete die entscheidende Voraussetzung zu ihrer Vertreibung und Vernichtung. Auf vielfältige Weise unterband man den persönlichen und gesellschaftlichen Verkehr, schloß sie aus dem geistigen und kulturellen Leben aus, beraubte sie der schulischen und beruflichen Entfaltungsmöglichkeiten und beseitigte die rechtlichen und wirtschaftlichen Grundlagen ihrer Existenz. Dabei registrierte man aufmerksam die Entwicklungen in anderen Städten, um auswärtige „Vorbilder" zu „kopieren". Die spektakulären Vorgänge zeigen die Methode. Da Rechtsgrundlagen häufig noch fehlten, schuf sich die *Bewegung* die Legitimation durch Rückgriff auf das *gesunde Volksempfinden* oder durch Inszenierung des *Volkszorns*. Diesem pseudodemokratischen Auftrag der *Volksgenossen* folgten dann Staat und Partei und schufen „Ordnung". Das Verhalten des einzelnen gegenüber Juden wurde Gradmesser der persönlichen und politischen Zuverlässigkeit.

Das amtliche Verhalten der Oberbürgermeister in Heidelberg, Karlsruhe und Mannheim unterschied sich dabei offenbar kaum. Hatte man in Heidelberg die Fürsorgeschwester Therese Wiesert im September 1935 wegen persönlicher Kontakte zu Juden sogar entlassen, so schüchterte man in Mannheim durch Vernehmungen und die Androhung der Entlassung im Juli bzw. August 1936 mehrere Arbeiter des Tiefbauamts ein, die trotz Verbots des Oberbürgermeisters vom 3. Juni 1936 angeblich jüdische Ärzte in Anspruch genommen hatten.[8] Auch die *Ausschaltung* eines Apothekers im Sommer 1935 liest sich in Heidelberg und Mannheim verblüffend ähnlich: Man mußte sich beim Vorpreschen *höheren Weisungen* beugen und die Maßnahme aufheben bzw. mildern.[9]

Beim Badeverbot für Juden im Sommer 1935 kann man mit Blick auf Bruchsal oder Karlsruhe[10] kaum von einer Vorreiterrolle des Mannheimer Oberbürgermeisters Renninger sprechen. Hier sorgte vielmehr das rücksichtslose Vorgehen der SA-Schläger in Zivil bei der sog. Herweckbad-Aktion für massiven Druck der „Straße". Dieses brutale Vorgehen gab den erwünschten Vorwand, um in den folgenden Wochen Zutrittsverbote für Juden in allen Mannheimer Bädern zu verhängen. Deutlich wird hier das abgekartete Spiel zwischen NS-Organisationen und dem örtlichen NS-*Kampfblatt* Hakenkreuzbanner, in das sich auch das berüchtigte Hetzblatt *Der Stürmer* einschaltete. Bemerkenswert ist ferner, daß man dabei gleichzeitig dem privaten Badbesitzer einen Denkzettel verpaßte: Er verlor nicht nur seine jüdischen Badegäste, sondern hatte neben dem Sachschaden auch noch die öffentliche Bloßstellung zu ertragen. Die Mischung von weiterbestehendem Recht und gesetzlich gedeckten antijüdischen Maßnahmen mit lokalen Ausschreitungen bzw. Übergriffen sowie eigenmächtigen Sonderregelungen gegen Juden oder *judenfreundliche* Personen trug auch in Mannheim zur Verschärfung der Lage und zur Verunsicherung ganz erheblich bei, aber auch zu Fehleinschätzungen.

** Vor der jüdischen Gaststätte in Q 2 kam es gestern abend zu Kundgebungen gegen das feige Pariser Attentat des Juden Grynszpan und die Drahtzieher des Verbrechens. Das provozierende Verhalten eines Juden gab Anlaß zu einer Schlägerei. Um eine weitere Ausdehnung zu verhüten, wurde die Gaststätte geräumt. Auch in dem Judenkaffee an den Planken erwies sich die gleiche Maßnahme als notwendig.

Empörte Demonstrationen in Mannheim
gegen die feige Mordhetze der Mischpoke

Mannheim, 9. November.

Als gestern abend durch die Rundfunknachrichten bekannt wurde, daß das Befinden des von einem jüdischen Mordbuben überfallenen deutschen Legationssekretärs weiterhin ernst sei, kam es vor der Mannheimer „Mauschelzentrale" in Q 2, zu Ansammlungen empörter deutscher Volksgenossen gegen die systematischen Anschläge dieses internationalen Gesindels auf deutsche Männer im Ausland.

Als sich am Eingang des Lokals einige Hebräer provozierend und frech dagegen aufführten, kam es durch einen spazierstockfuchtelnden Juden, der eine drohende Haltung einnahm, zu Schlägereien. Da außerdem noch weiterer Zuzug aus der Wirtschaft zu erwarten war und sich dabei leicht ein unnötiger Lärm entwickeln konnte, der die Uebertragung der Führerrede, die aus einer Wohnung des Quadrates Q 3 auf die Straße gegeben wurde, gestört hätte, wurde kurzerhand das Lokal geräumt. Hierbei entwickelte allerdings die mauschelnde Gästeschar eine sehr belustigende und reichlich übertriebene Eilfertigkeit, so daß im Nu die Tische und Stühle leer waren und dafür auf der Straße ein erstaunliches Laufen und Um-die-Ecke-Verschwinden zu beobachten war: sehr zur Erheiterung der zahlreichen Zuschauer.

Wie wir weiter erfahren, war außerdem in einem Judenkaffee an den Planken eine ähnliche Räumungsmaßnahme notwendig geworden. Auch hier vergaß die Mehrzahl der Gäste die fällige Zeche zu bezahlen, und beeilte sich, unter Zurücklassung von Hüten und Mänteln sporenstreichs das Weite zu suchen.

144 a
Linke Seite oben: Vertreibung der jüdischen Badegäste aus dem Rheinbad Herweck. 27.6.1935. SA-Männer in Zivil inszenierten inner- und außerhalb des Bads an diesem Tag einen *Volksauflauf* mit anschließendem Ausbruch des *Volkszorns*. Karl Herweck beugte sich dem Druck erst Ende Juli.

144 b–c
Linke Seite unten: Ausschnitte aus Hakenkreuzbanner Nr. 521 vom 9.11.1938 und links Neue Mannheimer Zeitung Nr. 520 vom 9.11.1938.
Das Hakenkreuzbanner bezeichnete sich in seinem Kopftitel ausdrücklich und vielsagend als *Kampfblatt*. Als Sprachrohr der NS-Bewegung agitierte es verbal und stilistisch in besonders verletzender Weise. Durch Häme und hinterhältige Logik wirkte seine aufgebauschte Berichterstattung noch demütigender, aufreizender und vergiftender. Die Nachrichten sind ggf. inhaltlich noch stärker „frisiert", d.h. weniger informativ, als die entsprechenden Artikel der Neuen Mannheimer Zeitung. Letztere sendete offenbar durch zusätzliche Informationen, optische Auffälligkeiten und Plazierung oder auch sprachliche Verschlüsselung den wacheren Zeitgenossen wahrnehmbare bzw. zwischen den Zeilen zu lesende Signale.

145 b–d
Unten: Verwüstete Wohnung der Eheleute Oppenheimer, Elisabethstraße 3. 10.11.1938. Aufn. Dr. Willi Gernsheim und Heinrich Holle. Die Bilder zeigen vermutlich folgende Motive: links *von der Decke gerissener Kronleuchter*; Mitte *zerschlagene Möbelstücke, Bild im Vordergrund zeigt Herrn Oppenheimer als Rittmeister im Ersten Weltkrieg*; rechts *Eingang der Wohnung mit geplünderter Vitrine*.
Stefan Oppenheimer (1891–1940) entstammte einer jüdischen Familie. Im Ersten Weltkrieg wurde er zum Offizier befördert, sein Bruder fiel vor Verdun. Nach dem Zusammenbruch beteiligte er sich an Kämpfen gegen Spartakisten und im Baltikum. Als hervorragender Tennisspieler bildete er mit dem Mannheimer Dr. Philipp Buss (1894–1972) in den zwanziger Jahren das seinerzeit beste deutsche Herren-Doppel.
Im Februar 1936 mußte Oppenheimer als Teilhaber der Essigfabrik Louis Haas ausscheiden. Eine kurze zeitgenössische Aktennotiz faßt die rücksichtslose Verwüstung seiner Wohnung in folgenden Worten zusammen: *weitgehende Demolierung der ganzen Wohnung, sogar die Betten wurden auf der Straße verbrannt*.
Da Oppenheimer am 10. November abwesend war, verhaftete man ihn nach seiner Rückkehr und verbrachte ihn ins KZ Dachau. Dort durchlitt er als Zuckerkranker zwischen 15. November und 7. Dezember 1938 eine furchtbare Zeit; er verstarb bereits im März 1940.
Es handelt sich um die bisher einzigen aus Mannheim bekannten Fotos einer völlig demolierten Wohnung. Die Negative gingen *zur Verwertung* damals *mittels Kuriers ins Ausland (England)*. Die einzigen Abzüge wurden von der Witwe 1946 als *Beweismaterial für die Anmeldung der Wiedergutmachungsansprüche* benötigt. Als Abbildungsvorlage dienen hier sog. Bürstenabzüge für einen zum 10. November 1946 geplanten, *wegen Raummangels* nicht veröffentlichten Bericht. Auch Bilder haben ihre Geschichte.

145 a
Oben: Hauptsynagoge in F 2, 13, Blick vom Toraschrein (Aron Hakodesch) bzw. Vorlesetisch für die Tora (Schulchen) zum Portal mit Orgelempore und Fenster-Rosette der Straßenseite. Mitte November 1938.
Die Innenaufnahme entstand wenige Tage nach der Sprengung und schweren Verwüstung am 10. November 1938. Alle späteren Fotos zeigen dagegen den Zustand nach der Zerstörung durch den schwersten Luftangriff auf Mannheim am 5./6. September 1943.

146 a
Oben links: Erwin Hirsch (geb. 1914), links, mit seinem Bruder Werner (geb. 1922) vor O 5, 1. 1937 (wohl Sommer). Nach einer zweijährigen Ausbildung an der Israelitischen Lehrerbildungsanstalt in Würzburg kehrte Erwin Hirsch zu Pessach (Ostern) 1937 als Kantor an die Mannheimer Hauptsynagoge zurück und wurde ein Jahr danach auch Lehrer an der Jüdischen Schule. Im Mai 1939 emigrierte er mit seiner Mutter Milli geb. Hausmann (geb. 1887) nach den USA (New York). Seinem Bruder Werner war die Auswanderung nach San Francisco schon im August 1937 gelungen. Der Vater Sally (geb. 1883), Textilwarenvertreter, blieb aus unbekannten Gründen in Mannheim. Er wurde 1940 nach Gurs *abgeschoben* und von dort zwei Jahre später nach Auschwitz verschleppt, wo sich seine Lebensspur im Grauen dieses Vernichtungslagers verliert.

146 b
Oben rechts: Edwin (heute Gad) Haas (geb. 1920) an der Hobelbank im „Werkdorp Niewe Huis" bei Amsterdam. Um 1938. Nachdem Haas 1934 als Jude das Realgymnasium verlassen hatte und dann nach anderthalb Jahren aus der staatlichen Meisterschule für Handwerker in Kaiserslautern hinausgeworfen wurde, emigrierte er Anfang Februar 1936 nach den Niederlanden. An der genannten Ausbildungsstätte für Palästina-Auswanderer legte er nach weiteren eineinhalb Jahren die Gesellenprüfung als Möbeltischler ab. In Mannheim hatte er der Fußball-Schülermannschaft des zionistisch orientierten jüdischen Sportvereins Bar Kochba angehört. Gad Haas, so nannte er sich in Palästina, seiner neuen Heimat, trug als Vorsitzender des Verbands ehemaliger Mannheimer in Haifa viel zur Wiederannäherung zwischen Deutschen und Israelis bei.

146 c
Unten: Edwin (Gad) Haas mit seiner Freundin Marga. 1939. Die beiden lernten sich in Holland kennen. Im Sommer 1939 gelang ihnen – wie schon im April 1937 Edwins Zwillingsschwester Lilly – auf einem seeuntüchtigen Schiff die Überfahrt und illegale Einwanderung in Palästina. 1942 heirateten sie in Haifa. In diesem Jahr wurde seine in Mannheim zurückgebliebene, seit 1927 verwitwete Mutter Anna geb. Kayern (geb. 1892) nach Auschwitz deportiert. Von den aus Rülzheim stammenden Mannheimer Familien Haas verloren in diesem Vernichtungslager noch drei weitere Mitglieder ihr Leben, während zwei bereits in Gurs umkamen.

147 a
Irma Kahn (links) mit ihren Eltern vor dem Wohnhaus L 11, 25. Wohl Sommer 1936.
Irma Kahn (geb. 1921) emigrierte bereits Ende März 1934 nach Nordfrankreich, wo sie in Lille in einem Versteck Verfolgung und Krieg überlebte. Von Anfang August 1936 bis Anfang April 1937 verbrachte sie zwischenzeitlich mehrere Monate bei ihren Eltern in Mannheim.
Der Vater Josef Kahn (1889–1973), Mitinhaber der Firma J. & S. Kahn, Strumpf- und Handschuh-Großhandlung, kam nach der Plünderung seines Geschäfts am 10. November 1938 für fünf Wochen ins KZ Dachau und emigrierte mit seiner Frau Martha geb. Joseph (1892–1968) im Juni 1939 zunächst nach Luxemburg. Von dort gelang ihnen im Juli 1941 die Flucht durch Frankreich nach Spanien und im September schließlich die Auswanderung in die USA.

147 b
Robert Kahn (geb. 1923) vor der neuen elterlichen Wohnung L 14. 14.5.1938.
Robert, Sohn von Josef und Martha Kahn (siehe Abb. 147 a) besuchte zuletzt die Jüdische Schule in K 2, dann die Jüdische Anlernwerkstatt in Mannheim-Neckarau zur Ausbildung als Bauschlosser. Wie sein Vater wurde er während des Reichspogroms am 10. November 1938 zunächst verhaftet, dann aber wieder freigelassen, weil er nicht in die betroffene Altersklasse zwischen 16 und 60 Jahren fiel. Robert Kahn flüchtete Ende April 1939 nach Luxemburg und von dort mit seinen Eltern in die USA.

Den spektakulären Höhepunkt der antijüdischen Politik vor dem Zweiten Weltkrieg bildete der als *Reichskristallnacht* berüchtigt gewordene Pogrom im November 1938. Zu seiner unmittelbaren Vorgeschichte gehört die Zwangsausweisung von in Deutschland lebenden polnischen Juden Ende Oktober. In Mannheim waren 75 Männer am 27./28. Oktober 1938 von dieser Aktion betroffen.[11] Die Empörung über dieses Vorgehen führte zu den Schüssen eines emigrierten Juden auf den deutschen Diplomaten Ernst vom Rath in Paris am Morgen des 7. November; dieser erlag seinen schweren Verletzungen zwei Tage später. Die hiesige Presse berichtete darüber ausgiebig und in großer Aufmachung.[12] Zeitgleich erinnerte sie an das Kriegsende 1918 mit dem schmählichen Zusammenbruch der Monarchie. Überdies gedachten an diesen Tagen die Nationalsozialisten seit der *Machtergreifung* 1933 offiziell ihrer Toten bei dem Umsturzversuch vom 9. November 1923 in München. So fiel vom Raths Tod in eine ohnedies emotional und propagandistisch aufgeladene Stimmung.

Aufgrund von Funkmeldungen veröffentlichten beide Mannheimer Zeitungen noch in den Abendausgaben des 8. November eine Notiz über antijüdische Demonstrationen in Kurhessen, die Neue Mannheimer Zeitung sogar äußerst auffällig auf der Titelseite mit der ersten Schlagzeile.[13] Abweichend von Heidelberg und Karlsruhe gab es in Mannheim bereits am selben Abend Alarmzeichen: Es kam in zwei Lokalen zu Ausschreitungen gegen Juden.[14] Die Zeitungsartikel (siehe Abb. 144 b und c) schieben als auslösenden Grund die Rundfunkmeldungen über den kritischen Gesundheitszustand vom Raths vor, das Hakenkreuzbanner zusätzlich die *Übertragung der Führerrede* aus einer Wohnung des Quadrats Q 3 auf die Straße. Betroffen war das gegenüber in Q 2, 16 liegende jüdische Restaurant und Café Schloß des jüdischen Gesangvereins Liederkranz (*Mauschelzentrale*).[15] Die Schuld wird propagandistisch den jüdischen Gästen zugeschrieben. Die Schilderung der weiteren Umstände im Hakenkreuzbanner verkehrt die Gewalttätigkeit des ungesetzlichen Übergriffs geradezu in ihr Gegenteil. Der *spazierstockfuchtelnde Jude* war wohl jener 75jährige Herr, der – so eine Denkschrift von Rechtsanwalt Brechter vom November 1938 – *nach 10 Tagen noch starke Blutergüsse im Gesicht und an der Bindehaut aufwies*.[16] Die „Helden" dieser Attacke sind – angeblich – *empörte deutsche Volksgenossen*.

148
Lisa Moos (geb. 1919), links, in der hellen Bluse,
vor ihrer Abreise. Juli oder August 1935.
Lisa, Tochter der Eheleute Hugo und Sophie Moos,
wurde bereits im 10. Lebensjahr Mitglied der
links-zionistischen Jugendbewegung Haschomer
Hazair (Der junge Wächter). Nach dem Eintrag auf
ihrer Meldekarte begab sie sich Mitte August
1935 auf *Reisen*. Nach eigenen Angaben fuhr sie
jedoch schon Ende Juli mit einem Nachtzug
nach München, um von dort mit einer jüdischen
Jugendgruppe nach Palästina auszuwandern.
Dies gelang ihr auch wie schon im April 1934
ihrem Bruder Friedrich (geb. 1914), der sich als
landwirtschaftlicher Praktikant auf die neue
Heimat vorbereitet hatte.

Für den 9. November 1938 liegt dagegen kein einziger zeitgenössischer Beleg über entsprechende Vorgänge vor.[17] Aus der Lokalpresse geht hervor, daß zunächst Partei und SA um 20 Uhr im Schloßhof ihre Gedenkveranstaltung abhielten und ab 23.30 Uhr die SS, und zwar zeitlich parallel zu München. Dort erfuhr Hitler etwa um 21 Uhr durch einen Boten die Todesnachricht von vom Rath.[18] Etwa eine Stunde danach gab dann der Reichsminister für Volksaufklärung und Propaganda Joseph Goebbels im engen Kreis hoher NS-Funktionäre das Ableben vom Raths bekannt. Er drückte dabei die Erwartung von weiteren Ausbrüchen des *Volkszorns* wie in Kurhessen und Magdeburg-Anhalt aus. Der gescheiterte Umsturz von 1923 rief 15 Jahre später sozusagen nach einer „Revolution" gegen das *Weltjudentum*. Und als Träger „revolutionärer Ideen" fühlte sich noch immer die seit dem sog. Röhm Putsch von 1934 ins Hintertreffen geratene SA. Wie auch Inhalt und Weg der Meldungen in die Gaue gewesen sein mögen, Goebbels löste jedenfalls auf raffinierte Weise eine ungeheure Terrorwelle im Reich aus.[19]

Bemerkenswerterweise brannte in Karlsruhe bereits am 9. November gegen 22 Uhr nicht nur die Synagoge in der Kronenstraße, sondern es lief auch schon die erste Ausschreitung gegen ein jüdisches Hotel durch uniformierte SA- und SS-Leute.[20] In Mannheims Nachbarstadt Heidelberg begann die Aktion zwischen zwei und drei Uhr morgens mit dem Aufbrechen und In-Brand-Stecken der Synagoge an der Großen Mantelgasse.[21] Obwohl die telefonische Weisung – angeblich der SA-Gruppe Kurpfalz in Mannheim – schon etwa eine Stunde nach Mitternacht Heidelberg erreichte, setzte man in Mannheim das äußere Fanal erst gegen sechs Uhr morgens.[22] Dazu hatte man eigens aus Heidelberg Sprengstoff bestellt. Die Sprengungen in der Hauptsynagoge F 2, 13 erfolgten weisungsgemäß in Zivil.[23] Die Klaussynagoge in F 1, 11 wurde kurz nach sechs Uhr ebenfalls aufgebrochen und das Innere kurz und klein geschlagen. Verwüstet wurde auch das Schulzimmer. Gegen 10 Uhr begann in einer zweiten Welle die Zerstörung und Plünderung der jüdischen Wohnungen dieses

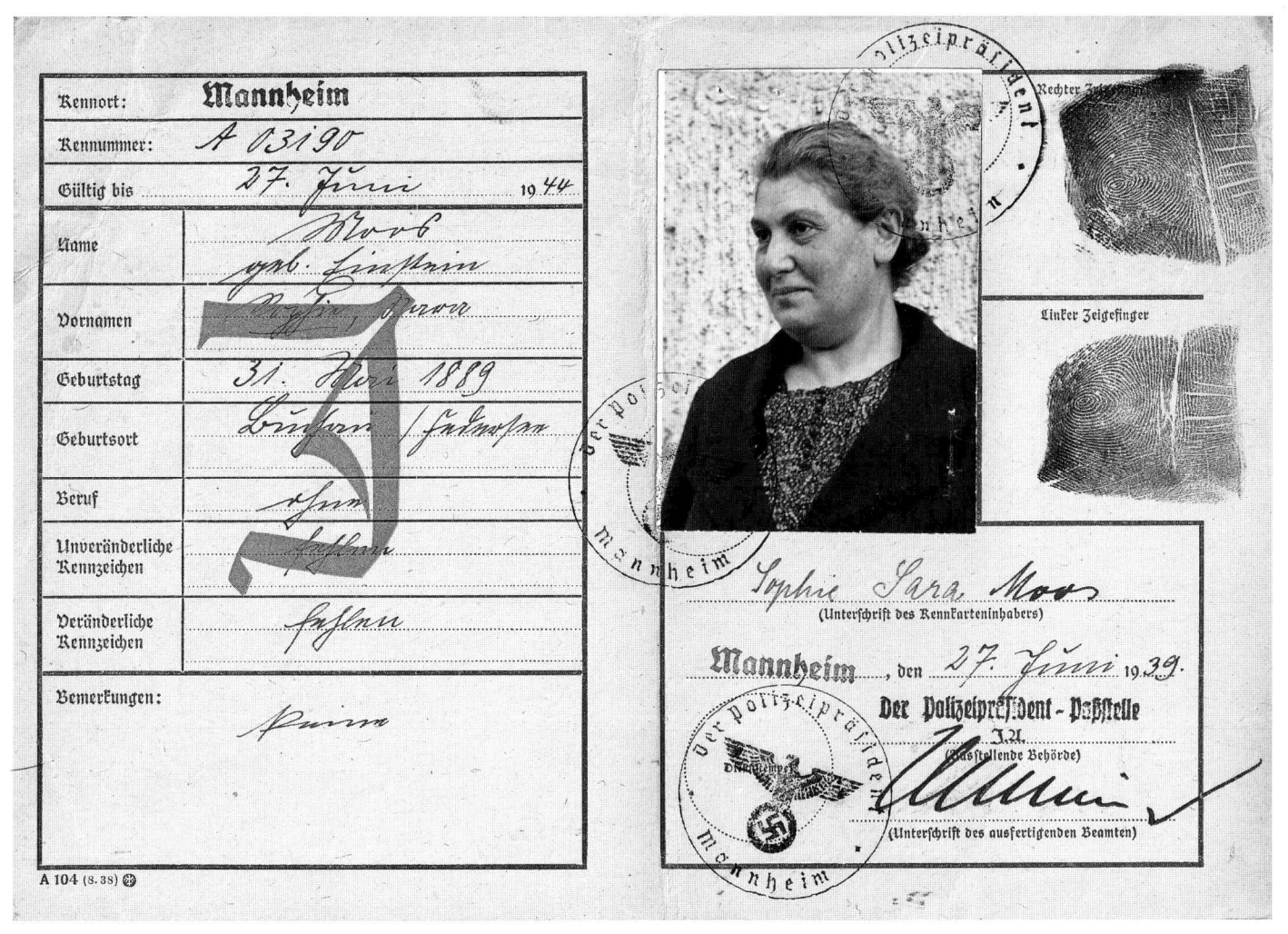

149

Kennkarte von Sophie Moos geb. Einstein (geb. 1889), der Ehefrau des Diplomingenieurs Hugo Moos (1880–1953). Im Rahmen des Kennkartenzwangs wurden ab Juli 1938 die Ausweise für Juden mit einem an hebräische Schrift erinnernden großen *J* versehen. Bereits im August 1938 mußten alle Juden, außer den aufgrund bestimmter alttestamentlicher Rufnamen davon ausgenommenen Personen, zusätzlich den Vornamen *Israel* (bei Männern) bzw. *Sara* (bei Frauen) führen und in die Standesbücher nachtragen lassen. Den Schlußpunkt der Kennzeichnung der Juden bildete die Pflicht zum Tragen des Judensterns in der Öffentlichkeit ab September 1941.

Nach den Wiedergutmachungsakten floh das Ehepaar Moos Mitte August 1940 über das einverleibte Österreich nach Bulgarien, um von dort mit einem Schiff illegal in Palästina einzuwandern. Die Tochter gibt für ihre Eltern als Fluchttermin erst zwei Wochen vor der Deportation nach Gurs, d.h. Anfang Oktober an. Auf der amtlichen Meldekarte ist als Emigrationsziel *Paraguay* eingetragen; nach dieser Quelle hätten die Eheleute Mannheim Anfang September verlassen. Die Abweichungen der Angaben sind bisher ungeklärt.

Anwesens. Der Rabbiner der Klaussynagoge Dr. Lauer entging der Verhaftung nur, weil er die schweizerische Staatsangehörigkeit besaß. Mit Hilfe eines entsprechenden *Schutzbriefs* des hiesigen Konsulats rettete er die wertvolle Klausbibliothek.

Ebenfalls bald nach 6 Uhr zerstörte und verwüstete ein SA-Trupp in Zivil die Synagoge in Mannheim-Feudenheim, Neckarstraße 10.[24] *Bücher und Talare, die in der Synagoge waren*, wurden *vor die Synagoge* geworfen und verbrannt. Ein beschuldigter Mittäter spricht im Januar 1946 auch von einer späteren Beteiligung der Bevölkerung, *teils mit Beilen und Äxten bewaffnet, um Teile der Inneneinrichtung für Brennzwecke nach Hause zu fahren*.

Die gezielten Aktionen gegen jüdische religiöse Einrichtungen beschloß gegen 12.30 Uhr die Sprengung des Eingangsgebäudes zum neuen jüdischen Friedhof.[25] Diese drei Schändungen sollten die Mannheimer jüdische Gemeinde in ihrem religiösen Kern treffen. Sie beweisen die Gewalttätigkeit und Ruchlosigkeit der NS-Zerstörungskommandos. Anders als z.B. in Heidelberg und Karlsruhe wurden hier keine Brände in den Synagogen gelegt.[26] Vielmehr geht aus mehreren Quellen hervor, daß auf der Straße zwischen E 2 und F 2 sowohl *Bücher und Thorarollen* aus der jüdischen Buchhandlung des Thoraschreibers Salomon Oppenheimer (1865–1942) in E 2, 12 als auch *die Bücher der Synagoge* verbrannt wurden.

Diesen „Initialzündungen" folgte ein maßloser *Racheakt* gegen jüdische Geschäfte und Wohnungen durch sinnlose Zerstörung, Diebstahl und Plünderung von Warenlagern. Diese traumatischen Vorgänge und die sofort folgenden gesetzlich sanktionierten *Sühnemaßnahmen* gegen die Juden bedeuteten einen tiefen Schock und zugleich eine weitgehende Vernichtung ihrer materiellen Existenzgrundlagen. Mit der gleichzeitigen Verhaftung der meisten männlichen Juden zwischen 16 und 60 Jahren und ihrer Deportation in das KZ Dachau wurde das Schicksal der Familien noch härter und ungewisser.

150 a
Ruth Solberg (Salberg), rechts im Bild, an der Treppe hinter dem Wasserturm.
Oktober/Dezember 1933. Ruth Solberg (Salberg) wurde 1930 in Mannheim als
Tochter des aus Warschau stammenden polnischen Staatsangehörigen,
dann staatenlosen Kaufmanns und Dekorateurs Max Solberg (Salberg) und der
Mannheimerin Charlotte Birnbaum (geb. 1904) geboren. Die Familie zog 1931 nach
Augsburg. Mutter und Tochter kehrten Mitte Oktober 1933 kurzzeitig nach
Mannheim zu ihren Eltern bzw. Großeltern Birnbaum zurück, um bereits Anfang
Dezember nach Palästina auszuwandern.

150 b
Sozialistisch orientierte jüdische Jugendgruppe *Die Werkleute* in Mannheim. Um 1934.
1. Reihe (sitzend): 3. v.l. Ludwig Geismar, 4. v.l. Alfred Strauß, 1. v.r. Günter Böhm,
2. v.r. Ferdinand Meyer; 2. Reihe (stehend): 2. v.l. Heinz Böhm (Gruppenleiter),
2. v.r. Martin Seelig.
Alfred Strauß (geb. 1921), Sohn von Emil Strauß (1872–1934), Mitinhaber der Lederhandlung Gottfried Bauer, und Frieda geb. Haas (1881–1954) gehörte mit etwa
acht Jahren dem bündisch geprägten jüdischen Pfadfinderbund an, später dem von
Rabbiner Dr. Max Grünewald betreuten Bund der Werkleute, der 1935 im
links-zionistischen Haschomer Hazair (Der junge Wächter) aufging und der auch eine
Mädchengruppe besaß (siehe Abb. 148). Strauß wechselte 1936 als Jude vom
Lessing-Gymnasium an die Jüdische Schule. Diese verließ er 1937 und begab sich in
Berlin an eine ostjüdische Berufsschule. Am 26. August 1939, unmittelbar vor
Kriegsausbruch, gelangte er mit einem Schülertransport nach England. Bis zu seiner
Internierung im Jahr 1940 – infolge der Kriegserklärung Deutschlands an Großbritannien galt er nun als *feindlicher Ausländer* – besuchte er eine jüdische Technische
Ingenieurschule zu Leeds. Strauß wurde nach Australien deportiert und kam dort,
allerdings von *Nazis* getrennt, für gut zwei Jahre in ein Barackenlager. Im September
1942 erfolgte dann die Rückführung nach England, wo er ab Dezember 1942
seine Ausbildung fortsetzen konnte und in der Rüstungsindustrie arbeitete. Seine in
Mannheim zurückgebliebene Mutter verkaufte August 1938 ihren Geschäftsanteil;
1940 wurde sie nach Gurs deportiert und starb 1954 in Nizza.

151 a
Julius Bingler (1884–1960). 1950er Jahre.
Bingler steht für die unbekannt gebliebenen Helfer, die im Hintergrund ihre nicht weniger gefährliche Arbeit verrichteten. Oft nur zufällig (über Dritte) und verspätet (nach ihrem Tod) dringen spärliche Nachrichten über ihr verborgenes Wirken nach außen. Bingler, Kanzleiassistent, später Polizeisekretär, beim Polizeipräsidium Mannheim *übersah* bei Auswanderungsanträgen *kleine Unrichtigkeiten,* um die Bearbeitung zu *beschleunigen.* Für ihn und seine Vorgesetzten *gefährlicher war es, Juden Kennkarten bzw. Pässe ohne den „J"-Stempel auszustellen.* Er soll auch in den Meldekarteien die Kennzeichnung für Juden getilgt haben, wodurch er einige vor der drohenden Deportation bewahren konnte.[41]

151 b
Gertrud Luckner (1900–1995). 1930er Jahre.
Gertrud Luckner, seit 1938 hauptamtliche Mitarbeiterin des Deutschen Caritasverbands in Freiburg, wandte sich mit ihrer Hilfsbereitschaft allen Verfolgten zu, nach dem Einsetzen der Deportationen jedoch besonders den Juden, für die sie mit Unterstützung des Freiburger Erzbischofs Conrad Gröber beim Bischöflichen Ordinariat in Berlin die Errichtung einer Hilfsstelle bewirken konnte. Neben der individuellen Versorgung mit Hilfsgütern stand die Koordination der Hilfe für verborgen lebende oder abgeschobene Juden. 1943 von der Gestapo verhaftet, war sie bis zur Befreiung durch die Alliierten im KZ Ravensbrück interniert. In Israel wird sie als eine der *36 Gerechten unter den Völkern* verehrt.[42]

151 c
Eva Hermann (1900–1997). 1942. Eva Hermann gehörte mit ihrem Ehemann zu den Vertrauensleuten der Quäker in Mannheim, die sich bemühten, verfolgte Juden in die westeuropäischen Länder, namentlich nach Großbritannien, zu vermitteln. Für die nach Gurs deportierten Mannheimer Juden blieb sie eine der wenigen Kontaktpersonen und unterstützte sie durch Lebensmittel und Kleidersendungen. Auch setzte sie sich (z.T. illegal) für die noch in Deutschland verbliebenen Juden ein. 1943 wurde Eva Herrmann wegen *Abhörens von Auslandssendern* zu drei Jahren Zuchthaus verurteilt, ihr Mann, der Physiker Dr. Karl Hermann, zu acht Jahren. Beide werden in der Holocaust-Gedenkstätte Yad Vashem als *Gerechte unter den Völkern* geehrt.[43]

Von *spontanen Kundgebungen* kann allerdings nicht die Rede sein. Erst im Sog des von Goebbels initiierten *gerechten Volkszorns* von *zivil getarnten* NS-Zerstörungstrupps schlossen sich auch Teile der Bevölkerung den Ausschreitungen an; allerdings ist das tatsächliche Ausmaß der Beteiligung schwer abzuschätzen. Die gelenkte Berichterstattung ist jedenfalls in entscheidenden Punkten unwahr, irreführend und verharmlosend und stellt grundsätzlich die gesamte *Volksgemeinschaft* als Täter hin.[27]

In der noch im November 1938 entstandenen Denkschrift des Rechtsanwalts Brechter heißt es vielsagend zur Haltung der Bevölkerung, *in der überwiegenden Mehrzahl weigerten sich die Volksgenossen, mit einem „Volkswillen" identifiziert zu werden, der solche bolschewistischen Methoden wolle oder auch nur billige.*[28] Der NS-Staat – und darin offenbarte sich definitiv und für viele sichtbar sein Willkürcharakter – nahm außer- und ungesetzliche Aktionen von NS-Organisationen nicht nur hin, sondern unterband auch die Verfolgung solcher Straftaten. Den Tätern war die Strafbarkeit ihres Handelns schon damals sehr wohl bewußt, denn die Ausschreitungen etwa beim Reichspogrom verstießen zu offensichtlich gegen das noch immer geltende Recht.

Da sich Staat und NS-Bewegung rücksichtslos über ethische Wertvorstellungen hinwegsetzten, bedurfte es schon für das Beachten an sich selbstverständlicher Umgangsformen oder sachlich korrektes Verhalten Rückgrat und Stehvermögen. So behandelten 1936 Kreisleitung und Kreisgericht der NSDAP Mannheim den Fall von Pfarrer Hermann Teutsch (1876–1966), Leutershausen, u.a. deshalb, weil er sich im Religionsunterricht vor einen befreundeten *Parteigenossen* stellte, der *pflichtvergessen* eine jüdische Nachbarin zur Konfirmationsfeier eingeladen und per Handschlag begrüßt hatte.[29] Gegen Gustav Bechtold (1876–1951), seit 1938 Landeskommissär in Mannheim, ließ Gauleiter und Reichsstatthalter Wagner 1935 ein Dienststrafverfahren einleiten, weil dieser als Landrat u.a. darauf bestanden hatte, daß Fälle jüdischer Gewerbetreibender *sachlich und gesetzlich* behandelt wurden.[30]

In der Diskussion über die Haltung der Kirchen wird der Aspekt nicht deutlich genug gesehen, daß sich bei den Spitzen der NS-Bewegung – entgegen früheren Zusicherungen und anderslautenden Beteuerungen – jene Richtung durchsetzte, die das Christentum wie das Judentum als *artfremd* diskreditierten.[31] Mit dem demagogischen Schlagwort *artfremd* wurde das Christentum, ähnlich dem Judentum, als eine „geistige Rasse" angeprangert und damit auch den Kirchen ein tödlicher Kampf angesagt. Daß dies nur ganz wenige so klar erkannten, ändert nichts an dieser Stoßrichtung des Nationalsozialismus. Das Versagen der kirchlichen Institutionen bestand vor allem darin, daß nur wenige der führenden Repräsentanten die innere Kraft besaßen, Zeugnis abzulegen für Gerechtigkeit, Barmherzigkeit und Nächstenliebe, indem sie den Bedrängten die Hand reichten.

Erst vor diesem Hintergrund gewinnen die Zeichen der Mitmenschlichkeit und aktive Hilfe ihr tatsächliches Gewicht. Einige Beispiele für mutiges Helfen veranschaulichen die Bilder (Abb. 151 a-c und 152 a-c). Sie und weitere Fälle zeigen, daß mit Beherztheit und Einfallsreichtum Hilfe möglich war; denn auch Diktaturen sind nicht perfekt. Zu erinnern ist an

152 a
Joseph Gentil (1875–1956). Um 1955.
Der Mannheimer Rechtsanwalt Joseph Gentil vertrat
– obwohl er selbst nicht ungefährdet war –
die bedrängten und verfolgten Juden in Rechtsfällen
und beriet sie auch bei der Vorbereitung einer
Auswanderung. Zählten bereits vor 1933 zahlreiche
Juden zu seinen Mandanten, so vermehrte sich
ihre Zahl nach der *Machtergreifung* beträchtlich,
besonders nachdem die meisten jüdischen Anwälte
abgewandert waren bzw. ihnen die Zulassung
entzogen worden war. *Nichtarische* Ratsuchende,
auch von außerhalb Mannheims, wurden fast
automatisch an Gentil verwiesen, da er bereit war,
sie auch in schwierigen politischen Prozessen
zu vertreten. Er hatte dazu auch umfangreiche
Korrespondenz zu führen, die tiefe Einblicke in die
damalige Zeit gewährt.[44]

152 b
Marie Clauß (1882–1963). 1937.
Die Heidelberger Ärztin gehörte seit Oktober 1940
neben Marie Baum zu den wichtigsten Mitarbeiterinnen
von Hermann Maas im Einsatz für die verfolgten
jüdischen Mitbürger. Ausdruck ihrer Hilfsbereitschaft
und Humanitas war auch der Nachruf auf ihre
Freundin Liese Hachenburg, die Tochter des berühmten
Mannheimer Rechtsanwalts Max Hachenburg.[45]

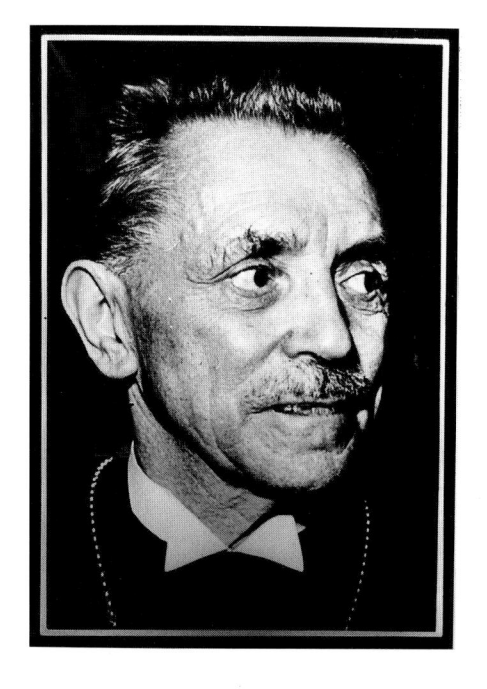

152 c
Hermann Maas (1877–1970). 1950er Jahre.
Maas, Stadtpfarrer an Heiliggeist in Heidelberg und
christlicher Zionist, versuchte schon vor 1933, z.B.
durch regelmäßige Besuche der Gottesdienste in der
Synagoge, ein Zeichen zur Überwindung der Fremd-
heit zwischen Juden und Christen zu setzen, da beide
doch die gemeinsame Hoffnung auf Gottes Reich
verbinde. Nach der *Machtergreifung* wurde Maas zur
Bezugsperson für viele *Judenchristen* und Juden in
Heidelberg und weit darüber hinaus. In der 1938 ge-
gründeten kirchlichen Hilfsstelle für *nichtarische
Protestanten* (sog. Büro Grüber) war Maas für Baden
zuständig; hier ging es ihm aber auch, seine guten
Kontakte ins Ausland (z.B. Bischof Bell) nutzend, um
eine Koordination der jüdischen Emigration.
Nachdem er der Deportation Heidelberger Juden nach
Gurs am 22. Oktober 1940 hilflos zusehen
müssen (er konnte nur in wenigen Fällen u.a. durch
Bittschriften, Atteste, Medikamente helfen), organisierte er in Heidelberg und Mannheim ein Netz von
Helfern, um Briefe und Lebensmittelpakete nach
Gurs zu verschicken. Von der Gestapo überwacht,
wurde Maas 1943 auf politischen Druck in den
Ruhestand versetzt und 1944 zur Zwangsarbeit nach
Frankreich verschickt. Nach dem Zweiten Weltkrieg
rehabilitiert, war er von 1946–1965 Kreisdekan
bzw. Prälat (d.h. höchster geistlicher Würdenträger)
für Nordbaden. Hermann Maas wird in Israel als
einer der *36 Gerechten unter den Völkern* verehrt.[46]

den namentlich nicht genannten Brot- und
Mehllieferanten, der seine Ware dem jüdischen Krankenhaus heimlich zustellte,
und das Entgegenkommen eines Apothekers bei der Materialbeschaffung für
dieselbe Einrichtung.[32] Zahlreicher jüdischer Kranker nahm sich Dr. Kurt Laemmle
von der St. Hedwig-Klinik an, obwohl er
selbst nicht ungefährdet war.[33] Pfarrerin
Dr. Doris Faulhaber hielt Kontakte zu Juden
aufrecht.[34] Für Juden eingesetzt haben
sich Prälat Joseph Bauer und die Pfarrer
Wilhelm Scheel und Max Bürck.[35] Die
Familie Josef Kahn (siehe Abb. 147 a-b) in
L 14, 14 wurde nach der *Reichskristallnacht* von den Eheleuten Jakob und Maria
Kress in L 6, 5 mit Lebensmitteln versorgt.[36]
Wilhelm Burger versah die Familie Herzberg mit Lebensmittelkarten und vermittelte
ihr im Februar 1945 das erste Versteck
bei Familie Hammer in der Schönau-Sied-
lung.[37] Spektakulär ist der Fall Loebl
(auch Loebel).[38] Die Mitglieder der in
Karlsruhe lebenden Familie konnten etwa
im Frühjahr 1943, auf verschiedene Orte
verteilt, untertauchen. Dabei kam die
Tochter Ellen (geb. 1927) nach Mannheim
zu den Eheleuten Karl und Clara Kaus,
Luisenring 37, dann I 7, 9 und schließlich
I 7, 8. Ellen Loebl hat – wie auch die
übrigen Familienangehörigen – überlebt.
Karl und Clara Kaus unterstützten durch
Lebensmittel, Zuspruch und andere Hilfen
zudem die Familie von Adolf Rosenthal.[39]
Otto Strauß (1874–1945), gebürtiger Mannheimer, entging in Berlin u.a. deshalb
der Verfolgung, weil aus dem Polizeipräsidium Mannheim eine hinsichtlich der
Konfession bewußt falsche Auskunft erteilt
worden sein muß und daher seine jüdische Herkunft verborgen blieb.[40]

Es gab in tiefer Finsternis eben doch
vereinzelt Licht. Derartige Hilfsleistungen
mußten jedoch gegenüber Dritten unbedingt verborgen gehalten werden, um nicht
sich und die Verfolgten zu gefährden.
Daher gibt es Hinweise auf Helferinnen
und Helfer in der Regel allenfalls aus
der Nachkriegszeit. Aus Bescheidenheit
sprachen die Betreffenden später kaum
über ihre Hilfe – sie hatten ja ein ruhiges
Gewissen und brauchten nicht wie Belastete „ihren" Juden.

Verfolgung und Ermordung der
Juden unter der nationalsozialistischen
Gewaltherrschaft sind unendlich schwer
zu begreifen und kaum zu verkraften.
Die Opfer wollen uns sinnlos erscheinen.
Sie sind es aber dann nicht, wenn die
dauernde Erinnerung zum ehernen Gewissen wird. Und schließlich beruht auf
dieser historischen Erfahrung das Grund-
gesetz, das geistige Fundament unseres
Staates. Es beginnt mit dem programmatischen Satz: Die Würde des Menschen
ist unantastbar.

153
Kappenfahrt der drei Karnevalsgesellschaften Feuerio, Grokageli und Fröhlich Pfalz am Fastnachtsdienstag durch die Planken. 21.2.1939. Aufn. Hans Jütte. Im vorderen Wagen sitzt der Karnevalsprinz mit dem Gardemariechen, dahinter fahren die Elferräte und Büttenredner des Feuerio. Die Automobile stellte die Daimler-Benz AG. Sechs Monate vor Kriegsbeginn sollte dies die letzte große Fastnachtsveranstaltung für die nächsten zehn Jahre sein.

Sabine Pich

Aufmarsch der Narren

Unter der Diktatur erlebte die Mannheimer Fastnacht einen ungeahnten Aufschwung, der sich vor allem daraus erklärt, daß es den Nationalsozialisten gelang, die Fastnacht für ihre ideologischen Zwecke zu vereinnahmen. Über die erste Fastnachtssaison unter dem NS-Regime (1934) schrieb die Neue Mannheimer Zeitung rückblickend: *Im vergangenen Jahre hat der Mannheimer Karneval gezeigt, daß gerade im neuen Deutschland, im Dritten Reich, ihm ein neuer Auftrieb gegeben, neues, kräftiges Blut zugeführt wurde, daß jetzt aus dem einstigen Karneval ein wahrhafter Volkskarneval auf breitester Grundlage, getragen von allen Schichten der Mannheimer Einwohnerschaft, entstanden war, der unserer Stadt alle Ehre machte.*[1] Dabei hatten die neuen Machthaber an bewährte Organisationsformen anknüpfen können und waren bestrebt, die Fastnacht als ein Vorbild der Heimatliebe und des Volksbrauchtums aufzuwerten. Mit der Gründung der ersten Mannheimer Karnevalsgesellschaft Feuerio 1898 und der Großen Karnevals-Gesellschaft Lindenhof (Grokageli) 1907 gab es neben der volkstümlichen Straßenfastnacht erste Ansätze eines organisierten Karnevals, die allerdings infolge des Ersten Weltkriegs und der Not der Nachkriegsjahre nicht weiterentwickelt wurden. 1920 verbot ein Erlaß des Innenministeriums sogar alle karnevalistischen Veranstaltungen.[2] Mitte der zwanziger Jahre gab es wieder städtische Maskenbälle und Veranstaltungen der Karnevalsvereine. Vorläufiger Höhepunkt war der Jubiläumsumzug des Feuerio 1928 anläßlich seines dreißigjährigen Bestehens – der letzte größere Maskenumzug vor der *Machtergreifung*. Für die Saison 1932/33 verbot das Staatsministerium *im Hinblick auf den Ernst der Zeit und die Notlage des deutschen Volkes* wiederum fast sämtliche karnevalistischen Aktivitäten. Ausgenommen waren hiervon nur die historischen Fastnachtsbräuche mit besonderem Lokalcharakter.[3]

154 a
Sechsspänniger Prinzenwagen mit Karnevalsprinz Erich I. (Erich Friedmann) im Fastnachtszug. 23.2.1936. Der mit vier Säulen geschmückte Wagen und einem überdimensionierten Bierkrug in Form des Wasserturms hinter dem Thronsessel wurde professionell gestaltet. Trotz der Aufhebung des Maskierungsverbots sind nur vereinzelt Maskierte im Publikum zu sehen.

Bereits in der Weimarer Zeit erkannte die Stadtverwaltung, daß das karnevalistische Straßenspektakel eine Attraktion für den Fremdenverkehr darstellte. Der erfolgreiche Jubiläumsumzug von 1928 hatte Zehntausende von Besucherinnen und Besuchern nach Mannheims gelockt. Im Jahr darauf übernahm der Verkehrsverein im Auftrag der Karnevalsgesellschaften Feuerio und Grokageli die organisatorische und geschäftliche Leitung des Mannheimer Karnevals.[4] Zu Beginn jeder Fastnachtssaison gab es nun Sitzungen zur Vorbereitung der größeren Fastnachtsveranstaltungen. So fand im Januar 1934 im Großen Mayerhof eine Besprechung unter Leitung von Verkehrsdirektor Hieronymi statt, an der außer den beiden Karnevalsgesellschaften auch Vertreter der 1929 gegründeten Fröhlich Pfalz teilnahmen. Dabei herrschte Einigkeit, daß es im „Dritten Reich" möglich sein werde, den Karneval unter der Devise *Kraft durch Freude* neu zu beleben.[5] Anstelle eines großen Umzugs, der infolge Geldmangels ausfallen mußte, sollte ein Preismaskenzug *möglichst viel Volk auf die Beine bringen*. Auf Vorschlag des Verkehrsdirektors wurde ein Karnevalsausschuß mit je drei Vertretern der drei Karnevalsvereine, einem Vertreter der Presse, der Sport- und der Gesangvereine gebildet. Unter dem Motto *die lebendige Stadt*[6] sollte sich der Maskenzug in den Dienst der Fremdenverkehrswerbung stellen.

Um den Karneval der neuen politischen Richtung anzupassen, waren noch vor Beginn der ersten Fastnachtssaison unter der NS-Diktatur die Karnevalsvereine *gleichgeschaltet* worden. Auf einer außerordentlichen Mitgliederversammlung des Feuerio im Oktober 1933 wurde der gesamte Elferrat von seinem Amt entbunden und ein neuer Vorstand gewählt. Die NSDAP-Kreisleitung hatte als Mann ihres Vertrauens den Feuerwerker Ernst Busch, zuvor nur einfaches Mitglied im Feuerio, als *Vereinsführer* in Vorschlag gebracht. Vereinspräsident Karl Brenner blieb weiterhin im Amt und fungierte zusätzlich als *stellvertretender Vereinsführer*. Unter den ausgeschiedenen Elferräten befanden sich auch Sozialdemokraten und ein kommunistischer Betriebsrat, die allerdings in der Prinzengarde unterkamen. Im neuen Elferrat waren außer dem Sozialdemokraten August Schäfer auch die Brüder Hans und Fritz Dingeldein, Inhaber der Brauerei Habereckl, dem Stammlokal des Feuerio, wieder vertreten. Nach der Ernennung des früheren Vizepräsidenten Theo Schuler zum Ehrenmitglied des Feuerio schloß die Versammlung mit dem Horst-Wessel-Lied und dem Deutschlandlied.[7] Mit den willkürlich eingesetzten neuen *Vereinsführern* erhielten die Nationalsozialisten direkten Einfluß und Kontrollmöglichkeiten über die Fastnachtsvereine.

154 b
Mannheimer Delegation auf dem Internationalen Karnevalskongreß in München. 14.–17.1.1937. Von links nach rechts: Karl-Heinz Lichtenberger, Walter Groß, Theo Schuler vom Feuerio, daneben die Abordnung der Fröhlich Pfalz.
An dem von Goebbels unterstützten Kongreß nahmen von 29 angekündigten Staaten außer den *führenden Karnevalsstädten und Karnevalsgesellschaften* Deutschlands nur noch neun Länder teil, darunter fast sämtliche Nachbarstaaten. Mit dem Kongreß verfolgte das NS-Regime – wie auch mit der Olympiade in Berlin ein Jahr zuvor – das Ziel, sich als menschenfreundliches System zu präsentieren, um der ausländischen Kritik insbesondere an der Judenverfolgung zu begegnen. Die Gründung des *Bunds deutscher Karneval*, eines Zusammenschlusses der deutschen Karnevalsvereine, im Anschluß an den Kongreß diente dem *weltanschaulichen Gleichschaltungsprozeß des Karnevals*.[50]

155 a
Oben: Fastnachtsdekoration im Rokokostil zum Hausball des Feuerio im Palasthotel an der Augustaanlage. Februar 1938. Aufn. vermutl. Josef Hofmann.
Zu den Hausbällen des Feuerio hatte nur ausgewähltes Publikum Zutritt. Häufig kamen ausländische Reisegesellschaften als Besucher, denen die Offiziere der Prinzengarde die *Honneurs* machten.
Die Hirsche sind Plastiken im Schwetzinger Schloßgarten nachgebildet.

155 b
Unten: Detail aus der Wanddekoration zum Hausball des Feuerio im Palasthotel. Februar 1938. Die leicht frivol anmutende Tändelei des Rokokopärchens bekam nur das ausgewählte Publikum der Hausbälle zu Gesicht. Für das einfache Volk proklamierten die Nationalsozialisten einen *sauberen Karneval*.

Trotz der *Gleichschaltung* ließ sich der Feuerio das Heft nicht ganz aus der Hand nehmen und bemühte sich, die Entscheidungen der NSDAP auf lokaler Ebene zu seinen Gunsten zu lenken. Als einflußreichster Mann galt im Feuerio der Brauereibesitzer Hans Dingeldein (1904–1980). Die Verbundenheit der Bierbrauer-Familie mit der Karnevalsgesellschaft war bei den Zeitgenossen geradezu sprichwörtlich: *Feuerio und Dingeldeins, allzeit eins.* So gehörte die Familie Dingeldein nicht nur zu den wichtigsten Geldgebern des Feuerio, sie unterhielt auch Verbindungen auf lokalpolitischer Ebene, die letztendlich den Interessen des Feuerio zugute kamen.[8] Schon zu Lebzeiten von Adolf Dingeldein, der zu den Mitgründern des Feuerio gehörte, verkehrten im Habereckl die *Spitzen der Behörden*.[9] Auch dies gehörte zur Tradition. *Als eine Begebenheit von besonderer Bedeutung* hob Theo Schuler das zweihundertjährige

156
Neujahrsaufmarsch der drei Karnevalsgesellschaften
auf dem Paradeplatz vor dem Rathaus N 1.
1.1.1938. Aufn. Artur Pfau.
Im Vordergrund die Prinzengarde des Feuerio.

Jubiläum der Brauerei Habereckl hervor, dessen Feier *in der sinnig geschmückten Wandelhalle des Rosengartens* in Anwesenheit *zahlreicher Vertreter des Ministeriums, der Partei, Stadt, Wehrmacht und natürlich auch des Feuerio*[10] begangen wurde.

Für die Neugestaltung und Umfunktionierung der Mannheimer Fastnacht im Sinne der Nationalsozialisten war das Jahr 1936 bedeutsam. Der neugewählte Präsident des Feuerio hieß nun Theo Schuler (1878–1943). Der aus kleinbürgerlichen Verhältnissen stammende Kaufmann und frühere Bürovorsteher Schuler war als Büttenredner und langjähriger Vizepräsident des Feuerio den Mannheimern kein Unbekannter.[11] Der Feuerio wurde nun offiziell von der Kreisleitung der NSDAP mit der Betreuung des Karnevals beauftragt.[12] Beim traditionellen Neujahrsaufmarsch der Karnevalsvereine, der seit 1934 wieder jährlich stattfand, wurde der aus Mainz stammende Oberbürgermeister Carl Renninger zum Ehrenmitglied des Feuerio ernannt. In seiner Dankesrede wünschte Renninger sich die Beteiligung aller Mannheimer am Karneval und die Unterstützung der drei Karnevalsvereine.[13] Renninger hatte bereits früher verstanden, den Karneval geschickt für die neue politische Richtung zu vereinnahmen, indem er zum Fastnachts-Motto von 1935 *Alles unner ää Kapp* erklärte, *die Narren hätten schon lange das getan, was das deutsche Volk erst spät lernte, alles unter einen Hut zu bringen.*[14] Während einer außerordentlichen Mitgliederversammlung wurde Präsident Schuler im November 1936 schließlich zum *Vereinsführer* gewählt. Damit befanden sich erstmals beide Ämter in einer Hand. Schuler betonte, *daß der Karneval von einer Plattform aus regiert werden müsse, um alle Kreise Mannheims und Umgebung zu erfassen.*[15]

Die Vorherrschaft des Feuerio wurde in karnevalistischen Kreisen zwar allgemein akzeptiert, doch galt dies nicht unbedingt für die Person des neuen *Vereinsführers*. Seine dominante Art – *der Präsident gibt die große Richtung vor, behält sich alle Entscheidungen über Veranstaltungen selbst vor*[16] – machte Theo Schuler zuweilen auch bei seinen engsten Mitarbeitern unbeliebt. So beharrte er beispielsweise darauf, die Reden der Karnevalsprinzen selbst zu schreiben.[17] Daß unter der *Gleichschaltung* der Konflikt um die Eigenständigkeit der anderen Karnevalsvereine schwelte, macht folgende Anekdote deutlich: In der letzten Fastnachtssaison von 1939 wurde als *neuer Mannheimer Einheitsruf*[18] der Schlachtruf der Feuerianer *Ahoi* eingeführt. Auf einer Feuerio-Veranstaltung im Rosengarten war auch Prinzessin Liselotte von der Fröhlich Pfalz anwesend, deren begeisterte *Aha*-Rufe dem Vorsitzenden überhaupt nicht gefielen. Zu Prinz Werners beschwichtigendem Kommentar, *ob Ahoi oder Aha, ganz egal, wir dienen der Freude*, äußerte sich Schuler später verärgert: *Herr Doktor, wir sind Feuerio, bei uns wird „ahoi" gerufen!* Worauf der Prinz entgegnete: *Aha, Herr Präsident!*[19]

1936 wurde der Karnevalszug erstmals professionell ausgerichtet. Ein Jahr zuvor hatte der Maskenzug aufgrund leerer Stadtkassen unter reger Firmenbeteiligung stattgefunden. *Daß dadurch der Zug in manchem an einen Reklamezug erinnerte, ist nicht zu bestreiten*, hatte die Neue Mannheimer Zeitung in ihrem Resümee festgestellt. *Warum soll nicht die Milchzentrale für Milch werben, wenn dies auf eine lustige Weise geschieht?*[20] Auf solche Provisorien wollten sich die Veranstalter nun nicht mehr einlassen. *Maßgebend für die Gestaltung des Zuges, der aus 90–100 Gruppen besteht, ist das Bestreben, ihn künstlerisch und humorvoll so auszugestalten, daß er jeder Kritik standhält*, forderte die Neue Mannheimer Zeitung im

157 a
Prinzengarde und Elferräte des Feuerio bei der Ansprache des Oberbürgermeisters anläßlich des Neujahrsaufmarschs der drei Karnevalsgesellschaften auf dem Paradeplatz. 1.1.1938. Aufn. Artur Pfau.
Die Elferräte heben den rechten Arm zum *Narrengruß*, eine Parodie auf militärische Grußformen aus der napoleonischen Besatzungszeit. Die Wiedereinführung des Narrengrußes gehörte zu den Errungenschaften der nationalsozialistischen Fastnacht.

157 b
Oberbürgermeister Carl Renninger (vorn links) und Bürgermeister Otto Walli (rechts) begrüßen die Präsidenten und Vizepräsidenten der Karnevalsvereine vor dem Rathaus N 1. Januar 1937. Aufn. Schmidt.
Im Turmsaal des Rathauses fand anschließend der traditionelle Neujahrsempfang der Karnevalsgesellschaften statt.

Hinblick auf den Fremdenverkehr. Allerdings gab es noch andere Gründe, die Vorbereitungen für den Karnevalszug nicht allein den mitwirkenden Vereinen zu überlassen. Eine zentrale Steuerung sollte *alles nicht in den Rahmen Passende ausschalten.*[21] Unter dem Motto *Allen wohl und niemand weh* – diese Losung stand auch auf dem alten Feuerio-Banner von 1898 – sollten *Entgleisungen* bei der Darstellung lokaler und globaler Ereignisse vermieden werden.[22] Was allerdings unter *Entgleisungen* verstanden wurde, geht aus den Presseartikeln nicht hervor. Es bleibt zu vermuten, daß man unterschwellige Kritik an Politik und Vertretern des neuen Regimes befürchtete, gehörte doch die Meinungsfreiheit zum charakteristischen Merkmal des aus liberalen Bürgerprotesten hervorgegangenen politischen Karnevals.

158 a
Oben: *Feuerianer* als Gäste bei einer Karnevalssitzung in Köln. Vermutlich 1939. Solche Besuche fanden in mehreren Jahren statt. Von links nach rechts: Adolf Roth, Albert Armbruster (Karnevalsprinz von 1934), Walter Groß, Erich Friedmann (Karnevalsprinz von 1936), Fritz Wöllner (Kommandant der Prinzengarde).

Auch die Vorträge auf öffentlichen Veranstaltungen sollten künftig einer strengeren Zensur unterliegen. Scharfe Kritik übte die Neue Mannheimer Zeitung 1936 an den Büttenreden, *die im nächsten Jahr noch kritischer als bisher unter die Lupe genommen werden*[23] müßten. Offensichtlich genügte dem wachsamen Auge der Presse die vereinsinterne Vorzensur, wie sie z.B. der Feuerio pflegte, nicht mehr. Üblicherweise fanden im Habereckl kleinere intime Sitzungen statt, auf denen geladene Büttenredner oftmals ihr Debüt gaben. Äußerte das dichtgedrängte Publikum sein Mißfallen mit Pfeifen und Buhrufen, so verschwand der geschmähte Redner in einem ominösen Bierfaß, dessen Ausgang in den Keller führte. Nur die mit Beifall aufgenommenen Vorträge schienen den Verantwortlichen auch für die großen öffentlichen Veranstaltungen geeignet.[24] Regimekritische Äußerungen in der *Bütt'* konnten sich nur wenige Akteure leisten. Zu ihnen gehörte Josef Offenbach (1904–1971). Der beliebte Schauspieler – mit bürgerlichem Namen Joseph Ziegler – war 1931 aus Frankfurt nach Mannheim gekommen, wo er am Nationaltheater zunächst kleinere Rollen spielte. Auf der großen Damen-Fremdensitzung des Feuerio 1935, die unter dem Motto stand *Lach dich gesund, dann schbarscht de Doktor*, stellte Theo Schuler Offenbach als neuen Vergnügungskommissär vor.[25] Der in Mannheim sehr beliebte Offenbach verstand es, in seinen rasch und meist gereimt vorgetragenen Ansagen ein paar respektlose Bemerkungen oder Anspielungen unterzubringen, die kaum jemand richtig wiedergeben konnte. So erinnerte er beispielsweise sein Publikum an den jüdischen Stadtrat und Handelsmann Fritz Hirschhorn, der zu den Gründungsmitgliedern und wichtigsten Förderern des Feuerio gehört

158 b
Mitte: Maskenumzug. 11.2.1934. *Freie Bahn dem Tüchtigen* lautet das Motto der Zugnummer im Vordergrund.
Die Schilder *nach Kislau* und *Dr. h.c. A. R.* sowie der Müllersbursche mit Mehlsack und Zylinder spielen auf den Sozialdemokraten Adam Remmele an, der, von Beruf ursprünglich Müller, in der Weimarer Republik badischer Minister und Staatspräsident gewesen war und 1933 ins KZ Kislau verschleppt wurde. Diese Zugnummer zeigt deutlich, wie die Nationalsozialisten die fastnachtliche Satire benutzten, um politische Gegner zu diffamieren.

158 c
Unten: Maskenumzug. 11.2.1934. Die Zugnummer 181 unter dem Motto *Nach Palästina* und *Jetzt haben wir's geschafft, wir Arbeitslose* setzte die üble antijüdische Hetze der Nationalsozialisten in der Form fastnachtlicher Satire fort. Mit dem Antisemitismus im Narrengewand verleugneten die Karnevalisten, insbesondere der Feuerio, ihre liberale Vereinstradition, in der jüdische Mitglieder eine bedeutende Rolle gespielt hatten.

hatte, mit dem Satz: *Die besten Zigarren stammen aus Hirschhorn.* Oder er sang jüdische Couplets, wie *Ich bin der Salomon, der schöne Salomon, von der Firma Levinson und Compagnie* aus seiner Frankfurter Zeit.²⁶ *So oft dieser unübertreffliche Stimmungsmacher vor das Mikrophon sprang, so oft weckte er Heiterkeitsstürme, weil seine witzigen Reime, mit denen er die Mitwirkenden ansagte, immer mit einer knalligen Pointe schlossen,*²⁷ kommentierte die Neue Mannheimer Zeitung noch 1939 Offenbachs Auftritte.

Die Angst vor oppositionellen Äußerungen geisterte stets zwischen den Zeilen der gleichgeschalteten Presse. Zum Auftakt des Karnevalsjahrs 1939 wurde den *Miesmachern und Nörglern* der Kampf angesagt.²⁸ *Wir wollen keine Drückeberger. Fröhlichsein auf breitester Basis. Alle sollen mitmachen,*²⁹ gab das Hakenkreuzbanner, Sprachrohr der NSDAP in Mannheim, die Parole für die närrischen Tage aus. Beim *Großen Städtischen Maskenball* wurden besonders die Männer kritisiert, *unter denen man, wenn sie reingehen, 90 v. H. der miesmacherischsten Philister vermuten könnte,*³⁰ da sie nicht maskiert waren und kaum etwas auf den Kopf gesetzt hatten.

Ein wichtiges Instrument der NS-Propaganda war die Einführung neuer Begriffe. Neben den in der Presseberichterstattung beliebig verwendeten Bezeichnungen *Fasching, Fastnacht* und *Karneval* sollte *Volkskarneval* etwas spezifisch Neues ausdrücken: die Abkehr von der spontanen Ausgelassenheit der unorganisierten Straßenfastnacht hin zur straffen Durchorganisierung des Karnevals, dem von der einstigen Vielfalt der Ideen und Meinungen nichts mehr blieb und der sich kaum noch von den sonstigen Massenveranstaltungen unterschied. Die zunehmende Orientierung am touristisch ausgerichteten rheinischen Karneval in Köln und Mainz verrät sich in häufigen Vergleichen mit den Karnevalszügen in diesen Städten. Daß die neue Art von *Volkskarneval* nicht unbedingt alter Mannheimer Tradition entsprach, deutete Landeskommissär Scheffelmeier auf dem 1. Neujahrsempfang 1934 an, als er bemerkte, *der feine echte rheinische Humor* müsse erst noch *in das Volk getragen werden.*³¹ Erst nach Jahren gesteigerter Anstrengungen war Oberbürgermeister Renninger 1939 davon überzeugt, *daß der oberrheinische Karneval sich in die gleiche Front mit den traditionellen Karnevalsstädten Mainz und Köln stellen könne.*³²

Auch die Entstehungsgeschichte der Fastnacht erhielt durch die NS-Volkstumsideologen eine neue Deutung. Der Kölner Amtsrat Joseph Klersch erinnert sich an eine Weisung, welche die NSDAP *noch vor dem Elften im Elften 1933 für den gesamten deutschen Karneval* ausgab, *daß die innere Beziehung des Festes zum kirchlich-christlichen "Fastabend" zu negieren und zu verwischen sei, dafür aber der Zusammenhang mit der alten dämonischen "vasenacht" um so stärker herausgestellt werden sollte.*³³ Die Ersetzung der *Fastnacht* (Vorabend der Fasten) durch die *Fasnacht* (von faseln: fruchtbar sein, Unsinn treiben) entsprach der nationalsozialistischen Volkstumsideologie auf *rassischer Grundlage*, die bemüht war, Bräuche christlich-jüdischer Herkunft auf ihre vorgeblich heidnisch-germanischen Ursprünge hin umzudeuten. Der Begriff *Fasnacht* ist ein Beispiel für die (gewiß teilweise unbewußte) Langlebigkeit nationalsozialistischer Ideen. Obwohl er erst relativ spät ab 1938 in der Mannheimer Presseberichterstattung auftaucht, wird er bis heute in scheinbar traditionell-lokaler Bedeutung verwendet.³⁴

159 a
Fastnachtszug auf den Planken in Richtung Paradeplatz in Höhe von P 7. Vermutlich 1939. Aufn. Hans Jütte. Till Eulenspiegel, Symbolfigur der Karnevalsvereine, führt die Zugabteilung der Grokageli an. Dahinter marschiert die Eichelsheimer Garde mit einem Spielmannszug.

159 b
Zugabteilung des Feuerio auf den Planken, vor dem Gebäude der Dresdner Bank in P 2, angeführt von Standartenreiter Konrad Kuchenmeister mit dem Feuerio-Banner und einer Harlekingruppe als Fahnenschwenker, beim Maskenumzug. 11.2.1934

160 a
Mannemer Schwellköpp im Fastnachtszug. 19.2.1939.
Aufn. Hans Jütte.
Der *Täfelesbub* (ganz links) trägt die Fahne oder Tafel mit der Zugnummer der jeweiligen Gruppe.

160 b
Ein *Schwellkopp* im Tanz mit einem Polizisten.
Vermutlich 1939. Aufn. Hans Jütte.
Es handelt sich um den beliebten Polizeioberwachtmeister Andreas Brecht von der Q-6-Wache.

Rechte Seite:

161 a
Oben links: Prinz Erich I. (Erich Friedmann), der letzte Märchenprinz. 1936.

161 b
Oben rechts: Karnevalsprinzessin Pia I. (Pia von Rüden, Schauspielerin) und Prinz Willi I. von Schmuckatonien (Willi Braun, Juwelier). 1937. Der Prinz im modernen weißen Frack bedeutete einen Bruch mit der Tradition.

161 c
Unten: Karnevalsprinzessin Liselotte von der Pfalz (Liselotte Bley) und Prinz Werner von Zanziborien (Werner Knebel) beim Empfang am Rheinvorland. 19.2.1939. Aufn. Hans Jütte.

Ungeachtet der Neuinterpretation einer im vorchristlichen germanischen Dämonenglauben wurzelnden *Fasnacht* strebten die Organisatoren einen moralisch *sauberen Karneval* an. Dieser neuen Maxime fielen schon 1934 die *Rosenlauben* in Parterre und Galerie des Rosengartens zum Opfer, obwohl die teuren Séparées der Stadt erhebliche Einnahmen beschert hatten. *Echte Faschingslaune, die genau weiß, welche Grenzen ihr gesteckt sind, hat gar nicht das Bedürfnis, sich hinter Vorhängen zu verstecken,*[35] behauptete die Neue Mannheimer Zeitung. Und Feuerio-Präsident Schuler versicherte dem Polizeipräsidenten beim Neujahrsempfang 1938, *man werde alles tun, um einen sauberen anständigen Karneval durchzuführen.* Dieser bekräftigte seinerseits, *Karneval heiße lustig, fröhlich sein, nicht austoben.*[36]

Wie standen nun die Mannheimerinnen und Mannheimer zum solcherart reglementierten *Volkskarneval*? Offensichtlich nicht so voller Begeisterung, wie dies die Organisatoren und Presseberichterstatter gerne gesehen hätten. *Ein besonderes Kapitel sind die Mannheimer selbst,* schrieb die Neue Mannheimer Zeitung in einem Resümee über den Umzug von 1935. *Wir wissen, daß alle Aufforderung, sich durch Zurufe oder sonst wie aktiv zu beteiligen, umsonst sind und stets nur ein kleiner Teil richtig mitmacht.*[37] Auch der Besuch der städtischen Maskenbälle ließ offenbar zu wünschen übrig, was sicher nicht nur an den hohen Eintrittspreisen lag. Obwohl 1935 das Maskierungsverbot aufgehoben worden war, machten nur wenige von der neuen Freiheit Gebrauch. Das Hakenkreuzbanner räsonierte 1939: *Nun haben wir alles, was wir wollen, und nun besteht in weitesten Umfange auch die Verpflichtung, mitzumachen und nicht abseits zu stehen.*[38] Über mangelnde Teilnahme von Vereinen und Betrieben an den Karnevalszügen wurde ebenfalls häufig geklagt. In einem Artikel über den Jubiläumsumzug des Feuerio von 1938 berichtete die Neue Mannheimer Zeitung: *Die Zugleitung hat auch diesmal mit den größten Unannehmlichkeiten kämpfen müssen, weil ihr für die Fußtruppen nicht genügend verantwortungsbewußte Leute zur Verfügung standen. ... Um diesen Mißstand zu beseitigen, will man sich nach und nach ein gewisses Stammpublikum heranziehen, das sich nicht vor dem Zug so stärkt, daß sich einzelne nicht mehr, wie es in den Vorjahren vorgekommen ist, auf den Beinen halten können. Leider besteht in Vereinskreisen für die Stellung von Einzelpersonen und Gruppen gar keine Meinung. Um so erfreulicher ist die Beteiligung am Zuge durch die Bewohner der Vorstädte, die den Begriff „Volkskarneval" voll erfaßt haben.*[39]

Daß der *Volkskarneval* im Sinne eines volkstümlichen Karnevals keine Erfindung der Nationalsozialisten war, ist durch den Jubiläumsumzug von 1928 belegt, an dem sich zahlreiche Vereine, Betriebe und Berufsorganisationen beteiligt hatten. Als Zeitzeuge beschrieb Stadthistoriker Friedrich Walter den Karneval vor 1914 und während der Weimarer Republik als *rheinisches Volksfest voll bodenständigen Frohsinns und lauten Übermuts*.[40] Die Organisatoren der dreißiger Jahre ersetzten volkstümliche Originalität durch Professionalität und nahmen mit ihrer straffen Durchorganisierung der Veranstaltungen dem karnevalistischen Treiben auf der Straße seine Spontanität.

161

162 a
Gardist der Eichelsheimer Garde der Grokageli, vor dem Mozartportal des Rosengartens. Vermutlich 1939. Aufn. Hans Jütte.
Die nach dem Vorbild der preußischen Soldaten gefertigte grüne Uniform hatte hellgrüne Aufschläge mit rotem Besatz, weiße Hose, weiße Gamaschen und den Grenadiershut.

162 b
Prinzengarde des Feuerio. 1933.
Unter den Offizieren und Unteroffizieren der 1899 gegründeten Prinzengarde befanden sich Vertreter der verschiedensten politischen Richtungen: Hans Jeggle, Mitglied der NSDAP (2. Reihe sitzend, 2. von links), Heinrich Schmetzer, der nationalliberal gesinnte Kommandant der Garde (2. Reihe sitzend, 4. von links), rechts neben ihm der kommunistische Betriebsrat der städtischen Gaswerke Hermann Roth.
Vorn die drei *blauen Funken* (von links nach rechts) Günther Höfling, Hans Jeggle und Heinz Schmetzer.[51]

Beim Vergleich der Losungen und Motive des großen Umzugs von 1928 mit denen der dreißiger Jahre fällt 1928 ein besonders ironischer (Mannheimer?) Humor auf, der später von plattitüdenhaften, die *Volksgemeinschaft* beschwörenden Formeln zunehmend verdrängt wurde. Das Motto des Jubiläumsumzugs von 1928 lautete: *Das Alte stürzt, un's neue fallt von selwer zsamme*, wobei vor allem wirtschaftliche Zustände auf lokaler Ebene humoristisch aufgegriffen wurden.[41]

Der Maskenumzug von 1934 war bereits vom neuen politischen Wind des „Dritten Reichs" geprägt. Bei der Preisverleihung am Fastnachtssonntag im Nibelungensaal des Rosengartens, musikalisch begleitet von einer SA-Kapelle, erhielt eine Masken-Gruppe mit dem Thema *die Abgerüsteten von Kiautschau bis Neu-Giunea – deutscher Gebieter komme wieder* als ersten Gruppenpreis 200 Mark und eine Flasche Sekt.[42] Die Neue Mannheimer Zeitung lobte als besten Wagen die Zugnummer mit dem Motiv *Rhein und Saar*, dessen Insassen vorführten, *wie man die Franzosen zum Saargebiet hinaus geleiten wird*.[43] In den folgenden Jahren wurden die karnevalistischen Themen zunehmend unpolitischer, abgesehen von einzelnen antisemitischen Motiven, die in der Presse kurze Erwähnung fanden: Beim städtischen Maskenball 1939 traten unter den traditionell exotischen Masken von Ungarinnen, Russinnen und einem Afrikaner auch *zwei schwarzbärtige, krummnasige Männer unzweifelhafter Herkunft* in Erscheinung. Den ersten Preis erhielt allerdings eine *Shiva-Tänzerin aus Hinterindien*, den zweiten ein *Schneeflöckchen*.[44]

Auf den Fastnachtszügen wurden aber weiterhin vor allem örtliche Ereignisse humoristisch in Szene gesetzt wie beispielsweise das 1933 errichtete Carl-Benz-Denkmal als *Schreckenstein*.[45] Originelle Kommentierungen hatten dabei allerdings eher Seltenheitswert. Ein besonders infames Beispiel dafür, wie die Nationalsozialisten die Fastnacht umfunktionierten, um Menschen auszugrenzen und dem öffentlichen Spott preiszugeben, gab der Wagen *Kofferhelden* auf dem letzten Fastnachtszug von 1939. Er spielte offenbar auf die polnischen Juden aus Mannheim an, die im Oktober 1938 deportiert worden waren. Das Hakenkreuzbanner kommentierte mit ätzendem Zynismus: *Sehr deutlich wurden da jene Zeitgenossen karikiert, die in den Septembertagen 1938 die Hosen gestrichen voll hatten.*[46]

Das Karnevalsjahr 1938 begann mit dem Aufmarsch der Elferräte und Garden der drei Karnevalsgesellschaften vor dem *Haus der Partei* in der Rheinstraße, wo die Karnevalisten erstmals *auch dem Hoheitsträger der Partei ihre Aufwartung machen dürfen*. Kreisleiter Hermann Schneider, ehemals Vorsitzender der Villinger Narrenzunft, wurde zum Ehrenmitglied des Feuerio ernannt.[47] Nach außen hin wurde ansonsten die enge Verknüpfung von Karneval und Politik möglichst verschleiert. Bereits 1934 hatte die NSDAP-Kreisleitung die Verwendung des Hakenkreuzes bei der Fastnachtsdekoration in den Veranstaltungssälen verboten.[48] So war wahrscheinlich die Indienstnahme des Karnevals durch die Nationalsozialisten vielen gar nicht bewußt. Möglicherweise erlebte die Fastnacht während des „Dritten Reichs" ihren Aufschwung nicht nur aufgrund der Förderung durch die NSDAP, sondern auch deshalb, *weil die Bevölkerung hoffte, in der Nische der Fastnacht Ruhe zu finden, im scheinbar nicht reglementierten Amusement Erholung vom politischen und bewußtseinsmäßigen Gleichschaltungsprozeß*.[49] Der Einmarsch der Wehrmacht in Polen am 1. September 1939 setzte der *Glanzzeit des Karnevals in den Dreißigern* dann ein jähes Ende.

163
Empfang für das Ensemble des Nationaltheaters nach seinem Gastspiel mit R. Wagners *Walküre* in Paris. 1941. Aufn. F. Nicolini, Le Studio, Paris.

Ursula May

Das Nationaltheater

Sofort zurückkehren. Stop. Renninger. Am 16. März 1933 erhielt der Mannheimer Intendant Herbert Maisch in München, wo er gerade als Gastregisseur die *Marneschlacht* von P. J. Cremers inszenierte, dieses Telegramm von dem zuvor eingesetzten Stadtkommissar. Es war der Auftakt zu der *Säuberungsaktion* am Nationaltheater. Gemeinsam mit Maisch wurde am 18. März 1933 der jüdische Generalmusikdirektor Joseph Rosenstock beurlaubt, am 24. März der der SPD angehörende Theatermeister Max Ailinger, am 25. März der jüdische Opernspielleiter Alfred Landory. Damit zielten die neuen Machthaber zunächst auf die Führungsspitze des Nationaltheaters. Aber bereits in der ersten Aprilwoche wurden auch die jüdischen Künstler Raoul Alster, Lily Gundersheim, Walter Friedmann und Sydney de Vries beurlaubt, während die Entlassung der übrigen am Theater beschäftigten *Nichtarier* bis zur folgenden Spielzeit aufgeschoben wurde.

Zahlreiche jüdische Theaterliebhaber gaben ihrem Protest gegen diese Maßnahmen dadurch Ausdruck, daß sie den Vorstellungen fern blieben. Damit kamen sie – freilich ungewollt – den Absichten der Nationalsozialisten entgegen, die das Theater am liebsten *judenfrei* sehen wollten. Dem Verwaltungsbericht 1933–1937 zufolge kündigte die Stadt *sofort nach der Machtergreifung* die Abonnements von 600 jüdischen Mietern. Die Eile, mit der jüdische Künstler und Besucher vertrieben wurden, zeigt, wie wichtig das Nationaltheater der lokalen Parteispitze als kulturelles Vorzeigeobjekt war. Zum anderen macht das schnelle Vorgehen den ausgeprägten Antisemitismus des NSDAP-Kommissars und späteren Oberbürgermeisters Carl Renninger deutlich; Bei SPD-Angehörigen zeigte er in sich einigen Fällen kulanter, bei jüdischen Beschäftigten verfolgte er jedoch durchweg eine harte Linie.

In welch brüsker Form ihm seine Beurlaubung mitgeteilt wurde, hat der damalige Intendant Herbert Maisch aus der Erinnerung notiert: *Ich wurde zu dem mir wohlvertrauten Zimmer des OB geführt. Zwei braune Gestalten, gegürtet und pistolengerüstet, hielten in gespreizter Haltung Wache vor der Tür. Drinnen erwarteten mich zwei andere Braune in hohen Stiefeln und Hakenkreuzbinden. Dr. Heimerichs „entarteter Wandschmuck" war entfernt. Ein Bild des „Führers" zeigte an seiner Stelle, wes Nam' und Art hier herrschte. Ich stellte mich vor, wurde aber ohne Erwiderung dieser Form auf einen Stuhl verwiesen. Auch die beiden Braunen nahmen Platz. Ich hatte mit einem Verhör oder einer Erklärung für meine Abberufung aus München gerechnet und brannte auf eine Entgegnung. Statt dessen verkündete mir der eine der Braunen, ein rosiger, schwerer Bürgersmann – es war wohl Herr Renninger, der mir das Telegramm geschickt hatte – daß ich mit sofortiger Wirkung entlassen sei. Die beiden Braunen standen auf. Ich blieb sitzen. „Darf ich die Gründe wissen, die sie zu dieser Maßnahme führen?" Der große Braune hinter Dr. Heimerichs Schreibtisch wiederholte in verschärftem Ton: „Sie sind mit sofortiger Wirkung entlassen!" und wies mit einer unmißverständlichen Geste die Tür. Sitzend wiederholte ich noch einmal meine Frage, und da ich keine Antwort bekam, fügte ich hinzu, daß ich gegen dieses vertragswidrige Vorgehen Einspruch erhöbe. Worauf der zweite Braune die beiden Gewappneten von draußen holte und mich aus dem Zimmer führen ließ.*[1]

Daß es in der Vorgehensweise durchaus Unterschiede gab, zeigt das Beispiel des jüdischen Intendanten Kronacher in Frankfurt. Er wurde am 28. März beurlaubt, man gestattete ihm jedoch, seine Inszenierung des *Faust II* zu Ende zu bringen, die am 22. April Premiere hatte. In Frankfurt kam auch eine von Teilen des Ensembles verfaßte Protestschrift gegen Kronachers Entlassung zustande, in Mannheim geschah nichts dergleichen. Die Schauspielerin Annemarie Schradiek erinnert sich: *Es war einfach nicht so, daß wir wußten, was kommen wird. Wir haben eigentlich gar nicht gemerkt, wer Jude war, wer Halbjude. Das haben wir alle nicht gewußt, das haben wir erst erfahren. ... Es war schlimm, aber das Grauen in dem Sinn kam ja noch nicht.*[2]

Herbert Maisch, der unter den Entlassenen der einzige war, der weder Jude war noch der KPD oder SPD angehörte, hat nie die Gründe für seinen Hinauswurf erfahren. Er wußte lediglich, daß Gerüchte gegen ihn im Umlauf waren. Unter anderem wurde ihm die Bevorzugung jüdischer Künstler sowie ein angeblich kulturbolschewistischer und antideutscher Spielplan nachgesagt. Vor allem aber war die Stimmung unter den Mannheimer Nationalsozialisten gegen Maisch angeheizt, weil dieser sich geweigert hatte, die jüdischen Schauspieler Raoul Alster und Wilhelm Kolmar in dem Stück *Die endlose Straße* des NS-Autors S. Graff für geschlossene Veranstaltungen der bereits 1932 aktiven NS-Kulturgemeinde umzubesetzen.[3] Im Vergleich zu den jüdischen Kollegen blieb der Schaden für den ungeliebten Intendanten jedoch gering. Nach einer Klage vor dem Arbeitsgericht im Dezember 1933 wurde die Stadt veranlaßt, sein Gehalt bis zum Auslaufen des Vertrags 1935 weiter zu bezahlen. Später konnte sich Herbert Maisch ohne weitere Restriktionen als Filmregisseur betätigen.

In den drei Wochen zwischen Maischs Beurlaubung und der Bestallung des Stuttgarter Oberspielleiters Friedrich Brandenburg zum neuen Intendanten wurde das Nationaltheater von einem dreiköpfigen Kuratorium unter Führung des Leiters der Mannheimer Sektion des Kampfbunds für deutsche Kultur und späteren NSDAP-Kreisleiters Reinhold Roth geführt. Innerhalb des Hauses hatten die Nationalsozialisten mit dem seit 1925 am Theater tätigen Dramaturgen Erich Dürr, einem NSDAP-Mitglied, und dem seit 1917 tätigen Verwaltungsdirektor Karl Herrmann, laut Brandenburg ein gesinnungstreuer Nationalsozialist, ein *Märzgefallener*,[4] zuverlässige Stützen.

Die Umstände, die zur Berufung Friedrich Brandenburgs zum Intendanten führten, sind bis heute nicht durchsichtig. Brandenburg selbst berichtet, er sei in Stuttgart als für ein *im nationalen Geiste geführtes* Theater untragbar entlassen worden.[5] In der Stuttgarter Presse, die ansonsten über die Entlassung mißliebiger Personen berichtete, wird Brandenburgs Tätigkeit jedoch positiv gewürdigt und sein Weggang nach Mannheim als ganz normaler Wechsel dargestellt.[6] Plausibler erscheint Brandenburgs Vermutung, daß ein Bekannter ihn bei Reinhold Roth für den Intendantenposten empfohlen habe.

164 a
Oben: Herbert Maisch,
1930–1933 Intendant des Nationaltheaters.
1950er Jahre.

164 b
Mitte: Joseph Rosenstock,
1930–1933 Generalmusikdirektor am Nationaltheater.
Januar 1932. Aufn. G. Tillmann-Matter, Mannheim.

164 c
Unten: Opernspielleiter am Nationaltheater.
Um 1912.

165 a
Szenenfoto aus P. J. Cremers' *Die Marneschlacht*.
1933. Aufn. G. Tillmann-Matter, Mannheim.

165 b
Raoul Alster,
1926–1933 Schauspieler am Nationaltheater.
Um 1928. Aufn. Atelier Hostrup, München/Mannheim.

165 c
Sydney de Vries,
1926–1933 Sänger am Nationaltheater, als Escamillo.

165 d
Walter Friedmann,
1926–1933 Sänger am Nationaltheater.

In der Vertragsverhandlung sicherte der Oberbürgermeister Brandenburg zu, daß er als Intendant allein über Spielplan und Personalfragen entscheiden könne; er solle nur das künstlerische Niveau halten und den Etat nicht überschreiten. Dennoch machte Renninger das *Führerprinzip* auch für das Theater geltend: Er selbst sei der *Betriebsführer*, Brandenburg nur der ihm verantwortliche *Betriebsleiter*. Renninger habe aber auch garantiert: *Das Theater ist eine städtische Angelegenheit, da hat die Partei überhaupt nichts zu sagen.*[7] Zu einem Zeitpunkt, zu dem die Stadtverwaltung gerade in die Hände der Nationalsozialisten gefallen war, ist dieser Satz ein früher Beleg für den verbreiteten Interessengegensatz zwischen NS-Oberbürgermeistern und örtlichen NSDAP-Führern.

Da man bei Renninger wie Brandenburg ein konservatives Verständnis von Theater als Stätte der Erbauung, als politikferner Bereich der Bewahrung des *Wahren, Guten, Schönen*[8] annehmen kann, konnte der Intendant bequem leben mit der Weisung: *Spielen Sie Shakespeare, Goethe, Schiller, Kleist, alles Große und Erhabene. Spielen Sie nicht so viele moderne Experimente.*[9] Mit den modernen Experimenten meinte der Oberbürgermeister durchaus auch die jungen HJ-Dichter, deren Machwerke vor allem in der Frühphase des Dritten Reichs die Theater überschwemmten.[10]

Tatsächlich hielt sich Renninger in der Folgezeit zurück, was den Spielplan oder einzelne Inszenierungen betraf. In Personalfragen machte er seinen Führungsanspruch jedoch massiv geltend. Ihm ging es vor allem um ein *judenfreies* Theater. Nach der Entlassungswelle 1933 bestand Renninger später in zwei nachweisbaren Fällen auf Kündigung *jüdischversippter* Schauspielerinnen. Bei beiden waren die Verhältnisse nicht so eindeutig, daß ein weniger antisemitisch eingestellter Beamter, der lediglich *seine Pflicht erfüllen* wollte, die Sache hätte auf sich beruhen lassen können.

So wurde der Vertrag der seit 1929 engagierten Schauspielerin Annemarie Schradiek auf ausdrückliche Weisung des Oberbürgermeisters zum Ende der Spielzeit 1935/36 nicht mehr verlängert. Alle Anzeichen lassen vermuten, daß Renningers Vorgehen gegen Schradiek

166 a
Oben: Nationaltheater B 3. Um 1930.

166 b
Mitte: Karl Herrmann, 1913–1945 Verwaltungsdirektor des Nationaltheaters. Um 1934.

166 c
Links: Erich Dürr, 1925–1934 Dramaturg am Nationaltheater.

von einer Denunziation ausging und nicht von der Reichstheaterkammer angeordnet war. Deren Fachschaft Bühne mußte nämlich angehören, wer ein Engagement erhalten wollte; Voraussetzung der Mitgliedschaft war jedoch ein *Ariernachweis*. Nun hatte Annemarie Schradiek 1935 einen Mann geheiratet, der einen jüdischen Großvater hatte und damit als *Mischling zweiten Grades* galt. Allerdings war der Großvater auf seiner Sterbeurkunde als *Protestant* eingetragen. Bei wohlwollender Auslegung hätte man Annemarie Schradiek also ihre Stellung am Nationaltheater erhalten können. Doch dieses Wohlwollen fehlte offenbar. Intendant Brandenburg eröffnete der Schauspielerin, es sei unmöglich, sie zu halten, wenn sie mit einem jüdischen Mann verheiratet sei. Schradiek berief sich auf das „entlastende" Dokument und drohte mit Klage. Daraufhin behauptete Brandenburg – wohl in der Annahme, den Oberbürgermeister auch mit der Todesurkunde des Großvaters nicht beeindrucken zu können –, Renninger wolle Schradiek aus künstlerischen Gründen nicht behalten. Anscheinend wollte man die Ehe mit einem *Juden als offiziellen Grund nicht einfach sagen. Und ich muß sagen, künstlerisch mochte er* (Brandenburg) *mich wirklich gerne, er rückte dann aber irgendwie von meinen künstlerischen Leistungen etwas ab. Das mußte er wohl machen, wenn man ihm das so nahe gelegt hatte.*[11] Daß die NS-Gesetzgebung auch großzügiger ausgelegt werden konnte, beweist Annemarie Schradieks weiterer Lebensweg: Sie erhielt ein Engagement am Stadttheater Altona. Der Parteiobmann schrieb an die Reichstheaterkammer, er habe die Papiere zum *Ariernachweis* geprüft, sie seien in Ordnung. Annemarie Schradiek hatte daraufhin keine Repressalien mehr zu erleiden.

Auch die Schauspielerin und Chorsängerin Lucie Rena mußte 1937 das Nationaltheater verlassen, weil ein Denunziant dem Oberbürgermeister hintertragen hatte, daß ihre Tochter aus einer inzwischen geschiedenen Ehe mit einem Juden stammte.

Anders verhielt sich der Fall des Schauspielers Fritz Schmiedel, der am 6. Januar 1936 von der Gestapo *wegen Vergehens gegen den § 175* verhaftet wurde. Brandenburg fuhr sofort nach Berlin, um sich persönlich für Schmiedel einzusetzen: *In der Reichstheaterkammer, die sich vermittelnd einschalten wollte, warnte man mich, in dieser Angelegenheit überhaupt irgend etwas zu unternehmen. Diese Zumutung lehnte ich ab und ging in das berüchtigte Gebäude der SS in der Prinz-Albrecht-Straße.*[12] Obwohl Brandenburg angeben konnte, im Auftrag des Oberbürgermeisters zu handeln, ging er ein nicht geringes persönliches Risiko ein, denn er wurde dadurch selbst verdächtig, homosexuell zu sein.[13] Schmiedel kam schließlich am 2. März durch den Einsatz des Mannheimer Oberstaatsanwalts frei, der sich darüber ärgerte, daß er von der Verhaftung nicht ordnungsgemäß unterrichtet

167 a
Szenenfoto aus I. Jessels *Schwarzwaldmädel*.
Um 1933.

167 b
Friedrich Brandenburg,
1933–1945 Intendant des Nationaltheaters.
Um 1934.

168 a
Fritz Schmiedel,
1931–1936 Schauspieler am Nationaltheater.
Um 1934.

168 b
Lucie Rena,
1935–1937 Schauspielerin am Nationaltheater. Um 1936.
Aufn. G. Tillmann-Matter, Mannheim.

168 c
Annemarie Schradiek,
1929–1936 Schauspielerin am Nationaltheater.
Aufn. G. Tillmann-Matter, Mannheim.

worden war. Wahrscheinlich war es diesem Interessenkonflikt zu verdanken, daß Schmiedel sogar ohne Anklage blieb. In Mannheim allerdings trat er bis zum Ende der Spielzeit nicht mehr auf, erhielt dann aber ein neues Engagement in Freiburg.

Die Rolle, die Friedrich Brandenburg während seiner Zeit als Mannheimer Intendant spielte, ist nicht eindeutig. Seine Theaterpolitik war nicht darauf angelegt, das Nationaltheater zu einer nationalsozialistischen Vorzeigebühne zu machen, auch wenn er 1942 in die NSDAP eintrat. Im Falle von Fritz Schmiedel hat Brandenburg persönlichen Mut bewiesen; ob er sich unter den damaligen Verhältnissen stärker für Annemarie Schradiek und Lucie Rena hätte einsetzen können, muß dahingestellt bleiben. Brandenburg duldete es, daß unter den Bühnenarbeitern ehemalige SPD-Mitglieder zu finden waren. Dazu gehörten Albert Seizinger, Richard Oesterle und Fritz Thomas sowie der Garderobeninspektor Karl Moll, die möglicherweise Kontakte zu Widerstandskreisen hatten.[14] Resistenz gegen den Nationalsozialismus hat es jedoch am Nationaltheater weder in Form von Aktionen noch in Form von Inszenierungen gegeben. *Ich habe genauso weiter gemacht wie bisher. Ich habe weiter laviert, wo es zu lavieren ging, und habe Konfrontationen vermieden,*[15] so hat Brandenburg selbst rückblickend seine Rolle beschrieben. Am 15. Mai 1945 von der amerikanischen Militärregierung suspendiert, stufte ihn die Schwetzinger Spruchkammer am 12. November 1946 als *Mitläufer* ein.[16]

Als sehr widersprüchlich stellt sich das Verhalten des Bühnenautors und Dramaturgen Walter Erich Schäfer dar. Schäfer löste 1934 den der NSDAP angehörenden Dramaturgen Erich Dürr ab, der nach Berlin wechselte. Schäfer war seinen Memoiren zufolge wegen *politischer Unzuverlässigkeit* am Stuttgarter Theater entlassen worden, die Reichsschrifttumskammer verweigerte ihm die Aufnahme.[17] Andererseits wurde er vom Reichsdramaturgen Rainer Schlösser protegiert. Für den NS-Literaturwissenschaftler H. Wanderscheck galt er als einer der Dramatiker, die schon vor der *Machtergreifung bahnbrechend zum nationalen Bühnenschrifttum* vorgestoßen seien.[18] Friedrich Brandenburg macht es sich wohl zu einfach, wenn er über seinen damaligen Dramaturgen schreibt: *Er wurde im schönsten Sinne das literarische Gewissen des Nationaltheaters und zugleich ein zuverlässiges Bollwerk in politicis.*[19]

Das Nationaltheater brachte während der NS-Zeit sechs Werke von Walter Erich Schäfer auf die Bühne, die teils exakt nationalsozialistischer Ideologie entsprechen, teils das genaue Gegenteil formulieren. Im 1934 inszenierten Volksstück *Schwarzmann und die Magd* wurde die Figur eines jüdischen Händlers positiv gezeichnet, was auch sofort in der NS-Presse bemängelt wurde.[20] Andererseits konnte die Geschichte einer im Stich gelassenen Magd, die darauf besteht, ihr Kind unehelich zur Welt zu bringen und deswegen von ihrem früheren Liebhaber ermordet wird, wenigstens indirekt als Unterstützung des nationalsozialistischen Mutterkults verstanden werden.

Direkt jedoch, sowohl inhaltlich als auch formal, biederte sich Schäfer mit seinem Thingspiel *Der Feldherr und der Fähnrich* bei den Nationalsozialisten an. Es wurde am 6. November 1936 auf Veranlassung der NS-Kulturgemeinde uraufgeführt und dann im Sommer 1937 auch auf der *Feierstätte Heiliger Berg* bei Heidelberg gespielt. *Das zweiteilige Spiel versucht nichts Geringeres, als die Ereignisse der Novembertage und den nach 14 Jahren der Schmach erkämpften Sieg der politischen Idee auf die Ebene des zeitlosen Geschehens emporzuheben. Die neue politische und sittliche Ordnung verkündigt der Fähnrich, der zur Revolution des deutschen Menschen aufruft:* „Es gibt kein Oben und Unten und Da und Dort. Das ist Lüge! Es gibt nur Volk und nichts anderes." *So rettet er die alte Fahne der Freiheit und Einigkeit aus den Klauen der kommunistischen Zerstörer.*[21] In Schäfers Erinnerungen wird dieses Stück schlicht verschwiegen. Sein zur gleichen Zeit entstandenes Werk *Die Reise nach Paris*, 1937 in Mannheim gespielt, bezeichnet Schäfer dort als *eskapistisch*, als habe er unter den politischen Bedingungen nur noch ein Lustspiel fern jeglichen Realitätsbezugs schreiben können.[22]

169 a
Walter Erich Schäfer,
1934–1938 Dramaturg am Nationaltheater.
Um 1934.

169 b
Rechts: Szenenfoto aus W. E. Schäfers
Schwarzmann und die Magd. Um 1934.

169 c
Szenenfoto aus W. E. Schäfers *Die Reise nach Paris*.
Oktober 1937.

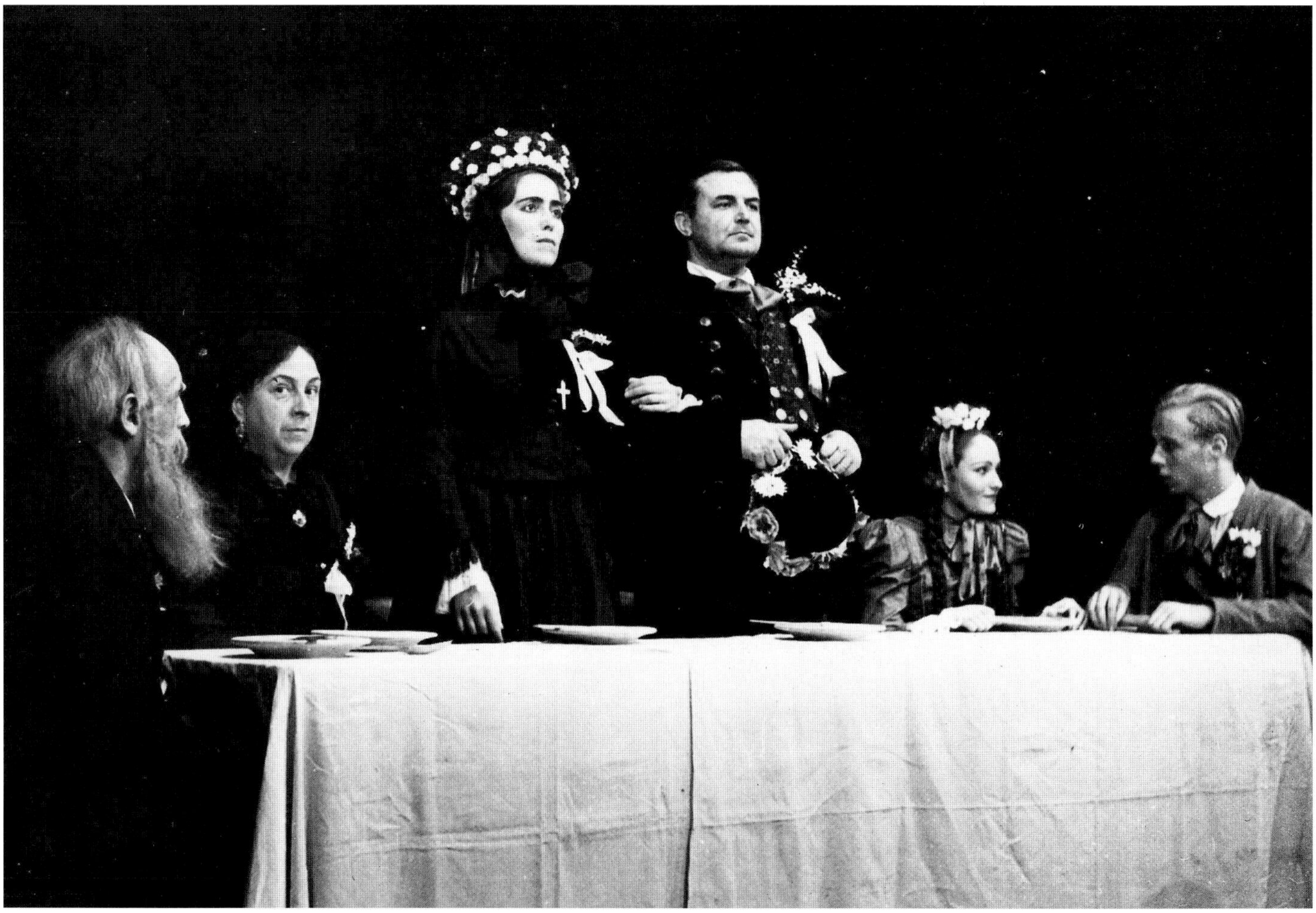

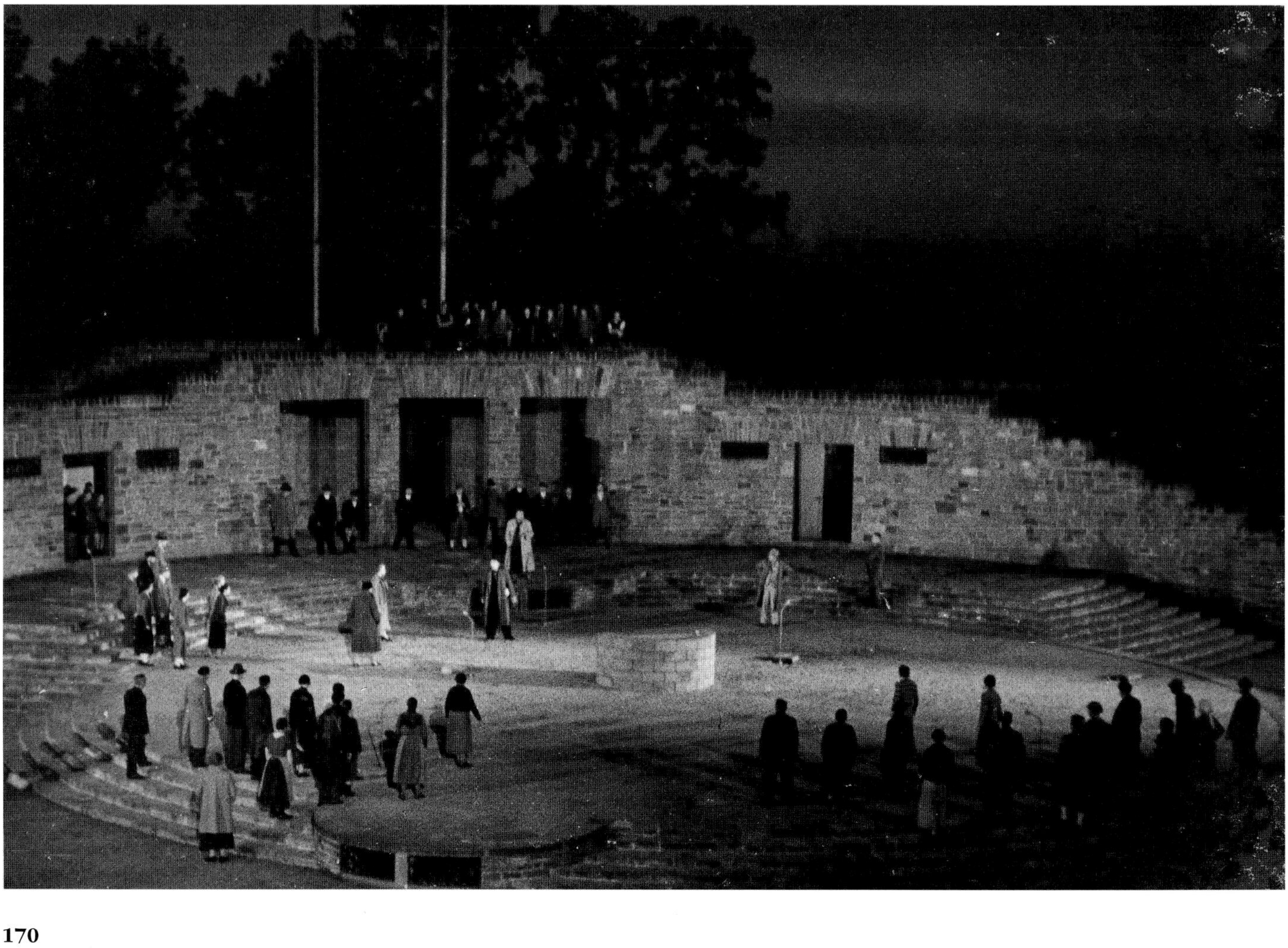

Linke Seite:

170 a
Oben: Szenenfoto aus H. Multerer
Saat und Ernte, Neues Theater. 1934.
Aufn. G. Tillmann-Matter, Mannheim.

170 b
Unten: Szenenfoto aus W. E. Schäfers
Der Feldherr und der Fähnrich,
Thingstätte auf dem Heiligenberg bei Heidelberg.
1937. Aufn. G. Tillmann-Matter, Mannheim.

171 a
Rechts: Maifestspiele des Nationaltheaters. 10.5.1937.
Aufn. Schultz, Mannheim.
Im zweiten Rang des Hauses in B 3 in der Mitte
stehend Reichspropagandaminister Joseph Goebbels,
rechts daneben mit Amtskette
Oberbürgermeister Carl Renninger.

171 b
Unten: Szenenfoto aus K. Brombachers
Der steile Weg, Nibelungensaal des Rosengartens.
30.1.1934. Aufn. G. Tillmann-Matter, Mannheim.

Die Spielplangestaltung am Nationaltheater während der Jahre 1933–1944 zeigt ein widersprüchliches Bild.²³ Goebbels' Propagandaministerium sicherte sich mit dem Reichskulturkammergesetz vom 22. September 1933 und dem Reichstheatergesetz vom 5. Mai 1934 den zentralen Zugriff auf die Bühnen.²⁴ In der Praxis hieß das: Der Spielplan mußte generell vor Beginn einer Spielzeit dem Reichsdramaturgen zur Genehmigung vorgelegt werden. Darüber hinaus mußte an den *Nationalen Feiertagen* wie z.B. am 20. April – dem Geburtstag des *Führers* – darauf geachtet werden, daß *dem Anlaß entsprechende* Werke gespielt wurden. *Für das Nationaltheater war ... dieser Spielplanzwang kein Problem. Im ständigen Repertoire der Oper waren immer Werke zur Verfügung, die ... geeignet waren. Neben Fidelio von Beethoven standen von Richard Wagner Lohengrin, Meistersinger, Walküre oder Siegfried. Mit solchen Möglichkeiten für den künstlerischen Ausdruck der „Nationalen Feiertage" konnte man die Gesinnungsstücke der Dichternachwuchshoffnungen mühelos umgehen.*²⁵

172 a
Rosengarten, Blick in den Musensaal von der Bühne.
Um 1930.

172 b
Rosengarten, Blick in den Musensaal von der Bühne
nach dem Umbau zum Neuen Theater. März 1934.

Das stimmt jedoch nur für die Zeit ab 1939, in der tatsächlich ausschließlich Opern und Klassiker (u.a. Goethe und Schiller) gegeben wurden. Vorher wurden gerade an Hitlers Geburtstag Stücke von ausgewiesenen NS-Autoren wie H. Johst, F. Roth, F. Bethge und H. Rehberg gespielt. Eine besonders üble Parteiveranstaltung war z.B. K. Brombachers *Der steile Weg*, ein Thingspiel nach dem Vorbild von R. Euringers *Deutsche Passion*, das *die einzelnen Etappen deutscher Passion seit Versailles* nachzeichnete. Die Massenszenen wurden mit Sprechchören der Abteilungen der SA, SS, HJ, BDM und NSBO gestaltet, für Musik sorgte die Kapelle der SA-Standarte 171. Willy Birgel, zu dieser Zeit der prominenteste unter den Mannheimer Schauspielern, trat als *der Jude in den wechselnden Gestalten* auf.[26] *Der steile Weg* war am Vorabend des 30. Januar 1934 im Rosengarten zu sehen. Die Vorstellung wurde mit einer flammenden Rede des NSDAP-Kreisleiters Reinhold Roth eingeleitet und endete mit dem Singen des Horst-Wessel-Lieds.

Allerdings gab es auch Wege, Werke zu spielen, die als unerwünscht galten. Stückverbote handhabe die Reichsdramaturgie generell sehr vorsichtig. In den meisten Fällen begnügte sie sich mit *Empfehlungen*. So konnte Brandenburg durchsetzen, die Operette *Schwarzwaldmädel* des jüdischen Komponisten L. Jessel trotz Einspruchs von Reichsdramaturgen Schlösser bis zum Ende der Spielzeit 1934 allen Abonnenten zu zeigen. Seine Begründung: eine Absetzung lasse zahlreiche Mietekündigungen befürchten, denn die Operette sei das Stadtgespräch schlechthin. Mit der Auflage, das Stück dann aber abzusetzen, gestattete Schlösser daraufhin die restlichen Abonnementvorstellungen.

Bemerkenswert ist, daß Brandenburg zum Jahrestag der *Machtergreifung* am 30. Januar 1944 Schillers *Verschwörung des Fiesco zu Genua* herausbrachte. Schlösser hatte bereits für die Spielzeit 1942/43 *eindeutige Empfehlungen* gegeben, den *Fiesco* nicht mehr in den Spielplan aufzunehmen, wohl deswegen, weil man befürchtete, die Fabel könne auf die Realität bezogen werden.[27] Trotzdem spielten ihn neben Mannheim noch vier weitere Bühnen. Die Reichsdramaturgie gab entgegen ihrer ursprünglichen *Empfehlung* die Erlaubnis, weil die Schiller-Forscher R. Buchwald und H. H. Borcherdt die sogenannte dritte Fassung des Dramas wiederentdeckt hatten: Fiesco stirbt hier durch einen Dolchstoß Verrinas, der sich anschließend dem Gericht des von der Tyrannei befreiten Volkes stellt.

173 a
Rosengarten, Musensaal Blick zur Bühne.
4.11.1933.

173 b
Rosengarten, Musensaal Blick zur Bühne, nach dem Umbau zum Neuen Theater. März 1934.

174
Blick vom Turm der Jesuitenkirche auf das Nationaltheater B 3 während des Umbaus. Juli 1934.

Brandenburg selbst stellt in seinen Erinnerungen die Inszenierung des *Fiesco* als mutig dar. Die Schauspielerin Gisela Holzinger, die damals die Eleonore spielte, meinte rückschauend, den Zuschauern sei die Aktualität des Stücks ganz klar gewesen. Liest man allerdings die Kriterien in den damaligen Zeitungen, so zeigt sich, daß man den *Fiesco* problemlos auch im Sinne des NS-Regimes verstehen konnte. Das Hakenkreuzbanner etwa schrieb:
… überall wird im Nachhall Fiescos der entschlossene Ernst des Verrinas verstanden werden: Das Vaterland war meine erste Pflicht.[28]

Die unterschiedliche Deutbarkeit von Stücken wie *Fiesco* macht es so schwierig zu klären, ob mit Hilfe eines Klassikers tatsächlich gegen das NS-Regime protestiert werden sollte oder ob solche „oppositionellen" Interpretationen im nachhinein zur Rechtfertigung dienten. Für Mannheim gibt es jedenfalls keinen Fall, in dem ein Klassiker eindeutig zeitkritisch eingesetzt worden wäre. Überzeugte Nationalsozialisten wie auch Gegner des Regimes konnten die Botschaft mit nach Hause nehmen,

die sie hören wollten. Die Inszenierungen waren bewußt „werktreu", d.h. es wurde in historisierenden Kostümen und Bühnenbildern gespielt. In erster Linie war das eine Reaktion gegen das um Aktualisierung bemühte Theater der Weimarer Republik, das auch Brandenburg ablehnte, weniger der Versuch, eine doppeldeutige Botschaft zu lancieren.

Neben dem Reichspropagandaministerium waren es insbesondere die Landesstellen von Goebbels' Ministerium, die als Kontrollinstanz eingesetzt waren, jedoch keine direkten Eingriffsmöglichkeiten hatten, da die Theater weiter direkt mit dem Reichsdramaturgen verhandeln konnten. *Die Anregungen machte man auf die kollegiale Tour. Man verordnete nicht, man machte Vorschläge für kulturelle Höhepunkte, für landsmannschaftliche Besonderheiten, kurz, man schuf Modalitäten, denen nicht immer auszuweichen war.*[29] So veranstaltete das Nationaltheater Spiele zum Erntedank – hier wurde dann H. Multerers Blut-und-Boden-Stück *Saat und Ernte* gezeigt. Es gab verschiedene Gaukulturwochen, Mai-Festspiele, die 1937

von Goebbels besucht wurden, NSDAP-Kreisparteitage, einen *Ostmarkzyklus* aus Anlaß des *Anschlusses* von Österreich 1938.

In der Regel war das Programm „ausgewogen". *Die Grundlage unseres Spielplans bleiben die Klassiker, die in ihrem ureigenen Stil lebendig sein sollen. Neben den Klassikern vor allem die lebende deutsche Dicht- und Tonkunst. Aber keine papierne Literatur, kein ästhetisches Geschwätz. Meine besondere Pflege gilt in Oper und Schauspiel der deutschen Komödie, dem deutschen Lustspiel, dem deutschen Volksstück.*[30] So hatte Brandenburg 1933 sein Spielplankonzept vorgestellt, ein Muster, nach dem er auch bei den gewünschten Sonderveranstaltungen handeln konnte.

175
Nationaltheater B 3 nach dem Umbau. Um 1936.

Dennoch ist nicht zu übersehen, daß das Theater zu solchen Anlässen immer wieder auch aktive NS-Propaganda betrieb. Genannt sei z.B. ein während der Kulturtage 1943 gespieltes Stück des heute als Tatort-Autor bekannten H. Reinecker. *Das Dorf bei Odessa* sollte am Beispiel der *Befreiung* der deutschstämmigen Bevölkerung in einem russischen Dorf das Durchhaltevermögen des „deutschen Wesens" demonstrieren und, insbesondere nach der Niederlage bei Stalingrad, den Durchhaltewillen der Bevölkerung stärken. Das Dorf bei Odessa wurde an über 70 weiteren Theatern gespielt.

Betrachtet man den Spielplan insgesamt, so wird deutlich, daß das Nationaltheater überwiegend als Medium nationaler und konservativer Ideologie fungierte. Es war weder ein explizit nationalsozialistisches Propagandainstrument noch gar eine Stätte geheimen Widerstands gegen die Diktatur. Die Auswahl von Autoren und Stücken entsprach mit geringen Abweichungen (etwa bei dem Autor W. Gilbricht) genau den Vorstellungen der Reichsdramaturgie. Ausländische Autoren, die 15 Prozent am gesamten Schauspielplan ausmachten, wurden entsprechend den Wendungen der Außenpolitik berücksichtigt: Verstärkt österreichische Autoren nach dem *Anschluß*, spanische Autoren nach dem im Januar 1939 unterzeichneten Kulturabkommen, italienische nach Abschluß des Dreimächtepakts. Ein Franzose kam dagegen nach Beginn des Zweiten Weltkriegs nur noch in Form einer Molière-Inszenierung zum Zuge; und auch mit Shakespeare gab es bald Probleme: Ab November 1941, nach der verlorenen *Luftschlacht um England*, durften die Theater Shakespeare nur noch mit Sondergenehmigung spielen.[31]

Mehr als die Hälfte aller Schauspielinszenierungen, die in Mannheim zwischen 1933 und 1944 auf die Bühne kamen, waren Stücke, die erst während der NS-Zeit entstanden waren. Dabei machte die Unterhaltung den weitaus größten Anteil aus: In der Hauptsache handelte es sich um Boulevardkomödien und Lustspiele. Das heißt allerdings nicht, daß die Unterhaltung jenseits der Politik gestanden hätte.[32] So hatte auch K. Bunjes *Der Etappenhase*, ein Stück, das *dem heiteren Leben hinter der Front ein menschlich wahres Denkmal setzt*,[33] natürlich eine politische Funktion, die vielleicht nur wenigen Zeitgenossen bewußt gewesen ist.

Im Mannheimer Spielplan der NS-Zeit markiert dieses Stück, das mit 34 Aufführungen das am häufigsten gezeigte Werk war, einen Wendepunkt in der Bewertung des Ersten Weltkriegs: Bis 1936 wurde oft das Schicksal von Kriegsheimkehrern dargestellt, die sich in der Weimarer Republik nicht zurechtfanden. Nach 1936 tauchte der Erste Weltkrieg als Stückthema nur noch vereinzelt auf unter dem Aspekt der „Völkerverständigung zwischen den Militärs" (H. Goschs *Der andere Feldherr* oder W. E. Schäfers *Der Leutnant Vary*). Wenn ein Stück wie *Der Etappenhase*, das im gesamten Reich das Erfolgsstück der Saison 1936/37 war, zu solch hohen Aufführungszahlen kam, deutet dies darauf hin, daß das Trauma des Ersten Weltkriegs erfolgreich verdrängt war. Zum anderen stimmte ein Stück wie dieses, das den Krieg als lustiges Abenteuer verharmloste, auf einen neuen Krieg zumindest indirekt ein.

Die weitaus meisten ernsten Schauspiele von damaligen Gegenwartsautoren spielen bezeichnenderweise nicht in der Realität des „Dritten Reichs", sondern in der Vergangenheit. Man suchte und fand Figuren, die sich als Vorkämpfer für die nationalsozialistische Idee sehen oder umdeuten ließen. Unter den historischen Verhältnissen mußten diese Figuren noch scheitern, im „Dritten Reich" hätte man ihre „Heldentaten" zu würdigen gewußt – so lautete die implizite Botschaft. Anfangs überwogen Dramen, die mit der Weimarer Republik abrechneten – wie H. Johsts *Schlageter* oder auch Blut-und-Boden-Machwerke wie *Andreas Hollmann* von H. C. Kaergel oder S. Graffs *Die Heimkehr des Matthias Bruck*. Später wurden dann historische Figuren des Mittelalters wie Heinrich IV. (in E. G. Kolbenheyers *Gregor und Heinrich*) und, vor allem Ende der dreißiger Jahre, Personen aus der preußischen Geschichte zu Theaterhelden, die die von der NS-Ideologie geforderten Eigenschaften verkörperten.

176 a
Szenenfoto aus D. Loders *Konjunktur*.
Aufn. G. Tillmann-Matter, Mannheim.

176 b
Szenenfoto aus H. Johsts *Schlageter*.
22.4.1933.

177 a
Szenenfoto aus K. Bunjes *Der Etappenhase*.
Um 1936.

177 b
Ausschnitt aus dem Programmzettel zu H. Reineckers *Das Dorf bei Odessa*. 1943.

Bei Fliegeralarm *Ruhe bewahren!*
Schutzräume nach Weisung der Ordner aufsuchen!
Schutzraum für I., II., III. Rang: LS-Bunker **Schloßplatz**; I. u. II. Parkett, Parterrelogen: LS-Bunker **Friedrchispark**; IV. Rang: **Jesuitenkirche**.
Garderobe in den Luftschutzraum mitnehmen!

177 c
Szenenfoto aus H. Reineckers *Das Dorf bei Odessa*.
1943.

178
Ruine des Nationaltheaters B 3. 13.9.1946.

Nach der Zerstörung des Nationaltheaters am 6. September 1943 und des Neuen Theaters im Rosengarten am 23. September 1943 verschwanden die historischen Vorbilder. Liebesgeschichten und leichtverdauliche Lustspiele schienen das Gebot der Stunde. Gespielt wurde hauptsächlich in Schwetzingen, aber auch in Heidelberg, Karlsruhe, Weimar und Metz.

Insbesondere während der Kriegsjahre strömten die Mannheimer ins Theater. Im August 1943 – die in ihrer Wucht sich steigernden Bombenangriffe wurden immer häufiger – waren 5 100 Abonnenten eingetragen, hinzu kamen die in drei Serien ausverkauften Schülermieten und die NS-Kulturgemeinde mit rund 120 000 Besuchern im Jahr. Zu Beginn von Brandenburgs Intendanz hatten die Besuche deutlich nachgelassen, nicht zuletzt deswegen, weil die Stadt allen jüdischen Abonnenten gekündigt hatte. Als das Nationaltheater am Schillerplatz vom 7. Mai bis 14. Oktober 1934 wegen dringender Renovierungsarbeiten geschlossen wurde, konnte nur noch im Neuen Theater, dem umgebauten Musensaal des Rosengartens, gespielt werden, die Besucherzahlen sanken weiter. Allerdings: *Durch das Zwischenspiel im Rosengarten war eine zweite Bühne entstanden, die größere Bewegungsfreiheit im Spielplan gab, die zugkräftigeren Stücke konnten im Nationaltheater im freien Verkauf günstiger ausgenutzt werden. Der größte Teil der Vorstellungen für die Besucherorganisationen … wurde jetzt, mit Ausnahme der großen Oper, im Neuen Theater gespielt.*[34]

Obwohl man sich einiges einfallen ließ, um die Mannheimer ins Theater zu locken (z.B. Wahlmiete, Kameradschaftsabende), und trotz der regelmäßigen Besuche der NS-Kulturgemeinde sanken die Zahlen bis 1939, mit einigen Schwankungen, weiter. Im Vergleich zu 4 000 Abonnenten in der Spielzeit 1934/35 waren 1938/39 nur noch 3 400 Mieter zu verzeichnen. Das änderte sich erst im Verlauf des Kriegs. Dabei war es nicht einfach, den Spielplan überhaupt aufrechtzuerhalten. Allein 35 Mitglieder des künstlerischen Personals fielen durch Einberufungen zur Wehrmacht für kürzere oder längere Zeit aus.

Am 1. September 1944 wurden auf Anweisung Goebbels' sämtliche Theater geschlossen. Die Ensemblemitglieder und das technische Personal wurden entlassen und zur Wehrmacht eingezogen oder mußten als Rüstungsarbeiter überwiegend bei der Armaturen- und Meßgeräte-Fabrik Bopp & Reuther einspringen.

Christoph Zuschlag

Das Schicksal von Chagalls „Rabbiner"

Zur Geschichte der
Kunsthalle Mannheim im
Nationalsozialismus

Meinem Lehrer Peter Anselm Riedl

Warum die modernen, der neuen und neuesten Kunst gewidmeten Sammlungen es unter allen Museen am schwersten haben, läßt sich unschwer denken. Sie haben mit jenem charakteristischen „Unbehagen" zu kämpfen, das die noch umstrittenen, noch uneingebürgerten Werke zeitgenössischer Kunst im Anfang überall dort erwecken, wo nicht ein engerer Kreis eingeweihter Kunstfreunde schon entgegenkommt. Öffentliche Museen aber sind nicht nur für solche Zirkel, sondern als demokratische Einrichtungen für die Gesamtheit, für das Publikum da.

G. F. Hartlaub 1931[1]

Kunstwerke haben ihre eigene Geschichte. Sie spielt sich meist im Verborgenen, im Schatten der großen Ereignisse ab. Bisweilen sind es verschlungene Wege, die Gemälde oder Skulpturen zurücklegen, bis sie in ein Museum oder in eine private Sammlung gelangen. Diese Wege zu rekonstruieren, ist ein lohnendes Unterfangen, denn das Schicksal von Kunstwerken spiegelt die politischen, wirtschaftlichen, kulturellen und gesellschaftlichen Bedingungen und Veränderungen der Zeit wider. So kann Geschichte auch über die Geschichte von Kunstwerken erschlossen werden.

Dies soll im folgenden am Beispiel des Gemäldes *Rabbiner (Die Prise)* von Marc Chagall (1887 bis 1985) gezeigt werden, das sich von 1928 bis 1937 im Besitz der Städtischen Kunsthalle Mannheim befand. Seit 1939 gehört es der Öffentlichen Kunstsammlung/Kunstmuseum Basel.[2]

Die Kunsthalle Mannheim wurde im Jahre 1907 für die – anläßlich des dreihundertjährigen Stadtjubiläums veranstaltete – *Internationale Kunst- und Große Gartenbauausstellung* nach Plänen des Karlsruher Architekten Hermann Billing (1867–1946) erbaut. Sie entwickelte sich binnen weniger Jahre zu einem der fortschrittlichsten Kunstinstitute Deutschlands. Dies war in erster Linie das Verdienst zweier herausragender Persönlichkeiten: Fritz Wichert und Gustav Friedrich Hartlaub.

Wichert leitete das Museum bis 1923. Seine Erwerbungen richteten sich gleichermaßen auf die deutsche Malerei des 19. Jahrhunderts, namentlich auf die Romantiker (Feuerbach, Fries, Kersting, von Lenbach, Richter, Schnorr von Carolsfeld), wie auf die aktuellen Tendenzen der Gegenwartskunst in Deutschland (Impressionisten: Corinth, Liebermann, Slevogt; Expressionisten: Heckel, Kirchner, Marc, Nolde, Pechstein; ferner Beckmann und Kokoschka) und in Frankreich (der berühmte *Franzosensaal* mit Werken von Cézanne, Corot, Courbet, Daumier, Delacroix, Géricault, Manet, van Gogh, Monet, Pissaro, Sisley). Wichert wollte – und auch hierin dachte er „modern" – keinen Musentempel für ein kleines, elitäres Publikum; die Kunstvermittlung an alle gesellschaftlichen Schichten war ihm ein vordringliches Anliegen. Mit Leidenschaft und Idealismus verfolgte er seine Ziele.

1910 gründete er das *Kunstwissenschaftliche Institut*, 1911 den *Freien Bund zur Einbürgerung der bildenden Kunst in Mannheim*,[3] dessen rege Vortrags- und Ausstellungstätigkeit auf große Resonanz in der Bevölkerung stieß.

Hartlaub, 1913 von Wichert als Sprecher des *Freien Bunds* nach Mannheim berufen, hatte die Direktion der Kunsthalle von 1923 bis 1933 inne. Er knüpfte an die Sammelpolitik seines Vorgängers an. Sein erklärtes Ziel war es, *in der städtischen Kunsthalle eine charakteristische Vertretung neuen und neuesten Kunst-Wollens zu bieten, und sie damit zu einer Stätte unmittelbar lebendiger Kunst zu machen.*[4] Durch den Ankauf von Gemälden und Graphiken der Künstlergruppen Fauves (Derain, de Vlaminck), Brücke (Heckel, Kirchner, Mueller, Schmidt-Rottluff) und Blauer Reiter (Jawlensky, Kandinsky, Klee, Marc) sowie von Beckmann, Chagall, Delaunay, Dix, Ensor, Grosz, Hodler, Hofer, Munch, Nolde, Pechstein, Rohlfs, Schlemmer und Utrillo baute er die Sammlung nationaler und internationaler Avantgardekunst aus. Die Plastiksammlung wurde durch wichtige Arbeiten von Archipenko, Barlach, Lehmbruck, Kolbe, Scharff, de Fiori und Voll bereichert. Auch Hartlaubs epochemachende Ausstellungen wie *Neue Sachlichkeit – Deutsche Malerei seit dem Expressionismus* (1925) und *Wege und Richtungen der abstrakten Malerei in Europa* (1927) verschafften der Kunsthalle überregionales Ansehen. Hinzu kamen Einzelausstellungen bedeutender Protagonisten der Moderne wie etwa Munch (1926), Ensor, Beckmann, Hofer (alle 1928), Masereel (1929) und Kokoschka (1931). Am Ende der Weimarer Republik besaß Mannheim eine der bedeutendsten Sammlungen von Kunst des 19. und 20. Jahrhunderts in Deutschland.

1928: Ankauf des Gemäldes. Bildbetrachtung

Am 9. November 1928 beschloß der Ausschuß für die Verwaltung der Kunsthalle den Ankauf von vier Kunstwerken: der Plastik *Emporsteigende* von Kolbe – sie steht heute im Treppenhaus des Mannheimer Rathauses E 5 – sowie der Gemälde *Fohlenstall* von Heckrott, *Porträt Egon Erwin Kisch* von Schlichter und *Rabbiner* von Chagall. Hartlaub hatte bereits 1925 ein Bild von Chagall für die Kunsthalle erwerben können: das heute im Musée des Beaux-Arts Lüttich befindliche *Blaue Haus von Witebsk*. In beiden Fällen war Herbert Tannenbaum der Verkäufer. Dieser führte seit 1920 die Kunsthandlung *Das Kunsthaus*, mit der er wesentlich zur Verbreitung und Vermittlung der modernen Kunst im südwestdeutschen Raum beitrug.[5]

In Chagalls Gemälde *Rabbiner* sitzt hinter einer schräg von links in den Bildraum führenden, in Aufsicht gegebenen Tischplatte ein Mann. Er ist dem Betrachter frontal zugewandt und blickt diesen sinnend an. Auf dem Haupt trägt er eine blaue Kappe (*Kippa*). Ob die schwarze Jacke mit Revers ein Kaftan ist, ein langes Obergewand, läßt sich nicht bestimmen, da nur der Oberkörper des Mannes sichtbar ist. Jacke, Vollbart und Schläfenlocken (*Peies*) verweisen auf die osteuropäische Herkunft des Dargestellten. Sein rechter Arm ist mit dem Ellbogen auf den Tisch aufgestützt, die Hand in undeutlicher Gebärde zum Gesicht erhoben. Die Linke ruht auf dem Tisch und scheint, einen kleinen runden Gegenstand zwischen Daumen und Zeigefinger haltend, ein Buch zu berühren, dessen aufgeschlagene Seiten im oberen Bereich mit hebräischen Schrift-

179
Vorherige Seite. Marc Chagall, *Rabbiner (Die Prise)*, Ölgemälde um 1923/26, Öffentliche Kunstsammlung/Kunstmuseum Basel.

180
Rechts. *Das Kunsthaus* von Herbert Tannenbaum in Mannheim, Q 7, 17a. 1921.

zeichen versehen sind. Die Buchstaben sind so angeordnet, daß die auf der rechten Seite für den Betrachter, die auf der linken Seite für den Dargestellten lesbar sind. Nur ein einziges Wort läßt sich auf der rechten Seite entziffern: *Segal*. Der Geburtsname Chagalls war Mosche Segal. Möglicherweise fließen in die Person des Porträtierten Erinnerungen an den Großvater, der Religionslehrer war, und den Vater ein. Beide schildert der Künstler ausführlich in seiner Autobiographie *Mein Leben* (Berlin 1923). Ferner hat *Segal* seinen etymologischen Ursprung in *Segan Levi*, was Nachkommen des Levi bedeutet. Träger dieses Namens sahen sich als Angehörige des Stammes Levi, welche als Diener die Priester im Tempel unterstützten. Auch der im Bild links oben erkennbare siebenarmige Leuchter (*Menora*) ist ein Hinweis auf den Tempelkult.

An der rückwärtigen Wand hängt rechts, fast ein Viertel der Bildfläche einnehmend, ein grüner Vorhang mit einer weißen seitlichen Bordüre und Fransen. In Höhe des Kopfs erscheint auf dem Vorhang ein Davidstern (*Magen David*) mit zwei hebräischen Buchstaben: *Sefer Thora* (Buch des Gesetzes, Thora, die fünf Bücher Mosis). Es ist also ein Thoravorhang, der die dahinter in einer Nische aufbewahrte Thorarolle verdeckt. In der linken oberen Ecke sind zwei Arme des siebenarmigen Leuchters sichtbar. Die Szene ist nicht in der Synagoge – in einer solchen stehen keine Tische –, sondern offenbar in einer von der Gemeinde zum Gebet und Schriftstudium benutzten Betstube angesiedelt. Die dunkle Silhouette des Mannes hebt sich vom flächig aufgetragenen leuchtenden Chromgelb des Tischs und der Wand und vom Moosgrün des Thoravorhangs und des Barts ab.

181 a und 181 b
Blick in die Ausstellung *Kulturbolschewistische Bilder*, Kunsthalle Mannheim. 1933. Werke von Schlemmer, Ensor, Beckmann, Hoerle, Adler, Hofer, Baumeister, Delaunay u.a.

Wie ist die dargestellte Situation zu verstehen? Ein vom Künstler selbst gegebener Titel ist nicht überliefert, ebensowenig eine Datierung. Ins Inventarbuch der Kunsthalle Mannheim wurde das Gemälde unter der Nummer 705 mit dem Titel *Der Rabbiner* eingetragen und fortan so geführt. Freilich läßt sich nicht unterscheiden, ob der Dargestellte tatsächlich ein Rabbiner oder einfach ein gelehrter Gläubiger ist. Allerdings gibt es sowohl für die Benennung als auch für die Datierung einen wichtigen Anhaltspunkt: Das Gemälde ist die zweite Fassung eines 1912, also während Chagalls ersten Aufent-

182
Blick in die Ausstellung *Entartete Kunst*, München.
1937. *Rabbiner* und *Winter* (ehemals Frankfurt a.M.,
heute Basel) von Chagall.

1933: Ausstellung *Kulturbolschewistische Bilder*

Keine fünf Jahre konnten die Mannheimer den *Rabbiner* in der Kunsthalle betrachten. 1933 fiel auch in der Quadratestadt das freie politische und kulturelle Leben der Weimarer Jahre binnen kürzester Zeit der nationalsozialistischen *Gleichschaltung* zum Opfer. Am 20. März wurde Kunsthallendirektor Gustav Friedrich Hartlaub *beurlaubt*.[9] Am 3. April 1933 wurde Otto Gebele von Waldstein, einer der führenden NSDAP-Funktionäre in Mannheim und als Stadtrat Mitglied der Kunsthallenkommission, zum *Hilfsreferenten* für das Nationaltheater und die Kunsthalle ernannt. Mit der Vertretung des Direktors beauftragte man bis zum Beginn der Amtszeit Walter Passarges (1. Juli 1936) Edmund Strübing, Kustos der graphischen Abteilung der Kunsthalle seit 1920.

Gebele von Waldstein, der dem nationalsozialistisch-reaktionären Kampfbund für deutsche Kultur nahestand[10] und im 1931 gegründeten Parteiblatt Hakenkreuzbanner die Tätigkeit Hartlaubs immer wieder als *undeutsch* attackiert hatte, stellte sogleich im Auftrag von NS-Oberbürgermeister Renninger und gegen den Willen des Kunsthallenpersonals in zwei Räumen des Obergeschosses eine Sonderausstellung mit dem hetzerischen Titel *Kulturbolschewistische Bilder* (4. April bis 5. Juni 1933) zusammen.[11] 64 Gemälde – darunter die beiden von Chagall –, zwei Plastiken und 20 Graphiken von 55 Künstlern, also ein beträchtlicher Teil des Sammlungsbestands an moderner Kunst, wurden als *kulturbolschewistische Machwerke* dem Gespött des Publikums preisgegeben. Die Ölgemälde waren aus ihren Rahmen genommen, um sie als derer unwürdig zu brandmarken, und ohne erkennbares Gliederungsprinzip dicht an dicht gehängt. In plumper Gegenüberstellung zu den *kulturbolschewistischen* Bildern wurde ein *Musterkabinett* eingerichtet, das gerahmte Gemälde traditionell arbeitender Mannheimer Künstler enthielt. Auf den Beschriftungstäfelchen der *kulturbolschewistischen* Bilder wurden die Ankaufspreise vermerkt (handelte es sich um Inflationssummen, wurden diese absichtlich nicht in Reichsmark umgerechnet), um die Empörung der *Volksgenossen* über die angebliche Verschleuderung von Steuergeldern anzustacheln. Jugendlichen war der Eintritt untersagt, wodurch eine Aura des Verbotenen und der Charakter einer Sensation geschaffen wurden. Die propagandistische Presseberichterstattung stigmatisierte die vermeintlich *betrügerischen Aktivitäten der jüdischen Kunsthändler* und setzte diese mit dem *Eindringen des Marxismus* gleich,

halts in Paris entstandenen Gemäldes, das sich heute in Krefelder Privatbesitz befindet. Für diese erste Version gab der Künstler selbst den Titel *Une prisée de tabac*.[6] Wir erkennen nun die dargestellte Situation: Der Mann hat seine Lektüre für einen Augenblick unterbrochen und ist im Begriff, aus der Tabakdose in seiner Linken eine Prise Schnupftabak zu nehmen. Darin könnte ein Hinweis auf den Zeitpunkt des Geschehens liegen: Raucher benutzen am Sabbat, an dem keinerlei Arbeit verrichtet werden darf, gern Schnupftabak, weil das Entzünden von Feuer verboten ist. Noch ein weiteres Indiz spricht für den Feiertag: Auf dem Tisch liegt kein Schreibgerät. Auch das Schreiben ist –

im Gegensatz zum Lesen – am Sabbat nicht gestattet. Was die Datierung betrifft, so ordnet der Chagall-Biograph Franz Meyer die Zweitfassung des Themas in das Jahr 1926 ein.[7] Nach einem achtjährigen Aufenthalt in seiner russischen Heimat hatte sich Chagall 1923 zum zweiten Mal in der französischen Metropole niedergelassen. Bis 1926 entstanden zahlreiche Repliken, Varianten und Neufassungen früherer Bildschöpfungen, in denen der Künstler seine Erinnerungen an Rußland und das fromme Elternhaus verarbeitete. Beide Fassungen des Gemäldes erreichten schnell einen hohen Bekanntheitsgrad und gelten als Schlüsselwerke im Oeuvre des Meisters.[8]

um antisemitische und antikommunistische Ressentiments zu schüren. Mit 20 141 Besuchern zählte die Femeschau zu den Publikumsmagneten der Kunsthalle.[12]

Einer der Besucher sollte für das weitere Schicksal des *Rabbiners* eine Schlüsselrolle spielen: Der Basler Historiker und Kunstkritiker Georg Schmidt reiste am 3. Juni 1933 im Auftrag der Basler National-Zeitung zur Besichtigung der Schau nach Mannheim. In seiner Rezension vom 9. Juni 1933 verurteilte Schmidt die Ausstellung, ergriff für Wichert und Hartlaub Partei und schrieb: *Im übrigen besitzt Mannheim von Chagall eines seiner stärksten Bilder, den „Rabbiner".*[13]

Schon der Titel der Ausstellung *Kulturbolschewistische Bilder* – andere Städte folgten dem Mannheimer Beispiel mit ähnlichen Schreckenskammern[14] – verdeutlicht ihr rein politisches Ziel: Die Kunstwerke wurden dem Publikum pauschal als Degenerationserscheinungen der Weimarer Republik vorgeführt, um diese zu diskreditieren und letztlich den Sieg der Nationalsozialisten als *revolutionären Neubeginn* zu feiern. Man wird mit Recht annehmen dürfen, daß dieses Ziel in weiten Teilen erreicht wurde. Es ist allerdings hervorzuheben, daß die Nationalsozialisten nahtlos an schon vorhandene Aversionen gegen die moderne Kunst anknüpfen konnten. In Mannheim zeigen dies nicht zuletzt die überregionalen Skandale, welche die Erwerbungen von Manets *Erschießung Kaiser Maximilians* (1910, aus Spendenmitteln finanziert) und Kokoschkas *Bildnis Professor Forel* (1913) – heute zwei Hauptwerke der Galerie – ausgelöst hatten.[15]

Daß der *Rabbiner* ein Schlüsselwerk der Femeschau und auch späterer NS-Aktionen gegen die Avantgarde war, liegt auf der Hand – hatte hier doch ein aus dem *bolschewistischen* Rußland gebürtiger *jüdischer* Künstler ein *jüdisches* Thema dargestellt. Ein Spektakel wurde inszeniert, dessen genauer Hergang bislang nur ungefähr geklärt werden konnte. Hartlaub erinnerte sich 1959: *... als ich nun aus meinem Amte gewaltsam entfernt war, da wurde dieser Chagall auf einem Wagen durch die Stadt gefahren und in einem bekannten Ladengeschäft ausgestellt. Das Volk drängte sich in riesigen Mengen dort und las daneben ein Plakat, worauf stand, daß ich aus den Mitteln der Steuerzahler für 3 500 RM* (tatsächlich betrug der Kaufpreis 4 500 RM) *dieses scheußliche Gebilde angeschafft habe. ... Damals, als besagter Stadtverordneter hier war* (Gebele von Waldstein), *und ich nun endgültig ... entlassen wurde, da wurde mir dann auch gesagt: „Wie konnten Sie ein Bild kaufen – ein Jude, nämlich der Rabbiner, gemalt von einem Juden und auch noch von einem Ostjuden." Ich war sehr verblüfft ... und sagte: „Ja, Herr Stadtverordneter, Rembrandt hat doch auch Rabbiner, Juden gemalt." Darauf dachte er sehr tief nach, versank in Schweigen, und dann sagte er etwas, womit er übrigens gar nicht unrecht hatte, so daß ich dann auch wieder der Geschlagene war, ja er sagte: „Aber anders!"*[16]. Helmut Lehmann-Haupt schrieb 1954, daß auf der einen Seite des Wagens das Chagall-Gemälde, auf der anderen eine große Photographie Hartlaubs und ein Plakat mit den Ankaufspreisen befestigt gewesen seien.[17] Nach Auskunft von dessen Tochter Geno Hartlaub wurde das Bild in einer Prozession vor das Wohnhaus der Familie Hartlaub geschleppt, das sich damals in der Drachenfelsstraße 6 im rund drei Kilometer von der Kunsthalle entfernten Stadtteil Lindenhof befand. Später sei das Gemälde in dem Juweliergeschäft J. Lotterhos Uhren und Goldwaren, Bestecke, P 1, 5 (Eckhaus Breite Straße/Freßgasse, heute Kaufhof) im Stadtzentrum zur öffentlichen Verspottung gezeigt worden.[18] Nach Walter Passarge, der als Nachfolger Hartlaubs 1936 nach Mannheim kam, soll es ein Zigarrengeschäft gewesen sein, in welchem das Bild mit dem Schild *Steuerzahler, Du sollst wissen, wo Dein Geld geblieben ist,*[19] ausgestellt war. Im Hakenkreuzbanner vom 14. April 1933 heißt es, das Bild werde im Augenblick *im Fenster der „Völkischen Buchhandlung" dem Mannheimer Publikum zur Kritik vorgelegt*.[20] Vielleicht wurde das Bild tatsächlich an mehreren Orten diffamierend präsentiert, denn dieselbe Zeitung schreibt am 12. Juni 1933 über den *armen „ewigen Juden" von Chagall, der, wie bekannt, in Mannheimer Schaufenstern dem staunenden Publikum vorgestellt wurde*. Auch die genaue Datierung der Aktionen ist unklar. Am 27. Mai 1933 meldete das Neue Mannheimer Volksblatt, daß *der arme „ewige Jude" ... inzwischen auch wieder in der Kunsthalle ... angelangt* sei, was mit den beschriebenen Ereignissen zusammenhängen dürfte. Daß 1933 in Mannheim auf Anordnung von Goebbels ein Autodafé von Chagalls Werken stattgefunden habe, wie bis in jüngste Zeit behauptet wird,[21] ist jedoch in den Bereich der Legende zu verweisen.

Mit dem Ergebnis ihrer Sonderausstellung müssen Gebele von Waldstein und die Stadtoberen sehr zufrieden gewesen sein, denn die Schau wurde in reduzierter Form (28 Gemälde, vier Aquarelle) nach München (Kunstverein, *Mannheimer Galerieankäufe*, 25. Juni bis 12. Juli 1933) und Erlangen (Orangerie, Kunstverein, *Mannheimer Schreckenskammer*, 23. Juli bis 13. August 1933) ausgeliehen.[22] Am 5. September 1933 teilte die Kunsthalle Mannheim Oberbürgermeister Carl Renninger mit, daß alle Leihgaben *in gutem Zustand wieder eingetroffen* seien.

Ereignisse bis 1937

Was geschah danach? Keineswegs scheinen sämtliche Exponate der Ausstellung *Kulturbolschewistische Bilder* magaziniert worden zu sein. Es ist dokumentiert, daß 1933 im Rahmen einer ersten „Säuberung" der Galerie 29 Bilder abgehängt wurden, davon 25 aus der *Schreckenskammer*. Der *Rabbiner* war darunter.[23] Da aber in der Femeschau 64 Gemälde gezeigt worden waren und zudem im Juli 1937 in den Schauräumen der Kunsthalle nachweislich noch Werke von Beckmann, Ensor, Hofer, Munch, Nolde und anderen modernen Künstlern hingen, ist zu vermuten, daß einige der geschmähten Werke hinterher wieder in der Galerie gezeigt wurden.

Am 4. September 1933 erbat Wilhelm Barth, Konservator der Kunsthalle Basel, für eine Chagall-Retrospektive den *Rabbiner* und das *Blaue Haus von Witebsk* als Leihgaben.[24] Mannheim lehnte am 8. September ohne Begründung ab, machte aber darauf aufmerksam, daß der *Rabbiner* verkäuflich sei. Verbittert über diese schroffe Behandlung und weil die Angelegenheit *eine gewisse Bedeutung für die künftigen Beziehungen auf dem Kunstgebiet zwischen Deutschland und uns hat,* wandte sich Barth am 9. September an den deutschen Generalkonsul Foerster in der Schweiz. Der intervenierte beim Mannheimer Oberbürgermeister mit dem Ergebnis, daß beide Bilder ausgeliehen wurden. Jedoch wurde die Überlassung des *Rabbiners* mit einer Bedingung verknüpft. Er mußte in der Schau mit einem Zettel folgenden Inhalts präsentiert werden: *Das Bild ist in der im Frühjahr 1933 veranstalteten Kulturbolschewistischen Ausstellung gezeigt worden.* Basel stimmte der Bedingung zu. Gehängt wurde die vom 4. November bis 3. Dezember dauernde Chagall-Ausstellung von Georg Schmidt.[25]

Wenige Monate später wurde das Chagall-Gemälde erneut angeprangert. Für die vom 28. April bis 13. Mai 1934 in den Rhein-Neckar-Hallen Mannheim veranstaltete *Braune Messe* mußte die Kunsthalle unter anderem Adlers *Zwei Mädchen (Mutter und Tochter)*, Jawlenskys *Sizilianerin mit grünem Schal* und Chagalls *Rabbiner* zur Verfügung stellen. Ein Verleih dieser und anderer Werke für eine nicht näher bezeichnete Ausstellung in Heidelberg, wegen derer ein Vertreter der NSDAP-Kreisleitung am 24. Mai 1934 in der Kunsthalle vorstellig wurde, kam dagegen nicht zustande.[26]

In den Pressestimmen zur Ausstellung *Kulturbolschewistische Bilder* war des öfteren vorgeschlagen worden, die Kunsthalle solle sich der ungeliebten Werke

183

entledigen.²⁷ Tatsächlich bemühte sich das Museum zwischen 1933 und 1937 um Verkauf bzw. Tausch hauptsächlich des *Rabbiners*, aber auch des Bilds *Zwei Mädchen (Mutter und Tochter)* von dem jüdischen Künstler Jankel Adler. In dieser Angelegenheit korrespondierte die Kunsthalle mit mehreren Kunsthändlern, etwa Abels (Köln), Gurlitt (Hamburg) und Nierendorf (Berlin). In einem Schreiben an Nierendorf vom 11. Juli 1935 heißt es, daß auch die Gemälde *Selbstbildnis* von Davringhausen, *Porträt des Schriftstellers Max Herrmann-Neisse* von Grosz und *Rote Häuser (Roter Januar II)* von Kirchner *eventuell getauscht werden* könnten. Es kam jedoch zu keinem Geschäftsabschluß.

Die Sammel- und Ausstellungstätigkeit der Kunsthalle änderte sich ab 1933 radikal. Nur ein Bruchteil der früheren Anschaffungsmittel stand zur Verfügung.²⁸ Ankäufe und Sonderausstellungen betrafen in erster Linie Mannheimer und badische Künstler, die dem „neuen" Kunstverständnis entsprachen – ihre Namen sind heute nahezu unbekannt. Passarge konzentrierte seine Aktivitäten auf das relativ unverfängliche Gebiet des Kunstgewerbes. Seine erste Ausstellung hieß *Deutsche Werkkunst der Gegenwart*.

Beschlagnahmung und Wanderausstellung *Entartete Kunst*

Der neue Direktor war gerade ein Jahr im Amt, als er erleben mußte, wie das Unglaubliche wahr wurde: Am 8. Juli 1937 erschien in der Kunsthalle unangemeldet eine Kommission unter der Leitung von Adolf Ziegler, Maler und Präsident der Reichskammer der bildenden Künste, um im Auftrag von Propagandaminister Goebbels *die im deutschen Reichs-, Länder- oder Kommunalbesitz befindlichen Werke deutscher Verfallskunst seit 1910 auf dem Gebiete der Malerei und Bildhauerei zum Zwecke einer Ausstellung auszuwählen und sicherzustellen*. In einer zehntägigen Blitzaktion führten drei Kommissionen in 23 Städten und 32 Sammlungen die erste von zwei landesweiten Beschlagnahmeaktionen durch. Aus Mannheim mußten 18 Gemälde – darunter der *Rabbiner* –, fünf Plastiken und 35 Graphiken unverzüglich nach München geschickt werden. Eine zweite, weitaus umfangreichere Beschlagnahme wurde in Mannheim am 28. August 1937 durchgeführt. Ihr fielen rund 90 Gemälde, drei Plastiken sowie 456 Aquarelle, Zeichnungen und Graphiken und 59 Mappenwerke zum Opfer.²⁹ Das Vorgehen war ungeheuerlich und historisch ohne Beispiel: In über 100 Museen des Landes raubte der Staat Tausende von Kunstwerken, wobei er massiv in die Rechte der Länder und Gemeinden und vor allem in die Befugnisse von Erziehungsminister Rust, dem die Museen unterstanden, eingriff. Erst am 31. Mai 1938 wurde das *Gesetz über Einziehung von Erzeugnissen entarteter Kunst* erlassen, um der Aktion nachträglich den Anschein von Legalität zu geben und die rechtliche Grundlage für die anlaufenden *Verwertungsmaßnahmen* zu schaffen.

184
Ausstellungsführer *Entartete Kunst* (1938), Seiten 2 und 3.
Chagalls *Rabbiner* zwischen einem nicht identifizierten Gemälde und drei Lithographien von Grosz aus *Ecce homo*.

185
Blick in die Ausstellung *Entartete Kunst*, Berlin. 1938.
Chagalls *Rabbiner* zwischen Gemälden von Jankel Adler.

Die berüchtigte Ausstellung *Entartete Kunst* wurde am 19. Juli 1937 in den Arkaden des Münchner Hofgartens mit einer Rede Zieglers eröffnet.[30] In neun schmalen Räumen des Unter- und Obergeschosses der ehemaligen Gipsabgußsammlung des Archäologischen Instituts der Universität wurden rund 600 Gemälde, Plastiken und Graphiken von 120 Künstlern der Moderne in diffamierender Weise zur Schau gestellt. Aus der Kunsthalle Mannheim stammten 15 Gemälde von Adler, Baumeister, Beckmann, Chagall, Corinth, Dix, Ensor, Gleichmann, Grosz, Hoerle, Jawlensky, Kleinschmidt, Nolde und Schlemmer sowie die – erst am 27. Juli nach München geschickte – Plastik *Sitzender Jüngling (Der Denker)* von Lehmbruck und vier Holzschnitte von Schmidt-Rottluff.[31] Alle Werke waren in suggestiver Weise äußerst dicht neben- und übereinander gehängt und mit gehässigen Beschriftungen versehen. Bei fast jedem Bild klebte ein roter Zettel: *Bezahlt von den Steuergroschen des arbeitenden deutschen Volkes*. So auch unter dem *Rabbiner*, der in dem kleinen zweiten Raum des Obergeschosses zusammen mit anderen Werken jüdischer Künstler unter der hämischen Überschrift *Offenbarungen der jüdischen Rassenseele* hing.

Die bis zum 30. November 1937 laufende Schau *Entartete Kunst* war als Kontrastveranstaltung zur *Großen Deutschen Kunstausstellung* konzipiert, mit der Hitler am 18. Juli 1937 das *Haus der Deutschen Kunst* eingeweiht hatte. Hier zelebrierte der totalitäre Staat in weiträumigen, lichtdurchfluteten Hallen seine offiziell propagierte Kunst. Beide Ereignisse dienten der Verbreitung faschistischer Ideologie. Sie zeigen, wie gezielt und systematisch die Machthaber Kunstausstellungen als Instrument politischer Propaganda einsetzten.

Das galt insbesondere für großangelegte, auf ein breites Publikum zielende Wanderausstellungen. Nach dem Auftakt in München wurde die Femeschau *Entartete Kunst* in Berlin (26. Februar bis 8. Mai 1938), Leipzig (13. Mai bis 6. Juni 1938), Düsseldorf (18. Juni bis 7. August 1938), Salzburg (4. September bis 2. Oktober 1938), Hamburg (11. November bis 30. Dezember 1938), Stettin (11. Januar bis 5. Februar 1939), Weimar (23. März bis 24. April 1939), Wien (6. Mai bis 18. Juni 1939), Frankfurt a. M. (30. Juni bis 30. Juli 1939), Chemnitz (11. bis 26. August 1939), Waldenburg/Schlesien (18. Januar bis 2. Februar 1941) und Halle an der Saale (5. bis 20. April 1941) gezeigt.[32] Den in der Tagespresse veröffentlichten Zahlen zufolge kamen insgesamt über 3,2 Millionen Besucher.

Während der fast vierjährigen Tournee der Ausstellung veränderte sich die Zusammenstellung der Exponate grundlegend. Das hing zum einen mit einer Veränderung des Konzepts, das heißt der propagandistischen Stoßrichtung, zusammen: Standen in München die Expressionisten im Zentrum der Angriffe, so wurde ab Berlin der Anteil der gesellschaftskritischen, politisch-engagierten Kunst erhöht. Zugleich beseitigte man Werke solcher Künstler, gegen deren Anprangerung in München von verschiedener Seite protestiert worden war (Mondrian, Munch) oder die als „kritische Fälle" galten (Barlach, Corinth, Kollwitz, Lehmbruck). Zum anderen wurden im Zusammenhang mit den ab Sommer 1938 stattfindenden Verkäufen der verfemten Kunst ins Ausland (zur Mitfinanzierung der auf Hochtouren laufenden Kriegsmaschinerie) hochkarätige Arbeiten international anerkannter Künstler – nicht zuletzt Chagalls *Rabbiner* – allmählich entfernt und durch weniger gewichtige Werke, vorwiegend Graphiken, ersetzt. Infolge dieser Veränderungen, die sich im einzelnen heute nur bedingt rekonstruieren lassen, schieden die meisten der 1937 in München präsentierten Mannheimer Werke sukzessive aus bzw. wurden durch andere ersetzt.[33] Die aus Mannheimer Besitz stammenden Werke *Walchenseelandschaft* von Corinth und die Plastik *Sitzender Jüngling (Der Denker)* von Lehmbruck wurden schon in Berlin nicht mehr gezeigt.[34] Dafür kam – höchstwahrscheinlich in Berlin – das am 28. August 1937 in Mannheim beschlagnahmte *Knabenbildnis* von Dix neu hinzu.

Chagalls *Rabbiner* hing in Berlin zwischen Gemälden Jankel Adlers unter einem breiten, mit bösartigen antisemitischen Parolen versehenen Schriftband. Die rechte untere Ecke des Bilds mit der Signatur des Künstlers war durch einen weißen Zettel verdeckt, auf dem in auffälligen Ziffern die Ankaufssumme vermerkt war. Felix Hartlaub, in Berlin lebender Schriftsteller und Sohn des entlassenen Mannheimer Museumsdirektors, schilderte dem Vater in einem Brief vom 28. Februar 1938 seine Eindrücke vom Besuch der Ausstellung: *War eben zum ersten Mal bei der Entarteten Kunst. Persönlich nichts, Dein Name nirgends, soviel ich sah. Adler, Chagall, Gleichmann (Braut), Zitate fast nur von jüdischen Kunstkritikern. ... Nur Einzelne, zum Beispiel Dix, immer wieder angeprangert. Es scheint verschiedenes weggefallen. Marc.*[35] Ab der Berliner Station wurde als *Ausstellungsführer* eine 32-seitige Hetzschrift verkauft, deren Abbildungen nur teilweise mit den tatsächlichen Exponaten der Schau identisch waren. Auf Seite drei ist der *Rabbiner* abgebildet.[36]

Als Teil der Wanderschau gelangte der *Rabbiner* über Leipzig und Düsseldorf[37] nach Salzburg, wo die *Entartete Kunst* ein halbes Jahr nach dem *Anschluß* Österreichs im Festspielhaus installiert wurde. Nach Ende der Salzburger Laufzeit schickte die Ausstellungsleitung 71 Exponate zurück nach Berlin, darunter zwei Bilder aus Mannheim: den *Rabbiner* von Chagall und das *Knabenbildnis* von Dix.[38] Ungeachtet der Tatsache, daß der *Rabbiner* nach der Salzburger Station also nachweislich nicht mehr zum Ausstellungsbestand gehörte, tauchte er gelegentlich in Rezensionen späterer Etappen auf. So zum Beispiel in der Weimarer Allgemeinen Thüringischen Landeszeitung Deutschland vom 11. April 1939, wo das Bild mit den Sätzen kommentiert wird: *Der Rabbiner symbolisiert den Talmudjuden, der hier unter dem Davidstern sitzt und vermutlich darüber nachbrütet, wie er der deutschen Rasse Schaden zufügen kann. So wie die deutsche Bevölkerung von der unangenehmen Gesellschaft der Juden befreit wurde, so geschah auch die Säuberung der Museen von allen Werken der Juden und Judengenossen.*[39]

Die *Verwertung der Produkte entarteter Kunst*

Die Rücksendung der Werke nach Berlin hing zusammen mit der Einrichtung des Depots im Schloß Niederschönhausen im Norden der Stadt. Dort konzentrierte das Propagandaministerium ab Sommer 1938 die *international verwertbaren*, also durch Verkäufe ins Ausland in Devisen umsetzbaren Werke *entarteter Kunst*. In diese Kategorie fielen 779 Gemälde und Plastiken sowie ca. 3 500 Aquarelle, Zeichnungen und Graphiken – nur rund ein Viertel der insgesamt rund 16 500 Kunstwerke (davon etwa drei Viertel Graphiken), die im Zuge der beiden landesweiten Beschlagnahmeaktionen eingezogen worden waren.[40]

Aus Mannheim lagerten in Niederschönhausen Gemälde und Plastiken von Archipenko, Barlach, Beckmann, Chagall (darunter der *Rabbiner*), Corinth, Delaunay, Derain, Dix, Ensor, Grosz, Heckel, Hofer, Kirchner, Per Krohg, Lehmbruck, Marc, Nolde, Pechstein und Rohlfs.

186
Depot Niederschönhausen bei Berlin. Oktober 1938 (?). Drei Gemälde aus der Kunsthalle Mannheim sind erkannbar: *Rabbiner* von Chagall, *St. Severin* von Delaunay und *Die Masken und der Tod* von Ensor.

Die in Niederschönhausen versammelten Kunstwerke stellten den Fundus dar, aus dem vier vom Propagandaministerium wegen ihrer internationalen Kontakte autorisierte Händler schöpfen konnten: Bernhard A. Boehmer (Güstrow), Hildebrand Gurlitt (Hamburg), Karl Buchholz und Ferdinand Möller (beide Berlin). Die Hauptabnehmer, welche die Objekte in Niederschönhausen in Augenschein nehmen konnten, waren Museen und Privatpersonen aus den USA sowie aus der Schweiz, Dänemark, Holland, Belgien, England und Norwegen.[41]

1939: Auktion in Luzern. Ankäufe des Kunstmuseums Basel. Krieg

Ohne Zutun der vier Händler, sondern auf dem Wege direkter Verhandlungen zwischen dem Luzerner Kunsthändler Theodor Fischer und der *Kommission zur Verwertung der Produkte entarteter Kunst* unter dem Vorsitz von Propagandaminister Goebbels kam die bekannteste Verkaufsaktion des „Dritten Reichs" zustande. Am 30. Juni 1939 wurden auf der Auktion der Galerie Fischer Gemälde und Plastiken moderner Meister aus Deutschland im Grand Hôtel National Luzern 125 Spitzenwerke – unter anderem von Gauguin, van Gogh und Picasso – einem über 300köpfigen internationalen Publikum von Museumsleuten, Sammlern, Händlern und Liebhabern zum Kauf angeboten. Zuvor hatten die zum Ausruf kommenden Arbeiten gegen eine Eintrittsgebühr im Zunfthaus zur Meise Zürich (17. bis 27. Mai) und im Grand Hôtel National Luzern (30. Mai bis 29. Juni) vorbesichtigt werden können.[42] Aus Mannheimer Besitz standen sechs Gemälde zum Verkauf: *Blaues Haus von Witebsk* und *Rabbiner* von Chagall (heute Musée des Beaux-Arts, Lüttich, und Kunstmuseum Basel), *Die Masken und der Tod* von Ensor (Musée des Beaux-Arts, Lüttich), *Blick in die Großstadt* von Grosz (Sammlung Thyssen-Bornemisza, Madrid), *Junges Mädchen* von Lehmbruck (Städtische Kunstsammlung Duisburg) und *Hund, Katze und Fuchs* von Marc (Kunsthalle Mannheim).[43]

Der *Rabbiner* wurde – zusammen mit sieben weiteren Bildern von Chagall, Corinth, Derain, Dix, Klee, Marc und Modersohn-Becker – von Georg Schmidt, seit

187
Depot Niederschönhausen bei Berlin. Oktober 1938 (?). Chagalls *Rabbiner* vor dem Bild *Kind in Laufställchen* von Corinth (ehemals Nationalgalerie Berlin, heute Kölner Privatbesitz).

1. März 1939 Direktor des Kunstmuseums Basel, ersteigert.[44] Er hatte zu diesem Zeitpunkt schon mehrfach Gelegenheit gehabt, sich ein Urteil über das Gemälde zu bilden: 1933 in der Ausstellung *Kulturbolschewistische Bilder* in Mannheim und in der von ihm selbst gehängten Chagall-Ausstellung der Basler Kunsthalle sowie am 16. und 23. Mai 1939 bei der Vorbesichtigung des Auktionsguts in Zürich. Schmidt schätzte Chagall als einen der bedeutendsten Künstler des 20. Jahrhunderts; den *Rabbiner* fand er *grossartig*.[45] Einen Tag nach der Auktion, am 1. Juli 1939, lieferte die Galerie Fischer die acht ersteigerten Werke an das Basler Kunstmuseum.[46]

Georg Schmidt hatte die Gunst der Stunde zu nutzen gewußt. An Paul Westheim, den seit 1933 im Pariser Exil lebenden deutschen Kunstkritiker, schrieb er am 15. Juli 1939: *vom tag meiner wahl ans kunstmuseum an hab ich mich mit dem entartetenausverkauf beschäftigt, und es war mir von vornherein klar, dass sich da mir zu beginn meiner museumstätigkeit die ganz einzigartige chance biete, etwas nachzuholen, was unser museum in den beiden letzten jahrzehnten verschlafen hat. ... an pfingsten war ich in Berlin – und was ich dort fand, war über die massen herrlich. nähere details, wie ich vor die originale kam, kann ich natürlich nicht schreiben. es waren wahrhaft begeisternde tage. ... man hat mir preise gemacht, die zum teil geradezu lächerlich sind. ... es kommt mir wie ein märchen vor – wenn die umstände, die dazu geführt haben, nicht so grauenhaft real und brutal wären.*[47]

Der Rabbiner von Marc Chagall aus der Städtischen Kunsthalle in Mannheim
Der schwarze Rabbi mit dem grünen Bart ist typisch für jene Bilder, die dem gesunden deutschen Kunstempfinden widersprechen. Das Ausland hatte dafür 1600 Franken übrig

Oskar Kokoschka: „Frau in Blau"
Neben diesem Bild aus der Dresdner Staatlichen Gemäldegalerie, das 1700 Franken erbrachte, standen acht weitere Gemälde Kokoschkas zum Verkauf

Franz Marc: „Die drei roten Pferde"
wurde für 15 000 Franken losgeschlagen. Das Bild gehörte einst zu den meistdiskutierten Werken der expressionistischen Welle

Sonderbericht für die „Münchner Illustrierte" von Hugo Männer

In Luzern fand eine Versteigerung von Bildern und Plastiken statt, die bisher im Besitz von deutschen Museen waren. Der größte Teil dieser Werke wurde seinerzeit der deutschen Öffentlichkeit in der Ausstellung „Entartete Kunst" gezeigt. Die Ausstellung war bekanntlich in vielen Städten des Reiches zu sehen. Der Erlös der Versteigerung ist zum Rückkauf wertvoller deutscher Kunstwerke aus ausländischem Besitz und zur Förderung lebender deutscher Künstler bestimmt. Um welche Art von Arbeiten es sich bei der Versteigerung handelte, kann jeder unschwer aus den nebenstehenden Aufnahmen ersehen.

Rechts:
Käufer und Zuschauer
Ein Blick in den Auktionsraum während der Versteigerung. Unter den Interessenten waren Händler, Museumsdirektoren und Sammler aus der Schweiz, aus Belgien, Frankreich und England sowie aus USA.

Mit Hilfe eines Sonderkredits der sozialdemokratischen Regierung in Höhe von 50 000 Franken bereicherte Schmidt das seit 1936 in einem Neubau untergebrachte Kunstmuseum Basel um unschätzbare Werte. Doch nur etwa die Hälfte des Gelds verwandte er auf der Luzerner Auktion, mit der anderen Hälfte erwarb er direkt in Berlin 13 weitere Meisterwerke der Moderne, die er sich bei seinem Besuch in Niederschönhausen am 28. und 29. Mai 1939 in Begleitung von Karl Buchholz und Hildebrand Gurlitt hatte reservieren lassen.[48]

Dabei hatte der schweizerische Museumsleiter in seiner Heimatstadt keineswegs nur Unterstützung erfahren, sondern auch mit Widerstand und Anfeindungen zu kämpfen. Mit Blick auf die Erwerbungen in Luzern sagte Schmidt am 19. November 1939: *Das „Selbstbildnis" der Paula Modersohn (1906) aus dem Museum Hannover, der „Rabbiner" von Chagall aus der Kunsthalle Mannheim und die „Villa R" (1919) von Paul Klee aus der Städtischen Galerie Frankfurt am Main sind auch bei uns die umstrittensten unserer Luzerner Ankäufe, und doch sind alle drei bedeutend in ihrer Art.*[49] In der Tat entzündete sich die Kritik der konservativen Presse nicht zuletzt am *Rabbiner*. So erschien am 18. Juli 1939 in der rechtsradikalen Neuen Basler Zeitung ein Artikel mit der Überschrift *Entarteter Kunstsinn*, worin der Autor polemisierte: *Was hätte wohl mein Zeichnungslehrer Meister Schnyder dazu gesagt, wenn ich im Vordergrund einer bildlichen Darstellung Vordergliedmaßen dargestellt hätte wie die beiden Hände des „Rabbiners" oder die Linke der „Schönen Paula"? … Heute leben wir nun eben im Zeitalter des Kulturbolschewismus.* In ähnlichem Tenor schrieben die in Rapperswil erscheinenden Schweizerischen Republikanischen Blätter am 22. Juli 1939: *Die andern vier Farbenkompositionen sind nicht den Nagel zum Aufhängen wert. Marc Chagalls Rabbiner sieht aus wie ein Schreck aus dem Tale Josaphat und hat ganz unmögliche Hände.*[50]

Am 1. September 1939 begann mit dem deutschen Überfall auf Polen der Zweite Weltkrieg. Von diesem Tag bis zum 19. November 1939 war das Basler Kunstmuseum geschlossen. Der kostbarste Teil der Sammlung, die Werke alter und schweizerischer Meister, wurde in die Innerschweiz evakuiert und vorübergehend im Kunstmuseum Bern ausgestellt. Die restlichen Bestände mit den Erwerbungen aus Luzern und Berlin wurden, wie Georg Schmidt im Jahresbericht 1939 schrieb, *an einen sicheren Ort verbracht*. Vom 19. November bis 31. Dezember (?) 1939 hing der *Rabbiner* neben den anderen Ankäufen *entarteter* Kunst in der Ausstellung *Die Neuerwerbungen des Jahres 1939* in den Parterreräumen des Kunstmuseums Basel, während man im Obergeschoß des Museums *Basler Künstler des 19. und 20. Jahrhunderts* aus Beständen des Kunstvereins präsentierte.

188
Linke Seite: Versteigerung in Luzern. Aus Münchner Illustrierte Presse 27.7.1939. Rechts oben Chagalls *Rabbiner*. Auf der Photographie rechts unten Georg Schmidt (ganz links, mit Brille).

189
Kunstmuseum Basel, Saalaufnahme 2. Geschoß. Januar 1993.

Kunsthalle Mannheim: Verluste und Rückerwerbungen

Wenn auch der *Rabbiner* und eine Vielzahl anderer Kunstwerke der Kunsthalle Mannheim für immer verloren gingen, so fanden doch einige der 1937 beschlagnahmten Arbeiten unbeschadet den Weg zurück. Am 5. Februar 1938 retournierte das Propagandaministerium in Berlin auf Anfrage Passarges drei Graphiken von Rudolf Grossmann und Albert Haueisen, am 6. April 1939 eine Plastik von Ernesto de Fiori und am 12. Juli 1940 ein Gemälde von Franz Marc.[51] Auf unerklärliche Weise befinden sich heute eine Plastik von Voll, 15 Gemälde von Beckmann, Fuhr, Heckel, Heckrott, Hofer und Kokoschka sowie einige Mappenwerke und Graphiken im Bestand der Kunsthalle – obwohl sie auf der Beschlagnahmeliste verzeichnet sind.[52] Vermutlich sind sie in der Hektik der Ereignisse erst gar nicht nach Berlin geschickt und auf diese Weise gerettet worden. Vier bedeutende Bilder von Beckmann, Grosz, Pechstein und Rohlfs konnten nach 1945 von der Kunsthalle rückerworben werden.[53]

Chagalls *Rabbiner* nach 1945

Nur fünfmal hat das Gemälde nach 1945 seinen Platz im Kunstmuseum Basel verlassen. Als Leihgabe für Sonderausstellungen kam es 1950/51 nach Zürich (Kunsthaus), von dort 1951 nach Bern (Kunsthalle), 1953 nach Turin (Museo Civico), 1967 nochmals nach Zürich (Kunsthaus) sowie 1992 nach Berlin (Altes Museum).

Die Geschichte von Chagalls *Rabbiner* ist geprägt von Haß, Diskriminierung und Verfolgung – zugleich aber auch ein Symbol der Hoffnung. Der Künstler und sein Werk haben die mörderische NS-Diktatur überlebt. Chagall, seit 1937 französischer Staatsbürger, flüchtete 1940 vor der deutschen Invasion von Paris nach Südfrankreich. 1941 in Marseille kurzzeitig interniert, emigrierte er im selben Jahr in die USA, von wo er erst 1949 in seine französische Wahlheimat zurückkehrte. Das Schicksal des *Rabbiners* gleicht einer Odyssee. Doch dieses Schicksal ist nicht nur eine Leidensgeschichte. Es ist auch begleitet von Menschen, deren Weitsicht, Gespür für künstlerische Qualität, ethisches Engagement und Mut die Geschichte recht gegeben hat.

Chagalls *Rabbiner*: Stationen eines Gemäldes

um 1923/26	Chagall malt das Bild in Paris
1928	in Herbert Tannenbaums Kunsthandlung *Das Kunsthaus*
9.11.1928	Gustav Friedrich Hartlaub erwirbt das Bild für die Kunsthalle Mannheim
4.4.–5.6.1933	Ausstellung *Kulturbolschewistische Bilder*, Kunsthalle Mannheim
April–Mai 1933	Anprangerung in Schaufenstern von Mannheimer Geschäften
25.6.–12.7.1933	Ausstellung *Mannheimer Galerieankäufe*, München, Kunstverein
23.7.–13.8.1933	Ausstellung *Mannheimer Schreckenskammer*, Erlangen, Kunstverein (Orangerie)
4.11.–3.12.1933	Ausstellung *Marc Chagall*, Basel, Kunstverein (Kunsthalle)
28.4.–13.5.1934	*Braune Messe*, Mannheim, Rhein-Neckar-Hallen
8.7.1937	Beschlagnahmung in der Kunsthalle Mannheim durch das Reichsministerium für Volksaufklärung und Propaganda
10.7.1937	Übersendung von Mannheim nach München
19.7.–30.11.1937	Ausstellung *Entartete Kunst*, München, Arkadengebäude des Hofgartens
26.2.–8.5.1938	Ausstellung *Entartete Kunst*, Berlin, Haus der Kunst
13.5.–6.6.1938	Ausstellung *Entartete Kunst*, Leipzig, Grassi-Museum
18.6.–7.8.1938	Ausstellung *Entartete Kunst*, Düsseldorf, Kunstpalast am Ehrenhof
4.9.–2.10.1938	Ausstellung *Entartete Kunst*, Salzburg, Festspielhaus
Oktober 1938	Zurücksendung von Salzburg nach Berlin; Überführung ins Depot Niederschönhausen
vor 3.5.1939	Übersendung von Berlin nach Basel und von dort nach Zürich im Auftrag der Galerie Fischer, Luzern
17.–27.5.1939	Ausstellung in Zürich, Zunfthaus zur Meise
30.5.–29.6.1939	Ausstellung in Luzern, Grand Hôtel National
30.6.1939	Auktion der Galerie Fischer, Luzern, Grand Hôtel National; Georg Schmidt erwirbt das Bild für das Kunstmuseum Basel
19.11.–31.12.(?)1939	Ausstellung *Die Neuerwerbungen des Jahres 1939*, Basel, Kunstmuseum
9.12.1950–28.1.1951	Ausstellung *Marc Chagall*, Zürich, Kunsthaus
4.2.–4.3.1951	Ausstellung *Marc Chagall*, Bern, Kunsthalle
April–Juni 1953	Ausstellung *L'Opera di Marc Chagall*, Turin, Museo Civico
6.5.–30.7.1967	Ausstellung *Chagall*, Zürich, Kunsthaus
4.3.–31.5.1992	Ausstellung *Entartete Kunst. Das Schicksal der Avantgarde im Nazi-Deutschland*, Berlin, Altes Museum

191
Prof. Dr. Hermann Gropengießer mit Mitarbeitern bei den Ausgrabungen während des Reichsautobahnbaus vor einer Ausgrabungshütte bei Hermsheim. 1934. Hintere Reihe, Bildmitte, mit Bart: Prof. Gropengießer; zweiter von rechts, mit Brille: Fritz Rupp, Zeichner des Schloßmuseums. Bis zu acht Arbeiter waren von der städtischen Arbeitsfürsorge zu Ausgrabungsarbeiten abgestellt worden.

Christoph Popp

Geschichtspflege

Die Pflege der Stadtgeschichte stand in Mannheim im Jahr 1933 genausowenig im Vordergrund wie in den Vorjahren: Die Weltwirtschaftskrise mit ihren wirtschaftlichen und gesellschaftlichen Folgen beschäftigte Verwaltung und Bürgerschaft Mannheims vollauf. Die Höhepunkte der Geschichtskultur lagen schon fast ein Jahrzehnt zurück: 1924 das Fest des Altertumsvereins zum 200. Geburtstag des Kurfürsten Carl Theodor, bei dem *wie in früheren glücklichen Zeiten ... das ganze Mannheim wieder einmal beisammen* war;[1] 1926 die glanzvolle Eröffnung des Schloßmuseums, *eine unwiederholbar eindrucksvolle Schau in der großartig weiten Flucht stimmungsvoller Räume;*[2] und schließlich 1929 die Feierlichkeiten zum 150. Jubiläum des Nationaltheaters sowie – schon umstrittener – dem zehnten Jahrestag der Verabschiedung der Weimarer Reichsverfassung.[3]

Das öffentliche Interesse für Geschichte wandte sich jedoch bereits in den zwanziger Jahren einem anderen Themenbereich zu: der Vorgeschichtsforschung. Nicht mehr die Römer, ihre Kastelle und Straßen standen im Mittelpunkt der archäologischen Forschung, sondern die vorgeschichtliche Besiedlung des Rhein-Neckar-Raums und die Völkerwanderungszeit. Sie bot offensichtlich eher Ablenkung und Halt in einer als unheilvoll empfundenen Gegenwart.

Die archäologische Abteilung des Mannheimer Schloßmuseums unter ihrem Leiter Professor Dr. Hermann Gropengießer, der die über fünfzigjährige Grabungsarbeit des Mannheimer Altertumsvereins fortführte, ließ *den Raum zwischen Heidelberg und Mannheim zu dem besterforschten Landesteil werden.*[4] Auch wenn bei Gropengießer die wissenschaftliche Seriosität seines Arbeitens das Abgleiten in *Blut-und-Boden-Mystik* verhinderte, scheint doch auch bei ihm die nationalromantische Verklärung der *germanischen Ahnen* durch: *Denn so wie diese wehrhaften Bauern im Grabe liegen, so traten sie im Waffenschmuck auf der Dingstätte Stahlbühel hinter Ladenburg zur Volksversammlung der Gaugemeinde des Lob-*

192
Kaufhaus am Paradeplatz. Mai 1943.
Aufn. Ph. Kümmerle.
Am Kaufhausturm ist die Progaganda-Parole *Deutscher Sieg oder bolschewistisches Chaos* auszumachen. Der Turm diente seit dem Umbau des Kaufhauses zum Rathaus 1910 der Unterbringung der Zentralregistratur und in seinen oberen Stockwerken des Stadtarchivs. Der Paradeplatz erscheint nach dem Bau des Tiefbunkers 1941/42 weitgehend unbegrünt.

Es war deshalb auch in erster Linie das Schloßmuseum, das 1934 und 1935 den Bau der Reichsautobahn zur großflächigen Beobachtung der bei den Erdbewegungen zutage getretenen vorgeschichtlichen Spuren nutzte. Professor Gropengießer und die Hauptlehrer Franz Gember aus Feudenheim sowie Karl Wolber aus Seckenheim organisierten im Wettlauf mit der Zeit die Bergung und Aufnahme der Funde. Mit nur wenigen Arbeitern zur Unterstützung wurden angeschnittene Gräber, Häuser und Brunnen in aller Eile untersucht. Da keine Mittel für eine wissenschaftliche Ausgrabung und Dokumentation zu Verfügung standen, waren 120 Kisten mit Kleinfunden das wichtigste Resultat.[9] Groß war das öffentliche Interesse insbesondere bei den Gemeinden, deren Gemarkung von den Erdarbeiten berührt wurde: Vor ihren Augen gab der Boden Spuren einer kontinuierlichen Besiedelung von der jüngeren Steinzeit bis zu den Karolingern frei. Sowohl die lokale Presse wie auch der Altertumsverein sorgten für eine rege Berichterstattung und Vortragstätigkeit: Das Großprojekt Reichsautobahnbau wurde zum heimatkundlichen Ereignis.

Die Vereinnahmung des Interesses für Geschichte und Heimatkunde im Sinne der *Blut-und-Boden*-Ideologie, vermischt mit einer rassenkundlich motivierten Scheinblüte der Volkskunde, war zunächst nur Sache der Nationalsozialisten. Das Mannheimer Stadtarchiv, seit 1907 mit Professor Friedrich Walter fachkundig besetzt, entzog sich einer solchen Zumutung. Mehr noch: Schon in den zwanziger Jahren war Walter als Historiker und Demokrat einer völkisch-antisemitischen Geschichtsbetrachtung entgegengetreten.[10] Die Geschichte der Stadt Mannheim war der lebendige Gegenbeweis gegen die nationalsozialistische Geschichtsdeutung: Mannheim bezog seine Kraft immer wieder, nach jeder Zerstörung, von Zuwanderern jeder Nationalität und Religion; Mannheim lebte vom kulturellen und gesellschaftlichen Austausch insbesondere mit den Rheinanliegerstaaten, gerade auch mit dem verfehmten Frankreich; Mannheim war eine Stadt mit demokratischen, revolutionären, liberalen, nicht zuletzt sozial-

dengaus an.[5] Im „Dritten Reich" allerdings verweigerte sich Gropengießer der Vereinigung der Freunde germanischer Vorgeschichte, die auf ihrer Reichstagung 1936 in Mannheim die Vorgeschichtsforschung auf die Grundlage der Rassenkunde stellte. Auf einer Exkursion wurde der Brunholdisstuhl bei Bad Dürkheim zum *germanischen sonnen-astronomischen Kultort* stilisiert.[6]

Zur Propagierung ihres Bilds der Vorgeschichte diente der Mannheimer NSDAP das 1932 vom Reichsarbeitsdienst bei Altlußheim gefundene Grab der Völkerwanderungszeit: *So wird uns das Altlußheimer Fürstengrab zu einem Denkmal germanischer Gefolgschaftstreue und läßt die tiefen Seelenkräfte aus dem germanischen Heldenzeitalter uns noch im Herzen fühlen.*[7] Daß sich die von den Nationalsozialisten propagierte *Volksgemeinschaft* angeblich bereits in der Vorgeschichte auffinden ließ, sollte die nationalsozialistischen, gesellschaftspolitischen Vorstellungen rechtfertigen und gerade bei Schülern und Jugendlichen wirksam einprägen. *Führer, Volk, Treue, Schicksal* und *Kampf* waren die Begriffe, aus denen sich das nationalsozialistische Weltbild formte. Das Interesse der Mannheimer NS-Stadtverwaltung an der Vorgeschichte blieb jedoch lau: Oberbürgermeister Carl Renninger war nicht bereit, sich in Karlsruhe für einen dauerhaften Verbleib der Funde aus dem Altlußheimer Grab, insbesondere des reich geschmückten Prunkschwerts, in Mannheim einzusetzen.[8]

193

Aktenvermerk des Leiters der Reichsstelle für Sippenforschung in Berlin. 1937. Der Vermerk lag einem Schreiben vom 22.11.1938 bei, in dem auf die *teilweise völlig unzulängliche und feuergefährliche Unterbringung des Stadtarchivs in Mannheim* aufmerksam gemacht und um *eine Änderung der jetzigen Verhältnisse, die einer Stadt von der Größe und Bedeutung Mannheims nicht würdig sind,* ersucht wurde. Die Mahnung verhallte ungehört; wertvolle Archivalien gingen beim Bombenangriff vom 5./6.9.1943 unter.

Aktenvermerk
(Zur Akte 3176)

Das Stadtarchiv befindet sich in einem dem Rathause gegenüber gelegenen Hause, wo es in zwei Büroräumen untergebracht ist. Diese Räume sind ihrem Zweck angemessen. Von den Magazinräumen kann dies dagegen nicht gesagt werden. Ein Teil der Akten lagert in den obersten Geschossen des Rathausturmes, in dessen unteren Stockwerken sich die laufende Registratur befindet. In den oberen Geschossen des Turmes befindet sich das eigentliche alte Archiv, darunter auch die Bürgerbücher. Die Benutzung dieses Magazins wird durch seine Abgelegenheit von den Büroräumen und die vielen Treppen, die zu ersteigen sind, außerordentlich erschwert. Der Raum ist außerdem sehr feuergefährlich.

Ein weiterer Teil der Akten lagert in einem Nebenflügel des Hauses, in dem sich die Büroräume befinden, in 4 Räumen. Diese sind dunkel und minderwertig. In diese Räume mußte aber notgedrungen ein Teil der Archivalien, soweit Platz war, verbracht werden, die in einem sehr feuchten Kellerraum unter der Volksküche bisher gelagert haben. Da die 4 Räume aber nicht ausreichten, müssen nach wie vor erhebliche Mengen wichtiger Akten, vor allem der eingemeindeten Orte, in diesem Kellerraum gelagert werden, darunter Rechnungsbücher der einzelnen Gemeinden aus der Zeit vor 1800. Die Feuchtigkeit ist so groß, daß die Deckel dieser Bücher verschimmelt sind. Nach jedem größeren Regen soll in dem Magazinkeller das Wasser 30 – 40 cm hoch stehen.

demokratischen Traditionen – kein Wunder, daß die Nationalsozialisten das Stadtarchiv und seine Quellen gerne umgingen.

Untergebracht war das Stadtarchiv seit 1910 im renovierten Turm des Kaufhauses in den drei oberen Geschossen über der Registratur. *Ich erinnere mich noch wohl an jene engen Verhältnisse. Keuchend und mit klopfendem Herzen stieg man über die eisernen Wendeltreppen den Turm hinauf, um, oben angelangt, in düsteren Gelassen der Arbeit nachzugehen.*[11] Böden aus Drahtglas und *eiserne Nischen* sollten für die Sicherheit der Bestände sorgen, unter denen vor allem die Serie der Ratsprotokolle seit 1661, die Kaufprotokolle seit 1682, die Bürgerbücher, das Theaterarchiv und Teile der Verwaltungsakten herausragten. Raummangel zwang das Archiv, große Bestände in Kellern umliegender Verwaltungsgebäude auszulagern, so die Akten der eingemeindeten Vororte. Nicht nur die unzureichende Raum- und Personalsituation, sondern auch die Überlastung Professor Walters mit zahlreichen Aufgaben in der Kulturverwaltung bis hin zur Führung des Stadtprotokolls erklärt, warum das Stadtarchiv für die Mannheimer Öffentlichkeit eine unbekannte und wenig geschätzte Einrichtung blieb.

Nach der vorgezogenen Pensionierung Friedrich Walters, der bei den Nationalsozialisten nicht nur als liberaler Demokrat, sondern auch wegen seiner aus einer jüdischen Familie stammenden Frau unbeliebt war, wurde 1935 Wolfgang Treutlein zum ersten hauptamtlichen Stadtarchivar ernannt. Der promovierte Volkskundler, seit 1931 Mitglied der NSDAP, schien der Stadtverwaltung geeignet, den neuen Schwerpunkt der Volks- und Sippenkunde umzusetzen. In der Tat leistete Treutlein in den zwei Jahren seiner Tätigkeit Bedeutendes: 83 schwarze Karteikästen mit Familiennamen von Mannheimern und Auswanderern nebst Hinweisen auf einschlägige Quellen sind heute noch wichtige Hilfsmittel der personengeschichtlichen Forschung. Auch jüdischen Familien gegenüber blieb Treutlein, soweit es ihm möglich war, sachlich und unpolemisch. Daneben begann er mit umfangreichen Quellensammlungen über Volkskunde und Flurnamen und betrieb den Umzug des Archivs in das Haus der jüdischen Lamey-Loge C 4, 12, das 1937 in den Besitz der Stadt *übergegangen* war. Bei der Stadtverwaltung stieß er jedoch mit seinen Bemühungen auf keine Gegenliebe: *Das Stadtarchiv fand ich zum großen Teil in einem verheerenden Zustand vor. Von seiten der Stadtverwaltung fand ich aber in dem Bestreben nach Neuordnung keinerlei Unterstützung, ja, der damalige Oberbürgermeister Renninger erklärte mir auf mein fortgesetztes Drängen hin sogar, Mannheim habe überhaupt keine Geschichte.*[12] Weil er nicht, wie von der NSDAP erwartet, nationalsozialistische Propaganda betrieb, wurde er 1937 aus dem Amt gedrängt. Vergebens war sein Appell, die Stadtverwaltung müsse für eine *ungehemmte Betätigungsmöglichkeit* sorgen, nicht nur wegen eines reibungslosen Ablaufs der Verwaltungsgeschäfte, sondern auch zur Erforschung des städtischen Gemeinwesens und als *Denkmal ihrer Tätigkeit im Dritten Reich.*[13]

Das Stadtarchiv wurde nun wieder zur reinen Nebenstelle des Schloßmuseums und stand im Schatten dessen großer Aktivitäten, auch wenn Museumsleiter Gustaf Jacob (1899–1978) *dem Stadtarchiv im nationalsozialistischen Staat neue bedeutende Aufgaben* zuschrieb: *Auskunft zu geben über alle Einzelheiten des Neuaufbaus der Stadt im Dritten Reich* sowie bei der *Neuwertung deutscher Geschichte und Volkskunde.*[14]

In diese Lücke der Stadtgeschichtsforschung stieß der Feudenheimer Lehrer und heimatkundliche Publizist Friedrich Hupp, der 1939 ein *Heimatbuch der Stadt Mannheim* vorlegte, eine Mischung aus geschichtlichen Erzählungen, heimat- und volkskundlichen Anekdoten, Gedichten und Sinnsprüchen. Die Quellen des Stadtarchivs hat Hupp dazu nicht herangezogen: Sie hätten ihn wohl auch nur gestört. In der pathetisch-wabernden Sprache der Zeit, durchtränkt von einem primitiven Antisemitismus, versuchte Hupp einen Gegenentwurf zu Friedrich Walters Stadtgeschichte. Nur zurückhaltend unterstützt durch die NSDAP, erreichte das Heimatbuch nicht einmal die Schuljugend, der es ein nationalsozialistisches Bild der Mannheimer Geschichte aufdrängen sollte.[15]

194
Theatermuseum der Stadt Mannheim E 7, 20.
24.4.1936. Aufn. Josef Hofmann.
Die Villa der Familie Reiß, erbaut vor 1850, wurde von den Geschwistern Anna und Carl Reiß testamentarisch der Stadt vermacht.
1917 vom Oberbürgermeister als Dienstvilla bezogen, wurde sie 1930–1936 vom Dolmetscherinstitut der Handelshochschule genutzt und 1936 zum Theatermuseum umgebaut. Im Zweiten Weltkrieg wurde das Gebäude zerstört.

Die neubelebte Sippenforschung und nicht zuletzt der stete Strom von Ahnennachweisen brachten dem Stadtarchiv einen ständigen Zuwachs an Benutzern, der angesichts des chronischen Personalmangels nicht leicht zu bewältigen war.

Die Vernachlässigung des Mannheimer Stadtarchivs rief 1938 selbst den Leiter der Reichsstelle für Sippenforschung in Berlin auf den Plan: In einem Schreiben an das Generallandesarchiv Karlsruhe beklagte er die *teilweise völlig unzulängliche und feuergefährliche Unterbringung, die einer Stadt von der Größe und Bedeutung Mannheims nicht würdig*[16] sei. Neben der feuergefährdeten Unterbringung im Rathausturm wurde auch die Zersplitterung der Bestände, ihre Lagerung in teilweise feuchten Kellern und die unzureichende Personalausstattung gerügt. Eine Inspektion durch das Generallandesarchiv im Juni 1939 bestätigte diese Befürchtungen; als vage Hoffnung galt der Umzug nach C 4, 12 und die Wiederanstellung eines hauptamtlichen Archivars.

Nach der Einberufung Gustaf Jacobs 1939 wurde Ludwig Werner Böhm (1909–1962), der wegen einer Lungenkrankheit nicht zur Wehrmacht eingezogen wurde, zuständig für Schloßmuseum, Schloßbücherei und Stadtarchiv. Ähnlich wie beim Schloßmuseum erhielt er auch für das Archiv erst im Sommer 1943 die Genehmigung zur Auslagerung wertvoller Bestände. Es gelang ihm, die Rats- und Kaufprotokolle sowie Teile anderer Bestände nach Heilbronn ins Salzbergwerk zu verbringen, allerdings erst nachdem der verheerende Bombenangriff vom 5. auf 6. September 1943 wichtige schriftliche Zeugnisse der Mannheimer Vergangenheit in Flammen hatte aufgehen lassen.[17] Es verbrannten im Rathausturm und in den Kellern umliegender Häuser die Bürgerausschußprotokolle, Stadtrechnungen, Bürgerbücher, das unersetzliche Theaterarchiv und über 125 000 Faszikel Verwaltungsakten.

Die *Gleichschaltung* des Mannheimer Kulturlebens nach der *Machtergreifung* stellte die NSDAP schon bei den bedeutenden Institutionen Nationaltheater und Kunsthalle vor personelle und konzeptionelle Probleme. Gravierender noch war der Mangel an geeigneten *Parteigenossen* für die *Gleichschaltung* der Vereine, Museen und kleineren Einrichtungen. Hier war die NSDAP auf die halb freiwillige, halb gezwungene Selbstgleichschaltung dieser Organisationen angewiesen.

Der Mannheimer Altertumsverein, einer der bedeutendsten und größten Geschichts- und Altertumsvereine, war durch das von ihm aufgebaute Schloßmuseum und die weitverbreiteten, monatlich erscheinenden *Mannheimer Geschichtsblätter* ein einflußreicher kultureller Faktor in der Mannheimer Gesellschaft. Er hatte Eingriffe der NSDAP wohl zu befürchten angesichts seiner zahlreichen jüdischen Mitglieder und der liberal-demokratischen Geschichtsauffassung, die er vertrat. So hatte die NSDAP schon 1931 in einer Pressekampagne den Rechner des Vereins, Karl Baer, wegen des Erwerbs seiner Sammlung Frankenthaler Porzellans durch die Stadt verleumdet; im Jahr nach der *Machtergreifung* folgte ein heftiger Angriff wegen einer antisemitischen Schmähschrift von 1741, die der Verein 1925 unveröffentlicht gelassen hatte.

Nachdem der Rechtsanwalt und badische DVP-Landtagsabgeordnete Florian Waldeck als Vorsitzender zurückgetreten war und der vom Verein gewünschte Vorsitzende Fritz Bassermann nicht durchgesetzt werden konnte, fanden der Altertumsverein und der NS-Kommissar Heinrich Winterwerb einen für beide Seiten tragbaren Kompromiß: Joseph August Beringer, Realschullehrer, Kunsthistoriker und NS-Sympathisant.[18] Unter Beringer und Winterwerbs Leitung, unterstützt durch die Geschäftsführerin Wilma Stoll, schaltete der Verein Friedrich Walter aus, stellte seine Tätigkeit auf Germanenforschung um und verdrängte lange vor gesetzlichen Regelungen die jüdischen Mitglieder aus dem seinen Reihen.[19]

Die Neuregelung des Museumswesens durch die Stadtverwaltung zog sich bis 1937 hin. Offensichtliches Desinteresse bei der Frage der historischen Museen und der Vorrang aktionistischer und öffentlichkeitswirksamer Maßnahmen zeigen den Stellenwert, den die Pflege der Geschichtskultur bei der Mannheimer NSDAP genoß. Nach den politisch bedingten Entlassungen von Gustav Friedrich Hartlaub (Kunsthalle) und Wilhelm Fraenger (Schloßbibliothek) durften das Schloßmuseum und das bereits 1932 organisatorisch abgetrennte Museum für Natur- und Völkerkunde im Schatten der Ereignisse weiterarbeiten. Nach der Pensionierung Prof. Friedrich Walters 1935 wurde sein langjähriger Assistent Gustav Jacob im April 1936 zum neuen Leiter ernannt. Im selben Jahr erfolgte die Ernennung von Robert Pfaff-Giesberg als Leiter des Völkerkundemuseums, auch dieser mit politisch eindeutigem Programm. Zur gleichen Zeit konnten sich in der Kunsthalle mit Walter Passarge ein neuer Leiter und 1938 mit Herbert Stubenrauch in der Schloßbibliothek sogar der 1933 in Ungnade gefallene Leiter wieder etablieren, die beide mit nur geringen verbalen Rücksichtnahmen auf den Nationalsozialismus ihre Ämter verwalteten.[20]

Jacob hatte im Frühjahr 1936 innerhalb weniger Monate die Reiß-Villa E 7, 20, bis 1930 Wohnung des Oberbürgermeisters, zum Theatermuseum ausgebaut. Er griff dabei auf den reichhaltigen Fundus zurück, den der Altertumsverein und sein Vorgänger Prof. Walter angesammelt und auch schon mehrfach ausgestellt hatten: So konnte er mit geringem finanziellen und organisatorischen Aufwand ein in Raumkomposition und Inhalt beeindruckendes Museum aufbauen können. Die Ausstellung lebte in erster Linie von den großen Namen – *das Hervorbrechen von überragenden Persönlichkeiten* – und den bekannten Glanzpunkten der Geschichte des Nationaltheaters: Iffland, Dalberg, die Uraufführung von Schillers Räubern, Mozart, Goethe, Wagner .... Hier wurde Kulturgeschichte ganz im Stil des 19. Jahrhunderts inszeniert: den reinen Idealen verpflichtet und von Höhepunkt zu Höhepunkt schreitend.

Als Führer durch dieses Museum erschien das erste Heft der neuen Reihe *Mannheimer Schriften*: Es feierte das Theatermuseum als *das erste nach dem Umbruch zum nationalsozialistischen Staate von dem auf allen Gebieten einsetzenden großzügigen Aufbauwillen der Stadt Mannheim*[21] geschaffene Museum. In den Vordergrund geschoben wurde bei dieser Darstellung eine kulturelle Entwicklung, die in der Etablierung der deutschen Sprache in Bühne und Oper ihr höchstes Ziel fand. Das Theatermuseum war für die NS-Stadtverwaltung ein kulturpolitisches Vorzeigeobjekt: ein schön gestaltetes, öffentlichkeitswirksames Museum, politisch in keiner Hinsicht problematisch und noch dazu ohne Mehrkosten: Die Reiss-Villa war durch die Verlegung der Handelshochschule nach Heidelberg frei geworden.

Das erste Großprojekt der NS-Zeit war der lange zuvor geplante Plankendurchbruch P5/P6; auch dieser wurde propagandistisch begleitet von einem Heft der *Mannheimer Schriften*. Verfaßt wurde dieses wiederum von Gustaf Jacob, der *am Geburtstag des Führers* 1936 zum Leiter des Schloßmuseums ernannt worden war.[22] Er begann mit einem Seitenhieb auf die Weimarer Republik: *In Zeiten der ewig sich bekämpfenden Parteien und Bürgerausschüsse wurde niemals eine so kühne Initiative ergriffen*. Demgegenüber stellte er den *tatkräftigen Führerwillen* der neuen Zeit und die unverhohlene Verherrlichung der brutalen Architektur des Dritten Reichs: *In Eisen und Stahl hat das Geschlecht der Gegenwart zu bauen gelernt.* Und weiter: *Manches mußte verschwinden, was dem Geschichtsfreund teuer war, doch wichtig ist der lebendige Strom des gegenwärtigen Lebens, der nunmehr dem Beschauer der Planken erregend entgegenschlägt. ... Die Gegenwart liegt über aller Vergangenheit*. Für Denkmalschutz war bei solchem Fortschrittsglauben kein Raum. Unverhohlener Antisemitismus spricht zudem aus einem *Rundgang* durch die Planken des 18. Jahrhunderts, wenn er den Grundstücken jüdischer Besitzer diejenigen der kurpfälzischen Beamtenschaft als *erfreulicheren Anblick* gegenüberstellt.

Im März 1936 besetzte die Wehrmacht die entmilitarisierte Zone des Rheinlands. Dies nahmen Jacob und die Stadtverwaltung zum Anlaß für eine große Sonderausstellung des Schloßmuseums *Vom Federhut*

195
Dr. Gustaf Jacob (rechts) während einer Rundfunkreportage der Sendestelle Mannheim im Theatermuseum. April 1936.
Dr. Jacob steht vor der Vitrine, die der Uraufführung von Schillers Räubern gewidmet ist; an der Wand Silhouetten der Mitglieder des Nationaltheaters, dazwischen das Ölgemälde eines unbekannten Meisters: *Schiller in seiner Mannheimer Zeit*.

zum Stahlhelm – Mannheim als Festung und Garnisonstadt, zu der ein gleichnamiges Heft der *Mannheimer Schriften* erschien.[23] Breit angelegt wurde hier die militärische Vergangenheit Mannheims geschildert, wobei auch Jacob nicht umhinkam, die zahlreichen Belagerungen und Zerstörungen mit all ihren Schrecken zu schildern. Um so pathetischer wurde seine Darstellung der Befreiungskriege, des Kriegs 1870/71 und des Ersten Weltkriegs. Der Krieg wird zum schicksalhaften Mythos verklärt, die blutige und trostlose Realität der Materialschlachten und des Stellungskriegs verschwindet hinter den Klischees tapferer und siegreicher Helden. Dieses Weltbild konnte die Niederlage von 1918 nur durch Verrat erklären: Von der Dolchstoßlegende bis zur Verhöhnung der parlamentarischen Demokratie und dem Bekenntnis zu Hitlers Politik der Kriegsvorbereitungen folgte Jacob getreu der NS-Ideologie. Bei der Schilderung der Vergangenheit hatten ihn die Tatsachen selbst immer wieder zur Differenzierung gezwungen, für die Gegenwart boten Ausstellung und Begleitheft bloße Propaganda.

196 a
Kaiser-Wilhelm-Denkmal im Ehrenhof des Mannheimer Schlosses. 3.12.1936. Aufn. Josef Hofmann.
Das Werk von Gustav Eberlein, Berlin, wurde 1894 eingeweiht. Die Sockelreliefs zeigen die Kaiserkrönung in Versailles, den Rheinübergang des Prinzen Wilhelm 1814 und die Verkündung der Botschaft der Sozialversicherung. Dahinter einer der beiden von Bernhard Herschel 1898 gestifteten Monumentalbrunnen mit einer allegorischen Darstellung der Wiedergewinnung der deutschen Kaiserkrone aus dem Nibelungenschatz. Beide Denkmäler wurden bei der Umgestaltung des Schloßhofes für militärische Aufmärsche nach 1936 beseitigt und 1942 der Metallsammlung zugeführt. Am Portal des Schloßmuseums ist ein Schriftzug erkennbar, der auf die Ausstellung *Mannheims Planken* hinweist, die dort 1936 gezeigt wurde.

196 b
Schloßmuseum Mannheim, Audienzzimmer, Blick nach Osten. Nach 1937. Aufn. Josef Hofmann.
Das Kaiserliche Audienzzimmer, nach 1804 Thronsaal, trug im Schloßmuseum die Bezeichnung Möbelsaal oder auch (nach der Dekoration) Grüner Saal. In diesem Raum waren Rokokomöbel des 18. Jahrhunderts ausgestellt: an der Wand eine Schreibkommode von 1750 aus dem Besitz des Freiherrn von Reibeld, darüber eine Darstellung der Kurfürstin Elisabeth Augusta um 1770; in der Mitte ein vergoldeter Rokokotisch, vermutlich aus Florenz. Der Kronleuchter stammt aus der Zeit des Kurfürsten Johann Wilhelm (1690–1716). Die Aufnahme zeigt den Zustand nach der Umgestaltung des Schloßmuseums durch Gustav Jacob.

197
Das Zeughaus nach seinem Umbau zum Museum für Völkerkunde und Urgeschichte 1936–1939. Nach 1938. Aufn. Josef Hofmann.
Das einstöckige Dach ohne Gauben wurde von der Renovierung nach dem Brand 1882 übernommen, die neben der Uhr auf der Höhe des Mezzanin geschosses über dem Portalrisalit angebrachte Inschrift Zeughaus wurde entfernt; ansonsten blieb die Fassadengestaltung weitgehend original. Vor dem Zeughaus das Moltke-Denkmal von Joseph Uphues, errichtet 1902, eingeschmolzen 1942. Daneben zwei Beutekanonen aus dem Krieg 1870/71.

Das Schloßmuseum, 1926 eröffnet und als eines der schönsten Barockmuseen im gesamten südwestdeutschen Raum eine der Hauptsehenswürdigkeiten Mannheims, stand in den ersten Jahren des „Dritten Reiches" im Schatten der Ereignisse. Akzente wurden hier nur in den Sonderausstellungen gesetzt. Noch unter Prof. Walter gewann die Volkskunde einen immer breiteren Raum unter den Ausstellungen: *Entwicklungsformen des Spielzeugs, Badische und schwäbische Volkstrachten* oder *Das deutsche Lied* waren *fern aller Zeitproblematik und vielleicht gerade deshalb so beliebt.*[24] Walters Nachfolger Jacob gab den Proganda-Ausstellungen breiteren Raum: so bei *Vom Wildpfad zur Reichsautobahn*, bei *Die deutsche Seele – Bilder und Worte von Hans Thoma* oder bei *Das Münchner Stadtbild am Tag der Deutschen Kunst*.

1937 begann Jacob mit einer zwei Jahre dauernden Umgestaltung des Schloßmuseums. Als *Teilstück in dem großen Ganzen unseres nationalen Lebens und der völkischen Erziehung* sollte das Museum *die Vermittlung echter deutscher Geschichte und Aufbau wahrer deutscher Kultur* befördern. Grundsatz seiner Neuordnung war *der Fortschritt vom akademisch-steifen Schaumuseum zum liebenswürdigen und darum soviel eindringlicheren Wohnmuseum*.[25] In der Tat gelang es Jacob, dem oft überladen wirkenden Museum durch Konzentration auf aussagekräftige Stücke zu einer Harmonie von Inhalt und Raumgestaltung zu verhelfen.

Zur Neueröffnung im Mai 1939 erschien wiederum ein Heft der *Mannheimer Schriften,* das zugleich die traditionellen Schloßführer ablöste. Darin nutzte Jacob jede passende und unpassende Gelegenheit, um den Anteil französischer Kulturleistung bei Bau und Ausstattung des Schlosses herunterzuspielen, obwohl er selbst in seinen früheren Aufsätzen gerade diesen Kulturaustausch gefeiert hatte: *absolut unfranzösisch ... echt deutsch ... eine von Frankreich kommende Formenwelt ist in echt deutscher Art ... verrät trotz aller französischer Schulung einen persönlichen, eben volksmäßig deutschen Zug.*[26]

Der Selbstwiderspruch des letzten Zitats zeigt die Zerrissenheit Jacobs, der als Kunsthistoriker die Unhaltbarkeit solcher völkischer Zuordnungen kennen mußte und trotzdem bereit war, der kunstgeschichtlich uninteressierten Stadtverwaltung das zu bieten, was sie begehrte: propagandistisch verwertbares Material.

Den Stellenwert des Schloßmuseums für Renninger beweist der letzte Akt des Umgangs mit der Stadtgeschichte im Zweiten Weltkrieg. Kurz nach Kriegsbeginn hatte Ludwig Werner Böhm das Schloßmuseum geschlossen und mit der Verlagerung der Kunstschätze begonnen. Im November desselben Jahres ordnete Oberbürgermeister Renninger persönlich die Wiederöffnung des Museums an: Ihm war die Demonstration der Siegesgewißheit wichtiger. Selbst als das Schloß bei einem englischen Luftangriff am 16. Dezember 1940 getroffen wurde und in Brand geriet, gestattete er lediglich die Deponierung des Museumsguts in Kellern der Mannheimer Innenstadt.[27] Erst 1943 konnte Böhm die Stadtverwaltung von der Notwendig-

198
Innenansicht des Erdgeschosses im Zeughaus, Blick vermutlich nach Westen. Sommer 1939. Aufn. Josef Hofmann. In der rassenkundlichen Abteilung wurden als Beispiel für *den mittelalterlichen deutschen Menschen* Gipsabgüsse des Bamberger Reiters sowie der vier Stifterfiguren des Naumburger Doms aufgestellt. Sie wurden von der Malerin Berl Krocker in der ursprünglichen Farbgebung rekonstruiert.

keit der Auslagerung überzeugen, die Genehmigung vom August 1943 kam jedoch zu spät: der verheerende Bombenangriff vom 5. zum 6. September zerstörte nicht nur das Mannheimer Schloß, sondern vernichtete auch wertvolle Teile seiner Sammlungen.

Im Zeughaus war seit 1925 das Städtische Museum für Natur- und Völkerkunde untergebracht. Der zur Verfügung stehende Raum reichte allerdings nur für einen Bruchteil der Sammlungen, das darüber liegende Leihamt konnte bis 1936 jeden Wunsch nach räumliche Erweiterung abwehren. Seit 1932 wurde dieses Museum kommissarisch von Dr. Edmund Strübing, dem Leiter der Kunsthalle, verwaltet, bis dieser 1936 aus gesundheitlichen Gründen in den Ruhestand versetzt wurde.

Die Machtübernahme der NSDAP brachte dem Museum neuen Auftrieb, da sich die Völkerkunde zur Progagierung der Rassenideologie geradezu anbot. Die naturkundliche Abteilung wurde herausgelöst, für die Völkerkunde Pläne für ein Kolonialmuseum geschmiedet:
... der völkische Gedanke interessiert sich mit Recht für das Studium der Vorzeit.[28] Außerdem erhielt das Museum für Völkerkunde und Urgeschichte, wie es nun benannt wurde, im Rahmen des badischen Sammlungsaustausches die völkerkundliche Sammlung aus Karlsruhe. Der neue Direktor Robert Pfaff-Giesberg wies dann 1936 die Richtung: Das alte Museum in seiner Verbindung von Natur- und Völkerkunde sei überaus unglücklich angelegt gewesen, ein *dem liberalen Denken eigentümlicher Unsinn*. Mit einem deutlich antiintellektuellen Unterton legte er sein Programm dar: die Kulturkreise darzustellen mit Hilfe von Schaugruppen als Panorama und Zinnfiguren-Dioramen. Als Grundlage des *Museums ohne Gelehrsamkeit* bezeichnete er das, *was uns alle am allermeisten interessiert: die Rassen*, und forderte *Einfühlung in die Interessen eines Besuchers ohne viel gelehrte Voraussetzungen.*[29]

Pfaff-Giesberg qualifizierte sich außerdem als Waffenexperte durch einen Aufsatz über *Wehrerziehung im Museum*[30] und durch den Aufbau einer waffen- und heeresgeschichtlichen Abteilung: Diese, ursprünglich für das Dachgeschoß vorgesehen, wurde als Abteilung *Vom Faustkeil zum Maschinengewehr* zur Hauptattraktion des Erdgeschosses. Mit feiner Ironie schrieb die Neue Mannheimer Zeitung unter der Überschrift *Erkundungsgang durchs Zeughaus* über die elektrisch beleuchteten Zinnfiguren-Dioramen: *das kann eine feine Sache werden, die große und kleine Buben anzieht wie der Honig den Bären.*[30]

Als 1936 das Leihamt ein eigenes Gebäude bezogen hatte, begann der Umbau des Zeughauses, für den die Stadt insgesamt 370 000 Reichsmark bewilligte. In der Umbauzeit nutzte das Museum die Rhein-Neckar-Hallen für zwei Sonderausstellungen: *Tibet* und *Die Welt der Maske*. Die aufwendige Sanierung des Gebäudes zog sich bis zum Kriegsbeginn hin. Das Museum für Völkerkunde und Urgeschichte wurde nie eröffnet und fiel 1943/44 zwei Bombenangriffen zum Opfer.

199
Parole am Wasserturm zum
2. Badischen Turn- und Sportfest. 26.6.1939.

Hartmut Lissinna

Vom individuellen Freizeitvergnügen zur organisierten Volksertüchtigung

Mannheim spielte im Sportleben des „Dritten Reichs" eine beachtliche Rolle.[1] Leistungen und Erfolge der Aktiven, Trainer und Vereine aus der Rhein-Neckar-Stadt erlauben es, sie neben Frankfurt, München, Nürnberg und Stuttgart in die erste Reihe der Sportstädte Süddeutschlands einzureihen. Die Verwaltungsspitze des Gaus XIV (Baden) des Deutschen Reichsbunds für Leibesübungen (DRL) saß zwar in der Landeshauptstadt Karlsruhe, das sportliche Zentrum war aber zweifelsohne die Quadratestadt.

Die Nationalsozialisten besaßen am Tag ihrer *Machtergreifung* kein fertiges sportpolitisches Programm. Wie in anderen Bereichen forderten sie auch im Sport die Entfernung der *Juden* und *Marxisten* sowie eine straffe staatliche Führung. Dazu war es notwendig, das über Jahr-

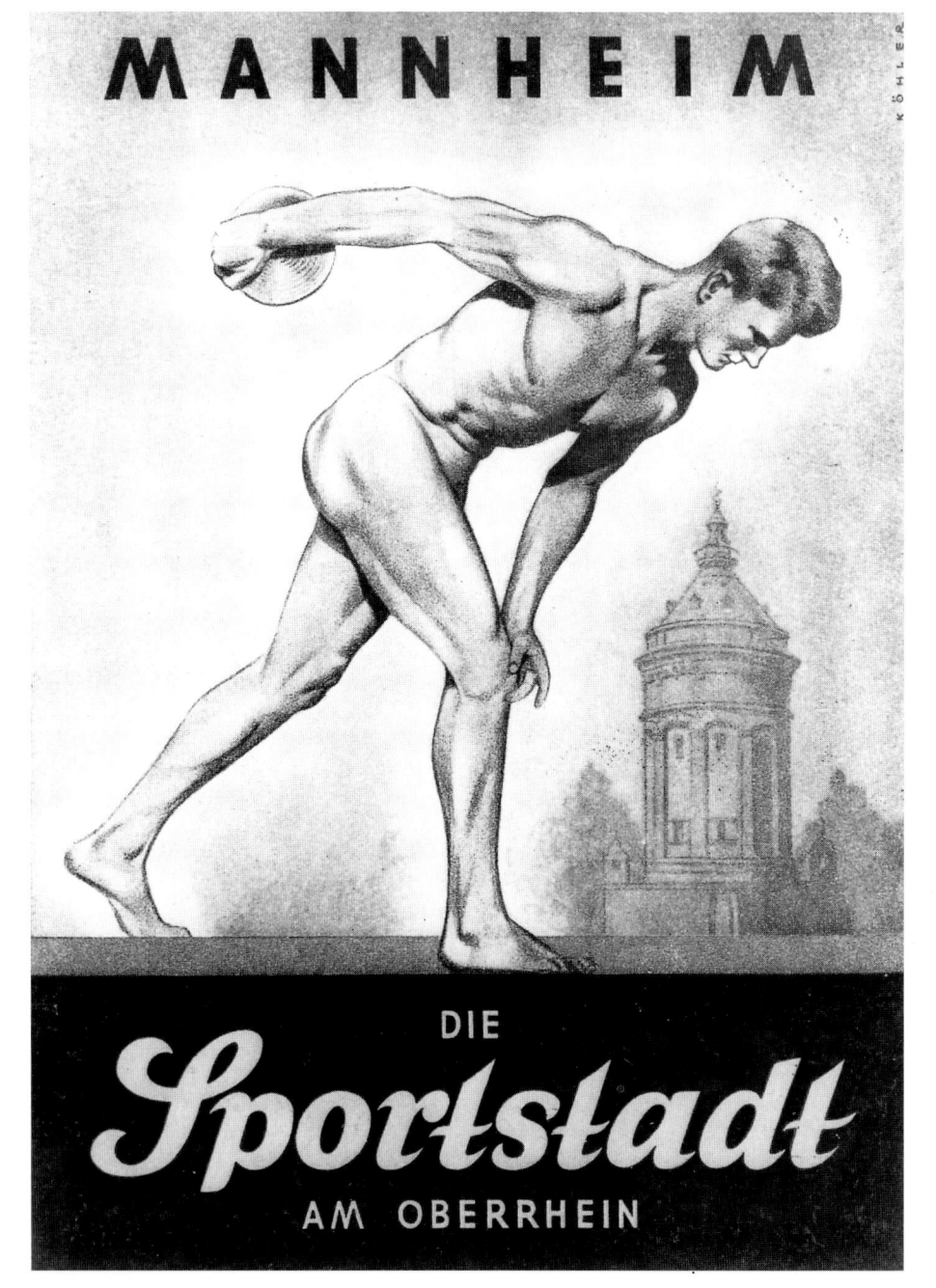

200 a
Oben: Triumphfahrt der Handballmannschaft des SV Waldhof durch Mannheim nach dem Gewinn der Deutschen Meisterschaft.
1933.

200 b
Unten: Titelblatt einer von der Stadt herausgegebenen Broschüre.
1939.

zehnte gewachsene Verbandswesen, in dem neben konkurrierenden bürgerlichen Sportorganisationen die Arbeiter- und konfessionellen Verbände einen eigenständigen Sportbetrieb bis hin zu Titelkämpfen auf Reichsebene veranstalteten, zu zerschlagen und eine reichsweite Einheitsorganisation zu schaffen. Diese Aufgabe fiel dem im April 1933 zum Reichssportkommissar, im Juli zum Reichssportführer ernannten sächsischen SA-Gruppenführer Hans von Tschammer und Osten zu.[2] Obwohl dieser weder auf eine besondere sportliche Vergangenheit zurückblicken konnte, noch sportorganisatorische Erfahrung besaß, widmete er sich der ihm übertragenen Arbeit mit großem Engagement und führte sie im April 1936 zu einem vorläufigen Abschluß, als sich der Deutsche Reichsbund für Leibesübungen (DRL) erstmals mit einer Großveranstaltung der Öffentlichkeit präsentierte. Besonderes internationales Ansehen errang der sprachbegabte und diplomatisch gewandte Tschammer im Vorfeld der Olympischen Spiele.

In Mannheim erfolgten erste Zwangsmaßnahmen gegen den Arbeitersport bereits am 16. März 1933: Städtische Zuschüsse an die „roten" Vereine wurden gesperrt. Unterstützung sollten nur noch Vereinen erhalten, *die die Gewähr dafür bieten, daß im Geiste deutscher Sport- und Volksgemeinschaft Leibeskultur betrieben wird.*[3] Die Erschießung zweier Polizisten durch den SPD-Landtagsabgeordneten Daniel Christian Nußbaum in Freiburg am folgenden Tag lieferte den Nationalsozialisten in Baden den gewünschten Vorwand, die Repression weiter zu verschärfen. Reichskommissar Robert Wagner ordnete neben der Verhaftung aller SPD- und KPD-Abgeordneten das Verbot sämtlicher sozialistischer Wehr- und Jugendorganisationen sowie die Schließung aller Räumlichkeiten der SPD, der KPD und ihrer Nebenorganisationen an. Eine Woche später untersagte der Staatskommissar für Kultus und Unterricht allen *marxistischen Organisationen*

201 a
Oben: Handballmannschaft des Mannheimer Turn- und Sportvereins Bar Kochba.
Um 1936.

201 b
Mitte: Damenmannschaft der Sportgruppe Mannheim „Im Schild" des Sportbunds des Reichsbunds jüdischer Frontsoldaten (RjF) bei einem Hockeyturnier in München.
3.10.1936.

201 c
Unten: Hockeymannschaft der Sportgruppe Mannheim „Im Schild" des RjF.
Um 1936.

die Benutzung von Schulräumen und Turnhallen. Am Nachmittag des 30. März löste die Stadtverwaltung mehrere *marxistische* Turn-, Sport- und Kulturvereine auf. Begleitet wurden diese Aktionen in vielen Fällen von Übergriffen auf Sportler und Funktionäre sowie von willkürlichen Beschlagnahmungen. Das von Reichsinnenminister Wilhelm Frick am 21. Juni 1933 verhängte Verbot aller marxistischen Sportorganisationen war somit nicht mehr als die nachträgliche Sanktionierung der teilweise brutalen Maßnahmen, die von der SA und von vielen Kommunalverwaltungen bereits seit Ende Februar gegen die Arbeitersportler ergriffen worden waren.

Angesichts städtischen und staatlichen Drucks suchten zahlreiche Arbeitersportler eine neue sportliche Heimat in bürgerlichen Vereinen. So nahm der TV Jahn 1884 Neckarau zahlreiche Mitglieder der verbotenen Vereinigten Freien Turnerschaft e.V. Mannheim auf. Athleten des Kraft- und Artistenklubs Mannheim Schwetzingerstadt kamen beim VfK 1886 Mannheim bzw. beim KSV 1884 Mannheim unter, und der VfTuR Feudenheim erhielt Zuwachs durch Sportler des ehemaligen ATSV Feudenheim.[4] In dieser Phase des radikalen Umbruchs kam es sogar zu einer Vereinsneugründung: Aus ehemaligen Mitgliedern der 1932 aufgelösten Turngemeinde 1880 Käfertal sowie ehemaligen *Freien Turnern* bildete sich im Mai 1933 die Turnerschaft 1880 Käfertal.[5]

Obwohl Behinderungen und Verbote auch Vereine der konfessionellen Verbände treffen konnten, waren diese in der Regel staatlichen Pressionen weniger ausgesetzt. Zum Übergang in den sich bildenden Einheitsverband genügte es häufig, wenn die Vereine ihre Namen wechselten und personelle Veränderungen an der Spitze vornahmen. So wurde 1933 aus der DJK Kurpfalz in Neckarau der VfB Kurpfalz Neckarau;[6] der neue *Vereinsführer* hatte schon in den Jahren zuvor wichtige Funktionen innegehabt.

202 a
Empfang der Saar-Treue-Staffel am Wasserturm.
25.8.1934

202 b
Pflichtturngemeinschaft des TV 1846 Mannheim.
1934.

Die systematische Ausgrenzung der Juden aus der *Volksgemeinschaft* machte auch vor dem Sport nicht halt. Viele bürgerliche Sportverbände betrieben aus Opportunismus den raschen Ausschluß jüdischer Sportler, noch bevor nationalsozialistische Verordnungen dies erzwangen.[7] Dies brachte dem TSV Bar Kochba, der dem traditionellen Makkabi-Sportverband angehörte, sowie dem neu gegründeten Sportbund Schild einen starken Mitgliederzuwachs. Dieser Zuwachs sowie das Verbot der Benutzung städtischer Hallen und Sportplätze im Frühsommer 1933 stellte die jüdischen Sportvereine Mannheims vor erhebliche Probleme. Erst im Januar 1935 hatte der Hallensport in der Karl-Ludwig-Straße 38 eine Heimat gefunden, und am 8. März 1936 konnte ein neuer Sportplatz an der Friesenheimer Straße (Ecke Hombuschstraße) eingeweiht werden.

Dem jüdischen Sport fehlten jedoch die zuschauerträchtigen Großveranstaltungen und die breite Berichterstattung in der lokalen Presse. Da mit nichtjüdischen Sportlern bzw. Vereinen seit 1933 kein Sportverkehr mehr möglich war, mußten sich Bar Kochba und Schild mit Wettkämpfen gegen jüdische Clubs anderer Städte begnügen. Dabei gewannen die Mannheimer Vereine mehrere Meistertitel

203 a
Turner des TV 1846 Mannheim,
die das SA-Sportabzeichen erworben haben,
1935.

203 b
Geländelauf mit Hindernissen,
vermutlich bei einer Sportveranstaltung der SA,
1930er Jahre.

und konnten drei Makkabim zur 2. Makkabiade, einem Welttreffen jüdischer Sportler in Tel Aviv 1935, entsenden. Ein Jahr später hatten die beiden Mannheimer Vereine ca. 820 Mitglieder, die zehn verschiedene Sportarten betrieben. Trotz aller Schwierigkeiten bestand bis zum 9. November 1938 ein überraschend reges Vereinsleben, das aber nur mit größtem privaten Engagement aufrechterhalten werden konnte.

Demgegenüber schafften die Vereine des bürgerlichen Lagers – Mitglieder der Deutschen Turnerschaft (DT) bzw. des Deutschen Reichsausschusses für Leibesübungen (DRA) – den Sprung ins „Dritte Reich" problemlos. Noch 1933 kam es zu zahlreichen personellen Veränderungen in den Spitzenpositionen, wie beispielsweise beim TV 1846 Mannheim, der Mannheimer Turn-Gesellschaft von 1899 oder dem Mannheimer RV Amicitia; bis 1939 war das Gros der ehemaligen Vereinsvorsitzenden ausgewechselt;[8] als einziger blieb der 1932 gewählte Karl Beyerlen fast während der gesamten nationalsozialistischen Herrschaft an der Spitze des Mannheimer RC von 1875.[9] Bereits 1933 wurden aus den Vorsitzenden die *Vereinsführer*, und 1935 wurde den Vereinen eine autoritär ausgerichtete Mustersatzung verordnet.

204 a
Angehörige der SA-Standarte 171 bei Schießübungen im Gelände. Um 1934.

204 b
SA-Ortsgruppe Friedrichsfeld bei einer Übung im Kartenlesen. 1930er Jahre.

Die personelle Kontinuität im bürgerlichen Sport zeigt eindrucksvoll die Funktionärskarriere von Ludwig Stalf. Dieser war 1922 Kreisspielwart der DT in Baden, seit 1924 Gauvertreter des Turngaus Mannheim in diesem Verband sowie 1926-1928 und 1929–1936 Vorsitzender des TV 1884 Jahn Neckarau. Während des „Dritten Reichs" avancierte Stalf zum stellvertretenden Führer des Kreises Unterbaden im DRL, zum Führer der DRL-Ortsgruppe Mannheim und zum Leiter der Fachsäule 1 (Geräteturnen, Gymnastik, Sommerspiele) in Unterbaden, im Krieg wurde er schließlich Sportbezirksführer.[10]

Karl Crezeli schaffte trotz seiner sozialdemokratischen Vergangenheit den Sprung in die Sportführung der Stadt. Vor 1933 lange Jahre Geschäftsführer des am 20. Juli 1920 gegründeten Ortsausschusses für Leibesübungen und Jugendpflege, brachte er es während der NS-Zeit zum Führer des DRL-Kreises Unterbaden und zum Sportamtswart der NS-Gemeinschaft *Kraft durch Freude* für Mannheim-Ludwigshafen. Außerdem war Crezeli Mitte der 1930er Jahre kurzzeitig Leiter des Fachamts Boxen in Baden.

205 a
Oben: BDM-Untergau-Sportfest im Mannheimer Stadion. 1939.

205 b
Unten: Mannheimer Ballon Baden-Pfalz beim Kunstflugtag des NSFK. 19.6.1938.

Die Spitzenposition im Mannheimer Sport übernahm jedoch im Mai 1933 kein erfahrener Sportfunktionär, sondern der SA-Sturmführer Willi Körbel. Für das Amt des Sportkommissars hatte sich Körbel durch seine Tätigkeit als Sportreferent der in Mannheim ansässigen SA-Standarte 171 und seine Sportberichterstattung im Hakenkreuzbanner empfohlen.[11] Im Dezember 1933 übernahm er auch noch das Amt des *Beauftragten des Reichssportführers für den Bezirk 1 (Gau XIV, Baden)*, d.h. für Nordbaden; gleichzeitig avancierte er zum Sportführer des Kreises Mannheim.[12]

Noch vor der Einsetzung Körbels zum Mannheimer Sportkommissar wurde erstmals die enge Zusammenarbeit zwischen den bürgerlichen Vereinen und dem NS-Regime demonstriert. Zusammen mit SA, SS, HJ, dem Stahlhelm, der Polizei und Abordnungen zahlreicher Betriebe beteiligten sich am *Tag von Potsdam* (21. März 1933) auch viele Sportvereine am abendlichen Fackelzug.

Ein für zahllose Vereine im gesamten Reich typisches Verhalten zeigt ein Vorgang im Mannheimer Ruder Club von 1875: Um die enge Verbindung mit der neuen Staatsführung zu demonstrieren, beschlossen die Ruderer, ihren neuen Rennvierer nach Adolf Hitler zu benennen. Die Bootstaufe nahm am 28. Mai 1933 Sportkommissar Körbel vor.

Die Einbindung des Sports war ein Grundelement der nationalsozialistischen Herrschaftstechnik. So passierte z.B. am 25. August die *Saartreue-Staffel* zu Wasser und zu Land Mannheim. Am Tag vor der „Reichstagswahl" vom 29. März 1936 sprach der *Führer* in Köln; selbstverständlich waren die Sportler beim öffentlich inszenierten Rundfunkempfang mit dabei: Der Aufmarschplan wies ihnen im Ehrenhof des Schlosses die westliche Seite zu. Ganz direkt für Parteizwecke vereinnahmte die NSDAP die Mannheimer Sportvereine bei ihrem Kreisparteitag im April 1939. Neben einem wehrsportlichen Dreikampf, der von Angehörigen der SA, der SS, des Nationalsozialistischen Fliegerkorps (NSFK), der Schutz- und der motorisierten Polizei bestritten wurde, gab es Gymnastik, Leichtathletik sowie ein Fußball- (SV Waldhof – VfR Mannheim) und ein Handballspiel (SV Waldhof – TG Ketsch).

206 a
Oben: Betriebssportwettkampf der AEG Mannheim. Frühjahr 1940.

206 b
Mitte: Betriebssportappell der Stadtverwaltung. 25.9.1939.

206 c
Unten: Junge Sportlerinnen bei einer Straßensammlung der Deutschen Arbeitsfront (DAF). 15.10.1938. Aufn. Artur Pfau.

Auf dem Weg in die nationalsozialistische *Volksgemeinschaft* hatten die Sportler ebenfalls ihren Beitrag zu leisten. Eine besondere Rolle spielten in diesem Zusammenhang Veranstaltungen für das Winterhilfswerk (WHW). Dabei erwiesen sich vor allem die Auftritte von Spitzenmannschaften bzw. -athleten als zugkräftig. Ab 1937 gab es zusätzlich besondere *Opfertage für den deutschen Sport*. Schließlich nahmen Sportler am obligatorischen Eintopfessen teil und wirkten bei den Straßensammlungen für das WHW mit.

Ein völlig neues Element im Sportleben bildeten ab 1933 die eigenständigen Aktivitäten einzelner Gliederungen der NSDAP. Diese entwickelten sich für den DRL im Laufe der Jahre zu einer Gefahr, da es ihnen gelang, immer weiter in den Sportbereich vorzustoßen und ureigenste Aufgaben des Sportverbands zu übernehmen.

Als erste trat die SA bereits ab dem 5. August 1933 mit einem eigenen Sportprogramm an die Öffentlichkeit. Während einer *SA-Wehrsportwerbewoche* hatten die Stürme der SA-Standarte 171 folgende Aufgaben zu bewältigen: 25-km-Gepäckmarsch, Hindernislaufen, Keulenwerfen, Schießen, Schwimmen und diverse leichtathletische Übungen. Den feierlichen Abschluß bildete das 1. Badische Wehrsportfest am 13. August im Stadion.[13] 1934 fanden nur vereinzelt kleinere Veranstaltungen statt, ehe im Sommer 1935 ein *Reichswettkampf* die SA-Männer in Atem hielt. 1937–1939 wurden in Mannheim wiederholt Ausscheidungen für die *Reichswettkämpfe der SA* in Berlin ausgetragen, bei denen teilweise mehr als 1 000 SA-Sportler an den Start gingen. Neben den internen Wettkämpfen der SA spielte das 1933 gestiftete SA-Sportabzeichen eine wichtige Rolle.[14] In Mannheim wurden die ersten 1935 an SA- und SS-Männer sowie Arbeiter der Firma Lanz verliehen.

Die Hitlerjugend wurde ab 1936/37 zu der bestimmenden Kraft im organisierten Jugendsport.[15] Dies gelang der HJ schrittweise durch mehrere Verträge zwischen Reichsjugendführer Baldur von

207 a
Oben: Tribüne an der Rennwiese. 1941.

207 b
Unten: Rosengarten-Schauturnen des TV 1846 Mannheim. 1938.

208
Rosengarten-Schauturnen des TV 1846 Mannheim.
1938.

Schirach und Reichssportführer von Tschammer und Osten in den Jahren 1934–1938.[16] 1936 wurden die 10–14jährigen den Vereinen vollständig entzogen. Ab 1937/38 spielte die HJ dann auch bei den älteren Jahrgängen eine entscheidende Rolle: Von nun an mußten die Jugendmannschaften der Vereine – zumindest auf Gebiets- und Reichsebene – unter ihren HJ-Bezeichnungen an den Start gehen. Die Vereine hatten – wenn auch nur nominell – ausgedient. So gewann z.B. bei den 1938 erstmals ausgetragenen Jugendmeisterschaften in Frankfurt a.M. die Mannschaft des HJ-Banns 171 – tatsächlich das Team des Post SV Mannheim – den Titel eines Deutschen Jugendmeisters im Handball.

Die körperliche Ertüchtigung der gesamten Jugend diente von Anfang an auch vormilitärischen Zielen.[17] Während das Jungvolk eine Ausbildung am Luftgewehr erhielt, schossen die Älteren mit dem Kleinkalibergewehr. Im Geländesport wurde versucht, die Jungen *geländegängig* zu machen. Der Umgang mit Karte und Kompaß, das Tarnen und Anschleichen, das richtige Melden und die Zielansprache wurden unter Mißbrauch jugendlicher Abenteuerlust zu ersten Schritten einer militärischen Grundausbildung. Für die Jungen besonders gefördert wurde der *technische Sport* in den Sonderformationen der Flieger-, der Marine-, der Motor- oder der Nachrichten-HJ. Die Ausbildung in der Flieger-HJ begann z.B. beim Deutschen Jungvolk mit dem Flugmodellbau. Später wurden die Jungen dann in grundlegende Luftfahrtkenntnisse eingeführt, erhielten im Rahmen besonderer Sommerlager eine systematische fliegerische Ausbildung und konnten schließlich Führerscheine für verschiedene Gleit- und Sportflugzeuge erwerben.[18]

Die NS-Gemeinschaft *Kraft durch Freude* (KdF) trat in Mannheim im Juli 1934 erstmals mit einem Sportangebot an die Öffentlichkeit. In kostenlosen oder -günstigen Kursen konnte man zahlreiche Sportarten erlernen oder intensiver betreiben. Im Gegensatz zum DRL hatte KdF zunächst nur diejenigen im Auge, die bisher sportlich nicht aktiv gewesen waren. In den ersten neun Monaten führte das KdF-Sportamt Mannheim nach eigenen Angaben 409 Kursabende mit 18 554 Teilnehmern durch. Im Februar 1935 folgte eine erste Sportwerbewoche, die ein *deutsches Volk in Leibesübungen* propagierte. Da KdF eine Unterorganisation der Deutschen Arbeitsfront (DAF) war, hielt der Sport in neue gesellschaftliche Bereiche Einzug. Die wachsende Zahl der Kursteilnehmer, aber auch das Interesse einzelner *Betriebsführer* sorgte dafür, daß neben das Ziel einfacher körperlicher Betätigung im Freizeitsport das Leistungsprinzip trat. Ab 1936 standen alle Wettkämpfe des DRL auch den *Betriebssportgemeinschaften* offen, die sich bis zum Kriegsausbruch zu einer echten Konkurrenz für die traditionellen Sportvereine entwickelten. Die Attraktivität der *Betriebssportgemeinschaften* resultierte zum einen aus den meist sehr guten Trainingsmöglichkeiten, aber auch aus der Tatsache, daß dieses Training als *Parteidienst* anerkannt wurde. Der 1938 erstmals durchgeführte *Sportappell der Betriebe* brachte eine weitere Ausdehnung des KdF-Sports.[19] Insgesamt nahmen in Mannheim 95 Betriebe mit 16 023 Aktiven teil. Gewertet wurde in fünf Klassen nach der Betriebsgröße. Sieger wurden das Modehaus Neugebauer (Betriebsklasse 1, 12–20 *Gefolgschaftsmitglieder*), die AEG (Betriebsklasse 2, 21–120), das Hakenkreuzbanner (Betriebsklasse 3, 121–300), die Hommelwerke (Betriebsklasse 4, 301–1000) sowie Daimler-Benz (Betriebsklasse 5, mehr als 1000). Erst 1939 wurden auch Frauen zum *Sportappell der Betriebe* zugelassen; ein Ergebnis kam wegen des Kriegsausbruchs jedoch nicht mehr zustande.[20]

209 a
Dekoration zum 2. Badischen Turn- und Sportfest am Kaiserring. 26.6.1939.
Aufn. Josef Hofmann.

Neben SA, HJ und KdF spielten im Mannheimer Sportleben die SS, das Nationalsozialistische Kraftfahrkorps (NSKK) sowie das Nationalsozialistische Fliegerkorps (NSFK) nur eine untergeordnete Rolle. Während sich die SS zunächst auf den Reitsport beschränkte, später auch wehrsportliche Wettkämpfe durchführte, trat die personell gut besetzte Mannheimer Motorstandarte in der Stadt kaum in Erscheinung. Das seit 1938 in Mannheim vertretene NSFK[21] sowie seine Vorgängerorganisationen führten immerhin attraktive Veranstaltungen durch, die auf breites Publikumsinteresse stießen. Bereits am 4. Juni 1933 fand ein erster NS-Großflugtag statt. Noch spektakulärer war jedoch die Ankunft der Maschinen des *Deutschland-Flugs* am 27. August 1933. Dieser Wettbewerb war der erste nationale Wettkampf der unter dem NS-Regime zusammengeschlossenen Luftfahrtverbände. Nach seiner Rückkehr vom Start- und Zielort Berlin erklärte der einzige plazierte Mannheimer, Biehlmaier, im Hakenkreuzbanner: *Unsere Luftfahrt muß statt gestutzter Flügel wieder Schwingen bekommen!*[22] Dafür sorgten die Nationalsozialisten in den folgenden Jahren. Dabei kamen der Flieger-HJ und dem 1937 als eigenständige Parteigliederung gegründeten NSFK große Bedeutung zu. Bereits Mitte Mai 1938 sah die Stadt eine erste NSFK-Großveranstaltung, fünf Wochen später setzte ein Kunstflugtag das Luftsportprogramm fort.

209 b
Reichssportführer Hans von Tschammer und Osten bei der Eröffnung des 2. Badischen Turn- und Sportfests im Schloßhof. 18.6.1939. Rechts Gausportführer Herbert Kraft.

210 a
Oben: Fahnenappell der Teilnehmer an den Deutschen Hochschulmeisterschaften. Juni 1938.

210 b
Mitte: Deutsche Spitzenleichtathletinnen bei einem Sportfest in Mannheim. Vermutlich 1938. Von links: Tilly Fleischer, Hermine Schröder, Gisela Mauermayer, Hilde Kehl und die Mannheimerin Liesel Fuchs.

210 c
Unten: Rollschuhmeisterschaft. Paarlaufen, 24.7.1938. Aufn. Artur Pfau.

Der wachsende Gegensatz zwischen dem Sportverband und den Gliederungen der Partei kam in dem konkurrierenden Veranstaltungsprogramm sichtbar zum Ausdruck. Den wesentlich größeren Publikumszuspruch hatte in Mannheim – wie im gesamten Reich – der Vereinssport. Zuschauermagneten waren vor allem Fußball und Handball – später auch Eishockey.

Herausragende Ereignisse des Mannheimer Sportjahrs blieben die traditionsreichen Großveranstaltungen auf der Pferderennbahn und im Mühlauhafen. Die Mannheimer Mairennen fanden auch 1933 ihre Fortsetzung, und ihre Attraktivität nahm durch steigende Gewinnsummen noch zu. 1934 wurde nach langer Unterbrechung wieder das Badenia-Hindernisrennen gelaufen; zwei Jahre später erlebte man erstmals Damenrennen. Nach der Wiedereinrichtung einer Mannheimer Garnison 1936 gehörten auch Offiziere wieder zum Bild der Renntage. Während man damit an die Zeit vor dem Ersten Weltkrieg anknüpfte, war das Engagement der SS etwas völlig Neues.[23] Die Oberrhein-Regatta des Mannheimer Regatta-Vereins im Mühlauhafen besaß zwar nicht die gesellschaftliche Anziehungskraft wie die Mairennen der Reiter, hatte aber einen höheren sportlichen Stellenwert. Im Kalender der internationalen Ruderer hatte Mannheim seinen festen Platz. Trotz starker Konkurrenz kamen Boote der einheimischen Vereine zu zahlreichen Siegen.

Auch wiederkehrende lokale Veranstaltungen fanden nach 1933 ihre Fortsetzung. Beim Rosengarten-Schauturnen des TV 1846 Mannheim mit regelmäßig mehr als 1 000 Mitwirkenden stand nicht die individuelle Höchstleistung, vielmehr die Demonstration des Turnens als Breitensport im Mittelpunkt. Das Programm des Laufs *Rund um den Friedrichsplatz*, ursprünglich eine Großveranstaltung der Mannheimer Leichtathletikmannschaften, wurde für den 9. Mai 1936 erheblich erweitert: Hinzu kamen Staffeln für Fußball- und Handballspieler, für Wassersportler, Kegler, Radfahrer, Schützen und Schwerathleten sowie gesonderte Wettbewerbe für ältere und jugendliche Läufer. Komplettiert wurde das Programm durch einen Langstreckenlauf und eine Radfahrstafette.[24] Im folgenden Jahr gingen schließlich über 1 300 Teilnehmer in 120 Mannschaften an den Start. Der traditionelle Staffellauf *Rund um Mannheim* wurde zwar 1933 zum letzten Mal durchgeführt; er fand jedoch ab 1935 im Lauf *Quer durch Mannheim* seine Fortsetzung.

Vier Deutsche Meisterschaften wurden zwischen 1933 und 1939 in Mannheim ausgetragen. Während die Titelkämpfe im Ringtennis (15./16. September 1934) kaum Resonanz fanden, kämpften die Ringer im Bantam- und Schwergewicht des griechisch-römischen Stils im April 1936 stets in sehr gut besuchter Halle. Den größten Zuspruch erfuhren jedoch die 2. Großdeutschen Kanumeisterschaften im Juli 1939 im Mühlauhafen, bei denen die einheimische Paddelgesellschaft drei Titel errang. Bei den Deutschen Hochschulmeisterschaften im Juni 1938 trafen sich die Spitzensportler der deutschen Studentenschaft. Überdies war Mannheim mehrfach Gastgeberin für badische Meisterschaften. Starkes Interesse fanden daneben insbesondere Veranstaltungen mit nationalen Spitzenleichtathleten. Bei einem der seltenen Frauensportfeste verbesserte Else Volkshausen aus Dortmund am 7. August 1938 sogar den Speerwurfweltrekord.

211 a
Damen-Handballmannschaft des VfR Mannheim nach dem Gewinn der Deutschen Meisterschaft in Duisburg. 1939.

211 b
Handballerinnen des VfR Mannheim im Zug zum Endspiel um die Deutsche Meisterschaft. 1939.

212 a
Oben: Fußball-Lokal-Derby zwischen den Mannschaften des VfR Mannheim und des SV Waldhof. 1939.

212 b
Mitte: Fußballabteilung des TV 1846 Mannheim. 1935.

212 c
Unten: Ringer-Mannschaft des RSC Eiche Sandhofen nach Gewinn der Süddeutschen Meisterschaft. 1934.

Festlicher Höhepunkt des Mannheimer Sportlebens im „Dritten Reich" war das 2. Badische Turn- und Sportfest (18. – 25. Juni 1939). Aus dem ganzen Land strömten Tausende von Aktiven und Zuschauern in die Stadt, und auch Reichssportführer Hans von Tschammer und Osten ließ sich einen Besuch nicht entgehen.[25] Glanzpunkte setzten die Eröffnung im Schloßhof, der Festabend *Mannheim und die Leibesübungen* im Stadion, ein Umzug durch die Stadt sowie die Schlußkundgebung auf der Rennwiese.

Obwohl die Mannheimer Fußballmannschaften national zu den stärksten gehörten, fand bis 1939 hier kein Länderspiel statt. Immerhin holten die Vereine internationale Teams an Rhein und Neckar: den ägyptischen Fußballmeister Olympic Athletic Club Alexandria (1933), die ungarischen Spitzenmannschaften Hungaria (1937) und Ferencsvaros Budapest (1938) oder den norwegischen Meister Lyn Oslo (1939).[26] Deutsche und ausländische Radrennfahrer kamen seit 1933 zu den Bahnwettbewerben auf der neu eröffneten Phönix-Rennbahn. Internationales Flair gab es außerdem auf dem Tennisplatz. 1933 spielte der weltbeste Tennisprofi William Tilden in Mannheim; zu Turnieren konnte man Teilnehmer aus Frankreich, den Niederlanden und der Tschechoslowakei begrüßen. Gäste aus Lettland empfingen die Ringer des RSC Eiche Sandhofen 1935 und im März 1939 trat die eidgenössische Nationalstaffel in Mannheim gegen die deutschen Mattenkämpfer an.

Die XI. Olympischen Sommerspiele in Berlin zogen auch Mannheim früh in ihren Bann.[27] Höhepunkt eines Besuchs von Reichssportführer Hans von Tschammer und Osten am 23./24. April 1934 war eine Olympia-Kundgebung mit 6000–7000 Menschen im Nibelungensaal.[28] Bei der Vereidigung der Mannheimer Olympia-Kandidaten am 16. Dezember 1934 versprachen die Athleten engagiertes Training und fairen Wettkampf. Die Ringermeisterschaften im April 1936 in Mannheim standen schon ganz im Zeichen der Spiele, ebenso das Gastspiel der Hockeynationalmannschaft. Der Olympiazug des Propagandaministeriums machte vom 18. bis 24. April hier Station.

213 a
Olympiafeier bei der Firma Heinrich Lanz. Um 1936.

213 b
Empfang Hitlers für die deutschen Olympia-Sieger. 1936. Rechts neben Hitler der Mannheimer Rudertrainer Fritz Gwinner.

Schließlich gehörten elf Mannheimer Sportler der deutschen Olympia-Mannschaft an.[29] Bei den Wettkämpfen erzielten sie ganz unterschiedliche Ergebnisse. Die größte Enttäuschung bereitete die Fußballelf um Otto Siffling vom SV Waldhof, die in der Zwischenrunde gegen Norwegen mit 0:2 verlor. Ebenfalls ohne Medaillen blieben Mannheims Leichtathleten: Karl Neckermann vom Post SV schied als letzter Deutscher in der 200-m-Konkurrenz im Halbfinale aus, und Bernhard Greulich vom TV 1846 verpaßte im Hammerwerfen als siebter ganz knapp den Endkampf. Wilhelm Müller und Fritz Spengler vom SV Waldhof gewannen mit der Handballmannschaft überlegen die Goldmedaille, kamen allerdings im Finale nicht zum Einsatz. Für die Mannheimer Ruderer wurde der 14. August 1936 zu einem historischen Datum. Mit Goldmedaillen im Zweier ohne Steuermann (Willi Eichhorn und Hugo Strauß vom Mannheimer RC) und Vierer mit Steuermann (Fritz Bauer, Ernst Gaber, Hans Maier und Walter Volle vom RV Amicitia sowie Peter Söllner vom Ludwigshafener RV) hatten sie erheblichen Anteil am Siegeszug der deutschen Boote.[30] Während der Berliner Spiele stand auch die Stadt Mannheim ganz im Zeichen der Olympiade. Bereits ab 29. Juli zeigte das Schloßmuseum eine Sonderausstellung.

214 a
Mannheimer Stadtfahne in Berlin während der Olympiade. 1936.

214 b
Werbung für den Film Fest der Völker von Leni Riefenstahl. Hakenkreuzbanner 28.4.1938.

Außerdem waren Straßen und Plätze beflaggt und dekoriert. Die Rückkehr der Olympiateilnehmer am 20. August gestaltete sich zu einem durch die Sportkreisführung vorbereiteten Triumphzug. Vertreter aller Vereine hatten in der Augustaanlage hinter ihren Fahnen Aufstellung zu nehmen.[31] Zwischen dichtgedrängten Menschenmassen bahnte sich der Autokorso mit den umjubelten Athleten den Weg von der Autobahn durch die Augustaanlage zum Schloß. Hier wurden sie mit ihren Trainern von Kreisleiter Dr. Reinhold Roth und Oberbürgermeister Renninger feierlich beglückwünscht. Als Dank der Stadt gab es für jeden eine goldene Uhr mit Widmung und Stadtwappen. 20 Monate später konnten die Mannheimer die Faszination der Spiele in Leni Riefenstahls Filmen *Fest der Völker* und *Fest der Schönheit* noch einmal nachempfinden.

Eine Reichssportstatistik von 1939 wies für Mannheim u.a. drei Großsportanlagen (Stadion, Eisstadion, Golfplatz), 37 sonstige Turn- und Sportstätten, eine große Sporthalle, 50 Schulturnhallen sowie zwölf kleine Turn- und Gymnastikhallen aus. Daneben gab es zahlreiche weitere Anlagen für die spezifischen Bedürfnisse einzelner Sportarten – so eine Radrennbahn und je zwölf Tennis- und Schießsportanlagen.[32] Das Gros dieser Sportbauten war bereits vor 1933 von Vereinen oder der Stadt errichtet worden. Die Einweihung der auf dem Gelände des Mannheimer FC Phönix erstellten Radrennbahn fand am Ostermontag 1933 noch ohne die Beteiligung nationalsozialistischer Sportfunktionäre statt. Aber auch bei der Eröffnung des Eisstadions sechs Jahre später hielt sich lokale NS-Prominenz weitgehend zurück. Dies überrascht nicht, da die Stadtverwaltung dieses Vorhaben stark behindert hatte.[33] Nur durch großes Entgegenkommen des badischen Staats, der den Friedrichspark in Erbpacht zur Verfügung stellte, und dank finanzieller

215 a
Oben: Eisstadion Mannheim. 1939.

215 b
Unten: Ansprache von Dr. Karl Reuther beim Richtfest für das Eisstadion. 4.2.1939. Aufn. Artur Pfau.

Unterstützung der örtlichen Industrie konnte der Bau erst in Angriff genommen werden.³⁴ Dem ersten Spatenstich am 19. Juli 1938 folgte die feierliche Eröffnung bereits am 19. Februar 1939. In der kurzen Zeit seines Bestehens erwies sich das Eisstadion, das am 5. Juni 1943 durch einen Luftangriff zerstört wurde, bei Eishockeyspielen und Auftritten der nationalen Eiskunstlaufspitze als Zuschauermagnet. Das Eisstadion war der größte Sportneubau in der NS-Zeit. Nur 1935 wurde eine städtische Turn- und Sporthalle ihrer Bestimmung übergeben – ansonsten beschränkte sich die Stadt auf die Anlage von Sportplätzen. Dies war kostengünstiger und entsprach den nationalsozialistischen Ansprüchen mit ihrer starken Ausrichtung auf den Wehrsport. Die übrigen Neubauten dieser Jahre entstanden im wesentlichen in Eigenleistung der Vereine.³⁵ Eine Besonderheit war das am 30. April 1939 eingeweihte Ruderbecken im Bootshaus des Mannheimer RC, das die Fortsetzung des Wassertrainings auch im Winterhalbjahr ermöglichte.³⁶

Auswirkungen des drohenden Kriegs erreichten den Sport bereits am letzten Augustwochenende des Jahres 1939: Angesichts der angespannten politischen Lage fielen Spiele bzw. Wettkämpfe aus. Auch während der folgenden Wochen blieben sportliche Belange verständlicherweise im Hintergrund. Den Auftakt zum Sport im Krieg bildeten am 17. September der Beginn der Handballkriegsrunde und ein Fußballspiel zwischen Mannheim und Ludwigshafen. Eine Woche später begann dann der Wettbewerb um den *Eisernen Adler*, eine Kriegsrunde für Fußballmannschaften, die die Mannheimer Sportkreisführung bereits am 9. September angekündigt hatte. Die schnelle Beendigung des Polenfeldzugs sowie die Ruhe an der Westfront ermöglichten ab Mitte November sogar nationale Kriegsmeisterschaften, die nach einem gegenüber der Friedenszeit verändertem Modus ausgetragen wurden. Auch in den folgenden Jahren hatte die Kriegslage stets Einfluß auf das Sportgeschehen. Während daher die Meisterschaftsrunden zwischen 1940 und 1942 kaum beeinträchtigt wurden, gab es danach oft unüberbrückbare Hindernisse für ihre Durchführung. Die ständig steigenden personellen Anforderungen der Wehrmacht lichteten die Reihen der Vereine, und die stärker werdenden Luftangriffe zerstörten die Sportstätten. Der

Versuch, der Bevölkerung trotz des Kriegs „Normalität" und Ablenkung zu bieten, brachte Mannheim bis 1942 ein vielfältiges, anspruchsvolles Sportangebot. Herausragend waren die Veranstaltungen im Eisstadion. Am 11. Mai 1941 erlebte Mannheim sein erstes Handballänderspiel und am 14. und 15. November 1942 einen Länderkampf der Ringer. Beide Male waren die Ungarn die Gegner, und beide Male konnten sich die deutschen Auswahlmannschaften durchsetzen. Höhepunkte bildeten auch die nationalen Meisterschaften der Ringer im August 1941 sowie der Kunstturnerinnen im Juni 1942. Die traditionellen Großveranstaltungen fanden ein großes Publikum, wurden jedoch nur unregelmäßig durchgeführt.

Eine kriegsbedingte Besonderheit war die Einbindung von Soldatenmannschaften in den Sportbetrieb. Besonders 1939/40 gab es zahlreiche Vergleiche zwischen Soldaten- und Vereinsmannschaften; mit der Dauer des Kriegs wurden sie aber immer seltener. Das letzte Spiel einer überregionalen Soldatenmannschaft in Mannheim fand im April 1944 statt. Die *Roten Jäger*, Fußballspieler der Luftwaffe, schlugen vor 4000 Zuschauern eine Mannheimer Auswahl mit 8:1. Die durch zur Wehrmacht eingerückte Sportler gerissenen Lücken versuchten die Vereine durch Wehrmachtsangehörige, die in Mannheim stationiert waren, zu schließen. Auf Dauer ließen sich jedoch die Verluste der Vereine durch Tod, Verwundung oder Gefangenschaft nicht kompensieren.

216 a
Damen-Handballmannschaft des VfR beim Auflaufen. Vermutlich 1941.

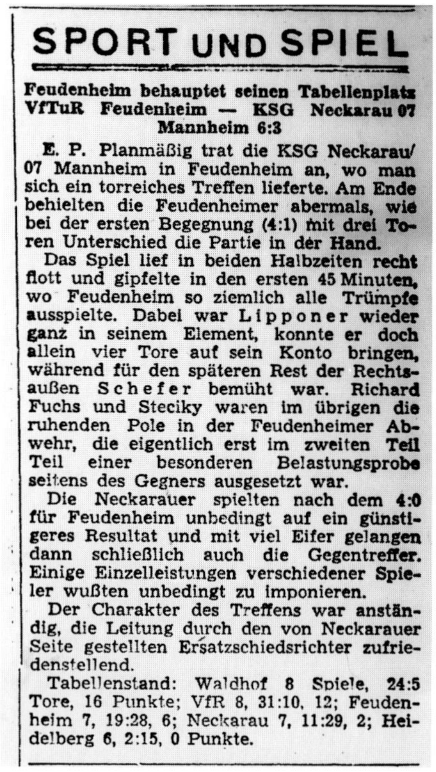

216 b
Links: Letzter Bericht über ein Fußballspiel vor Ende des Zweiten Weltkriegs. Hakenkreuzbanner 17.1.1945.

216 c
Oben: Spiel einer Wehrmachtsmannschaft in Mannheim. 1940er Jahre.

Außerdem wurden im Luftkrieg zahlreiche Heime und Sportanlagen Mannheimer Sportvereine zerstört.[37] Bereits 1941 hatte der TC Grün-Weiß Mannheim seine Tennisanlage am Ring eingebüßt – allerdings war diese nicht alliierten Bomben zum Opfer gefallen, sondern mußte einem Großbunker weichen.[38] Trotz der einschneidenden Kriegsfolgen versuchte die nationalsozialistische Sportführung, das Sportleben so lange wie nur irgend möglich aufrechtzuerhalten. So fand ein letztes Fußballspiel nach einem Bericht des Hakenkreuzbanners wohl noch am 14. Januar 1945 statt.

SPORT UND SPIEL

Feudenheim behauptet seinen Tabellenplatz
VfTuR Feudenheim — KSG Neckarau 07 Mannheim 6:3

E. P. Planmäßig trat die KSG Neckarau/ 07 Mannheim in Feudenheim an, wo man sich ein torreiches Treffen lieferte. Am Ende behielten die Feudenheimer abermals, wie bei der ersten Begegnung (4:1) mit drei Toren Unterschied die Partie in der Hand.

Das Spiel lief in beiden Halbzeiten recht flott und gipfelte in den ersten 45 Minuten, wo Feudenheim so ziemlich alle Trümpfe ausspielte. Dabei war Lipponer wieder ganz in seinem Element, konnte er doch allein vier Tore auf sein Konto bringen, während für den späteren Rest der Rechtsaußen Schefer bemüht war. Richard Fuchs und Steciky waren im übrigen die ruhenden Pole in der Feudenheimer Abwehr, die eigentlich erst im zweiten Teil Teil einer besonderen Belastungsprobe seitens des Gegners ausgesetzt war.

Die Neckarauer spielten nach dem 4:0 für Feudenheim unbedingt auf ein günstigeres Resultat und mit viel Eifer gelangen dann schließlich auch die Gegentreffer. Einige Einzelleistungen verschiedener Spieler wußten unbedingt zu imponieren.

Der Charakter des Treffens war anständig, die Leitung durch den von Neckarauer Seite gestellten Ersatzschiedsrichter zufriedenstellend.

Tabellenstand: Waldhof 8 Spiele, 24:5 Tore, 16 Punkte; VfR 8, 31:10, 12; Feudenheim 7, 19:28, 6; Neckarau 7, 11:29, 2; Heidelberg 6, 2:15, 0 Punkte.

217
Vorbeimarsch der nach der Besetzung des *Sudetenlands* zurückkehrenden Mannheimer Einheiten an Divisionskommandeur Ritter von Speck (rechts zu Pferde) am Wasserturm. 12.10.1938. Aufn. Artur Pfau. Das Spruchband am Wasserturm verkündet: *Aus tiefster Not führt uns zur Freiheit: Adolf Hitler!*

Thomas C. Stoll

Die Wehrmacht in Mannheim

Nach der Einführung der allgemeinen Wehrpflicht 1935 erfolgte mit dem Einmarsch der Wehrmacht in die entmilitarisierte Rheinlandzone am 7. März 1936, einem Samstag, ein weiterer Verstoß des NS-Regimes gegen die Bestimmungen des Versailler Vertrags von 1919 sowie gegen die im Locarnopakt von 1925 mit den Westmächten getroffenen Vereinbarungen, wonach links und 50 km weit rechts des Rheins keine deutschen Truppen stehen durften. Dabei hatte Hitler im Mai 1935 noch erklärt, vom Reich übernommene Verpflichtungen wie den Locarnopakt beachten zu wollen. Nun hatte er mit seinem Überraschungscoup die Welt vor vollendete Tatsachen gestellt. Trotzdem hätten sich die Deutschen wieder zurückziehen müssen, wäre es zu einer militärischen Reaktion der Westmächte gekommen. Doch diese begnügten sich mit förmlichen Protesten, Frankreich besetzte lediglich seine Verteidigungslinie: Der politische Hasardeur Hitler hatte sein Vabanque-Spiel gewonnen. Die nationalsozialistische Propaganda feierte das Ereignis als weitere *Sprengung der Fesseln des Diktats von Versailles*. In der Tat war das Resultat – in Deutschland begrüßt, im Ausland größtenteils als unabwendbar hingenommen oder sogar ausdrücklich gebilligt – letztlich die Herstellung der vollen Souveränität des Reichs.

217

218 a
Marschkolonne der Wehrmacht auf der Reichsautobahn
Richtung Mannheim. Vermutlich 7.3.1936.
Aufn. Hans Jütte.
Im Hintergrund in der Mitte ist der Seckenheimer
Wasserturm auszumachen.

218 b
Schaulustige Mannheimer beim Einzug der Panzerabwehrabteilung 38 in die Kaiser-Wilhelm-Kaserne an
der Grenadierstraße. Vermutlich 8.3.1936.
Aufn. Hans Jütte.
Die Einheit verließ Mannheim bereits im Oktober 1936
wieder und wurde nach Landau verlegt.

Zu den Städten, die unter die Friedensbestimmungen von 1919 fielen, gehörte auch Mannheim. Die traditionsreiche Garnisonsstadt war seit dem verlorenen Weltkrieg entmilitarisiert gewesen. Durch die Aktion der Wehrmacht entstand für Mannheim nunmehr eine besonders brisante Situation. Im Falle eines französischen Eingreifens sahen die Planungen nämlich vor, weit hinter die Rheinlinie auszuweichen und die Verteidigung nur schwachen Truppenverbänden zu überlassen.[1] Der Stadt hätte in diesem Fall erneut wie 1923/24 französische Besetzung gedroht.

Am 7. März 1936 rückte nun, neugierig bestaunt von der Mannheimer Bevölkerung, eine Flak-Abteilung in die Quadratestadt ein. Noch am selben Tag bezog auch eine Artillerieabteilung Quartier sowie einen Tag später eine Panzerabwehrabteilung. Dies zeigt, daß sich die Führung der Wehrmacht des Risikos der Besetzung wohl bewußt war und folgerichtig zur Abwehr von Luftangriffen und zur Sicherung der Rheinbrücke geeignete Einheiten als erste nach Mannheim verlegte.

Einen Monat später, in der Sitzung mit den Ratsherren am 9. April 1936, gab Oberbürgermeister Carl Renninger seiner *Freude darüber Ausdruck, daß Mannheim wieder Garnisonstadt geworden ist.*[2] Außerdem erläuterte er die ersten Planungen für Kasernenbauten und künftige Belegung der Garnison Mannheim durch die Wehrmacht. Man solle sich alle Mühe geben, so viel Militär wie möglich nach Mannheim zu ziehen,[3] denn die Stadt wolle den Wirtschaftsfaktor, den die Wehrmacht erfahrungsgemäß darstelle, nutzen und möglichst groß halten. Betrugen die Schätzungen über den Personalumfang des für Mannheim vorgesehenen Militärs zunächst etwa 5 000 Mann, so rechnete man später sogar mit 8 000–10 000 Mann.[4]

Nach Beginn der Truppenstationierung in Mannheim wurde sehr schnell deutlich, daß man dringend Kasernenneubauten benötigte. Die in Mannheim liegenden Einheiten mußten neben der bereits vorhandenen Kaiser-Wilhelm-Kaserne provisorische Unterkünfte beziehen. So wurden das Pionierbataillon 33 in der Feudenheimschule, die 1. Abteilung des späteren Flak-Regiments 49 im Herzogenriedlager, die 1. Abteilung des Artillerieregiments 69 im Schlachthof und in der Mollschule untergebracht, während die Panzerabwehrabteilung im Laufe des Jahrs Mannheim wieder verließ und nach Landau in der Pfalz verlegt wurde.

219 a
Parade der Wehrmacht durch die Breite Straße zum Schloß. 20.4.1936.
Links die Quadrate B 1 und im Hintergrund C 1.

219 b
Pferdegezogenes Fahrzeug der Wehrmacht in einer Mannheimer Straße. Vermutlich 20.4.1936.
Aufn. Hans Jütte.

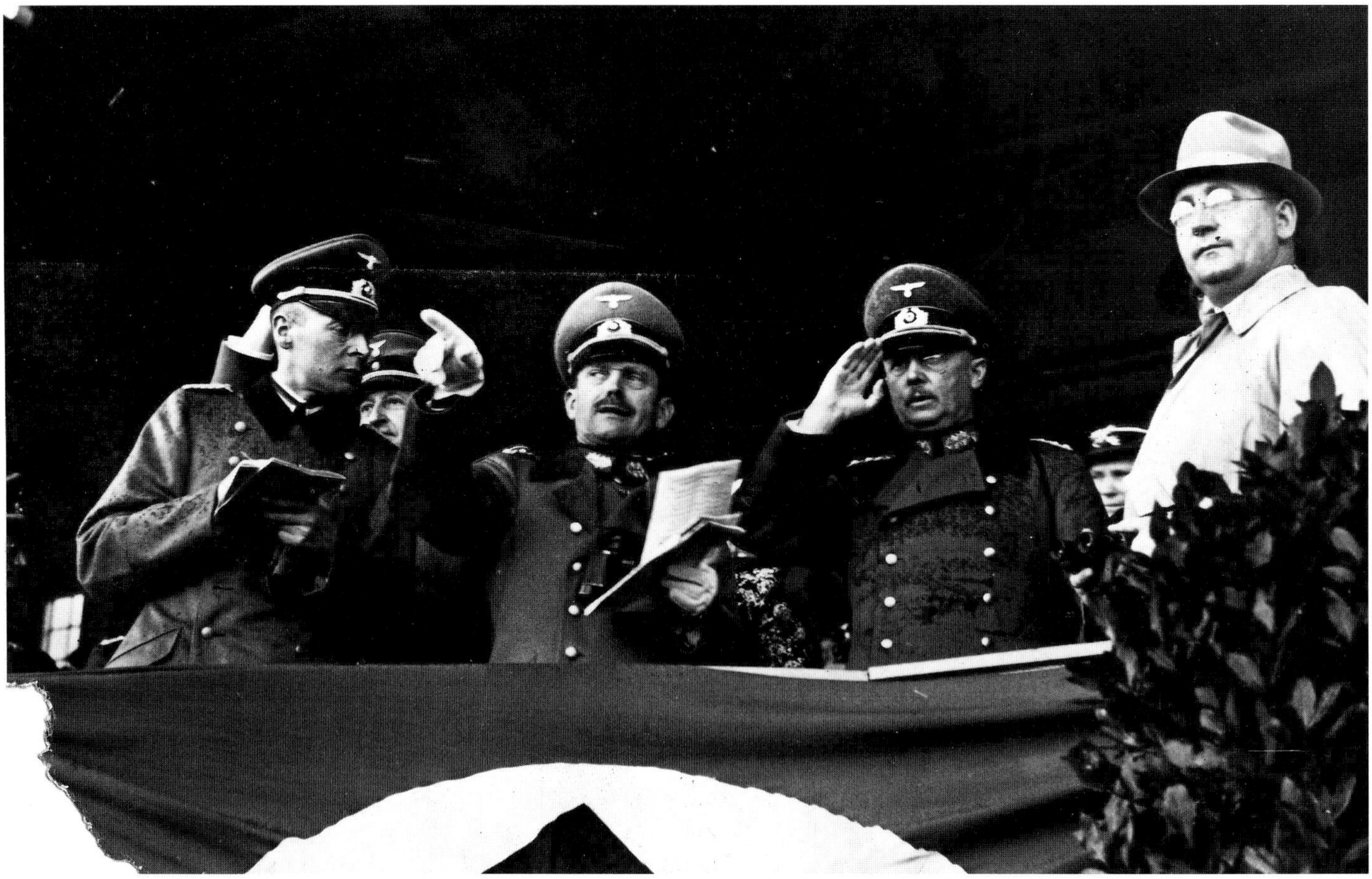

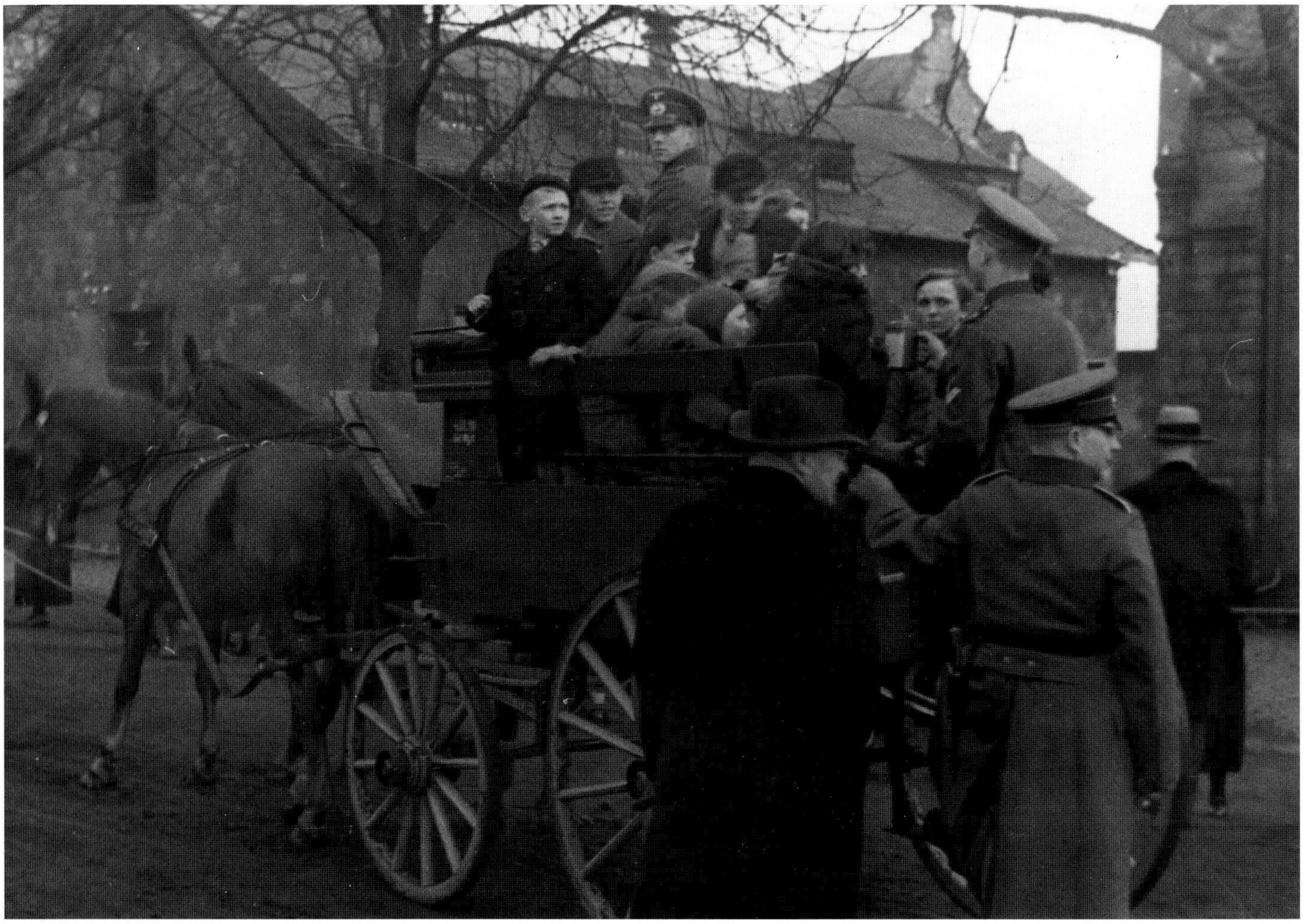

Linke Seite:

220 a
Oben: Generaloberst Werner Freiherr von Fritsch, der Oberbefehlshaber des Heeres (zweiter von links), beim Besuch des Standorts Mannheim. 16.2.1937.
Aufn. Hans Jütte.
Rechts neben v. Fritsch der Divisionskommandeur der 33. Division Generalleutnant Jürgen Ritter von Schobert, links dahinter ist Oberbürgermeister Renninger gerade noch zu erkennen.

220 b
Unten: Kutschenfahrt für Mannheimer Kinder im Hof der Kaiser-Wilhelm-Kaserne während der Sammlung für das Winterhilfswerk. 6.12.1936.
Aufn. Hans Jütte.

221 a
Gallwitz-Kaserne, benannt nach dem preußischen General und späteren DNVP-Politiker Max von Gallwitz, in Käfertal am Tag ihrer Einweihung. 16.3.1938.
Da hier die Beobachtungsabteilung 33 stationiert war, wurde sie auch Beobachtungskaserne genannt.

221 b
Übersicht über die Kasernen der Wehrmacht in Mannheim (Stand: August 1939).

Name der Kaserne (in Klammern heutiger Name)	Nutzung durch die Wehrmacht ab	1939 belegt durch	Lage
Kaiser-Wilhelm-Kaserne, später auch Artilleriekaserne (Turley Barracks)	7.3.1936	• Rgt. Stab Art. Reg. 69 • 1. Abt. Art. Reg. 69 • SanStaffel Mannheim • Wehrmachtfürsorgeoffizier	Neckarstadt, Grenadierstraße
Flakkaserne (Sullivan Barracks)	1.10.1937	• 1. Abt. Flak Reg. 49 • Luftwaffen SanStaffel	Käfertal, nördl. von Fürther Platz
Loretto-Kaserne (Loretto-Kaserne)	12.10.1937	• 2. Btl. Inf. Reg. 110	Seckenheim, Badener Platz
Pionierkaserne (Spinelli Barracks)	17.12.1937	• Pionier Btl. 33	Feudenheim, Am Aubuckel
Gallwitz-Kaserne, auch Beobachtungskaserne (Funari Barracks)	16.3.1938	• Beobachtungsabt. 33	Käfertal, Bensheimer Straße
Lüttichkaserne (Ludwig-Frank-Kaserne, jetzt geräumt)	im Lauf des Jahrs 1938	• 2. Abt. Art. Reg. 69	Neckarstadt, Ulmenweg
Fliegerhorst Sandhofen (Coleman Barracks)	15.3.1937	• 2. Grp. Jagdgeschw. 53 • Wetterberatungszentrale	Sandhofen, nördl. der Autobahn A 6

Eine Kommission von Offizieren und Militärbeamten aus Berlin und Wiesbaden legte im Spätherbst 1936 in Verbindung mit Mannheimer Militärstellen verschiedene Geländeflächen fest, die für die in Aussicht genommenen Kasernenbauten genutzt werden sollten.[5] Geplant waren zunächst Kasernen in Käfertal (Flakkaserne), am Nordrand von Feudenheim (Pionierkaserne), am Westrand von Seckenheim (Lorettokaserne) und nordwestlich des alten Exerzierplatzes in der Neckarstadt (Lüttichkaserne). Außerdem faßte man für ein Panzerwagenregiment noch einen Standort bei Friedrichsfeld ins Auge; doch diese Einheit wurde später in Schwetzingen stationiert.[6]

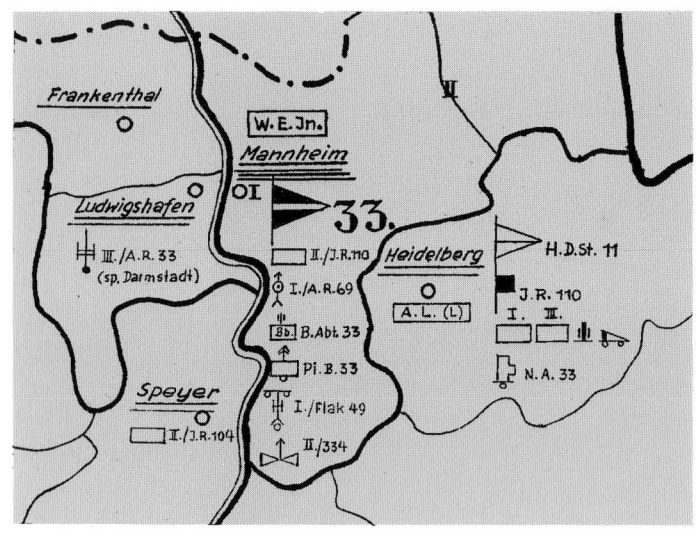

222 b
Oben: Ausschnitt aus einer Skizze der Unterbringung des XII. Armeekorps und des Wehrkreises XII ab 12.10.1938.
Die taktischen Zeichen bei Mannheim bedeuten (von oben):
Wehrersatzinspektion, Stab der 33. Division, 2. Bataillon Infanterieregiment 110,
1. Abteilung Artillerieregiment 69, Beobachtungsabteilung 33, Pionierbataillon 33,
1. Abteilung Flakregiment 49, 2. Gruppe Jagdgeschwader 334.

222 a
Links: Feierliche Verleihung der Fahnen an das Infanterieregiment 110 nach Abschluß einer Regimentsübung bei Bellheim in der Pfalz durch den kommandierenden General des in Wiesbaden stationierten XII. Armeekorps Kreß von Kressenstein. 21.8.1937. Aufn. Hans Jütte.
General Kreß von Kressenstein (mit der Hand an der Fahne) reicht dem Kommandeur des Infanterieregiments 110 Oberst Loehning die Hand.

222 c
Unten: Pioniere beim Besteigen eines Schlauchboots zur Flußüberquerung, vermutlich am Pionierwasserübungsplatz am Neckar bei Feudenheim. Um 1938. Aufn. Hans Jütte.

Weitere Bauvorhaben, die später in Planung gingen und teilweise erst im Krieg abgeschlossen wurden, waren die Gallwitzkaserne und die Scheinwerferkaserne in Käfertal. Nachdem die 33. Division ihren Sitz von Darmstadt nach Mannheim verlegt hatte, entstand hierfür ein repräsentatives Gebäude am Horst-Wessel-Platz (Carl-Reiß-Platz) in der Oststadt. Hinzu kamen die Rollfeldvergrößerung und Erweiterung des Flugplatzes Sandhofen sowie in dessen Nähe der Bau einer Kaserne für die Flieger, außerdem ein Standortlazarett und eine Pionierwasserübungsstelle am Neckar bei Feudenheim. Des weiteren erwarb die Wehrmacht ein Grundstück von insgesamt 200 ha im Rheinauer Wald, das als Standortübungsplatz genutzt wurde. Hinzu kamen infrastrukturelle Maßnahmen, wie der Anschluß der militärischen Liegenschaften an das Straßen- und Gleisnetz und an die Strom- und Wasserversorgung. Für einen angemessenen Rahmen bei den feierlichen Vereidigungen der Rekruten und sonstigen militärischen Veranstaltungen wurde der Ehrenhof des Schlosses umgestaltet. Dies beinhaltete die Entfernung der Herschel-Brunnen sowie der Grünanlagen.[7]

Insgesamt erwarb die Wehrmacht von der Stadt, aber auch von Privatpersonen weit über 600 ha Grundfläche zu sehr günstigen Preisen. Die Stadt Mannheim stellte sich dabei auf den Standpunkt, nichts an der Wehrmacht verdienen zu wollen, und gab die Gelände höchstenfalls zu Preisen ab, zu welchen es möglich war, wieder gleichwertiges Gelände zu erwerben. In vielen Fällen schoß die Stadt auch die Erschließungskosten für das Grundstück vor oder übernahm sie sogar selbst.[8] Dies alles führte zu einer regen Belebung des Baugeschäfts. Als Beleg für den immensen Aufwand mögen die Investitionen allein für die Luftwaffe in Höhe von rund 20 Mio. RM stehen, nämlich für die Fliegerkaserne in Sandhofen (12 Mio. RM) und die Flakkaserne in Käfertal (6–8 Mio. RM).[9]

Übrigens war der sogenannte Einmarsch in die entmilitarisierte Zone bereits vor dem 7. März 1936 teilweise vollzogen, da viele Verbände schon früher in den rheinischen Städten als Landespolizeigruppen stationiert waren. Nur ihre Polizeiuniformen tauschten sie jetzt gegen das Feldgrau der Wehrmacht ein: Ab März 1936 konnte auf die bisherigen Tarnmaßnahmen verzichtet werden.[10] So erhielt die Landespolizeigruppe 51 mit Sitz in Mannheim am 7. März 1936 einen schriftlichen Befehl, in dem von der Landespolizei-Inspektion in Pforzheim die Aufhebung der entmilitarisierten Zone für 12.00 Uhr mitgeteilt wurde.[11] Ferner führte sie von nun an kurzfristig die Bezeichnung Infanterie-Regiment 51 und wurde der neugebildeten Infanterie-Division 33 unterstellt. Bereits wenig später, am 1. April 1936, wurde sie in Infanterie-Regiment 110 umbenannt. Damit knüpfte man an die Tradition des 2. badischen Grenadier-Regiments Kaiser-Wilhelm I. Nr. 110 an.[12] In ähnlicher Weise verfuhr man mit der Technischen Landespolizeiabteilung 5 (mot.), die in Mannheim und in Germersheim lag. Aus ihr entstand am 16. März 1936 das Pionierbataillon 33.[13]

223
Soldaten demonstrieren Kindern und Jugendlichen den Karabiner 98 K, das Standardgewehr der Wermacht. Um 1938. Aufn. Hans Jütte.
Die Vorführung fand vermutlich an einem der *Eintopfsonntage* im Käfertaler Wald statt.

Die ersten in Mannheim wirklich neuen Einheiten waren die bereits erwähnte Flak-Abteilung aus Nordbayern[14] und die 1. Abteilung eines Artillerieregiments,[15] die am 7. März 1936 Einzug hielten, sowie tags darauf die Panzerabwehrabteilung 38 aus Ohrdruf. In den Jahren bis 1939 folgten neben dem Stab der 33. Division noch mehrere Einheiten des Heers, wie die Beobachtungsabteilung 33[16] und die 2. Abteilung des Artillerieregiments 69,[17] sowie für die Luftwaffe die 2. Gruppe des Jagdgeschwaders 53,[18] auch bekannt unter der Bezeichnung *Pik-As-Geschwader*.[19]

224
Vorbeimarsch der nach der Besetzung des *Sudetenlands* nach Mannheim zurückkehrenden Truppen am Wasserturm. 10.10.1938. Aufn. Artur Pfau.
In der Mitte, militärisch grüßend, der neue Kommandeur der 33. Division Generalmajor Hermann Ritter von Speck. Rechts neben ihm mit zum *Deutschen Gruß* erhobenen Arm Oberbürgermeister Renninger mit Gattin. In der Mitte hinten in schwarzer Uniform der Mannheimer Polizeipräsident SS-Sturmbannführer Dr. Ramsperger.

Im August 1939 stellte sich die Stationierung der Wehrmacht in Mannheim wie folgt dar: Regimentsstab sowie 1. und 2. Abteilung des Artillerieregiments 69, 1. Abteilung des Flakregiments 49, 2. Bataillon des Infanterieregiments 110, Pionierbataillon 33, Beobachtungsabteilung 33, 2. Gruppe des Jagdgeschwaders 53, zwei Sanitäts-Staffeln des Heers bzw. der Luftwaffe sowie eine Wetterberatungszentrale (s. auch Tabelle 221b in diesem Band). Hinzu kamen noch Verwaltungsdienststellen: die Wehrersatzinspektion des XII. Armeekorps unter Generalleutnant Zimmermann in M 7, 5, das Wehrbezirkskommando I in L 15, 1 sowie das Wehrbezirkskommando II und das Wehrmeldeamt 1 und 2 in C 7, 5, die Standortkommandantur Mannheim-Ludwigshafen unter Oberst Buchert in der Hildastr. 3, später im Neubau am Horst-Wessel-Platz (Carl-Reiß-Platz), in dem sich dann auch der Stab der 33. Division befand, das Gericht der 33. Division unter Kriegsgerichtsrat Kunze in der Maximilianstr. 10, die Wehrwirtschaftstelle unter Major Dr. Wildt in der Karl-Ludwig-Str. 7, die Heeresstandortverwaltung in der Kronprinzenstr. 89, das Heeresbauamt unter Regierungsbaurat Dr. Lang in der Mollstr. 51, das Heeresverpflegungsamt in der Hochuferstr. 34 sowie schließlich die Heeresfachschule V unter Direktor Hertel in der Seckenheimerstr. 5.

Diese beeindruckende Auflistung belegt anschaulich, daß die Garnison Mannheim 1939 eine Stärke angenommen hatte, welche die vor dem Ersten Weltkrieg bei weitem übertraf.[20] Anhand von Stellenbesetzungen, Kriegsstärkenachweisungen, Stärkemeldungen und Rekrutenbedarfsmeldungen der Einheiten sowie durch Vergleiche mit Einheiten derselben Truppengattungen in anderen Standorten läßt sich die Truppenstärke der kämpfenden Einheiten in Mannheim auf annähernd 6 500 Mann beziffern.[21] Obwohl man die Personalstärke der in Mannheim ansässigen Verwaltungsdienststellen nicht genau bestimmen kann,[22] ist von insgesamt mindestens 10 000 Mann an Soldaten und zivilen Wehrmachtsangehörigen in Mannheim auszugehen. Diese Schätzung entspricht im übrigen den oben erwähnten Angaben von Oberbürgermeister Renninger, der in der Sitzung mit den Ratsherren am 9. Oktober 1936 eine geplante Belegung von 8000 bis 10 000 Mann ankündigt hatte.[23] Da zu diesem Zeitpunkt die tatsächliche Stationierungsentwicklung noch nicht abzusehen war, könnte die Belegung vielleicht sogar noch etwas höher gewesen sein.

Wie nicht anders zu erwarten, feierten die dem System hörigen Presseorgane Neue Mannheimer Zeitung und Hakenkreuzbanner den Einzug der Wehrmacht in Mannheim euphorisch und umfangreich. Gerade in der ersten Zeit nach dem 7. März 1936 erschienen mehrere seitenlange Berichte voller Stolz und Pathos über *unsere Soldaten*. Es folgten Artikel über die einzelnen Einheiten wie beispielsweise *Mannheims Flakbatterie stellt sich vor*[24] oder *Unsere Panzerjäger*.[25]

Die erste Parade zur „Begrüßung" der Wehrmacht in Mannheim fand, mit großem Aufwand in Szene gesetzt, sinnigerweise anläßlich des *Führer*-Geburtstags am 20. April 1936 statt. Trotz aller Abstriche, die bei der Bewertung der breiten zeitgenössischen Zeitungsberichte geboten sind,

225
Zwei mit Blumen geschmückte Angehörige des Artillerieregiments 69 bei einer Parade in Mannheim. Aufn. Hans Jütte.
Vermutlich handelt es sich um die Siegesparade nach dem erfolgreichen *Westfeldzug* im Sommer 1940.

bleibt doch erkennbar, daß die Wehrmacht von der Mannheimer Bevölkerung überaus herzlich empfangen wurde und die Neugier und das Interesse sehr groß war. Die Bilder von dieser und auch späteren Paraden zeigen stets große Menschenansammlungen an den Straßenrändern, festliche Beflaggung, ja manchmal sogar von den Mannheimern mit Blumen reichlich „dekorierte" Soldaten. Auch in den Folgejahren blieb das Interesse der Bevölkerung an der Wehrmacht, teilweise auch die Faszination des Militärs besonders für die Jugend, offenbar ungebrochen.

Auch im täglichen Lebens war eine zunehmende Militarisierung unübersehbar. Die häufigen Feier- und Gedenktage des Nationalsozialismus wurden fortan mit militärischem Zeremoniell begangen. Von der Wehrmacht veranstaltete öffentliche Rekrutenvereidigungen, zumeist im Schloßhof, sonntägliche Platzkonzerte der Wehrmacht am Wasserturm, sogenannte Eintopfsonntage, der *Tag der Wehrmacht* oder der *Tag der Luftwaffe*, bei denen der Bevölkerung Gelegenheit gegeben wurde, das Soldatenleben auch innerhalb der Kasernen kennenzulernen, fanden bei den Mannheimern großen Anklang und wurden zahlreich und wohl auch gerne besucht. Zudem trat die Wehrmacht auch im Rahmen wohltätiger Zwecke im Stadtbild in Erscheinung, so bei den Sammlungen für das Winterhilfswerk.

Daß die Wehrmacht nicht nur auf Zustimmung, sondern wenigstens gelegentlich auch auf Unmut in der Mannheimer Bevölkerung stieß, wird nur selten erkennbar. Dennoch finden sich in den Ratsprotokollen einige wenige Punkte, die einen Schatten auf den von der nationalsozialistischen Presse suggerierten Glanz der Verbundenheit zwischen der Wehrmacht und den Mannheimer Bürgern werfen. So sorgten die zahlreichen Geländeüberlassungen an die Wehrmacht für Konfliktstoff, da diese zum Teil auch aus privatem Grundeigentum bestritten werden mußten. So gibt es etwa im Februar 1938 Anhaltspunkte dafür, daß einzelne Bauern in Käfertal mit der Entschädigung für ihre Grundstücke nicht zufrieden waren. Oberbürgermeister Renninger befand hierzu lapidar, die Bauern sollten bedenken, daß Mannheim nun eine Wehrmacht habe, die ihre Felder schütze und auch sonst manchen finanziellen Vorteil gebracht habe.[26]

Gleichermaßen sorgte später anscheinend das Wehrleistungsgesetz für Verstimmungen. Nach diesem war jeder Einwohner verpflichtet, der Wehrmacht Unterkunft und Verpflegung zu gewähren. In der Sitzung mit den Ratsherren am 4. März 1940 erklärte Oberbürgermeister Renninger, in der Vergangenheit habe man *bezüglich der Einquartierung von Soldaten nicht bei allen Kreisen der Bevölkerung das notwendige Verständnis gefunden, so daß in einzelnen Fällen nachgeholfen werden mußte.*[27] Auf die näheren Umstände wird jedoch weiter nicht eingegangen. Zu diesem Zeitpunkt befand sich Deutschland allerdings bereits im Krieg, in dessen weiterem Verlauf Mannheim einmal mehr für seine militärstrategische Bedeutung schwer bezahlen mußte.

Anmerkungen

Die NSDAP in Mannheim vor 1933

1 Die Angabe bei Werner Maser: Die Frühgeschichte der NSDAP. Hitlers Weg bis 1924. Frankfurt a.M. u.a. 1965, S. 315, die Mannheimer Ortsgruppe sei neben Dortmund die älteste Ortsgruppe außerhalb Bayerns, ist so nicht zutreffend. Mindestens in Stuttgart gab es im Juni/Juli 1920 eine NSDAP-Ortsgruppe, während die in Dortmund bereits Anfang Juni 1920 gegründet worden war; vgl. Ausstellungsreihe Stuttgart im Dritten Reich. Völkische Radikale in Stuttgart. Zur Vorgeschichte und Frühphase der NSDAP 1890–1925. Zusammengestellt von Jürgen Genuneit. Begleitausstellung zum PROLOG: Politische Plakate der späten Weimarer Pepublik. Eine Ausstellung des Projekts Zeitgeschichte „Kultur unterm Turm". Stuttgart 1982, S. 82 ff. mit Anm. 12.
Aus Stuttgart kam dann auch Ernst Ulshöfer, der maßgeblich an der Gründung der Mannheimer Ortsgruppe beteiligt war. Zur Geschichte der frühen NSDAP in Baden mit vielen Hinweisen auf Mannheim vgl. Johnpeter Horst Grill: The Nazi Party in Baden, 1920–1945. Vol. 1. (Ph. D. University of Michigan 1975) Ann Arbor 1980. Für Mannheim knapp zusammenfassend vgl. Herbert Hoffmann: Im Gleichschritt in die Diktatur? Die nationalsozialistische „Machtergreifung" in Heidelberg und Mannheim 1930 bis 1935 (Sonderveröffentlichung des Stadtarchivs Mannheim Nr. 9). Frankfurt a.M. u.a. 1985, S. 75–81. Vgl. auch Thomas Fiedler: Die Geschichte der NSDAP in Mannheim 1921–1932. Staatsexamensarbeit Universität Mannheim 1990.

2 Zu Ulshöfer vgl. Stuttgart im Dritten Reich (wie Anm. 1) S. 122 ff.

3 Vgl. W. Maser (wie Anm. 1) S. 254 f. Einige wenige Namen bezeugen die personelle Kontinuität der damaligen organisatorischen Anfänge über die Zeit des Parteiverbots hinweg, so Otto Gebele von Waldstein, der seit 1931 im örtlichen NS-Organ Hakenkreuzbanner zu *Mannheimer Kunstfragen* Stellung nahm und 1933 als Hilfsreferent für die Kunsthalle und Organisator einer Ausstellung *kulturbolschewistischer* Kunst im April desselben Jahres unrühmlich hervortrat. Siehe hierzu unten das Kapitel *Das Schicksal von Chagalls „Rabbiner"*, S. 179–190 in diesem Band.

4 Vgl. J. H. Grill (wie Anm. 1) S. 116. Vgl. auch Bericht der Landespolizeistelle Karlsruhe über politische Bewegungen in Baden, B. 8, 15.7.1925, S. 4, StaatsA Bremen, 4, 65-1773.

5 Vgl. Volksstimme 27.8.1925 (Ausschnitt), StadtA MA, NL Emil Hofmann, Zug. 9/1972, Nr. 71.

6 Vgl. T. Fiedler (wie Anm. 1) S. 21 f.
Vgl. auch Bericht der Landespolizeistelle Karlsruhe über politische Bewegungen in Baden, Juni 1926, S. 6, StaatsA Bremen, 4, 65-1773, wo es über die Entwicklung der NSDAP in Baden heißt: *Die Auswirkung dieser intensiven Propaganda ist hinsichtlich der Zunahme von Mitgliedern bis jetzt offenbar nur gering gewesen. Auch der zum Teil recht mäßige Besuch der obengenannten Veranstaltungen bewies, daß die nationalsozialistischen Ideen nur noch sehr wenig Anklang bei der Allgemeinheit finden.*

7 Vgl. Bericht der Landespolizeistelle Karlsruhe über politische Bewegungen in Baden, 1.6.1927, S. 7, StaatsA Bremen, 4, 65-1774. Nach dieser Quelle kamen überdies zehn der beteiligten SA-Männer aus Heidelberg.

8 Vgl. Bericht der Landespolizeistelle Karlsruhe über politische Bewegungen in Baden, 15.1.1928, S. 5 f., StaatsA Bremen, 4, 65-1774. Presseberichte der kommunistischen Arbeiterzeitung, der rechtsliberalen Neuen Mannheimer Zeitung sowie der sozialdemokratischen Volksstimme in StadtA MA, NL Emil Hofmann, Zug. 9/1972, Nr. 71.
Aus nationalsozialistischer Sicht vgl. Friedrich Hupp: Das Heimatbuch der Stadt Mannheim. Mannheim 1939, S. 315 f.

9 Vgl. Bericht der Landespolizeistelle Karlsruhe über politische Bewegungen in Baden, 15.3.1928, S. 19 f., StaatsA Bremen, 4, 65-1774.

10 Vgl. F. Hupp (wie Anm. 8) S. 318 f., der sich auf Mitteilungen des inzwischen zum HJ-Obergebietsführer aufgestiegenen Kemper stützt. Der Bericht der Landespolizeistelle Karlsruhe über politische Bewegungen in Baden, 15.3.1928, S. 2, StaatsA Bremen, 4, 65-1774 nennt allerdings 300 Mitglieder.

11 Vgl. Friedrich Walter: Schicksal einer deutschen Stadt. Geschichte Mannheims 1907–1945. Bd. 2: 1925–1945. Frankfurt a.M. 1950, S. 81. Das waren freilich nur 1,9 % der Wähler, und damit blieb das Mannheimer Ergebnis unter dem Reichsdurchschnitt der Partei (2,3 %). Vgl. auch die Wahlanalyse im Bericht der Landespolizeistelle Karlsruhe über politische Bewegungen in Baden, 15.6.1928, StaatsA Bremen, 4, 65-1774.

12 Vgl. F. Walter (wie Anm. 11) S. 81.

13 Vgl. die Presseberichte in StadtA MA, NL Emil Hofmann, Zug. 9/1972, Nr. 71.

14 Vgl. H. Hoffmann (wie Anm. 1) S. 77.

15 Den Wechsel in der Ortsgruppenleitung meldete das Gau-Organ der NSDAP, vgl. Der Führer 15.3.1930 (Ausschnitt), StadtA MA, NL Emil Hofmann, Zug. 9/1972, Nr. 71. Carlo (Karl) Lenz (1899–1944), 1929/30 MdL in Baden, dann MdR (1930–1936), wechselte 1931 als Gauleiter nach Hessen, wo er 1931/32 ein Landtagsmandat wahrnahm. Zu den innerparteilichen Auseinandersetzungen in Mannheim vgl. die Presseberichte in StadtA MA, NL Emil Hofmann, Zug. 9/1972, Nr. 71 sowie die Berichte des Badischen Landespolizeiamts über politische Bewegungen, 20.2.1930, S. 9, und über die NSDAP, 19.8.1930, S. 10, Staatsanwaltschaft Mannheim (Kopien StadtA MA, D 1 (BDdW), Nr. 721).

16 Vgl. H. Hoffmann (wie Anm. 1) S. 78 f. Im Bürgerausschuß waren die Nationalsozialisten fortan mit 14 Mitgliedern vertreten und stellten vier von 24 Stadträten.

17 Vgl. J. H. Grill (wie Anm. 1) S. 198; H. Hoffmann (wie Anm. 1) S. 80.

18 Siehe Abb. der Titelseite von Hakenkreuzbanner 3.1.1931 auf S. 14 in diesem Band. Das provozierende Auftreten der nationalsozialistischen Sprecher gipfelte am 19.1.1932 im Bürgerausschuß sogar in handgreiflichen Auseinandersetzungen; vgl. Neue Mannheimer Zeitung 20.1.1932 und Hakenkreuzbanner 21.1.1932.

19 Vgl. H. Hoffmann (wie Anm. 1) S. 78.

20 Vgl. Hakenkreuzbanner 7.10.1931.

21 Vgl. Hakenkreuzbanner 18.11.1931.

22 Vgl. Hakenkreuzbanner 4.11. u. 7.11.1931.

23 Vgl. die Wahlanalysen in Widerstand gegen den Nationalsozialismus in Mannheim. Im Auftrag der Stadt Mannheim hg. von Erich Matthias und Hermann Weber unter Mitwirkung von Günter Braun und Manfred Koch. Mannheim 1984, S. 54–69, bes. S 64 ff. Vgl. auch H. Hoffmann (wie Anm. 1) S. 86 ff. u. 111.

Machtergreifung

1 Vgl. HAKENKREUZBANNER 2.1.1933.
2 HAKENKREUZBANNER 6.1.1933. Dort auch das folgende Zitat.
3 HAKENKREUZBANNER 17.1.1933. Daß man bei der NSDAP in Baden nicht mit einer unmittelbar bevorstehenden politischen Entscheidungssituation rechnete, legt auch die Tatsache nahe, daß Gauleiter Robert Wagner Anfang Januar seinem Stellvertreter Walter Köhler die Amtsgeschäfte in Karlsruhe überließ, um sich in München seiner neuen Aufgabe als Leiter des Personalamts im Stab der Reichsorganisation der NSDAP zu widmen. Dort war Wagner damit zum zweiten Mann hinter dem Stabsleiter der Parteiorganisation Robert Ley aufgestiegen.
4 Alle Zitate HAKENKREUZBANNER 10.1.1933.
5 Vgl. NEUE MANNHEIMER ZEITUNG 31.1.1933.
6 FRIEDRICH WALTER: Schicksal einer deutschen Stadt. Geschichte Mannheims 1907–1945. Bd.2: 1925–1945. Frankfurt a.M. 1950, S. 177; vgl. HERBERT HOFFMANN: Im Gleichschritt in die Diktatur? Die nationalsozialistische „Machtergreifung" in Heidelberg und Mannheim 1930 bis 1935 (Sonderveröffentlichung des Stadtarchivs Mannheim Nr. 9). Frankfurt a.M. u.a. 1985, S. 133.
7 Vgl. FRITZ SALM: Im Schatten des Henkers. Widerstand in Mannheim gegen Faschismus und Krieg. 2. Aufl. Frankfurt a.M. 1979, S. 33 ff.
8 NEUE MANNHEIMER ZEITUNG 6.2.1933.
9 Hier herrschte noch Mitte Februar eine Patt-Situation. Am 18. Februar führte die Antifaschistische Aktion eine Demonstration mit mehreren tausend Teilnehmern durch. Am darauffolgenden Tag zeigte die Eiserne Front ihre ungebrochene Stärke, als rund 8 000 Menschen dem Aufruf von SPD und ADGB folgten und durch die Stadt zogen. An der abschließenden Kundgebung mit dem SPD-Reichstagsabgeordneten Ernst Roth wuren sogar über 15 000 Zuhörer gezählt; vgl. H. HOFFMANN (wie Anm. 6) S. 135.
10 Vgl. F. SALM (wie Anm. 7) S. 46 f.
11 Vgl. WIDERSTAND GEGEN DEN NATIONALSOZIALISMUS IN MANNHEIM. Im Auftrag der Stadt Mannheim hg. von Erich Matthias und Hermann Weber unter Mitwirkung von Günter Braun und Manfred Koch. Mannheim 1984, S. 258 f.
12 Vgl. F. SALM (wie Anm. 7) S. 40 ff.
13 Vgl. WIDERSTAND (wie Anm.11) S. 118; das Zitat aus VOLKSSTIMME 23.2.1933.
14 NEUE MANNHEIMER ZEITUNG 23.2.1933.
15 Vgl. NEUE MANNHEIMER ZEITUNG 25.2.1933.
16 Vgl. NEUE MANNHEIMER ZEITUNG 4.3.1933.
17 Gemeinsam verfügten die Arbeiterparteien mit 41,1 % immer noch über eine deutlich größere Anhängerschaft als die vereinigte Rechte; diese rechnerische Mehrheit entsprach jedoch, trotz der gemeinsamen Betroffenheit durch nationalsozialistischen Druck, keiner politisch handlungsfähigen Einheit.
18 Vgl. NEUE MANNHEIMER ZEITUNG 6.3.1933.
19 Vgl. HAKENKREUZBANNER 9.3.1933. Ob Oberbürgermeister Heimerich gegen den drohenden Rechtsbruch Polizeischutz anforderte, ist nicht bekannt. Jedenfalls griff die Ordnungsmacht trotz der offenbar illegalen Machtanmaßung nicht ein. So konnten die Nationalsozialisten ihre Fahnen am Abend ohne Störung feierlich wieder einholen; vgl. NEUE MANNHEIMER ZEITUNG 7.3.1933; dort auch Berichte über ähnliche Aktionen in den Mannheimer Vororten.
20 Vgl. NEUE MANNHEIMER ZEITUNG 10.3.1933.
21 Vgl. NEUE MANNHEIMER ZEITUNG 10.3.1933. Das Volkshaus wurde zwei Tage später von der SA geräumt, blieb aber unter Bewachung der Polizei. Aus der Volksstimme rückte die SA wohl erst am 12. März ab; vgl. NEUE MANNHEIMER ZEITUNG 11.3.1933. Das Volksstimme-Gebäude blieb aber unter polizeilichem Gewahrsam, vgl. NEUE MANNHEIMER ZEITUNG 14.3.1933; HAKENKREUZBANNER 15.3.1933. Die Angaben über Zerstörungen in beiden Häusern sind widersprüchlich; vgl. die zitierten Zeitungen, dagegen WIDERSTAND (wie Anm.11) S. 120; H. HOFFMANN (wie Anm. 6) S. 150. Jedenfalls nutzte das HAKENKREUZBANNER die Gelegenheit zu einem reichsbebilderten polemischen Angriff auf die *Rotationssynagoge eines Juden Harpuder* sowie *die gutbezahlten Bonzen, die von den Arbeitergroschen nicht schlecht* lebten.
22 Vgl. NEUE MANNHEIMER ZEITUNG 11.3.1933. Zu den aus politischen Gründen entlassenen Beamten gehörte jedoch nicht Polizeipräsident Jakob Bader, wie H. HOFFMANN (wie Anm. 6) S. 151 und unter Berufung auf ihn WIDERSTAND (wie Anm.11) S. 74 irrig meinen: Bader wurde Anfang März ins Karlsruher Innenministerium im Range eines Ministerialrats versetzt (vgl. NEUE MANNHEIMER ZEITUNG 10.3.1933); am 21.4.1933 wurde Bader zum Ministerialdirektor befördert (vgl. NEUE MANNHEIMER ZEITUNG 21.4.1933).
23 Vgl. NEUE MANNHEIMER ZEITUNG 13.3.1933. Vgl. auch den *Aufruf* an die *Kameraden von der SA, SS und vom Stahlhelm* in HAKENKREUZBANNER 15.3.1933.
24 Vgl. HANS-JOACHIM FLIEDNER: Die Judenverfogung in Mannheim 1933–1945. Bd. 1: Darstellung (Veröffentlichungen des Stadtarchivs Mannheim Bd. 1). Stuttgart u.a. 1971, S. 112 f. Vgl. auch HAKENKREUZBANNER 16.3.1933. Während mittlere und kleine Läden bereits am 14. März wieder öffnen konnten, blieben *Warenhäuser und einige größere Geschäfte ..., wie vereinbart,* noch *den ganzen Tag geschlossen;* NEUE MANNHEIMER ZEITUNG 15.3.1933. Die Nationalsozialisten als *jüdisch* geltenden Warenhäuser blieben auch am 21.3., dem *Tag von Potsdam,* ganztägig geschlossen, während der übrige Einzelhandel an dem zum *Nationalfeiertag* erklärten Dienstag immerhin bis 13 Uhr geöffnet hatte; vgl. NEUE MANNHEIMER ZEITUNG 21.3.1933.
25 NEUE MANNHEIMER ZEITUNG 14.3.1933.
26 Vgl. ALLES FÜR DAS VOLK. ALLES DURCH DAS VOLK. Dokumente zur demokratischen Bewegung in Mannheim 1848–1948. Ausgewählt und bearb. von Jörg Schadt (Sonderveröffentlichung des Stadtarchivs Mannheim Nr. 1). Stuttgart u.a. 1977, 224 f.
27 NEUE MANNHEIMER ZEITUNG 14.3.1933.
28 Regierungsrat Karl Heinrich Müller (geb. 1889), der am 9.3.1933 mit den *Geschäften des Mannheimer Polizeipräsidenten* betraut (NEUE MANNHEIMER ZEITUNG 10.3.1933) wurde, nachdem Polizeipräsident Bader ins Innenministerium nach Karlsruhe versetzt worden war (s. anm. 22), war in Mannheim kein Unbekannter. Müller war bereits 1919 als Referendar in der Quadratestadt; seit 1920 beim Polizeipräsidium, fungierte er ab 1923 als Stellvertreter Baders. 1926 ins Innenministerium nach Karlsruhe versetzt, kam Müller 1930 wieder als Abteilungsleiter ins Mannheimer Bezirksamt. Obwohl bis 1935 in Mannheim wohnhaft, war er zuletzt wieder in Karlsruhe tätig gewesen. Seine kommissarische Tätigkeit übte er allerdings nur kurzfristig aus. Spätestens Mitte April wurde er durch den bisherigen Abteilungsleiter im Polizeipräsidium Günther Sacksofsky (geb. 1901) abgelöst (vgl. HAKENKREUZBANNER 20.4.1933, wo Sacksofsky im Bericht über eine Sitzung des Bezirksrats in seiner neuen Funktion genannt wird), der jedoch im November Mannheim verließ. Seit Oktober 1933 fungiert Dr. Otto Ramsperger (geb. 1892) als Polizeipräsident.
29 NEUE MANNHEIMER ZEITUNG 15.3.1933.
30 HAKENKREUZBANNER 16.3.1933. Hier auch die folgenden Zitate.
31 Zur Tätigkeit der Kommissare siehe unten das Kapitel *Kommunale Selbstverwaltung* S. 31–40 in diesem Band.
32 Bereits der Bericht über den *Heldengedenktag* am 12.3. wurde in der NEUEN MANNHEIMER ZEITUNG 13.3.1933 mit einem Foto aufgemacht, das den „historischen Händedruck" zwischen Hitler und Hindenburg am *Tag von Potsdam* vorwegnimmt.
33 So Kreispropagandaleiter Sturmbannführer Dr. Alfred Reuther bei seiner Ansprache vor der *Mannheimer Jugend* am Friedrichsplatz, NEUE MANNHEIMER ZEITUNG 22.3.1933. Dort auch das folgende Zitat.
34 Den Warenhäusern und den Geschäften, *die vor kurzer Zeit noch etwa Partei-Fahnen (z.B. drei Pfeile) gezeigt haben, wurde dringend abgeraten ..., Flaggen zu zeigen,* so ein Appell des Einzelhandelsverbands; vgl. NEUE MANNHEIMER ZEITUNG 21.3.1933. Die Mannheimer Schulen waren zur klassenweisen Teilnahme an dem Umzug sowie der abschließenden Kundgebung auf dem Friedrichsplatz aufgefordert worden; vgl. NEUE MANNHEIMER ZEITUNG 20.3.1933.
35 Vgl. NEUE MANNHEIMER ZEITUNG 22.3.1933. Dort auch die folgenden Zitate.
36 Vgl. HAKENKREUZBANNER 14.3.1933.
37 NEUE MANNHEIMER ZEITUNG 22.3.1933.
38 HAKENKREUZBANNER 15.3.1933.
39 NEUE MANNHEIMER ZEITUNG 4.4.1933.
40 NEUE MANNHEIMER ZEITUNG 21.4.1933. Zuwiderhandelnden drohte Wagner Parteiausschluß und gerichtliche Bestrafung an.
41 So die Überschrift in HAKENKREUZBANNER 18.4.1933.
42 Vgl. CHRISTMUT PRÄGER: Denkmäler in Mannheim von 1919 bis 1939. Eine Auswahl. In: ARCHITEKTUR IN MANNHEIM 1918–1939. Bearb. von Monika Ryll. Hg. von Peter Plachetka und Jörg Schadt (Beiträge zur Mannheimer Architektur- und Baugeschichte Nr. 2). Mannheim 1994, S. 156–199, hier S. 176–180.
43 F. WALTER (wie Anm. 6) S. 188. Die Bedeutung der Veranstaltungen wurde durch die Schirmherrschaft des Reichspräsidenten Paul v. Hindenburg unterstrichen.
44 HAKENKREUZBANNER 18.4.1933. Hitlers Verkehrspolitik stand allerdings in krassem Gegensatz zur rückwärtsgewandten, technikfeindlichen NS-Ideologie; vgl. ALFRED KUBE: Von der „Volksmobilisierung" zur Mobilmachung: Automobil und Gesellschaft im „Dritten Reich". In: Räder, Autos und Traktoren. Erfindungen aus Mannheim. Wegbereiter der mobilen Gesellschaft (Schriften des Landesmuseums für Technik und Arbeit in Mannheim, 1). Mannheim 1986, S. 138–157, hier: S. 139 f.
45 HAKENKREUZBANNER 18.4.1933.
46 F. WALTER (wie Anm. 6) S. 188.
47 Vgl. die Meldungen über die Einladung in HAKENKREUZBANNER 17.3.1933 sowie über die Zusage Hitlers in HAKENKREUZBANNER 23.3.1933.
48 NEUES MANNHEIMER VOLKSBLATT undatiert (April 1933), STADTA MA S 2/143. Vgl. auch den Kommentar *Gedanken nach der Denkmalsweihe* in HAKENKREUZBANNER 20.4.1933. Schließlich ging das Benz-Denkmal als *Schreckenstein* auf dem Fastnachtszug von 1934 in die Mannheimer Lokalgeschichte ein. Überlegungen zu einem neuen Denkmal 1936 sowie ein Spottgedicht von 1940 bei C. PRÄGER (wie Anm. 42) S. 180.
49 Vgl. NEUE MANNHEIMER ZEITUNG 21.4.1933. Geburtstagsfeiern fanden auch in den Vororten statt; vgl. NEUE MANNHEIMER ZEITUNG 22.4.1933. Bereits im Vorfeld des *Führer-Geburtstags* war die Friedrich-Ebert-Brücke sowie die Straße hinter der Feuerwache entlang dem Neckar nach Hitler benannt worden; vgl. HAKENKREUZBANNER 6.4.1933. Der Verein ehemaliger 110er pflanzte am 20. April hinter dem Offziersskasino der Kaiser-Wilhelm-Kaserne eine *Adolf-Hitler-Linde* und marschierte anschließend durch die Stadt zum Wartburghospiz in F 4, um dort die Geburtstagsfeier zu begehen; vgl. NEUE MANNHEIMER ZEITUNG 24.4.1933.
50 Vgl. NEUE MANNHEIMER ZEITUNG 28.4.1933.
51 Vgl. NEUE MANNHEIMER ZEITUNG 2.5.1933. Dort auch die folgenden Zitate.
52 Sie durften lediglich mit den Kindern in den fahnengeschmückten Straßen Spalier stehen, als die Menge am Nachmittag zum Vorbeimarsch am Rosengarten vom Stadion aus aufbrach.
53 NEUE MANNHEIMER ZEITUNG 2.5.1933.
54 NEUE MANNHEIMER ZEITUNG 11.3.1933.
55 Der Umfang der örtlichen Verfolgungsmaßnahmen

läßt sich nicht exakt feststellen. In die Mannheimer Gefängnisse dürften auch außerhalb der Stadt Inhaftierte eingeliefert worden sein. Aus den Gefangenenbüchern ergeben sich für März bis Juli 1933 zwischen 248 und 122 *Schutzhäftlinge* pro Monat; die Meldungen in der örtlichen Presse liegen bei rund der Hälfte dieser Zahlen. Die Angaben in Widerstand (wie Anm.11) S. 85 Tab. 14, die sich angeblich auf eine Auswertung des Hakenkreuzbanners stützen, sind grob unzutreffend.

56 Vgl. Hakenkreuzbanner 15.3.1933 sowie Neue Mannheimer Zeitung 15.3.1933.
57 Vgl. Neue Mannheimer Zeitung 11.3.1933
58 An diesem Tage hatte sich der sozialdemokratische Landtagsabgeordnete Daniel Nußbaum in Freiburg seiner Verhaftung widersetzt und dabei, offenbar in geistiger Verwirrung, zwei Polizeibeamte erschossen. Vgl. Verfolgung und Widerstand unter dem Nationalsozialismus in Baden. Die Lageberichte der Gestapo und des Generalstaatsanwalts Karlsruhe 1933–1940. Bearb. von Jörg Schadt (Veröffentlichungen des Stadtarchivs Mannheim Bd. 3). Stuttgart u.a. 1976, S. 55. Das Hakenkreuzbanner 20.3.1933 forderte daraufhin, *diesen Burschen auf dem Münsterplatz in Freiburg aufzuhängen.*
59 Seit Ende März werden zunehmend auch Verhaftungen wegen unberechtigten Tragens von NSDAP-Abzeichen bzw. -Uniformen, Verbreitens falscher Gerüchte sowie Verächtlichmachens der NS-Regierung in der Presse gemeldet.
60 Vgl. Katy Rosenfelder: Politische Maßnahmen des NS-Regimes am Beispiel des Lagers Kislau. Zulassungsarbeit Heidelberg 1982 (StadtA MA, Kl. Erw., Nr.756), S. 44. In Kislau befand sich bereits ein Arbeitshaus, das jedoch von dem neueingerichteten KZ organisatorisch getrennt bleiben sollte.
61 Vgl. Hakenkreuzbanner 24.4.1933 sowie Neue Mannheimer Zeitung 25.4.1933.
62 Vgl. K. Rosenfelder (wie Anm. 60) S. 57 f. Der einzige Fall von Tötung eines Häftlings im KZ Kislau, die Ermordung des früheren SPD-Landtagsabgeordneten Ludwig Marum, erfolgte – wohl auf Anweisung von Robert Wagner – während einer Abwesenheit Mohrs; vgl. Ludwig Marum: Briefe aus dem Konzentrationslager Kislau. Ausgewählt und bearb. von Elisabeth Marum-Lunau und Jörg Schadt. Hg. von den Stadtarchiven Karlsruhe und Mannheim. 2. Aufl. Karlsruhe 1988.
63 Neue Mannheimer Zeitung 6./7.5.1933.
64 Bei den AStA-Wahlen im Februar 1933 war der NSDStB bereits stärkste Kraft; vgl. Neue Mannheimer Zeitung 16.2.1933. Im April wurde dann entsprechend dem *reichsrechtlich neugeregelten Studentenrecht* ein *Führer der Studentenschaft* eingesetzt, der seinerseits Mitarbeiter ernannte. Dabei handelte es sich ausschließlich um Mitglieder des NSDStB; vgl. Neue Mannheimer Zeitung 25.4.1933. Vgl. auch Reinhard Bollmus: Handelshochschule und Nationalsozialismus. Das Ende der Handelshochschule Mannheim und die Vorgeschichte der Errichtung einer Staats- und Wirtschaftswissenschaftlichen Fakultät an der Universität Heidelberg 1933/34 (Mannheimer Sozialwissenschaftliche Studien 8). Meisenheim a.Gl. 1973.
65 Vgl. Briefwechsel zwischen der Mannheimer Studentenschaft und dem Hauptamt für Presse und Propaganda der Deutschen Studentenschaft, Berlin, April 1933, StaatsA Würzburg, Archiv der ehemaligen Reichsstudentenführung und des ehemaligen NS-Deutschen-Studentenbundes, RSF I 21 C 14/3. Grundsätzlich zur Bücherverbrennung vgl. Klaus Schönhoven: „Wir Studenten rennen wider den undeutschen Geist". Geschichte und Folgen der Bücherverbrennungen. In: Mitteilungen der Gesellschaft der Freunde der Universität Mannheim e.V. Jg. 43 (1994), Nr. 1, S. 24–31; Hans-Wolfgang Strätz: Die studentische „Aktion wider den undeutschen Geist" im Frühjahr 1933. In: Vierteljahrshefte für Zeitgeschichte Jg. 16 (1968), S. 347–372; Gerhard Sauder (Hg.): Die Bücherverbrennung. Zum 10 Mai 2933. München/Wien 1983; Akademie der Künste (Hg.): „Das war ein Vorspiel nur …". Bücherverbrennung Deutschland 1933. Voraussetzungen und Folgen. München/Wien 1983; Joachim-Felix Leonhard (Hg.): Bücherverbrennung. Zensur, Verbot, Vernichtung unter dem Nationalsozialismus in Heidelberg (Heidelberger Bibliotheksschriften 7). Heidelberg 1983.
66 Eher ist zu vermuten, daß wie in Heidelberg das schlechte Wetter eine Verschiebung bedingte.
67 Vgl. den relativ kritischen Kommentar *Besuch bei Büchern* in Mannheimer Tageblatt 20./21.5.1933 (StadtA MA, S 2/121). Dort auch das Zitat. Die nach ihrem jüdischen Stifter benannte Bernhard-Kahn-Lesehalle war den Nationalsozialisten nicht nur wegen ihrer *undeutschen* Bücherbestände ein besonderer Dorn im Auge; Träger der Einrichtung war nämlich der Verein für Volksbildung bzw. die Volkshochschule unter der Leitung von Paul Eppstein, der als Jude im Mai von dieser Funktion ebenso entbunden wurde wie von seinem Lehrauftrag an der Handelshochschule. Der Name des jüdischen Stifters der Lesehalle wurde im September 1933 getilgt.
68 Vgl. die Presseberichte in StadtA MA, S 2/121.
69 Zu diesem internen Machtkampf im allgemeinen vgl. H.-W. Strätz (wie Anm. 65).
70 Vgl. Schreiben des AStA der Handelshochschule Mannheim an den Führer der Deutschen Studentenschaft, Berlin, 23.5.1933, StaatsA Würzburg, Archiv der ehemaligen Reichsstudentenführung und des ehemaligen NS-Deutschen-Studentenbundes, RSF I 21 C 14/3.
71 Neue Mannheimer Zeitung 6.10.1933.
72 Vgl. ebd.
73 Neue Mannheimer Zeitung 14.10.1933.
74 Hakenkreuzbanner 14.10.1933.
75 Vgl. Neue Mannheimer Zeitung 14./15.10.1933.
76 Neue Mannheimer Zeitung 16.10.1933.
77 Ebd.

Kommunale Selbstverwaltung

1 Vgl. Horst Rehberger: Die Gleichschaltung des Landes Baden 1932/33. Heidelberg 1966. Die folgende Darstellung beruht, wenn nicht anders vermerkt, auf den Arbeiten von Herbert Hoffmann: Im Gleichschritt in die Diktatur? Die nationalsozialistische „Machtergreifung" in Heidelberg und Mannheim 1930 bis 1935 (Sonderveröffentlichung des Stadtarchivs Mannheim Nr. 9). Frankfurt a.M. u.a. 1985 und Horst Matzerath: Nationalsozialismus und kommunale Selbstverwaltung. Stuttgart u.a. 1970.
2 Vgl. Neue Mannheimer Zeitung Nr. 122 13.3.1933; Hakenkreuzbanner 13.3.1933.
3 Vgl. Neue Mannheimer Zeitung Nr. 126 15.3.1933 u. Nr. 123 14.3.1933; Hakenkreuzbanner 14.3.1933. Siehe auch S. 18 f. im Kapitel *Machtergreifung* in diesem Band.
4 Liste der Hilfsreferenten bei H. Hoffmann (wie Anm. 1) S. 187; vgl. auch Neue Mannheimer Zeitung Nr. 134 20.3.1933, Nr. 146 28.3.1933, Nr. 162 6.4.1933, Nr. 169 10.4.1933; Hakenkreuzbanner 27.3.1933.
5 Der Wortlaut der Erklärung der Kommissare in Die Stadtverwaltung Mannheim im Jahrfünft 1933–1937. Verwaltungsbericht der Stadt Mannheim. O.O. (Mannheim) o.J. (1938), S. 41 f.; vgl. auch Hakenkreuzbanner 16.3.1933.
6 Zitate in Die Stadtverwaltung Mannheim (wie Anm.5) S. 42.
7 Vgl. Hakenkreuzbanner 15.3.1933; Neue Mannheimer Zeitung Nr. 125 15.3.1933. Im Sommer 1933 wurde Dr. Heimerich aufgrund des Gesetzes zur Wiederherstellung des Berufsbeamtentums (s. dazu unten Anm. 10) entlassen; vgl. Friedrich Walter: Schicksal einer deutschen Stadt. Geschichte Mannheims 1907–1945. Bd. 2: 1925–1945. Frankfurt a.M. 1950, S. 192.

8 Namentliche Listen der vom 20. März bis 3. April entlassenen und beurlaubten Bediensteten der Stadtverwaltung bei H. Hoffmann (wie Anm. 1) S. 180 ff.
9 Vgl. H. Rehberger (wie Anm. 1) S. 120, 125.
10 Das Gesetz bestimmte in den §§ 3 und 4, daß Beamte nichtarischer Abstammung und solche, die sich nicht jederzeit rückhaltlos für den neuen Staat einsetzten, in den Ruhestand zu versetzen waren.
11 Vgl. H. Hoffmann (wie Anm. 1) S. 184 f.; dort auch die namentliche Liste der entlassenen Gemeindebeamten, die, bis auf zehn, alle 1933 ihre Stelle verloren.
12 Vgl. Die Stadtverwaltung Mannheim (wie Anm. 5) S. 50.
13 So nahm sich die NSDAP-Kreisleitung vor, die ersten 1 500 Mitglieder, die bis November 1930 in die Partei eingetreten waren, mit einer Arbeitsstelle zu versorgen. Zu diesem Zweck wurde der genannte Personenkreis aufgefordert, der Abteilung Arbeitsvermittlung der Kreisleitung seine sozialen Verhältnisse darzulegen; vgl. Neue Mannheimer Zeitung Nr. 240 26.5.1933; Hakenkreuzbanner 27./28.5.1933.
14 Dementsprechend stieg der Aufwand für die Wartegelder von 269 000 RM im Jahre 1932 auf 838 000 RM im Jahr 1937; vgl. Die Stadtverwaltung Mannheim (wie Anm. 5) S. 50.
15 Vgl. Die Stadtverwaltung Mannheim (wie Anm. 5) S. 51.
16 Vgl. dazu die Offenlage zu den Stadtratssitzungen 11.1.1934 u. 22.3.1934, StadtA MA, Ratsprotokolle 1934, Bd. 1, Bl. 32, 45, 355.
17 Vgl. Die Stadtverwaltung Mannheim (wie Anm. 5) S. 51.
18 Stellungnahme von H. Heimerich zur Entlastungsschrift Renningers in seinem Spruchkammerverfahren, 6.11.1947, StadtA MA, NL Hermann Heimerich, Zug. 24/1972, Nr. 135.
19 Walli wurde erst 1939 mit Wirkung vom 1.5.1937 in die NSDAP aufgenommen; s. dazu die Bildbeschriftung zu Abb. 34 a in diesem Band.
20 Vgl. Neue Mannheimer Zeitung Nr. 171 11.4.1933 u. Nr. 174 13.4.1933.
21 Neue Mannheimer Zeitung Nr. 220 13./14.5.1933; vgl. Hakenkreuzbanner 13./14.5.1933, wo berichtet wird, daß ein SPD-Stadtrat an der Sitzung teilnehmen wollte, aber nach einem Gespräch mit dem NSDAP-Fraktionsführer Dr. Orth darauf verzichtete.
22 Vgl. Neue Mannheimer Zeitung Nr. 198 29./30.4.1933; dort im Anzeigenteil die Liste der als neu „gewählt" geltenden Stadträte und Stadtverordneten.
23 Vgl. Neue Mannheimer Zeitung Nr. 213 10.5.1933, Nr. 223 16.5.1933 u. Nr. 292 29.6.1933.
24 Vgl. Hakenkreuzbanner 13./14.5.1933.
25 Vgl. Neue Mannheimer Zeitung Nr. 285 24.6.1933; Hakenkreuzbanner 23.6.1933.
26 Vgl. Neue Mannheimer Zeitung Nr. 324 18.7.1933; dort auch die Liste der neu in die städtischen Kollegien berufenen NSDAP-Mitglieder.
27 Vgl. Wahlaufruf von Stadtrat Dr. Max Jeselsohn, März 1933, StadtA MA, S 2/1889.
28 Mitteilung der Pressestelle des Staatsministeriums, Neue Mannheimer Zeitung Nr. 279 21.6.1933.
29 Neue Mannheimer Zeitung Nr. 290 28.6.1933; Hakenkreuzbanner 28.6.1933; parteiamtliche Bekanntmachung von Gauleiter Robert Wagner im Organ des NSDAP-Gaus Baden Der Führer zit. in Neue Mannheimer Zeitung Nr. 314 12.7.1933.
30 Vgl. Neue Mannheimer Zeitung Nr. 253 3.6.1933. Schoerlin wird letztmalig im Protokoll der nichtöffentlichen Sitzung des Gemeinderats am 5.9.1935 als *anwesend* genannt; StadtA MA, Ratsprotokolle 1935, Bl. 74. Er verließ das Gremium offensichtlich im Zusammenhang mit der Neubildung des Gemeinderats am 30.9.1935 nach Erlaß der Deutschen Gemeindeordnung.
31 Vgl. Neue Mannheimer Zeitung Nr. 210 8.5.1933.
32 Hakenkreuzbanner 1.6.1933.
33 Vgl. Hakenkreuzbanner 11.7.1933.
34 Vgl. Hakenkreuzbanner 16.12.1933;

229

Neue Mannheimer Zeitung Nr. 582/83 16.12.1933; Die Stadtverwaltung Mannheim (wie Anm. 5) S. 42; vgl. auch Stadtratssitzung 4.1.1934, StadtA MA, Ratsprotokolle 1934, Bd. 1, Bl. 3 ff.

35 Hakenkreuzbanner 6.7.1933.
36 Hakenkreuzbanner 9.7.1933.
37 Neue Mannheimer Zeitung Nr. 129 17.3.1933; vgl. auch Hakenkreuzbanner 17.3.1933.
38 Vgl. Hakenkreuzbanner 17.3.1933; Neue Mannheimer Zeitung Nr. 139 23.3.1933.
39 Neue Mannheimer Zeitung Nr. 148 29.3.1933; vgl. auch Neue Mannheimer Zeitung Nr. 156 3.4.1933.
40 Arnold Köttgen, zit. bei H. Matzerath (wie Anm. 1) S. 22.
41 In den deutschen Städten galten vorher 26 verschiedene Städteordnungen; vgl. Wolfgang Hofmann: Zwischen Rathaus und Reichskanzlei. Die Oberbürgermeister in der Kommunal- und Staatspolitik des Deutschen Reiches von 1890 bis 1933. Stuttgart u.a. 1974, S. 69, 84.
42 In Baden waren im Vorgriff auf die Gemeindereform die Bürgerausschüsse und Gemeindeversammlungen schon mit Wirkung von 1.3.1934 außer Tätigkeit getreten.
43 Niederschrift über die Amtseinführung der Ratsherren am 30.9.1935, StadtA MA, Ratsprotokolle 1935, Bl. 90–96, hier Bl. 91. Im Original sind die Worte *zuverlässige nationalsozialistische Gesinnung* durch Unterstreichung hervorgehoben.
44 Zum *Plankendurchbruch* 1934–36 bzw. 1936–39 vgl. Hanspeter Rings: Wider die „Zusammenhäufungen von Menschen, die in der Wurzel verderbt sind" – Altstadtsanierung in der NS-Zeit. In: Architektur in Mannheim 1918–1939. Bearb. von Monika Ryll. Mit Beiträgen von Claudia Brandt u.a. Hg. von Peter Plachetka und Jörg Schadt (Beiträge zur Mannheimer Architektur- und Baugeschichte Nr. 2). Mannheim 1994, S. 228 ff.
45 Vgl. Aussage von Oberbaudirektor J. Zizler im Spruchkammerverfahren gegen C. Renninger, 31.3.1948, StadtA MA, OB und Beigeordnete, Nr. 27.
46 Vgl. Oberbürgermeister C. Renninger zur Durchführung der DGO am 10.4.1935, StadtA MA, Ratsprotokolle 1935, Bl. 4.
47 F. Walter (wie Anm. 7) S. 201.
48 Hakenkreuzbanner 19.7.1933 über die Verabschiedung des Haushaltsplans 1933 im Bürgerausschuß.
49 Vgl. Horst Matzerath: Oberbürgermeister im Dritten Reich. Auswertung einer quantitativen Analyse. In: Oberbürgermeister. Hg. von Klaus Schwabe. Boppard a.Rh. 1981, S. 198.
50 Vgl. Carl Renninger: Gedanken über meine Amtszeit als Oberbürgermeister der Stadt Mannheim 1933–1945. Frankfurt a.M. 1956 (Privatdruck, StadtA MA, Kl. Erw., Nr. 468), S. 12 f.
51 Oberinspektor Nies und Inspektor Frey, Oberinspektor Bander und Obersekretär Stumpf blieben im Amt; vgl. H. Hoffmann (wie Anm. 1) S. 199.
52 Vgl. C. Renninger (wie Anm. 50) S. 32 f.; Aussagen von Direktor Vollmer, Dr. Ulm, Dr. Gunzert und Erklärung von leitenden städtischen Beamten (die Namen der Unterzeichneten sind von dem Schriftstück abgetrennt worden) im Spruchkammerverfahren gegen Renninger, StadtA MA, OB und Beigeordnete, Nr. 27.
53 Vgl. Aussagen der genannten Zeugen, StadtA MA, OB und Beigeordnete, Nr. 27; C. Renninger (wie Anm. 50) S. 33; Niederschriften über die nichtöffentlichen Beratungen des Oberbürgermeisters mit den Ratsherren am 16.6.1939, 27.7.1939, 4.3.1940, StadtA MA, Ratsprotokolle 1939, Bl. 71 ff., 77 ff.
54 Neue Mannheimer Zeitung Nr. 500 7.12.1939.
55 Hakenkreuzbanner 7.12.1939.
56 Niederschrift über die öffentliche Beratung des Oberbürgermeisters mit den Ratsherren am 25.4.1939, StadtA MA, Ratsprotokolle 1939, Bl. 9 ff. Im Original sind die Worte *neuen Finanzausgleich* durch Unterstreichung hervorgehoben.
57 Vgl. Schreiben von O. Walli an E. Walz, Heidelberg, 5.6.1945, StadtA MA, NL Otto Walli, Zug. 15/1978, Nr. 5.
58 Rechtsanwälte Geiler, Zutt, Schilling an den Oberbürgermeister der Stadt Mannheim, Heidelberg 8.3.1947, StadtA MA, Personalamt, Zug. 20/1969, Nr. 19099.
59 Unter der Überschrift *Außen farblos – innen rot!* wurde Walli, dem *sympathischsten unter den vier „Häuptern" der Stadt,* unterstellt, beim Bezug der Dienstvilla in L 9 unberechtigte Vorteile in Anspruch genommen zu haben; der Artikel gipfelte in der Feststellung: *Es ist Zeit, daß ausgemistet wird!* Hakenkreuzbanner 5.11.1932.
60 Erklärung von C. Stehle 8.4.1947, StadtA MA, Personalamt, Zug. 20/1969, Nr. 19099. Der NSDAP-Kreisleiter und Kommissar von 1933 Otto Wetzel versicherte im Berufungsverfahren gegen das Urteil der Spruchkammer Mannheim eidesstattlich, ihm seien die *heftigsten Vorwürfe … aus Parteikreisen* gemacht worden, weil man auf Wallis fachliche Kenntnisse nicht verzichten zu können glaubte. Wetzels *Nachfolger in der Kreisleitung Dr. Roth habe ebenfalls die Opposition gegen Herrn Walli nie aufgegeben; dieser sei von der Partei immer nur geduldet, aber nicht voll anerkannt worden;* Spruch der Berufungskammer Karlsruhe vom 2.11.1948, StadtA MA, Personalamt, Zug. 20/1969, Nr. 19099.
61 Vgl. Mitgliedschaftsamt der NSDAP an den Gauschatzmeister des Gaus Baden, München, 26.5.1939, Berlin Document Center (Bundesarchiv, Außenstelle Berlin-Zehlendorf).
62 Vgl. StadtA MA, Ratsprotokolle 1937, Bl. 104; vgl. auch Bundesarchiv, Abteilungen Potsdam, Bestand 15.01 Reichsministerium des Innern, Kommunalabteilung, Nr. 2556.
63 Vgl. Aufzeichnungen von O. Walli während seiner Inhaftierung, 1945, StadtA Mannheim, NL Otto Walli, Zug. 15/1978, Nr. 2.
64 Vgl. Spruch der Berufungskammer Karlsruhe vom 2.11.1948, StadtA MA, Personalamt, Zug. 20/1969, Nr. 19099. Im übrigen fiel das Personalwesen auch später nicht in das Ressort Wallis, sondern des Beigeordneten Ludwig Hofmann.
65 Bürgermeister J. Trumpfheller an die Spruchkammer Mannheim, 31.3.1948, StadtA MA, Personalamt, Zug. 20/1969, Nr. 19099.
66 Ebd.
67 Bürgermeister J. Trumpfheller an D. Walli, 15.12.1947, StadtA MA, Personalamt, Zug. 20/1969, Nr. 19099.
68 Vgl. Schreiben von O. Walli an E. Walz, Heidelberg, 5.6.1945, StadtA MA, NL Otto Walli, Zug. 15/1978, Nr. 5.
69 Gutachten von Prof. Dr. Schmincke, Heidelberg, 10.1.1948, StadtA MA, NL Otto Walli, Zug. 15/1978, Nr. 9.

NS-Größen

1 Neben den hier behandelten Gustav Adolf Scheel und Albert Speer sind auch der Lagerkommandant des Konzentrationslagers Auschwitz Rudolf Höß sowie der für seine Menschenversuche an KZ-Häftlingen berüchtigte Mediziner Dr. August Hirt zu erwähnen, die beide entscheidende Lebensjahre in Mannheim verbrachten. Zu Höß vgl. Friedrich Teutsch: Rudolf Höß – KZ-Kommandant von Auschwitz. In: Mannheim im Zweiten Weltkrieg. Hg. und bearb. von Jörg Schadt und Michael Caroli (Bildbände zur Mannheimer Stadtgeschichte). Mannheim 1993, S. 65–67.
2 Vgl. Die Stadtverwaltung Mannheim in dem Jahrfünft 1933–1937. Verwaltungsbericht der Stadt Mannheim. O.O. (Mannheim) o.J. (1938), S. 30.
3 Neue Mannheimer Zeitung Nr. 102, 1.3.1935. Hier auch das folgende Zitat.
4 Zu Speer vgl. Joachim Fest: Das Gesicht des Dritten Reiches. München 1963, S. 271–285; Matthias Schmidt: Albert Speer: Das Ende eines Mythos. Speers wahre Rolle im Dritten Reich. Bern/München 1982; Meinhold Lurz: Albert Speer. In: Badische Biographien, NF Bd. 2 (1987), S. 259–265; Jost Dülffer: Albert Speer – Management für Kultur und Wirtschaft. In: R. Smelser/R. Zitelmann (Hg.): Die braune Elite. 22 biographische Skizzen. Darmstadt 1989, S. 258–272; Gitta Sereny: Das Ringen mit der Wahrheit. Albert Speer und das deutsche Trauma. München 1995.
5 Vgl. Albert Speer: Erinnerungen. Berlin 1969, S. 19 ff.
6 Besonders beeindruckt zeigte sich der junge Speer von den Musikerlebnissen, die Furtwängler und Kleiber ihm hier vermittelten.
7 StadtA MA, Ratsprotokoll vom 7.5.1937, Bl 29 f.
8 Siehe S. 20–23 im Kapitel *Machtergreifung* in diesem Band.
9 StadtA MA, Ratsprotokoll vom 7.5.1937, Bl. 30.
10 Neue Mannheimer Zeitung Nr. 210, 11.5.1937.
11 Neue Mannheimer Zeitung Nr. 206, 8.5.1937.
12 Neue Mannheimer Zeitung Nr. 210, 11.5.1937.
13 StadtA MA, Ratsprotokoll vom 7.5.1937, Bl. 29. Möglicherweise war Goebbels jedoch auch über ein Detail der Kleist-Aufführung verärgert: den hinkenden Dorfrichter Adam; vgl. Das Nationaltheater Mannheim. Abriß seiner Geschichte und Führer zu den im Stadtarchiv verwahrten Unterlagen (Kleine Schriften des Stadtarchivs Mannheim Nr. 6). Mannheim 1996, S. 52.
14 Mündliche Auskunft von R. von der Malsburg (Heidelberg), einem Enkel von Carl Renninger, 1995.
15 Die Ernennung feierte das nationalsozialistische Heidelberger Studentenorgan nur einen Tag später in großer ganzseitiger Aufmachung; Der Heidelberger Student 6.11.1936.
16 Vgl. StadtA MA, Karl-Friedrich-Gymnasium, Zug. 4/1977, Nr 106. Darin findet sich unter dem angehenden Abiturienten G. A. Scheel der Eintrag: *Prüfung entscheidet (sehr schwach).*
17 Vgl. StadtA MA, Meldekartei (Wilhelm Scheel). Zum familiären Hintergrund vgl. auch die in ihren Bewertungen oftmals unzulässig verkürzende Darstellung von Georg Franz-Willing: „Bin ich schuldig?" Leben und Wirken des Reichsstudentenführers und Gauleiters Dr. Gustav Adolf Scheel 1907–1979. Eine Biographie. Landsberg a.L. 1987.
18 Vgl. eidesstattliche Erklärung von Martin Hörz im Spruchkammerverfahren gegen Scheel, StaatsA Ludwigsburg, Bestand EL 903 (Spruchkammer der Interniertenlager, Verfahrensakten des Lagers 75, Kornwestheim, Ludendorffkaserne), Nr. I/75/5321, Aktenband 1a, Bl. 96.
19 Vgl. G. Franz-Willing (wie Anm. 17) S. 9.
20 Wohl die wichtigste biographische Quelle stellen die Spruchkammerakten Scheels dar, vgl. StaatsA Ludwigsburg, Bestand EL 903, Nr. I/75/5321; zur Wahl Scheels zum Hochschulgruppenführer vgl. besonders Aktenband 1a, Bl. 94 ff. Für die Auseinandersetzungen an der Heidelberger Universität vgl. Dorothee Mussgnug: Die Universität Heidelberg zu Beginn der nationalsozialistischen Herrschaft. In: Semper Apertus. Sechshundert Jahre Ruprecht-Karls-Universität Heidelberg 1386–1986. Bd. 3. Berlin u.a. 1985, S. 464 ff.
21 Zum Fall Gumbel vgl. Anselm Faust: Der Nationalsozialistische Deutsche Studentenbund. Studenten und Nationalsozialismus in der Weimarer Republik. Bd. 2. Düsseldorf 1973, S. 57 ff.; D. Mussgnug (wie Anm. 20) S. 465 f. Zu Scheels Darstellung vgl. StaatsA Ludwigsburg, Bestand EL 903, Nr. I/75/5321, Aktenband 10, Bl. 6, 9 u. 29.
22 Baden führte als erstes deutsches Land mit dem Erlaß einer neuen Universitätsverfassung am 21.8.1933 das *Führerprinzip* an seinen Hochschulen ein: Der Rektor wurde vom Badischen Kultusminister aus der Zahl der ordentlichen Professoren ernannt und bestimmte seinerseits die Dekane der Fakultäten. Ein neu zu gründender Senat fungierte nur noch als den Rektor beratende Körperschaft ohne eigenes Beschlußrecht. Der Führerstab setzte sich ausschließlich aus politisch zuverlässigen Vertrauenspersonen des Rektors

zusammen. Vgl. Birgit Vezina: „Die Gleichschaltung" der Universität Heidelberg im Zuge der nationalsozialistischen Machtergreifung. Heidelberg 1982, S. 71 ff.; Eike Wolgast: Das zwanzigste Jahrhundert. In: Semper Apertus (wie Anm. 20) S. 21 ff.; D. Mussgnug (wie Anm. 20) S. 482.
23 Zit. nach B. Vezina (wie Anm. 22) S. 84.
24 Eidesstattliche Erklärung von Prof. Hans von Eckardt, StaatsA Ludwigsburg, Bestand EL 903, Nr. I/75/5321, Aktenband 1a, Bl. 39. Rückblickend beurteilte Scheel in einem Gespräch mit H. Thielicke seine Aktivitäten um 1933/34: *Er hätte schon damals ein schlechtes Gewissen gehabt und immer darauf gewartet, daß einer seiner Professoren ihm einmal den Kopf waschen würde. Doch hätten sie ihn bei seinem damaligen Einfluß immer nur servil umschmeichelt und ihm trotz seiner erbärmlichen Kenntnisse sogar die Examensnote „Eins" gegeben*; Helmut Thielicke: Zu Gast auf einem schönen Stern. Ulm 1987, S. 294.
25 Auf Scheels Drängen verhängte die badische Landesregierung bereits am 13.4.1933 ein totales Immatrikulationsverbot für *nichtarische* Studenten. Die reichseinheitliche Regelung, die zwölf Tage später erging, kannte diese kompromißlose Härte nicht. Eine maßgebliche Rolle spielte er auch dabei, daß trotz der Einwände des Rektorats im Juli 1933 die Zwangsexmatrikulation kommunistischer Studenten angeordnet wurde. Vgl. dazu die einzelnen D. Mussgnug (wie Anm. 20) S. 472 f. Die Namensliste der betroffenen Studenten in StaatsA Ludwigsburg, Bestand EL 903, Nr. I/75/5321, Aktenband 2, Bl. 11; vgl. auch die Abschrift aus Der Heidelberger Student vom 13.1.1934, ebd., Bl. 15.
26 Vgl. StaatsA Ludwigsburg, Bestand EL 903, Nr. I/75/5321, Aktenband 10, Bl. 10 und Aktenband 1a, Bl. 36. Als Scheel 1940 im Elsaß im Sicherheitsdienst nur zurückhaltend bei der Ausweisung von Elsässern agierte, kommentierte dies sein Sekretär mit: *Dr. Scheel will halt immer den Weihnachtsmann spielen*; ebd., Aktenband 10, Bl. 32.
27 Vgl. die eidesstattlichen Erklärungen von Dr. Lotte Wolff und Prof. Willy Andreas, StaatsA Ludwigsburg, Bestand EL 903, Nr. I/75/5321, Aktenband 6, Bl. 27 und Aktenband 10, Bl. 9.
28 Vgl. ebd., Aktenband 6, Bl. 3.
29 Vgl. ebd., Aktenband 3, Bl. 3 f., 8–10, 18, 41, 91 u. Aktenband 10, Bl. 13.
30 Aufgrund der gemeinsamen ideologischen Basis von antidemokratischen und antisemitischen Ressentiments hatten die studentischen Verbindungen am Sieg der *nationalen Bewegung* an den Hochschulen beträchtlichen Anteil, doch wurden sie schnell mit dem allumfassenden Machtanspruch der Partei und des NSDStB konfrontiert. Alle Bemühungen zur Erhaltung der Selbständigkeit der Verbindungen, auch nach Erfüllung nationalsozialistischer Forderungen wie Einführung des Führerprinzips oder die Durchsetzung des Arierparagraphen, scheiterten: Die Korporationsverbände lösten sich 1935 auf, kurze Zeit später folgten die Einzelverbindungen. Für die Einzelheiten vgl. A. Faust (wie Anm. 21), Bd. 2 S. 112 und E. Wolgast (wie Anm. 22) S. 31. Zum folgenden vgl. besonders Geoffrey J. Giles: Students and National Socialism in Germany. Princeton 1985, S. 210.
31 Gustav Adolf Scheel: Die Reichsstudentenführung. Arbeit und Organisation des deutschen Studententums. Berlin 1938, S. 9.
32 Vgl. G. J. Giles (wie Anm. 30) S. 221; Gustav Adolf Scheel: Tradition und Zukunft des deutschen Studententums. Sonderdruck der Rede des Reichsstudentenführers am 13.5.1937 in München. O.O.o.J., S. 18.
33 Vgl. StaatsA Ludwigsburg, Bestand EL 903, Nr. I/75/5321, Aktenband 6, Bl. 95 f. und Aktenband 10, Bl. 25.
34 Scheel wurde zusammen mit zwei weiteren Mitarbeitern der Heidelberger Studentenführung, Franz Six und Fritz Kubach, von Reinhard Höhn, seit Sommersemester 1935 außerordentlicher Professor für Staats- und Verwaltungsrecht an der Universität Heidelberg und strammer Nationalsozialist, für den SD gewonnen; vgl. G. J. Giles (wie Anm. 30) S. 205; Meldungen aus dem Reich 1938–1945. Die geheimen Lageberichte des Sicherheitsdienstes der SS. Bd. 1. Hg. von Heinz Boberach. Herrsching 1984, S. 13. Zur Person Höhns vgl. B. Vezina (wie Anm. 22) S. 84, Anm. 301 u. S. 126 ff.
35 Vgl. Karl Höffkes: Hitlers politische Generale. Tübingen 1986, S. 287 ff.
36 Vgl. Meldungen aus dem Reich (wie Anm. 34) S.12; StaatsA Ludwigsburg, Bestand EL 903, Nr. I/75/5321, Aktenband 6, Bl. 48 u. 107. Zu Scheels *unangreifbarer persönlicher Sauberkeit* vgl. auch ebd., Bl. 45–49 u. 55.
37 Vgl. ebd., Aktenband 6, Bl. 67, 94, 109. Durchaus ungewöhnlich – und doch wiederum bezeichnend – ist es, daß Scheel anläßlich seines 70. Geburtstags vom Salzburger Landeshauptmann Glückwünsche erhielt und der Fürstbischof zu diesem Anlaß bei einer Ansprache vom Domplatz ihm für seine Rolle in den Salzburger Kriegstagen noch einmal ausdrücklich dankte; für nähere Belege und Zitate vgl. G. Franz-Willing (wie Anm. 17) S. 76.
38 Während seiner Ludwigsburger Internierung besuchte ihn der bekannte Theologe Helmut Thielicke und resümierte: *Mich beeindruckte, wie Scheel seine Würde bewahrte. ... Er war einer der Anständigsten in den höheren Naziregionen gewesen*; H. Thielicke (wie Anm. 24) S. 294.
39 Vgl. StaatsA Ludwigsburg, Bestand EL 903, Nr. I/75/5321, Aktenband 5, Bl. 29 f.; Aktenband 6, Bl. 19, 54 ff., 73 ff., 83 ff.
40 So der Parteijurist und Generalgouverneur in Polen Hans Frank, hier zit. nach Joachim C. Fest: Das Gesicht des Dritten Reiches. Profile einer totalitären Herrschaft. 11. Aufl. München 1993, S. 287.
41 Zu Wagner vgl. Horst Ferdinand: Die Misere der totalen Dienstbarkeit. Robert Wagner (1895–1946). NSDAP-Gauleiter, Reichsstatthalter von Baden, Chef der Zivilverwaltung im Elsaß. In: Eberbacher Geschichtsblatt 91 (1992), S. 97–209; Johnpeter Horst Grill: Robert Wagner. Der „Herrenmensch" im Elsaß. In: Die braune Elite. Bd. 2. Hg. von Ronald Smelser u.a. Darmstadt 1993, S. 254–267; Ludger Syré: Der Führer vom Oberrhein. Robert Wagner. Gauleiter, Reichsstatthalter in Baden und Chef der Zivilverwaltung im Elsaß. In: Die Führer der Provinz. NS-Biographien aus Baden und Württemberg. Hg. von Michael Kißener und Joachim Scholtyseck. Konstanz 1997, S. 733–779. Vgl. auch Johnpeter Horst Grill: The Nazi Movement in Baden, 1920–1945. Chapel Hill 1983.
42 Es war Wagner, der eine Abteilung der Infanterieschule als *persönliche Schutzabteilung* den Putschisten Hitler und Ludendorff zuführte. Vgl. John Dornberg: Der Hitlerputsch. München, 8. und 9. November 1923. Frankfurt a.M. 1989, S. 32.
43 Vgl. dazu auch Ernst Otto Bräunche: Die Entwicklung der NSDAP in Baden bis 1932/33. In: ZGO 125 (1977), S. 331–375; Ernst Otto Bräunche: Die NSDAP in Baden 1928–1933. Der Weg zur Macht. In: Die Machtergreifung in Südwestdeutschland. Das Ende der Weimarer Republik in Baden und Württemberg 1928–1933. Hg. von Thomas Schnabel. Stuttgart 1982, S. 15–48.
44 Zur *Machtergreifung* in Baden vgl. Horst Rehberger: Die Gleichschaltung des Landes Baden 1932/33. Heidelberg 1966.
45 Zur Deportation nach Gurs vgl. Mannheim im Zweiten Weltkrieg (wie Anm. 1) S. 55ff.
46 Dieses Amt legte Wetzel im April 1933 nieder, um rund sechs Wochen später als Bürgermeister nach Heidelberg zurückzukehren.
47 Vgl. Heidelberger Neueste Nachrichten 25.3.1931.
48 Insbesondere der Ausbau des Parteizellen-Netzes und die Einführung eines detaillierten Flugblatt-Verteilungssystems sowie die Erfassung der Wähler vor der Wahl und die Organisierung eines Schleppdienstes am Wahltag waren Maßnahmen, mit denen Wetzel die Schlagkraft der NSDAP in Mannheim erhöhte; vgl. StadtA MA, Kl. Erw., Nr. 584.
49 Von letzterem Amt wurde Wetzel mit ausdrücklichem Dank Wagners am 11.5. entbunden; vgl. Hakenkreuzbanner 12.5.1933. Seine Tätigkeit als Kommissar der Stadt Mannheim übte er bis zur Übernahme des Bürgermeisteramts in Heidelberg Anfang Juni aus.
50 Vgl. Herbert Hoffmann: Im Gleichschritt in die Diktatur? Die nationalsozialistische „Machtergreifung" in Heidelberg und Mannheim 1930 bis 1935 (Sonderveröffentlichung des Stadtarchivs Mannheim Nr. 9). Frankfurt a.M. 1985, S. 181. Wetzel, der auch bei der Fahnenaktion vom 6.3. am Rathaus führend beteiligt gewesen war, konnte sich selbst bei der Abschlußkundgebung am 1.5., dem Tag an dem alle früheren Gegensätze begraben sein sollten, aggressive Ausfälle gegen die Marxisten nicht verkneifen; vgl. Neue Mannheimer Zeitung 2.5.1933. Mit besonderer Hartnäckigkeit verfolgte er den Intendanten des Nationaltheaters Herbert Maisch, den er nicht nur *mit Schimpf und Schande in Mannheim als unhaltbar zum Teufel gejagt* hatte, sondern im September 1933 bei Reichsjugendführer von Schirach denunzierte, nachdem Maisch die Leitung eines Jugend-Theaters übernommen hatte. *Eine solche Ernennung ist mir unfaßlich. ... Daß er aber an so entscheidender Stelle eingesetzt wird, ist ein Schlag ins Gesicht aller politischen Führer, die hier an Ort und Stelle gekämpft haben*; Schreiben an v. Schirach vom 7.9.1933, Generallandesarchiv Karlsruhe, Bestand 465 c, Nr. 84. Wetzels Beteiligung an der Bücherverbrennung im Mai 1933 dürfte – neben seiner Vorliebe für kämpferischen Aktivismus – auf seine alte Verbundenheit mit dem Nationalsozialistischen Deutschen Studentenbund zurückgehen.
51 Die „Wahl" durch den Bürgerausschuß am 19.6. war dann nur noch eine Formsache. Wetzel benutzte den Anlaß jedoch, um seiner Genugtuung darüber Ausdruck zu geben, *daß die Sozialdemokraten heute nicht erschienen sind, denn es wäre für mich keine Ehre gewesen, von ihnen gewählt zu werden*; Heidelberger Neueste Nachrichten 20.6.1933. Während seiner Heidelberger Amtszeit erregte Wetzel überörtliches Aufsehen vor allem durch seinen Vorschlag, den *menschlichen Ausschuß* der Großstädte in *Asozialen-Kolonien* unterzubringen. Während teilweise der Aufbau solcher *Asozialen-Konzentrationslager* in den Städten abgelehnt wurde, hatte Wetzel seine Idee im Heidelberger Stadtteil Pfaffengrund bereits in die Tat umgesetzt; vgl. Wolfgang Ayass: „Asoziale" im Nationalsozialismus. Stuttgart 1995, S. 123 ff. Den Gipfel seiner Karriere im „Dritten Reich" erklomm der erst 30jährige mit der Berufung zum Leiter der Presse- und Propagandaabteilung des Reichsheimstättenamts der DAF und des *Amts des Siedlungsbeauftragten beim Stab des Stellvertreters* des Führers in München im Jahr 1935; vgl. Neue Mannheimer Zeitung 17.5.1934 u. 3.1.1935. Wetzel schloß sich nach 1945 der FDP an, für die er 1961–1964 im Gemeinderat von Bad Godesberg saß; vgl. Bonner Rundschau 16.4.1963; wegen seiner politischen Vergangenheit weigerte sich allerdings die CDU-Fraktion, ihn in irgendwelche Gemeinderatsausschüsse zu wählen. Wetzel, der zu dieser Zeit als Architekt tätig war, gehörte später der NPD an; ihr Landesvorstand unterstützte Kandidatur des vormaligen NSDAP-Kreisleiters zum Bundestag 1969 stieß jedoch an der örtlichen Parteibasis auf Widerspruch; vgl. General-Anzeiger (Bonn) 16.12.1968 und Bonner Rundschau 6.1.1969.
52 Roth hatte 1918 noch am Ersten Weltkrieg teilgenommen und es bis zum Fahnenjunker gebracht. 1919, nach dem Abitur, nahm Roth das Studium der Chemie an der Technischen Hochschule in seiner Geburtsstadt auf, studierte später in Danzig

231

53 und promovierte 1923 zum Dr. ing. Anfang Januar 1924 trat er bei der BASF in Ludwigshafen ein, wo er schon bald Betriebsführer im Stickstoffwerk Oppau wurde.
53 Im Sommer 1929 stellte Roth den Aufnahmeantrag in die NSDAP, dem zum 1. November 1930 stattgegeben wurde; bereits 1930 wurde er als Kreisredner, seit 1931 auch als Reichsredner der NSDAP eingesetzt.
54 HAKENKREUZBANNER 27./28.5.1933.
55 Lebenslauf des Gauamtsleiters Dr. Reinhold Roth, Gau Baden, undatiert (1936), BERLIN DOCUMENT CENTER (BUNDESARCHIV, AUSSENSTELLE BERLIN-ZEHLENDORF). Roth wird dort ein *gefestigter, treuer, zuverlässiger Charakter* bescheinigt und seine organisatorische und propagandistische Befähigung hervorgehoben. Weiter heißt es: *Sehr guter Redner. Weltanschaulich sehr zuverlässig. Sehr geachtet bei Partei, Bevölkerung, Behörden.*
56 HAKENKREUZBANNER 1.10.1937. Als 1940 das Elsaß dem Gau Baden angegliedert wurde, nahm Roth seinen Dienstsitz in Straßburg; im März 1941 schlug Gauleiter Wagner die Auszeichnung Roths mit dem Kriegsverdienstkreuz II. Klasse vor, da er sich bei *dem Aufbau und der Wiedereingliederung des Elsaß ... auf dem Gebiet der Umgestaltung des gesamten sozialen Lebens hervorragende Verdienste erworben habe*. Nach dem Krieg lebte Roth zeitweise in Stuttgart, zunächst unter falschem Namen, später in Frankfurt. 1954 war er über die Friedrich Uhde GmbH zur Hoechst AG gekommen; 1960 übernahm er die technische Leitung von deren Niederlassung in Brasilien. Mit Datum vom 18.12.1963 schrieb ihm der Vorstand der Hoechst AG zum 40jährigen Dienstjubiläum am 2.1.1964 und sprach ihm *unseren Dank und unsere Anerkennung* für seine *langjährige erfolgreiche Mitarbeit innerhalb der IG. Farbenindustrie AG und unseres Unternehmens* aus: Die zwölf Jahre im Dienst der NSDAP waren in die 40 Jubiläumsjahre zwanglos eingerechnet worden. Roth, der seit 1977 wieder einen Wohnsitz in Stuttgart hatte, starb dort 1985.
57 STADTA MA, Ratsprotokoll vom 10.11.1937.
58 Vgl. Personalfragebogen für die Anlegung der SA-Personalakte vom 18.2.1943, BERLIN DOCUMENT CENTER (BUNDESARCHIV, AUSSENSTELLE BERLIN-ZEHLENDORF) sowie Protokoll der Öffentlichen Sitzung des Schwurgerichts Mannheim vom 16.12.1949, Staatsanwaltschaft beim Landgericht Mannheim, I Ks 5/49 (Kopie in STADTA MA, D 1, Nr. 3, Heft 2, Bl. 11–13). Schneider hatte nach dem „Einjährigen" eine kaufmännische Lehre gemacht, anschließend in Mannheim die Handelsschule und dann in Schwetzingen die Oberrealschule besucht, nach dem Abitur (1928) Volkswirtschaft in Heidelberg, Berlin und Köln studiert und 1931 als Diplom-Volkswirt abgeschlossen. 1921 angeblich beim Freikorps Damm bis zu dessen Auflösung, diente Schneider von November 1924 bis März 1925 beim Infanterieregiment 14 der Reichswehr in Konstanz. In der SA brachte er es bis zum Standartenführer (1943).
59 STADTA MA, Ratsprotokoll vom 10.11.1937.
60 Vgl. HANS-JOACHIM FLIEDNER: Die Judenverfolgung in Mannheim 1933–1945. Darstellung (Veröffentlichungen des Stadtarchivs Mannheim Bd. 1). Stuttgart u.a. 1971, S. 202. 1949 wurde Schneider vom Vorwurf, verantwortlich an dem Pogrom vom 10.11.1938 beteiligt gewesen zu sein, freigesprochen; vgl. MANNHEIMER MORGEN 19.12.1949.
61 HAKENKREUZBANNER 15.1.1945.
62 Vgl. HAKENKREUZBANNER 19.3.1945. Schneider lebte nach dem Zweiten Weltkrieg in Meersburg und starb 1988.
63 Spruchkammerverhandlung gegen Oberbürgermeister a.D. Renninger am 31.3.1938, S. 34, STADTA MA, OB und Beigeordnete, Nr. 27.
64 In der wirtschaftlich schwierigen Zeit nach dem Ersten Weltkrieg stellte er sein Unternehmen um auf Herstellung von Blei- und Zinkfarben.
65 Vgl. CARL RENNINGER: Gedanken über meine Amtszeit als Oberbürgermeister der Stadt Mannheim 1933–1945. Frankfurt a.M. 1956 (Privatdruck, STADTA MA, Kl. Erw., Nr. 468), S. 8.
66 Vgl. Karteikarte Carl Renninger, BERLIN DOCUMENT CENTER (BUNDESARCHIV, AUSSENSTELLE BERLIN-ZEHLENDORF). Renninger erhielt demnach die Mitgliedsnummer 288 379. Eine Kandidatur Renningers bei der Kommunalwahl 1930, von der im Spruchkammerverfahren verschiedentlich die Rede war (u.a. G. Zimmermann an den öffentlichen Kläger bei der Spruchkanner Mannheim, 4.11.1947, STADTA MA, Personalamt, Zug. 20/1967, Nr. 14372), ließ sich aus den in der Presse veröffentlichten Wahlvorschlägen (STADTA MA, S 2/1332) nicht erhärten.
67 Siehe das Kapitel *Kommunale Selbstverwaltung* S. 31–40 in diesem Band. Auch bei der Wiederwahl Renningers 1942 gab es seitens der Partei keinerlei Einwände gegen seine Amtsführung; vgl. BUNDESARCHIV, ABTEILUNGEN POTSDAM, Bestand 15.01 Reichsministerium des Innern, Kommunalabteilung, Nr. 2556. Ironischerweise heißt es in einem 1944 angelegten Personalblatt: *Amtszeit bis 1954;* BERLIN DOCUMENT CENTER (BUNDESARCHIV, AUSSENSTELLE BERLIN-ZEHLENDORF).
68 Vgl. G. Zimmermann in MANNHEIMER MORGEN 8.4.1948; F. Cahn-Garnier an Oberbürgermeister J. Braun, 3.11.1947 (Abschrift), STADTA MA, Personalamt, Zug. 20/1967, Nr. 14372.
69 Aussage J. Zizler, Spruchkammerverhandlung gegen Oberbürgermeister a.D. Renninger am 31.3.1938, S. 11, STADTA MA, OB und Beigeordnete, Nr. 27.
70 H. Heimerich an Ersten Bürgermeister J. Trumpfheller, 6.11.1947, STADTA MA, NL Hermann Heimerich, Zug. 24/1972, Nr. 135.
71 Ebd.
72 Spruch der Berufungskammer Karlsruhe nach der Verhandlung am 6.10.1948, Gründe, 4.11.1948, Bl. I, STADTA MA, Personalamt, Zug. 20/1967, Nr. 14372. Als aussagekräftiges Indiz wurde dabei gewertet, daß sich Renninger in der Öffentlichkeit meist in der Uniform eines Politischen Leiters zeigte.
73 Ebd. Renninger wurde, wie schon in der ersten Instanz, als *Belasteter* eingestuft und mit einer *Geldsühne* (Einziehung von einem Viertel des Vermögens, mindestens aber 10 000 DM) sowie zwei Jahren Arbeitslager, die durch die Internierungshaft als verbüßt galten, belegt. Das günstige Urteil über Carl Neinhaus revidiert Frank Moraw in PETER BLUM (Hg.): Geschichte der Juden in Heidelberg. Heidelberg 1996, S. 440–555, bes. S. 475 ff.

NS-Quartiere

1 Vgl. CHRISTMUT PRÄGER: Denkmäler in Mannheim von 1919 bis 1939. Eine Auswahl. In: ARCHITEKTUR IN MANNHEIM 1918–1939. Bearb. von Monika Ryll. Hg. von Peter Plachetka und Jörg Schadt. Mit Beiträgen von Claudia Brandt u.a. (Beiträge zur Mannheimer Architektur- und Baugeschichte Bd. 2). Mannheim 1995, S. 156–199, hier S. 181–184.
2 Vgl. DIE KUNSTDENKMÄLER DES STADTKREISES MANNHEIM. Bearb. von Hans Huth (Die Kunstdenkmäler in Baden-Württemberg. Hg. vom Landesdenkmalamt Baden-Württemberg). Bd. 1. München 1982, S. 125 sowie ADRESSBÜCHER MANNHEIM.
3 Vgl. SCHADENSPLAN DER STADT MANNHEIM. Stand im August 1945. Hg. vom Städtischen Vermessungs- und Liegenschaftsamt Mannheim, Bl. N 72.
4 Von den verschiedenen Gebäuden, in denen die NSDAP-Kreisleitung untergebracht war, liegen keine zeitgenössischen Aufnahmen vor. Einerseits waren diese Gebäude sicherlich kein so repräsentatives Fotomotiv wie das Schlageterhaus; andererseits mag der häufige Ortswechsel der Parteizentrale die Entstehung von Fotos verhindert haben.
5 Vgl. GENERALLANDESARCHIV KARLSRUHE, Bestand 465c, Nr. 113; ADRESSBÜCHER MANNHEIM. Da der genaue Zeitpunkt des Eigentumsübergangs an die IG Farben nicht aus den Adreßbüchern ersichtlich ist, könnte es sein, daß die NSDAP-Kreisleitung bereits vorher ausgezogen war.
6 Vgl. GENERALLANDESARCHIV KARLSRUHE, Bestand 465c, Nr. 69; HAKENKREUZBANNER 21.7.1933 und 13.9.1933.
7 Vgl. ADRESSBÜCHER MANNHEIM. Vgl. auch HAKENKREUZBANNER 5.4.1934, wo der Umzug nach L 4, 12 gemeldet wird; bei dieser Anschrift dürfte es sich jedoch um einen Irrtum handeln, denn in den Adreßbüchern erscheint lediglich L 4, 15, während L 4, 12 demnach ein privat genutztes Wohnhaus war.
8 Vgl. KARL ALBERT MÜLLER: Das Karl-Friedrich-Gymnasium in Mannheim 1933–1945. Eine deutsche Schule im Dritten Reich. Heidelberg 1988, S. 40 f. Vgl. auch ADRESSBÜCHER MANNHEIM. Wassermann wohnte mit seiner Frau bis 23.6.1937 in der Rheinstr. 1 und wanderte dann über Frankreich in die USA aus. Die weiteren jüdischen Bewohner des Hauses waren die Witwe Emilie Kaufmann und ihr Sohn Paul; sie waren bereits am 1.6.1937 ausgezogen. Während Paul Kaufmann 1938 nach New York auswandern konnte, blieb seine Mutter in Mannheim und wurde 1940 im Alter von 62 Jahren nach Gurs verschleppt; von dort kam sie ins KZ Auschwitz und wurde nach dem Zweiten Weltkrieg zum 31.10.1943 für tot erklärt.
9 Vgl. HERBERT HOFFMANN: Im Gleichschritt in die Diktatur? Die nationalsozialistische „Machtergreifung" in Heidelberg und Mannheim 1930 bis 1935 (Sonderveröffentlichung des Stadtarchivs Mannheim Nr. 9). Frankfurt a.M. u.a. 1985, S. 80. Siehe auch das Kapitel *Die NSDAP in Mannheim vor 1933* S. 11 f. in diesem Band.
10 Die kommunistische Arbeiterzeitung und die sozialdemokratische Volksstimme waren als regierungsfeindlich sofort verboten worden; aber auch die übrigen Vertreter der bis dahin reichen Mannheimer Presselandschaft gerieten unter den Druck des NS-Regimes und mußten sich politisch anpassen und schließlich aufgeben. Lediglich die Neue Mannheimer Zeitung vermochte sich bis in den Krieg neben dem Hakenkreuzbanner zu behaupten.
11 Vgl. HAKENKREUZBANNER 28.5.1934.
12 Vgl. ADRESSBÜCHER MANNHEIM.
13 Siehe S. 18 im Kapitel *Machtergreifung* in diesem Band.
14 Tatsächlich erschien die Volksstimme nach diesem Ereignis nur noch wenige Tage; diese Ausgaben mußten allerdings in Karlsruhe hergestellt werden.

„... sie werden nicht mehr frei für ihr ganzes Leben."

1 Vgl. ARNO KLÖNNE: Jugend im Dritten Reich. Die Hitler-Jugend und ihre Gegner. Dokumente und Analysen. Düsseldorf/Köln 1984, S. 7 und Erinnerungsberichte, auf die im Text eingegangen wird. Vgl. auch Rückerinnerungen in HARTMUT DAMM: Schule in der Ära der nationalsozialistischen Herrschaft. Ein Untersuchung anhand zweier Höherer Schulen in Mannheim. Mannheim 1994 (Diplomarbeit).
2 Grundlegend für die folgenden Ausführungen sind A. KLÖNNE (wie Anm. 1), HANS-CHRISTIAN BRANDENBURG: Die Geschichte der HJ. Wege und Irrwege einer Generation. 2. Aufl. Köln 1982 und HEINZ BOBERACH: Jugend unter Hitler. Bindlach 1990 (Erstausgabe Düsseldorf 1982).
Die HJ war 1922 als Jugendbund der NSDAP gegründet worden. Kurt Gruber, erster Reichsführer der HJ, war auch am Aufbau der HJ-Baden beteiligt; vgl. Bericht aus den politischen Leben, vor allem über Rechts- und Linksbewegungen, Karlsruhe 15.11.1929, GENERALLANDESARCHIV KARLSRUHE, Bestand 317, Nr. 1257 d-e (Bl. 489-528), Kopie in

StadtA MA, D 2 (BDdW), Nr. 949, Bl. 15. Das Verbot parteipolitischer Betätigung wahlunmündiger Schüler gab immer wieder Anlaß zur polizeilichen Überwachung der HJ, was ihre Entwicklung erschwerte; vgl. den Bericht *Nationalsozialistische Arbeiterpartei. Entwicklung und Tätigkeit des Gaues Baden seit der Landtagswahl vom 27.10.1929* des Badischen Landespolizeiamts, Karlsruhe, vom 19.8.1930, Staatsanwaltschaft Mannheim, Kopie in StadtA MA, D 2 (BDdW), Nr. 721, Bl. 89; Bericht über die politische Lage in Baden, vor allem über Rechts- und Linksbewegungen, Karlsruhe vom 20.2.1930, Generallandesarchiv Karlsruhe, Bestand 317, Nr. 1257 d-e (Bl. 452–488), Kopie in StadtA MA, D 2 (BDdW), Nr. 950, Bl. 12; Erlaß des Ministers des Innern vom 18.10.1929 über Teilnahme von Schülern an politischen Vereinen, Generallandesarchiv Karlsruhe, Bestand 465c, Nr. 69, Bl. A 14162; Der Minister des Kultus und Unterrichts an die Direktionen der Höheren Lehranstalten vom 19.6.1930, StadtA MA, Karl-Friedrich-Gymnasium, Zug. 40/1971, Nr. 210.

3 Vgl. Anlage 7 des Berichts des Badischen Landespolizeiamts *Die SA der NSDAP* vom 1.2.1930, Staatsanwaltschaft Mannheim, Kopie in StadtA MA, D 2 (BDdW), Nr. 721, Bl. 36 f.

4 Vgl. Friedrich Walter: Schicksal einer deutschen Stadt. Geschichte Mannheims 1807–1945. Bd. 2: 1925–1945. Frankfurt a.M. 1950, S. 198 f., 355; Die Stadtverwaltung Mannheim im Jahrfünft 1933–1937. Verwaltungsbericht der Stadt Mannheim. O.O. (Mannheim) o.J. (1938), S. 12; als Eingliederungsdatum der Mannheimer Sportjugend wird dort der 1.12.1934 angegeben. De facto dürfte es sich um einen allmählichen Prozeß bis 1936 gehandelt haben; vgl. Karl Albert Müller: Das Karl-Friedrich-Gymnasium 1933–1945. Eine deutsche Schule im Dritten Reich. Heidelberg 1988, S. 179.

5 Vgl. H.-C. Brandenburg (wie Anm. 2) S. 134, 139 ff.; H. Boberach (wie Anm. 2) S. 25; Arno Klönne: Gegen den Strom. Ein Bericht über die Jugendopposition im Dritten Reich. Hannover/Frankfurt a.M. 1960, S. 17 f.

6 Sämtliche Jugendverbände des Reichs waren seither von Schirach unterstellt, Neugründungen bedurften seiner Zustimmung. Vermögen und Jugendheime der aufgelösten Organisationen übernahm in der Regel die HJ. Sie okkupierte auch das gut ausgebaute Jugendherbergswerk; vgl. A. Klönne (wie Anm. 5).

7 Vgl. K. A. Müller (wie Anm. 4) S. 184; A. Klönne (wie Anm. 1) S. 23; H.-C. Brandenburg (wie Anm. 2) S. 158 ff.

8 Vgl. Hakenkreuzbanner 13.3.1934; Neue Mannheimer Zeitung 6.3. und 7.3.1934.

9 Vgl. Widerstand gegen den Nationalsozialismus in Mannheim. Im Auftrag der Stadt Mannheim hg. von Erich Matthias und Hermann Weber unter Mitwirkung von Günter Braun und Manfred Koch. Mannheim 1984, S. 409 f.; in Mannheim bemühten sich Persönlichkeiten wie die Pfarrerin Doris Faulhaber und der Jugendvikar Adolf Würthwein darum, den Zusammenhalt der evangelischen Jugend zu stärken. Grundlegend zur kirchlichen Jugendarbeit nach 1933 vgl. Klaus Heidel/Christian Peters: Nicht nur ein Kampf um Seelen: Die Kirchen und das „Dritte Reich" in Heidelberg. In: Jörg Schadt/Michael Caroli (Hg.): Heidelberg unter dem Nationalsozialismus. Studien zu Verfolgung, Widerstand und Anpassung. Heidelberg 1985, S. 51–341.

10 K. A. Müller (wie Anm. 4) S. 181.

11 Jedoch stellten Partei und HJ zentrale Punkte des Konkordats stets aufs neue in Frage; vgl. K. A. Müller (wie Anm. 4) S. 184.

12 Lagebericht der Gestapo für die Zeit vom 3.–17.2. 1934. In: Verfolgung und Widerstand unter dem Nationalsozialismus in Baden. Die Lageberichte der Gestapo und des Generalstaatsanwalts Karlsruhe 1933–1940. Bearb. von Jörg Schadt (Veröffentlichungen des Stadtarchivs Mannheim Bd. 3). Stuttgart u.a. 1976, S. 69.

13 Vgl. Deutschlandberichte der Sozialdemokratischen Partei Deutschland (Sopade) 1934–1940. 7. Aufl. Frankfurt a.M. 1989, hier Bericht 1935, S. 679.

14 Vgl. K. A. Müller (wie Anm. 4) S. 190 ff.

15 Vgl. Verfolgung (wie Anm. 12) S. 160, Anm. 138; K. A. Müller (wie Anm. 4) S. 199.

16 Gestapobericht für die Zeit vom 1.–31.7.1935. In: Verfolgung (wie Anm. 12) S. 155 f.

17 Vgl. Lagebericht des Generalstatsanwalts in Karlsruhe für die Monate Juni bis November 1935 in Baden. In: Verfolgung (wie Anm. 12) S. 225.

18 Vgl. Eduard Gerweck/Emil Lohrer: Die Mannheimer Volksschule 1895–1945. 1. Teil. Heft 4: Die Zerschlagung des Mannheimer Schulsystems und die Zerstörung der Einrichtungen im Zweiten Weltkrieg 1933–1945. Masch. Ms. O.O. (Mannheim) 1950, S. 437 (7); StadtA MA, Bibliothek, A 14/222; A. Klönne (wie Anm. 1) S. 24 ff.; Hakenkreuzbanner 29.6.1937.

19 In der Literatur wird auch *bis 21 Jahre* angegeben, was sich wohl aus der Altersgrenze bei dem BDM-Werk *Glaube und Schönheit* erklärt. Dieses BDM-Werk entstand 1938 und faßte 17–21jährige Frauen in Arbeitsgemeinschaften für Gymnastik, Hauswirtschaft u.ä. zusammen, mit dem Ziel der – wie es hieß – Durchbildung der jungen Frauenkörper und -geister; vgl. Dagmar Reese: Straff, aber nicht stramm – herb, aber nicht derb. Zur Vergesellschaftung von Mädchen durch den Bund Deutscher Mädel im sozialkulturellen Vergleich zweier Milieus (Ergebnisse der Frauenforschung Bd. 18, hg. an der Freien Universität Berlin). Weinheim/Basel 1989. Es war Hitlers Überzeugung, daß auch bei der Mädchenerziehung zunächst körperliche, in zweiter Linie seelische und zum Schluß geistige Werte von Bedeutung seien; vgl. Adolf Hitler: Mein Kampf. 7. Aufl. München 1932, S. 459 f. Dabei ging es ihm um die *Heranzüchtung* elitären *Menschenmaterials*; vgl. Gabriele Kinz: Der Bund Deutscher Mädel. Ein Beitrag zur außerschulischen Mädchenerziehung im Nationalsozialismus. Frankfurt a.M. 1990, S. 102 ff.

20 Vgl. H.-C. Brandenburg (wie Anm. 2) S. 146; A. Klönne (wie Anm. 1) S. 43. Unterstrukturen waren beim Jungvolk (DJ): Jungenschaft, Jungzug, Fähnlein, Jungstamm und Jungbann; bei der Hitler-Jugend (HJ): Kameradschaft, Schar, Gefolgschaft, Stamm und Bann; bei den Jungmädel (JM) und beim Bund deutscher Mädel (BDM): (Jung-)Mädelschaft, (Jung-)Mädelschar, (Jung-)Mädelgruppe, (Jung-)Mädelring und (Jung-)Mädeluntergau. Die Gruppengrößen waren jeweils: 10–15, 30–50, 120–180, 500–600 und 3 000–4 000 Mitglieder; vgl. H. Boberach (wie Anm. 2) S. 29.

21 Vgl. Mannheimer Merkblätter für Jedermann. Sonderdruck aus dem Mannheimer Einwohnerbuch. Jg. 99 (1935/36). Mannheim 1936, S. 22; Mannheimer Adressbuch 1940/41, S. 15.

22 Vgl. Neue Mannheimer Zeitung 19.10.1936.

23 Vgl. H.-C. Brandenburg (wie Anm. 2) S. 151, 161, 194 ff.; Erinnerungsbericht Dieter Wolf, StadtA MA, unverzeichnete Unterlagen D. Wolf. Die bündische Jugend – verstanden als Jugendmilieu, das durch Fahrten, Lieder, Kleidung u.ä. bestimmt war – galt dem „Dritten Reich" als Zentrum der Jugendopposition; vgl. Jugendkriminalität und Jugendopposition im NS-Staat. Ein sozialgeschichtliches Dokument (Kriminalität und Gefährdung der Jugend. Lagebericht bis zum Stande vom 1. Januar 1941, hg. vom Jugendführer des Deutschen Reichs). Hg. und eingeleitet von Arno Klönne (Geschichte der Jugend Bd. 1). Münster 1981, S. V.

24 Vgl. Erinnerungsbericht Dieter Wolf, StadtA MA, unverzeichnete Unterlagen D. Wolf.

25 Vgl. Deutschlandbericht Sopade 1938 (wie Anm. 13) S. 1391, 1367; Michael H. Kater: Gewagtes Spiel. Jazz im Dritten Reich. Köln 1995. Offensichtlich war die HJ kein monolithischer Block; indes könnten die Deutschlandberichte der Sopade stillschweigende Duldung bündischen Liedguts auch tendenziös als konspiratives Summen interpretieren. Vor allem Jugendliche, die der HJ schon vor 1933 angehörten, sollen die straffer und militärischer organisierte HJ nach 1933 abgelehnt haben. Diese frühe HJ hätte sogar noch sozialistische Ideale gehabt. Und Jazz war womöglich eine Ausdrucksform zumindest latenten Widerstands; größeren Bekanntheitsgrad erreichten jedoch illegale oppositionelle Jugendgruppen wie die sogenannten Edelweißpiraten; vgl. A. Klönne (wie Anm. 5). Eine Aussage über Eigenart und Bedeutung von Jugendoppisition in Mannheim bedürfte noch weiterer Untersuchungen.

26 Baldur von Schirach, zit. nach H.-C. Brandenburg (wie Anm. 2) S. 163.

27 Die Direktion der Carl-Benz-Gewerbeschule akzeptierte dies nicht ohne weiteres. Gerade auch im Blick auf ältere Unterrichtsteilnehmer könne von *einer generellen Freimachung des Mittwochs … in Mannheim keine Rede sein;* der Direktor der Carl-Benz-Schule an den Führer des Banns 171 der HJ Merz vom 5.6.1937, StadtA MA, Gewerbeschule, Zug. 56/1975, Nr. 94.

28 Vgl. Erlaß des Reichs- und Preußischen Ministers für Wissenschaft, Erziehung und Volksbildung vom 4.12.1936, StadtA MA, Gewerbeschule, Zug. 56/1975, Nr. 94; H.-C. Brandenburg (wie Anm. 2) S. 164; Abkommen zwischen dem Reichsminister für Wissenschaft, Erziehung und Volksbildung Bernhard Rust und dem Reichsjugendführer zur Einführung des Staatsjugendtags, 7.6.1934. In: Karl Heinz Jahnke/Michael Buddrus: Deutsche Jugend 1933–1945. Eine Dokumentation. Hamburg 1989, S. 87; Delia und Gerd Nixdorf: Politisierung und Neutralisierung der Schule in der NS-Zeit. In: Herrschaftsalltag im Dritten Reich. Hg. von Hans Mommsen und Susanne Willems. Düsseldorf 1988, S. 225–303, hier S. 252 f.

29 Vgl. Neue Mannheimer Zeitung 29.5. und 8.11.1934.

30 Bericht eines HJ-Mitglieds. In: Deutschlandbericht Sopade 1938 (wie Anm. 13) S. 1372. Ferner vgl. Kurt Massmann: Hitlerjugend – Neue Jugend! Vom Wege der Jugend in die deutsche Zukunft. Breslau o.J. (1933), S. 12. Indessen ist ebenso überliefert, daß ein vom Oberbürgermeister übermitteltes Ersuchen des Mannheimer HJ-Banns an die Schulen, die vorhandenen Schulgewehre für Schießübungen der HJ abzugeben, bei der Carl-Benz- und der Werner-von-Siemens-Gewerbeschule erbitterten Widerstand provozierte; vgl. Schriftwechsel 1936/37, StadtA MA, Gewerbeschule, Zug. 56/1975, Nr. 94. Besonders erschreckend ist das Beispiel der für Brettheim dokumentierten Verstrickung von Jugendlichen in Kriegsaktionen. Dort erhängten unmittelbar vor Kriegsende Hitler-Jungen mehrere von der SS der *Wehrkraftzersetzung* für schuldig erklärte Einwohner; vgl. Die Männer von Brettheim. Lesebuch zur Erinnerungsstätte. Hg. von der Landeszentrale für politische Bildung Baden-Württemberg. Villingen-Schwenningen 1993, S. 87 ff.

31 Erinnerungsbericht Philipp Rohr, StadtA MA, Kl. Erw., Nr. 878, Bl. 18.

32 Vgl. Deutschlandbericht Sopade 1938 (wie Anm. 13) S. 1362.

33 Vgl. Erinnerungsbericht Fritz Karg, StadtA MA, Kl. Erw., Nr. 877, Bl. 40; Gerhard Kaller: Nationalsozialismus und Schule. Vier Gymnasien in Karlsruhe und Mannheim im Spiegel der Jahresberichte 1933–1941. In: Aus Südwestdeutscher Geschichte. Festschrift für Hans-Martin Maurer. Dem Archivar und Historiker zum 65. Geburtstag. Stuttgart 1994, S. 726–735, hier S. 727; Karl-Friedrich-Gymnasium Mannheim. Gedenkblätter zum 150jährigen Bestehen. 1807–1957. O.O. (Mannheim) o.J. (1957), S. 27 sowie K. A. Müller (wie Anm. 4) S. 196 ff.; 75 Jahre Liselotte-Gymnasium Mannheim. 1911–1986. Mannheim 1986, S. 32.

34 Vgl. D. u. G. Nixdorf (wie Anm. 28) S. 250 ff.

35 Deutschlandbericht Sopade 1935 (wie Anm. 13) S. 694 f.

36 Karl-Friedrich-Gymnasium (wie Anm. 33) S. 26.

37 Vgl. F. Walter (wie Anm. 4) S. 198 f.; G. Kaller (wie Anm. 33); D. u. G. Nixdorf (wie Anm. 28)

38 Vgl. Erinnerungsbericht Philipp Rohr, STADTA MA, Kl. Erw., Nr. 878, Bl. 18 f.
39 Bei dem jährlichen Großgeländespiel kämpften die vereinigten Jungstämme der Innenstadt gegen die Abteilungen der Stadtrandgebiete; vgl. Erinnerungsbericht Dieter Wolf, STADTA MA, unverzeichnete Unterlagen D. Wolf. Die Jugendlichen wurden *geländesportlich* ausgebildet: Kartenlesen, den eigenen Standort nach der Sonne bestimmen u.a.m; vgl. HAKENKREUZBANNER 4.7.1937. Bei dem Begriff *Lebensfaden* dürfte es sich um eine typische NS-Umdeutung urreligiösen Gedankenguts handeln. Zu dem ursprünglichen Begriff vgl. H. P. BLAVATSKY: Die Geheimlehre. Die Vereinigung von Wissenschaft, Religion und Philosophie. Bd. 1: Kosmogenesis. Den Haag 1899 (1. Aufl. 1888), S. 242, 258 f.
40 STADTA MA, NL Theodor Kutzer, Zug. 32/1968, Nr. 31. Vgl. HANSPETER RINGS: Heimatfront. In: MANNHEIM IM ZWEITEN WELTKRIEG. Hg. und bearb. von Jörg Schadt und Michael Caroli (Bildbände zur Mannheimer Stadtgeschichte. Hg. vom Stadtarchiv Mannheim). Mannheim 1993, S. 36–49, hier S. 48. Siehe auch oben Anm. 19.
41 Vgl. DEUTSCHLANDBERICHT SOPADE 1938 (wie Anm. 13) S. 1370, 1389; NEUE MANNHEIMER ZEITUNG 12.7.1937.
42 DEUTSCHLANDBERICHT SOPADE 1938 (wie Anm. 13) S. 1380.
43 Gebietsführer der HJ in Baden, Friedhelm Kemper, an den Kreisleiter der NSDAP in Mannheim, Dr. Roth, vom 8.10.1934, STADTA MA, Kl. Erw., Nr. 122.
44 Vgl. NEUE MANNHEIMER ZEITUNG 16.11.1933.
45 Vgl. NEUE MANNHEIMER ZEITUNG 19.10.1935; DEUTSCHLANDBERICHT SOPADE 1938 (wie Anm. 13) S. 1365; H. BOBERACH (wie Anm. 2) S. 27; H.-C. BRANDENBURG (wie Anm. 2) S. 175. Auch die Stadt Mannheim stellte wohl im besonderen Bewerber ein, die der HJ, der SA oder SS angehörten; vgl. K. A. MÜLLER (wie Anm. 4) S. 202.
46 Vgl. NEUE MANNHEIMER ZEITUNG 9.10.1934.
47 Vgl. NEUE MANNHEIMER ZEITUNG 24.10.1935.
48 Vgl. HAKENKREUZBANNER 22.1.1934.
49 NEUE MANNHEIMER ZEITUNG 21.10.1934.
50 Vgl. MANNHEIMER MERKBLÄTTER FÜR JEDERMANN (wie Anm. 21) S. 22; NEUE MANNHEIMER ZEITUNG 27.11.1935.
51 Vgl. H.-C. BRANDENBURG (wie Anm. 2) S. 170.
52 Vgl. FÜHRERDIENST FÜR HJ UND DJ im Gebiet 21 Baden, September 1937 (STADTA MA, Bibliothek, B 8/38).
53 Erinnerungen von Zeitzeugen zufolge gab es überdies – auch in Mannheim – eine sogenannte Kultur-HJ, bei der insbesondere musiziert, getanzt und Theater gespielt wurde; mündliche Mitteilung von Rudolf Beier, Küssaberg, und Dieter Heck, Mannheim. Inwieweit es sich hierbei jedoch um eine offizielle HJ-Formation wie etwa die Motor-HJ handelte, bedürfte noch weiterer Recherchen. Die Motor-HJ schulte ihre Mitglieder im Kraftradfahren, in Kraftradreparaturen u.ä.; bei der Marine-HJ gab es Kutterfahren, Signaldienst usw. Für die Flieger-HJ stand der Umgang mit Segelflugzeugen im Vordergrund. Der Mannheimer Luftsportbann 171 hatte 1937 520 Mitglieder. HJ-Obergebietsführer Kemper taufte in diesem Jahr ein von dem Bann gebautes Gleitflugzeug auf den Namen Fritz Kröber, eines idealistierten, im *Kampf der Bewegung* gefallenen Hitler-Jungen; vgl. HAKENKREUZBANNER 12.7.1937. Eine Anleitung zum Selbstbau des Schulgleiters in STADTA MA, unverzeichnete Unterlagen A. Hitzfeld. Die Nachrichten-HJ vermittelte Kenntnisse im Morsen, Blinken usw.
Ab 1939 erhielten HJ-Angehörige praktische Anleitung im Luftschutz. 7 500 RM stellte die Stadt Mannheim 1941 für die Ausrüstung einer HJ-Feuerwehr bereit; vgl. STADTA MA, Ratsprotokoll vom 16.5.1941.
Sondereinheiten wie in der HJ gab es beim BDM nicht, jedoch nahmen manche Mädchen an Sonderausbildungen teil, z.B. zum *Gesundheitsmädel*; vgl. D. REESE (wie Anm. 19) S. 27; ferner GERHARD VOGT: Mannheim. Eine Familie im 1000jährigen Reich. Offenburg 1994.
54 DEUTSCHLANDBERICHT SOPADE 1938 (wie Anm. 13) S. 1392.
55 DEUTSCHLANDBERICHT SOPADE 1938 (wie Anm. 13) S. 1391; vgl. ebd. S. 1399.
56 VERFOLGUNG (wie Anm. 12) S. 225. Der DEUTSCHLANDBERICHT SOPADE 1935 S. 694 schildert: *Die moralische Verwahrlosung in der HJ und in dem BDM ist der Öffentlichkeit allgemein bekannt. Immerhin gibt es auf diesem Gebiet immer wieder Neuigkeiten, die Aufsehen erregen. Am Montag, den 25. März 1935, wurden in Mannheim in der Trinitatiskirche 25 15- bis 16jährige Mädchen konfirmiert, die in anderen Umständen sind. Diese Mädchen gehören sämtlich dem Bund Deutscher Mädel an.* Allerdings könnte es sich hierbei auch um Gegenpropaganda handeln.
57 H.-C. BRANDENBURG (wie Anm. 2) S. 178; vgl. Erinnerungsbericht Dieter Wolf, STADTA MA, unverzeichnete Unterlagen D. Wolf.
58 Vgl. A. KLÖNNE (wie Anm. 1) S. 28 f. Auf dem Weg zur Staatsjugend wurden Erlasse notwendig, die darauf hinwiesen, *daß Schülerverbindungen neben der Staatsjugend keine Daseinsberechtigung mehr haben*; Der Minister des Kultus und Unterrichts an die Leitungen der höheren Schulen, einschließlich der privaten höheren Schulen vom 26.1.1938, STADTA MA, Karl-Friedrich-Gymnasium, Zug. 40/1971, Nr. 210.
59 Vgl. GENERALLANDESARCHIV KARLSRUHE, Bestand 465c, Nr. 69, Bl. A 14336.
60 Vgl. DEUTSCHLANDBERICHT SOPADE 1937 (wie Anm. 13) S. 957.
61 Vgl. H.-C. BRANDENBURG (wie Anm. 2) S. 166 f.; DEUTSCHLANDBERICHT SOPADE 1935 (wie Anm. 13) S. 923.
62 FRIEDRICH NIETZSCHE: Unzeitgemäße Betrachtungen, zit. nach WAS IST DENN EIGENTLICH JUGEND? Eine literarische Spurensuche von Gottfried Honnefelder. Frankfurt a.M. 1989, S. 102.
63 DEUTSCHLANDBERICHT SOPADE 1938 (wie Anm. 13) S. 1396; vgl. auch ebd. S. 1364. Im Karl-Friedrich-Gymnasium wirkte der Vertrauensmann des Nationalsozialistischen Lehrerbunds darauf hin, bei Versetzungskonferenzen die Tüchtigkeit in der HJ zu berücksichtigen; vgl. KARL-FRIEDRICH-GYMNASIUM (wie Anm. 33) S. 26. Und Reichsjugendführer Baldur von Schirach erteilte nur solchen Schulen die Erlaubnis zum Hissen der HJ-Fahne, deren Schüler zu mehr als 90 % in der Staatsjugend organisiert waren; vgl. Der Minister des Kultus und Unterrichts, Rundschreiben vom 21.2.1936, STADTA MA, Gewerbeschule, Zug. 56/1975, Nr. 94; KARL-FRIEDRICH-GYMNASIUM (wie Anm. 33) S. 27.
64 Erinnerungsbericht Emilie Hucht, STADTA MA, Kl. Erw., Nr. 879, Bl. 24.
65 Vgl. Erinnerungsbericht Fritz Karg, STADTA MA, Kl. Erw., Nr. 877, Bl. 40 f.
66 Vgl. ebd. Bl. 43.
67 Ebd. Bl. 46.
68 Erinnerungsbericht Philipp Rohr, STADTA MA, Kl. Erw., Nr. 878, Bl. 26. Der Bund deutscher Bibelkreise (BK) wurde von seinem Reichswart Udo Schmidt aufgelöst, um die Mitglieder vor der korporativen Eingliederung in die HJ zu bewahren; vgl. K. A. MÜLLER (wie Anm. 4) S. 181.
69 Vgl. NEUE MANNHEIMER ZEITUNG 6.10.1934, 19.10. 1935. Das HAKENKREUZBANNER vom 18.10.1935 stellt die unterschiedlichen Räumlichkeiten der HJ vor: Keller, Fabrik und freundliche Wohnräume.
70 Vgl. STADTA MA, Ratsprotokoll vom 20.7.1936. Vgl. zu dieser und anderen Sanierungsmaßnahmen HANSPETER RINGS: Wider „Zusammenhäufungen von Menschen, die in der Wurzel verderbt sind" – Altstadtsanierung in der NS-Zeit. In: ARCHITEKTUR IN MANNHEIM 1918–1939. Bearb. von Monika Ryll. Mit Beiträgen von Claudia Brandt u.a. Hg. von Peter Plachetka und Jörg Schadt (Beiträge zur Mannheimer Architektur- und Baugeschichte Nr. 2). Mannheim 1994, S. 224–239.
71 Vgl. STADTA MA, Ratsprotokoll vom 22.5.1936.
72 Vgl. A. KLÖNNE (wie Anm. 1) S. 31. Auch für die am Stadtrand gelegenen Siedlungsareale waren HJ-Heime vorgesehen; vgl. HAKENKREUZBANNER 8.7.1937.
73 Zwei Heime in der Unteren Mühlau und jeweils eins im Herzogenriedpark, in der Schwetzingerstadt und auf dem Almenhof. Doch bemängelte die Stadt, daß durch die Einschaltung der Berliner Stellen administrative Verzögerungen beim Bau eingetreten seien; vgl. STADTA MA, Ratsprotokoll vom 9.10.1936, 25.3.1938; NEUE MANNHEIMER ZEITUNG 22.1.1937.
74 Vgl. NEUE MANNHEIMER ZEITUNG 30.4.1937, 4.5.1937; HAKENKREUZBANNER 4.5.1937.
75 STADTA MA, Ratsprotokoll vom 2.2.1939.
76 Vgl. STADTA MA, Ratsprotokoll vom 6.10.1939, 13.2.1941.
77 Vgl. ERLENHOF. 40 Jahre und kein bißchen leise. Hg. vom Jugendfreizeithaus Erlenhof, Stadtjugendamt. Mannheim 1992, S. 38.
78 Vgl. H.-C. BRANDENBURG (wie Anm. 2) S. 31.
79 Zit. nach A. KLÖNNE (wie Anm. 1) S. 30. Gehalten wurde die Rede in Reichenberg. Vgl. darüber hinaus STADTA MA, NL Theodor Kutzer, Zug. 32/1968, Nr. 31, Bl. 46.
80 Erinnerungsbericht Philipp Rohr, STADTA MA, Kl. Erw., Nr. 878, Bl. 19.

Wandmalerei im Nationalsozialismus

1 Vgl. ENTARTETE KUNST. Ausstellungskatalog. Berlin 1992.
2 Vgl. PAUL PHILIPPOT: Die Wandmalerei. Entwicklung, Technik, Eigenart. Wien/München 1972.
3 Vgl. Deutsche Wandmalerei der Gegenwart. In: DER FÜHRER 15.11.1936.
4 Vgl. EGON SCHINDLER: Heroische Kunst. Zur Ausstellung der Reichstagung der NS-Kulturgemeinde in München. In: DAS BILD 1936, H. 7, S. 215–220.
5 Vgl. STADTA MA, S 2/1451.
6 Vgl. STADTA MA, S 1/3837.
7 Vgl. STADTA MA, Kunstverein, Zug. 12/1991, Nr. 2126.
8 Vgl. STADTA MA, Kunsthalle, Zug. 32/1995, Nr. 16; vgl. auch STADTA MA, S 2/1476.
9 Vgl. STADTA MA, S 1/3405.
10 Vgl. STADTA MA S 1/21.
11 STADTA MA, Kunsthalle, Zug. 32/1995, Nr. 16.
12 STADTA MA, Kunstverein, Zug. 12/1991, Nr. 1999 u. Nr. 2396.
13 Vgl. RUDI BAERWIND: „Ich bin Maler und basta". Mannheim 1974.
14 NEUE MANNHEIMER ZEITUNG 3./4.10.1936.
15 Vgl. LEO SCHMIDT: Über den Denkmalwert des Unerfreulichen. Ein Wandgemälde von 1937. In: DENKMALPFLEGE IN BADEN-WÜRTTEMBERG. Nachrichtenblatt des Landesdenkmalamtes 19. Jg. (1990), H. 1, S. 7 f.

„Volksgemeinschaft"

1 Artikel Volk, Nation, Nationalismus, Masse. In: GESCHICHTLICHE GRUNDBEGRIFFE. Historisches Lexikon zur politisch-sozialen Sprache in Deutschland. Hg. von Otto Brunner, Werner Conze, Reinhart Koselleck. Bd. 7. Stuttgart 1992, S. 389 (R. Koselleck).
2 Ebd. S. 391.
3 OSWALD SPENGLER: Preußentum und Sozialismus. München 1920, S. 31.
4 So R. Koselleck in GESCHICHTLICHE GRUNDBEGRIFFE (wie Anm. 1) S. 419.

5 Aufruf Hitlers vom 1.2.1933, zit. nach Johannes Hohlfeld (Hg.): Deutsche Reichsgeschichte in Dokumenten. Bd. 4. Berlin 1934, S. 76.
6 Verordnung des Führers und Reichskanzlers über Ziel und Wesen der Deutschen Arbeitsfront vom 24.10.1934, zit. nach Thomas Blanke u.a. (Hg.): Kollektives Arbeitsrecht. Bd. 2. Reinbek b. Hamburg 1975, S. 67 f.
7 Wolfgang Benz: Herrschaft und Gesellschaft im nationalsozialistischen Staat. Studien zur Struktur- und Mentalitätsgeschichte. Frankfurt a. M. 1990, S. 13. Zum folgenden vgl. ebd. S. 12–28.
8 W. Stapel: Volk. Untersuchungen über Volkheit und Volkstum (1932) 4. Aufl. Hamburg 1942, S. 21, zit. nach Geschichtliche Grundbegriffe (wie Anm. 1) S. 407.
9 Vgl. Eike Wolgast: Der Verrat der Intellektuellen – die Kapitulation des deutschen Bürgertums 1933. In: Das Ende der Weimarer Republik und die nationalsozialistische Machtergreifung. Hg. von Chr. Gradmann und O. von Mengersen. Heidelberg 1994, S. 103–132, hier S. 128.
10 Vgl. Geschichtliche Grundbegriffe (wie Anm. 1) S. 412 f.; vgl. auch Eberhard Jäckel: Hitlers Weltanschauung. Entwurf einer Herrschaft. Erw. u. überarb. Neuausg. Stuttgart 1981, S. 97 ff.
11 Die Blutsgemeinschaft als Grundlage des Nationalen konstatierte bereits Friedrich Georg Jünger: Der Aufmarsch des Nationalismus. Hg. von Ernst Jünger. Berlin 1928, S. 22, zit. nach Geschichtliche Grundbegriffe (wie Anm. 1) S. 400.
12 Rede Hitlers vom 23.11.1937, abgedr. bei Max Domarus: Hitler. Reden und Proklamationen 1932–1945. Bd. 1/2. München 1965, S. 761.
13 Vgl. Geschichtliche Grundbegriffe (wie Anm. 1) S. 413 ff.
14 Thomas Mann: Deutsche Hörer! Radiosendungen nach Deutschland aus den Jahren 1940 bis 1945. Frankfurt a.M. 1987, S. 86.

Nationalsozialistische Feiertage

1 Hans-Ulrich Thamer: Verführung und Gewalt. Deutschland 1933–1945. Darmstadt 1986, S. 417.
2 Vgl. Christian Zentner/Friedemann Bedürftig (Hg.): Das große Lexikon des Dritten Reiches. München 1985, S. 246.
3 Vgl. Neue Mannheimer Zeitung 13.3.1933.
4 Neue Mannheimer Zeitung 26.2.1934.
5 Vgl. ebd.
6 Vgl. Neue Mannheimer Zeitung 9.3.1936. Am 16.3.1935 war die allgemeine Wehrpflicht wieder eingeführt worden.
7 Vgl. Neue Mannheimer Zeitung 9.3.1936.
8 Vgl. Neue Mannheimer Zeitung 22.2.1937. Durch eine Gedenktafel am Polizeipräsidium wurden auch die im Dienst umgekommenen Polizisten der Weimarer Republik in den *Heldengedenktag* eingeschlossen.
9 Neue Mannheimer Zeitung 14.3.1938.
10 Seit 1939 wurde der *Heldengedenktag* auf den 16.3. festgelegt, zur Erinnerung an die Wiedereinführung der allgemeinen Wehrpflicht 1935. Vgl. C. Zentner/F. Bedürftig (wie Anm. 2) S. 246.
11 Vgl. Generalanzeiger, Mannheim, 26.4.1922.
12 Vgl. C. Zentner/F. Bedürftig (wie Anm. 2) S. 370.
13 Bemerkenswerterweise veröffentlichte die Nationalsozialistische Betriebszellenorganisation (NSBO) Ende April 1933 einen Aufruf, daß sämtliche Betriebe und Firmen zum 1. Mai die schwarz-weißrote Reichsfahne oder das Hakenkreuzbanner hissen sollten, *ohne Rücksicht darauf, ob der Besitzer deutscher oder jüdischer Abstammung ist*; Neue Mannheimer Zeitung 29.4.1933.
14 Vgl. Neue Mannheimer Zeitung 2.5.1933. Siehe auch S. 24 im Kapitel *Machtergreifung* in diesem Band.
15 Vgl. auch Friedrich Walter: Schicksal einer deutschen Stadt. Geschichte Mannheims 1907–1945. Bd. 2: 1925–1945. Frankfurt a.M. 1950, S. 189 f.
16 Hakenkreuzbanner 28.4.1935.
17 Einladung des Evangelischen Kirchenrats in StadtA Mannheim, S 2/906.
18 Vgl. Hakenkreuzbanner 2.5.1935.
19 Neue Mannheimer Zeitung 25.4.1936.
20 Vgl. ebd.
21 Neue Mannheimer Zeitung 2.5.1936.
22 Hakenkreuzbanner 1.5.1938.
23 Hakenkreuzbanner 2.5.1938.
24 Vgl. Ingeborg Weber-Kellermann: Die deutsche Familie. Frankfurt a.M. 1977, S. 193 f. sowie Oswald A. Erich/Richard Beitl: Wörterbuch der deutschen Volkskunde. Leipzig 1936, S. 166 f.
25 Vgl. Neue Mannheimer Zeitung 2.10.1933. Das Verhältnis der Nationalsozialisten zur Kirche war in den ersten Jahren der Diktatur noch wenig getrübt und auf Vereinnahmung ausgerichtet. *Noch kommt es der Partei in diesem Stadium auf sympatisch wirkende Anteilnahme und gute Beziehungen an*; F. Walter (wie Anm. 15) S. 199.
26 Neue Mannheimer Zeitung 2.10.1933.
27 Ebd.
28 Vgl. Wolfgang Kromer: „Ich wollt' auch einmal in die Stadt". Zuwanderungen nach Mannheim vor dem Zweiten Weltkrieg, illustriert an Wanderungsbiographien aus dem badischen Odenwald (Sonderveröffentlichung des Stadtarchivs Mannheim Nr. 10). Heidelberg 1986, S. 12.
29 Hans Strobel: Bauernbuch. 1937, S. 139.
30 Neue Mannheimer Zeitung 2.10.1933.
31 Vgl. Sebastian Haffner: Anmerkungen zu Hitler. Frankfurt a.M. 1981, S. 88 f.
32 Neue Mannheimer Zeitung 1.10.1934.
33 Neue Mannheimer Zeitung 7.10.1935.
34 Ebd. Vgl. auch Heinz Schmitt: Nationalsozialistische Trachtenpflege. In: Helge Gerndt (Hg.): Volkskunde und Nationalsozialismus. München 1987, S. 205–213.
35 Vgl. Neue Mannheimer Zeitung 19.12.1934.
36 Vgl. Neue Mannheimer Zeitung 22.12.1934.
37 Vgl. Hakenkreuzbanner 20.12.1934.
38 Vgl. Hakenkreuzbanner 21.12.1934.
39 Vgl. H.-U. Thamer (wie Anm. 1) S. 418 f.
40 Hakenkreuzbanner 24./25.12.1936.
41 Neue Mannheimer Zeitung 24.12.1936.
42 Meldungen aus dem Reich Nr. 156, Berlin 23.1.1941, in: Berichte des SD und der Gestapo über Kirchen und Kirchenvolk in Deutschland 1934–1944. Bearb. von Heinz Boberach (Veröffentlichungen der Kommission für Zeitgeschichte bei der Katholischen Akademie in Bayern, Reihe A: Quellen, Bd. 12). Mainz 1971, S. 484.

Wahlen und Volksabstimmungen

1 Vgl. Verfolgung und Widerstand unter dem Nationalsozialismus in Baden. Die Lageberichte der Gestapo und des Generalstaatsanwalts Karlsruhe 1933–1940. Bearb. von Jörg Schadt (Veröffentlichungen des Stadtarchivs Mannheim Bd. 3). Stuttgart u.a. 1976, S. 43.
2 Vgl. ebd.
3 Hakenkreuzbanner 6.1.1933.
4 Widerstand gegen den Nationalsozialismus in Mannheim. Im Auftrag der Stadt Mannheim hg. von Erich Matthias und Hermann Weber unter Mitwirkung von Günter Braun und Manfred Koch. Mannheim 1984, S. 55. Dort auch eine detaillierte Analyse insbesondere der Wahlen 1930–1933, vgl. ebd. S. 54–69.
5 Widerstand gegen den Nationalsozialismus in Mannheim (wie Anm. 4) S. 439; hier auch das folgende Zitat.
6 Siehe dazu das Kapitel *Die NSDAP in Mannheim vor 1933* in diesem Band.
7 Vgl. Neue Mannheimer Zeitung 13.11.1933.
8 Vgl. Neue Mannheimer Zeitung 2.11.1933. In diesem Bericht finden sich auch die zitierten Sätze aus der Rede Roths.
9 Vgl. Statistisches Jahrbuch für Baden. Karlsruhe 1938, S. 355. In Heidelberg stimmten 91,5 % für die Nationalsozialisten, in Karlsruhe 90,1 %. Bei der gleichzeitigen Volksabstimmung erhielt die Außenpolitik Hitlers in Mannheim immerhin 92,6 % Zustimmung, ein Wert, der jedoch auch hinter dem Durchschnitt deutlich zurückblieb.
10 Vgl. Neue Mannheimer Zeitung 13.11.33.
11 Vgl. Widerstand gegen den Nationalsozialismus in Mannheim (wie Anm. 4) S. 439.
12 Neue Mannheimer Zeitung 14.8.1934.
13 Ebd.
14 Neue Mannheimer Zeitung 16.8.1934. Der sozialen Kontrolle diente auch eine Verordnung, die die Übertragung der *Führerrede* anläßlich Hitlers Besuchs in Hamburg nur auf vorbestimmten öffentlichen Plätzen oder Lokalen gestattete. Jede andere Übertragung im privaten Kreis wurde verboten, damit *die Einheitlichkeit und Geschlossenheit der angegebenen offiziellen Übertragung nicht gestört werde*; vgl. ebd.
Diese Verordnung entsprach auch der Vorliebe der Nationalsozialisten für demonstrative Massenveranstaltungen. Entsprechend propagandistisch berichtete die Neue Mannheimer Zeitung: *Das Volk hört den Führer – Ganz Mannheim war auf den freien Plätzen und in den Gaststätten versammelt*; vgl. Neue Mannheimer Zeitung 18.8.1934.
15 Vgl. Neue Mannheimer Zeitung 20.8.1934.
16 Ebd.
17 Vgl. Neue Mannheimer Zeitung 20.8.1934. Der Anteil der Ja-Stimmen an den abgegebenen Stimmen sank von 89,5 % (Wahl) bzw. 92,6 % (Volksabstimmung) auf nur noch 85,4 %. Die gleiche Tendenz, wenn auch schwächer, ist auch bei den Städten Heidelberg (88,3 % Ja-Stimmen) und Karlsruhe (88,2 % Ja-Stimmen) zu beobachten; vgl. Statistisches Jahrbuch für Baden (wie Anm. 9) S. 355.
18 Mannheimer Tageblatt 20.8.1934.
19 Vgl. Verfolgung und Widerstand unter dem Nationalsozialismus in Baden (wie Anm. 1) S. 101. Der österreichische Bundeskanzler Dollfuß kam bei der Besetzung des Bundeskanzleramts durch die Nationalsozialisten ums Leben; hierauf spielt die erste Parole an. Die Träger dieser Widerstandsaktionen vermutete die Gestapo bei den Kommunisten. Die SPD in Baden schätzte sie als *völlig erledigt* ein, die KPD *hauptsächlich im Industriegebiet Mannheim-Ludwigshafen* sei jedoch *ein latenter Gefahrenherd*, der genauer Beobachtung bedürfe. vgl. ebd. S. 98.
20 Vgl. Friedrich Walter: Schicksal einer deutschen Stadt. Geschichte Mannheims 1907–1945. Bd. 2: 1925–1945. Frankfurt a.M. 1950, S. 211.
21 Vgl. Karl Dietrich Bracher: Die deutsche Diktatur. Entstehung, Struktur, Folgen des Nationalsozialismus. 4. Aufl. Köln 1972, S. 325; Christian Zentner/Friedemann Bedürftig (Hg.): Das große Lexikon des Dritten Reiches. München 1985, S. 494.
22 Vgl. C. Zentner/F. Bedürftig (wie Anm. 21) S. 423.
23 Vgl. Neue Mannheimer Zeitung 14.3.1936. Aufgrund dieser Bestimmungen, aber auch weil Angehörige der Wehrmacht nicht zur Wahl zugelassen waren und als Neuwähler die geburtenschwachen Jahrgänge 1915 und 1916 hinzugekommen waren, sank die Zahl der Stimmberechtigten in Mannheim um mehr als 12 000 auf etwa 192 000 ab. Präzise Zahlen teilte die Presse jedoch nicht mit, so daß Vergleiche mit den vorangegangenen Abstimmungen nur bedingt möglich sind; vgl. Hakenkreuzbanner 28.3.1936.
24 Neue Mannheimer Zeitung 28.3.1936.
25 Ebd.
26 Vgl. Neue Mannheimer Zeitung 30.3.1936.
27 Vgl. ebd. sowie Widerstand gegen den Nationalsozialismus in Mannheim (wie Anm. 4) S. 439. Die dortige Angabe, die meisten ungültigen Stimmen seien prozentual im Stimmbezirk 15 (K-5-Schule) abgegeben worden (6,6 %), ist allerdings unzutreffend; nach den Tabellen in Neue Mannheimer Zeitung 30.3.1936 wurden in diesem Stimmbezirk bei 1 231 Ja-Stimmen nur 37 ungültige Stimmen (2,9 %) gezählt.

28 Vgl. WIDERSTAND GEGEN DEN NATIONALSOZIALISMUS IN MANNHEIM (wie Anm. 4) S. 440.
29 Vgl. NEUE MANNHEIMER ZEITUNG 30.3.1936.
30 F. WALTER (wie Anm. 20) S. 236.
31 Vgl. VERFOLGUNG UND WIDERSTAND UNTER DEM NATIONALSOZIALISMUS IN BADEN (wie Anm. 1) S. 201 f.
32 NEUE MANNHEIMER ZEITUNG 8.4.1938.
33 NEUE MANNHEIMER ZEITUNG 9.4.1938.
34 Ebd.
35 Vgl. NEUE MANNHEIMER ZEITUNG 11.4.1938.
36 Vgl. VERFOLGUNG UND WIDERSTAND UNTER DEM NATIONALSOZIALISMUS IN BADEN (wie Anm. 1) S. 204.
37 Vgl. NEUE MANNHEIMER ZEITUNG 11.4.1938.
38 Vgl. HAKENKREUZBANNER 11.4.1938.
39 WIDERSTAND GEGEN DEN NATIONALSOZIALISMUS IN MANNHEIM (wie Anm. 4) S. 440.

Frauen und Bevölkerungspolitik

1 Adolf Hitler auf dem Reichsparteitag in Nürnberg am 13.9.1935.
2 Zur (oft auch ambivalenten) Rolle von Frauen in Nationalsozialismus vgl. ILSE THOMAS (Hg): Ich hätte so gerne noch gelebt, geliebt und gearbeitet. Frauen zwischen den Republiken 1933–1949. Bielefeld 1996; dort auch weitere Literaturangaben.
3 Berichte über die Kundgebung in HAKENKREUZBANNER 16.2.1935 und NEUE MANNHEIMER ZEITUNG 16.2.1935.
4 Vgl. SABINE SPERLICH: Einzigartig ist der soziale Beruf zu nennen – Ausbildung zur Fürsorgerin gestern (1916–1933) – zur Sozialarbeiterin und Sozialpädagogin heute (1995). In: ZEITENWANDEL. Frauengenerationen in der Geschichte Mannheims. Hg. von der Frauenbeauftragten der Stadt Mannheim Ilse Thomas und Sylvia Schraut (Frauen in der Geschichte Mannheims 2). Mannheim 1995, S. 188–208.
5 Zu Person und Schicksal von Dr. Marie Bernays siehe das Kapitel *Liberales Bürgertum* S. 139 in diesem Band.
6 Vgl. HELGA ALBRECHT: Gesicherte Lebensstellung, Freude und Befriedigung: Die Ausbildung am Fröbelseminar 1899–1945. In: ZEITENWANDEL (wie Anm. 4) S. 150–163.
7 Zitate aus GENERALLANDESARCHIV KARLSRUHE, Bestand 235, Nr. 37 566 nach H. ALBRECHT (wie Anm. 6) S. 160.
8 Beschluß des Stadtrats und des Bürgerausschusses vom 14.12.1933. Protokollband; STADTA MA, Bibliothek, A 18/1.
9 Berichte in HAKENKREUZBANNER 19.1.1938 und NEUE MANNHEIMER ZEITUNG 19.1.1938; vgl. auch den Bericht über das Erbgesundheitsgericht in NEUE MANNHEIMER ZEITUNG 23.2.1934.
10 Zu Erbgesundheit und Sterilisation allgemein vgl. ERNST KLEE: Auschwitz, die NS-Medien und ihre Opfer. Frankfurt a.M. 1997; GISELA BOCK: Zwangssterilisation im Nationalsozialismus. Studien zur Rassenpolitik und Frauenpolitik. Opladen 1986. Die Geschichte des Mannheimer Gesundheitsamts und der von dort verhängten Zwangssterilisationen ist noch unerforscht.
11 Vgl. STADTA MA, Kunstverein, Zug. 12/1981, Nr. 708. Der Maler hieß damals noch Roderich Jerusalem; den Namenszusatz von Safft muß er sich zwischen Mai 1933 und Mai 1934 – damals in Staufen im Breisgau lebend – zugelegt haben. Über die näheren Umstände dieser Namensänderung ist bisher nichts bekannt. Der Nachname Jerusalem ging angeblich ebenfalls auf eine Umbenennung zurück: Ein Vorfahr im 13. Jh. habe nach drei Pilgerfahrten ins Heilige Land vom Papst den Beinamen Jerusalem erhalten, der später den ursprünglichen Familiennamen Wessel ersetzt habe. Ein berühmter Namensträger war Carl Wilhelm Jerusalem, der sich 1772 in Wetzlar das Leben nahm und Goethe zu seinem Werk *Die Leiden des jungen Werther* inspiriert haben soll; vgl. einen Artikel von Kuno Brombacher in STADTA MA, Kunstverein, Zug. 12/1981, Nr. 1900. Der ungewöhnliche Nachname gab 1933 zu Irritation Anlaß, als im Mannheimer Kunstverein für April eine Ausstellung mit Bildern Roderich Jerusalems geplant war; vgl. ebd. *In Hinsicht auf die politische Lage,* so teilte der Kunstverein mit Schreiben vom 20.3.1933 mit, *möchten wir absehen, Ihre Bilder im gegenwärtigen Augenblick zu zeigen. ... Obwohl wir nicht wissen, ob Sie Jude sind, befürchten wir, daß bei der Ankündigung ... in den Zeitungen Schwierigkeiten entstehen könnten, wobei wir für Ihre Bilder keine Verantwortung übernehmen könnten.* Über diese Bedenklichkeiten mußte der linientreue Nationalsozialist Jerusalem *herzlich lachen* und verwies in seiner Anwort vom 21.3.1933 neben der Geschichte seines Namens auf seine Funktion in der NSDAP und *herzlichste Dankesworte* Hitlers, dem er sein Mappenwerk ebenso übersandt habe wie Gauleiter Wagner. Im übrigen machte er geltend, *gerade in unseren Kreisen als Vertreter der deutschen Kunst anerkannt zu sein.*
12 Im März/April 1934 hatte Jerusalem von Safft eine größere Ausstellung mit Gemälden, Zeichnungen und Reproduktionen plastischer Arbeiten (zusammen mit Werken von Ludwig Fahrenkrog) in der Kunsthalle gehabt; vgl. STILSTREIT UND FÜHRERPRINZIP. Künstler und Werk in Baden 1930–1945. Hg. von Wilfried Rößling, Karlsruhe 1987, S. 220. Im August 1934 erhielt er zusammen mit Eugen Gresser den Auftrag zur Neuschaffung der beiden Zentaurengruppen am Wasserturm in Muschelkalk; die 1907 aufgestellten Skulpturen waren lediglich aus Gips gewesen; vgl. STADTA MA, Ratsprotokolle 1934, S. 1053. Das 1937 enthüllte, nicht erhaltene Kolonialdenkmal am Horst-Wessel-Platz (Carl-Reiß-Platz) stammte ebenfalls von Jerusalem von Safft; vgl. CHRISTMUT PRÄGER: Denkmäler in Mannheim von 1919 bis 1939. Eine Auswahl. In: ARCHITEKTUR IN MANNHEIM 1918–1939. Bearb. von Monika Ryll. Mit Beiträgen von Claudia Brandt u.a. Hg. von Peter Plachetka und Jörg Schadt (Beiträge zur Mannheimer Architektur- und Baugeschichte Nr. 2). Mannheim 1994, S. 156–199, hier S. 185–189. Ein 1938 von Jerusalem von Safft entworfenes Kriegerdenkmal für die Freifläche vor dem Seckenheimer Schloß wurde aufgrund der Stillegung nicht kriegswichtiger Bauvorhaben zurückgestellt und kam auch später nicht mehr zur Ausführung; vgl. STADTA MA, Polizeipräsidium, Zug. -/1962, Nr. 508 mit Entwurfszeichnungen.
13 Der überhöhte Mittelteil dieses Triptychons diente als Titelabbildung von STILSTREIT UND FÜHRERPRINZIP (wie Anm. 2).
14 Diese Hängungsabsicht war angesichts des Bildthemas sicherlich kein Zufall; denn der Schule fiel die wichtige Aufgabe zu, die nationalsozialistische Weltanschauung in die Köpfe und Herzen der Jugend „auszusäen". So gesehen überrascht es nicht, 1937 als Wandschmuck für das Bayreuther *Haus der Deutschen Erziehung,* der Zentrale des NS-Lehrerbunds, ebenfalls das Motiv des Sämanns zu finden, dort ein Werk von Oskar-Martin Amorbach.
15 Vgl. G. MECKER (Pseudonym): Hymen und Blubo. In: MANNHEIM HEUTE 1949, H. 2, S. 20 f.
16 Vgl. STADTA MA, S 1/4274.
17 Vgl. KLAUS LANKHEIT: Das Triptychon als Pathosformel. Heidelberg 1959.
18 Vgl. DIETER BARTEZTKO / STEFAN GLOSSMANN / GABRIELE VOIGTLÄNDER-TETZNER: Die Darstellung des Bauern. In: KUNST IM DRITTEN REICH. Dokumente der Unterwerfung. Frankfurt a.M. 1979.
19 Vgl. BERTHOLD HINZ: Die Malerei im deutschen Faschismus. Kunst und Konterrevolution. München 1974. Vgl. auch MARTIN DUMAS: Sozialistischer Realismus und Kunst im Nationalsozialismus. Frankfurt a.M. 1981.

Mannheims Schulen unterm Hakenkreuz

1 Zur Namensgebung vgl. GERHARD KALLER: Nationalsozialismus und Schule. Vier Gymnasien in Karlsruhe und Mannheim im Spiegel der Jahresberichte 1933 und 1941. In: AUS SÜDWESTDEUTSCHER LANDESGESCHICHTE. Festschrift für Hans-Martin Maurer. Dem Archivar und Historiker zum 65. Geburtstag. Stuttgart 1994, S. 721–735, hier S. 726 f.
2 Vgl. GENERALLANDESARCHIV KARLSRUHE, Bestand 235, Nr. 42 467, Allgemeines: Adolf-Hitler-Schule.
3 Grundlegend hierzu vgl. REINHARD BOLLMUS: Handelshochschule und Nationalsozialismus. Das Ende der Handelshochschule Mannheim und die Vorgeschichte der Errichtung einer Staats- und Wirtschaftswissenschaftlichen Fakultät an der Universität Heidelberg 1933/34 (Mannheimer sozialwissenschaftliche Studien 8). Meisenheim a.G. 1973.
4 Renninger hoffte allerdings durch Übersiedlung der Karlsruher Technischen Hochschule nach Mannheim Kompensation zu erhalten, ein Plan, der sich jedoch bald als schwer realisierbar erweisen sollte.
5 DIE STADTVERWALTUNG MANNHEIM IM JAHRFÜNFT 1933–1937. Verwaltungsbericht der Stadt Mannheim. O.O. (Mannheim) o.J. (1938), S. 63.
6 Zu Sickingers Schulsystem vgl. ULRICH NIESS: Mannheims Schul- und Bildungsgeschichte im Kaiserreich. Das Beispiel der Elementarschulen und der Höheren Lehranstalten. In: HANS-PETER BECHT/BERNHARD KIRCHGÄSSNER (Hg.): Stadt und Schule. Sigmaringen 1997.
7 Zitiert nach EDUARD GERWECK/EMIL LOHRER: Die Mannheimer Volksschule 1895–1945. Heft IV: Die Zerschlagung des Mannheimer Schulsystems und die Zertrümmerung der Einrichtungen im Zweiten Weltkrieg 1933–1945. Masch. Manuskript. Mannheim 1950, S. 436 (STADTA MA, Bibliothek, A 14/222).
8 Vgl. E.GERWECK/E. LOHRER (wie Anm. 7) S. 408. Auch der Feudenheimer Versuchsschule, einem ebenfalls überregional beachteten reformpädagogischen Ansatz, machten die Nationalsozialisten ein Ende; vgl. HANSJÜRGEN KESSLER: Versuchsschule Feudenheim 1922–1933. Die vergessene Reformpädagogik Enderlins und Lays. Mannheim-Feudenheim 1995 sowie HANSJÜRGEN KESSLER: Alte Schule – Reformschule. Aus der Schulgeschichte Feudenheims. In: MANNHEIMER GESCHICHTSBLÄTTER (Neue Folge) 4 (1997).
9 Zur Geschichte der Mannheimer Mittelschule vgl. KARL HEINZ MEHLER: Die Mittelschule in Mannheim 1939–1947. Eine zeitgeschichtliche Dokumentation. Mannheim 1995.
10 Vgl. HANS-JOACHIM FLIEDNER: Die Judenverfolgung in Mannheim 1933–1945 (Veröffentlichungen des Stadtarchivs Mannheim Bd. 1 u. 2). 2. Aufl. Stuttgart u.a. 1991, S. 73 f.
11 Die Dokumente über die Ausweisung der beiden Schüler sind zusammengestellt bei H.-J. FLIEDNER (wie Anm. 10) S. 360–364, Nr. 65; zum weiteren Schicksal beider vgl. auch GERTRUD WEBER: Die Judenschule in Mannheim. Erlebnisberichte ehemaliger jüdischer Schüler (Erinnern für die Zukunft). Mannheim o.J. (1988), S. 11 f. (STADTA MA, Bibliothek, J 253). Vgl. auch HARTMUT DAMM: Schule in der Ära nationalsozialistischer Herrschaft. Eine Untersuchung anhand zweier Höherer Schulen in Mannheim. Diplomarbeit (masch. Manuskript) Universität Mannheim. Mannheim 1994, S. 29 f. (STADTA MA, Bibliothek, 95 B 72).
12 Vgl. KARL-ALBERT MÜLLER: Das Karl-Friedrich-Gymnasium in Mannheim 1933–1945. Eine deutsche Schule im Dritten Reich. Heidelberg 1988, S. 164; G. KALLER (wie Anm. 1) S. 729. Beispielhaft die Mitteilungen von Dr. Wilhelm Mann, der dem Stadtarchiv schrieb: *1934 wechselte ich zum Lessing-Realgymnasium und machte dort 1935 mein Abitur. Obwohl ich der einzige jüdische Schüler in der Klasse war, wurde ich nicht ausgegrenzt oder irgendwie von Lehrern benachteiligt;*

Brief vom 26.2.1994, STADTA MA, Dienstakten, Az. 16.40.20 - D 1 ; vgl. ferner die Erinnerungen von Philipp Rohr, STADTA MA, Kl. Erw., Nr. 878, Bl. 23. Gegenbeispiele, z.B. das Verprügeln jüdischer Kinder, sind jedoch auch bekannt; vgl. H.-J. FLIEDNER (wie Anm. 10) S. 366 f., Nr. 67 und die Briefe von Frieda Kälbermann und Ruth Rennert, zit. bei G. WEBER (wie Anm. 11) S. 15.

13 H.-J. FLIEDNER (wie Anm. 10) S. 365 Nr. 66; vgl. auch CHRISTIAN HÜBEL: Schulpolitik und Schulalltag. Mannheims Höhere Schulen im Nationalsozialismus 1933–1939. Magisterarbeit (masch. Manuskript) Universität Mannheim. Mannheim 1991, S. 97–99 (STADTA MA, Bibliothek, A 14/321).

14 K.-A. MÜLLER (wie Anm. 12) S. 167 f. Während wir hier wie auch an der Adolf-Hitler-Schule ein allmähliches Absinken der Zahl jüdischer Schüler konstatieren können, gibt es doch auch auffällige Abweichungen: An der Mollschule stieg die Zahl von 1932 auf 1935 von 2 jüdischen Schülern auf 13 und sank dann bis 1938 auf 4 wieder ab, hingegen fiel sie an der Elisabeth-Schule allein zwischen den Schuljahren 1935/36 und 1936/37 von 42 auf nur noch 16; vgl. H.-J. FLIEDNER (wie Anm. 10) S. 74 mit Anm. 46.

15 Vgl. H.-J. FLIEDNER (wie Anm. 10) S. 72 f.

16 Vgl. H.-J. FLIEDNER (wie Anm. 10) S. 71; VOLKER KELLER: Bilder vom jüdischen Leben in Mannheim (Sonderveröffentlichung des Stadtarchivs Mannheim Nr. 19). Mannheim 1988, S. 85, Nr. 211.

17 Vgl. H. DAMM (wie Anm. 11) S. 120–122; H.-J. FLIEDNER (wie Anm. 10) S. 77 ff.; K.-A. MÜLLER (wie Anm. 12) S. 160–163; G. WEBER (wie Anm. 11) S. 13 ff.

18 Motor für diese Entwicklung war Rabbiner Max Grünewald; zu seiner Person vgl. KARL OTTO WATZINGER: Geschichte der Juden in Mannheim 1650–1945 (Veröffentlichungen des Stadtarchivs Mannheim Bd. 12). 2. Aufl. Stuttgart u.a. 1987, S. 93 f.; KARL OTTO WATZINGER: Nachruf auf Rabbiner Dr. Max Grünewald. In: MANNHEIMER HEFTE 1993, S. 3 ff.

19 Vgl. E. GERWECK/E. LOHRER (wie Anm. 7) S. 425.

20 Vgl. V. KELLER (wie Anm. 16) S. 86–89.

21 Vgl. E. GERWECK/E. LOHRER (wie Anm. 7) S. 476.

22 Vgl. G. WEBER (wie Anm. 11) S. 25.

23 Vgl. V. KELLER (wie Anm. 16) S. 86 Nr. 215.

24 Vgl. GENERALLANDESARCHIV KARLSRUHE, Bestand 235, Nr. 37 528; vgl. auch 50 JAHRE SCHÖNAUSCHULE (Schule in Mannheim 6). Redaktion Mechthild Diehl und Volker Keller. Mannheim 1991, S. 8 f.

25 CARL RENNINGER: Gedanken über meine Amtszeit als Oberbürgermeister der Stadt Mannheim 1933–1945. Frankfurt a.M. 1956 (Privatdruck, STADTA MA, Kl. Erw., Nr. 468), S. 15.

26 C. Renninger am 3.7.1939, zit. nach E. GERWECK/ E. LOHRER (wie Anm. 7) S. 478.

27 NEUE MANNHEIMER ZEITUNG 20.5.1941.

28 Zur Konkurrenzsituation zwischen Schule und HJ bzw. BDM s. das Kapitel „... *sie werden nicht mehr frei für ihr ganzes Leben."* S. 57–66 in diesem Band.

29 STADTA MA, Ratsprotokoll vom 21.12.1937, Bl. 113.

30 Erinnerung Elisabeth Holzwarth. In: 50 JAHRE SCHÖNAUSCHULE (wie Anm. 24) S. 23.

31 Vgl. H. DAMM (wie Anm. 11) S. 97 ff.

32 Zit. nach K.-A. MÜLLER (wie Anm. 12) S. 237.

33 STADTA MA, Lessing-Gymnasium, Zug. 33/1993, Nr. 98.

34 Zit. nach UNSER „SCHIFF". Eine Dokumentation über eine ehemalige Schule am Friedrichsring, Mannheim. Die Schulzeit der Abiturklassen 1940/41 – die legendären 29er. Hg. von Wolfgang Butzer, Felix Groß, Heinz Raufelder. Karlsruhe 1992, S. 56 (STADTA MA, Bibliothek, A 14/338).

35 Vgl. K.-A. MÜLLER (wie Anm. 12) S. 178.

36 Einer der wenigen bislang bekannten Fälle betraf die Lehrer Dr. Karl Schambach und Dr. Gustav König von der Liselotteschule; vgl. 75 JAHRE LISELOTTE-GYMNASIUM 1911–1986. Mannheim 1986, S. 28 f.

Verfolgung und Widerstand der Arbeiterbewegung

1 GOLO MANN: Erinnerungen und Gedanken. Eine Jugend in Deutschland. 2. Aufl. Frankfurt a.M. 1986, S. 360 und 377.

2 GENERALLANDESARCHIV KARLSRUHE, Bestand 465 c, Nr. 47, maschinenschr. Manuskript im Umfang von zwei Seiten mit dem Titel *Der Kampf um Mannheim!!!* mit dem Diktatzeichen *K./Dö.* Der Artikel weist auf die durch das Polizeipräsidium veranlaßte Entfernung der Spruchbänder hin, die auf S. 12 zu sehen sind.

3 Die folgenden Ausführungen basieren auf VERFOLGUNG UND WIDERSTAND GEGEN DEN NATIONALSOZIALISMUS IN BADEN. Die Lageberichte der Gestapo und des Generalstaatsanwalts Karlsruhe 1933–1940. Bearb. von Jörg Schadt (Veröffentlichungen des Stadtarchivs Mannheim Bd. 3) Stuttgart u.a. 1976 sowie vor allem WIDERSTAND GEGEN DEN NATIONALSOZIALISMUS IN MANNHEIM. Im Auftrag der Stadt Mannheim hg. von Erich Matthias und Hermann Weber unter Mitwirkung von Günter Braun und Manfred Koch. Mannheim 1984. Beide Veröffentlichungen schöpfen im wesentlichen aus dem Bestand Dokumentation des Widerstands (STADTA MA, D 1), der vom Stadtarchiv Mannheim zusammengetragen wurde. Matthias und Weber erfassen allerdings die Zahl der Widerstandskämpfer nicht ganz vollständig, dennoch dürften die dort genannten Größenordnungen zutreffend sein.

4 Vgl. WIDERSTAND (wie Anm. 3) S. 162 ff.

5 Vgl. VERFOLGUNG (wie Anm. 3) S. 187 ff.

6 Vgl. VERFOLGUNG (wie Anm. 3) S. 101.

7 VERFOLGUNG (wie Anm. 3) S. 245.

8 Vgl. FRITZ SALM: Im Schatten des Henkers. Widerstand in Mannheim gegen Faschismus und Krieg. 2. Aufl. Frankfurt a.M. 1979, S. 158 f.

9 Vgl. HERBERT MIES (Hg.): Wir wollen alle dasselbe – heim! Mannheimer/innen im französischen Widerstand. Mannheim 1997.

10 Vgl. VERFOLGUNG (wie Anm. 3) S. 232 f.

11 VERFOLGUNG (wie Anm. 3) S. 248.

12 VERFOLGUNG (wie Anm. 3) S. 219

13 Vgl. DER MANNHEIMER GEMEINDERAT 1945–1984. Biographisches Handbuch der Oberbürgermeister, Bürgermeister und ehrenamtlichen Mitglieder des Mannheimer Gemeinderats. Bearb. von Wolfgang Brach (Sonderveröffentlichung des Stadtarchivs Mannheim Nr. 8). Mannheim 1984.

Die Katholiken im Zwiespalt

1 Zit. nach KLAUS HEIDEL/CHRISTIAN PETERS: Nicht nur ein Kampf um Seelen: Die Kirchen und das „Dritte Reich" in Heidelberg. In: HEIDELBERG UNTER DEM NATIONALSOZIALISMUS. Studien zu Verfolgung Widerstand und Anpassung. Hg. von Jörg Schadt und Michael Caroli. Heidelberg 1985, S.51–341, hier: S. 55.

2 Zit. nach ebd.

3 In Baden bildete das Zentrum von 1919 bis 1932 Koalitionsregierungen mit SPD und, zeitweise, DDP; nach Ausscheiden der SPD aus der Landesregierung kam die DVP als Koalitionspartner hinzu. Nach der Reichstagswahl am 5.3.1933 wich die vom Zentrum geführte badische Regierung erst der gewaltsamen *Machtergreifung* der NSDAP unter ihrem Gauleiter und Reichskommissar Robert Wagner.

4 Vgl. WIDERSTAND GEGEN DEN NATIONALSOZIALISMUS IN MANNHEIM. Im Auftrag der Stadt Mannheim hg. von Erich Matthias und Hermann Weber unter Mitwirkung von Günter Braun und Manfred Koch. Mannheim 1984, S. 366 f.

5 Vgl. K. HEIDEL/C. PETERS (wie Anm. 1) S. 58.

6 Vgl. K. HEIDEL/C. PETERS (wie Anm. 1) S. 59.

7 Brief von C. Gröber nach Rom 18.3.1933, zit. nach K. HEIDEL/C. PETERS (wie Anm. 1) S. 74.

8 Zit. nach K. HEIDEL/C. PETERS (wie Anm. 1) S. 74.

9 Zit. nach K. HEIDEL/C. PETERS (wie Anm. 1) S. 74.

10 Vgl. BRUNO SCHWALBACH: Erzbischof Gröber und die nationalsozialistische Diktatur. Karlsruhe 1989, S. 38.

11 Gröber unterstützte eine geplante gemeinsame Kundgebung der badischen Jugendverbände am 12.11.1933 und wäre wohl zu einer Aufgabe der katholischen Jugendverbände schon 1933 bereit gewesen. Statt sich in der Bedrängnis hinter die katholischen Vereine zu stellen, förderte er nur Verunsicherung. Im übrigen war höchst fraglich, ob die HJ seine Anpassungsbereitschaft honorieren würde. Vgl. K. HEIDEL/C. PETERS (wie Anm. 1) S. 150.

12 Zit. nach B. SCHWALBACH (wie Anm. 10) S. 150. Fortan enthielten Gröbers Hirtenbriefe, die nicht immer verlesen werden durften, immer wieder kritische Töne, so Ende 1935 gegen Versuche, eine von Rom unabhängige katholische Nationalkirche zu schaffen und 1936 in scharfer Form gegen die Beschädigung von Kreuzen in verschiedenen Gemeinden; vgl. B. SCHWALBACH (wie Anm. 10) S. 73.

13 Zit. nach B. SCHWALBACH (wie Anm. 10) S. 137.

14 Vgl. B. SCHWALBACH (wie Anm. 10) S. 115.

15 Vgl. WIDERSTAND GEGEN DEN NATIONALSOZIALISMUS IN MANNHEIM (wie Anm. 4) S. 368.

16 Vgl. K. HEIDEL/C. PETERS (wie Anm. 1) S. 76.

17 Vgl. K. HEIDEL/C. PETERS (wie Anm. 1) S. 149. Die deutschen Katholiken hatten seit dem 19. Jahrhundert ein breites Vereinsleben ausgebildet, das sich neben seelsorgerischen auch erzieherische, sozial-karitative und volkspolitische Aufgaben stellte. Geleitet wurden die verschiedenen Vereine meist von geistlichen Führern, d.h. Pfarrern oder Religionslehrern. In der katholischen Jugendarbeit gab es als Besonderheit den Ministrantendienst, aus dem sich ein Teil des Jugendleiternachwuchses rekrutierte; vgl. K. HEIDEL/C. PETERS (wie Anm. 1) S. 134 und ADRESSBUCH MANNHEIM 1933/34, wo folgende katholischen Vereine genannt sind: Jungmännerverein, Marianische Jungfrauenkongregation, Pfadfinder-Sturmscharen sowie die katholische Sportvereinigung DJK. Gegenüber den katholischen Jugendvereinen besaß die HJ mit ihrer Parole *Jugend muß von Jugend geführt werden* durchaus Attraktivität: Sie konnte sehr viel jüngere Gruppenleiter aufbieten, und kein Pfarrer gängelte die Jugendlichen; vgl. K. HEIDEL/C. PETERS (wie Anm. 1) S. 134.

18 Vgl. K. HEIDEL/C. PETERS (wie Anm. 1) S. 149.

19 Vgl. K. HEIDEL/C. PETERS (wie Anm. 1) S. 154 ff.

20 Eine Anfrage bei Reichsjugendführer von Schirach ergab, daß diese Verbote von reichseinheitlichen Regelungen nicht gedeckt waren; vgl. K. HEIDEL/ C. PETERS (wie Anm. 1) S. 169.

21 Vgl. K. HEIDEL/C. PETERS (wie Anm. 1) S. 107. Seit 1.12.1936 war die Zugehörigkeit der gesamten Jugend zur HJ festgeschrieben, eine Bestimmung, der die Nationalsozialisten aber erst ab Februar 1939 energisch Nachdruck verliehen; vgl. WIDERSTAND GEGEN DEN NATIONALSOZIALISMUS IN MANNHEIM (wie Anm. 4) S. 387.
Dennoch konnte man sich diesem Zwang entziehen. Die ehemalige Stadträtin Emilie Hucht berichtet, daß sie nie in den Bund deutscher Mädel eingetreten ist. 1934 trat sie nicht ein, weil die Doppelmitgliedschaft bei der katholischen Jugend verboten war und nach ihrem Verbot aus Trotz nicht. Sie wurde zwar an der Mädchenberufsschule immer wieder zum Rektor zitiert, aber es ist ihr wegen der Nichtmitgliedschaft nie etwas passiert; vgl. STADTA MA, Kl. Erw., Nr. 879.

22 Vgl. K. HEIDEL/C. PETERS (wie Anm. 1) S. 209 ff.

23 Vgl. WIDERSTAND GEGEN DEN NATIONALSOZIALISMUS IN MANNHEIM (wie Anm. 4) S. 385. Zusätzlich gingen die Mitgliederzahlen zurück, so in Heidelberg in zwei Jahren von 8 000 auf 2 500 Personen; vgl. K. HEIDEL/C. PETERS (wie Anm. 1) S. 212.

24 Vgl. WIDERSTAND GEGEN DEN NATIONALSOZIALISMUS IN MANNHEIM (wie Anm. 4) S. 390.

25 Vgl. KONRADSBLATT 10.6.1934.

26 Angeblich handelte es sich um 25 000 Teilnehmer; vgl. WIDERSTAND GEGEN DEN NATIONALSOZIALISMUS IN MANNHEIM (wie Anm. 4) S. 378.
27 Vgl. NEUE MANNHEIMER ZEITUNG 21.6.1935.
28 Vgl. STADTA MA, D 2, Nr. 793.
29 Vgl. STADTA MA, D 2, Nr. 785.
30 Vgl. STADTA MA, D 2, Nr. 785.
31 Prozessionen waren lange möglich, nur ab 1936 finden sich einige Male Bemerkungen wie *Prozessionen soweit polizeilich genehmigt oder sie werden gehalten, solange sie staatlicherseits nicht verboten sind*; vgl. STADTA MA, Erzbischöfliches Ordinariat, Zug. 7/1973, Visitationsberichte.
32 Man warf ihm vor, die Ehe des protestantischen Hauptlehrers mit einer Katholikin im Unterricht erörtert und Äußerungen getan zu haben, denen Nähe zum Kommunismus vorgeworfen wurde.
33 Vgl. STADTA MA, D 2, Nr. 779; HANS-JÖRG PROBST: Vom Absolutismus zur Gegenwart. Neckarauer Geschichte. Bd. 2. Mannheim 1989, S. 302 f.; WIDERSTAND GEGEN DEN NATIONALSOZIALISMUS IN MANNHEIM (wie Anm. 4) S. 380.
34 Vgl. GENERALLANDESARCHIV KARLSRUHE, Bestand 465 c, Mannheim, Nr. 70 u. 97.
35 Vgl. GENERALLANDESARCHIV KARLSRUHE, Bestand 465 c, Mannheim, Nr. 62.
36 Vgl. STADTA MA, D 2, Nr. 777.
37 Vgl. WIDERSTAND GEGEN DEN NATIONALSOZIALISMUS IN MANNHEIM (wie Anm. 4) S. 376.
38 Vgl. STADTA MA, D 2, Nr. 785.
39 Vgl. WIDERSTAND GEGEN DEN NATIONALSOZIALISMUS IN MANNHEIM (wie Anm. 4) S. 381.
40 Vgl. WIDERSTAND GEGEN DEN NATIONALSOZIALISMUS IN MANNHEIM (wie Anm. 4) S. 380.
41 HAKENKREUZBANNER 30.8.1935.
42 Vgl. STADTA MA, D 2, Nr. 778.
43 Vgl. KARL ANTON STRAUB: Mannheimer Kirchengeschichte. Katholische Vergangenheit und Gegenwart. Mannheim 1957, S. 165.

Die evangelische Kirche im „Dritten Reich"

1 Eine umfassende Darstellung des hier behandelten Abschnitts der Mannheimer Kirchengeschichte bietet neuerdings UDO WENNEMUTH: Geschichte der evangelischen Kirche in Mannheim. Mit Beiträgen von Johannes Ehmann, Eckehart Lorenz und Gernot Ziegler (Quellen und Darstellungen zur Mannheimer Stadtgeschichte. Hg. vom Stadtarchiv Mannheim Bd. 4). Sigmaringen 1996, S. 317–482. Wir können uns daher hier auf die nötigsten Anmerkungen beschränken. Zur Geschichte der evangelischen Kirche im „Dritten Reich" vgl. KLAUS SCHOLDER: Die Kirchen und das Dritte Reich. 2 Bde. Erw. u. verb. Aufl. Frankfurt a.M./Berlin 1986/88; EBERHARD RÖHM/JÖRG THIERFELDER (Bearb.): Evangelische Kirche zwischen Kreuz und Hakenkreuz. Stuttgart 1981; KURT MEIER: Kreuz und Hakenkreuz. München 1992. Zu Baden vgl. KLAUS SCHOLDER: Baden im Kirchenkampf des Dritten Reiches. Aspekte und Fragen. In: OBERRHEINISCHE STUDIEN 2 (1973), S. 223–241 sowie die entsprechenden Kapitel bei KURT MEIER: Der evangelische Kirchenkampf. 3 Bde. Göttingen 1976–1984. Eine umfassende Dokumentation erscheint derzeit unter dem Titel DIE EVANGELISCHE LANDESKIRCHE IN BADEN IM „DRITTEN REICH". Quellen zu ihrer Geschichte. Hg. von Hermann Rückleben und Hermann Erbacher. 3 Bde. Karlsruhe 1991–1995 (weitere Bde. in Vorbereitung).
2 Beispielhaft sei hier auf das Gemeindeblatt der evangelischen Kirchengemeinde in Seckenheim *Gruß aus der Heimat* verwiesen. Die dort veröffentlichten *Führer-Stimmen* bezogen sich zwar eindeutig auf Jesus Christus, erhielten aber in der veränderten politischen Situation 1933 eine neue Dimension. Die Versuchung, diese *Führer-Stimmen* auf Hitler als den neuen *Führer* zu übertragen, war offensichtlich so groß, daß Pfarrer Hermann Fichtl, seit Anfang 1933 an der Erlöserkirche, auf diese Rubrik verzichtete.
3 Antrittspredigt von Pfarrer Dr. Wilhelm Weber am 16.7.1933 in der Christuskirche. Dabei galt Weber als Gegner und Kritiker der Nationalsozialisten.
4 Vgl. hierzu etwa die Arbeiten von Ernst Lehmann noch aus der Weimarer Zeit (ERNST LEHMANN: Der Aufbau der evangelischen Volkskirche in Baden. Heidelberg 1919 sowie ERNST LEHMANN: Wegweiser in die Verfassungsreform der evangelischen Kirchengemeinde Mannheim. Mannheim 1920).
5 Vgl. KURT MEIER: Die Deutschen Christen. Das Bild einer Bewegung im Kirchenkampf des Dritten Reiches. Göttingen 1964. Für Baden vgl. auch DIE EVANGELISCHE LANDESKIRCHE IN BADEN IM „DRITTEN REICH" (wie Anm. 1).
6 Vgl. hierzu auch die Notizen von Ludwig Landes über Friedrich Kiefer, ARCHIV DER EVANGELISCHEN KIRCHENGEMEINDE MANNHEIM, E 90.
7 Vgl. dazu DIE EVANGELISCHE LANDESKIRCHE IN BADEN IM „DRITTEN REICH" (wie Anm. 1) Bd. 1 S. 672 ff., Bd. 2 S. 25 ff.
8 Es handelte sich um die Pfarrer Friedrich Kiefer (Trinitatis), Friedrich Clormann (Waldhof) und Hans Haas (Krankenhaus). Vgl. LUDWIG LANDES: Evangelische Kirche in Mannheim. Masch. Manuskript, S. 1100 (ARCHIV DER EVANGELISCHEN KIRCHENGEMEINDE MANNHEIM, M IV c). Zur Situation 1933 vgl. DIE EVANGELISCHE LANDESKIRCHE IN BADEN IM „DRITTEN REICH" (wie Anm. 1) Bd. 2 S. 262.
9 Vgl. hierzu den Briefwechsel zwischen E. Speck und K. Dürr, ARCHIV DER EVANGELISCHEN KIRCHENGEMEINDE MANNHEIM, Trin. Zu Eugen Speck (1899–1953) siehe die Beschriftung zu Bild 136 a. Vgl. auch WIDERSTAND GEGEN DEN NATIONALSOZIALISMUS IN MANNHEIM. Im Auftrag der Stadt Mannheim hg. von Erich Matthias und Hermann Weber unter Mitwirkung von Günter Braun und Manfred Koch. Mannheim 1984, S. 407. Bei der Zuordnung von Pfarrern zur Bekennenden Kirche unterliefen in dieser Arbeit einige Irrtümer.
10 Max Bürck (geb. 1893) zählte 1933 zu den Aktivisten unter den nationalsozialistisch eingestellten Pfarrern, getragen von einer schwärmerischen Hingabe an den Gedanken einer grundlegenden Reform auch der Kirche; vgl. die zahlreichen Hinweise in DIE EVANGELISCHE LANDESKIRCHE IN BADEN IM „DRITTEN REICH" (wie Anm. 1). Von der Kirchenpolitik der Deutschen Christen enttäuscht und auf dem Boden von Bibel und Bekenntnis beharrend, wandte er sich schließlich der Bekennenden Kirche zu. 1936 wurde er als Nachfolger von Fritz Horch an die Konkordienkirche berufen.
11 Der auf den Widerstand der evangelischen Kirche ausgerichtete Ansatz in WIDERSTAND GEGEN DEN NATIONALSOZIALISMUS IN MANNHEIM (wie Anm. 9) S. 397 ff. führt zu Unschärfen und Fehlinterpretationen in dem ansonsten kenntnisreichen Kapitel über die Protestanten.
12 Noch 1939 veranstaltete die Kirchengemeinde zu Hitlers 50. Geburtstag einen Festgottesdienst in der Christuskirche; vgl. EVANGELISCHES GEMEINDEBLATT 15 (1939), Nr. 18 (30.4.), S. 3 f.
13 Im Bestand Dokumentation des Widerstands im Stadtarchiv Mannheim befinden sich auf einige Positionen mit Hinweisen auf solche Vorgänge; vgl. insbesondere STADTA MA, D 2, Nr. 852.
14 Mündliche Mitteilung Ehepaar Mess. Vgl. auch 75 JAHRE CHRISTUSKIRCHE MANNHEIM 1911–1986 Mannheim 1986, S. 61 f.
15 Fritz Kölli (1900–1942) war 1928–31 Vikar in Sandhofen. 1933 wurde er als Nachfolger von Karl Renz Pfarrer der Unteren Pfarrei an der Trinitatiskirche, ging aber bereits 1934 nach Freiburg an die Ludwigskirche, wo er als deutsch-christlicher Agitator große Wirkung entfaltete; vgl. ERNST SCHULIN: Geschichte der Evangelischen Kirchengemeinde Freiburg 1807–1982. Freiburg i.Br. 1983, S. 23 f.
16 Zu Friedrich Kiefer siehe die Beschriftung zu Bild 133 c.
17 Zu Friedrich Joest siehe die Beschriftung zu Bild 132 b. Das erste hauptamtliche Dekanat in Baden wurde mit Gesetz des Landesbischofs vom 24.3.1943 rückwirkend zum 1.4.1939 errichtet.
18 Vgl. jetzt U. WENNEMUTH (wie Anm. 1) S. 400–407.
19 Vgl. ARCHIV DER EVANGELISCHEN KIRCHENGEMEINDE MANNHEIM, Nr. 17.
20 Dr. Karl-Friedrich Gérard (1888–1943) stammte aus einer angesehenen Beamten- und Offiziersfamilie. Zum Zeitpunkt seiner Ernennung war er noch Landgerichtsrat; vgl. LANDESKIRCHLICHES ARCHIV KARLSRUHE, Spezialia, Nr. 6839.
21 Vgl. U. WENNEMUTH (wie Anm. 1) S. 403.
22 Um Kirchensteuern zu sparen, war es infolge der Weltwirtschaftskrise zu einer Austrittswelle aus der Kirche gekommen. 1932 standen in Mannheim 881 Austritten nur 141 Übertritte gegenüber. Bereits 1933 ging die Zahl der Austritte auf 178 zurück bei 500 Übertritten. 1934 waren die Verhältnisse ähnlich günstig (237 zu 553), um dann seit 1935 wieder eine negative Bilanz (375 zu 367) aufzuweisen. Der Gottesdienstbesuch lag 1932 bei 9% und stieg über 11% 1933 auf 11,4% im Jahre 1934; 1935 ging er auf 10,7% zurück; vgl. Bericht zur Bezirkssynode 1936, ARCHIV DER EVANGELISCHEN KIRCHENGEMEINDE MANNHEIM, E 93.
23 Zit. nach L. LANDES (wie Anm. 8) S. 1096.
24 Das führte paradoxerweise dazu, daß gerade die Deutschen Christen ihre Sitze in den Gremien aus Mangel an Kandidaten nicht mehr vollständig besetzen konnten.
25 Vgl. EVANGELISCHES GEMEINDEBLATT 10 (1934), Nr. 11 (18.3.), S. 2 f. Siehe auch das Kapitel „…*sie werden nicht mehr frei für ihr ganzes Leben."* S. 57–66 in diesem Band.
26 Vgl. beispielhaft Doris Faulhaber. In: ERINNERN FÜR DIE ZUKUNFT. „Reichskristallnacht in Mannheim". Das Schicksal der Mannheimer Juden. Hg. vom Schulverwaltungsamt Mannheim. Mannheim 1988, S. 25 f. Vgl. dazu allgemein UDO WENNEMUTH: Jugend in der Kirche: Zur evangelischen Jugend und Jugendarbeit in Mannheim 1916–1960. In: MANNHEIMER GESCHICHTSBLÄTTER (Neue Folge) Bd. 3 (1996), S. 399–413, hier S. 403–408.
27 Vgl. L. LANDES (wie Anm. 8) S. 1100.
28 Vgl. TRAUGOTT MAYER: Kirche in der Schule. Evangelischer Religionsunterricht in Baden zwischen 1918 und 1945. Karlsruhe 1980. Für Mannheim vgl. etwa KARL ALBERT MÜLLER: Das Karl-Friedrich-Gymnasium in Mannheim 1933–1945. Eine deutsche Schule im Dritten Reich. Heidelberg 1988, S. 47 ff., 57–71.
29 Vgl. HANS-OTTO JAEGER: Erinnerungen an die Reichspogromnacht 9. November 1938 in Mannheim. In: ERINNERN FÜR DIE ZUKUNFT (wie Anm. 26) S. 51–54.
30 Gottlob Hees (geb. 1908) war 1940 nach langwierigen Auseinandersetzungen mit den Deutschen Christen und der Finanzabteilung zum Nachfolger von Dr. Hans Schütz auf die Obere Pfarrei der Konkordienkirche berufen worden. Er konnte jedoch den Dienst in seiner Gemeinde nie antreten. 1947 verzichtete er auf die Pfarrei.
Zu Wilhelm Bach vgl. die Beschriftung zu Bild 138 b. Valentin Zahn (geb. 1896) stammte aus einer Neckarauer Bauernfamilie. Nachdem er bereits 1924–27 Vikar an der Friedenskirche gewesen war, wurde er dort 1933 auf die Nordpfarrei berufen. Er fiel bei einem der letzten Kampfeinsätze in Oberitalien.
Erich Kühn (geb. 1902) war seit 1934 Pfarrer der Südpfarrei in Neckarau. Sein größtes Verdienst besteht im Auf- und Ausbau der umfangreichen Neckarauer *Liebeswerke*.
Willy Bodemer (geb. 1907) wurde 1936 als Vikar an die neu zu errichtende Auferstehungspfarrei versetzt, 1937 zum Pfarrverwalter und schließlich 1938 zum Pfarrer derselben Pfarrei ernannt. Im Frühjahr 1942 wurde er eingezogen. Er kehrte nicht zurück.
Ludwig Simon (geb. 1905) war bereits als junger Pfarrer in Wies mit SA und Kirchenleitung in Konflikt geraten. 1937 wurde er an die Lutherkirche berufen, wo er aktiv für die Bekennende Kirche wirkte. Bereits im August 1939 eingezogen, kehrte er erst 1947 aus der Kriegsgefangenschaft

auf seine Pfarrei zurück, die er noch bis 1963 innehatte.
Fritz Sieber, Stellvertreter des Bevollmächtigten der Finanzabteilung, wurde 1940 eingezogen; er fiel in den letzten Kriegstagen in den Niederlanden; vgl. U. Wennemuth (wie Anm. 1) S. 459–462.

31   Eine Auflistung der Schäden bei L. Landes (wie Anm. 8) S. 1105–1109. Vgl. auch die Werbebroschüre Mannheim – die Stadt der kämpfenden Kirche. Mannheim 1951 (Archiv der Evangelischen Kirchengemeinde Mannheim).

Liberales Bürgertum

1   Siehe auch das Kapitel *Kommunale Selbstverwaltung* in diesem Band S. 31–40, hier S. 35.
2   Friedrich Walter: Schicksal einer deutschen Stadt. Geschichte Mannheims 1907–1945. Bd. 2. Frankfurt a.M. 1950, S. 105.
3   Vgl. Hans-Joachim Fliedner: Die Judenverfolgung in Mannheim 1933–1945. Dokumente (Veröffentlichungen des Stadtarchivs Mannheim Bd. 2). Stuttgart u.a. 1971, Dokumente 237–239, S. 344–350.
4   Abschiedsgruß aus Berlin, abgedruckt in der Abschiedsnummer der Neuen Badischen Landeszeitung 28.2.1934. Sechs Wochen später inszenierte die NSDAP gegen das katholische Neue Mannheimer Volksblatt den *Volkszorn* und ließ das Gebäude stürmen.

Ausgrenzung und Verfolgung der Juden

1   Vgl. Hans-Joachim Fliedner: Die Judenverfolgung in Mannheim 1933–1945. Darstellung und Dokumente (Veröffentlichungen des Stadtarchivs Mannheim Bd. 1 u. 2). 2. Aufl. Stuttgart u.a. 1991; Verfolgung und Widerstand unter dem Nationalsozialismus in Baden. Die Lageberichte der Gestapo und des Generalstaatsanwalts Karlsruhe 1933–1940. Bearb. von Jörg Schadt (Veröffentlichungen des Stadtarchivs Mannheim Bd. 3). Stuttgart u.a. 1976; Karl Otto Watzinger: Geschichte der Juden in Mannheim 1650-1945 (Veröffentlichungen des Stadtarchivs Mannheim Bd. 12). 2. Aufl. Stuttgart u.a. 1987; Jüdisches Gemeindezentrum Mannheim F 3. Festschrift zur Einweihung am 13. September 1987/ 19. Ellul 5747. Hg. vom Oberrat der Israeliten Badens, Karlsruhe, von der Jüdischen Gemeinde Mannheim und vom Stadtarchiv Mannheim (Sonderveröffentlichungen des Stadtarchivs Mannheim Nr. 17). Mannheim 1987; Volker Keller: Bilder vom jüdischen Leben in Mannheim (Sonderveröffentlichung des Stadtarchivs Mannheim Nr. 19). 2. Aufl. Mannheim 1990; Mannheim im Zweiten Weltkrieg 1939–1945. Hg. und bearb. von Jörg Schadt und Michael Caroli (Bildbände zur Mannheimer Stadtgeschichte. Hg. vom Stadtarchiv Mannheim). Mannheim 1993; „Auf einmal da waren sie weg". Spurensuche – Jüdische Spuren in Mannheim. Mit einer Gedenkliste – Jüdische Opfer der nationalsozialistischen Gewaltherrschaft aus Mannheim. Hg. vom Stadtjugendamt Mannheim. Bearb. von Klemens Hotz und Leonore Köhler. Mannheim 1995; Volker Keller: Jüdisches Leben in Mannheim. Mannheim 1995. Wir beschränken uns an dieser Stelle darauf, nur bestimmte Vorgänge unter neuen Aspekten zu beleuchten, andere sind in diesem Buch bei den entsprechenden Kapiteln berücksichtigt. Verschiedene Einzelheiten veranschaulicht die Bildauswahl mit den erläuternden Texten.
2   Diese und andere Zahlen wurden für Mannheim erstmals aus den verschiedenen Unterlagen und Veröffentlichungen ermittelt, aufbereitet und schließlich in einer Art Gesamtrechnung zusammengefaßt. Die Ergebnisse mit kritischer Beleuchtung der Daten werden vom Verfasser in den Mannheimer Geschichtsblättern veröffentlicht. Vgl. StadtA MA, D 1, Nr. 34, Blatt 1. Diese *Gesamterfassung* geht jedoch nur bis Buchstabe P. Für den Zuzug von 1 879 Personen mag die Zahl zutreffen. Die Zahl der Anwesenden 1933 von 6 307 Personen paßt dagegen nicht zum Ergebnis der Volkszählung vom 16.6.1933 mit 6 402 Glaubensjuden. Die Zahl der Zuwanderung und Verlegungen kranker oder gebrechlicher Juden nach Mannheim von 1940–1942 beeinflußt die Gesamtzahl nur geringfügig. Nicht berücksichtigt ist die negative demographische Entwicklung der jüdischen Gemeinde durch ihren Sterbeüberschuß, aber auch ihre Abwanderung. Die jährliche Zuwanderung zwischen 1933 und 1939 von rund 250 Personen ist im Landesvergleich außerordentlich hoch. Karlsruhe weist für die Jahre 1933–1942 insgesamt ca. 220 Zuzüge aus; vgl. Josef Werner: Hakenkreuz und Judenstern. Das Schicksal der Karlsruher Juden im Dritten Reich. Karlsruhe 1988, S. 434.
3   Vgl. „Auf einmal da waren sie weg" (wie Anm. 1) S. 108; die Namen der Todesopfer ebd. S. 112 ff. Diese Gedenkliste erfaßt auch Personen, die nachweisbar vor dem 31.1.1933 von Mannheim fortgezogen sind (z.B. Felix Allmayer, geb. 1873, seit 1899 niederländ. Staatsangehöriger und nicht mehr in Mannheim gemeldet) oder von denen gar keine Meldekarten vorliegen (z.B. Meier Adler, der zudem unter dem angegebenen Geburtsdatum 16.2.1868 weder in Mannheim noch in Feudenheim zu ermitteln ist). Nach Auswertung des Buchstaben A betrifft dies schätzungsweise immerhin 5–10% der Fälle.
4   Dieser Schätzwert ergibt sich nach Abzug aller dokumentierten und erfaßbaren oder gut berechenbaren Einzelfaktoren der Bevölkerungsabnahme (Sterbefälle, Auswanderung/Flucht, Deportationen) von der Gesamtzahl 8 186. Es ist ungeklärt, welche Fehler (Zähl- und Erfassungsfehler, Binnenwanderung etc.) diese Zahl enthält und welche Personen sich dahinter verbergen; denn Tabellen mit der Einzelauswertung liegen nicht vor.
5   Vgl. H.-J. Fliedner (wie Anm. 1) S. 279. Da von den 48 oder 49 nach Theresienstadt am 14.2.1945 deportierten Personen zwei verstarben, betrug nach dem Rücktransport dieser Gruppe die Zahl der in Mannheim lebenden Juden etwa 105 Personen.
6   Vgl. H.-J. Fliedner (wie Anm. 1) S. 101 Anm. 11. 1933 waren 15 % über 60 Jahre alt.
7   Vgl. StadtA MA, D 1, Nr. 34. Diese Auswanderungszahl dürfte ebenfalls nur die Buchstaben A bis P erfassen. Siehe oben Anm. 2. Detaillierte Angaben zur Struktur der Auswanderung und zu den Zielländern in Israelitisches Gemeindeblatt Nr. 19, 2.10.1935, S. 5 f. für 1933–1935, Nr. 17, 9.9.1936, S. 21 f. für 1933–1936 und Nr. 9, 10.5.1937, S. 2 f. für 1936. Von April 1933 bis August 1935 waren gerade 4% der Auswanderer über 60 Jahre alt, 1936 betrug dieser Anteil 7%.
8   Vgl. Frank Moraw: Die nationalsozialistische Diktatur (1933–1945). In: Geschichte der Juden in Heidelberg. Heidelberg 1996, S. 475–478; H.-J. Fliedner (wie Anm. 1) S. 510 f., Dok. 188 a u. b.
9   Vgl. F. Moraw (wie Anm. 8) S. 473–475, 478 f.; H.-J. Fliedner (wie Anm. 1) S. 419 f., Dok. 110 a u. b.
10   Vgl. J. Werner (wie Anm. 2) S. 147, 149; H.-J. Fliedner (wie Anm. 1) S. 460 f., Dok. 132, S. 551–557, Dok. 217–221. Fliedner nennt auf S. 198 Anm. 17 und 18 verschiedene „Vorbilder" (Badeverbot in Bruchsal vom Mai 1934, ferner Augsburg, dann Wertheim mit der Schilderaktion *Juden unerwünscht* vom Sommer 1935). Auch in Karlsruhe berief man sich auf auswärtige Vorgänge. Vgl. auch V. Keller, Bilder (wie Anm.1) S. 151, Abb. 403 u. 404. Die Herweckbad-Aktion wurde nach den Prozeßakten von 50–60 SA-Männern in Zivil durchgeführt. 25–30 spielten das empörte Volk, die andere Hälfte die erzürnten Badegäste. Das Hakenkreuzbanner, das in die Sache offenbar eingeweiht war, spricht von *Empörung und Wut der nach hunderten zählenden Menschenmenge*; ein Foto wurde dort nicht veröffentlicht; der Bericht entspricht im Kern nicht den Tatsachen, ausgenommen Uhrzeit und Tatort. Die damaligen Zeitungen sind als Quelle zur Rekonstruktion derartiger Vorgänge weitgehend wertlos.
11   Vgl. H.-J. Fliedner (wie Anm. 1) Abb. 13 nach S. 206, S. 304–306, Dok. Nr. 33, 35.
12   Vgl. Hakenkreuzbanner Nr. 518, 7.11.1938, Titelseite; Nr. 522, 10.11.1938, Titelseite; Meldung von antijüdischen Ausschreitungen im Reich erst S. 3 durch Notiz über Demonstrationen gegen Juden in Dessau. Neue Mannheimer Zeitung Nr. 517, 7.11.1938, Titelseite; Nr. 521, 10.11.1938, Titelseite mit drucktechnisch hervorgehobener Notiz zu judenfeindlichen Kundgebungen im Reich und zum Verbot von Waffen für Juden.
13   Vgl. Hakenkreuzbanner Nr. 520, 8.11.1938, S. 2, Kurznotiz; Neue Mannheimer Zeitung Nr. 519, 8.11.1938, Titelseite.
14   Vgl. Hakenkreuzbanner Nr. 521, 9.11.1938, S. 2, zweispaltige größere Meldung; Neue Mannheimer Zeitung Nr. 520, 9.11.1938, S. 5, einspaltige Notiz. Vgl. auch H.-J. Fliedner (wie Anm. 1) S. 198 f.
15   Vgl. StadtA MA, Polizeipräsidium, Zug. 20/1971, Nr. 394 (Laufzeit 1896–1936, 1956) sowie Meldekarte Arthur Schloß. Auf dem Erfassungsbogen der Wiedergutmachungsakten wird nur die *totale Demolierung der Gaststätte* am 10.11. und der Raub des Schmucks der Ehefrau aus dem dortigen Safe erwähnt. Elli Schloß geb. Hirsch (geb. 1903) war im Juli 1933 von Frankfurt a.M. nach Mannheim gezogen, ihr 1891 geborener Mann Arthur folgte im November 1933. Die Eheleute emigrierten im April bzw. Oktober 1939 nach Belgien, flohen dann nach Frankreich und kamen ins Lager Gurs, von wo aus die Auswanderung gelang.
16   Vgl. H.-J. Fliedner (wie Anm. 1) S. 563, Dok. 225, Pkt. 14. Der Verfasser des Dokuments war der Mannheimer Rechtsanwalt Kurt Brechter. Er hatte seine Kanzlei in O 6, 3 und wohnte in der Richard-Wagner-Str. 12, einem Haus mit verschiedenen jüdischen Mietparteien. Vgl. auch Auskunft von Frau Erna Lay, Anfang Oktober 1997; sie arbeitete in Q 2, 17. Da ihre Angaben zu Q 2, 16 mit den Feststellungen des Verf. übereinstimmen, dürfte ihre Erinnerung auch in dem einzig offenen Punkt zu P 2, 8–9 zutreffen. Mein Dank gilt auch Herrn Dieter Wolf, ehrenamtlicher Mitarbeiter des Stadtarchivs, für die Vermittlung des Kontakts. In Frage kommt auch P 3, 3, weil F. Geist dort ebenfalls das Café besaß.
17   Hans-Otto Jaeger (in: Erinnern für die Zukunft. „Reichskristallnacht in Mannheim". Das Schicksal der Mannheimer Juden. Textheft zum 50. Jahrestag der Reichskristallnacht in Mannheim. Hg. vom Schulverwaltungsamt Mannheim in Zusammenarbeit mit dem Stadtjugendring e.V. Mannheim 1988, S. 51–54) nennt den 9. November; seine Datumsangabe ist jedoch objektiv falsch, trotz aller geschilderten Einzelheiten. Auch die Szene mit dem SA-Mann wirft gewisse Fragen auf, zumal sich am 9.11., abends etwa 19 Uhr, die SA zur Veranstaltung im Schloßhof sammelte. Am 10.11. hatten laut Zeitungsnotiz in Hakenkreuzbanner Nr. 523 10.11.38 *alle Politischen Leiter der Standortgruppen vor dem Gebäude der Kreisleitung, Rheinstraße 1*, um 19 Uhr anzutreten, vermutlich um jetzt Anweisungen zur Einstellung der Ausschreitungen entgegenzunehmen. Auch der Teil mit der Fürbitte für das *gelästerte, geschmähte Gotteshaus nebenan* (S. 54) kann so jedenfalls sachlich nicht zutreffen (siehe hierzu S. 149). Eine Variante dieser Erinnerungen – hier ausdrücklich: das *angezündete Gotteshaus* – ist abgedruckt in „Auf einmal da waren sie weg" (wie Anm. 1) S. 63 f., eine andere bei Udo Wennemuth: Geschichte der evangelischen Kirche in Mannheim. Mit Beiträgen von Johannes Ehmann, Eckehart Lorenz und Gernot Ziegler (Quellen und Darstellungen zur Mannheimer Stadtgeschichte. Hg. vom Stadtarchiv Mannheim. Bd. 4). Sigmaringen 1996, S. 397 f. Der 10. November hätte als

Geburtstag Martin Luthers einem evangelischen Geistlichen eigentlich eine Gedächtnishilfe sein müssen.
18 Vgl. HERMANN GRAML: Reichskristallnacht. Antisemitismus und Judenverfolgung im Dritten Reich. München 1988, S. 17–20.
19 Vgl. H.-J. FLIEDNER (wie Anm. 1) S. 199, 558, Dok. 222 mit zwei Versionen des SA-Befehls in bzw. um Mannheim. Zur Übermittlung des Befehls s. unten Anm. 22.
20 Vgl. J. WERNER (wie Anm. 2) S. 183–186. Wenn diese Zeitangabe stimmt, dann paßt sie nicht zu den von Hermann Graml rekonstruierten zeitlichen Abläufen. Allein diese Tatsache beweist die Problematik der Quellenlage und der Erinnerungsberichte, die möglicherweise auch in anderen Einzelheiten irren, z.B. in der Uniformfrage. Da *Volkszorn* zu simulieren war, ist das Auftreten ohne Uniform sachlich geboten. Auf die in Zivil durchgeführte Herweckbad-Aktion wird verwiesen, s. S. 144. Auch für andere antijüdische Ausschreitungen darf man diese *Tarnung* vermuten.
21 Vgl. F. MORAW (wie Anm. 8) S. 502 f.
22 Vgl. H.-J. FLIEDNER (wie Anm. 1) S. 199, S. 559–561, Dok. 224. Aus dem Verfahren gegen die SA-Führung in Mannheim nach 1945 geht klar hervor, daß der Führer der Mannheimer SA-Standarte dienstlich abwesend war (in München) und daher fernmündlich der Befehl angeblich durch den vorgesetzten Brigadeführer von Heidelberg erteilt wurde; vgl. STADTA MA, D 1, Nr. 3, Heft 2, Bl. 45, 71, 75. Dies widerspricht der Darstellung für Heidelberg.
23 Die Detonationen und den Zeitpunkt bestätigt zeitgenössisch Rabbiner Dr. Lauer von der Klaussynagoge in F 1, 11. In seinem Brief von etwa Mitte Dezember 1938 schildert er als Betroffener und Augenzeuge auch die dortigen Vorgänge. Abdruck bei H.-J. FLIEDNER (wie Anm. 1) S. 565–567, Dok. 229.
24 Vgl. H.-J. FLIEDNER (wie Anm. 1) S. 199, S. 558 f., Dok. 223.
25 Vgl. H.-J. FLIEDNER (wie Anm. 1) S. 563, Pkt. 17. Foto bei V. KELLER, Bilder (wie Anm.1) S. 108, Abb. 286.
26 Vgl. H.-J. FLIEDNER (wie Anm. 1) S. 566 und NEUE MANNHEIMER ZEITUNG Nr. 522, 10.11.1938, S. 4. Unabhängig davon, daß in den späteren Strafverfahren keine Zeugenaussage auf Synagogenbrände hinweist, liegt für unsere Stadt auch kein einziger zeitgenössischer Beleg über den Einsatz der Feuerwehr oder wenigstens ihrer Anwesenheit vor, selbst andeutungsweise nicht. Auch das zeitnahe Foto (Abb. 145 a) bestätigt diesen Sachverhalt. Dagegen fehlen für Heidelberg und Karlsruhe Hinweise auf Sprengungen.
27 Vgl. HAKENKREUZBANNER Nr. 523, 10.11.1938 u. Nr. 525, 11.11.1938; NEUE MANNHEIMER ZEITUNG Nr. 522, 10.11.1938, S. 4 u. Nr. 523, 11.11.1938, S. 4. Die Berichterstattung über die Mannheimer Vorgänge endet damit. Fotos wurden dabei nicht veröffentlicht. Die dramatischen Ereignisse jener Tage konnten nicht überall unmittelbar wahrgenommen werden; ohne Zweifel gab es Stadtteile, die wie Käfertal oder wie Seckenheim nur durch Einzelfälle von Ausschreitungen berührt waren. Käfertal war bereits im September 1935 als *judenfrei* gemeldet worden, vgl. H.-J. FLIEDNER (wie Anm. 1) S. 462, Dok. 134. Angaben zur Anzahl der jüdischen Bevölkerung in den Stadtteilen bei der Volkszählung vom 17.5.1939 in STADTA MA, D 1, Nr. 34. Danach wohnten zu diesem Zeitpunkt keine Juden in folgenden Zählbezirken: Gartenstadt-Waldhof, Sandhofen mit Scharhof und Kirschgartshausen, Schönau mit Blumenau, Käfertal, Wallstadt mit Straßenheim sowie Friedrichsfeld; lediglich zwei bzw. drei Juden werden mehr für Waldhof, Almenhof mit Niederfeld, Rheinau und Seckenheim gemeldet. Auch für Dörfer der Umgebung trifft diese Feststellung zu, z.B. Leutershausen. Dementsprechend konnte auch die Deportation vom 22./23. Oktober 1940 dort weitgehend unbemerkt bleiben; die Presse berichtete über diese Aktion nicht.

28 H.-J. FLIEDNER (wie Anm. 1) S. 561 f., Dok. 225 (Rechtsanwalt Brechter, Mannheim). Vgl. auch ebd. S. 565, Dok. 227 den Kommentar der NEUEN MANNHEIMER ZEITUNG; er findet sich in der Mittagsausgabe des 10.11.1938, S. 3. Im Hinblick auf das spätere Schicksal Mannheims und anderer Städte im Krieg wirkt die Überschrift *Rauch* dieser feinsinnigen Betrachtung zum *ausschreitenden Morgen* des 10. November geradezu prophetisch. Beim Wegwaschen des vielen Ruß *mit viel Seife* dachte der Autor sicher noch nicht an die vielen *Persilscheine* nach dem Zusammenbruch. Diese Spalte auf der *Stadtseite* müßte einmal kritisch ausgewertet werden, weil man dort auch sonst auf subtile Weise Stellung bezogen haben dürfte; vgl. Nr. 499, 24.10.1938; Nr. 515, 6.11.1938; Nr. 519, 8.11.1938: Nr. 520, 9.11.1938. Zur Haltung der Bevölkerung und der Beamten aus der Sicht eines Emigranten im Mai 1939 vgl. H.-J. FLIEDNER (wie Anm. 1) S. 609–611, Dok. 272.
29 Vgl. PROTESTANTISMUS UND POLITIK. Karlsruhe 1996, S. 257–260.
30 Vgl. MICHAEL RUCK: Korpsgeist und Staatsbewußtsein. Beamte im deutschen Südwesten 1928–1972. München 1996, S. 197–199. Bechtold und Pfarrer Teutsch waren durch ihre Mütter Vettern. Ihr Großvater Heinrich Förster (1818–1888), Mitglied der Kreisversammlung in Mannheim, wurde wegen seiner religiösen Einstellung erst 1879 als Landtagskandidat aufgestellt, nachdem der bisherige Vertreter des Wahlkreises wegen Antisemitismus keinen Rückhalt mehr fand. Förster war befreundet mit dem ersten jüdischen Minister Moritz Ellstädter. Teutsch besaß durch seine Schwiegereltern schon vor dem Ersten Weltkrieg Kontakte zur Judenmission, die ab 1936 belegbar sind. Befreundet war er mit dem Mannheimer Kirchenrat Theodor Achtnich (1857–1928), dessen Frau Hermine geb. Stern (1862–1917) einer ursprünglich jüdischen Familie entstammte, was bei deren Kindern und Enkeln in der NS-Diktatur nachweislich zu Schwierigkeiten führte. Der zum Christentum konvertierte spätere Mannheimer Sozialpfarrer Ruben Fink (geb. 1890) gehörte bis zu seinem Ausscheiden aus dem Kirchendienst 1931 zu Teutschs engsten sozialpolitischen Mitstreitern in Mannheim und Baden; alle Belege FAMILIENARCHIV TEUTSCH.
31 Vgl. Aufruf der Reichsregierung vom 30.1.1933: *Die nationale Regierung wird das Christentum als Grundlage unserer gesamten Moral ... in ihren festen Schutz nehmen.* Flugblatt zur Abstimmung am 12.11.1933 mit Zitat von Hitler: *Wenn nicht eine religiöse Erneuerung kommt, werden alle Maßnahmen umsonst sein. Diese letzte und tiefe Erneuerung kann kein politischer Führer schaffen.* Dagegen dann u.a. Tagesspruch vom 24.9.1937 der Reichsarbeitsdienstabteilung 2/252 zu Pfeddersheim: *Lieber aufrecht und frei zu Hölle fahren als demütig in den scheinbaren Himmel einer artfremden Anschauung. Religion ist eine Krücke für schlechte Staatsverfassungen.* Von der Ausbildung der weltanschaulichen Führungskräfte berichtet der angehende *Junker F. T.*, gebürtig aus Leutershausen, Ende Juli / Anfang August 1936 an seine Angehörigen: *Auf den Ordens-Burgen wird von den Professoren eine fanatische Gegnerschaft des Christentums erzogen. ... Ausgesprochenes Antichristentum bis zur letzten Konsequenz. ... Ich kann unmöglich bleiben*; alle Belege FAMILIENARCHIV TEUTSCH.
32 Vgl. H.-J. FLIEDNER (wie Anm. 1) S. 274, Dok. 20 u. S. 64.
33 Vgl. H.-J. FLIEDNER (wie Anm. 1) S. 63.
34 Vgl. U. WENNEMUTH (wie Anm. 17) S. 386 f.
35 Vgl. H.-J. FLIEDNER (wie Anm. 1) S. 228; U. WENNEMUTH (wie Anm. 17) S. 379 u. 396. Zu erwähnen ist, daß es gemäß Nachträgen in Meldekarten nach dem 22./23.10.1940 Taufen von Juden gegeben hat. Diakonissenhauspfarrer W. Scheel war der Vater von Reichsstudentenführer G. A. Scheel, s. S. 47–49 im Kapitel *NS-Größen* in diesem Band.

36 Vgl. STADTA MA, D 1, Mappe Robert Kahn, Brief vom 14.4.1987.
37 Vgl. H.-J. FLIEDNER (wie Anm. 1) S. 476 f. Anm. 20.
38 Vgl. J. WERNER (wie Anm. 2) S. 147 f., 431–433. Die eigenhändige Schreibweise ist *Loebl* (vgl. STADTA MA, D 1, Nr. 29). Die Familie zog 1945 zunächst nach Heidelberg, wo sie noch 1949 wohnte; vgl. GESCHICHTE DER JUDEN IN HEIDELBERG (wie Anm. 8) S. 556, 563, 565 f.; H.-J. FLIEDNER (wie Anm. 1) S. 249, Dok. 1 u. S. 617, Dok. 277. Diese Zusammenhänge wurden erst jetzt erkannt und zweifelsfrei geklärt. Der Fall ist zusätzlich bemerkenswert, weil Ellens Mutter die freundschaftlichen Beziehungen zu einer christlichen Nachbarsfamilie von sich aus abgebrochen hatte, vgl. J. WERNER (wie Anm. 2) S. 147 f. Derartige Reaktionen wurden erst in den letzten zehn Jahren auch aus Mannheim vereinzelt bekannt und belegen die Komplexität der Vorgänge.
39 Vgl. STADTA MA, D 1, Nr. 29, Zeugnis A. Rosenthal vom 17.4.1948.
40 Vgl. STADTA MA, Dienstakten, Az. 16.74.30 – Strauß, Otto. Meldekarte und Familienbogen einschließlich eigenhändigem Anmeldeformular von Sigmund Strauß, Vater von Otto, liegen noch heute vor. Die Standesbücher enthalten zu diesem Zeitpunkt keine Konfessionsangaben. Diesbezügliche Anfragen bearbeitete daher das Polizeipräsidium aufgrund der dort ab 1807 vorliegenden Meldeunterlagen; vgl. z.B. H.-J. FLIEDNER (wie Anm. 1) S. 509, Dok. 187c. Eine speziell angelegte *Judenkartei*, gar mit Paßbild der einzelnen Person, wie in Karlsruhe (vgl. J. WERNER (wie Anm. 2) S. 161) läßt sich für Mannheim nicht nachweisen. Formale Befunde (z.B. einheitliches Formular, einheitliche Kennzeichnung als *Jude*, Daten, Lochungen oder Klebestellen zum Montieren des Fotos) oder sonstige Auffälligkeiten an der fast vollständig erhaltenen Einwohner-Meldekartei fehlen völlig. In diesem Zusammenhang verdient auch Beachtung, daß die beiden getrennten Verzeichnisse der Jüdischen Einwohner in den Mannheimer Adreßbüchern 1939/40 und 1940/41 nach Kontrolle des Buchstaben A eine Fehlerquote von 10 % aufweisen! Dies läßt nicht gerade auf eine besondere Perfektion schließen, die möglicherweise bewußt nicht gewollt wurde, obwohl eine entsprechende Weisung vorlag. Siehe dazu den Bildtext zu Abb. 151 a. Die Aussage bei J. WERNER (wie Anm. 2) S. 161 findet für Mannheim in dieser Form keine Bestätigung.
41 STADTA MA, Stadtarchiv, Zug. 22/1983, Nr. 39 (Bingler), Nr. 50 (Leiber, Liebrecht). Binglers Spitzname war für Eingeweihte *Schnauzbart* bzw. *der Schnurrbart*.
42 THOMAS SCHNABEL: Gertrud Luckner, Mitarbeiterin der Caritas in Freiburg. In: DER WIDERSTAND IM DEUTSCHEN SÜDWESTEN 1933–1945. Hg. von Manfred Bosch u. Wolfgang Niess. Stuttgart 1984, S. 117–128; KARL SIEGFRIED BADER /HANS-JOSEF WOLASCH: Lebensbilder aus der Zeit des Widerstands: Gertrud Luckner (geb. 1900). In: MAX MÜLLER (Hg.): Senfkorn. Handbuch für den Katholischen Religionsunterricht. Bd. III/1. Stuttgart 1987, S. 447–458.
43 Vgl. H.-J. FLIEDNER (wie Anm. 1) S. 106, 327–333, 613–616; ANTON MARIA KEIM (Hg.): Yad Vashem. Die Judenretter aus Deutschland. Mainz/München 1983, S. 71.
44 Vgl. H.-J. FLIEDNER (wie Anm. 17) bes. S. 20 f. Der Abschnitt bei WALTER KÖHLER: Mannheimer Rechtsanwälte nach 1870. In: MANNHEIMER HEFTE 1967, H. 2, S. 36 (vgl. die Korrektur in MANNHEIMER HEFTE 1968, H. 1, S. 48) ist für unser Thema belanglos. Vgl. jedoch die auch autobiographischen Aufzeichnungen von JOSEPH GENTIL: Mannheim in der Erinnerung. Mannheim 1955. Vgl. demnächst auch KARL OTTO SCHERNER: Advokaten, Revolutionäre, Anwälte. Die Geschichte der Mannheimer Anwaltschaft (Quellen und Darstellungen zur Mannheimer Stadtgeschichte. Hg. vom Stadtarchiv Mannheim Bd. 5). Sigmaringen 1997.
45 Vgl. HANSJAKOB MATTERN: Arzt im Geiste wahrer

Humanitas. In: HEIDELBERGER TAGEBLATT 22.10.1963; MAX HACHENBURG: Lebenserinnerungen eines Rechtsanwalts und Briefe aus der Emigration. Hg. und bearb. von Jörg Schadt (Veröffentlichungen des Stadtarchivs Mannheim Bd. 5). Stuttgart u.a. 1978.

46 Vgl. WERNER KELLER u.a.: Redet mit Jerusalem freundlich. Zeugnisse von und über Hermann Maas. Karlsruhe 1986 (in 2., neubearb. und erw. Aufl. erschienen unter dem Titel: LEBEN FÜR VERSÖHNUNG. Hermann Maas, Wegbereiter des christlich-jüdischen Dialoges. Hg. von Werner Keller u.a., bearb. von Matthias Riemenschneider. Karlsruhe 1997); ECKHART MARGGRAF: Hermann Maas. Evangelischer Pfarrer und „stadtbekannter Judenfreund". In: DER WIDERSTAND IM DEUTSCHEN SÜDWESTEN 1933–1945. Hg. von M. Bosch u. W. Niess. Stuttgart 1984, S. 71–82; ECKHART MARGGRAF: „Die Kirche muß ein schützender Zaun sein um das leibliche Israel" – Der Einsatz von Hermann Maas für bedrängte Juden. In: THEODOR STROHM / JÖRG THIERFELDER: Diakonie im „Dritten Reich" – neuere Ergebnisse zeitgeschichtlicher Forschung. Heidelberg 1990, S. 305–318; HERMANN RÜCKLEBEN: Art. Hermann Maas. In: BADISCHE BIOGRAPHIEN NF, Bd. 2, Stuttgart 1987, S. 196–198. Vgl. auch HERMANN MAAS u.a.: Den Unvergessenen. Opfer des Wahns 1933 bis 1945. Heidelberg 1952. Auch Maas war bei seinem Wirken auf Mithilfe durch Dritte angewiesen.

Aufmarsch der Narren

1 NEUE MANNHEIMER ZEITUNG 2./3.3.1935.
2 Vgl. GENERALANZEIGER 14.2.1920.
3 Vgl. NEUE MANNHEIMER ZEITUNG 2.12.1932.
4 Vgl. NEUE MANNHEIMER ZEITUNG 22.10.1929.
5 Vgl. NEUE MANNHEIMER ZEITUNG 11.1.1934.
6 Unter gleichem Titel war 1929 auf Initiative des damaligen Oberbürgermeisters Hermann Heimerich eine städtische Zeitschrift erschienen, die 1932 Sparmaßnahmen zum Opfer fiel.
7 Vgl. NEUE MANNHEIMER ZEITUNG 18.10.1933. Ähnlich wurde die Gleichschaltung auch in anderen Karnevalsstädten wie Köln und Mainz vollzogen; vgl. ANTON KEIM: 11 Mal politischer Karneval. Geschichte der demokratischen Narrentradition am Rhein. Mainz o.J. (1981), S. 190 f.
8 Mündliche Mitteilung von Heinz Schmetzer.
9 NEUE MANNHEIMER ZEITUNG 13.5.1929.
10 VIERZIG JAHRE FEUERIO. Ein Beitrag zur Geschichte der Mannheimer Fasnacht. Hg. Feuerio, Große Karnevalsgesellschaft e.V. Mannheim 1938, S. 44.
11 Daß er als ehemaliger Logenmeister einer Freimaurerloge zur wichtigsten Person des Mannheimer Karnevals aufstieg, gehört wohl zu den Ungereimtheiten des Nationalsozialismus vor Ort. Schuler blieb bis zu seinem Tod Vereinspräsident. Nach Angaben von Heinz Schmetzer blieb Schuler aufgrund der Fürsprache Hans Dingeldeins bei der örtlichen Parteileitung unbehelligt. Schuler kam mit seiner Frau beim Luftangriff auf Mannheim am 19.10.1944 ums Leben.
12 Vgl. NEUE MANNHEIMER ZEITUNG 2.1.1936.
13 Vgl. ebd.
14 NEUE MANNHEIMER ZEITUNG 2.1.1935
15 NEUE MANNHEIMER ZEITUNG 7./8. 11. 1936.
16 HAKENKREUZBANNER 19.2.1939.
17 Mündliche Mitteilung von Dr. Werner Knebel.
18 NEUE MANNHEIMER ZEITUNG 20.2.1939.
19 Mündliche Mitteilung von Dr. Werner Knebel.
20 NEUE MANNHEIMER ZEITUNG 4.3.1935.
21 NEUE MANNHEIMER ZEITUNG 8.2.1936.
22 Bereits in der Fastnachtssaison 1934 hatte man durch Beratung der Gruppen versucht, *alles Anstößige zu vermeiden*; vgl. NEUE MANNHEIMER ZEITUNG 17./18.2.1934. *Hier muß schon die Vorkritik so scharf einsetzen, daß während des Zuges zu Beanstandungen keine Veranlassung mehr vorliegt*, hieß es im demselben Artikel.
23 NEUE MANNHEIMER ZEITUNG 19.2.1936.
24 Mündliche Mitteilung von Heinz Schmetzer.
25 Vgl. VIERZIG JAHRE FEUERIO (wie Anm. 10) S. 40.
26 Mündliche Mitteilung von Heinz Schmetzer.
27 NEUE MANNHEIMER ZEITUNG 7.2.1939.
28 Vgl. NEUE MANNHEIMER ZEITUNG 2.1.1939.
29 HAKENKREUZBANNER 19.2.1939.
30 NEUE MANNHEIMER ZEITUNG 6.2.1939.
31 NEUE MANNHEIMER ZEITUNG 2.1.1934.
32 NEUE MANNHEIMER ZEITUNG 2.1.1939.
33 JOSEPH KLERSCH: Die Kölnische Fastnacht von ihren Anfängen bis zur Gegenwart. Köln 1961, S. 176.
34 So auch in der Festschrift BLICK ZURÜCK NACH VORN. 75 Jahre Feuerio 1898–1973. Hg. Feuerio, Große Karnevalsgesellschaft e.V. Mannheim 1973. Zum Wissenschaftsstreit innerhalb der Volkskunde vgl. DIETZ-RÜDIGER MOSER: Nationalsozialistische Fastnachtsdeutung. In: ZEITSCHRIFT FÜR VOLKSKUNDE 78 (1982), S. 200–219.
35 NEUE MANNHEIMER ZEITUNG 17.1.1934.
36 NEUE MANNHEIMER ZEITUNG 3.1.1938.
37 NEUE MANNHEIMER ZEITUNG 4.3.1935.
38 HAKENKREUZBANNER 19.2.1939.
39 NEUE MANNHEIMER ZEITUNG 11./12.2.1938.
40 FRIEDRICH WALTER: Schicksal einer deutschen Stadt. Geschichte Mannheims 1907–1945. Bd. 2: 1925–1945. Frankfurt a.M. 1950, S.175.
41 Vgl. NEUE MANNHEIMER ZEITUNG 16.2.1928.
42 Vgl. NEUE MANNHEIMER ZEITUNG 12.2.1934. Das Thema spielte auf die Kolonialbestrebungen der Nationalsozialisten an und ließ zugleich ein rassistisches Herrenmenschen-Denken erkennen.
43 Ebd. Das Saargebiet war nach dem Ersten Weltkrieg gemäß dem Versailler Vertrag für 15 Jahre dem Völkerbund unterstellt worden. Nach einer Volksabstimmung am 13.1.1935 wurde das Saargebiet wieder dem Deutschen Reich angeschlossen.
44 Vgl. NEUE MANNHEIMER ZEITUNG 6.2.1939.
45 Auf dem am Beginn der Augustaanlage plazierten Denkmal ist der Mannheimer Erfinder des Automobils in einem langen Arbeitsmantel zu sehen. Der bei der Einweihung anwesenden Witwe Berta Benz soll diese Darstellung überhaupt nicht gefallen haben. *Ich hab net gwußt, daß mein Mann so arm gewese is, daß er im Nachthemd trage mußte*, so lautete – der volkstümlichen Überlieferung nach – ihre vernichtende Kritik; mündliche Mitteilung von Dr. Werner Knebel. Zum Benz-Denkmal siehe auch das Kapitel *Machtergreifung* in diesem Band, S. 13–30, hier S. 20–23.
46 HAKENKREUZBANNER 20.2.1939. Vgl. HANS-JOACHIM FLIEDNER: Die Judenverfolgung in Mannheim 1933–1945. Dokumente (Veröffentlichungen des Stadtarchivs Mannheim Bd. 2). Stuttgart u.a. 1971, S.71 f.
47 Vgl. NEUE MANNHEIMER ZEITUNG 3.1.1938.
48 Vgl. NEUE MANNHEIMER ZEITUNG 29.1.1934.
49 UTZ JEGGLE: Fasnacht im Dritten Reich. Einige brauchgeschichtliche Aspekte. In: HERMANN BAUSINGER (Hg.): Narrenfreiheit. Beiträge zur Fastnachtsforschung. Tübingen 1980, S. 237.
50 BERTOLD HAMELMANN: „Helau" und „Heil Hitler". Alltagsgeschichte der Fastnacht 1919–1939 am Beispiel der Stadt Freiburg. Egingen 1989, S. 317.
51 Mündliche Mitteilung von Heinz Schmetzer.

Das Nationaltheater

1 HERBERT MAISCH: Helm ab, Vorhang auf. Ensdetten 1968, S. 239.
2 Persönl. Gespräch mit A. Schradiek, Oktober 1984.
3 Vgl. STADTA MANNHEIM, Kl. Erw., Nr. 272.
4 FRIEDRICH BRANDENBURG: Das Theater eines Lebens. 12 Bilder einer „Revue" aus acht Lebensjahrzehnten in Dokumenten, Briefen, Zeitungsnotizen mit verbindendem Text, einem Prolog und einem Epilog. O.O. 1973, S. 63.
5 Vgl. F. BRANDENBURG (wie Anm 4) S. 18.
6 Vgl. NEUE MANNHEIMER ZEITUNG 11.4.1933.
7 F. BRANDENBURG (wie Anm 4) S. 20.
8 Herbert Marcuse hat diese Auffassung treffend mit dem Begriff der *affirmativen Kultur* beschrieben. Vgl. HERBERT MARCUSE: Über den affirmativen Charakter der Kultur. Frankfurt a.M. 1965 (Paris 1937), S. 63.
9 F. BANDENBURG (wie Anm 4) S. 20.
10 Die *nationale Revolution von 1933* brachte auch im Bereich des Theaters keinen kontinuitätslosen Bruch. Tatsächlich konnten die Nationalsozialisten an völkisch-nationale und konservative Traditionsstränge anknüpfen, die gewissermaßen den Gegenpol zum fortschrittlichen Theater der Weimarer Republik (Brecht, Piscator, Gessner) bildeten; vgl. ERWIN BRESSLEIN: Völkisch-faschistisches und nationalsozialistisches Drama – Kontinuität und Differenzen. Frankfurt a.M. 1980.
11 Persönl. Gespräch mit A. Schradiek, Oktober 1984.
12 F. Bandenburg (wie Anm 4) S. 102.
13 Fritz Schmiedel schrieb 1945 an Brandenburg: *Ihr Versuch, mich in Berlin zu besuchen, wurde sofort für Sie zu einer Belastung in puncto § 175 ausgelegt, und ich brauchte eine überzeugende Suada, um den aus der Welt zu schaffen.* Brief von F. Schmiedel an F. Brandenburg vom 3.2.1973, REISS-MUSEUM MANNHEIM, Theatersammlung.
14 In WIDERSTAND GEGEN DEN NATIONALSOZIALISMUS IN MANNHEIM. Im Auftrag der Stadt Mannheim hg. von Erich Matthias und Hermann Weber unter Mitwirkung von Günter Braun und Manfred Koch. Mannheim 1984 sind diese Namen nicht im Verzeichnis der Mannheimer Widerstandskämpfer aufgeführt. Da dort aber nur die Personen verzeichnet sind, über die Akten der Verfolgungsbehörden vorlagen, heißt dies nur, daß die Erwähnten nicht aufgefallen waren. Albert Seizinger war ein Bruder des 1942 hingerichteten KPD-Widerstandskämpfers Daniel Seizinger.
15 Interview mit Friedrich Brandenburg, das Pia Keßler und Cornelia Frühauf im Sommer 1983 führten. Aufzeichnung REISS-MUSEUM MANNHEIM, Theatersammlung.
16 Belastend waren für ihn seine Mitgliedschaft in der NSDAP seit 1942 und die Aussagen einiger sich als Antifaschisten verstehender Schauspieler; dagegen waren andere Theatermitglieder bereit, ihm einen „Persilschein" auszustellen. Brandenburg machte sich noch lange Hoffnungen, wieder zum Mannheimer Intendanten berufen zu werden, und sah es als Verkettung von unglücklichen Umständen und Intrigen an, daß ihn die Stadt nicht zurückholte.
17 Vgl. WALTER ERICH SCHÄFER: Bühne eines Lebens. Stuttgart 1975.
18 Vgl. HERMANN WANDERSCHECK: Deutsche Dramatik der Gegenwart. Berlin 1938.
19 F. BRANDENBURG (wie Anm 4) S. 92.
20 *Im Zeitalter des Nationalsozialismus muß dies unnatürlich wirken und könnte leicht eine falsche Einschätzung der menschlichen Qualitäten der Juden einsuggerieren. Mögen die Verantwortlichen erkennen, daß auch hier der sonst in allem eingehaltenen Echtheit und Wahrheit Genüge getan werden muß ... Also bitte, eine Abänderung zur Ehrlichkeit!*, schrieb das HAKENKREUZBANNER (nach 24.11.1934).
21 Vgl. H. WANDERSCHECK (wie Anm. 18).
22 Vgl. W. E. SCHÄFER (wie Anm. 17). Walter Erich Schäfer war von 1938 bis 1948 Chefdramaturg in Kassel und von 1949 bis 1972 Generalintendant des Schauspielhauses in Stuttgart.
23 In der jüngeren Forschung über den Nationalsozialismus ist man von der Vorstellung eines völlig dem Parteiapparat der NSDAP unterworfenen, zentral gesteuerten, also bis in letzte Konsequenz *gleichgeschalteten* Staatsgefüges abgerückt. Bereits Martin Broszat führte den Begriff der *Polykratie* ein, der deutlich macht, daß es auf verschiedenen Ebenen, der lokalen, regionalen und der Reichsebene, Personen und Institutionen gab, die in verschiedener Form versuchten, Einfluß zu nehmen und Interessen durchzusetzen.

241

Vgl. Peter Hüttenberger: Nationalsozialistische Polykratie. In: Geschichte und Gesellschaft 2. Jg., 1976, H. 4, S. 417 ff. Der Begriff der Polykratie scheint uns geeignet, Spielplangestaltung und Personalpolitik des Nationaltheaters während jener Jahre zu beschreiben.

24 Vgl. Hildegard Brenner: Die Kunstpolitik des Nationalsozialismus. Reinbeck 1973; Reinhard Bollmus: Das Amt Rosenberg und seine Gegner. Stuttgart 1970; Boguslaw Drewniak: Das Theater im NS-Staat. Düsseldorf 1983; Jutta Warderzky: Theaterpolitik im faschistischen Deutschland. Berlin (DDR) 1983.

25 F. Brandenburg (wie Anm. 4) S. 43.

26 Der NS-Film *Reitet für Deutschland* von A. M. Rabenalt, in dem Birgel später die Hauptrolle spielte, ist noch heute gelegentlich im Fernsehen zu sehen, ohne Erwähnung freilich, daß die ausgeprägt antisemitischen Szenen herausgeschnitten wurden.

27 Vgl. Georg Ruppelt: Schiller im nationalsozialistischen Deutschland. Stuttgart 1979, S. 209.

28 Hakenkreuzbanner 31.1.1944.

29 F. Brandenburg (wie Anm. 4) S. 46.

30 Bühnenblätter 1933/34, Reiss-Museum Mannheim, Theatersammlung.

31 Vgl. B. Drewniak (wie Anm. 24).

32 Gegenstand der Belustigung waren in D. Loders Komödie *Konjunktur* z.B. die Opportunisten, die vor 1933 *mit Juden und Linken* zusammengearbeitet hatten und sich nach 1933 sofort als schon immer überzeugte Nationalsozialisten zu erkennen gaben. Komödienstoff im nationalsozialistischen Sinne konnte aber auch die *geradezu verbrecherische Skrupellosigkeit des weltbekannten jüdisch versippten Hauses der Gelddespoten Astor* sein – wie in der in Mannheim uraufgeführten „Komödie" *Die Stiftung* des pfälzischen Dichters H. Lorenz.

33 So der NS-Literaturwissenschaftler H. Wanderscheck (wie Anm. 18).

34 F. Brandenburg (wie Anm. 4) S. 88.

Das Schicksal von Chagalls „Rabbiner"

1 Gustav Friedrich Hartlaub: Kunstpflege. In: Frankfurter Zeitung 3.5.1931 (zweites Morgenblatt). Ohne die freundliche Unterstützung der Mitarbeiterinnen und Mitarbeiter des Stadtarchivs Mannheim, der Kunsthalle Mannheim, der Öffentlichen Kunstsammlung/Kunstmuseum Basel, des Archivs für Bildende Kunst im Germanischen Nationalmuseum Nürnberg sowie des Bundesarchivs in Koblenz und Potsdam hätte dieser Aufsatz nicht geschrieben werden können. Wertvolle Hinweise, Anregungen und kritische Bemerkungen zum Manuskript verdanke ich Stefan Frey-Albrecht (Bern), Geno Hartlaub (Hamburg), Dr. Karoline Hille (Mannheim), Karl-Ludwig Hofmann (Heidelberg), Andreas Hüneke (Potsdam), Prof. Dr. Georg Kreis (Basel), Dr. Christmut Präger (Heidelberg) und Katrin. Prof. Dr. Hannelore Künzl und Dr. Arnold Rabinowitsch (†) von der Hochschule für Jüdische Studien in Heidelberg danke ich für wertvolle Informationen über die Symbolik und die hebräischen Schriftzeichen in Chagalls Gemälde. Soweit nicht anders angegeben, befinden sich die zitierten Akten in der Altregistratur der Kunsthalle Mannheim.

2 Öl auf Leinwand, 117 x 89,5 cm, Inv.-Nr. 1738. Rechts unten signiert: *Chagall Marc*. Vgl. Franz Meyer: Marc Chagall. Leben und Werk. Köln 1961, Kat. 358; Öffentliche Kunstsammlung/ Kunstmuseum Basel (Hg.): Katalog 19./20. Jahrhundert. Basel 1970, S. 170; Georg Schmidt: Kunstmuseum Basel. 150 Gemälde. 12. bis 20. Jahrhundert. 6. Aufl. Basel 1988, S. 228 f.

3 Vgl. Jenns Eric Howoldt: Der Freie Bund zur Einbürgerung der bildenden Kunst in Mannheim. Kommunale Kunstpolitik einer Industriestadt am Beispiel der „Mannheimer Bewegung". Frankfurt a.M./Bern 1982. Zur Geschichte der Kunsthalle: Heinz Fuchs: Die Kunsthalle 1907–1983. Geschehnisse und Geschichte. In: Kunsthalle Mannheim. Mannheim 1983 sowie Karoline Hille: Spuren der Moderne. Die Mannheimer Kunsthalle von 1918 bis 1933 (Kunst und Dokumentation 13). Berlin 1994.

4 Gustav Friedrich Hartlaub: Städtische Kunsthalle Mannheim. Vorläufiges Verzeichnis der Gemälde- und Skulpturen-Sammlung. Mannheim o.J. (1928), S. 5. Vgl. auch den programmatischen Aufsatz Gustav Friedrich Hartlaub: Das Kraftfeld der Mannheimer Kunsthalle. In: Museum der Gegenwart 2 (1931), H. 3, S. 112–122 sowie Gustav Friedrich Hartlaub: Die Städtische Kunsthalle von 1907–1933. In: Kunsthalle Mannheim. Verzeichnis der Gemäldesammlung. Mannheim 1957, o.S. Vgl. ferner Karoline Hille: Mit heißem Herzen und kühlem Verstand. Gustav Friedrich Hartlaub und die Mannheimer Kunsthalle 1913–1933. In: Henrike Junge (Hg.): Avantgarde und Publikum. Zur Rezeption avantgardistischer Kunst in Deutschland 1905–1933. Köln/Weimar/Wien 1992, S. 129–138.

5 Vgl. Karl-Ludwig Hofmann/Christmut Präger: Herbert Tannenbaum als Kunsthändler. In: Für die Kunst! Herbert Tannenbaum und sein Kunsthaus. Ein Galerist – seine Künstler, seine Kunden, sein Konzept. Ausstellungskatalog. Mannheim 1994, S. 37–71. Tannenbaum (1892–1958) emigrierte 1937 nach Amsterdam und 1947 in die USA.

6 Dieser Titel hat sich mittlerweile, oft kombiniert mit *Rabbiner*, auch für die spätere Fassung eingebürgert. Susan Compton: Chagall. Ausstellungskatalog. London 1985, S. 178 verweist auf das Sprichwort *Das ist keine Prise Tabak wert*. Es war vermutlich der Ausgangspunkt für eine Erzählung des jiddischen Dichters Jizchak L. Peretz (1851–1915) mit dem Titel *Eine Prise Tabak*, in deren Mittelpunkt der Rabbi des polnischen Orts Chelm steht. Chagall illustrierte Werke von Peretz. Siehe auch unten Anm. 8 und 25.

7 Vgl. F. Meyer (wie Anm. 2) S. 333. Als Nachfolger Georg Schmidts war Meyer von 1962 bis 1980 Konservator des Kunstmuseums Basel.

8 Zur ersten Fassung vgl. A. Efross / J. Tugendhold: Die Kunst Marc Chagalls. Potsdam 1921, S. 25 (*Jude*); Theodor Däubler: Marc Chagall. Rom 1922, Taf. 5 (*Le Scribe*); Carl Einstein: Die Kunst des 20. Jahrhunderts. Berlin 1926, Abb. 498 (*Rabbiner*). Sie war im Juni 1914 auf der ersten Einzelausstellung des Künstlers in der Berliner Galerie *Der Sturm* von Herwarth Walden ausgestellt, die Chagalls Ruhm in Deutschland begründete. 1955 hing das Bild im Chagall-Sondersaal der documenta 1 in Kassel. Neuere Literatur: Walter Erben: Marc Chagall. München 1957, S. 57, Farbtaf. 3; Marc Chagall. Ausstellungskatalog. München 1959, Nr. 37 (*Der gelbe Rabbiner, Le Rabbin Jaune*); F. Meyer (wie Anm. 2) Abb. 195 (*La Prisée, Die Prise*); Paul Wember: Kunst in Krefeld. Öffentliche und private Kunstsammlungen. Köln 1973, S. 222 mit Farbtaf. 53 (*Die Prise*); S. Compton (wie Anm. 6) Nr. 31 (*The Pinch of Snuff*); Alexandre Kamenski: Chagall. Periode russe et soviétique 1907–1922. Paris 1988, S. 202 (*La Prisée*). Die zweite Fassung wurde (erstmals?) abgebildet bei Ernst Cohn-Wiener: Die Jüdische Kunst. Ihre Geschichte von den Anfängen bis zur Gegenwart. Berlin 1929, S. 265, Abb. 171 (*Der Rabbi*). Neuere Literatur: Doris Wild: Moderne Malerei. Zürich 1950, Abb. 56; Werner Schmalenbach: Chagall. Gemälde. Wiesbaden 1957, Taf. 5; Gotthard Jedlicka: Macht der Farbe in der Malerei des 20. Jahrhunderts. Stuttgart 1962, Nr. 39; Michael Lüthy: Marc Chagall. Rabbiner (Die Prise), 1926. In: Georg Kreis: „Entartete" Kunst für Basel. Basel 1990, S. 112-115; Jean-Michel Palmier u. a.: L'art dégénéré. Une exposition sous le IIIe Reich. Paris 1992, S. 56 f. (dort falsche Datierung). Darüber hinaus ist auf zwei Aquarelle Chagalls in amerikanischem Besitz zu verweisen, die 1912 und 1923/24 wohl als vorbereitende Studien zu den Ölversionen entstanden. Vgl. F. Meyer (wie Anm. 2) Kat. 128; Georg Brühl: Herwarth Walden und „Der Sturm". Köln 1983, Abb. 141; Pierre Provoyeur/Henri de Cazals: Marc Chagall. Oeuvres sur papier. Ausstellungskatalog. Paris 1984, Nr. 100; A. Kamenski (wie oben) S. 115; Christoph Vitali (Hg.): Marc Chagall. Die russischen Jahre 1906–1922. Ausstellungskatalog. Frankfurt a.M. 1991, Nr. 66 und 67 (mit Literaturhinweisen).

9 Zu den *Säuberungen* im Bereich der Stadtverwaltung vgl. Friedrich Walter: Schicksal einer deutschen Stadt. Geschichte Mannheims 1907–1945. Bd. 2: 1925–1945. Frankfurt a.M. 1950, S. 176–213; Herbert Hoffmann: Im Gleichschritt in die Diktatur. Die nationalsozialistische „Machtergreifung" in Heidelberg und Mannheim 1930 bis 1935. Diss. Heidelberg 1982, S. 180–185. Siehe auch Kap. 2 und 3 in diesem Band. Bis zum 1.1.1938 verloren insgesamt 244 Arbeiter, Angestellte und Beamte aus politischen bzw. *rassischen* Gründen ihre Stellung bei der Mannheimer Stadtverwaltung. Offiziell in den Ruhestand versetzt wurde Hartlaub erst zum 1.8.1934.

10 Aus einem Schreiben an die Polizeidirektion Mannheim vom 8.10.1931 (Generallandesarchiv Karlsruhe, Bestand 465 c, Nr. 70) geht hervor, daß Gebele von Waldstein Mitglied der NSDAP-Ortsgruppe Mannheim war und am 7.10.1931 eine öffentliche Versammlung des *Kampfbunds* leitete.

11 Zur Rekonstruktion und Analyse der Ausstellung vgl. Christoph Zuschlag: „Entartete Kunst". Ausstellungsstrategien im Nazi-Deutschland (Heidelberger kunstgeschichtliche Abhandlungen NF 21). Worms 1995, S. 58–77. Hingewiesen sei an dieser Stelle auf einen aussagekräftigen 42seitigen Bericht Gebele von Waldsteins vom 9.11.1934, der sich im Nachlaß des Barmener Malers R. Ludwig Fahrenkrog befindet (Germanisches Nationalmuseum Nürnberg, Archiv für Bildende Kunst, NL Fahrenkrog, 1 B 34). Im Zusammenhang mit einem Rechtsstreit gegen *Hauptschriftleiter* Dr. Kattermann der NS-Zeitung Hakenkreuzbanner berichtet Gebele von Waldstein darin über seine Tätigkeit an der Kunsthalle, u.a. über das Gemälde Rabbiner (*Es symbolisiert die jüdische Weltherrschaft*, S. 4) und die Ausstellung *Kulturbolschewistische Bilder* (S. 9–12).

12 1933 lebten in Mannheim 275 000 Einwohner, so daß statistisch jeder 14. die Femeschau gesehen hat. Zum Vergleich: Die Ausstellung *Neue Sachlichkeit. Deutsche Malerei seit dem Expressionismus* (1925) wurde in ihrer dreimonatigen Laufzeit von 4 405 Besuchern besichtigt.

13 Eine Kopie dieses Artikels sowie Kopien aller weiteren in diesem Aufsatz zitierten Presseartikel aus schweizerischen Zeitungen und Zeitschriften verdanke ich Stefan Frey-Albrecht. Die Vorgänge in Mannheim beschreiben Georg Schmidt in einem Brief an den (seit dem 5. April 1933 *beurlaubten*) Direktor des Museums für Kunst und Gewerbe in Hamburg, Max Sauerlandt, vom 9.6.1933 und Gustav Friedrich Hartlaub in einem Brief an Sauerlandt vom 13.9.1933 (Staats- und Universitätsbibliothek Hamburg, Nachlaß Sauerlandt; freundliche Mitteilung von Andreas Hüneke). Georg Schmidt (1896–1965) war Bibliothekar und Mitglied der Kommission des Basler Kunstvereins (1922/23–1937) und später Direktor der Öffentlichen Kunstsammlung/Kunstmuseum Basel (1939–1961); vgl. Georg Schmidt: Umgang mit Kunst. Ausgewählte Schriften 1940–1963. Olten/Freiburg 1966, S. 328.

14 Vgl. hierzu Karoline Hille: Chagall auf dem Handwagen. Die Vorläufer der Ausstellung „Entartete Kunst". In: Neue Gesellschaft für Bildende Kunst (Hg.): Inszenierung der Macht. Ästhetische Faszination im Faschismus. Ausstellungskatalog.

Berlin 1987, S. 159–168; CHRISTOPH ZUSCHLAG: „Es handelt sich um eine Schulungsausstellung". Die Vorläufer und die Stationen der Ausstellung „Entartete Kunst". In: STEPHANIE BARRON (Hg.): „Entartete Kunst". Das Schicksal der Avantgarde im Nazi-Deutschland. Ausstellungskatalog. München 1992, S. 83–105; C. ZUSCHLAG (wie Anm. 11) S. 58–168; CHRISTOPH ZUSCHLAG: „The Chambers of Horrors of Art." An Example of Censorship in the Third Reich. In: ELIZABETH CHILDS (Hg.): Suspended Licenses. Essays in the History of Censorship and the Visual Arts. Washington 1997, S. 217–244.

15 Vgl. H. FUCHS (wie Anm. 3), S. 6–10. Vgl. auch BARBARA LANGE: „ … Eine neue Art von Kunstgeschichte. Eine neue Art von Geschichte … ". „Die Erschießung Kaiser Maximilians" von Edouard Manet in der Diskussion um Moderne in Deutschland. In: MANFRED FATH/STEFAN GERMER (Hg.): Edouard Manet. Augenblicke der Geschichte. Ausstellungskatalog. Mannheim 1992/93, S. 171–181.

16 Tonbandabschrift des am Vorabend seines 75. Geburtstags, am 11.3.1959, von Hartlaub frei gehaltenen Vortrags *Mannheimer Kunsterinnerungen*; vgl. hierzu MANNHEIMER MORGEN 13.3.1959. In dem in Anm. 11 zitierten Bericht Gebele von Waldsteins vom 9.9.1934 heißt es hierzu: *Auf Anordnung des Oberbürgermeisters wurde dieses Bild von mir in einem Schaufenster ausgestellt* (S. 4).

17 Vgl. HELMUT LEHMANN-HAUPT: Art under a Dictatorship. New York 1954, S. 74 f.

18 Freundliche Mitteilung von Geno Hartlaub vom 27.2.1992. Frau Hartlaub entsinnt sich, hinter den Gardinen gestanden zu haben, als das Bild auf den Lindenhof gefahren wurde. Ihr Vater habe sich seinerzeit aus gesundheitlichen Gründen im Schwarzwald aufgehalten. Vgl. auch GENO HARTLAUB: Sprung über den Schatten. Orte, Menschen, Jahre. Erinnerungen und Erfahrungen. München 1987, S. 67–69 sowie K.-L. HOFMANN/C. PRÄGER (wie Anm. 5) S. 64.

19 Zit. nach HANS-JÜRGEN BUDERER: Entartete Kunst. Beschlagnahmeaktionen in der Städtischen Kunsthalle Mannheim 1937 (Kunst und Dokumentation 10). 2. Überarb. Aufl. Mannheim 1990, S. 19.

20 Diesen Artikel zitiert K. HILLE (wie Anm. 3) S. 308. Von der Völkischen Buchhandlung ist bereits bei H. FUCHS (wie Anm. 3) S. 25 die Rede. Das ADRESSBUCH MANNHEIM 1932/33 weist die *Völkische Buchhandlung* in P 5, 13a (gemeinsam mit der *Hakenkreuzbanner-Verlag und Druck GmbH*), danach in P 4, 12 aus. Eine Redaktion des Völkischen Beobachters, in der das Bild laut PETER SAGER: Comeback der Nazi-Kunst? (In: ZEITMAGAZIN 24.10.1986, S. 58–70, hier S. 64) gezeigt worden sein soll, ließ sich dagegen im ADRESSBUCH MANNHEIM nicht finden (Schreiben des Stadtarchivs Mannheim an den Verfasser vom 23.3.1992).

21 Vgl. etwa WERNER SCHMALENBACH/CHARLES SORLIER: Marc Chagall. Frankfurt a.M./Berlin/Wien 1979, S. 243; MARC CHAGALL. Rétrospective de l'œuvre peint. Ausstellungskatalog. Saint-Paul 1984, S. 163; S. COMPTON (wie Anm. 6) S. 163; ERNST-GERHARD GÜSE: Marc Chagall. Druckgraphik. Ausstellungskatalog. Stuttgart 1985, S. 261; J.-M. PALMIER (wie Anm. 8) S. 57.

22 Hierzu heißt es in dem in Anm. 11 zitierten Bericht Gebele von Waldsteins vom 9.9.1934 auf S. 9: *Die Ausstellung erfüllte ihren Zweck. Sie schlug derart ein, daß die Stadt München, Bamberg, Erlangen, Frankfurt (Main), Köln usw. die Ausstellung nach einer Besichtigung durch einen Vertreter ihrer Zweckmäßigkeit wegen anforderten.*

23 Die betreffenden Werke sind aufgeführt bei H.-J. BUDERER (wie Anm. 19) S. 31 mit Anm. 31. Im Zusammenhang mit ihrer *Neuordnung* wurde die Kunsthalle vorübergehend geschlossen und am 18.6.1933 gleichzeitig mit einer bis zum 30.7. dauernden, vom Reichsverband bildender Künstler, Ortsgruppe Mannheim, organisierten Sonderschau mit Arbeiten Mannheimer Künstler wiedereröffnet.

24 Der Vorgang ist dokumentiert im STAATSARCHIV BASEL-STADT, PA 888, Ausstellung Chagall November/Dezember 1933. Diese Akte, deren Inhalt im folgenden referiert wird, konnte durch freundliche Vermittlung von Stefan Frey-Albrecht einbezogen werden.

25 Aus Platzmangel konnte das *Blaue Haus von Witebsk* nicht gehängt werden, die Rücksendung nach Mannheim erfolgte in der ersten Dezemberwoche. Im Katalog (S. 14, Nr. 20) wird der *Rabbiner* mit dem Titel *Une prisée de tabac* aufgeführt und – offenbar in Verwechslung mit der ersten Fassung – unter die Werke des Jahres 1913 eingereiht. Interessant ist die Bemerkung, daß der in Paris lebende Künstler selbst die französischen Bildtitel angegeben habe. Vgl. BASLER KUNSTVEREIN (Hg.): Die Geschichte des Basler Kunstvereins und der Kunsthalle Basel 1839–1988. 150 Jahre zwischen vaterländischer Kunstpflege und modernen Ausstellungen. Basel 1989, S. 181. Dort wird Georg Schmidt in der Basler National-Zeitung vom 23.12.1933 mit den Worten zitiert: *Da ist … der Rabbiner, dessen religiöse Verheissung gerade von den Verfolgten besonders gehört wird – dessen irreale Verheissung von der Unmöglichkeit einer realen Überwindung der Not lebt: nimm von seinem Volk Verfolgung und Not, und Du nimmst seiner Verheissung die Glut und die Wirksamkeit.*

26 Vgl. KUNSTHALLE MANNHEIM, Schreiben der Kunsthalle an den Oberbürgermeister vom 25.5.1934. Diesen Vorgang erwähnt auch Gebele von Waldstein in seinem in Anm. 11 angeführten Bericht vom 9.9.1934, worin von einer *Aussuchung von kulturbolschewistischen Bildern für die braune Messe* durch Pg. Kaiser, dem badischen *Gaukulturwart*, die Rede ist (S. 37). *Braune Messen* waren Handwerks- und Gewerbeschauen, die seit 1933 landesweit organisiert wurden. Sie enthielten *Lehrschauen*, zum Beispiel für bildende Kunst, welche die rassistische Ideologie verbreiten sollten; vgl. hierzu C. ZUSCHLAG (wie Anm. 11) S. 226. In den Presseberichten über die Mannheimer *Braune Messe* (vgl. HAKENKREUZBANNER 28./29.4., 9./10.5. und 16.5.1934; NEUE MANNHEIMER ZEITUNG 28./29.4.1934) ist zwar verschiedentlich von ausgestellten Kunstwerken die Rede, es fehlen aber explizite Hinweise auf die Leihgaben aus der Kunsthalle.

27 Vgl. zum Beispiel NEUE MANNHEIMER ZEITUNG 8.4.1933.

28 Vgl. KUNSTHALLE MANNHEIM, Liste der finanziellen Zuwendungen an die Städtische Kunsthalle Mannheim mit einem Verzeichnis sämtlicher Ankäufe zwischen 1918 und 1936/37 und GENERALLANDESARCHIV KARLSRUHE, Bestand 235, Nr. 40412.

29 Vgl. hierzu H.-J. BUDERER (wie Anm. 19) sowie MANFRED FATH: Die „Säuberung" der Mannheimer Kunsthalle von „Entarteter Kunst" im Jahre 1937. In: ULRICH SCHNEIDER (Hg.): Festschrift für Gerhard Bott zum 60. Geburtstag. Darmstadt 1987, S. 169–186. Exakte Zahlen lassen sich nur schwer eruieren, da die in großer Eile angefertigten Listen unzulänglich sind. Einige konfiszierte Werke blieben unberücksichtigt, andere erscheinen auf den Beschlagnahmelisten, befinden sich aber nach wie vor in der Kunsthalle.

30 Vgl. die Rekonstruktion der Ausstellung von Mario-Andreas von Lüttichau, zuletzt in: S. BARRON (wie Anm. 14) S. 45–81. Passarge, der der Eröffnung in München beiwohnte, entfernte nach seiner Rückkehr aus den Galerieräumen der Mannheimer Kunsthalle die Werke solcher Künstler, die in der Münchner Schau vertreten waren. Dabei war er überaus gründlich: Auch das Graphische Kabinett, die Bibliothek, die Zeitschriften- und die Diasammlung wurden durchkämmt. Aus der vom 4.7. bis 22.8. laufenden Ausstellung *Junge deutsche Bildhauer* entfernte er Werke von Herbert Garbe, Gerhard Marcks und Emmy Roeder, um einer möglichen Beanstandung zuvorzukommen. Den Vollzug dieser *Säuberungen* meldete Passarge am 27.7.1937 dem Oberbürgermeister und am 29.7. dem Berliner Reichserziehungsministerium. Vgl. M. FATH (wie Anm. 29) S. 172 und S. 185, Anm. 16.

31 Bei den Gemälden handelte es sich im einzelnen um: Adler, *Zwei Mädchen (Mutter und Tochter)*; Baumeister, *Tischgesellschaft*; Beckmann, *Christus und die Ehebrecherin*; Chagall, *Rabbiner (Die Prise)*, Corinth, *Walchenseelandschaft*; Dix, *Die Witwe*; Gleichmann, *Die Braut*; Grosz, *Blick in die Großstadt, Porträt des Schriftstellers Max Herrmann-Neisse*; Hoerle, *Melancholie*; Jawlensky, *Sizilianerin mit grünem Schal*; Kleinschmidt, *Stilleben*; Nolde, *Marschlandschaft (Vorabend)*; Schlemmer, *Frauentreppe*. Ensors *Die Masken und der Tod* hing offenbar nur kurzzeitig in der Schau. Vgl. BARBARA LEPPER: Verboten – Verfolgt. Kunstdiktatur im 3. Reich. Ausstellungskatalog. Duisburg 1983, S. 27 sowie M. FATH (wie Anm. 29) S. 185, Anm. 10. Bis auf die Bilder von Corinth und Dix waren diese Werke bereits 1933 in der Schau *Kulturbolschewistische Bilder* angefeindet worden.

32 Vgl. zu den einzelnen Stationen und den Veränderungen im Ausstellungsbestand C. ZUSCHLAG in S. BARRON (wie Anm. 14) und C. ZUSCHLAG (wie Anm. 11).

33 Im November 1941 wurde das Ausstellungsgut an das Propagandaministerium zurückgegeben. Die Liste im Bundesarchiv, Abteilungen Potsdam, ist publiziert bei C. ZUSCHLAG (wie Anm. 11) S. 295 f., Dok. 62). Sie verzeichnet nurmehr ca. 50 Ölgemälde, sieben Plastiken und rund 180 Aquarelle, Zeichnungen und Graphiken. Davon waren nur acht Gemälde und 33 Graphiken bereits 1937 in München präsentiert worden. Von diesen mutmaßlich auf allen 13 Ausstellungsetappen gezeigten Werken läßt sich nur eines sicher als ein der Mannheimer Kunsthalle gehörendes identifizieren: das heute verschollene Bild *Die Braut* von Otto Gleichmann. Die ebenfalls auf der Rückgabeliste verzeichnete Radierung *Vor der Tür* von Chagall könnte mit dem in Mannheim konfiszierten Blatt *Liebende vor dem Tor* identisch sein.

34 Vgl. PAUL WESTHEIM: Ein Rückzieher. Corinth, Marc, Macke, Lehmbruck, Kollwitz nicht mehr auf der Ausstellung *Entartete Kunst*. In: PARISER TAGESZEITUNG 27./28.3.1938; abgedruckt in: TANJA FRANK (Hg.): Paul Westheim. Kunstkritik aus dem Exil. Hanau 1985, S. 80–83. Vgl. auch den Brief von Alfred Rosenberg an Rudolf Hess vom 8.3.1938: *Ich verweise darauf, daß zum Beispiel die in München […] gezeigten Werke von Franz Marc, Lovis Corinth und Lehmbruck in der jetzigen Berliner Ausstellung nicht mehr vorhanden sind*; BUNDESARCHIV KOBLENZ, NS 8/179, Bl. 115–118, hier Bl. 115.

35 Zit. nach ERNA KRAUSS/GUSTAV. F. HARTLAUB (Hg.): Felix Hartlaub in seinen Briefen. Tübingen 1958, S. 159 f.

36 Als Beispiel der Verfallskunst erscheint der *Rabbiner* auch in anderen NS-Propagandaschriften, so in *Kampf um die Kunst* des völkischen *Blut-und-Boden*-Ideologen Paul Schultze-Naumburg (München 1932, S. 12) und in der Schrift *Judenkunst in Deutschland* (Berlin 1942, Abbildungsseite 31) von Walter Hansen, Mitorganisator der Münchner Ausstellung *Entartete Kunst*. In beiden Fällen wurde jedoch die erste Fassung des Gemäldes abgebildet.

37 Für die Düsseldorfer Etappe existiert eine – allerdings unvollständige – Liste, die bei C. ZUSCHLAG (wie Anm. 11) S. 252 f., Dok. 46 reproduziert ist. Als aus Mannheimer Besitz stammend lassen sich der *Rabbiner* von Chagall, das *Knabenbildnis* von Dix und *Die Braut* von Gleichmann identifizieren. Bei manchen Künstlern, etwa Baumeister und Schlemmer, sind die Exponate nicht einzeln aufgeführt.

38 Die Liste aus dem Bundesarchiv, Abteilungen Potsdam ist reproduziert bei C. ZUSCHLAG (wie Anm. 11) S. 262, Dok. 50.

39 Der Artikel ist reproduziert bei C. ZUSCHLAG (wie Anm. 11) Abb. 105.

243

40 Die Liste der Gemälde und Plastiken im Depot Niederschönhausen befindet sich im BUNDESARCHIV, ABTEILUNGEN POTSDAM, 50.01-1015, B. 26–50; Chagalls *Rabbiner* trägt die Inventarnummer 15 956. Die Liste der Graphiken findet sich in der NEUEN NATIONALGALERIE BERLIN, Archiv. Dort sind auch zehn Raumaufnahmen sowie rund 800 Einzelaufnahmen erhalten. Der *unverwertbare Rest* der Kunstwerke verblieb im Depot Köpenicker Straße 24a, einem ehemaligen Getreidespeicher, wo er vermutlich am 20.3.1939 verbrannt wurde.

41 Vgl. ANDREAS HÜNEKE: „Dubiose Händler operieren im Dunst der Macht". Vom Handel mit „entarteter" Kunst. In: ALFRED FLECHTHEIM. SAMMLER – KUNSTHÄNDLER – VERLEGER. Ausstellungskatalog. Düsseldorf 1987, S. 101–105; ANDREAS HÜNEKE: Spurensuche. Moderne Kunst aus deutschem Museumsbesitz. In: S. BARRON (wie Anm. 14) S. 121–133. Der Erlös aus den Verkaufsaktionen wurde sowohl zur Kriegsfinanzierung als auch – freilich nur zu einem kleinen Teil – zur *Entschädigung* der betroffenen Museen verwandt (siehe unten Anm. 51).

42 Vgl. AUKTIONSKATALOG. Gemälde und Plastiken Moderner Meister aus deutschen Museen. Galerie Fischer, Luzern, 30.6.1939. Zu den Vorbesichtigungen vgl. NEUE ZÜRCHER ZEITUNG 25.5.1939 (Abendausgabe); NATIONAL-ZEITUNG 22.6.1939 (Abendblatt); DIE WELTWOCHE 23.6.1939.

43 Vgl. AUKTIONSKATALOG FISCHER (wie Anm. 42) Nr. 15, 17, 39, 42, 73, 89. Von den 125 angebotenen Werken waren 18 in der Ausstellung *Entartete Kunst* in München gezeigt worden. Zur Auktion vgl. STEPHANIE BARRON: Die Auktion in der Galerie Fischer. In: S. BARRON (wie Anm. 14) S. 135–169. Stefan Frey-Albrecht bearbeitet die Auktion und die Provenienz der betreffenden Werke.

44 Das 1928 für 4 500 Reichsmark (RM) angekaufte Gemälde wurde auf 3 400 Schweizer Franken (Sfr.) geschätzt, mit 1 500 Sfr. ausgerufen und bei 1 600 Sfr. (exklusive ein Aufgeld von 15 Prozent in Höhe von 240 Sfr.) zugeschlagen. Damit lag der Preis knapp unter dem auf 1 680 Sfr. angesetzten Limit. 1939 entsprach 1 RM dem Gegenwert von 1,79 Sfr. Die BASLER NATIONAL-ZEITUNG veröffentlichte am 3.7.1939 einen Artikel mit der Überschrift *Schweiz – Die Versteigerung „entarteter Kunst" in Luzern*, in welchem die acht Erwerbungen Schmidts samt Preisen aufgeführt wurden (mit sechs Abb., darunter dem *Rabbiner*; zu Reaktionen auf diesen Artikel in der Rechtspresse siehe unten). Zu den Basler Ankäufen vgl. G. KREIS (wie Anm. 8).

45 Handschriftlicher Eintrag Georg Schmidts in sein Exemplar des Auktionskatalogs; vgl. die Abbildung bei G. KREIS (wie Anm. 8) S. 45. Die für die Ankäufe verantwortliche Kunstkommission befaßte sich am 8. und 26.6.1939 mit den geplanten Erwerbungen in Luzern. Nach den Verhandlungsprotokollen (KUNSTMUSEUM BASEL) war in Schmidts Aufzählung des Gewünschten immer auch der *Rabbiner* berücksichtigt. In der Sitzung vom 29.6. wurde er vom Kommissionsmitglied Karl Burckhardt-Koechlin als im 2. Rang zu berücksichtigen genannt (freundliche Mitteilung von Georg Kreis). Schmidt hat sich später in schriftlicher und mündlicher Form über Chagall geäußert; vgl. etwa GEORG SCHMIDT: Chagall. Paris 1952 sowie seine Rede zur Eröffnung der Ausstellung in der Kunsthalle Hamburg, 6.2.1959, abgedruckt in: G. SCHMIDT (wie Anm. 13) S. 226–237.

46 Vgl. das Speditionsbuch Januar 1939 bis September 1942, GALERIE FISCHER, LUZERN, Archiv (freundlicher Hinweis von Stefan Frey-Albrecht).

47 Brief von Georg Schmidt an Paul Westheim, 15.6.1939, KUNSTMUSEUM BASEL (Kleinschreibung im Original; eine Kopie des Briefwechsels verdanke ich Georg Kreis). Westheim hatte in mehreren, zum Beispiel in der Weltbühne erschienenen Artikeln zum Boykott der Luzerner Auktion aufgerufen, um eine Unterstützung des NS-Staats und seiner Aufrüstung zu vermeiden. Vgl. hierzu T. FRANK (wie Anm. 34) und G. KREIS (wie Anm. 8).

48 Bis zum Frühjahr 1940 kaufte Schmidt in Berlin aus Mannheimer Besitz Derains *Landschaft (Rebland im Frühling)*, Noldes *Marschlandschaft (Vorabend)* und Schlemmers *Frauentreppe* sowie aus anderen Museen Beckmanns *Das Nizza in Frankfurt am Main* (Städel), Corinths *Ecce homo* (Berlin), Kokoschkas *Windsbraut* (Halle), Marcs *Tierschicksale* (Halle), Modersohn-Beckers *Knabe mit Katze* (Berlin) und *Alte Bäuerin* (Köln), Schlemmers *Vier Figuren im Raum* (Essen), Schrimpfs *Mädchen am Fenster* (Berlin) und *Mädchen auf dem Balkon* (München) und Barlachs *Kopf des Güstrower Kriegerehrenmals* (Essen). Insgesamt erwarb er in Berlin und Luzern also 20 Gemälde und eine Plastik. Vgl. hierzu G. KREIS (wie Anm. 8); GEORG SCHMIDT: Die Ankäufe „Entarteter Kunst" im Jahre 1939. Aus der Ansprache zur Eröffnung der Ausstellung „Die Neuerwerbungen des Jahres 1939", gehalten am 19.11.1939 im Kunstmuseum Basel. Abgedruckt in: GEORG SCHMIDT: Schriften aus 22 Jahren Museumstätigkeit. Basel 1964, S. 6–10; GEORG SCHMIDT: Die Entstehung der Öffentlichen Kunstsammlung. In: G. SCHMIDT (wie oben) S. 125–142, besonders S. 140; GEORG SCHMIDT: Bericht über das Jahr 1939. In: ÖFFENTLICHE KUNSTSAMMLUNG BASEL. Jahresberichte 1936–1939, S. 57–84; GEORG SCHMIDT: Zweiundzwanzig Jahre Kunstmuseum Basel. Versuch einer persönlichen Bilanz. In: DIE WELTWOCHE 12.1.1962.

49 G. SCHMIDT, Die Ankäufe „Entarteter Kunst" im Jahre 1939 (wie Anm. 48) S. 8.

50 Beide Artikel bezogen sich auf den in Anm. 44 zitierten Beitrag der NATIONAL-ZEITUNG 3.7.1939. Vgl. auch G. KREIS 1990 (wie Anm. 8) S. 85 f. sowie S. 82 mit Anm. 187.

51 Es handelt sich um: Grossmann, *Bildnis Slevogt* (Lithographie); Haueisen, *Mannheimer Kaufhausturm* und *Straßenkreuzung* (Zeichnungen); de Fiori, *Jüngling* (Bronzeguß) und das auf der Luzerner Auktion unverkaufte Gemälde von Marc, *Hund, Katze, Fuchs*. – Als *Entschädigung* für die 1937 erlittenen, auf 3,7 Millionen Reichsmark geschätzten Verluste wurden der Kunsthalle am 29.11.1941 vom Erziehungsministerium 29 280 Reichsmark sowie ein Ölbild und drei Arbeiten auf Papier von Künstlern des 19. Jahrhunderts zugesprochen.

52 Bei der Skulptur handelt es sich um Volls *Frauenkopf*, bei den Gemälden um Beckmann, *Porträt einer alten Dame, Liebespaar*; Fuhr, *Dorfstraße, Dorfbild, Waldlandschaft, Stilleben mit Gummibaum, Rheinbrücke, Bergfriedhof*; Heckel, *Sonnenblumen*; Heckrott, *Fohlenstall*; Hofer, *Daniel in der Löwengrube, Blumenstilleben, Fahnenträger*; Kokoschka, *Bildnis Professor Forel, Kloveniersburgwal in Amsterdam*.

53 Es sind dies: Beckmann, *Pierrette und Clown* (1950); Grosz, *Porträt des Schriftstellers Max Herrmann-Neisse* (1950); Pechstein, *Stilleben (Südseefigur und Blumen)* (1948); Rohlfs, *Kirche in Soest* (1950).

Geschichtspflege

1 NEUE MANNHEIMER ZEITUNG 5.11.1924. Zum gesamten Themenbereich vgl. CHRISTOPH POPP: Der Mannheimer Altertumsverein 1859–1949. Regionale Forschungen, Sozialstruktur und Geschichtsbild eines Historischen Vereins. Mannheim 1996, bes. Kap. 1 und 7.

2 LUDWIG BÖHM: Mannheimer Museen und Sammlungen. In: MANNHEIMER HEFTE 1956, H. 3, S. 2–11, hier S. 8.

3 Parallel zur Südwestdeutschen Tagung des Reichsbanners fand im Schloßmuseum eine große historische Ausstellung *Die politische Bewegung der Jahre 1848/49* statt. Die Verfassungsfeier selbst war wie in den Vorjahren schlicht und nüchtern.

4 DIE STADT- UND LANDKREISE HEIDELBERG UND MANNHEIM. Amtliche Kreisbeschreibung. Bd. 1: Allgemeiner Teil. Hg. von der Staatlichen Archivverwaltung Baden-Württemberg in Verbindung mit den Städten und den Landkreisen Heidelberg und Mannheim. Karlsruhe 1966, S. 132. Vgl. auch HANSJÖRG PROBST: Hermann Gropengießer 1879–1946. Ein Mannheimer Lebensbild. In: MANNHEIMER HEFTE 1990, H. 1, S. 21–27.

5 HERMANN GROPENGIESSER: Aus der ältesten Geschichte des Neckardeltas. In: BADISCHE HEIMAT 1927, S. 34 f.

6 Vgl. den Bericht über die Tagung in MANNHEIMER GESCHICHTSBLÄTTER 1936, Sp. 80; zur NS-Interpretation des Brundholdstuhls vgl. ADOLF STOLL: Der Brunholdstuhl am Ringwall über Bad Dürkheim. In: MANNHEIMER GESCHICHTSBLÄTTER 1935, Sp. 7–58; vgl. auch die knappe wissenschaftliche Widerlegung von FRIEDRICH SPRATER: Brunholdstuhl – Krimhildenstuhl. In: MANNHEIMER GESCHICHTSBLÄTTER 1935, Sp. 217–224.

7 Bericht über den Vortrag von Dr. Zeiss beim Mannheimer Altertumsverein, MANNHEIMER GESCHICHTSBLÄTTER 1934, Sp. 52 f.

8 Die Überreste des von den Arbeitern geplünderten Grabs waren dem Badischen Landesmuseum Karlsruhe übergeben worden, in dem sie heute noch präsentiert werden.

9 Vgl. HERMANN GROPENGIESSER: Beobachtungen, Funde und Untersuchungen im Bauabschnitt Mannheim der Reichsautobahn 1934/35. In: BADISCHE FUNDBERICHTE. Bd. 3, H. 9, S. 308–315.

10 Vgl. CHRISTOPH POPP: Friedrich Walter (1870–1956): Historiker, Museumsdirektor und Demokrat. Erscheint in: MANNHEIMER GESCHICHTSBLÄTTER, Neue Folge 5 (1998).

11 GUSTAF JACOB: Zur Geschichte des städtischen Archivs. In: MANNHEIMER HEFTE 1962, H. 2, S. 2–7, hier S. 6.

12 Lebenslauf von W. Treutlein, 1949, STADTA MA, NL Wolfgang Treutlein, Zug. 34/1971, Nr. 91.

13 NEUE MANNHEIMER ZEITUNG 5.2.1937.

14 DIE STADTVERWALTUNG MANNHEIM IM JAHRFÜNFT 1933–1937. Verwaltungsbericht der Stadt Mannheim. O.O. (Mannheim) o.J. (1938), S.93.

15 Friedrich Hupp (1898–1981), Hauptlehrer und Rektor an der Feudenheimer Schule, zahlreiche reformpädagogische Abhandlungen; NSDAP-Mitglied seit 1932. Für Auskünfte danke ich Herrn Dr. Hansjürgen Kessler, Feudenheim.

16 Schreiben des Leiters der Reichsstelle für Sippenforschung, Berlin, an das Generallandesarchiv, Karlsruhe, 22.11.1938, GENERALLANDESARCHIV KARLSRUHE, Bestand 450, Nr. 2364.

17 Zusammenstellung der Auslagerungen von Mannheimer Kulturgut im Salzwerk Heilbronn durch Michael Caroli, veröffentlicht in CHRISTHARD SCHRENK: Schatzkammer Salzbergwerk. Kulturgüter überdauern in Heilbronn und Kochendorf den Zweiten Weltkrieg (Quellen und Forschungen zur Geschichte der Stadt Heilbronn 8). Heilbronn 1997.

18 Dr. Florian Waldeck (1886–1960) stammte aus einer jüdischen Familie. Der Vizepräsident des badischen Landtags überlebte das „Dritte Reich" in der belgischen Emigration. Nach dem Krieg CDU-Stadtrat und Präsident der Bundesrechtsanwaltskammer.
Dr. Fritz Bassermann (1882–1965) Großkaufmann und Kupferstichsammler.
Heinrich Winterwerb (1877–1960), Fabrikant, DNVP-Mitglied, Verwandter von OB Renninger. Vizepräsident der Industrie- und Handelskammer.
Prof. Joseph August Beringer (1862–1937), Reallehrer, Kunstschriftsteller, Förderer Hans Thomas, entschiedener Gegner der Moderne; 1933 zum Professor ernannt.

19 Vgl. C. POPP (wie Anm. 1).

20 Dr. Walter Passarge (1898–1958), Leiter der Kunsthalle seit 1936. Dr. Herbert Stubenrauch (1896–1958), Germanist und Kunsthistoriker, 1927 Kustos der Schloßbibliothek, 1938 Leiter, Mitarbeiter der Schiller-Nationalausgabe.

21 DAS THEATERMUSEUM DER STADT MANNHEIM. Im Auftrag des Oberbürgermeisters verfaßt von Gustaf Jacob. Mannheim 1936. Schriften der Stadt Mannheim, Heft 1.

22 Die Mannheimer Planken. Im Auftrag des Oberbürgermeisters verfaßt von Gustaf Jacob. Mannheim 1937. Schriften der Stadt Mannheim, Heft 2. Seit Mai 1937 war Gustaf Jacob Mitglied der NSDAP.
23 Mannheim als Festung und Garnisonstadt. Im Auftrag des Oberbürgermeisters verfaßt von Gustaf Jacob. Mannheim 1937. Schriften der Stadt Mannheim, Heft 3.
24 Friedrich Walter: Schicksal einer deutschen Stadt. Geschichte Mannheims 1907–1945. Bd. 2: 1925–1945. Frankfurt a.M. 1950, S. 168.
25 Hakenkreuzbanner 24.1.1926, vgl. auch Neue Mannheimer Zeitung 2.12.1937 und 4.12.1938.
26 Das Mannheimer Schloss und seine Sammlungen. Im Auftrag des Oberbürgermeisters verfaßt von Gustaf Jacob. Mannheim 1939. Schriften der Stadt Mannheim, Heft 4.
27 Vgl. Mannheim im Zweiten Weltkrieg. Hg. und bearb. von Jörg Schadt und Michael Caroli (Bildbände zur Mannheimer Stadtgeschichte. Hg. vom Stadtarchiv Mannheim). Mannheim 1993, S. 76 ff.
28 Mannheimer Tageblatt 28.10.1933. Die Darstellung folgt C. Popp (wie Anm. 1) S. 420–421.
29 Hakenkreuzbanner 20.11.1936 und Neue Mannheimer Zeitung 21.11.1936. Dr. Robert Pfaff-Giesberg (1899–1984), Völkerkundler, vor 1936 Museumsdirektor in Freiburg und am Linden-Museum Stuttgart.
30 Neue Mannheimer Zeitung 22.5.1937

Vom individuellen Freizeitvergnügen zur organisierten Volksertüchtigung

1 Der vorliegende Beitrag zur Geschichte des Sports in Mannheim zwischen 1933 und 1945 gibt einen ersten Überblick über die Entwicklung dieses wichtigen Bereichs des öffentlichen Lebens. Dabei ist es naturgemäß nicht möglich, alle Aspekte im einzelnen auszuleuchten. Die nationalsozialistische Vergangenheit einzelner Vereine detailliert aufzuarbeiten, wäre eine verdienstvolle Aufgabe für interessierte Mitglieder. Vgl. zu der gesamten Thematik auch Hartmut Lissinna: Nationale Sportfeste im nationalsozialistischen Deutschland. Diss. Mannheim 1997.
2 Zur Biographie vgl. Dieter Steinhöfer: Hans von Tschammer und Osten. Reichssportführer im Dritten Reich. Berlin/München/Frankfurt a.M. 1973.
3 Neue Mannheimer Zeitung 17.3.1933.
4 Vgl. 100 Jahre Turnen in Mannheim-Neckarau. Hg. vom Turnverein 1884 e.V. Mannheim-Neckarau. Mannheim o.J. (1984), S. 21; Helmut Kiy: Festschrift 75 Jahre Kraftsportvereinigung 1884 Mannheim. Mannheim o.J. (1959), S. 34 f.; Festschrift des ASV Mannheim-Feudenheim zum 60jährigen Jubiläum vom 13. bis 16. Juni 1963. Mannheim o.J. (1963), S. 18.
5 Vgl. Geschichtliches und Überliefertes. Chronik. 100 Jahre Turnverein 1880 Käfertal e.V. In: 100 Jahre Turnverein 1880 Käfertal e.V. Festschrift. Mannheim o.J. (1980), S. 45.
6 Die katholische Sportorganisation Deutsche Jugendkraft (DJK) wurde allerdings für Baden 1935 verboten; vgl. Verfolgung und Widerstand unter dem Nationalsozialismus in Baden. Die Lageberichte der Gestapo und des Generalstaatsanwalts Karlsruhe 1933–1940. Bearb. von Jörg Schadt (Veröffentlichungen des Stadtarchivs Mannheim Bd. 3). Stuttgart u.a. 1976, S. 156 Anm. 135.
7 Johann Philipp Buss: Über zwei Weltkriege hinaus. Unveröffentl. Ms., S. 45 (StadtA MA, Kl. Erw., Nr. 916) bemerkt dazu, daß es trotz einiger Versuche nicht gelang, Ausnahmen für einzelne jüdische Sportler zu erwirken.
8 Zu den personellen Veränderungen vgl. besonders die Mannheimer Adreßbücher unter der Rubrik *Sportvereine* bzw. *Sport- und sonstige Vereine.* Einblicke in die längerfristige Entwicklung bei den einzelnen Vereinen vermitteln die Festschriften, die zu verschiedenen Jubiläen herausgegeben wurden und in der Bibliothek des Stadtarchivs Mannheim gesammelt vorliegen.
9 Vgl. 75 Jahre Mannheimer Ruderclub von 1875 e.V. Mannheim o.J. (1950).
10 Stalf starb am 22.9.1944 im Alter von 64 Jahren, nachdem ihm noch im Mai desselben Jahrs in Anerkennung seines tatkräftigen Einsatzes beim Aufbau und Erhalt des Mannheimer Sportbetriebs das Kriegsverdienstkreuz verliehen worden war; vgl. Hakenkreuzbanner 26.9.1944 und 22.5.1944.
11 Dies war auch der Grund dafür, daß Körbel im September 1933 zum Gauführer der deutschen Sportpresse in Baden aufstieg.
12 Körbels Tätigkeit in Mannheim und Baden fand Ende 1935 ihren Abschluß, als er als Obersturmführer in die Pressezentrale der SA nach München wechselte. Mit Crezeli und Stalf standen jedoch zwei bewährte Funktionäre bereit, die seine Arbeit in Mannheim nahtlos fortsetzten.
13 Auf dem Programm standen neben dem üblichen Aufmarsch und den Reden Leichtathletik-Wettbewerbe für SA, Arbeitsdienst und Stahlhelm, wehrsportliche Vorführungen der SA sowie zum Abschluß das Handballspiel einer SA-Auswahl gegen den amtierenden Deutschen Meister SV Waldhof.
14 Das SA-Sportabzeichen konnte jeder Deutsche erwerben, der die detailliert festgelegten rassischen und weltanschaulichen Voraussetzungen erfüllte. Am 19.1.1939 durch *Führererlaß* zum SA-Wehrabzeichen erhoben, wurde die bereits bestehende Zielrichtung auf die Stärkung der Wehrkraft unmißverständlich unterstrichen.
15 Bereits seit 1933 war die HJ mit dem jährlich ausgetragenen *Fest der Jugend*, seit 1937 als *Reichssportwettkampf* bezeichnet, sowie zahlreichen Festen auf Bann- und Gebietsebene an die Öffentlichkeit getreten. Der Leistungsgedanke spielte dabei von Beginn an eine entscheidende Rolle.
16 Vgl. Hajo Bernett: Der Weg des Sports in die nationalsozialistische Diktatur. Die Entstehung des Deutschen (Nationalsozialistischen) Reichsbundes für Leibesübungen. Schorndorf 1983, S. 54 ff.
17 Vgl. Günter Kaufmann: Die Hitler-Jugend. Aufbau und Leistung der nationalsozialistischen Jugendbewegung. In: Das Dritte Reich im Aufbau. Wehrhaftes Volk. Der organisatorische Aufbau. Teil II. Bd. 3. Hg. von Paul Meier-Benneckenstein. Berlin 1939, S. 388 ff.
18 Vgl. ebd. S. 392 f. Die Angehörigen aller dieser technischen HJ-Einheiten empfahlen sich für den späteren Dienst in bestimmten Waffengattungen der Wehrmacht.
19 Der *Sportappell* umfaßte drei Teilbereiche: Der *Wettbewerb des guten Willens* forderte drei sportliche Übungen von jedem Teilnehmer, während der *Wettbewerb der Mannschaft* drei Gemeinschaftsübungen beinhaltete; schließlich wurde der Anteil der teilnehmenden Belegschaftsmitglieder im Verhältnis zur Gesamtbelegschaft bewertet, d.h. je mehr aktive Teilnehmer ein Betrieb stellte, desto höher war die erreichte Punktzahl.
20 Während des Kriegs trat sowohl bei KdF als auch in den Betrieben die ursprüngliche Orientierung auf den Freizeit- und Ausgleichssport wieder in den Vordergrund, obwohl auch weiterhin einzelne *Betriebssportgemeinschaften* an Meisterschaften teilnahmen.
21 In Mannheim erfolgte die Vereidigung des örtlichen NSFK-Sturms auf den Führer am 6.3.1938.
22 Hakenkreuzbanner 30.8.1933.
23 In den Kriegsjahren fanden Pferderennen nur im Herbst 1941 sowie im Mai 1942 statt.
24 Vgl. StadtA MA, TSV 1846, Zug. 7/1982, Nr. 650, Ausschreibung zum Staffellauf *Rund um den Friedrichsplatz* durch die Ortsgruppe Mannheim des DRL vom 22.4.1936.
25 Das 2. Badische Turn- und Sportfest stand unter Schirmherrschaft von Reichsstatthalter Robert Wagner. In folgenden Sportarten wurden Wettbewerbe ausgetragen: Basketball, Billard, Boxen, Fechten, Fußball, Handball, Hockey, Kanu, Kegeln, Leichtathletik, Radfahren, Rollschuhsport, Rudern, Rugby, Schießen, Schwerathletik (Gewichtheben, Rasenkraftsport, Ringen, Rundgewichtriegen), Schwimmen, Sommerspiele (Faustball, Korbball, Trommelball), Tennis und Turnen. Vgl. Arbeitsbuch für das 2. Badische Turn- und Sportfest Mannheim vom 18.–25. Juni 1939. Zusammengestellt i. A. des Gausportführers von der Organisations- und technischen Leitung. O.O.o.J. (1939), S. 20 ff.
26 Im Zuge der politischen Veränderungen seit März 1938 spielten mehrere Mannschaften aus den dem Reich angegliederten Gebieten (Österreich, Sudetenland) in Mannheim. Im Handball, wo Mannheimer Mannschaften ebenfalls zur nationalen Spitze gehörten, waren internationale Begegnungen dagegen seltener, da wegen der eindeutigen Dominanz Deutschlands in dieser Sportart Spiele zwischen deutschen Teams interessanter waren als Vergleiche mit ausländischen Mannschaften.
27 Bereits im Frühjahr 1934 begann die Reichssportführung mit der Suche nach dem *unbekannten Sportsmann*. Für jede Sportart wurden in einige Tage reserviert. So wurden beispielsweise am 29. April der *unbekannte Boxer* und der *unbekannte Kraftsportler* oder am 12. Mai der *unbekannte Mittelstreckler* gesucht; vgl. Hakenkreuzbanner 30.4.1934.
28 Tschammer bezeichnete bei dieser Gelegenheit die Berliner Olympiade als wichtigste Zukunftsaufgabe des deutschen Sports. Reden von Oberbürgermeister Carl Renninger und Sportgauführer Herbert Kraft schlossen sich an; umrahmt wurde die Veranstaltung durch sportliche und musikalische Vorführungen.
29 Vgl. Deutscher Reichsbund für Leibesübungen. Verordnungsblatt Gau XIV (Baden) 5.8.1936, S. 99.
30 Vgl. die NAZI-Olympiade. Die Olympischen Spiele 1936 in Berlin und Garmisch-Partenkirchen. Unveränderter Nachdruck des Offiziellen Olympia-Albums von 1936. Frankfurt a.M. 1972; zu den Fußballern S. 118 ff., zu den Leichtathleten S. 16 ff., zu den Handballern S. 124 ff., zu den Ruderern S. 80 ff.
31 Der Aufmarschplan wies dabei den Vereinen, die Wettkämpfer in Berlin gestellt hatten, besondere Plätze zu.
32 Vgl. Walter Chlebowsky: Mannheim, die Sportstadt am Oberrhein. Mannheim o.J. (1939), S. 8.
33 Vgl. 25 Jahre MERC. O.O. (Mannheim) o.J. (1963), S. 7.
34 Vgl. J. P. Buss (wie Anm. 7) S. 53.
35 Im Dezember 1936 bezog die Mannheimer Paddelgesellschaft ihr neues Bootshaus. Anfang Mai 1937 konnte der Post SV Mannheim seine neue Platzanlage mit einem Vergleichskampf zahlreicher Postsportvereine aus dem Reich ihrer Bestimmung übergeben. Bereits zwei Wochen später (29./30.5.1937) wurden auf dem Gelände der Eichbaumbrauerei an der Käfertaler Straße acht neue Kegelbahnen offiziell eingeweiht; der Umbau ungenutzter Werkstätten hatte den starken Mannheimer Sportkeglern ein neues Zentrum gebracht. Ebenfalls 1937 – gerade rechtzeitig zur 54. Oberrhein-Regatta – wurde im Mühlauhafen die neue Tribünenanlage fertig.
36 Der Neubau kostete den Verein die stolze Summe von 29 076 RM; vgl. 75 Jahre Mannheimer Ruderclub von 1875 e.V. (wie Anm. 9) S. 18.
37 Der Mannheimer Fußballclub Phönix verlor am 17.3.1943 sein Clubheim bei einem Bombenangriff; vgl. Festschrift zum 60jährigen Jubiläum. MFC „Phönix" 02 e.V. 1902–1962. O.O. (Mannheim) o.J. (1962), S. 47. Der Mannheimer Ruder Club büßte sein Vereinshaus mit der gesamten Ausstattung am 9.2.1945 ein; vgl. J. P. Buss (wie Anm. 7) S. 53. Die Geschäftsstelle des VfR Mannheim fiel dem Inferno des Kriegs am 1.3.1945 zum Opfer; vgl. Willi Küstner: Festschrift zum 60jährigen Jubiläum. Verein für Rasensporte e.V. Mannheim. Mannheim o.J. (1956), S. 22.
38 Vgl. Unser Klub von 1900 bis 1990. Ein Stück Mannheimer Tennisgeschichte. Rückblicke von

Dr. Hans Lobenwein. In: 90 JAHRE TC GRÜN-WEISS MANNHEIM. Klub Magazin. Rückblick 1989, Vereinschronik, Bundesliga 1990. O.O. (Mannheim) o.J. (1990), S. I–XII, hier S. IV.
39 Vgl. HAKENKREUZBANNER 17.1.1945.

Die Wehrmacht in Mannheim 1936–1939

1 Vgl. FRIEDRICH WALTER: Schicksal einer deutschen Stadt. Geschichte Mannheims 1907–1945. Bd. 2: 1925–1945. Frankfurt a.M. 1950, S. 211.
2 STADTA MA, Ratsprotokolle 1936, S. 9.
3 Vgl. STADTA MA, Ratsprotokolle 1936, S. 9 ff.
4 Vgl. STADTA MA, Ratsprotokolle 1936, S. 89.
5 Vgl. ebd.
6 Vgl. ebd.
7 Vgl. STADTA MA, Ratsprotokolle 1936, S. 116. Das Kaiser-Wilhelm-Denkmal wurde erst im Zuge des Bunkerbaus entfernt und 1942 zur Metallspende gegeben.
8 Vgl. STADTA MA, Ratsprotokolle 1938, S. 152.
9 Vgl. STADTA MA, Ratsprotokolle 1936, S. 9 ff.
10 Vgl. GEORG TESSIN: Deutsche Verbände und Truppen 1918–1939. Osnabrück 1974, S. 459 ff.
11 Vgl. BUNDESARCHIV, ABT. MILITÄRARCHIV FREIBURG I.BR., RH 37/2361.
12 Vgl. G. TESSIN (wie Anm. 10) S. 239.
13 Vgl. STADTA MA, Kl. Erw., Nr. 631/13.
14 Vermutlich die 1. Abteilung des Flak-Regiments 8 aus Fürth (Bayern) unter Major Lichtenberger, die am 1. April 1936 die Bezeichnung 1./Flak-Regiment 18 erhielt, später nochmals in 1./Flak-Regiment 49 umbenannt wurde; vgl. HORST-ADALBERT KOCH: Flak. Die Geschichte der deutschen Flakartillerie 1935–1945. Bad Nauheim 1954, S.153 ff.
15 Vermutlich die 1. Abteilung des Artillerie-Regiment 43 aus Augsburg, später umbenannt in 1. Abt./Artillerie-Regiment 69; vgl. G. TESSIN (wie Anm. 10) S. 252 sowie STADTA MA, Kl. Erw., Nr. 631/12.
16 Aufgestellt aus Abgaben der Beobachtungsabteilungen 4 (Meißen) und 28 (Breslau) am 12.10.1937; vgl. STADTA MA, Kl. Erw., Nr. 631/12.
17 Aufgestellt aus Abgaben der Artillerie-Regimenter 33 (Darmstadt) und 38 (Prenzlau) am 10.11.1938; vgl. STADTA MA, Kl. Erw., Nr. 631/12.
18 Aufgestellt aus Abgaben der 1. Gruppe des Jagdgeschwaders 132 (Döberitz) am 15.3.1937 als 2. Gruppe des Jagdgeschwaders 334, am 1.11.1938 umbenannt in Jagdgeschwader 133, im Mai 1939 erneut umbenannt in Jagdgeschwader 53; vgl. JOCHEN PRIEN: Chronik des JG-53 Pik-As. Bd. 1. O.O. o.D.
19 Ein Angehöriger dieses Geschwaders war übrigens der berühmte Jagdflieger Werner Mölders.
20 Vgl. F. WALTER (wie Anm. 1) S. 213.
21 Vgl. MUELLER-HILLEBRAND: Das Heer 1933–1945. Bd. 1: Das Heer bis zum Kriegsbeginn. Darmstadt 1954; HANS-HENNING PODZUN (Hg.): Das deutsche Heer 1939. Gliederung, Standorte, Stellenbesetzung und Verzeichnis sämtlicher Offiziere am 3.1.1939. Bad Nauheim 1953; GEORG TESSIN: Verbände und Truppen der deutschen Wehrmacht und Waffen-SS im Zweiten Weltkrieg 1939–1945. 15. Bd.: Kriegsstärkenachweisungen (KStN), Taktische Zeichen, Traditionspflege. Osnabrück 1988. Die Quellenüberlieferung für den Wehrkreis XII ist äußerst lückenhaft infolge von Kriegsschäden und Aktenvernichtungen durch die Wehrmacht am Ende des Zweiten Weltkriegs.
22 Wenn überhaupt, sind nur die Stellenbesetzungen der Offiziere vorhanden. Es finden sich so gut wie keine Anhaltspunkte über die Anzahl der Unteroffiziere, Mannschaftsdienstgrade oder über die der zivilen Wehrmachtsangehörigen.
23 Vgl. StadtA MA, Ratsprotokolle 1936, S. 89.
24 NEUE MANNHEIMER ZEITUNG Nr. 117 10.3.1936.
25 NEUE MANNHEIMER ZEITUNG Nr. 209 8.5.1936.
25 Vgl. STADTA MA, Ratsprotokolle 1938, S. 154.
26 STADTA MA, Ratsprotokolle 1939, S. 107.

Personenindex

A
Adler, Friedrich 120
Adler, Jankel 184–186
Ailinger, Max...163
Allmers, Robert 21, 23
Alster, Raoul 163–165
Appel, Julius 110
Appel, Rudy 110
Armbruster, Albert 158
Arnold (Pfarrer) 137

B
Bach, Wilhelm 137, 138
Backfisch, Peter...50
Baer, Karl 194
Baerwind, Rudi 69, 70
Barth, Wilhelm..183
Bassermann, Fritz 195
Bauder, Otto 122
Bauer, Fritz 213
Bauer, Joseph......................... 23, 123, 129, 130, 152
Baum, Marie 152
Baumann, Jakob 117–119, 122
Bechtold, Gustav...151
Beck, Anton 64
Bender, Karl...134–136
Berberich, Julius 129, 130
Beringer, Joseph August.......................................195
Bernays, Marie 104, 139
Beyerlen, Karl..203
Bichel, Wilhelm 129
Biehlmaier, Emil..209
Billing, Hermann 180
Bingler, Julius 151
Birgel, Willy...172
Birnbaum, Charlotte 150
Bley, Liselotte 161
Bodemer, Willy..138
Boehmer, Bernhard A. 187
Böhm, Günter 150
Böhm, Heinz 150
Böhm, Ludwig Werner 194, 197
Böttger, Richard 24, 27, 32
Brandenburg, Friedrich 83,164, 166–168, 172, 174
Brandt, Willy...121
Braun, Willi 161
Brecht, Andreas 160
Brechter, Kurt..147, 151
Brenner, Karl...154
Brombacher, Kuno 171, 172
Brückner, Wilhelm...42
Brunke, Taddäus 129
Brüstle, Adolf 122
Buchholz, Karl..187, 189
Bühler, Erhard 137
Bührer, Karl Otto 121
Bunje, Karl 175, 177
Bürck, Max 133, 137, 138, 152
Bürckel, Joseph 98
Burger, Wilhelm 152
Busch, Ernst 154
Buss, Philipp...145

C
Cahn-Garnier, Fritz..32, 34
Chagall, Marc...179–190
Clauß, Marie..152
Crezeli, Karl 204

D
Diamant, Max 115, 121
Dingeldein, Adolf 155

Dingeldein, Fritz ... 154
Dingeldein, Hans ... 154, 155
Dreesbach, August ... 117
Dürr, Erich ... 164, 166, 168
Dürr, Karl ... 133

E
Eberlein, Gustav ... 196
Eckert, Erwin ... 136
Eichhorn, Willi ... 213
Eichhorst, Franz ... 67
Eimuth, Peter ... 122
Eltz von Rübenach, Paul Freiherr ... 21, 22
Emlein, Rudolf ... 132
Engler-Füßlein (Landesbauernführer) ... 83
Eppstein, Eugen ... 112
Erfurth, Paul ... 119

F
Faulhaber, Doris ... 152
Fay, Hans ... 69
Feder, Gottfried ... 12
Feit, Hans ... 13, 18, 19
Fenten, Wilhelm ... 23
Fiedler (Kirchenrat) ... 137
Fischel, Kurt ... 112
Fischer, Theodor ... 187
Fleischer, Tilly ... 210
Foerster (Dt. Konsul in der Schweiz) ... 183
Fortwängler, Joseph ... 134
Fraenger, Wilhelm ... 195
Frank, Ludwig ... 117
Frick, Wilhelm ... 12, 18, 201
Friedmann, Erich ... 154, 158, 161
Friedmann, Walter ... 163, 165
Fritsch, Werner Freiherr von ... 220
Fritzsche, Ernst ... 81
Furrer, August ... 25

G
Gaber, Ernst ... 213
Galen, Clemens August Graf von ... 126
Gänger, Karl ... 135, 137
Gebele von Waldstein, Otto ... 182, 183
Geismar, Ludwig ... 150
Gember, Franz ... 192
Gentil, Joseph ... 152
Gérard, Karl-Friedrich ... 135
Goebbels, Joseph ... 12, 24, 45, 46, 67,
82, 148, 151, 171,
174, 178, 184, 187
Göring, Carin ... 110
Göring, Hermann ... 12, 35, 75, 98
Gosch, Hans ... 175
Gräber, Georg ... 17, 122
Greulich, Bernhard ... 213
Grimm, Arthur ... 69
Gröber, Conrad ... 88, 125, 126, 151
Groh, Wilhelm ... 48
Gropengießer, Erich ... 110
Gropengießer, Hermann ... 110, 191, 192
Groß, Walter ... 154, 158
Großkinsky, Paul ... 130
Grünbaum, Rosa ... 194
Grünbaum, Victoria ... 104
Grünebaum, Sally ... 25
Grünewald, Hedwig ... 141
Grünewald, Max ... 141
Gumbel, Emil ... 47
Gundersheim, Lily ... 163
Gurlitt, Hildebrand ... 187, 189
Gütermann, Heinrich ... 139
Gwinner, Fritz ... 213

H
Haas, Anna ... 146
Haas, Gad (Edwin) ... 146
Haas, Marga ... 146
Hachenburg, Luise ... 152
Hachenburg, Max ... 152
Hammer (Familie) ... 152
Hanemann, Alfred ... 27
Harpuder, Heinrich ... 118
Hartlaub, Felix ... 186
Hartlaub, Geno ... 183
Hartlaub, Gustav Friedrich ... 179–183, 190, 195
Hees, Gottlob ... 138
Heiler, Hugo ... 130
Heimerich, Hermann ... 12, 18, 19, 24,
27, 31, 32, 33
Helfert, Heinrich ... 84
Helffenstein, Karl ... 122
Heller, Gustav ... 25
Henk, Emil ... 119, 122
Henselmann, Albert ... 69
Hermann, Eva ... 151
Hermann, Karl (Verwaltungsdirektor) ... 164, 166
Hermann, Karl (Physiker) ... 151
Herschel, Bernhard ... 196
Hertel, Robert ... 224
Herzberg (Familie) ... 152
Heß, Rudolf ... 42, 44, 47
Heydrich, Reinhard ... 49, 126
Heymann, Dieter ... 118
Heymann, Stefan ... 27, 118
Hieronymi, Fritz ... 154
Himmler, Heinrich ... 126, 128
Hindenburg, Paul von ... 12, 18, 93
Hirsch, Erwin ... 146
Hirsch, Milli ... 146
Hirsch, Sally ... 146
Hirsch, Werner ... 146
Hirschhorn, Fritz ... 110, 158
Hirschler, Franz ... 118
Hitler, Adolf ... 12, 15, 18, 23, 24, 30,
41, 42, 44, 49, 50, 66, 89,
91, 93, 94, 96, 98, 103,
109, 125, 148, 213, 217
Hodapp, Otto ... 67–70
Hofmann, Ludwig ... 42
Holzinger, Gisela ... 174
Horch, Wilhelm ... 133
Höß, Rudolf ... 142
Hubbuch, Karl ... 28
Hucht, Emilie ... 63
Hueber, Franz ... 98
Hupp, Friedrich ... 193

J
Jacob, Gustaf ... 193–197
Jerusalem von Safft, Roderich ... 69, 106, 107
Jessel, Leon ... 167, 173
Joest, Friedrich ... 132, 135, 137
Johst, Hanns ... 176

K
Kahn, Irma ... 147
Kahn, Joseph ... 147, 152
Kahn, Martha ... 147
Kahn, Robert ... 147
Kapp, Wolfgang ... 117
Karg, Fritz ... 63
Kauffmann, Gerhard ... 47
Kaufmann, Michael ... 137
Kaus, Karl ... 152
Kaus, Klara ... 152
Kehl, Hilde ... 210
Kemper, Friedhelm ... 11, 51, 61, 64, 65, 115, 127
Kiefer, Friedrich ... 81, 84, 86, 87, 132, 133, 135
Kirschbaum, Otto Eugen ... 135
Klenk, Johannes ... 134
Klersch, Joseph ... 159
Knebel, Werner ... 161
Köhler, Walter ... 13, 88
Kölli, Fritz ... 135
Kolmar, Wilhelm ... 164
Körbel, Willi ... 205
Kraft, Herbert ... 12, 20, 209
Krakert, Hermann ... 109, 110
Kramer, Gustav ... 47
Krautheimer, Albert ... 130
Kress, Jakob ... 152
Kress, Maria ... 152
Kreß von Kressenstein, Franz Freiherr ... 222
Krieck, Ernst ... 48
Krocker, Bertl ... 198
Kronacher, Alwin ... 164
Kuchenmeister, Konrad ... 159
Kühlewein, Julius ... 137
Kuhn, August ... 35, 122
Kühn, Erich ... 137, 138
Kunkel, Herbert ... 128
Kunze, Carl ... 224
Kupferschmid, Hermann ... 69
Kutzer, Theodor ... 61

L
Laemmle, Kurt ... 152
Laeuger, Max ... 21, 23
Landmann, Arno ... 23, 81
Landory, Alfred ... 163
Lang, Dietrich ... 224
Langendorf, Antonie ... 121, 122
Lauer, Chaim ... 149
Lechleiter, Georg ... 121
Lehmann-Haupt, Helmut ... 183
Lenz, Carlo ... 12
Levi, Frieda ... 141
Ley, Robert ... 77
Lichtenberger, Karl Heinz ... 154
Lisker, Richard ... 69
Locherer, August ... 122
Locherer, Paul ... 120
Loder, Dietrich ... 176
Loeb, Jonas ... 32
Loebl (Familie) ... 152
Loehning, Paul Wilhelm ... 222
Luckner, Gertrud ... 151
Ludendorff, Erich ... 50

M
Maas, Hermann ... 152
Magnani, Heinrich ... 129, 130
Maier, Hans ... 213
Maisch, Herbert ... 163, 164
Maler, Karl Erich ... 132
Manes, Hans (Jean) ... 29
Mann, Golo ... 115
Mann, Thomas ... 75
Marum, Ludwig ... 25, 51
Marx, Ludwig ... 142
Mauermayer, Gisela ... 210
Maurer, Karl ... 137
Mayer, Karl ... 119, 122
Mayer, Rudolf ... 132
Meier, August ... 130
Meyer, Ferdinand ... 150
Meyer, Franz ... 182
Mierendorf, Carlo ... 122
Mohr, Franz ... 27
Moll, Karl ... 168
Möller, Ferdinand ... 187
Moos, Friedrich ... 148
Moos, Hugo ... 148, 149
Moos, Lisa ... 148
Moos, Sophie ... 148, 149
Mosmann, Joseph ... 130
Müller, Alfred ... 69
Müller, Karl Heinrich ... 13, 19, 31
Müller, Ludwig ... 132, 133
Müller, Otto ... 34
Müller, Waldemar ... 135
Müller, Wilhelm ... 213
Multerer, Hans ... 170, 174

N
Nathan, Ernst ... 142
Neckermann, Karl ... 213
Neinhaus, Carl ... 52
Noll, Alois ... 35

Noll, Karl Georg 137
Nußbaum, Daniel Christian 118, 120

O

Oesterle, Richard 168
Offenbach, Josef (Ziegler, J.) 158
Oppenheimer, Salomon 148
Oppenheimer, Stefan 145
Ott, Jacob 119, 122

P

Pahl, Walter 62
Papenbroock (thüring. Staatsrat) 93
Passarge, Walter 182–184, 190, 195, 198
Pfaff-Giesberg, Robert 195
Pflaumer, Karl 12, 27, 51
Plattner, Fritz 104
Probst, Adalbert 59
Pusch, Erich 142

R

Ramsperger, Hermann 42, 224
Rath, Ernst vom 147, 148
Reichwein, Friedrich 98
Reinbold, Georg 116–120
Reinecker, Herbert 175, 177
Reinmuth, Werner 47
Remmele, Adam 25, 158
Rena, Lucie 167, 168
Renninger, Carl 19, 31, 34–42, 45, 46, 50–53, 64,
65, 69, 96, 98, 109, 113, 144,
156–159, 163, 166, 167, 171, 182, 183,
192, 197, 214, 219, 220, 224, 225
Retzer, Fritz 18
Reuther, Alfred 24
Reuther, Karl 215
Riefenstahl, Leni 214
Rohr, Philipp (Fips) 60, 63
Rosenberg, Alfred 48, 67
Rosenkränzer, Nikolaus 54
Rosenstock, Joseph 163, 164
Rosenthal, Adolf 152
Roth, Adolf 158
Roth, Reinhold 23, 24, 37, 38, 45, 50–52, 87,
91, 104, 129, 164, 172, 214
Rüden, Pia von 161
Rupp, Fritz 191
Rupp, Johannes 27
Rust, Bernhard 47, 184

S

Salm, Fritz 121
Salomon, Felix 15
Sammet, Erwin 25
Sauerbrunn, Wilhelm 132
Schäfer, August 154
Schäfer, Walter Erich 168, 169, 175
Scheel, Gustav Adolf 28, 47–49
Scheel, Wilhelm 47, 49, 152
Scheffelmeier, Karl 19, 23, 34, 159
Scheffels, Otto 68, 69
Scheiffele, Otto 69
Schirach, Baldur von 58, 60–64, 68, 208
Schlösser, Rainer 168, 173
Schmechel, Max 135
Schmidt, Erwin 20
Schmidt, Georg 183, 187, 188–190
Schmiedel, Fritz 167, 168
Schmitt, Joseph 137
Schmitthenner, Paul 113
Schmutz, Paul 122
Schneider, Heinrich 81
Schneider, Hermann 34, 35, 38, 52, 78
Schnerr, Karl 80
Schobert, Jürgen Ritter von 220
Schoener, Karl Heinz 132
Schoepffer, Adolf von 133
Schoerlin, Karl 35
Scholtz-Klink, Gertrud 104

Schrade, Christian 134
Schradiek, Annemarie 164–168
Schreck, Karl 63
Schreck, Paul 63, 121, 122
Schrempp, Wilhelm 130
Schröder, Adolf 120
Schröder, Hermine 210
Schuler, Theo 154–165, 158, 160
Schwall, Max 125, 130
Schweizer, Karl 122
Seelig, Martin 150
Seizinger, Albert 168
Sichel, Julius 113
Sickinger, Anton 110
Sieber, Fritz 138
Siffling, Otto 213
Simon, Ludwig 138
Solberg, Max 150
Solberg, Ruth 150
Söllner, Peter 213
Sommer, Jakob 122
Speck, Eugen 133, 135, 136
Speck, Hermann Ritter von 80, 81, 217, 224
Speer, Albert (sen.) 43
Speer, Albert 43, 44
Speidel, Hans 80
Spengler, Fritz 213
Spinner, Christian 130
Stahl, Baruch 113
Staiber, Wilhelm 24
Stalf, Ludwig 204
Steinmüller, Max 121
Stenz, Hermann 25
Stoll, Wilma 195
Stolz, Hugo 130
Strasser, Gregor 12
Strauß, Alfred 150
Strauß, Emil 150
Strauß, Frieda 150
Strauß, Hugo 109, 213
Strauß, Otto 152
Strübing, Edmund 69, 182, 198
Stubenrauch, Herbert 195

T

Tannenbaum, Herbert 180, 190
Tessenow, Heinrich 44
Teutsch, Hermann 151
Thalheimer, Gustav 141
Thalheimer, Thekla 141
Thomas, Fritz 168
Tilden, William 211
Todt, Fritz 44
Traub, Hedwig 142
Treiber, Johann Karl 87
Treutlein, Wolfgang 193
Trotha, Adolph von 58
Trumpfheller, Jakob 34, 117, 132
Tschammer und Osten, Hans von 200, 208,
209, 212

U

Ulshöfer, Ernst 11

V

Vögele, Joseph 54
Vögele, Wilhelm 54
Volkshausen, Else 211
Volle, Walter 213
Vries, Sydney de 163, 165

W

Wagner, Katharina 50
Wagner, Robert 11, 12, 13, 18, 20, 23, 27,
32, 34, 35, 88, 93, 105, 118,
127, 128, 130, 151, 200
Waldeck, Florian 195
Walli, Otto 22, 23, 31, 33, 34, 35,
40, 41, 65, 157
Walter, Friedrich 160, 192, 193, 195, 197

Wanderscheck, Hermann 168
Wassermann, Felix 54
Watzinger, Karl Otto 122
Weber, Wilhelm 132
Weiß, Karl 142
Westheim, Paul 187
Wetzel, Hermann 129
Wetzel, Otto 12, 13, 15, 18, 19, 20,
23, 24, 28, 31, 51, 52
Wichert, Fritz 180
Wiesert, Therese 144
Wildberg, Alfred 142
Wildberg, Bella 142
Wildberg, Jakob 142
Wildberg, Renate 142
Wildt, Hans 224
Winterwerb, Heinrich 195
Wittkamp, Heinrich 122
Wolber, Karl 192
Wolker (Generalpräses der kathol. Jugend) 125
Wöllner, Fritz 158

Z

Zahn, Valentin 137
Ziegler, Adolf 184, 185
Ziegler, Joseph s. Offenbach, J.
Zimmermann, Gustav 122
Zizler, Joseph 39, 64, 69
Zoepffel, August 69

Bildquellennachweis

Albrecht, Werner
66 b, 83 b, 84 a, 221 a

Archiv der Evangelischen Kirchengemeinde Mannheim
131, 133 a, 133 b, 133 c, 134 a, 134 b, 135 a, 135 b, 136 a, 136 b, 137 a, 137 b, 138 a, 138 b

Bundesarchiv Koblenz
44, 49 a

Bundesarchiv, Militärarchiv Freiburg i. Br.
222 b (RHD 49/120)

Deutscher Caritasverband Freiburg i. Br.
151 b

Feuerio, Große Karnevalgesellschaft e.V.
154 a, 154 b, 158 a, 158 b, 158 c, 159 b, 161 a, 161 b, 162 b

Foto-Bechtel, Mannheim
13, 30 a

Generallandesarchiv Karlsruhe
11 (Ck 293), **33 b** (465c, Nr. 7), **36 b** (465c, Nr. 45), **82 a** (465d, Nr. 1484), **94 a** (465d, Nr. 1484), **99 a** (465d, Nr. 1456), **100 a** (465d, 1456), **117 a, 193** (450, Nr. 2364), **204 a** (465d, 1484), **204 b** (465d, Nr. 1485)

Klinger, Ingeborg
184

Kunsthalle Mannheim
181 a, 181 b

Newman, Beatrice
180

Öffentliche Kunstsammlung Basel, Kunstmuseum
179, 188, 189

Pfau, Christof
Vorsatz, Hintersatz, 57, 66 a, 73 a, 74 b, 80 a, 80 b, 81, 85 b, 108 a, 156, 157 a, 206 c, 210 a, 210 c, 215 b, 217, 224

Privat
12, 24 b, 47 a, 47 b, 47 c, 48 a, 48 b, 49 b, 49 c, 58 a, 62, 77 a, 91, 110, 117 b, 132 b

Reiß-Museum Mannheim, Theatersammlung
163, 165 a, 165 b, 165 c, 165 d, 166 c, 167 a, 168 c, 169 b, 169 c, 170 a, 170 b, 176 a, 176 b, 177 a

Staatliche Museen Preußischer Kulturbesitz, Nationalgalerie, Berlin (West)
182, 186, 187

Stadtarchiv Heidelberg
28, 51 a, 152 b

Stadtarchiv Karlsruhe
25 a, 25 b

Stadtarchiv Mannheim

Personalamt, Zug. 20/1969, Nr. 19 099
34a
Polizeipräsidium, Zug. 7/1971, Nr. 3
116
Turn- und Sportverein 1846, Zug. 7/1982
202 a, 202 b, 203 a, 207 b, 208, 209 b, 212 b
Nachlaß Josef Hofmann, Zug. 13/1995
7, 45, 46 a, 46 b, 123
Nachlaß Hans Jütte, Zug. 1/1989
42 b, 50 b, 59, 60 b, 61, 64 a, 72 a, 72 b, 72 c, 74 a, 76 a, 76 b, 82 b, 86 b, 87, 98 a, 101 b, 108 b, 153, 159 a, 160 a, 160 b, 161 c, 162 a, 203 b, 218 a, 218 b, 219 b, 220 a, 220 b, 222 a, 222 c, 223, 225
Nachlaß Oskar Riester, Zug. 39/1992 (Alb. 377)
20, 21 a, 23, 42 a, 79, 115
Nachlaß Otto Walli, Zug. 15/1978
22 b, 41, 157 b
Kleine Erwerbungen
88 b (Nr. 1006), **112** (Nr. 1006), **118 a** (Nr. 720)
Plakatslg.
18 a (Nr. 347), **19** (Nr. 342), **22 a** (Nr. 371), **29 a** (Nr. 373), **90** (Nr. 368), **92** (Nr. 376), **95 a** (Nr. 381), **95 b** (Nr. 380)
D 2
27 (Nr. 1500), **118 b** (Nr. 377), **119 b** (Nr. 1863)
Alle anderen: Bildslg.

Süddeutscher Verlag, Bilderdienst
185

Danksagung

Aus ihrem Privatbesitz haben die folgenden Personen Fotos oder Dokumente für diesen Band zur Verfügung gestellt bzw. durch Informationen zur Entstehung des Bands beigetragen.

Ihnen sei an dieser Stelle noch einmal ausdrücklich unser Dank ausgesprochen.

Baum, Lena	Gropengießer, Erich	Kahn, Robert B.	Pahl, Walter	Schweizer, Karl
Baum, Rolf	Grünwald, Lotte	Karg, Fritz	Parther, Franz	Spiegel, Renate
Beier, Rudolf	Güthlein, Hubert	Kaufmann, Max	Remenyi, Maria	Strauss, Alfred
Breitwieser, Gerhard	Gwinner, Fritz	Keller, Gertrud	Rennert, Ruth	Volle, Anneliese
Breitwieser, Karin	Haas, Gad	Keller, Volker	Rohr, Philipp	Wolf, Dieter
Bühler, Elsbeth	Haberl, Wolfgang	Kemper, Friedhelm	Rosen-Perry, Ruth	Wollasch, Hans-Josef
Ebendt, Volker	Heck, Dieter	Kliem, Wolfgang	Salomon, Felix	
Erfurth, Rainer	Hirsch, Erwin	Körbel, Willi	Schayda, Hermann	
Frank, Friedrich	Hirschhorn, Fritz	Kühn, Kurt	Scheel, Elisabeth	
Frank-de Kramer, Lore	Holle, Heinrich	Moos-Liebmann, Lisa	Schlegel, Gerhard	
Fuchs, Ruth	Hucht, Emilie	Nathan, Kilian	Schmidt, Rolf	

EDITION QUADRAT MANNHEIM

Anna-Maria Lindemann
**MANNHEIM
IM KAISERREICH**

herausgegeben
vom Stadtarchiv Mannheim

▪

220 Seiten
mit ca. 500 Abbildungen

▪

Festeinband

▪

Großformat 21,5 x 30 cm

▪

ISBN 3-923 003-40-4

▪

DM 68,–

**MANNHEIM
IM ZWEITEN WELTKRIEG
1939–1945**

herausgegeben
vom Stadtarchiv Mannheim

▪

bearbeitet
von Jörg Schadt und
Michael Caroli

▪

196 Seiten
mit 300 Abbildungen

▪

Festeinband

▪

Großformat 21,5 x 30 cm

▪

ISBN 3-923 003-55-2

▪

DM 68,–

EDITION QUADRAT MANNHEIM

Christian Peters
**MANNHEIM 1945–49
DER ANFANG NACH DEM ENDE**

herausgegeben
vom Stadtarchiv Mannheim

■

184 Seiten
mit ca. 260 Abbildungen

■

Festeinband

■

Großformat 21,5 x 30 cm

■

ISBN 3-923 003-66-8

■

DM 68,–

**WIDERSTAND GEGEN
DEN NATIONALSOZIALISMUS
IN MANNHEIM**

im Auftrag der Stadt Mannheim
herausgegeben von
Erich Matthias (†) und Hermann Weber
unter Mitwirkung von
Günter Braun und Manfred Koch

■

554 Seiten
mit zahlreichen Abbildungen

■

Festeinband

■

Format 16 x 23,5 cm

■

ISBN 3-923003-27-7

■

DM 78,–

EDITION QUADRAT MANNHEIM

Volker Keller
JÜDISCHES LEBEN IN MANNHEIM

224 Seiten
mit ca. 100 Abbildungen

■

Festeinband

■

Großformat 19 x 30 cm

■

ISBN 3-923 003-71-4

■

DM 48,–

Volker Keller
BILDER VOM JÜDISCHEN LEBEN IN MANNHEIM

herausgegeben
vom Stadtarchiv Mannheim

■

172 Seiten
mit ca. 450 Abbildungen

■

Festeinband

■

Großformat 21,5 x 30 cm

■

ISBN 3-923 003-43-9

■

DM 68,–

EDITION QUADRAT MANNHEIM

„AUF EINMAL DA WAREN SIE WEG"

Spurensuche –
Jüdische Spuren in Mannheim

herausgegeben vom
Stadtjugendamt
Mannheim

■

228 Seiten

mit ca. 200 Abbildungen

■

Festeinband

■

Großformat 21,5 x 30 cm

■

ISBN 3-923 003-64-1

■

DM 38,–

Videokassette
„DAS LEBEN IST STÄRKER"

Spurensuche –
Mannheimer Spuren in Israel

Ehemalige Mannheimerinnen
und Mannheimer
berichten über
ihre Erfahrungen mit
Deutschland

■

herausgegeben vom
Stadtjugendamt Mannheim

■

VHS 50 Min. Laufzeit

■

ISBN 3-923 003-67-6

■

DM 35,–

Videokassette
„UND DANN GING DAS NEUE LEBEN LOS"

Spurensuche –
Mannheimer Spuren in Israel

Ehemalige Mannheimerinnen
und Mannheimer berichten
über ihren Neuanfang
in Palästina und ihr Leben
in Israel

■

herausgegeben vom
Stadtjugendamt Mannheim

■

VHS 40 Min. Laufzeit

■

ISBN 3-923 003-68-4

■

DM 35,–